Dr. L. van der Weck-Erlen
Das goldene Buch der Liebe
Rowohlt

‹Das goldene Buch der Liebe›
erschien 1907 in Wien
als Privatdruck
des Verlegers C. W. Stern
Umschlaggestaltung
von Werner Rebhuhn
Erste Auflage
dieser Ausgabe August 1978
Copyright © 1978
by Rowohlt Verlag GmbH,
Reinbek bei Hamburg.
Alle deutschen Rechte
vorbehalten
Druck und Einband
Clausen & Bosse,
Leck/Schleswig
Printed in Germany
ISBN 3 498 07284 6

Dr. L. van der WECK-ERLEN

DAS GOLDENE BUCH DER LIEBE

ODER

DIE RENAISSANCE IM GESCHLECHTSLEBEN

EIN

EROS-KODEX FÜR BEIDE GESCHLECHTER

I. BAND

PRIVATDRUCK DES VERLEGERS C. W. STERN
WIEN 1907

Nr.

EINLEITUNG

VORWORT

> Vorliegendes Werk ist im wahren Sinne
> des Wortes ein „Eros-Kodex" für beide
> Geschlechter, welchen der Leser eventuell als
> eine „Geheimbibel der Liebe sub rosa", oder
> als eine „Vulgata der hohen Liebe" resp. als
> „Freia-Bibel der Vermählten" für ein Uni-
> versum der Geschlechter gelten lassen kann
> und mit allen Eigenschaften obiger Benennun-
> gen ausgerüstet finden wird.

Je tiefer wir über den Wert des Lebens nachdenken, desto klarer wird
es uns, daß der einzige Zweck des irdischen Daseins nur die Liebe ist: die
Fortpflanzung der Art, das Leben nach dem Tode! und ein jeder Schritt,
den wir im Leben tun, hat bewußt oder unbewußt, mittelbar oder unmittelbar
diesen Zweck.

Die Liebe ist in diesem Tale des Elends des Lebens Trost und Lohn
für die wahrhaft bittere Ironie des Daseins! Und doch, was bietet sie dem
Unkundigen in den meisten Fällen? Enttäuschung und Reue, nicht selten
Versumpfung und Ekel, Kämpfe und Verzweiflung. — Dem nervenzerrüttenden
Flatterleben, welches die Menschen von Generation zu Generation verderben
muß, indem es die menschliche Verruchtheit allmählich bis ins Unberechenbare
steigert, und trotz aller medizinischen und pädagogischen Bestrebungen nicht
Veredlung, sondern nur den Verfall des Charakters zur Folge hat, dem muß
ein Ende gemacht werden!

Des vorliegenden Werkes würdigstes Endziel ist, daß es einerseits als
Wegweiser im Geschlechtsleben, andererseits aber als neues System der
Liebe dem Geschlechtsleben eine ganz neue Welt erschließt und so dem
Leben überhaupt einen höheren, volleren Wert verleiht.

Wir bieten durch diese wundervollen Bilder der Liebe den beiden Geschlechtern eine Überraschung, die, einzig in ihrer Art dastehend, uns die ungeteilte Anerkennung aller Liebenden für alle Zeiten garantieren muß!

I. Buch: „Der Kampf ums Weib" bis in die kleinsten Einzelheiten der idyllischen Heimlichkeiten bildet die naturtreue Grundlage des genannten Werkes, da es das gegenseitige Gefallen und Verlangen der Geschlechter im freien und ehelichen Stande, die Liebe als Lebens- und Erhaltungsprinzip, das freie Geschlechtsbündnis durch die Liebe aber als höchstes Ideal eingehend behandelt.

II. Buch: „Der Triumph der Geschlechter" verfolgt den Zweck, die Großartigkeit der Liebesempfindungen in unverhüllter Reinheit in allen ihren Phasen aufzurollen und dem Grundsatze, „Abwechslung in den Armen des einen geliebten Weibes", Geltung zu verschaffen.

III. Buch: „Die Avatara oder Verkörperung der Geschlechtsideale" führt die Verlängerung und Verschönerung des Liebesglücks und der Geschlechtsgenüsse durch und legt dabei, in dem hierauf folgenden letzten praktischen Teile, den Schwerpunkt auf ein durchaus neuentdecktes erotisches Riesensystem, das mehr als 500 von einander ganz verschiedene und unabhängige „Bilder der Abwechslung" in sich begreift, deren kaum ahnbare Mannigfaltigkeit und überraschend reizende Plastik selbst die kühnsten Vorstellungen weit überflügeln, und die mit ihren Nebenbildern, als Varianten, sich in die Tausende verlieren.

Bisher war nämlich „Abwechslung mit anderen" die Losung des Mannes in seiner Lasterhaftigkeit; von jetzt ab soll zur Losung werden: „Die Abwechslung in den Armen des einen erkorenen Weibes", „das Weib in seiner plastischen Unerschöpflichkeit".

Der wahre und des Menschen würdige Genuß der Liebe besteht nicht im Suchen nach Abwechslung in anderen Armen, sondern im Suchen nach Abwechslung in den Armen desselben eines Weibes. Und zu diesem wahren und würdigeren Genuß führt nur die aufrichtige Treue im Lieben, die nur dadurch möglich wird, daß den Liebenden die „hohe Zahl der Liebesmöglichkeiten", d. h. die Wunderkraft des oben erwähnten erotischen „Riesensystems" zu Gebote steht.

Bleibe jeder seiner Liebe aufrichtig treu und lasse jede Liebelei mit anderen; dafür wird ihm hier als reicher und würdiger Ersatz jene hohe Zahl der Liebesarten geboten, die, statt ihn liebessatt und lebensmüde zu machen, ihm das höchste und reinste Glück der Liebe garantieren.

Die erhabene Natürlichkeit des Gegenstandes, die Reichhaltigkeit und besonders die Originalität des Inhaltes, das Pikante und dennoch korrekt Ästhetische der Darstellung selbst der unverhülltesten Einzelheiten, und die trotzdem hochmoralische Tendenz des ganzen Werkes: „Kultus des einen Weibes", stehen miteinander in vollkommen reiner Harmonie, deren Klänge ganz wunderbar und tief ins Leben dringen, dem moralischen Werte der Gesellschaft aber immer edlere Bedeutung verleihen.

Das „Goldene Buch der Liebe" ist ein durchaus moralisches Werk, worin in unverfälschter Natürlichkeit die Liebe kühn und wahr, und doch in voller Erhabenheit, zum Ausdruck gelangt.

Die darin sich offenbarende Lehre muß auf medizinischer Grundlage vollständig zur Wissenschaft werden, obgleich sie auch in der jetzigen Form wegen ihres physiologischen und moralphilosophischen Charakters entschieden das Gepräge der Wissenschaft an sich trägt.

Die in dem goldenen Buche beschriebenen Posen, ein wahres Riesensystem der Erotik, bedeuten eine neue Ära für die Kunst, welche aus der klassisch-erotischen Literatur der Vorzeit nur äußerst spärlich und meist sehr dürftige „Motive" schöpfen konnte. Hätte Correggio andere Motive gekannt, so hätte er den Jupiter mit seiner Jo oder seiner Danaë gewiß anders verherrlicht, als in jener mit dem idealen Lieben ganz und gar nicht zu vereinbarenden Lagerung der Körper, und hätte gewiß unvergleichlich Großartigeres geschaffen, damals, als er zu derartigem Schaffen so vollen Drang empfand. Es ist übrigens unzweifelhaft, daß die „Kunst" immer harmlosschön bleibt, sofern sie das natürlich Wahre „naturtreu" mit dem ästhetisch Erhabenen eint und in einer künstlerischen Schöpfung oder in künstlerischer Gruppierung vollendet.

DR. L. VAN DER WECK-ERLEN.

MOTIVIERUNG DES WERKES ALS EINLEITUNG UND PSYCHIATRISCHE EINFÜHRUNG

Motto : Die Alten haben Aphrodite
nackt dargestellt, weil die
Liebe nach ihrer Ansicht
kein Geheimnis hat.

rotische Kunst und Literatur bestand bis heute aus Darstellungen, deren Zweck der sinnliche Effekt war. Hierzu benützte man aber die verschiedensten Mittel, damit der Effekt noch eklatanter werde. Man ging davon aus, daß die Natürlichkeit, die naturtreue Schilderung der erotischen Situationen, als allzugewöhnlich nicht sinnerregend genug ist; und so wurde die Notwendigkeit hingestellt, sie durch Scherz und Witz zu würzen. — Und das ergab die Karikatur bis zur ekeligsten Übertreibung in Schrift und Bild.

Die klassische Kunst hat so manche stark erotische Darstellung, aber niemandem fällt es ein, darin Anstößiges zu finden; denn sie blieb der Natur treu und war darum immer schön.

Die Welt aber ging, selbst in den herkömmlichen Sitten, einer stetigen Übertreibung entgegen und geriet bis ins Lächerliche, dessen Glanzpunkt die Zeit Ludwig XV. war.

Diese Zeit des Übermuts regte auch zur Pflege des Erotischen an; das Resultat war der geile Unsinn, der endlich auch allgemein hat mißbilligt werden müssen.

Bislang gibt es eine erotische Literatur und Kunst nur im geheimen. Was man schrieb, berechnete man zum „Gebrauch im Verborgenen", d. h. der es schrieb, schämte sich, es geschrieben zu haben, und der es las, weil er sich bewußt war, daß er sich durch die Lektüre mit der allgemeinen Moral in Widerspruch setze.

Ist denn aber die Liebe wirklich etwas so Unästhetisches, ein so gemeiner Zug des Menschen, daß man nur mit Erröten über sie lesen und nur mit Erröten über sie schreiben dürfte?

Nein; gerade das Gegenteil!

Die Liebe ist zur Ausschweifung herabgewürdigt worden, gerade von denjenigen „Berufenen", die ihr eine Literatur hätten schaffen sollen, statt dessen aber eine Pfütze zusammensudelten, in deren Dunstkreis die Geschlechtlichkeit im Auge der Sittenrichter zum Scheusal hatte herabkranken müssen; die Liebe ist zur Fratze verzerrt worden von denjenigen „Berufenen", deren Schaffen ihr einen herrlichen und hoch gen Himmel ragenden Ehrentempel hätte auferbauen können; sie ist bis zur gesellschaftlich verpönten Unflätigkeit entartet durch diejenigen, die ihren erotischen Geschmack mittelbar oder unmittelbar der eben gekennzeichneten Kunst und Literatur verdanken.

Es ist hoch an der Zeit, daß die unnatürliche, verschrobene Auffassung einer natürlichen, gesunden Theorie den Platz räume, auf daß nicht, wie bisher, der Pfuhl die heiligen Gefühle ankränkle, sondern der Schmelz und Duft der Lebensblüte den Herzschlag für bessere Liebe begeistere.

Das ist die hehre Aufgabe der Kunst und der Literatur im Dienste der Wunderwonnen, zur Verherrlichung des göttlichen Triebes der Arterhaltung.

Die erotische Kunst und Literatur ist und bleibt darum nach wie vor selbstverständlich immer nur ein Vorrecht des dazu befugten Kreises: sie ist ausschließlich nur für die geschlechtsreife Klasse der Gesellschaft, geradeso, wie die Liebe selbst.

Das ist die Grenze jenes Leserkreises, für den die in ihre Rechte eingesetzte erotische Literatur bestimmt ist. Die außerhalb dieser Grenze stehen, für die ist sie entweder eine frühreife oder aber eine überhaupt unverdauliche Frucht vom Baume der Erkenntnis.

Die Daseinsberechtigung der erotischen Literatur besteht eben nicht in der sinnlichen Aufstachelung, sondern in der idealen Anregung, und damit wird das Resultat erotischer Offenbarungen des Talents und des Genies nie bis zu jener Stufe sinken, wo die handgreifliche Gemeinheit nur in tierischer Verwirklichung ihren Endzweck sucht, sondern bis zu jener Höhe sich verklären, wo die Schilderungen und Anregungen des Autors zur Verherrlichung der Liebe des einen Mannes zu dem einen Weibe jene Kraft und jenen Schwung verleihen, der bei dem verkehrten und albernen Losungswort der Jetztzeit „Abwechslung" niemals denkbar ist.

Die Gesellschaft im reineren Sinne des Wortes kann den bisherigen Unflat unmöglich dulden und das Fortwuchern einer anwidernden Literatur, selbst im Dunkel der Verborgenheit, nicht billigen. Sie anerkennt aber die Rechte des Triebes der Arterhaltung und faßt sie in dem edlen Worte „Liebe" zusammen, indem sie dieselben für den stillen Tempel der Vertraulichkeit vorbehält und dem Blick der Unberufenen entrückt.

Doch ist ein literarisches Werk erotischen Inhalts, das der Mann seinem Weibe, das der Bräutigam seiner Braut anvertrauen kann, ohne vor ihr erröten, ohne vor ihr den Vorwurf der frivolen Gesinnung fürchten zu müssen, jetzt eben eine unbedingte Notwendigkeit der Zeit, deren Nichterfüllung die bisherigen heillosen Zustände anerkennt, und dabei zwischen Privatrecht und Staatsrecht eine so ungeheure Lücke im Familienrechte offen läßt, daß wegen ihr weder die Familie noch das Geschlecht jene Grundlage finden kann, auf der das Gedeihen des geschlechtlichen Zusammenlebens einzig denkbar ist.

Solche erotischen Werke haben nicht nur eine natürliche und gesellschaftliche Daseinsberechtigung, sondern sie sind sogar das Gegenteil der sittenverderbenden und unzüchtigen Romane und Bühnenstücke.

So wie die Liebe in ihrer krassen Sinnlichkeit oft zum Pfuhl der Übersättigung, des Unbehagens, der Reue, wie auch der physischen Schwächung und Versiechung wird, ebenso wird dieselbe Liebe in ihrer idealen Verklärung zum geistig hocherhebenden und körperlich kräftigenden Mittel; und ein Buch, das dadurch, daß es dem Leser die erhabensten Vorstellungen vor die Seele zaubert, deren Anschauung im Körper einen für jedes reifere Lebensalter äußerst gedeihlichen physiologischen Vorgang anregt, dessen wohltuende Wirkungen erfahrenermaßen das einzig natürliche Erhaltungsmittel der geschlechtlichen Kraft und Dauer sind, ein solches Buch ist nicht nur für die hoffende, verlangende, genießende Geschlechtswelt, sondern auch für die schon Lebensmüden ein ebenso willkommen erinnerndes und erfrischendes, wie auch ein vernünftig nützliches und notwendiges Haus- und Handbuch; als solches aber auch ein unerschöpfliches Nachschlagebuch, denn durch die Reichhaltigkeit des Stoffes ist so vielfaches und so vielfach Interessantes geboten, daß eines oder das andere stets im Geiste wieder auftaucht und wieder gelesen zu werden verlangt, da wir es entweder bloß mehr unklar denken, oder durch die angenehme Erinnerung daran es wieder zu lesen verlangen.

Diese Liebe, die in diesem Buche offenbart wird, ist mit ihren Vorsichtsmaßregeln und Anweisungen zum Genuß der natürlichen Geschlechtswonnen zugleich ein Zaubermittel zur dauernden Erhaltung der Gesundheit und zur vernunftgemäßen und sicheren Verlängerung des Lebens!

Vorliegendes ist ein erotisches Werk, dessen Zweck die Begründung und Feststellung einer ernsten Geschlechtsliteratur ist. Da aber gerade das Ernste in ihr das Natürliche ist, so ist und bleibt eine solche Richtung bei genauem Takt entschieden die erotischeste von allen, und dies Hocherotische in ihr garantiert ihr die ganze Welt der Zukunft, da sie allein es ist, sie allein es sein kann, die auf die Phantasie der Geschlechter jene wohltätige Wirkung übt, die der Liebe heiliges Feuer in edelstem Sinne anfacht und das Weib in seiner Erhabenheit, in seinen Wundern und Zaubern vor die Seele führt und zum Gegenstande des Verlangens macht; denn der Geist ist es, der in dieser literarischen Richtung zur Kenntnis verschlossener Naturgeheimnisse gelangt und die Kenntnis des Geschlechtslebens gleichsam zu einer Wissenschaft werden läßt, die infolge des vorliegenden Werkes eine solche Abrundung erfährt, kraft welcher diese Wissenschaft wie eine jede andere immer dasselbe Thema hat, dabei jedoch gerade so vielfach abwechselnd und verschieden, als wie z. B. die „Physik" eines jeden Autors verschieden ist, und wobei ein jeder schöpferische Autor mit immer neuen und neuen Entdeckungen und Grundsätzen diese seine Wissenschaft bereichern mag, ohne daß man sagen könnte, daß das eine Handbuch in großen und allgemeinen Zügen etwas anderes enthielte als ein anderes.

Und das ist es, worauf bei diesem Werke das Hauptgewicht gelegt wird. Nicht bloß mit einzelnen Geschlechtsereignissen, nicht bloß mit einzelnen geheimen Szenen befaßt sich die ernste, natürliche Literatur des Geschlechts, sondern sie behandelt das ganze Leben der Geschlechtswelt, im allgemeinen ebenso wie im besonderen, ohne daß sie in der Anzüglichkeit ihrer Schilderungen, dort wo es sich um Einzelereignisse, um besonders hervorzuhebende Umstände handelt, sich irgendwelchen Zwang oder Rückhalt aufzuerlegen bemüssigt wäre; im Gegenteil, ihre Schilderungen des Einzelnen müssen notwendigerweise schon deshalb interessanter und fesselnder sein, weil sie nur Natürliches vor die Seele führen.

Und wenn diese Literatur in der Mannigfaltigkeit der einzelnen Geschlechtsmomente eine ganze Schöpfung großartiger Formen enthüllt und die Großartigkeiten dieser Schöpfung einzeln und eingehend schildert, so klar und natürlich wie ein Bild, wie eine Statue es kann, dann will hiermit dem Leser und auch dem Künstler nicht besagt sein, daß diese Bilder zum Zwecke der unbefangenen plumpen Nachbildung da wären: im Gegenteil erwartet der Verfasser sowohl von der Bildungshöhe des Lesers, daß er das geistig Gesehene in seiner idealisierten Erhabenheit auffasse, als auch vom Künstler, daß er die vielmal hundertfachen Gestaltungen, die er in den Schilderungen findet, als Gegenstand seiner eigenen Phantasie, gleichsam „durch Schleier und Nebel" zur Darstellung zu bringen verstehen wird.

Die belebte Natur als solche verlangt von dem, was uns das Geschlecht bietet, nur wenig; sie ist sehr mäßig und bleibt es selbst bei dem körperlich kräftigsten, elastischesten Tiere.

Dies wenige aber ist in seiner natürlich-künstlerischen Gesamtheit ein Thema, so herrlich und so hehr, wie selten eines!

Und doch, wie sonderbar die Welt ist: Mord, Raub, Diebstahl, Betrug, falsches Spiel, Liebes- und Treuebruch und anderes Lotterwesen offen und frei zu besprechen, ist nicht unanständig, ist sogar „salongerecht"; aber das, was jedes lebensfähige Wesen als schönstes Lebensziel verborgen tief im Busen trägt, die Liebe, diese heilige Naturregung — sie ist als Gesprächsthema fast verpönt!

Alles hat seine Lehr-, Fach- und Hilfsbücher oder seine Zeitschriften, seine Literatur: alle Nuancen der Eitelkeit, der Gefallsucht, der Habsucht, der Blutgier, der Kindereien und Spielereien haben ihre Pflege und Verbreitung gefunden; nur die „Liebe", dieses große, hohe Thema hat kaum mehr als eine verborgene, sich mit Recht schämende, unflätige Sammlung von Werken, die keine Berechtigung haben, ins Gebiet der Literatur aufgenommen zu werden, und was außer diesem Würdiges und Gediegenes in neuester Zeit geboten ward, das ist so wenig, daß es neben anderen Zweigen der Literatur fast verschwindet.

Und doch, ein genauerer Blick auf die letzten Gründe der Wissenschaften belehrt uns über die ganz besondere Bedeutung der Geschlechtsverhältnisse.

Alle Wissenschaften zusammengenommen haben zur Grundlage den Lebenstrieb. Weiter, tiefer läßt sich kein Wissenszweig weder zurückführen noch begründen; das ist das Urfundament für alle.

Der Lebensinstinkt aber als allgemeiner Erhaltungtrieb äußert sich in drei besonderen Naturtrieben: Selbsterhaltung, Arterhaltung und Nächstenerhaltung.

I. Die Selbsterhaltung entspricht dem Grundsatz der Ernährung; als Fürsorge hierfür gilt die Erwerbung, während ihre gesetzliche Feststellung sich im Besitz und Eigentum, namentlich in der Hausgründung offenbart.

II. Die Arterhaltung äußert sich in der vernünftigen Geschlechtsbefriedigung und entspricht dem Grundsatz der Vermehrung; als Fürsorge dafür erkennen wir das gegenseitige Verlangen der Geschlechter; während sich als gesetzliche Feststellung derselben die Familiengründung, also der dauernde Geschlechtsbund, die Liebe, die Ehe in ihrer vollsten und wahrsten Bedeutung offenbart.

III. Die Nächstenerhaltung endlich kommt in der sozialen Behauptung und Sicherstellung dessen, was wir sind und was wir haben, zum Ausdruck und entspricht dem Grundsatz der gemeinschaftlichen Daseinsgarantie; als Fürsorge dafür erkennen wir die mannigfachen gesellschaftlichen und kommunalen Bestrebungen; als gesetzliche Feststellung des Grundsatzes aber offenbaren sich die Gemeinde, die Gesellschaft, der Staat und die in dieser zur Geltung gelangenden sittlichen Vorschriften, also: die Tugendlehre und das Recht.

Aus diesem dreifachen Urgebiete gehen alle Wissenschaften ohne Ausnahme hervor, und wir sehen, daß das Geschlechtsbündnis, die Ehe, oder allgemeiner die „Liebe" als solche und in ihrer natürlich kulturellen Wirklichkeit ihren Platz in der Reihe der Wissenschaften angewiesen erhält, welchen Platz nicht wir und hier und erst jetzt ihr einräumen, sondern den sie durch die Natur der Dinge von jeher innehat und beansprucht.

Daß diese Wissenschaft so total vernachlässigt ward, liegt in der erheuchelten Schamhaftigkeit, in der Sittenfalschheit, in der Scheinheiligkeit der Welt, die hierdurch selbst die „Praxis" der Liebe so im Argen wuchern ließ, daß der Mensch selbst heute noch in diesem Punkte kaum um Merkliches höher steht als das Tier!

Daher kam es, daß der Mensch in seiner Geschlechtlichkeit sich stets so tierisch erschien, daß ihm seine natürliche Gemeinheit hierin gar so sehr hat auffallen, und daß er sich dieses Gefühles infolgedessen endlich hatte schämen müssen. Denn naturgemäß äußert sich das Schamgefühl des Menschen nur in solchen Zügen und Eigenschaften, die ihm mit dem Tiere gemeinschaftlich sind und ihm in nichts einen Aufschwung über das Tier hinaus gestatten.

Der Reiz der Schönheit und seine Braut, die Liebe, sind ausschließlich nur Eigenschaften des Menschen, die seine natürlichen Genüsse so recht erhöhen und mehren, und von jeher ward es uns klar, daß der „Kunstsinn" die Genüsse stets auf die erhabensten Stufen zu heben vermochte. Ohne den Kunstsinn ist die Liebe auch beim Menschen immer nur etwas Vorübergehendes.

Erst die Vergeistigung des sinnlichen Gefallens und die Idealisierung des geschlechtlichen Verlangens heben an der Hand der Veredlung der natürlichen Zuchtwahl den ursprünglich vom tierischen kaum abstechenden rohen Naturtrieb zu jener Höhe empor, auf welcher er sich zur Liebe im menschenwürdigsten Sinne des Wortes verklärt.

Die Verwirklichung dieser Vergeistigung, dieser Idealisierung wird im ersten Buche dieses Werkes, im „Kampf ums Weib", versucht.

Selbst die idealste Liebe kulminiert in der gegenseitigen „Erreichung" der Liebenden; die Folge hiervon ist die vollste Befriedigung des natürlichen Geschlechtstriebes, also wieder eine Stufe, auf der die Natur so heftig in ihre Rechte tritt, daß der idealen Liebe bei jedem Schritt die Gefahr droht, den erreichten Standpunkt einzubüßen und auf den Standpunkt der Alltagsgemeinheit herabzusinken, die den Strahlenkranz der hohen Liebe wie ein böser Hauch zum Schwinden bringt.

Dies zu verhindern und die Großartigkeit der Liebesempfindungen in ihrer unverhüllten Reinheit zu erhalten, das ist der Zweck des zweiten Buches und führt zum schönsten „Triumph der Geschlechter".

Aber auch das triumphierende Glück ist dem Verwelken ausgesetzt: das ewige „Einerlei" des Genusses auf der einen Seite, auf der andern aber das zweideutige Losungswort „Abwechslung", das sind die zwei Würmer, die so gerne an der Wurzel des Liebesglückes nagen.

Es ist ein Naturzug, daß die Menschen an allem, was geschlechtlich schön ist, ein Gefallen finden und danach ein Verlangen hegen. Aber besonders menschlich ist es, daß der wahre Wert des ersehnten Geschlechtswesens erst nach öfterer Befriedigung recht erkannt wird. Weib und Mann entfalten Tag für Tag neue, bis dahin noch unbemerkte Vorzüge, und namentlich ist es das schöne Weib, das im Lieben ein unversiegbarer Born wonnevoller Momente ist, welche in ihren Haltungen und im Laufe der Zeit allmählich erst recht zur Geltung kommen.

Wer ein Weib noch niemals dauernd liebte, der kennt den Wundersegen dieses eigen-menschlichen Liebens nicht, der wird seinem angeboren-natür-lichen Zuge nach neuen und immer neuen Genüssen mit anderen nachhängen und gar nicht gewahren, daß die wahrhaft beglückende Abwechslung nicht „in immer anderen Armen", sondern „in denselben Armen", durch immer neue Genüsse der stetig neu und neu entdeckten Zauber desselben Weibes zu suchen und somit „persönlich" zu fassen ist.

Das ist es, worin Natur und Kultur im Punkte der Liebe nur allzuleicht in Widerstreit geraten, und das ist es, was an so mancher geschlechtlichen Verkehrtheit die meiste Schuld trägt.

Im vorliegenden Werke sollen die Menschen die Liebe dort und so erkennen, wo und wie sie diese zu erkennen entweder verlernt haben, oder zu kennen noch nicht gewöhnt sind. Sie sollen für das wüste Jagen nach feilen Geschöpfen, für jene verhängnisvolle Abwechslung etwas Gleichwertiges haben, eine Liebe und Treue bürgende Vergütung, die einerseits des edelsten Charakters würdig, selbst dem strengsten Sittenrichter nicht Abbruch tun kann, und die andererseits geeignet ist, auch den grundsatzlosesten Geschlechts-elementen die vollste Anerkennung abzugewinnen.

Die hohe Aufgabe, das ewige „Einerlei" zu bannen und dem „Triumph der Geschlechter" den reellen Wert durch die Dauer des Glücks erst voll zu verleihen, fällt dem dritten Buche, der „Verkörperung der Geschlechts-ideale", anheim und legt den Schwerpunkt dabei auf ein „Erotisches Riesen-system" von mehr als 500 von einander in jeder Beziehung verschiedenen Liebesmöglichkeiten, dessen Verwertung den vollsten Erfolg sichert und dessen „lottoartige" oder „kettenmäßige" Ausbeutung einen geradezu uner-schöpflichen Quell der verschiedenen geschlechtlichen Genüsse darstellt.

Dieses „Riesensystem" mit dem „Idyll" seiner Entstehung ist des welt-umarmenden Götterideales wunderbare Verwandlung.

Und möge dieses Ideales Verwandlung eine „andere Welt des Liebens" werden lassen, in deren helleren, reineren, wärmeren Sonnen des Lasters triefendes Auge sich schamgeblendet niederschlage; nieder auf den alten Pfuhl, dessen Trockenlegung sich im Glanz und Glühen der besseren Welt so folgerecht vollzieht, wie die Natur für unabwendbar konsequenten Vollzug ihrer Gesetze von jeher vollverläßliche Gewähr bot und ewig bieten wird.

Es ist dies Buch ein klarer Spiegel; er zeigt der Liebe Kampf und Sieg und Verklärung in treuer, wahrer Wirklichkeit.

Erschaut der Heuchler darin die unverhüllten lauteren Bilder der Natur und raunt er dir zu: „Der Spiegel ist trüb, behaucht" . . . so sag ihm nur getrost: „Scheinheiliger, das macht dein eigener Odem!"

Doch willst du ein verläßlich Urteil über den sittlichen Wert dieses Buches, so gib es dem gebildeten, urteilsfähigen und wahrhaft liebenden Weibe — dem treuen Lieb. Dein Lieb wird lesen und erwägen.

Dann stelle die Frage ehrlich, Aug' in Aug', und du wirst die Beurteilung hören, die du als richtig und befugt erachten magst, dieselbe Beurteilung, die der strenge Sittenrichter und auch der ernste Staatsmann ehrlichen Sinnes dir sagen muß!

ERSTES BUCH

DER KAMPF UMS WEIB

ERSTES KAPITEL

DIE NATÜRLICHEN GRUNDLAGEN DES GESCHLECHTSLEBENS

Motto: Was liebt, das blüht, was
blüht, das liebt.

Soweit die Liebe natürlich ist, ist vernünftigerweise an ihr auch nichts auszustellen.

Die Teilnahme an den Mitwesen und das Mitgefühl für dieselben, hervorgegangen aus dem Interesse, welches eines an der Mithilfe des anderen bei Befriedigung des Erhaltungstriebes hat, ist das ursprünglichste Motiv, der letzte Grund aller „Gesellung" bei Menschen und Tieren.

Wo dies Interesse fehlt, wo es in Wirklichkeit oder auch nur scheinbar aufhört, dort ist die Gesellung kein Bedürfnis mehr, und selbst Wesen, welche bisher in Gesellung gelebt, sondern sich bis zur Verwilderung ab, selbst die Menschen nicht ausgenommen.

Das Erste aber, was dieses „Interesse an den Mitwesen" begründet, ist die Geschlechtlichkeit oder das, was bei den Menschen, besonders auf höheren und höchsten Stufen der Kultur, „die Liebe" genannt wird.

Männchen und Weibchen, die miteinander in Geschlechtsgemeinschaft leben, zusammen also der Arterhaltung — bewußt oder unbewußt — obliegen, pflegen sich in der Regel auch in bezug auf die Selbsterhaltung gegenseitig beizustehen. Es muß also erst ein Schritt auf die höhere Stufe der Arterhaltung geschehen, um von hieraus zurück das Interesse für die Selbsterhaltung eines anderen anzuregen. Dies Interesse geht bei höher kultivierten Menschen bis zur Selbstverleugnung.

Überall, bei jeder Tiergattung, wo überhaupt das Unterscheidungsvermögen entwickelt ist und wo der Geselligungstrieb nicht zur Geltung kommt, leben Männchen und Weibchen eine Brunstsaison hindurch friedlich nebeneinander und bilden mit ihrer Nachkommenschaft solange eine Familie, bis das Interesse für die Erhaltung der Jungen gehoben wird, und diese nun selber ihre Erhaltung besorgen. Bei solchen Tieren ist das Paar-Leben vorherrschend. Tiere, die bloß durch die Kultur der Menschen gesellig zu leben gezwungen wurden — was ihnen sozusagen zur Natur ward — (z. B. die Tauben), leben wohl paarig, aber die Fälle der Untreue kommen häufig vor, und es lugt durch die Zähmung hindurch die liebe, freie Natur.

Bei Tieren, die gesellig beisammen sind, ist das Geschlechtsleben selten ein paariges, sondern ein gemischt freies. Nur der Mensch, dieses geselligwohnende Wesen, hat sich selbständig gemacht und bezüglich des Geschlechtes eine Abart von Ehen getroffen, die seiner Findigkeit wohl zur Ehre gereichen, aber nicht immer dauernd behauptet werden können; denn das Naturgesetz: „Geselliglebende Wesen sind in ihrer Geschlechtlichkeit beliebig frei", läßt sich nicht umgehen. Das kann bestritten, aber nicht umgestoßen werden. Bei so vielen und verschiedenen Völkern so verschiedene Eheformen! Ein jedes Volk lächelt mitleidig über die Ehen der anderen Völker und empfindet tief im Herzen die Verkehrtheiten der eigenen Gepflogenheit. Umsonst pfercht der Mensch die Gesetze der Natur in selbstgeschaffene Gesetze. Der Sinn der Einweiberei muß aus dem „Begriffe der Ehe" herausgedeutet werden; ihn buchstäblich zu nehmen, ist zu naiv.

So lange das Weib für seine Existenz nicht vollkommen selbst zu sorgen imstande ist und mit dem Mann sich nicht auf gleiche Stufe in allem erhebt — was kaum zu gewärtigen ist —, solange ist die Ehe für das Weib ein „Vertrag der Versorgung" und für den Mann ein Vertrag der geschlechtlichen Freiheit. Das ist der wahre Sinn, in dem sich schließlich jede Ehe ohne Ausnahme zuspitzt. Die Einweiberei mancher Tiere (Löwen, Tiger, Tauben, Schwalben etc.) ist nicht ein auf dem Geschlechtstrieb direkt beruhender Impuls, sondern vielmehr ein Impuls, dem Weibchen bei Hegung und Pflege der Jungen behilflich zu sein; diese Mithilfe beginnt schon bei der Höhlenwahl oder beim Nestbau. Fälle der Untreue kommen aber in Hülle und Fülle vor, und das beweist, daß hier nicht von Einweiberei die Rede sein und dies mit der Menschenliebe und Treue nicht verglichen werden kann.

Auch der Mensch hat jenen Zug der Hilfeleistung bei Hegung und Pflege der Jungen, und das bestimmt ihn auch außerdem von Natur aus zur einfachen Ehe, und wenn er, der doch ein Weibchen für die Dauer hat, ein anderes sucht — dann steht er eben nur auf unzureichender oder falscher Stufe; denn er verachtet und verunglimpft das Weib, dem er untreu wird.

Eine besondere Erscheinung im Punkte der Geschlechtlichkeit bilden die Zug- oder Wandertiere, die ihre Geschlechtssaison hindurch gewöhnlich ein isoliertes Paarleben führen, zur Zeit der Wanderung jedoch gemeinsam leben in Not und Gefahr.

Das ist ein neuer Beweis der obigen „Interessen-Theorie", da die Tiere während ihres Aufenthaltes im Brutklima geborgen und bezüglich der Erhaltung nicht aufeinander angewiesen sind; die Zugzeit aber ist gewissermaßen eine Katastrophe, die sich jedes Jahr erneut, und die für die Selbsterhaltung durch den Instinkt des Verjagtwerdens, durch die Ungunst der Temperatur, durch den Mangel ihrer meist besonderen Nahrung verhängnisvoll wird.

Hierdurch werden wir zu einem andern allgemeinen Naturgesetze geleitet:

> „Not und Mangel gesellt —
> Wohlergehn und Überfluß trennt."

Im Momente der höchsten Gefahr, wenn uns die Geistesgegenwart plötzlich verläßt und wir in der Bestürzung des Augenblicks selbst den Tod nicht ermessen können, in solchen Momenten sind wir der Idee des „Nichtseins" am nächsten!

Gemeinschaftliche Gefahr, solange die Hoffnung und Errettung vorhanden ist, befreundet die zusammenlebenden Wesen, während gemeinschaftliche Gefahr, ohne Hoffnung auf Errettung, die Betroffenen untereinander verfeindet. Und nicht selten geschah es, daß Menschen in der höchsten Not der Selbsterhaltung einander aufzehrten.

Das sehen wir ebenfalls deutlich in der Natur der Tiere illustriert, die sonst keinerlei Gesellschaft gebildet, paarig gelebt, aber in Zeiten, die für ihre Selbsterhaltung bedenklich wird, sich in mehr oder minder großen Scharen einigen. So sehen wir die Wölfe, diese untereinander so unverträglichen Tiere, im Winter rudelweise umherstreifen; es lockt sie gewöhnlich irgend ein Ereignis an einen Ort, sie strömen aus allen Gegenden zusammen. Und das ist das Sonderbare: wenn sie beisammen sind, so bleiben sie es trotz fortwährender Unverträglichkeit in der Regel für längere Dauer, nicht etwa um sich, wenn es darauf ankommt, zu unterstützen, sondern nur aus dem instinktmäßigen Bangen vor dem Zustande der Nahrungslosigkeit, der Gefahr des Unterganges mangels Nahrung, wo das Alleinsein der Erhaltung keine Garantien bietet; während das Zusammensein mit anderen, wenn auch auf Kosten der Existenz dieser anderen, aber doch die Hoffnung, d. h. die instinktmäßige Erwartung zuläßt, daß die eigene Erhaltung, schon durch die größere Wahrscheinlichkeit einer ergiebigen Abwechslung an Vorfällen und Zufällen, ein Interesse rege macht, das alle lebenden Wesen, wenn es Zeit ist, erfüllt oder erfüllen könnte. So sehen wir im Winter ganze Scharen von Singvögeln, die ebenfalls durch den Hunger an einem gemeinsamen Ort geführt, treu beisammen bleiben.

Eine besondere Lebensart zeigt zu Zeiten der Sperling. Er lebt zuweilen auch scharenweise, wohnt indessen beständig paarig, gesellt sich stets gerne und fliegt im Spätsommer, als wollte er auswandern, zur Zeit wo reichliche Saatenabfälle ihm zu Gebote stehen, in großen Scharen umher; auch im Winter tut er ein Ähnliches aus Mangel an Nahrung.

Noch sonderbarer ist aber das Leben der Stare: sie sind Wandervögel und bleiben doch den ganzen Sommer hindurch in Scharen beisammen. Auch der Rabe ist ganz eigentümlich. Die geschlechtliche Treue des Sperlings und des Raben ist nicht probefest. Der Star lebt im Sinne des natürlichen Gesetzes stetig frei. Trifft jedoch eine Naturkatastrophe die gesellig lebenden Arten oder selbst den Menschen, namentlich äußerste Hungersnot z. B. am Meere, ohne daß Rettung aus der Gefahr zu hoffen wäre, dann gibt es keinen Vater, kein Kind, keinen Bruder noch Freund: es hört alles Mitfühlen und Wohlwollen auf, jeder verfällt dem Gesetze der Selbsterhaltung; denn er sorgt im letzten Momente der Verzweiflung nur für sich, ist rücksichtslos gegen jeden, fällt feindlich jeden an, dem er die Mittel seiner Selbsterhaltung abzuzwingen vermag!

Zur Geschlechtlichkeit zurückkehrend behaupten wir, daß sie unbedingt die erste Basis der Familie ist, von der die Stämme, die Nationen und Völker sich ableiten.

Das geschlechtliche Verlangen als solches aber ist eine psychophysische Erscheinung, ein Ergebnis der wirkenden Naturgesetze: die Natur sorgt auf diese Weise, daß sie, wie bei jeder Kreatur, die geschlechtliche Erregung auch in die Brust des Menschen legt, um diesem seine Fortpflanzung zu sichern, d. h. ihn in seiner Art zu erhalten.

Nicht unwesentlich ist endlich auch die psychophysische Erscheinung des Schamgefühls, dieses eigentümlichen Leiters des gesamten Geschlechtslebens, der in der Kulturwelt den Schlüssel zu dem rätselhaften, scheinbaren Widerspruch liefert: „In der Liebe des Menschen ist das Natürliche als unnatürlich, tierisch verpönt." Und wenn der Mensch von Natur aus auch zur Vielweiberei geneigt ist, so treibt ihn die Kultur zur Einweiberei. Die Schamhaftigkeit aber erklärt sich aus der Natur des Geschlechtstriebes aufs bestimmteste. Der Mensch nämlich erhebt sich, durch die Gabe der Vernunft und die Kraft des Charakters, der demzufolge in ihm liegt, hoch über das Tier und über die Natur und macht aus dem, was tierisch natürlicher Geschlechtstrieb ist, das ästhetische Geschlechtsgefühl — die Liebe. Das Kind hat von diesem Unterschiede (wie selbstverständlich auch das Tier) keinen Begriff, keine Ahnung und kennt das Schamgefühl nicht. Sobald der Verstand reifer wird und es mit der Natürlichkeit in Widerspruch gerät (der

Verstand offenbart den höheren Standpunkt des Menschen über das Tier und die Natur), wird ihm klar, daß es einen höheren Beruf als die tierische Natürlichkeit vor sich hat, und daß es diesen höheren Beruf auch in bezug auf das Geschlechtsgefühl zu erfüllen hat. Vor ihm steht das andere Geschlecht und bald auch das ausgewählte, erkorene Geschlechtswesen.

Auf seiner hohen Stufe gibt der Mensch nicht gern zu, daß in ihm die Natur der Vielweiberei lebt und rege ist; denn er hat gewählt und liebt ein Weib, d. h. ein Ideal in einer bestimmten oder unbestimmten Person — und dieser idealen oder realen Person gegenüber erachtet er es als Sache des besonderen Menschenstolzes, als Sache des kulturellen Ehrgeizes, daß er dem anderen Geschlechte gegenüber das Tierische, die natürliche Hinneigung zur Vielweiberei in sich soviel als möglich verhülle, verberge, verleugne, um dem Ideale seiner Wahl es fest glauben zu machen, daß er nur es und nicht auch die anderen liebe! Und das ist eine Verstellung, eine Lüge, die leicht und gewohnheitsgemäß ausgesprochen und mit ziemlicher Hartnäckigkeit oft konsequent auch behauptet wird. Kommt man aber in die Lage, daß durch den Anblick oder die Erwähnung sehr natürlicher, geschlechtlicher Dinge die wahre echte Natur sich vor die kulturelle Lüge hinstellt, dann fühlt man, daß das, was man unaufrichtig gesagt und behauptet hat, mit dem angeborenen Wahrheitsgefühl in Widerspruch tritt und gleichsam zu einer geschlechtlichen Gewissensfrage wird, die notwendigerweise das geschlechtliche Schamgefühl mit einschließt. Auch das andere unschuldige, sogenannte jungfräuliche Schamgefühl ist nichts anderes als die Maskierung gewisser Gesellschaftszustände, deren Enthüllungsmöglichkeit dieselben Folgen hat wie oben. Der Wilde auf der Stufe des Tieres kennt kein Schamgefühl; aber auch das vergeistigte höhere Menschenwesen, sagen wir der personifizierte Engel, kennt es wieder nicht, weil beide mit den obigen Widersprüchen nichts gemein haben. Der Schwelger ist schamhaft, wenn er will, und nicht schamhaft, wenn er nicht will. Die verschämte Jungfrau ist am schlimmsten dran, weil der Verdacht des verdeckten kühnen Denkens auf sie fällt. Liebende, Weib und Mann, haben einander gegenüber keine Ursache zum Schamgefühl, weil die obigen Gründe für die Momente des rückhaltslosen Beisammenseins gänzlich in Wegfall geraten. — Der Mensch, der allein ist und sich im Spiegel sieht, wird sich auch nicht schämen, weil das, was er sieht und tut, mit dem, was er denkt und für wahr hält, in vollem Einklang steht. Wo dies anders ist, d. h. wo das, was man spricht, mit dem, was man (wenn auch unbewußt) als naturwahre Anlage in sich trägt, in Widerspruch gerät: dort entsteht durch diesen Widerspruch der Natürlichkeit mit der kulturgemässen Vernünftigkeit ein eigentümlicher Seelenkampf, dessen Unbestimmtheit als Unwahrheit, als Lüge tief im Innern erkannt wird; und diese Erkenntnis macht um so gewisser und um so höher erröten, je zarter und je empfindsamer das kulturelle Selbstgefühl ist. Das Erröten in geschlechtlicher Scham aber ist dasselbe wie beim Ertapptwerden auf einer gegen die reine Natur begangenen Unwahrheit, und ist bei unverdorbenen, unschuldigen Naturen heftiger und auffallender als bei solchen, die durch ofte Prüfung und reichere Erfahrung anderer, sogar lügend, mutiger und kühner in das Auge sehen.

Dem wahren Wesen und Zwecke nach gibt es nur eine Liebe, und das ist die natürliche Geschlechtsliebe, deren Endziel und Endresultat die Befriedigung des Geschlechtstriebes ist. Alles andere ist Lug und Schein und löst sich zum Schluß stets in diesen Endzweck der Befriedigung auf — außer daß totale geistige oder körperliche Impotenz oder gar ein unnatürlicher Hang zur widernatürlichen Unzucht hemmend in den Weg sich wälzen.

Und so ist denn auch die sogenannte platonische Liebe nichts als ein im guten Glauben gefaßter Vorsatz unschuldiger, naiver, junger Leute verschiedenen Geschlechts, unter sich das Band inniger, aufrichtiger Freundschaft zu schließen; denn sie wissen nicht, daß das Wort Freundschaft zwischen Wesen verschiedenen Geschlechts eine Unmöglichkeit ist. — Nur Männer untereinander sind der Freundschaft fähig. Weiber schon nur in sehr geringem Maße; Kinder noch viel weniger; am allerwenigsten aber Individuen verschiedenen Geschlechts. Bei diesen gibt es nur Liebe; alles andere, was sie einander näherbringt, sind mehr oder minder scharfe Züge der Sympathie und des Gefallens; Freundschaft aber, die gibt es nicht. Und sollten sie, wenn auch nur unbewußt und nur in reiner, edler Absicht, einander Freundschaft heucheln, platonische Liebe schwören, sie können wohl gewiß sein, daß über kurz oder lang ein Kuß doch allzu feurig wirken, eine Umarmung sinn- und pfadverirrend, begünstigt durch die unbelauschte Einsamkeit, zu Situationen führen wird, wo Lippen und Körper sich aneinanderpressen, wo der Hände Spiel der Kleider lästigen Vorhang, vielleicht bloß ungewollt, aus Irrtum, in Unordnung bringt; und das Ende pflegt ein Sinnenrausch, eine Hingebung ins Unvermeidliche, eine willenlose Unterwerfung unter die unerbittliche Herrschaft der Naturgesetze zu sein. Es war das oft schon da. Sie merkten es kaum und es ward aus platonischem Freunde und hochidealer Freundin wie auf einen Zauberschlag Mann und Weib, und als sie es bemerkt, da schlossen sie aus Scham sich fester aneinander, sie wußten nicht, was Namenloses mit ihnen da geschah, sie durchschauerte mit stürmischem Ungestüm . . . die Erkenntnis ihres Irrtums; die Maske fiel, sie sahen sich wie ein Zerrbild der Reue niedersinken, und hinter der Maske, da sahen sie vergnügt das ehrliche, wahre Bild der Liebe, das schelmisch treuherzige Lächeln, wie es Amors und Psychens Antlitz umspielt, als sie dem Lieben nichts mehr abzuverlangen gemocht!

*   *   *

ZWEITES KAPITEL

DAS GEGENSEITIGE GEFALLEN UND VERLANGEN DER GESCHLECHTER

as Hangen und Bangen der beiden Geschlechter für einander ist entschieden ein Kampf, zuweilen ein schwerer, harter, schmerzvoller Kampf, woran das Weib trotz seiner milden, sanften Anlagen, trotz seiner hingebenden, duldenden Natur oft still und stumm in Wehmut teilnimmt; ein Kampf, woran das edle Weib, und wenn ihm darob das Herz auch brechen sollte, den innigheftigen Anteil nicht offenbart; und nur die Träne, diese herzenslastende Perle, verrät es zuweilen, was in solch armen Herzen schrecklich wühlt!

Das Weib, dessen ganzes Dichten und Sinnen auf Liebe geht, tritt bescheiden in den Hintergrund und läßt dem Mann die Führerrolle. Er waltet, wird kühn und maßt sich selbst die grellsten Unbescheidenheiten an, und das passiv veranlagte Weib schweigt dazu. Alles was im Laufe der Zeit aus Liebe wurde, Gutes und Böses, Ernstes und Lächerliches — alles das ist des Mannes Werk, des Führers, des Lenkers der Schicksale des Geschlechtes, und alles, wie es ward, entsprang dem gleichen Grunde. Die Institutionen der Ehen gingen aus einem besonderen Umstande hervor, der in dem Geschlechtsleben des Mannes ganz eigentümlich ist. Nämlich: der Mensch ist wohl ein gesellig lebend Wesen, ist folglich auf geschlechtsgemeinschaftliche Verhältnisse angewiesen; aber sein Geschmackssinn, sein Sinn für die Reize, Schönheiten und Vollkommenheiten des auserkorenen Wesens macht sein Verlangen nach diesem Wesen zu einem bleibenderen, als das bei dem Tiere der Fall ist. Es wird notwendigerweise zu einem heftigeren und steigert sich oft bis zum Äußersten. Die einmalige oder öftere Befriedigung seiner Geschlechtsneigung mit diesem Wesen befriedigt nicht, sondern steigert im Gegenteil das Verlangen nach fernerer Befriedigung mit demselben Weibe.

Die Selbstsucht macht sich geltend, der Gedanke, daß ein anderer sein Auge, seine Gelüste auf die uns gehörige Frau lenkt, wirkt empörend. Dieser Zustand des heftigen Hangens am Lieb erstreckt sich auf Monate, auf Jahre, und auf um so länger, je größer die Gefahr der Verlockung oder gewaltsamen Entreißung, und je geringer die Gefahr des freiwilligen Abtrünnigwerdens ist, d. h. je treuer und inniger die Hingebung des Weibes und je geringer ihr Wunsch ist, sich anderen zu nähern anderen zu gefallen.

Der Eindruck, welchen zuweilen das Weib auf den Mann oder umgekehrt der Mann auf das Weib zu machen vermag, ist geradezu ungeheuer. Es ist das eine Erscheinung, die um so wichtiger ist, als sie eine sehr bedeutsame Tragweite besitzt.

Allen diesen Eindrücken Gehör zu geben, ist die Quelle fürs höchste Elend des Geschlechtslebens; ihnen aber nach Willkür und beliebig widerstehen zu können, ist die sicherste Garantie des höchsten Glücks und die geradeste Bahn zur hehrsten Verwirklichung der Liebe.

Bezüglich des Gefallens kann nur eine gewisse, beträchtlichere Zeitsumme, als Gesamtheit der oft sich wiederholenden Eindrücke und Gefühle, maßgebend sein. Momentane Eindrücke und für Momente empfundene Gefühle haben fast ausnahmslos ein falsches Urteil zur Folge. Auch die Verschiedenheit der Gelegenheiten muß mit in Betracht kommen; denn sonst geht uns das Urteil nach anderen Richtungen gänzlich ab.

Kein Mensch auf dieser Welt kann mit allen Menschen konkurrieren. Niemand, selbst nicht der Allervollkommenste, vermag seinem Lieb alles zu bieten, was es in der Welt wünschen mag, und neben ihm und außer ihm wird sich stets der eine oder andere finden, der Eigenschaften besitzt, die auffallen und gefallen. Es dürfen darum am Wesen, das wir uns zur Liebe ausersehen, nie die Einzelheiten des Menschen als Maßstab des Gefallens gelten und genügen; denn sonst könnte sich's ereignen, daß alle Liebe ein Unglück und ihre Folgen eine Hölle werden. Diejenigen, welche allen und nicht bloß einem zu gefallen bestrebt sind, tun dies bloß aus dem Grunde, weil sie mit ihrem eigenen äußeren und inneren Werte nicht im klaren sind; sie sind das Opfer der Geschlechtsneugierde; sie wollen nämlich sehen, ob sie auf andere Eindruck machen. — Und finden sie dies, dann fühlt sich ihre Eigenliebe geschmeichelt und befriedigt, und dies Gefühl ist für sie ein angenehmes, recht wohliges. — Manche Menschen schätzen dies Gefühl der befriedigenden Eigenliebe sogar höher als so manches andere, oft selbst höher als die Liebe —: das sind die Gecken und Koketten.

Doch abgesehen davon, daß Menschen, welche ihres wahren Wertes bewußt sind, in der Regel das Bedürfnis, anderen zu gefallen, nur in sehr geringem Maße haben, so ist auch zu beachten, daß eine derartige

Befriedigung der Eigenliebe ein sehr schlechtes und falsches Mittel ist, über den eigenen Wert ins klare zu kommen; denn erstlich ist das Streben des Mannes, ein Weib mit seinen Aufmerksamkeiten zu verfolgen, noch kein Maßstab —; er nähert sich ihr oft bloß, um zu sehen, was denn weiter an ihr ist, und findet er sich auch enttäuscht, so wird er sich stets hüten, das merken zu lassen, sondern wird im Gegenteil oft noch zuvorkommender, damit er sich bei der ersten günstigen Gelegenheit, ohne auch nur Verdacht erregt zu haben, auf schöne Art losmachen kann. Soviel Takt wird jeder haben, der nur halbwegs die Rücksichten für das andere Geschlecht kennt.

Nun erst die, welche sich treu und innig lieben! In dieser Liebe muß schon der eigene Wert erkannt sein. Bei wahrer Liebe genügt dieser Maßstab des Wertes stets. Wer mehr sucht, wird sicherlich weniger finden; denn er weiß nicht, was er tut und begeht zugleich das unverzeihlichste Verbrechen gegen die Liebe. — Wer es nicht weiß, was seine Gefallsucht für ein Verbrechen ist, dem kann es verziehen werden; doch wer es weiß und dennoch tut, wenn auch nur, um seine Neugier zu befriedigen, der ist der Liebe, die er empfängt und empfindet, entschieden nicht gewachsen.

„Dir, Geliebte, sag ich es, damit du es wissen magst, und wenn du's weißt, dann weiß auch ich, daß du die überzeugende Kraft des Hiergesagten richtig ermessen und würdigen wirst."

Der Hauptgrundsatz alles Gefallens und Verlangens und somit auch aller Liebe ist: „Wie du mir gefällst, so strebe ich, dir zu gefallen; ob ich es dir zu zeigen oder voll zu offenbaren vermag, ist nicht gewiß."

Das ist das Schlagwort des Menschen im allgemeinen und des Geschlechts im besonderen.

Natürlich und wahr! „Wie du mir gefällst," will besagen: „Welchen Eindruck deine Person, dein Nimbus und dein Wert, dein Ruf und dein Leben auf mich ausüben."

Besonders wichtig ist darum denn auch die Absicht und der Zweck, weshalb wir andere überhaupt der Aufmerksamkeit würdigen. Tun wir das, um unsere Liebe zu prüfen uud zu kräftigen, dann hat es weniger Sinn und Berechtigung, denn wir tun das eigentlich, um Vergleiche anzustellen. Was einer tun und was einer lassen soll, das gibt jedem sein eigenes Gefühl ein; denn jeder weiß am besten, ob er glücklich ist und ob er Grund zu prüfenden Vergleichen oder zu aufmunternder Kräftigung hat.

Eines aber bleibt unbestritten wahr: Wenn wir lieben, wahrhaft lieben, so haben die Züge der oder des Geliebten etwas Eigenes, etwas Süßes und Trauliches, was wir in niemand anderem sehen als höchstens noch im eigenen Kinde. Das ist ein Vorteil, der beim Vergleichen mit anderen entschieden schwer in die Wagschale fällt und stets das Urteil zu unseren Gunsten beeinflußt. Und daher sind im Fall der erprobten echten Liebe und Treue die Vergleiche mit anderen nur ein natürlich aufrichtiges Wohlgefallen an den Vorzügen des Geschlechts im allgemeinen und nimmer gefährlich oder schädlich für den geliebten Gegenstand. Von jenem Herz und Mark durchschüttelnden Drama ab, das wohl jeden einmal durch den schrecklichen Verdacht, die Auserwählte schwebe in Gefahr sich einem andern zu widmen, aus dem Liebesschlummer reißt und ihn mit dem erst jetzt so recht wert und lieb gewordenem Weibe verbindet, seit er jenen unendlichen Wert des unverfälschten Glücks empfinden lernt: von jenem Zeitpunkt an sieht jeder sich gerne die Weiber und die Männer an. Wenn er dann Männer schaut, die durch irgendwelchen Vorzug auffallen, dann fragt er sich, ob sein Lieb diesen ihm wohl vorziehen könne, und ist der Liebesbund ein aufrichtig herzlicher, dann kann jeder getrost und entschieden mit „nein!" antworten. Doch sollte der Argwohn des Gefallens und Verlangens von seiten des Liebs irgendwie zu befürchten sein, dann wird ein sichtbares Streben, jenem andern an Vorzügen möglichst nahe zu kommen, im Auge des geliebten Weibes ein Verdienst sein, das alle ferneren Vorzüge jenes andern reichlich aufwiegt und voll genügt, um jede Gefahr, die der Liebe droht, gänzlich fern zu halten.

Wenn ihm aber ein Weib auffällt, ihm, der glücklich liebt, dann fragt er wohl besonders gern, ob dieses Weib ihm lieb sein könnte, ob dies Weib seinem Lieb vergleichbar wäre, oder ob dieses Weib gar sein Lieb überträfe. Und tut er dies, so muß er sich wohl unwillkürlich eines Unsinns zeihen. Man fühlt hierbei fast allemal das Gewissen sich regen, namentlich wenn man sich das treue Bild des Liebs in seiner vollen Echtheit vor die Seele zaubert. Es hat unser Lieb ein eigen Etwas, was uns besonders innig anspricht, in seinen Zügen, in seinem Wesen, und dieses selbe Etwas werden wir bei keiner andern mehr finden.

Unter den Hunderten von Millionen Menschen auf dieser Welt gibt es keine zwei, die sich vollkommen gleich wären. Auch bei denjenigen zweien, die wohl in allem ganz ähnlich sein könnten, wird sich bei jedem ein gewisser Zug finden, der ihn von dem anderen unterscheidet!

Und dieser Zug ist jenes ausschließlich Einzige, was ein jeder für sich hat, und der sich in keinem anderen mehr findet, so groß die Welt auch sein mag. „Dieser Zug, der dich, meine Geliebte, mir so unaussprechlich lieb und traut erscheinen läßt, dieser ist es, der mir an dir über alles zauberisch dünkt, der mir durch nichts auf dieser Welt ersetzt werden kann."

„Darum magst du meiner ruhig sein! Nur du allein und einzig „nur dein

Wesen" ist es, was für mich das Weib zur Bedeutung erhebt. Wer es auch immer sein möchte, die in mir Lust und Verlangen nach Liebe einflößte: das Weib, in dessen Armen ich die Liebe in Wirklichkeit genieße, kannst nur du sein, — einzig und allein nur du! Meine Treue ist unerschütterlich."

Wenn im allgemeinen das Weib auch weniger Drang und kein so stürmisch Sehnen nach Befriedigung hat wie der Mann, so ist es doch im Punkte der Treue, solange bloß physische Momente maßgebend sind, viel unverläßlicher als der Mann, weil dem Weibe die Gelegenheiten geboten, aufgedrungen werden, während der Mann diese erst suchen muß. Die Frau kann, in Glück und Frieden lebend, mit den treuesten Vorsätzen umgehen; da wills der Zufall anders: es drängt sich einer an sie und versucht alles an ihr. — Vermag sie es, sich stolz und hoch in der ganzen Majestät ihrer Weiblichkeit zu fühlen und angesichts der entwürdigenden Zumutung sich bis zum letzten Zoll als das Weib des einen und einzig Auserwählten zu behaupten, dann ist alles wohl und gut; wenn nicht, dann ist alles weitere vergebens und verloren.

Der Mann muß erst suchen gehen (was ihm entgegenkommt, ist selten gefährlich) und er braucht nur lässig zu sein, so bleibt er unversucht und unverleitet; das Weib, und namentlich das schöne Weib, ist gleichsam wie das Wild, ein Gegenstand der allgemeinen Suche. Wird es aufgewittert, aufgespürt, so beginnt die Jagd, öffentlich oder im geheimen, und das Weib —? wird handeln, wie es kann und wie es weiß —, und läßt in solch verhängnisvollen Augenblicken sich in jenem Lichte schauen, das des herzerwählten Mannes Glück und Schicksal für und für umfließen muß.

Ein jedes nur halbwegs hübsche Mädchen wird, wo sie geht und wo sie steht, von jedem Manne mit eigens auffallenden, verlangenden und alles mögliche besagenden Blicken angesehen.

Es gehört viel Kraft und Weltkenntnis dazu, daß ein Mädchen dieser Sprache widerstehe, sich von ihr nicht betören lasse, sich von ihr mit Stolz abwende.

Diese Kraft und Kenntnis fehlt aber den meisten; und das Schlimmste beim Ganzen ist, daß gerade die Unerfahrensten diesen Mangel an Kraft und Kenntnis am wenigsten fühlen und den ihnen drohenden Gefahren, wie die Abendfalter dem Lichte, am kühnsten entgegentreten, entgegenstreben. — Da gibt es dann verbrannte Flügel! Und was ist wohl so ein Falter, und wäre er der farbenprächtigste, mit verbrannten Flügeln? was wird aus ihm? Die Hyder, das vielköpfige Ungeheuer, wacht; sie hebt das lauernde Haupt allüberall, wo Weibesschönheit in Glanz und Zauber strahlt; sie wacht und lauert mit gierigem Blick und harrt, ob nicht ein unberechneter Moment, ein unbedachter Schritt auch nur des Kleides Saum an den Rand ihres Geheges brächte, um es zu erfassen, um es festzuhalten, um es näher und näher zu ziehen, und damit die Schönheit in ihre Gewalt zu bringen und zu dem zu machen, was ein Hyderherz in schnödem Drang verlangt!

> Drum: Eines schickt sich nicht für alle,
> Sehe jeder, wie er's treibe,
> Sehe jeder, wo er bleibe,
> Und wer steht, daß er nicht falle.

So meinte es der Dichter schon, als er diese Lehren weisen Sinns vom Stapel ließ.

Glücklich, wems gegeben ist, auf eigenen Füßen festzustehen und den eigenen Willen andern gegenüber auch eisenfest zur Geltung zu bringen.

Wie ungleich höher stünden unsere Damen, gerüstet mit solcher Kraft und Kenntnis! Wie ungleich lieber senkte der Mann vor dem kräftig-stolzen, schönen Weibe sein Haupt in Achtung und Verehrung, in Anbetung und Bewunderung!

Die gesellschaftlichen Zustände sind verkehrt; Frauentugend hat ihren Glorienschein im Getriebe der modernen Lebensauffassung sehr erblassen sehen. Der Mann in seinem kühnen und verwegenen Auftreten hat sich das große Wort angemaßt und dem Weibe, trotz seinen Ansprüchen auf Gleichberechtigung, nicht in den Vordergrund zu treten gestattet. Der Mann mit seinen kühnen Zwecken will im Weibe auch jetzt noch stets das „Mittel" sehen, in ihm gerne nur das Mittel voll zur Geltung bringen.

Englands junge Damen protestieren feierlich und öffentlich gegen jede Bevormundung und Bewachung. Sie haben recht und sagen: „Wer der Bewachung bedürftig ist, ist der Bewachung nicht wert!" Sie haben darum recht, wenn sie das sagen, weil dort, wo ein solcher Geist hat herrschend werden können, auch bedeutend andere Sitten und Gebräuche herrschen und vorgebaut haben müssen. Dort ist die junge Dame schon kraft ihrer Erziehung sozusagen gefeit, und alles, was unedel und unehrbar, kann ihr nicht straflos nahen.

Ganz anders ist's noch bei uns. Hier kennt die Erziehung junger Damen erst bloß dem Namen nach das System, worin der Stählung des Charakters, der Wappnung gegen alle Ungebühr ein eigenes ganzes Kapitel gewidmet wird. Und unsere jungen Damen, so ungewappnet sie da wandeln, könnten wohl der Warnung und des Schutzes kaum entraten, ohne dabei jeden Moment ihre Ehrbarkeit aufs Spiel zu setzen.

Schauen wir nur die Welt und uns genauer an, so werden wir sehen, daß es nicht einerlei ist, wen man liebt, oder auch nur, wem man seine Aufmerksamkeit oder seine freundlichen Blicke widmet, und daß es überhaupt gewagt ist, selbst nur die Aufmerksamkeit der Menschen zu erregen. Gehen wir durch eine frequentierte Straße. Wir begegnen oft Mädchen von großer Schönheit! Der Gedanke aber, sie sind jedem erbötig, läßt den Gedanken an Liebe gar nicht aufkommen.

Schauen wir aber auch die Männerwelt mit an, so müssen wir uns sagen: diese Männer wälzen sich ebenso im Schlamm herum wie jene; sie suchen sich heute diese, morgen jene aus und wechseln damit, gerade wie es ihnen gutdünkt. Sind diese Männer um vieles besser als jene Mädchen? Kaum! Der Unterschied ist bloß, daß die Männer wählen, die Mädchen aber gewählt werden. Zur Prostitution gehören entschieden beide. Und so ist ein großer Teil der Männer. Solche Männer zu lieben, das wird ein denkendes Weib, das ihr Herz am rechten Flecke hat, wohl tief und reiflich überlegen. Denn an dem feministischen Grundsatze festzuhalten: „Für solche Männer ehelich bestimmt zu sein, braucht sich das Weib auf die Gewissenhaftigkeit wohl nicht zu sehr zu verlegen“, dazu hat das Weib mit Rücksicht auf die Würde ihres Geschlechts nun und nimmer das Recht.

Die Meinen aber, mein Weib und alle, die meine weibliche Familie bilden, und deren makellose Charakterreinheit mir am Herzen liegt, werde ich vor dem Umgange und jeder Berührung mit solchen Buhlern zu bewahren als Pflicht erachten; denn ein solcher Prostituierter ist verächtlicher als die Prostituierte, indem ersterer selbst will und sucht, während letztere in den meisten Fällen nur darum in den Schlamm gerät, weil sie muß oder versucht wird!

Das Entsetzlichste beim Ganzen aber ist, daß bei beiden Geschlechtern, namentlich bei Mädchen, die Herzensreinheit unter dem Zwang der herrschenden Moralordnung allmählich vergilbt und die Idealisierung der Liebe stetig unmöglicher, aussichtsloser wird.

Das ist die gesetzesgerechte Folge dessen, daß das Weib dem Wüstling und dem Laffen immerhin noch Wert beilegt und seiner Gegenwart überhaupt noch Aufmerksamkeit widmet.

Aber auch andere Folgen hat die Berührung mit der Prostitution beiderlei Geschlechts. Es ist das nicht zum wundern, weil das wieder nur die gesetzgerechte Folge jenes Leichtsinns ist!

Wie viel Elend durch Unreinheit und Krankheit ... bis zum Ekel und Erbarmen! ... Wie glücklich — und das wissen die Frauen am wenigsten —, wie hoch glücklich sich ein Weib schätzen darf, das nichts mit solchem Ekel, nichts mit solchem Erbarmen je zu schaffen hat!

Wieviel und welch reicher Stoff für beide Geschlechter zum ernsten, wahrhaft ernsten Denken!

Menschen, namentlich Mädchen, welche, geistig hochstehend, klugen und sinnigen Auges in die Welt blicken, sind in der Regel verläßlich an

Charakter und Treue. Solche, die unsicheren Blicks die Welt betrachten, aber im Vertrauen auf ihre Abkunft oder ihre persönliche Schönheit wandeln, pflegen selbstbewußter und vermessener zu sein, scheuen vor Charakterverstößen weniger zurück, sind zu sehr den Eindrücken preisgegeben, die andere auf sie machen, werden von solcher Strömung gleichsam mitgerissen und gehen willenlos mit, und viel willenloser, als daß sie den Begriff der Beharrlichkeit, der Treue nur überhaupt zu fassen vermöchten.

„Hüte dein Auge" — das sage dem Lieb —; denn das Feuer deines Blickes ist zündend. Mit diesem Feuer zu spielen, bloß um eine eitle Laune oder die Eitelkeit selbst zu befriedigen, ist ein frevelhafter Leichtsinn und richtet mehr Unheil an als das Kind, wenn es im Stroh mit Glut und Funken spielt; denn wenn deines Blickes Feuer jemanden entflammt, und dieser Jemand dir nun nachzustellen sich veranlaßt, sich ermutigt fände, dann — dann wäre deine und meine Liebe am Rande ihrer Träume und kämpfte, wie knapp vor dem Erwachen, mit Tod und Verderben.

Das Weib, das wahrhaft liebt, und solange es wahrhaft liebt, sucht auch in der Tat nur einem: dem, den sie liebt, zu gefallen; und da sie weiß, daß anderen zu gefallen die Gefahr der Versuchung in sich birgt, und daß dieser Gefahr sich auszusetzen immer gewagt ist, sucht sie sich womöglich abzuschließen, andern gleichgiltig zu bleiben, oder sogar, wenn's sein muß, ihnen zu mißfallen. Erst wenn ihre Liebe sinkt, dann wird der „Blick auf andere" ein anderer; sie sucht zu gefallen, und es hängt der tatsächliche Übergang zu einem anderen dann nur an einem Faden. Tritt dieser Zustand ein, dann ist es am besten, man trennt sich entweder, oder aber man steht sich und dem natürlichen Gesetze nicht ferner im Wege und wahrt dabei den Anstand.

Weiber, die da sagen, daß sie anderen ungescheut gefallen können, dafür aber der Festigkeit ihres Charakters viel zu sicher seien, als daß irgend eine Gefahr für ihr Herz vorhanden wäre —, diese sagen das nur, ohne zu wissen warum: vielleicht bloß, weil es Sitte ist; aber solche Weiber sind keinen Moment mehr verläßlich, ihre Liebe ist keinen Moment mehr sicher.

Der Mensch ist von Natur aus gefallsüchtig; das wird umsonst bemäntelt; das ist ein Gesetz, dem jeder und jede mehr oder minder verfallen ist. Wenn wir jemandem gefallen — so schmeichelt das unserer Eigenliebe, und je schwächer wir an Selbstbeherrschung sind, um so sicherer verraten wir dies Wohlgefallen, und um so schwächer erweisen wir uns jenen gegenüber, denen wir gefallen, und zwar um so schwächer, je größer dies Gefallen ist und je deutlicher es sich offenbart. Das Weib aber ist in diesem Punkte entschieden noch schwächer als der Mann, und die besten Vorsätze lassen sie gar oft im Stiche und werden zu Verrätern an ihr, an ihrer Liebe, an ihrer Treue, auf welche sie so fest gebaut!

Das Gesetz, welches der Mensch schuf, die Ehe, ruht auf obiger Basis und hat wohl das Gute, daß es auch das gefallsüchtige Weib vor vielen Versuchungen schützt; es ist ein Wall, der tatsächlich aufgetürmt dasteht und erst überschritten werden muß, um zu dem Herzen des Weibes zu gelangen. Das gefallsüchtige Weib hilft aber gern und oft zur und bei Übersteigung des Walles, und wenn die Wache nicht eine strenge ist, so wird trotz den oft verhängnisvollen Folgen der Wall zumeist zum schützenden Hort der Liebeleien.

Die moderne Ehegattin ist im Durchschnitt gefallsüchtig, sie schmückt sich um zu gefallen, gefällt und fällt — um so leichter, je schöner und je freier sie ist.

Die Toilette und das Maß des Verlangens sich anderen zu zeigen, ist das Barometer der Wandelbarkeit im Lieben. Dies Barometer zeigt immer richtig.

Es schuf sich der Mensch das Gesetz der Ehe, um sich das Weib seiner Wahl zu sichern, und vor anderen und trotz anderen für sich allein zu beanspruchen und zu behaupten, wenn auch nur für die Zeit, für welche die Liebe im allgemeinen und die Liebe zu ihr im besonderen sich offenbart; dabei aber riskiert er in seiner Blindheit und in seinem Geschlechtsungestüm alle Übelstände, die aus einem solchen Gesetze der Ehe resultieren.

Stellen wir nun nach dem Bisherigen alle geschlechtlichen Erscheinungen sowie auch die Ehe auf die Grundlage der Interessentheorie, so werden wir in allen Phasen des Lebens, trotz allen Sitten und Gesetzen und Gepflogenheiten aller Länder und Völker, trotz den so vielfachen Arten und Formen der Ehen der verschiedenen Völker genau orientiert sein, wie wir über all das zu urteilen haben, was uns die Geschichte und das Leben vorführt, und wir werden zwischen dem, was war, was ist und was sein soll, die richtige Unterscheidung zu treffen imstande sein.

DRITTES KAPITEL

DIE LIEBE UND DIE EHE IM ALLGEMEINEN

ier nun haben wir tiefbegründete Veranlassung zu fragen: „Was ist die Liebe? gibt es eine Liebe?"
Liebe ist der durch den Geschlechtstrieb angefachte und zur Reife gebrachte (mehr oder minder rasch gefaßte) Entschluß, sein Geschlechtsleben mit dem eines andern ausschließlich aufs allerinnigste und für die Dauer (wie man sagt: für ewig) zu verschmelzen.

Das ist die „Liebe" im Unterschied von der „Sinnlichkeit".

Wenn wir den Ausdruck „für die Dauer" ins Auge fassen, so gibt es in der Tat eine Liebe für eine gewisse Dauer; diese rechnet sich von dem Augenblick, wo der obige Entschluß gefaßt wird, bis zu jenem Momente, wo (ebenfalls mehr oder minder rasch) der Entschluß gefaßt wird, die Innigkeit und Ausschließlichkeit der obigen Geschlechtsgemeinschaft aufzugeben.

Die Dauer ist der Hauptprüfstein der Liebe, und ist, auf Basis und Kraft der Interessentheorie, von unendlicher Verschiedenheit; oft bis zu jener Kürze, die das Naturgesetz: „Lebensgemeinschaft faßt freie Geschlechtswahl in sich", aufs schlagendste beweist; und oft bis zu jener Länge, welche die Einsetzung der Eheverhältnisse genügend rechtfertigt und die Idee einer „idealen Liebe" zu hegen berechtigt, ohne daß diese lange Dauer gerade der Ehe zuzuschreiben ist, sondern weil sich die Liebe, trotz der Ehe, kraft der männlichen Natur- und Charaktererhabenheit aufrecht erhält. Die beiden Dauerextreme markieren uns zugleich jene auffallenden Extreme des Geschlechtslebens: die Abwechslung im Geschlechtsleben einerseits, die der Liebe Wert gänzlich unterschätzt, und andererseits die Ehe, die der Liebe Wert, weil sie ihn nicht ermißt, blind überschätzt und dann bereut. Betreffs der Dauer ist beim Menschen als höchstem und vollendetstem Naturorganismus im natürlichen Sinne die intensivste, großartigste wohl diejenige, wenn zwei sich im ersten Momente schon so recht verlangend und aus vollem Herzen gefallen und dann sich schrankenlos einander hinzugeben volle Muße haben, und dieses goldene Liebesleben miteinander so lange genießen, so lange es ihnen eben Freude macht —, was allenfalls im Durchschnitt so lange währt, als die „Flitterwochen" währen. Dann käme eine Pause, und dann — ein ähnlicher Flittercyklus mit einem anderen, den oder die der Zufall auf ähnliche Weise in den Weg gelangen läßt. Solch eine Tages-Ehe, Wochen-Ehe oder höchstens Monden-Ehe ist dem Menschen als Tier die vergnüglichste, die tiefbefriedigendste, aber dem Menschen als Kulturwesen die unmöglichste, in ihren Folgen sogar die ekeligste, besonders wenn sie als allen Menschen zur Verfügung stehende Norm gedacht wird. Zweckmäßig und gesellschaftlich praktisch wird diese Flitterehe wohl nie zu regeln sein, sogar selbst dann nicht, wenn sie als Konzession an die Natur, als gerechtfertigtes Verlangen je in den Vordergrund geschoben würde.

Es gibt für die Liebe ein wonnig Mittelding, das die Menschenkultur kräftig verlangt und nach allen Richtungen hin am vollsten befriedigt. Diesen Mittelweg zu bestimmen, ihn genau zu ebnen, ihn zu allgemeiner Geltung und Anerkennung zu erheben, das ist die Aufgabe, die zur Regelung des Geschlechtslebens dem Menschen obliegt.

Auf der Grundlage des Interessengrundsatzes ist diese Aufgabe aber gut lösbar. Der „freie Vertrag zwischen zwei Personen" hat zu entscheiden!

Die Frage wäre sonach: Wie wäre die Liebe, der Besitz der geliebten Person zu sichern und dabei die persönliche Freiheit beider vollkommen zu wahren? Die Lösung dieser Frage ist zugleich auch die bisher so sehr vergeblich gesuchte „Richtschnur des Geschlechtslebens".

Freiheit ist eine Forderung, deren der Mensch nicht entraten kann: Sie ist unter allen Umständen eine der unabweislichsten Lebensbedingungen. Wohl steht es jedem frei, sich selber seiner Freiheit zu begeben; tut er das aber in einer Form, daß er nicht beliebig ihren vollen Besitz wieder erlangen kann, so begeht er an sich einen Frevel, der in gewisser Hinsicht mit dem Selbstmorde viel ähnliches hat. Die Ehen aber, wie sie gewöhnlich geschlossen werden, besonders die orthodoxen, sind ein solcher Frevel an sich selber.

Treten wir mit dem Weibe in Geschlechtsgemeinschaft, so tun wir das entschieden darum (wenigstens sollte das so sein), weil uns das Weib gefällt, weil wir es lieben, weil wir den sehnlichsten Wunsch hegen, mit ihr möglichst viel und möglichst lange glücklich zu sein.

Haben wir nun ein solches Weib gefunden, und ist dies Weib von denselben Gefühlen und Ansichten durchdrungen, so ist nichts auf der Welt natürlicher, als daß auch es möglichst viel und möglichst lange zu lieben und glücklich zu sein wünscht.

Hier müssen wir Gewicht auf einige feine Unterscheidungen legen.

Liebe führt die Liebenden naturgemäß zur Geschlechtsgemeinschaft, deren „natürlicher" Höhepunkt das freie Geschlechtsbündnis ist. Wir müssen die Begriffe Geschlechtsbündnis und Ehe immer streng auseinanderhalten, weil die Ehe als gesetzgemäßer Bund fürs Leben nicht die natürliche Folge der Liebe, sondern vielmehr eine für notwendig erachtete soziale Einrichtung von sehr bedenklichen Folgen ist und viele Vorsicht erheischt.

Ihr Hauptgrundsatz ist ein ganz anderer als der des Geschlechtsbündnisses und für die Psychologie der ehelichen Existenz entschieden unzuläßlich.

Des Geschlechtsgenusses wegen *allein* geht man keine Ehe und kein Geschlechtsbündnis ein, hierin stimmen beide überein!

Wenn jemand einzelne Vorzüge am Weibe liebte, wirklichen Gefallen an ihnen fände, selbst dann müßte er früher oder später zu der Überzeugung gelangen, daß er nicht eigentlich die Auserwählte in ihrer ganzen Wirklichkeit liebte, sondern daß er durch einzelnes an und in ihr verblendet war, und wenn dann das, was er in ihr geliebt, mit der Zeit entschwindet, dann muß notwendigerweise auch alle Liebe für sie schwinden.

Das Gefallen muß ein volles und vollkommenes und gegenseitiges sein, wenn ein Bund mit einem Lieb für alle Dauer geschlossen werden soll; denn die Ernüchterung würde sonst gar rauh in ihre Rechte treten, sobald der erste Taumel vorüber.

Die Vorstellung und die Wirklichkeit der Geschlechtsliebe sind verschiedene, himmelweit von einander abstehende Momente. Die vorgestellte, im Geist, in der Einbildung genossene Liebe ist eine gar sonderbare, ich möchte sagen, weil gleisnerisch, eine schönere als die wirkliche, und das macht es, daß uns gar mancher und manche im Geiste gefallen und sogar als Bild, als Ideal, geschlechtlich erregen, zu heftigem Verlangen anregen mag; das macht es, daß jemand, der uns gefällt, im Geist mit jedem anderen der Liebe Wonnen genießend erscheint, bezüglich des Nachdrucks seines Genießens uns in viel lebhafterem Lichte erscheint, als daß wir nicht in Aufwallung und in dieser Aufwallung in Eifer, ja selbst in Eifersucht gerieten! — Nun möge aber jeder ruhig sein; solche eingebildeten Dinge sind eben nur Einbildung. — Laßt es darauf ankommen, daß dies Ideal sich verwirkliche; wie unvollkommen würdet ihr die Wirklichkeit finden, und damit würde die Wahrheit obiger Behauptung sicher hinlänglich erhärtet sein.

Eine weitere Erhärtung finden wir in dem Bekenntnis einer harmlosen Frau, das trotz der Quelle, aus der es stammt (Casanova, III-155), gewiß zu jenen Stellen gehört, an deren wirklichem Wert zu zweifeln wohl kein genügender Grund vorhanden wäre.

Ein jedes Wort ist fast wie mitten aus dem Leben herausgehoben.

„Seit ich mich selbst kenne — so argumentiert die Sprecherin — ist die Liebe mir stets als der Gott meines Herzens erschienen; denn so oft ich einen schönen Mann sah, war ich entzückt; mir schien es, als sehe ich in ihm die Hälfte meines Ich, da ich mich für ihn und ihn für mich geschaffen fühlte: Ich sehnte mich danach, verheiratet zu sein! Es war dies das unbestimmte Bedürfnis des Herzens, welches das ganze Trachten eines jungen Mädchens ist. Ich hatte keinen Begriff von der Liebe; allein ich bildete mir ein, daß sie nach der Ehe ganz natürlich kommen müßte.

Meine Einbildungskraft in dem Kloster diente mir jedoch viel besser als die Wirklichkeit, die ich im Bande der Ehe (durch meinen leichtsinnig gewählten Mann) kennen lernte."

Das illustriert in treffenden Zügen den Unterschied, der zwischen Phantasie und Tatsache herrscht. Den Trugbildern der Einbildungskraft soll niemand sich als Opfer hinwerfen.

Drum möge jeder in sich gehen und die Folgen nach allen Richtungen hin erwägen; denn ewig bleibt es wahr und treffend, was dort an anderer Stelle aufgestellt wird:

„Wehe denen, die da glauben, daß die Freuden Cytherens irgend etwas sind, wenn nicht zwei Herzen sie in voller Übereinstimmung genießen!"

Möge das als Warnung genügen. Die ewig natürliche Erziehung ist: Bei Knaben: möglichst sorgfältige Bildung des Verstandes und des Charakters, bei Mädchen: möglichst sorgfältige Bildung des Herzens und des Charakters.

Hieraus ergibt sich am natürlichsten und am günstigsten jene persönliche Eigentümlichkeit, die bei jedem Menschen besonders ist. Diese besondere Eigentümlichkeit aber durch künstliche (pädagogische) Mittel verändern zu wollen, ist allemal ein Vorgehen, das nur halbe oder schiefe Resultate haben kann und nur dort angewendet werden soll, wo ausgesprochen unschöne Naturanlagen zu bekämpfen sind.

Ein Mädchen, dessen Charakter und Herz die richtige Veredlung erhält, wird immer verständig genug werden, um in der Gesellschaft den ihr beschiedenen Platz mit Anmut und Würde zu behaupten. — Ein solches Weib und nur ein solches vermag glücklich zu machen und glücklich zu werden. Denn der Mann sucht im Weibe nur das Weib; was er mehr findet, ist vom Bösen.

Das Mädchen, das sein Wissen gern neben oder gar über das des Mannes hebt (das ist namentlich bei der Halbbildung sehr oft der Fall), wird immer auf schiefer Ebene stehen, was ihr das Dasein verleiden und sie samt dem, den sie an sich fesselt, in den allermeisten Fällen zu recht elenden und bedauernswerten Wesen machen muß. Knaben aber, bei denen außer Charakter und Verstand auch noch das Herz veredelt wird, werden in der Regel allzu empfindsam und opfern dem sie beherrschenden Idealismus nur allzuoft die wirklichen Interessen des Lebens und der Existenzmöglichkeit.

Die Bildung des Charakters ist in erster Reihe die Aufgabe der Eltern und wird beeinflußt durch die Kreise, innerhalb welcher die Jugend sich bewegt. Das Herz findet seine schöne Veredlung in der fleißigen Häuslichkeit und in der Kunst, namentlich in der Malerei. Musik und Poesie sollten bei nicht angeborner Anlage nur genossen, nicht aber geübt werden. Der Verstand endlich schöpft seine Bildung aus der Schule und aus der Wissenschaft im Leben.

Was aber ein selbständiges Weib für den Mann ist, darüber ist nicht viel zu sagen. Abgesehen davon, daß das Weib als wirkende Kraft der Gesellschaft nie zeugen, sondern immer nur gebären, d. h. nie auf die gleiche Höhe mit dem Mann sich erheben kann, wird es selbst auf der erhabensten gesellschaftlichen Stufe immer nur ein Zwitterding bleiben, das dem Mann eine natürliche, geschlechtliche Abneigung einflößen muß. Man kann für das Weib Erwerbsgebiete schaffen — das wird ein ebenso lobenswertes Beginnen sein, als etwa die Errichtung der Findelhäuser es ist — aber die volle Gleichberechtigung, die das Weib auch auf solche Gebiete lenken möchte, wo die schöpferische Energie die erste Bedingung ist, wäre schon darum ein Mißgriff, weil das Weib niemals jenem „Mannesdrang" wird folgen können, der den Mann ausschließlich seines geschlechtlich eigentümlichen Samenapparates wegen charakterisiert, der, wenn die anschwellenden Samenorgane die Absonderung zur Naturnotwendigkeit steigern, einen energischen Drang zur Folge hat, dessen Energie eben jene Vorzüge schafft, die dem Manne ausschließlich und in allem den ersten Anstoß, das Schöpferische, das Streben nach den höchsten Stufen garantieren.

Dahin wird es das Weib wohl nie und nimmer bringen, weil niemand die Weibesnatur in Mannesnatur wird umwandeln können, und solange dieser große Unterschied zwischen Weib und Mann herrschen wird, solange wird eine Kraftgleichheit, eine Tüchtigkeitsausgleichung nie stattfinden. Weil aber solche Unterschiede naturgemäß unverwischbar, unausgleichbar sind, ist und bleibt die Idee der vollständigen Gleichstellung des Weibes ein albernes Verlangen denkfauler und liebesunfähiger Männer.

Die Bestimmung des Weibes verlangt und erkennt nur das liebende

Männerherz. Wer das nicht weiß und wer das nicht fühlt, der versteht von der Sache nichts, der hat zu schweigen.

Das Weib ist nur dann Weib, wenn es des Mannes Liebe erwirbt und für die Dauer zu fesseln und zu erhalten vermag.

Das echte und rechte Weib soll im Leben einen Mann finden, dem sie Gottheit und Welt und alles ist; und ein solcher Mann wird für sein Weib bei allem Kampf ums Dasein es als seinen höchsten, edelsten Stolz, als seine Mannes- und Ehrenpflicht erachten, die Gleichstellung der Frau als eine kulturwidrige Ausgeburt der geschlechtlichen Unnatur zu verachten. Aber, und eben darum ist auch dasjenige Weib, das eines Mannes Liebe nicht besitzt, oder wenn es sie besitzt, nicht in Ehren hält, wenn es nicht sein höchstes Streben in die dauernde Erhaltung dieser Liebe (als wahre Liebe) setzt, und nicht alles vermeidet und unterdrückt, was der Weihe dieser Liebe Abbruch tun könnte, darum ist ein solches Weib kein wahres Weib! Es ist das ein armes, bedauernswertes Wesen, dessen Existenz wohl niemand beneiden wird!

Es würde sich lohnen, hier das Buch einstweilen niederzulegen und über die Tragweite der obigen Worte und über das Schicksal jener Unglücklichen nachzudenken, die in der Liebe das Elend finden, weil, und nur weil niemand sie gelehrt hat, wie heilig, wie erhaben eben das Weib die Liebe zu gestalten vermag.

Das ist ein unbedingter Fingerzeig, der uns die Mittel und Wege klar anzeigt, kraft deren wir diesen gegenseitigen höchsten Wunsch am entschiedensten, am vollsten zur Tat werden lassen können; und ist es dann zur Tat geworden, so gilt der Grundsatz:

Man muß alles tun, was dem andern nur angenehm sein, und alles lassen, was ihm unangenehm sein kann!

Das ist das große Geheimnis des geschlechtlichen Glückes, das ist das Zauberwort für die Dauer der Liebesseligkeiten.

Man sagt, daß man sich gegenseitig bald satt, ja überdrüssig wird.

Das ist der tollste Unsinn und gilt höchstens nur von den Ehen, und nur von den Weibern, die für alle feil sind, sowie von Männern, die gleichsam herrenlos umherschmarotzen; diese beiden aber sind eine Ausgeburt der leider so verkehrten sozialen Geschlechtsverhältnisse.

Wenn wir uns gefunden, wenn wir uns kräftig lieben, und wenn wir wissen, daß diese Liebe solange währen wird, als wir uns gegenseitig zu fesseln imstande sein werden, und wenn wir wissen, daß das gegenseitige Fesseln der Preis unserer dauernden tiefen Liebe ist, so wird es uns nicht schwer werden, diesen Preis zu erschwingen und zu gewähren.

Wir lieben uns gegenseitig und hiervon müssen wir fest und innig überzeugt sein; wenn wir uns aber lieben, so bangen wir für einander : wir tun alles, um diese Liebe zu erhalten, und gerne meiden wir, was diese Liebe gefährden könnte.

Das durch die Ehe gebundene Weib ist in seiner Stellung zum Manne meist auf schiefer Ebene, wenn es die Tiefe der Empfindungen des Mannes nicht oder nur halbwegs teilt. Die Behandlung eines solchen Weibes ist nur durch große und vollkommen gelungene Liebes- und Genußgelage denkbar, weil sie hierdurch zur vollen Teilung solcher Genüsse gelangt, die ein anderer ihr wohl schwerlich bieten könnte, und gerät nun infolgedessen auf jene gerade Ebene, die die einzige Garantie des ehelichen Glückes ist. Wurde doch selbst Kleopatra, dies ausschweifend wollüstige Weib, dessen Unersättlichkeit im Genießen geschichtlich bekannt ist, dem Konsul Antonius erst dann vollkommen treu, als dieser auf Anraten des Q. Soranus bei ihr während des Beischlafs ein Pflanzenmittel in Anwendung brachte, das dem Weibe den Genuß zu einem unsagbar wilderregten Sinnendelirium steigerte, wie sie das noch nie empfand und wohl auch von keinem andern Manne je wieder erhoffen konnte. (Vgl. den Abschnitt: Geschlechtliche Leistungs-fähigkeit und Preventivs.)

Besitzen wir obendrein auch die Kunst, zu lieben, und die Kunst, in der Liebe uns gegenseitig voll zu befriedigen, und versteht man es, sich im Lieben nicht zu übersättigen, sondern sich, wenn nötig, die Zügel anzulegen, jeden Liebesgenuß aber möglichst großartig zu gestalten — was nie unterlassen werden soll — so wird man sich gar schwer satt, und noch weniger überdrüssig, vollends, wenn wir der Liebe selbst jene Mannigfaltigkeit zu geben verstehen, die uns gegenseitig stets in neuem Lichte erscheinen läßt und auch jeden Liebesgenuß uns als neu vorführt.

Und all das bietet uns jenes «grosse System» der Liebesarten, welches den Schlussteil dieses Werkes bildet, im vollsten Masse.

VIERTES KAPITEL

DIE SITTLICHE REINHEIT DER GESCHLECHTS-VERBINDUNGEN

Wer sich entschließt, einem Weib anzugehören, der muß den sichtbaren Aeußerungen des Gefallens anderen gegenüber entsagen; denn nur in dieser Entsagung liegt die Weihe des Angehörigkeits-Entschlusses. Hierzu aber gehört moralische Kraft! Diese Kraft soll jeder, bevor er den Entschluß faßt, genau prüfen. Findet er, daß er die nötige Kraft nicht für die Dauer aufbringen könnte, dann entschließe er sich nie, einem anderen anzugehören.

Wen ich heute liebe und jedem anderen vorziehe, den kann ich morgen nicht lassen, um einen anderen ihm vorzuziehen. Vorausgesetzt ist: wir tun uns unausgesetzt nur Angenehmes und alles, was wir uns an den Augen absehen können.

Der sicherste Beweis der abnehmenden Liebe, der Gleichgiltigkeit und der Bereitwilligkeit, einen andern oder eine andere vorzuziehen, ist, wenn man sich anfängt Unliebsames zu tun oder zu sagen; wenn wir auf das, was wir uns tun oder sagen, nicht mehr großes Gewicht legen.

Wie also sollen wir uns gegeneinander verhalten? Die Antwort auf diese Frage ist: So wie in den ersten Tagen der glücklichsten Liebe wir das so häufig beobachten können; so, unausgesetzt so und nicht anders! Zu einem anderen Verhalten sollen und dürfen keine Gründe vorhanden sein, dafür kann und wird die Liebe stets sorgen, wenn wir es wünschen und ernstlich wollen.

Welchen Grund hätten wir denn auch, anders zu sein, anders zu werden? Daß wir uns etwa in einander, in unserer Wahl, in unseren Voraussetzungen getäuscht haben? Da muß gesorgt sein, daß man sich früher genauer kenne.

Oder: daß ein anderer uns besser gefällt? — Dann ist eines immer schuld daran, weil es irgend einen Mangel an den Tag gelegt haben muß, der, weil er stets aus nicht vollgewürdigter Liebe stammt, den anderen in der Liebe ebenfalls erkalten läßt.

Es ist ein Unterschied, ob wir den Gegenstand unserer Liebe so behandeln, wie das die heftige, übertreibende Jugend bis zur Lächerlichkeit tut, oder ob wir zu einem festen, untrüglichen, dauerhaft zärtlichen Benehmen gelangen.

Dies letztere ist das Richtige; und wir finden es deutlich ausgeprägt bei denen, die sich eben glücklich lieben.

So soll man sein, so soll man bleiben; das ist die festeste Garantie der irdischen Seligkeit und macht unser ganzes Liebesleben der Flitterzeit gleich. Männer — namentlich verheiratete — die hierfür keinen Sinn haben, suchen Abwechslung und treiben mit galanten Mädchen ein wahrhaft schändliches Spiel, dessen Ende gewöhnlich ein verächtliches ist.

Aus diesem Grunde läßt Zola die Nana zu ihren Verehrern sagen: „Wenn ihr nicht dumm wäret, so müßtet ihr euch bei euren Frauen gerade so liebenswürdig, hingebend und aufopfernd benehmen, wie ihr das bei uns tut; und wenn eure Frauen nicht so eitle Dinger wären, so würden sie sich um der Liebesdauer willen ebensoviele Mühe geben, euch an sich zu fesseln, als wir eures Geldes wegen uns Mühe geben, euch an uns zu ziehen."

Wie viel Weisheit liegt in dem Ausspruche jener ekelhaften Unmoral!

Ein natürlicher Grund für die Abnahme der Liebe im allgemeinen ist das Schwinden der Liebeslust. Glücklich das Paar, wenn dieses Aufhören bei beiden zugleich oder wenigstens in nicht weiter Zwischenfrist eintritt! Überdauert eines das andere an Liebeslust, so folgt Vernachlässigung, Unzufriedenheit, und das Streben, die Befriedigung anderwärts zu suchen, tritt in den Vordergrund.

Dieses Schwinden kann aber auch in kürzeren Zwischenräumen, für kurze Dauer, als Laune, als Unpäßlichkeit auftreten; in diesem Falle hat es wohl nicht ganz die nämlichen Folgen, regt dieselben jedoch an, legt ihnen einen triftigen Grund bei und leistet ihnen somit Vorschub. Solche Launen können auch nach vielgenossener Liebe auftreten, und es ist zu raten, daß der, dem sie eigen sind, soviel Beherrschung habe, um passiv zu bleiben oder sich ganz zurückzuziehen, bis die üble Laune vorüber, damit wegen ihr uns auch nicht ein einzig unliebsames Wort entschlüpfe.

Die Rolle der Laune ist in der Liebe eine hochbedeutsame; es hängt von ihr doch beinahe ein jeder Moment ab: Wie ruhig flöße das Leben hin — trotz aller Sonderbarkeiten des Lebens — wenn die üble Laune nicht so manches verdürbe!

Die unverdrossene Freundlichkeit und Zuvorkommenheit ist der natürlichste Ausdruck der Liebe und ist wie ein Opfer, das nie lästig sein soll,
da uns doch ein jedes Wort glücklich macht, von dem wir voraussetzen,
daß es auf unser Lieb einen angenehmen Eindruck macht. Es gibt aber
auch Menschen, die zu solcher Zärtlichkeit fast gänzlich unfähig sind. Dieser
Mangel als Mangel wäre wohl noch zu rechtfertigen, denn es mag ein
solcher Charakter oft sehr entschieden und standhaft sein; etwas anderes
ist es aber, wenn dieser Mangel zur Unliebsamkeit und zur Unart wird.

Auch hier ist es das sicherste Zeichen, daß solche für eine dauernde
Liebe kein Verlangen und keinen Sinn haben, dazu nicht taugen und vom
andern Geschlechte auch meist vernachlässigt werden.

Aber hütet euch vor aller Falschheit und Heuchelei; denn besser ist
der Liebesbruch als der Treubruch, weil ersterer ehrlich sein kann, letzterer
aber unehrlich ist. Liebesbruch ist das Schwinden der Liebe, ihr Aufhören
und ihr Übergang in Abneigung oder in Haß; während Treubruch immer
ein Verrat an der Liebe ist, weil er die Liebe zu einem anderen voraussetzt,
während die Liebe zum Früheren dem Scheine nach fortgesetzt wird, und
die Heuchelei die Führerrolle dabei übernimmt.

Wer es versteht, liebenswürdig zu sein, wird solange und ununterbrochen glücklich leben, als er nicht aufhört, dies Benehmen fest zu befolgen.
Schon eine einmalige Mißhelligkeit nimmt viel von dem Strahlenglanze der
reinen Seligkeit; aber der Geschlechtstrieb ist so mächtig, daß selbst ein
Leben voller Zank und Hader zwischen Weib und Mann diese dennoch
oft in wonniger Umarmung versöhnt und versöhnt erhält, wenn nicht neuer
Hader platzgreift.

Ein solches Leben ist jedoch ein gänzlich verfehltes, und es sollen die
Liebenden unter sich Maßregeln treffen, daß es anders werde! Denn das
stetige Rütteln an dem Lebensglücke muß endlich auch dessen Grundlage
erschüttern, zum Wanken bringen.

Treffen sich aber zwei, deren Charakter zu einander paßt und die
Möglichkeit eines unbehelligten Zusammenlebens garantiert, wie glücklich
müssen diese sein!

Diese Zugehörigkeit der Charaktere ist von allerhöchster Wichtigkeit!
Der bösartigste Mann kann ein Weib finden, das zu ihm passt, mit dem er
sich bestens verträgt wird, ohne daß dies Weib ein Engel der Geduld sein
müßte; der Löwe findet die Löwin, der Tiger die Tigerin, warum fände der
Mann das richtige Weib nicht? Die Charaktere und Temperamente spielen
aber auch in der Liebe als solche, in den Genüssen der Wollust, eine sehr
bedeutende Rolle. — Die kräftigen Choleriker und die heftigen Sanguiniker
sind in den Stunden der Liebe wahre Heldinnen oder Helden; ob aber

das glückliche Zusammenpassen zweier Naturen desselben Schlages zu freiem Geschlechtsbündnis oder zu hoher Liebe eine oft vorkommende Tatsache ist, muß dahingestellt bleiben.

Unbedingtes Vertrauen, selbst das Geständnis unserer heimlichsten und wunderlichsten Wünsche im Punkte des Genießens, wird die Befriedigung dieser Wünsche in den meisten Fällen zur Folge haben, während die Verheimlichung nur Unzufriedenheit (aus Unbefriedigtheit) und den Wunsch nach Befriedigung auf andere Weise rege macht.

Gestehen wir uns gegenseitig stets ganz offen alles, und es wird sich in den meisten Fällen Rat finden, wie dem Verlangen nachzukommen sei, selbst wenn wir nach Geschlechtsgenuß verlangen.

Zwei können miteinander glücklich sein und glücklich bleiben fürs ganze Leben, ohne Ehebündnis, d. h. eben am besten außerhalb der Ehe und ohne einen Ehebund zu schließen.

Die Welt ist groß, Menschen leben in ihr gar viel, und die Begriffe der Schönheit und die Gesetze des Gefallens sind sehr verschieden!

Das natürlichste Gesetz aber läßt sich in dieser Beziehung folgendermaßen zusammenfassen: „Sich gegenseitig zu lieben, weil man sich gegenseitig gefällt, das ist ein Wellenschlag in der See des Lebens, der mit dem Sturm der Leidenschaft entsteht, weiterwogt und verschwindet. Sich aber gegenseitig zu gefallen, weil man sich liebt, das ist ein kräftiger Strom des Lebens, der aus zwei Quellen auf den Höhen der Empfindungen entspringt und, durchs Tal des stillen Glücks in eins zerflossen, immer mächtiger dahinwogt, bis er sich ergießt ins Meer der Ewigkeit des Todes! Ersteres ist die Alltagsliebe; letzteres aber die „treue, wahre Liebe!"

Wenn sich zwei im Leben finden und zum Lieben sich entschließen, so ist die Frage „Lieben sie sich?" entschieden wichtiger als die: „Gefallen sie sich?" Natürlich gefallen sie sich, sonst würden sie sich ja nicht lieben, aber! gefällt er ihr oder sie ihm unter allen Menschen am besten? Das wohl kaum; denn schöne Menschen gibt es gar viele und gar verschieden schöne, so daß es gar nicht bestimmbar ist, wer uns unter allen Menschen und unter allen Verhältnissen am besten gefiele.

Hier drängt sich uns unwillkürlich die Frage auf: „Kann der (oder die), welcher (oder welche) jemanden wahrhaft liebt, mit jemand anderem geschlechtlichen Umgang pflegen?" Die gründliche Antwort hierauf ist: „Körperlich sinnlich ja, moralisch aber entschieden nein!" Denn sonst ist die Liebe keine wahrhafte. Übrigens steht auch soviel fest, daß das Weib (selbst im Falle der Verhinderung einer geschlechtlichen Befriedigung mit dem Manne) schon wegen ihres Samenapparates, der weniger heftig zur Befriedigung reizt, allen Versuchungen einer geschlechtlichen Befriedigung leichter widerstehen kann als der Mann, welcher übrigens auch durchaus nicht muß, wenn er nur halbwegs ernst will, daß er an der Liebe seinem Weibe gegenüber nicht zum Verbrecher werde.

Der Hunger macht geil und schamlos, während die Sättigkeit wählerisch und empfindlich macht.

Was uns im Hunger der Liebe begeisterte, das dürfte uns, wenn wir liebessatt sind, anwidern — ein Beweis, daß das Gefallen stets etwas relatives ist.

Wenn der schmarotzende unverheiratete Allerwelts-Mann in sich das Verlangen empfindet, seinem geschlechtlichen Geschmacke nachzuhängen und den Nektar seiner Wonnen aus jenem Kelche zu saugen, der ihm gerade am nächsten ist und den er gerade zum Ziel erkor, um morgen oder später anderweits zu suchen —, wenn er dies Verlangen in sich empfindet, so kann ihm dies wohl niemand übel nehmen; denn dies Verlangen als solches scheint gerade so berechtigt zu sein, wie es natürlich ist.

Aber —! Gerade diese sonderbare Berechtigung, gerade diese Natürlichkeit ist es, die sie zu falschen Schlüssen leitet; ich will nicht sagen, daß ein Don Juan gerade aus böser Absicht, aus rücksichtslosem Übermut zum Wüstling wird. Nein, ich gebe zu, daß er nur darum zum Wüstling wird, weil er die Natürlichkeit seines Triebes fühlt, weil er diese Natürlichkeit somit auch für berechtigt erachtet, und weil er nicht das Pflichtgefühl in sich verspürt, über die wesentliche Frage tief und ernst nachzudenken.

Täten die Männer dies, dann wüßten sie, daß sie das X für ein U genommen, daß sie zwischen dem natürlichen Verlangen und der kulturellen Auswahl nicht die richtige Unterscheidung zu treffen fähig sind.

Nicht alles, was uns gefällt und wonach wir verlangen, dürfen wir uns aneignen; nicht einmal das Recht steht uns zu, dessen Besitz anzustreben oder die Überlassung an uns zu verlangen, wo andere nähere und bessere Rechte darauf haben, die triftig genug sind, um unsere Bestrebungen als frech oder geradezu unehrlich zu brandmarken.

Und hiermit stehen wir fast auf juristischer Grundlage, indem wir die Eigentums- und Besitzesfrage vor uns zu haben meinen.

Das „Mein und Dein" in geschlechtlicher Hinsicht kann, trotzdem es eine wesentliche Abänderung des sachlichen Besitzes ist, durchaus nicht übersehen werden; im Gegenteil, es spitzt sich dies „Mein und Dein" der Geschlechter kraft seiner zweifach feinen Natur sogar noch schärfer zu.

Es machen sich da Recht und Moral in gleichem Maße geltend.

Bist du frei, d. h. hast du keinem Weibe noch gesagt: „Ich liebe dich, du bist mein", und hat dies nichtexistierende Weib dich deines nichtgegebenen

Wortes noch nicht entbunden, dann waltet subjektive Werbefreiheit ob, weil du die Erwerbung nicht anstreben darfst.

Bist du frei, aber das Weib, welches dir gefällt und welches du verlangst, ist nicht frei, gehört von rechtswegen einem anderen, dann liegt der Fall des objektiven Werbeverbotes vor; während, wenn sowohl du als auch das Weib, das du verlangst, also ihr beide frei seid, du objektive Werbefreiheit hast, innerhalb der Grenzen des Anstandes und mit der ehrlichen Absicht, daß du sie nicht bloß verführen und sitzen lassen willst.

Wenn der unfreie Mann um die Gunst eines unfreien Weibes wirbt, so ist er ein doppelter Verbrecher: sowohl an seinem eigenen Weibe als auch an dem Manne jener, die er anstrebt. Wenn der unfreie Mann die Gunst eines freien Weibes anstrebt, so ist er ein Verbrecher an seinem Weibe; wenn der freie Mann ein unfreies Weib umbuhlt, so wird er zum Verbrecher am Manne jenes Weibes; wenn der freie Mann aber ein freies Weib zu erlangen und für die Dauer an sich zu fesseln strebt, dann handelt er in jeder Richtung recht.

Die drei ersten Verbrechen offenbaren sich auf die mannigfachste Weise —, und das geringste aller dieser Verbrechen ist immerhin noch verwerflicher als der gemeine Diebstahl und prägt dem Verbrecher die Brandmarke wie das Kainszeichen auf die Stirne; wie dies mit dem Ehrgefühle und dem Gewissen eines ehrenwerten Mannes vereinbar ist, das mag jeder selbst ermessen; um seinen Charakterwert wird solchen niemand zu beneiden rechten Anlaß finden.

Was den letzten Fall der beiderseitigen Freiheit anbelangt, so ist hierbei der Mann berechtigt, das Weib als geschlechtliches „Freigebiet" aufzufassen und es in richtiger Form für sich in Anspruch zu nehmen; ebenso umgekehrt das freie Weib den freien Mann.

Nun aber hat es mit diesen Freigebieten seine eigene Bewandtnis, weil es deren vor allem zwei Arten gibt: beständige und wandelbare. Letztere sind die Gegenstücke zu den männlichen Wüstlingen und die Opfer derselben falschen Anschauung, die sie bestimmt, den Drang des Gefallens und Verlangens, weil unleugbar natürlich, zugleich auch als berechtigt anzusehen und dessen Befriedigung auf mehr oder minder rücksichtslose Art anzustreben. Hierzu kommt noch der zuweilen durchaus hilflose und unbeholfene Zustand des weiblichen Geschlechtes, und die Folge davon ist der moralische Verfall.

Die wirkliche Existenz von weiblichen Freigebieten und die zwei Arten derselben geben den weniger reizbaren Männern außerdem Veranlassung, in der Damenwelt sich oft die gewagtesten Verwechslungen zu gestatten und das Äußerste zu wagen.

Wir hatten weiter oben das zügellose Treiben der Wüstlinge mit aufrichtiger Entrüstung besprochen und verurteilt. Und doch ist jenes geschlechtliche Stromertum ein innerer, mächtiger Naturtrieb.

Abgesehen jedoch davon, daß gerade in der Liebe das Natürliche in den Hintergrund treten muß, weil sonst die Kultur und Sitte laut moderner Auffassung gar arge Scharten erlitte, muß eben der Mann in erster Reihe die Kraft, den Charakter besitzen, daß trotz des natürlichen Triebes nicht nur der Anstand gewahrt, sondern vornehmlich die Gefühlsästhetik, diese innere schöne Welt, dies Paradies des Geschlechtslebens, nicht entheiligt, nicht tierisch und roh verzerrt, nicht zum Pfuhl der schamlosen Gemeinheit werde.

Es ist schwer dem Triebe des Verlangens nach allem, was unser geschlechtliches Verlangen erregt, zu widerstehen; je natürlicher aber dieser Trieb ist, desto energischer muß er gedämmt und desto folgerichtiger muß er maskiert werden, damit das Tierische daran den Menschen und seinen Kulturwert womöglich nicht gar herabsetze.

Jede zu offen gezeigte Gefallens- und Verlangensäußerung — in Gegenwart anderer — entwürdigt mehr, als sie die Gefühle entheiligt und das Geschlecht beschimpft, dem die krasse Huldigung gelten soll.

Still in die Tiefe deines Herzens nehme die Wonne auf, die das Schauen der Herrlichkeiten des Geschlechtes in dir zum Leben rufen; denn nur hier, in der stillen Tiefe des Herzens können sie jene Weihe, jenes innigvergnügende, traumhaft rührende Genießen bieten, das wir darin so gerne suchen.

Unsere höchste Sorge sollte sein, dies Wesen, das uns solche heimliche Wonnen bietet, durch nichts zu verletzen, durch nichts unliebsam zu berühren, was auffallend oder gar frech erschiene. Dies Wesen soll uns wert sein und zu Dank anregen, selbst wenn wir vorauszusetzen das Recht hätten, es wäre das von jenen eins, das nach unserer Huldigung fahndet oder wenigstens darob in sich nicht Groll empfindet; denn durch diese Weihe, die wir dem anderen Geschlechte geben, fände dies Geschlecht erst jenen Wert, der uns das ganze Leben im Lieben so hoch zu verherrlichen vermag.

Wie entrüstet nicht das bloße Angucken und Zwinkern hohler Gecken, die beim Anblick eines hübschen Weibes, wenn die Verrenkungen des waffenlosen Auges nicht verfangen, mit Monokeln, Zwickern, Stechern und anderen Dingen ihrer Lächerlichkeit und Impertinenz die möglichst auffälligste Form zu geben trachten!

Die geschlechtlichen Freigebiete wurden auf den höheren Stufen der Kultur immer unkenntlicher, von einander ununterscheidbar; es trat die Epoche der Verwirrungen ein (Ludwig XIV. und XV.) und man wusste schon gar nicht mehr, was von einer Dame überhaupt zu halten sei.

Es sollten somit die männlichen Wüstlinge naturgemäß ihren eigenen Kreis erhalten; es bildete sich, dem Verbrechen Rechnung tragend, der Kreis der Freigebiete zur eigenen Welt heran. Und das ist die Prostitution, die Halbwelt.

Was die Männer, die es nicht unter ihrer Würde halten, sich zu prostituieren, in dieser Welt der Freigebiete sich gestatten können, das dürfen sie sich durchaus nicht auch in jenen Kreisen gestatten, die eine heilige Markscheide von jenen trennt.

Und das vergessen die meisten; d. h. sie vergessen es nicht, weil sie gar nicht daran denken, sondern sie sind teilnahmslos oder frech genug, um eine Unterscheidung für gar nicht recht notwendig zu erachten, und zu tun, als ob jede Unterscheidung nur von ihrem Belieben abhängig wäre.

Solange es aber Mädchen und Frauen gibt, die, wenn sie angesehen oder bewundert werden, wenn sie jemandem gefallen oder dessen Verlangen erregen, naiv genug sind, um dies so zu nehmen, als folgte daraus sofort und naturgemäß, daß sie „dankbare Erwiderung" zollen oder wenigstens ahnen lassen müssen, solange werden die Mißgriffe immer zu entschuldigen sein. Ein sich für ehrenwert haltendes Weib hat dem Gefallen und Verlangen der Männer gegenüber entschiedene Zurückhaltung zu wahren. Diejenige, die solchen beleidigenden, erniedrigenden Huldigungen gegenüber sich soweit vergißt, daß sie, ihre Entrüstung unterdrückend, vielleicht gar Wohlgefallen verrät oder wenigstens Duldung erraten läßt, diejenige, die schon so weit gegangen ist, hat zum übrigen nur mehr einen Schritt, und das Anrecht auf die Unantastbarkeit ihres Rufes verloren.

Haben wir schon gewählt und sind wir unserem Lieb durch Hand und Wort verpflichtet und treffen nachher jemanden, der uns gefällt, den wir insgeheim verlangen, dann ... dann nehmen wir dies Gefühl des Gefallens und Verlangens so lebhaft als es sich bietet, und genießen es in einem Winkel unseres Herzens; das kann uns niemand wehren, das ist natürliches Recht, so wie es natürliche Pflicht ist, das, was schön ist und uns gefällt, als schön und begehrlich anzuerkennen. Ob aber dies Schöne und Begehrliche, wenn es erreicht würde, auch so befriedigend und beseligend wäre, als wie wir uns es vorstellen, und ob es in jeder Richtung den Vergleich mit dem vertrüge, was unser auserwähltes Lieb uns bietet, bot und zu bieten erhoffen lässt, das möge wohl dahingestellt bleiben, kann aber immerhin ein sehr ergiebiger Trost für jene Entbehrung sein, die wir uns durch die selbstverständliche Versagung des Verlangens auferlegen. Die Erreichung, die Befriedigung würde so manche Täuschung vernichten und uns klar genug dartun, daß, wenn wir ein Lieb gewählt, das uns entzückte und ebenso glühend einst unser Verlangen erweckte, wir allen und vollen Grund haben, solange als dies Lieb uns glücklich macht, den tatsächlichen Sinnesgenuß mit keinem anderen Weibe — abgesehen von der Ehrlosigkeit des Faktums selbst — unter keiner Bedingung weder anzustreben noch anzunehmen.

Und ist es nicht recht wunderbar, daß der Hang hiernach ein gar so allgemeiner, ich möchte sagen, ein instinktiver ist?!

Menschen, die für sehr gesetzt und gescheit gehalten werden und als solid bekannt sind, können zuweilen selbst den Schatten eines Zweifels nicht aufkommen lassen; und doch! wenn sie ein schönes Weib erschauen, durchrasen geradeso, wie jeden gewöhnlichen Sterblichen, auch sie die kühnsten Gedanken — freilich bloß Gedanken, über die sie nichtsdestoweniger selbst ihr eigen Lieb vergessen dürften! Und nun erst ein Wesen wie das Weib! Gebt acht, seid auf der Hut, ohne unbedingt fürchten zu müssen; denn es ist dies Ganze mehr Instinkt als Wille, mehr Natur als Absicht; es ist schon so und anders nicht, und doch läßt es sich durch festen Willen und gute Absicht ausnahmslos unschädlich machen.

Ein allgemeiner Satz sittlicher Überzeugung ist: „Wer sich gerne unterhält, der hat einen geheimen unwillkürlichen Trieb in sich, anderen zu gefallen." Solche setzen sich durch ihre Unterhaltung mit anderen zu sehr und zu oft einer Gefahr aus, als daß sie im Punkte der Treue für verläßlich erachtet werden könnten; denn es ist die Unterhaltungssucht am Himmel der Liebe immer eine Wolke, von der man nicht wissen kann, wohin sie geraten und was sie bringen wird. Zum Glück jedoch ist dieser Fehler nicht so unheilbar; wollen wir ihn z. B. bei unserem Weibe schwinden sehen, so braucht man, um nicht heftig zu wirken, nur Zerstreuungen und Abwechslungen anderer Art zu bieten. Aber auch das Eisen der strengen Grundsätze und die sittliche Kraft der Bildung, Erziehung und Gewöhnung können hier so manchen Trost und Hoffnung bieten, und das, was als natürliche angeborene Eigenschaft auf den ersten Blick gefährlich und verhängnisvoll erscheinen mag, wird genauer erwogen an der Hand einer vernünftigen Leitung und Gewöhnung im Wege der zweiten Natur ein harmloser Sinnenwahn, ein erheiterndes, kräftiges, beglückendes Geschlechtmittel, geradeso als wie das schrecklichste Gift in der Hand des geschickten Arztes Heilkraft übt und Gesundheit bringt.

Es soll hier darum auch keineswegs gesagt sein, daß man sich alles Gefallen und Verlangen des anderen Geschlechtes versagen muß; nein, im Gegenteil, man weide sich an jeder Schönheit, an jeder Vollkommenheit, aber mit Anstand, unauffällig, verschlossen im Innern, wie an der Herrlichkeit eines Schmuckes, wie an der Pracht des Regenbogens, wie an dem Schmelz der Blumen und ohne gleich danach zu langen, ohne gleich so zu tun, als ob man ein Recht darauf hätte; es ist das objektiv wie mit der Blume: die Natur ist groß, ihre Blumen prangen und duften über Tal und Wiesen, in

Gärten und Fenstern, und das, was dir gestattet und versagt ist, muß dein Zartgefühl, dein Bildungsgrad dir offenbaren, und wenn du dieser Offenbarung entgegenhandelst, dann hast du das Recht auf Achtung rettungslos verscherzt. In wessen Aug', das sagen die Umstände dir von Fall zu Fall.

Willst du ehrlich und offen sein, so kannst du dem Weibe, das du dir zum Lieben auserkoren und dir verbündet hast, deine Liebe getrost mit diesen Worten offenbaren: „Ich liebe dich über alles; denn in dieser Liebe liegt nicht bloß die Liebe zu dir allein, nicht bloß zu einem Weibe, sondern zur ganzen Weiblichkeit, und diese Liebe zu deinem Geschlecht ist mächtig und groß; aber diese ganze Liebe fasse ich einzig und allein in dir, bedingungslos und unerschütterlich treu in dir für alle Dauer, fürs ganze Leben zusammen!" Das sagte der Dichter dem Blondchen, als er um ihre Liebe warb.

Und das ist die einzig wahre Offenbarung der ernsten, ehrlich gemeinten Liebe.

So liegt die Liebe in der Menschennatur!

FÜNFTES KAPITEL

DER MENSCHLICHE AUSWAHLSTRIEB IM BESONDEREN

iemand kann die natürlichen innewohnenden und sein ganzes Wesen unwillkürlich beherrschenden Geschlechtsgefühle verleugnen, niemand kann ihre Regungen und Offenbarungen unterdrücken: das ist liebeskräftigen Menschen absolut unmöglich; das möge sich jeder gesagt sein lassen und gar nicht versuchen, an dieser unabänderlichen Tatsache auch nur das Geringste ändern oder rügen zu wollen; das ist so und bleibt so, so lange der Mensch Mensch ist —; denn das muß so sein! Hingegen aber darf niemand diesen natürlichen Gefühlen die Zügel schießen lassen, sondern muß kraft seines Menschencharakters diese Gefühle soweit bezähmen, daß er sie nicht offenkundig werden läßt und sie tief in sich verschließen und ausschließlich für sein auserwähltes Lieb aufheben.

Wir unterscheiden nämlich zwischen Geschlechlichkeit und zwischen Liebe, und der Mann mag mit vollem Rechte zu seinem Lieb sagen: Meine Geschlechtsgefühle gehören allen Weibern, die mir gefallen; meine Liebe aber gehört dir allein, dir, die du für mich die Idealisierung des Geschlechtes, die ganze Welt meiner Liebe bist, du und ausschließlich nur du!

Der Schritt vom Naturtrieb zur Liebe hat den Menschen erst zum Menschen gemacht. Die Auswahl und dauernde Verbindung mit einem Lieb, das ist der schönste Sieg des kulturell Menschlichen über das natürlich Tierische in ihm, der edelste Triumph der Liebe über den Trieb des Charakters, über die Sinnlichkeit.

Und wer dies weiß, wer dies fühlt und wer sich dies zum Grundsatz gemacht, der steht auf jenem Punkt, auf welchem er des unbedingten Vertrauens seines erkorenen Liebes entschieden würdig ist. Dies und nicht mehr und nicht weniger ist die Wahrheit über die Liebesempfindungen im Menschen. Vor dieser Wahrheit muß alle Eifersucht verstummen, oder ein jedes Wort von ihr zum Verbrechen an der Liebe werden!

Der Mensch erwacht in früher Jugend zur Geschlechtsreife. Sein Gedanke geht auf das Weib, auf das Geschlecht im allgemeinen. Seine Phantasie bringt ihm Gestalten in den Sinn, die eben Eindruck auf ihn gemacht, und er übt und nährt seine Geschlechtlichkeit an diesen Bildern. Die Wahl der Weibesperson, diese dem Menschen allein eigene Fähigkeit, tritt erst dann und später ein, wenn durch geeignete, zartere Natur- und Gemütsanlagen, durch öfteren Umgang und andere günstige Gelegenheiten der Wunsch nach ausschließlichem Besitz auch rege wird. Ist er aber rege geworden, so wird er allmählich das, was Liebe heißt; soll es aber dies sein, dann muß er durch viele Proben und Wechselfälle gefestigt zum Lebensentschlusse werden, der glücklich und zufrieden macht.

Allzuleicht erlangte Liebe hat äußerst selten Wert und verlöscht gar bald und hat dann alle Furien der Enttäuschung im Gefolge.

Ist Liebe aber erstarkt und zu hoher idealer Liebe gediehen, dann schwindet die angeborene Flatterhaftigkeit und an deren Stelle tritt die Alleinanbetung des gefundenen geliebten Wesens und, ich möchte sagen, freiwillige Treue und Ausschließlichkeit sind ihre traulichen Begleiterinnen.

Dann flüstert tief und wahr es in der Seele: 1. Was aus deinem Auge schaut, und 2. was aus deinem Munde spricht, und 3. was hievon dein Antlitz und dein ganzes Wesen belebt —, das bist du, und das liebe ich in dir! Alles andere: 4. körperliche Schönheit oder 5. Fehler —, diese sind so nebensächlich, dass sie höchtens aus Wohlgefallen oder aus Mitgefühl (wenn ich dich wahrhaft innig liebe) dich nur mehr zu lieben veranlassen. Wenn hingegen 1., 2., 3. mich kalt für sie belassen, dann ist 4. ein Bild ohne Gnaden, und 5. ein Stein des Anstoßes.

Ich gebe es also zu, was der Dichter seinem Blondchen sagt, so wie ich es anerkenne und aufrechterhalte, was im ersten Artikel dieses Werkes: „Die natürlichen Grundlagen des Geschlechtslebens" über die scharenweise lebenden Wesen steht, daß es in der Menschennatur liegt, das Weib im allgemeinen, d. h. das Geschlecht als solches zu lieben; aber es ist mir andererseits entschieden und klar, daß der Menschengeist und die Menschenwürde es zum Menschengesetze erheben, daß die Wahl und die Übertragung dieser allgemeinen Liebe auf ein einziges Wesen den hohen Wert des Unterschiedes zwischen Mensch und Tier erst recht klar macht.

Wer aber den Zug der allgemeinen Liebe mißdeutend, daraus die Allgemeinschaft der Geschlechter, die Allgemeinschaft der Befriedigung folgerte, verfiel jenem Verbrechen, das in sich selbst schon die Strafe bergend, ihn zu jener

Klasse würfe, die durch ihre Unheiklichkeit bekannt, allgemeine Fängerei und allgemeine Hingabe übt und die Liebe zur Ware herabwürdigt — zur Ware, die man überall findet, und die man nimmt, wo man ihr begegnet.

Daß unser Gefallen an den Reizen und Vollkommenheiten des anderen Geschlechtes ein angeborener Zug unseres Wesens ist, das läßt sich wohl nicht leugnen, ist nichtsdestoweniger aber grundverschieden von jenem Zuge, der das Tiermännchen zur Zeit des geschlechtlichen Verlangens nach dem Weibchen hinzieht. Das Tiermännchen bleibt bei dem Anblick des Weibchens außerhalb der Brunstzeit ganz gleichgiltig und erst bei Eintritt dieser Zeit fängt sein geschlechtliches Verlangen an, sich Geltung zu verschaffen. Nicht so beim Menschen: Hier spielt eine Brunstzeit gar keine Rolle — denn diese ist beständig vorhanden —, sondern die Schönheit des Weibes ist es, die entscheidend einwirkt und das Verlangen erregt. Menschen, die nicht auf Schönheit schauen (trotzdem der Geschmack verschieden ist) und nur das Weib als solches resp. als geschlechtliches Befriedigungsmittel im Auge haben, solche Menschen stehen auf einer Stufe, die von der des Tieres nicht bedeutend sehr verschieden ist.

Das schöne, reizende Weib aber ist eine fortwährende Quelle der geschlechtlichen Anregung; ein jeder Zauber an ihr ist eine Herausforderung zum Verlangen nach ihr, und doch: nicht nach ihr, sondern nach ihrem Geschlechte, wobei, wenn wir noch nicht gewählt haben, sie selbst ihr Geschlecht vertreten kann, indem unsere Wahl direkt auf sie fällt, während, wenn wir schon gewählt haben und nicht frei sind, unser auserkorenes Lieb es ist, die vor uns ihr Geschlecht vertritt, und auf die wir alle Empfindungen übertragen, die in uns die Außenwelt erregt.

Dies gibt uns Aufschluß wohl auch über jenes natürliche Wohlgefallen, das wir bei der Schilderung von Liebesszenen anderer und umsomehr beim Anblick solcher Liebesszenen selbst empfinden.

Wenn ich also ein schönes, Verlangen einflößendes Weib als Gemälde oder als liegende Venus in Stein, oder in lebender Wirklickeit ersehe, oder Szenen schaue, die in mir durch geschlechtliche Erregung Gefühle des Verlangens wecken, so ist dies Verlangen — geweckt durch wen es sei — immer nur das Verlangen nach dir, die du all diesen Bildern und Gefühlen die einzige Grundlage bist; alle diese Bilder wecken nur die Erinnerungen an deine Herrlichkeiten und werden stets auf dich hingerichtet, und solange du so süß mir bist, solange wird das Verlangen sich nicht weg von dir richten. Nur bei dem, der kein Ideal seiner Liebe noch gefunden, richtet sich das Verlangen nach dem erschauten Weibe oder, in Ermangelung dessen, nach dem erstbesten Weibe hin, das ihm gerade in den Wurf gelangt, wenn er Erregendes erschaut und geschlechtliches Verlangen in ihm wach geworden.

Was ist es also, wonach's dem Organismus „verlangt", wenn er bisweilen, von Gedanken und Bildern erregt, jenes unsägliche pulsende Sehnen so sehr, oft mit heftiger Energie, zu verwirklichen, zu befriedigen strebt? Ist's der weibliche Apparat, nach dem das Sehnen geht? Nein, der Apparat ist das geeignetste und natürlichste Mittel zwar; aber auch Stellvertreter genügen. — Ist's der Genuß der Befriedigung? Nein, denn dieser kann auch ohne jenes „Verlangen" durch Vorsatz, Kraftfülle, Künstelei bedingt sein und hervorgerufen werden. — Ist's die Schönheit, der Reiz des Weibes? Nein; diese sind bloß Erreger und Erhalter jenes Verlangens. — Ist's die Großartigkeit der Wonnen, die infolge der Vereinigung die Begattung zu einem namenlosen Genuß werden läßt? Nein, das ist bloß der mechanische Behelf zur Bewerkstelligung der Befriedigung; denn das, wonach es dem Organismus verlangt, das ist nichts Gegenständliches, also kein Sehnen und Verlangen nach etwas Vorhandenem, sondern ein Drang als Innerliches in uns: es ist dies das „notwendige" Natursehnen: „die Brunst zu leben", d. h. Brunst der Lebenskraft mit dem Lebensstoffe, die Energie der beiden (weiblichen und männlichen) Lebensprinzipien, sich zu einen und in dieser Einigung „Leben" zu schaffen, sein eigenes Ich als Leben wiederzuerzeugen und durch jede Wiedergeburt das Leben über das Ich hinaus fortzusetzen, für diese Fortsetzung das Werk der Samenverschmelzung — die Einnistung und Einkapselung der in Kraft und Stoff vereinten Prinzipien (veranschaulicht z. B. bei der Gallwespe, Biene...) zu vollziehen, und durch die Summe dieser Prinzipienverschmelzungen „das Leben nach dem Tode, die Fortpflanzung, die Unsterblichkeit (des Ich und des Menschengeschlechtes zugleich) zu garantieren. Das nämlich, wonach es dem Organismus im Lieben verlangt, ist: das Sehnen, der Unsterblichkeit ein geschlechtliches Reifeprodukt zur natürlichen Verwertung abzugeben, in körperlichem Sinne die Abgabe vom Leben für die Unsterblichkeit; in physiologischem Sinne die Abgabe des Pflichtteils an reifem Geschlechtsstoff von seiten der beidergeschlechtlichen Organismen aneinander, und in psychologischem Sinne die Unsterblichkeitsregung des Unsterblichkeitstriebe!

Was aber ist's, wonach sich Herz und Seele — nicht der Organismus — sehnt, wenn in der Ferne oder irgend wie getrennt, das Bild des auserkorenen Weibes, das unser Wesen ganz erfüllt, vor unsere Seele tritt, und ein heftig Verlangen nach ihm in uns erwacht — nach ihr, und keiner anderen, nach ihr ganz allein von allen auf der ganzen Welt? Was ist's, wenn in Erinnerung an die Großartigkeit genossener Liebe in ihren Armen oder im Hoffen auf unsagbar glückliche Stunden, wir nur nach ihr allein verlangen; wenn wir alles Verlangen, das wir durch geschlechtliche Regungen überhaupt empfinden, nur in ihr zusammenfassen, nur für sie allein zu verwirklichen unerschütterlich entschlossen sind; wenn wir ohne sie, die Alleinzige, das Leben als unmöglich erachten und lieber den Tod als das Leben ohne sie ersehnen — ja selbst in äußerster geschlechtlicher Bedrängnis wir mit niemand anderem, selbst nicht mit der unbedeutendsten weiblichen Kleinigkeit, selbst nicht mit zugehaltener Nase, unser natürliches Verlangen befriedigen wollen und immer und überall nur nach ihr, der Alleinzigen, uns sehnen? Das ist Liebe! Das ist's, was in erhaben menschlichem Sinne „wahre Liebe" heißt.

Wenn alle Frauen denselben Gesichtsausdruck hätten, denselben Charakter, dieselbe Ausbildung, so würden alle Männer nicht nur nicht unbeständig, sondern sogar nie verliebt sein: man würde aus Instinkt eine nehmen und sich bis zum Tode an dieselbe halten, und die Einrichtung der Welt würde eine ganz andere sein, als sie es wirklich ist. Außerdem, daß hierin viel Wahres liegt, läßt sich auch noch eine sehr wichtige Schlußfolgerung daraus gewinnen:

Die Ungleichheit der Weibesschönheit ist für den Sinn des Mannes ein eigenes Element, das für die Zeit der Liebe im Leben den Geschlechtsempfindungen dasselbe ist, wie die Luft den Lungen, das Licht den Augen. Dasselbe gilt in seiner Umkehrung vom Weibe. Ohne diesen Reiz (in Natur oder im Bild) müßte die Liebe eines Paares nur mühsam erhaltbar sein und rasch in Gleichgiltigkeit (wegen Gleichmäßigkeit der geschauten Schönheit) umschlagen. So war es mit der Liebe Tannhäusers zur Liebesgöttin Venus selbst! Und abermals bestätigt sich die Natürlichkeit der Vielweiberei und der vorzugsweise menschlich-ästhetische Charakter der Liebe und das, was der Dichter zu seinem Blondchen sagt: „In dir liebe ich dein Geschlecht." — Der Hauptgedanke bei allem ist aber immer: „Abwechselnde Liebe ist tierische Befriedigung, beständige Liebe aber ist menschliche Befriedigung des Geschlechtstriebes."

Und wenn wir selbst ein schönes Paar gerade im Genießen der Liebe beobachten —, was dann —? Die Erregung, die solcher Anblick zur Folge hat, ist selbstverständlich eine hochgesteigerte; aber — hieße es: „Nimm du die Stelle dessen, der dort glücklich ist, sofort ein!...", würdest du nicht in demselben Moment eine Douche auf dein erhitztes Haupt herniederstürzen fühlen? Ein anderer vor mir — und ich in dessen nasse Spuren?? Nein, selbst dann nicht, wenn es später und länger nachher wäre; denn das Bewußtsein: „Sie hat sich einem anderen hingegeben", kann nur in dem Falle gleichgiltig lassen, wo wir nicht lieben. Wer liebt und weiß, was Liebe heißt, dem ist alles fremde Lieben und alles Geschlechtlich-schöne, Reizende nichts anderes als eine Quelle der entzückenden Begeisterung für sein eigen Lieb! Das und sonst nichts ist ausschlaggebend. Wer dies nicht fühlt und nicht faßt, der liebt eben nicht!

Die Wahrheit dieser Behauptung kann jeder auch bei stark erotischer Lektüre an sich selber bestätigt sehen: Das Gelesene erweckt Vorstellungen, d. h. geistige Bilder, und diese Bilder im Geiste wirken kraft des Fluges der Phantasie beinahe so wie der direkte, wirkliche Anblick; dieser direkte Anblick hinwieder gestaltet sich, sobald das Objekt verschwunden, im Geist und in der Einbildung zur regen wohligen Vorstellung, und das ist es, was den Zauber und das Vergnügen beim Anblick eines schönen Geschlechtswesens so bedeutungsvoll, so belebend uns gestaltet.

Aber auch die Wahrnehmung und Vorstellung der Schönheit und Vollkommenheit und alles dessen, was wohltuend auf Aug und Sinne wirkt, ist für das Geschlechtsleben von hoher Bedeutung. Der Blick weidet sich mit vielem Wohlbehagen an einem schönen herrlichen Geschlechtswesen, und die Gesamtheit dieser Eindrücke, die im gesellschaftlichen Verkehr der Menschen gewonnen wird, ist eine ergiebige Nahrung für das persönliche Geschlechtsleben, ein Element, worin dies Leben so recht in vollem Maße gedeiht und am Wege der Besonderung sich reich und nutzbar auf die eigenen Liebesverhältnisse überträgt. Nur der Narr kann sich diesen harmlosen Außeneindrücken verschließen, und nur der Schelm wird den wonnigen Eindruck, der aus der Beschauung der Schönheiten des anderen Geschlechtes entspringt, in Abrede stellen!

Das soll jedoch zu keinem Mißverständnis führen! Es wird dieses Wohlgefallen an anderen wohl niemand gern bei seinem eigenen Lieb bemerken oder gar empfinden. Muß auch gar nicht nötig sein, denn zwei, die echt und recht in Liebe sich verstehen, müssen die Grenzen des Anstandes scharf zu erkennen wissen. Es ist dabei nicht nötig, mit anderen sich in Umgang einzulassen, d. h. der Mann hat zu wissen: 1. daß er ein fremdes schönes Weib nur ohne Anstoß zu erregen betrachten soll und nicht Anlaß zu suchen hat, diesem Weibe näher zu treten; 2. daß er in Gegenwart seines Weibes anderen gegenüber auch nicht mit einem Blicke solches Benehmen an den Tag lege, das die Würde seines Weibes beeinträchtigen könnte. Denn der Blick ist eine Art von Sprache: der lüsterne, freche Blick ist wie ein zudringliches freches Wort. Lasse daher das Wesen, das dir gefällt, mit deinen Augen und Worten in Ruhe: betrachtest du es, ohne ihm auffällig zu werden, ohne es anzusprechen, dann kannst du im Geiste vorwurfslos in seiner Schönheit Blumenkelch dich nisten und Honig für dein wahres, eigenes Lieben saugen. Ebenso hat aber auch das Weib zu wissen, daß es in seinen Betrachtungen auch nicht mit einem Gesichtszuge sich verraten darf, und daß es im Falle der Annäherung eines anderen die ganze Größe seiner Würde aufzubieten hat, um etwaigen Zudringlichkeiten oder Unschicklichkeiten entgegenzutreten.

Selbstverständlich wird das Weib in Gegenwart ihres Mannes dieselben Rücksichten zu beachten wissen als in seiner Abwesenheit und noch mehr! Wenn aber eines der beiden sich in Gegenwart des anderen vergäße und durch unschickliche Blicke bei demselben gerechten Anstoß und Ärger oder gar beschämende Momente erregen sollte, dann unterwirft sich der schuldig und unzweifelhaft überführte Teil der Buße, die vorweg schon abgemacht und festgesetzt sein soll.

So traf ein mir bekanntes und glücklich liebendes Paar, da der Mann aus alter Gewohnheit wegen des allzu lebhaften, feurigen Blickes zu sehr gegen obige Regeln zu verstoßen fürchtete, die gewiß harmlose und korrekte Maßregel, daß er für gewisse festgesetzte Zeit auf der Straße, wenn er mit seiner Frau ging, schwarze Brillen trug. Das Weib würde diese Maßregel wohl schwerer treffen als den Mann, weil das Weib naturgemäß mehr auf ihr Äußeres hält: aber der Umstand, daß der Mann häufiger mit dem Blick zu sündigen pflegt, gleicht die Chancen betreffs der schwarzen Brillen vollkommen aus und macht diese Vorsichts- und Bußmaßregel um so annehmbarer.

Unter solchen Bedingungen und Voraussetzungen wird und kann es niemand seinem Lebensgefährten weder wehren noch verargen, wenn er sich an der Anschauung des anderen Geschlechtes weidet und innerlich vergnügt. Beide können sich dies Vergnügen getrost gönnen, und wenn sie miteinander sind, sich gegenseitig sogar aufmerksam machen, sich gegenseitig die Meinungen und Urteile mitteilen, die sie über die eine oder andere Person haben. Und nie wird die Treue tiefer wurzeln und fester gegründet sein, als wenn diese gegenseitige Offenheit und Zurückhaltung in richtigen Einklang treten.

Von diesem Standpunkte aus ist auch Goethes Theorie in seinen „Wahlverwandtschaften" das Resultat einer nicht zureichend tiefen Auffassung.

Der Auswahlstrieb an sich ist eine Umsetzung, eine Umkehrung der natürlichen Gründe durch Charakter und Vernunft: der Naturtrieb findet Gefallen an den Annehmlichkeiten des anderen Geschlechtes im allgemeinen, während der Auswahlstrieb oder die Liebe als solche zwar ebenfalls die Geschlechtslust an dem „Verlangen nach anderen", aus der Schönheit des anderen Geschlechtes im allgemeinen schöpft, sich aber in diesem Verlangen, in dieser Schönheit nur jenes Ideal denkt und wünscht, das in seinem schon erwählten Lieb verkörpert ist und in allem geschlechtlich Schönen sein eigen Lieb versinnlicht und verschmolzen sieht, in allem aber, was ihn nach Liebe verlangen macht, sein Lieb genießt. — Wer glücklich liebt, der schöpft aus der Natur und aus den Trieben, um seine Liebe zu nähren, zu verherrlichen, während der Schwelger durch die Erregtheit der Momente solche Funken und Anflüge von der echten Liebe entlehnt, die selbst seinem Naturtriebe einen höheren Wert verleihen.

Durch die Kraft der Natur wird der Mensch vom Geschlechtstriebe beherrscht; aber durch die Macht des Denkens wird er zum Beherrscher des Triebes und erhebt sich auf den Stufen der Liebe — hinan bis zur idealen hohen Liebe!

SECHSTES KAPITEL

DIE LIEBE ALS LEBENS- UND ERHALTUNGSZWECK

Das Prinzip der Einweiberei und das Prinzip der Geschlechtsfreiheit als des freien Geschlechtsbundes beruhen auf derselben Grundlage und haben dasselbe Streben und denselben Endzweck; nur Ehe und Einweiberei sind aus zu einander gehöriger Auffassung zusammengehörige Begriffe.

Das ganze Liebesleben gipfelt in der glücklichen Wahl, im glücklichen Beisammenleben und in der Dauer des freien Liebesbundes bis in den Tod.

Die unbedingte Aneinanderpassung der Charaktere, die Annahme und Ablegung verschiedener Eigenschaften, Gewohnheiten und Geschmacksäußerungen, die Einrichtung des Lebens nach gegenseitigem Übereinkommen und mit Rücksicht auf einander sind die Grundpfeiler, auf welchen nach so entscheidendem Entschlusse, wie es die gegenseitige Hingabe fürs ganze Leben ist, der Bau der Liebe errichtet werden muß, worin zwei Menschen an der Hand ihrer innersten Eingebung mit voller Seele dahin zu trachten die Bestimmung haben: glücklich zu werden.

Die Verschmelzung der persönlichen natürlichen Zweiheit zur Geschlechtseinheit der beiden Wesen, des Denkens und des Fühlens Übereinstimmung, oder wenigstens des Denkens und des Fühlens harmonische Anpassung in sich als wirkenden Willen feststellen und das harmonische Ergebnis dieser übereinstimmenden, ununterbrochenen Dauer als Zweck in sich fühlen, hat bei korrekter Anlage des Lebensplanes die ruhige See des Herzensfriedens zur Folge, in welche des Glückes Ströme und Kanäle aus allen Richtungen münden.

„Ich will mich in dich hineinleben und mit dir in eins verschmelzen, zu einem Herzen, zu einer Seele, zu einem Gedanken, zu einem Willen —; verschmelzen will ich mit dir zu einem Wesen von jetzt bis in den Tod!"

Und warum wird dieser Vorsatz so oft nicht ausgeführt?

Es ist dies ein schönes, erhabenes Bild, das keine Verzerrung duldet, und der, dessen Geist sich dieses Bildes Vorstellung nicht zu schaffen vermag, der kennt die Liebe nicht und der weiß nicht, daß im Lieben jener Vorsatz liegt; das Wort „Ich liebe dich!" klingt von seinen Lippen, weil die Sinne ihn dazu bewegen, und wenn einer sagt: „Werde mein!" so sagt er dies unter dem Drucke der Sinnlichkeit, in deren Banden verstrickt er des Wortes Sinn zu erwägen verabsäumt.

Die siamesischen Zwillinge sind hierfür kein passender, entsprechender Ausdruck, so gerne man auch den Vergleich zur Geltung bringen will. Auch das altbeliebte Sprichwort: „Mann und Weib sind ein Leib" entbehrt der vollständigen Begründung und besteht die Kritik durchaus nicht, weil in der Liebe in erster Reihe die Einheit der Herzen in Anschlag kommt.

Wir lieben etwas, weil uns schon der Gedanke an dies Etwas glücklich macht — und das ist der rein wohlwollende Ausdruck des Egoismus!

„Alter" und „Ego", das sind die zwei Bedingungen, die zum Denken der wahren Liebe unbedingt vorausgesetzt werden müssen.

Das „Selbander", d. h. die totale Einswerdung zweier Liebenden, würde mit dem Verschmelzen zu einem Eins alles Wohlwollen verlieren, und die wahre Geschlechtsliebe würde nicht mehr vorhanden sein. Das Glück dabei ist jedoch, daß das, was verschieden geschlechtlich an den Liebenden ist, nie in eins verschmelzbar sein kann: weder die Züge des Charakters noch auch die körperlichen Geschlechtsverschiedenheiten; nur ergänzen, zu einer Geschlechtszweieinigkeit ergänzen können sie sich während der Dauer jener Momente, wo Weib und Mann in sinnlicher Einswerdung der geschlechtlichen Befriedigung hingegeben sind.

Alle anderen, nicht geschlechtlichen Verschiedenheiten können nicht und sollen nicht in eins verschmelzen, müssen jedoch trotzdem aufhören, Verschiedenes zu sein.

In der Gefühlswelt zweier Wesen, die der Liebe höhere Weihe empfingen, vollzieht sich eine Verinnerlichung des Objektes der Liebe.

Äußere Einflüsse, äußere Lebensverhältnisse wirken allerdings, aber nur an zweiter Stelle auf die gegenseitigen Gefühlsäußerungen ein.

Liebe ist der höchste innere Lebenszweck; Arbeit, Erwerb, Reichtum und Ruhm sind bloß die Mittel zur Verwirklichung und Verherrlichung jenes Zweckes.

Es sind die Wohlhabenden und die Reichen nicht immer so glücklich, wie sie es sein könnten, und sie sind es darum nicht, weil sie diese Liebe nicht immer kennen, weil sie sich jenes oben betonten Vorsatzes, der im Lieben unmittelbar mit inbegriffen ist, nicht immer bewußt werden, und vielleicht auch darum, weil sie eben durch den Reichtum Anlaß finden, das Leben auf eine Weise voll zu genießen, die ihnen kraft ihres Bildungsgrades und kraft der ihnen innewohnenden Lebensanschauung geläufig wird; und dann entziehen sie sich auch durch selbstgeschaffene Geselligkeitsverhältnisse, durch Freundschaften, Sport und verschiedene Zerstreuungen ihrem auserkornen Lieb oft nur allzusehr.

Reichtum und Liebe beeinflussen sich zuweilen sogar ungünstig; Armut und Liebe hingegen lassen die unglücklichen Glücklichen in den meisten Fällen an Leib und Seele verkümmern. Mäßige Bedürfnisse bei entsprechendem Einkommen und ausreichender Versorgung der Seinigen durch ehrliche Arbeit allein gibt den Frieden des Genießens, dessen Segnungen den wahren Wert des Lebens und des Liebens garantieren.

Der höchste Lebenszweck des Weibes ist daher: den Mann glücklich zu machen und in diesem seinem Glücke selber glücklich zu werden, während des Mannes schönster Zweck sich darin offenbart, durch das Glück des Weibes gehoben, stolz, kühn und kräftig gemacht, im engeren Sinne für sich und für die Seinen durch unverdrossenes Schaffen zu sorgen, im weiteren Sinne aber dem Verbande, dem er angehört, und der Gesellschaft nach Kräften zu nützen und zwar darin, wozu ihn die Natur am tauglichsten geschaffen und am besten befähigt hat, wozu er in sich den kräftigsten Beruf fühlt.

Der oft unbewußte, aber natürliche Endzweck der Liebe ist: das Leben nach dem Tode durch die Fortpflanzung und Erhaltung der Art, die Aufrechterhaltung, die Verewigung des Angedenkens und des Namens durch das Weib und die Kinder; denn auch des öffentlichen Lebens dreifache Grundlage ist und bleibt: Das Individuum, das Paar und die Gesellschaft! Das Paar ist namentlich jene Grundlage, die auch im Rechtsleben der Menschen das Haus und die Familie zur Folge hat, und in seinen Abzweigungen die Erbfolge, das Eherecht, das Erbrecht samt allem, was aus diesem folgt und an diese sich anlehnt, veranlaßt hat.

Es ist die Liebe darum unbedingt eine Verbindung zur Verwirklichung der Unsterblichkeit, und das ist gewiß der bewußte oder unbewußte Hintergrund dabei. Eine jede Liebe ist ein solcher Unsterblichkeitsbund, sie ist von ihren ersten Keimen bis zu ihren realen Offenbarungen das und nichts anderes; aber die Unstätigkeit der liebenden Menschen macht es, daß die Liebe oft, sogar allzu oft, nur von kurzer Dauer, ein sich selbst zu rasch verzehrendes Strohfeuer ist. Die Parole „Abwechslung!" ging von Mund zu Munde, von Generation zu Generation und — ward mißverstanden. Daher kommt es, daß das, was in seinen ersten Anfängen wahre, gefühlte Liebe ist, allmählich oder jäh in gemeine Liebe, in Sinnlichkeit verflacht, und wenn auch diese ausglimmt, verlöscht.

Die Liebe ist allerdings verschieden. Abgesehen von dem Gefallen und Verlangen der Geschlechter — denn diese ist bloß die goldene Brücke, die hinüberführt in jenes Zaubergebiet, das ein undurchsichtiger Schleier dem Auge verhüllt, und das vielleicht ein herrliches Bild, jedoch vielleicht auch unsagbares Elend birgt — gibt es von der gemeinen Straßenliebe ab, die da so gerne gesucht und geboten wird, eine unabsehbare Stufung, die von jener Erscheinung, wo sich zwei, die sich erst erblickt, in fünf Minuten ewige Liebe schwören, bis hin zur wahrempfundenen, tiefgewurzelten Liebe führt, und uns in immer höherer Idealisierung „Medschnun und Leila“, „Wamik und Aszra“, „Romeo und Julia“, „Hero und Leander“ vor die Seele zaubert.

Weib und Mann vereinen sich, zuweilen auch unbewußt, zu jenem Bunde der „Unsterblichkeit durch sich selber“, das Bewußtsein des Lebens in den Kindern läutert sich in dem Begriffe der Fortsetzung des eigenen Ichs noch jenseits des Grabes.

Die Erfahrung berechtigt zu dem Satz: Menschen, die sich selber genügen, sind der tieferen Liebe in der Regel am fähigsten, während diejenigen, denen das gesellige Beisammensein mit anderen zum Bedürfnis, zur Natur werden kann, der Liebe heiligeren Gefühlen wohl weniger zugänglich sind.

Zerstreuung mit Maß und Ziel ist wohl jeder und jede zu suchen berechtigt und sich selber gegenüber zuweilen auch verpflichtet, weshalb der obige Satz nicht mißdeutet werden darf. Das Selbstgenügen und die Liebe stehen zu einander wie Grund und Folge: Wer wahrhaft liebt, der hat seine Welt in seiner Liebe, und seine Liebe ist sein All; in diesem All aber wird er keine Leere, keine Öde fühlen!

Nur der feste Charakter und der Ernst ist jener Liebe fähig, deren Dauer bis zum Grabe geht; diese Liebe braucht keine Schwüre, keine Worte, keine Blicke, sie liegt in der Brust, sie erfüllt das ganze Wesen; sie läßt sich nicht aussprechen, nur fühlen.

Daher kann auch nur die ernstgenommene Liebe als Liebe in Betracht kommen.

Ein Weib, für das wir wahre Liebe empfinden, kann uns niemals gleichgiltig werden; es ist das nicht so wie mit der Schönheit einer Gegend oder mit den Süßigkeiten, die den Geschmacksinn reizen, und die wir mit der Zeit gerne missen; denn das Weib ist uns so teuer wie das Kind, oder vielleicht noch in höherem Maße; je mehr und je länger wir es um uns haben, je mehr Glück es uns gegeben hat, desto lieber wird es uns, desto inniger schmilzt es mit uns zusammen, so daß es uns so lieb wird, wie wir uns es selber sind, und sogar noch mehr, da das Weibliche an ihm stets etwas ist gegen das wir eine gewisse Vorliebe und hingebende Opferwilligkeit an den Tag legen.

Wo das anders ist, dort war keine wahre Liebe vorhanden, dort war die Wahl auf modern gesellschaftlicher Grundlage aus selbstsüchtigen und sinnlichen Motiven getroffen; dort lag das Hauptgewicht bei der Wahl nicht in der Gesamtheit, sondern in einzelnen Schönheiten oder Vorzügen der Person. Das ist das alte und altbekannte Schicksal der meisten Ehen.

Unser Kind hat etwas Gewisses in seinem Wesen, was für uns besonders lieb und fesselnd ist. Wir wissen es gut, daß das Kind eines andern vielleicht schöner ist und vollkommener in jeder Hinsicht, aber jenen gewissen Zug, der uns so süß ist, hat das andere Kind nicht. Und wenn du eine Mutter fragst, die ein sehr häßliches Kind hat, warum sie denn ihr Kind lieblicher und anziehender findet als das ihrer Nachbarin, die doch offenbar ein anerkannt hübsches Kind hat —, so wird sie sagen müssen: „Weil in meines Kindes Aug' und jedem Zug ein Etwas liegt, was mich, namentlich mich so unnennbar anspricht, und weil ich dies Etwas in keines anderen Kinde finden kann." Darum ist ihr auch ihr Kind das liebste, für das sie wohl auch ihr Leben gibt.

So ist es auch mit unserem Lieb.

Und doch gibt es immerhin zwischen beiden einen wesentlichen Unterschied.

Das Kind ist die deutliche Liebe des Blutes, das Weib aber die deutliche Liebe des Geschlechtes. Blut und Geschlecht: das sind die zwei Unterscheidungen!

Verstehst du diesen Unterschied, verstehst du diese Liebe? Und wenn du sie verstehst, kannst du sie auch fühlen? Und wenn du sie zu fühlen vermagst, hast du wohl auch das Herz, das in diesem Sinne des Wortes zu lieben imstande ist?

Wenn ja, dann liebe so und bleibe so und höre wieder, was da oben schon gesagt ward; denn ich, dem du Liebe geschworen, dem du für ewig dich gegeben, ich sage es dir: „Das Gebuhl um die *kurze, vorübergehende* Gunst des Weibes ist die tiefste Schmach, die der Mann ganz besonders dem Weibe, dann seinem Mannescharakter und endlich dem Geiste der Liebe anzutun vermag."

Solches Buhlen um ein verworfenes Weib ist eine Tat, der sich selbst der Wüstling zu schämen pflegt, und ein Unterfangen, das er nur dem achtungslosen, moralisch verkommenen Weibe gegenüber wagen darf; ein solches Buhlen aber ums ehrbare Weib ist die gemeinste Niedrigkeit und die niedrigste Gemeinheit, die der Mann als Geschlechtsperson an dem „Geschlechte" zu begehen imstande ist.

Solche Mannesniedrigkeit kann nur durch Weibeshoheit, solche Mannesgemeinheit kann nur durch Weibesstolz niedergeschmettert und abgewiesen und für immer ferngehalten werden.

Ein solch hohes und stolzes Weib sei nun du!

SIEBENTES KAPITEL

WERT UND DAUER DER LIEBE

ie Gefahr, daß andere uns, wenigstens momentan, sehr gefallen, ist eine sehr häufige, und wir entgehen ihr am sichersten durch um so festeres Zusammenhalten, durch um so innigeres Lieben, welches das beste Mittel ist, andere, und wenn sie Götter und Göttinnen wären, zu entbehren und sich selber untereinander unverbrüchlich treu zu bleiben; und gelingt es, sich gegenseitig, nicht nur körperlich, sondern auch geistig voll zu befriedigen, so gibt es keine Untreue, nicht einmal in Gedanken, und es kann Seladon oder Psyche noch so zauberstrahlend an uns vorübergehen, so werden wir sie vielleicht bewundern, begehren aber nicht; denn wir wissen nicht, was für einen Ersatz das für unser Lieb geben würde, das wir schon kennen.

Außerdem müßten wir, wenn wir nach jeder schönen Erscheinung, der wir im Leben begegnen, nicht nur innerlich, sondern auch äußerlich in der Tat verlangen möchten, entweder die unglücklichsten, oder aber die verworfensten Menschen werden; eins von beiden jedenfalls, wenn nicht beides zugleich.

Schöne Gesichter sind bei beiden Geschlechtern stets gefährlich; man muß sich hüten, sich von ihnen blenden zu lassen.

Wieviele sind dadurch, daß sie dem ersten Eindruck als maßgebend nachhingen, unglücklich, ja nicht selten namenlos elend geworden, weil sie eben die Verläßlichkeit dieses Eindrucks nicht erst prüften und durch die Zeit und nähere Bekanntschaft sich bewähren ließen.

Wie schwer ist es, eine vollkommene und nach jeder Richtung passende Lebensgefährtin zu finden.

Haben wir sie aber gefunden, dann schätzen wir das Glück, dann halten wir es kräftig liebend fest! Über einzelne Mängel und Schwächen, wenn sie uns nicht behelligen, soll man sich stets Rechenschaft geben und wohl überlegen, ob sie uns nicht mit der Zeit Grund zur Erkaltung geben könnten. Zum Beispiel: wir schwärmen für Musik, Gesang, Malerei und Poesie, unsere Frau aber nicht; oder wir bemerken einen Körpermangel, so werden wir uns genau prüfen, ob diese Mängel unsere Liebe wohl nie ins Schwanken bringen werden, indem solche Mängel leicht Anlaß bieten, andere, die diese Mängel nicht haben, ins Auge zu fassen.

Sind wir mit uns einig, daß diese Mängel uns nie behelligen werden, so prägt sich das wie ein heilig Gelübde in unser Herz, und diese Mängel haben für uns aufgehört Mängel zu sein. Wir sehen sie nicht mehr.

Oben haben wir betont: Wen man heute liebt und jedem anderen vorzieht, den kann man morgen nicht lassen, um einen anderen vorzuziehen. Das gilt aber nur für den Fall, daß man richtig und mit Vorsicht gewählt hat.

Denn es gibt Fälle, wo Weib und Mann in die Gelegenheit kommen, sich voll besitzen und genießen zu können, ohne daß sie sich eigentlich gefallen. Aber die Gelegenheit ist so günstig, oder es ist zuweilen eines der beiden liebeshungrig und obendrein vielleicht auch noch leidenschaftlich oder leichtfertig und will das andere bloß aus diesen Gründen um jeden Preis genießen; da kommt es oft vor, daß dieser Preis das Versprechen der dauernden Verbindung ist, und — in kurzer Zeit, wenn der Hunger gestillt und die freie Befriedigung gesichert, tritt Sättigkeit, Überdruß, Reue und alles mögliche ins Gefolge.

Eine verhängnisvolle, entscheidende Rolle spielt im Geschlechtsleben die „Macht der Gewohnheit". Schon im Ausdrucke liegt eine ganze Abhandlung! — Man wird bekannt; man gewinnt sich lieb; man verkehrt mit einander; die Besuche werden zur Gewohnheit, zum Bedürfnis; wir beschließen uns für dauernd zu verbinden; der Entschluß steht fest; die Besuche gehen ihren unabänderlichen Gang; wir werden intimer; wir lernen uns von verschiedenen neuen Seiten kennen; so manches mißfällt uns; es wird zuweilen recht arg; wir hoffen um so inniger, daß das sich geben wird; der Moment kommt, wir werden Weib und Mann und — die Macht der Gewohnheit hat's getan!

Bei der ungeheueren Verschiedenheit und dem auffallenden Gegensatz der persönlich-geschlechtlichen Interessen der Liebenden einerseits, andererseits aber bei dem intimen Ineinanderschmelzen und der notwendigen Zusammengehörigkeit der beiden als Geschlechtswesen ist das Verhältnis zweier Liebenden ein äußerst ungewisses und (wie das im Leben leider erwiesen ist) ein in den seltensten Fällen haltbares; denn es ist eine reine ungetrübte Harmonie der in Liebe verbundenen und gemeinschaftlichen Haushalt führenden Paare für die Dauer nur so möglich, wenn beide sich über ihr allseitiges Verhältnis zu einander vollkommen im klaren sind.

Die Klärung dieser Angelegenheit ist Sache des Mannes, der, sobald er selbst ins klare kommt, bei der erforderlichen Geschicklichkeit alles so fügt und lenkt, daß das dauernde Glück zu erhoffen ist.

Die unverbundenen, getrennt lebenden Paare, namentlich im Brautstande, denken an obige Wahrheit gar nicht und merken es erst hernach, daß sie zueinander nicht taugen und einander fürs ganze Leben eigentlich nur unglücklich gemacht haben!

Die erste Bedingung (des Mannes) ist, sich über die eigentliche Natur seiner Erkorenen, seiner Verlobten genau Rechenschaft zu geben und sich selber darüber zu prüfen, ob es ihm möglich sein, ob es ihm gelingen wird, die Naturanlagen seiner Angebeteten mit den beiderseitigen persönlichen und mit den gemeinschaftlichen häuslichen Interessen und Verhältnissen in Harmonie zu bringen und dauernd zu erhalten.

Es ist hier besonders zu betonen, daß zwei selbständige Charaktere niemals und unter keinerlei Bedingung das eigentliche Glück der Liebe erreichen und genießen können, sofern sie ihre Selbständigkeit auch einander gegenüber zur Geltung bringen wollen; denn wenn der Mann in der Liebe sein Ideal finden soll, muß er mit voller Seele und ungetrübten Gefühles, mit inniger Begeisterung und Wonne sein Lieb genießen; vom Scheitel bis zur Sohle muß sie ihm lieb und begehrlich sein und bleiben; dazu müssen beide alles tun, um es zu ermöglichen.

Er, der Mann, muß kraft seiner Intelligenz und größeren Lebenserfahrung alles daran setzen, um bei seinem Lieb soviel zu gelten, daß alles, was er sagt, wahr und gut und fesselnd sei, daß alles demzufolge dann auch vollen Wert und Anklang finde. Sie, das Weib, jedoch muß infolge ihrer zarteren Anlagen alles aufbieten, um ihm das Streben der Erreichung einer vollkommenen und dauernden Harmonie zu ermöglichen und ganz besonders alles meiden, was einer Widersetzlichkeit und einer Unbeachtung seiner Worte ähnlich wäre. Dazu aber ist es von allem notwendig und als erste Bedingung zu betonen, daß er zu ihr in einem solchen intellektuellen oder achtunggebietenden Verhältnis stehe, daß die derartige Regulierung des gegenseitigen Einvernehmens auch von vorneherein möglich ist; denn dort, wo der Mann dieses geistige Übergewicht nicht besitzt, dort ist wohl alles Obige nicht gut denkbar, da des Mannes Schwachheiten von jeher ein Grund zu allen Unzukömmlichkeiten zwischen beiden Geschlechtern war, und wehe denen, die erfahren müssen, daß das Weib, aus welchem Grunde immer (sei es, daß sie die Herrin eines größeren Vermögens oder daß sie bessere Charakter- und Geisteseigenschaften besitze als der Mann), eine Art Überlegenheit in sich zu fühlen Anlaß findet! Eine solche Vereinigung ist ein Unglück für beide, und besser wäre es, es fänden solche sich im Leben nie!

Wenn wir behaupten, daß, wenn sich zwei lieben, sie dann nicht leicht von einander lassen können, so ist da stets die Liebe als solche gemeint.

Was ist aber Liebe eigentlich? Ist es das geistige Schwärmen? Ist es die Befriedigung der Geschlechtstriebe? Keines von beiden allein!

„Liebe" ist die Überzeugung, mit einander für die Dauer glücklich werden und bleiben zu können.

Ohne diese Überzeugung ist auch das heftigste aufrichtigste Verlangen nach dem Besitze eines uns begegnenden Wesens beiweitem noch keine Liebe. Und wird dies Verlangen gestillt, bevor jene Überzeugung in uns Wurzel schlug, so ist das stets ein zweifelhaftes Geschlechtsverhältnis und entfaltet sich in den seltensten Fällen zur Liebe. Das ist die heute gewöhnlichste Umgangsform, die ebenfalls nur neben der Ehe, diesem Sondergebiete, aufkommen und um sich greifen konnte.

Je trügerischer diese Überzeugung ist, desto weniger Halt hat die Liebe; je fester und gründlicher diese Überzeugung, desto tiefer und dauernder ist die Liebe.

Zwischen diesen zwei Grenzen liegen alle Grade der Liebe.

Es ist somit erstes Gesetz, um in und durch Liebe glücklich zu werden:

Sich streng und kalt zu prüfen, ob die Zuversicht, mit dem zu erwählenden Wesen für die Dauer glücklich sein zu können, eine korrekte, festbegründete Überzeugung, oder ob diese Überzeugung bloß das Werk einer wandelbaren Auffassung, ein Blendwerk ist.

„Wenn du unter Liebe nur das verständest, was die Alltagsmenschen darunter verstehen: „Eine flüchtige Liebelei mit dem Endzwecke: Frau zu werden, um sorglos ein Leben der Ehe durchzubringen" —, dann ist unser Schicksal kein beneidenswertes. Denn wenn ich mich mit so etwas begnügen könnte, dann ständen mir zur Befriedigung meiner Wünsche ganze Scharen liebenswürdiger Mädchen zur Verfügung —, dann hätte ich alles beim Alten bewenden lassen und gelebt, wie tausend andere Menschen leben, und würde mich dabei so wie diese befinden.

Aber nicht diese Liebe erwarte ich von dir, sondern etwas ganz anderes, etwas Außergewöhnliches, das ich in dir innewohnend erkannt habe. Dieses Großartige an dir und deiner Liebe, das vielleicht niemand auf dieser Welt erkennen wird, weil dich niemand so tief und gründlich kennen kann wie ich, diese hohe Liebe ist es, die mich so an dich fesselt!

Haben wir uns in diesem Sinne geprüft und uns ernst Rechenschaft abgelegt, so können wir den Bund getrost eingehen und überzeugt sein, daß, wenn wir gegenseitig wollen und die oben genauer bezeichneten Winke würdigen, wir glücklich sein und für die Dauer glücklich bleiben werden.

Und wir schalten hier das hochwichtige Axiom ein, von dessen Befolgung oder Nichtbeachtung nur allzu oft das Wohl oder Wehe der Menschen abhängt:

„Wähle dein Lieb aus freiem Willen, aber mit tieffühlendem Herzen und mit vieler Vorsicht!"

Wie könnte man sich unter solchen Verhältnissen dann lästig werden? Wie kann ich den, den ich wahrhaft liebe, ohne wichtigen Grund wohl missen? Wie kann ich diese Liebe, die mich so glücklich macht, je ungehegt lassen? Kommt mir denn der Gedanke nie, der peinlichste von allen, daß dies Wesen, das ich liebe und dessen Liebe mir das höchste Glück ist, ein anderes Wesen könnte zum Lieben anregen?

Habe ich für Erhaltung, für das ausschließliche Innebehalten dieser Liebe gar nicht zu sorgen? Oder wird, wenn ich sie vernachlässige, eine höhere Macht statt meiner die Sorge übernehmen, diese Liebe mir zu schützen und anderen unzugänglich zu machen?

In der Ehe, nur in der Ehe allein, ist diese liebesgefährliche Vernachlässigung denkbar, da wir meinen, daß das Gesetz alle Sorge übernimmt, uns schützt, und daß dies Gesetz ein hinreichender Schutz ist gegen andere.

Im Punkte der Liebe reicht dieser Schutz nicht aus. Beweise liefert uns das tägliche Leben, da gilt vielmehr der Grundsatz: „Schütze dich selber!" Nur du allein kannst genügen, wenn du zu genügen imstande bist —, sonst nichts und niemand auf der Welt: kein Gefängnis, keine Todesdrohung, kein Richter, kein Gesetzgeber —, am allerwenigsten aber die Ehe; denn diese gibt jedem von beiden das Recht, sich auf das Gesetz zu verlassen und ihre Liebe somit nicht selber zu schützen; die Folgen davon sind die Erlebnisse, welche die Welt so zahllos aufweist, und die allmählich zu der Annahme leiten, daß in der Ehe das Liebesglück für die Dauer oder gar fürs ganze Leben fast undenkbar wird.

Übrigens, im allgemeinen und großen Stile aufgefaßt, huldigt schon seit geraumer Zeit die „reiche" Welt instinktmäßig dem Grundsatze:

„Des Weibes Schönheit und des Mannes Kraft sei Gegenstand der sorgfältigsten Kultur!"

Denn in der Tat geben hohe und reiche Damen jährlich viele Tausende aus, um die Kultur ihrer Schönheit im vollsten Sinne des Worts bis ins Kleinste durchzuführen: es sind das unzählbare Maßregeln, die das schöne Weib zur wahren Sklavin ihrer Schönheit werden lassen, sie aber dafür für lange Zeit und oft bis in ein hohes Alter im Besitze ihrer vollen Schönheit belassen.

Wer die Annoncen der modernen und besonders der für Damen bestimmten Zeitschriften mit genauer Aufmerksamkeit liest, wird — oft in nicht jedermann verständlichen Ausdrücken — eine bedeutende Menge von Mitteln und Ratschlägen finden, und außerdem noch, abgesehen von diesen einzelnen Behelfen, wird er auch die Spur solcher Personen (meist weiblichen Geschlechtes) auffinden, deren Lebensberuf es ist, die Kultur der Frauenschönheit auf sich zu nehmen und in diesem Fache es zur höchsten Vollkommenheit, zur höchsten Gesuchtheit und zum höchsten „Honorar" zu bringen.

Und das schöne Weib handelt wahrhaft höchst weise, wenn es seine Schönheit aufs allersorgfältigste pflegt; denn es bringt die Schönheit unfehlbar ihre wonnigen Früchte im Lieben.

Auf ganz andere Weise muß der Mann seine Geschlechtskraft kultivieren; denn zu diesem Zwecke gibt es noch keine Fachpraktik. Die Kultur der Kraft des Mannes muß vorderhand der Verständigkeit und der gesundheitsmäßigen Selbstkenntnis der Individuen anheimgestellt bleiben. Solchen Bestrebungen und Kenntnissen nämlich, welche ausschließlich zur Verfeinerung und Veredelung der Umrisse und Linien, ja sogar der Züge der Damen, die geübtesten künstlerischen Fachleistungen erfordern (der mannigfachen Frauen nicht zu gedenken, welche sich mit Massage und Handpflege befassen), widmen sich heute als ausübende Helferinnen nicht nur Frauen von feinerer Bildung und gutem Ton, sondern es bieten ihre Hilfeleistungen auch wissenschaftlich gebildete Männer, wie Aerzte, Chemiker, Apotheker und andere Fachleute der Kosmetik und Pharmazie an.

So wie für das Weib die Schönheit, so ist für den Mann die Kraft der erhabenste Zweck der Liebesexistenz. Und wie die Kraft mittels Sport und vernünftiger Lebensart erreicht und erhalten werden kann, so muß man das nicht nur erlernen, sondern das volle Resultat bei nüchterner Denkungsart und festem Willen auch voll erlangen!

Also: nicht sparen, kein Opfer scheuen, wenn es sich um Erlangung und Erhaltung der Schönheit und Kraft handelt — besonders in jenem Alter, wo eines oder das andere schon abzunehmen beginnt!

Wo Schönheit von Haus aus mangelt, dort muß dahin getrachtet werden, daß Anmut und Bildung den Reiz und die Fesselkraft verleihe!

Und auf diesem Spezialgebiete öffnet sich eine unabsehbar ausgiebige Zukunft!

ACHTES KAPITEL

DAS FREIE GESCHLECHTSBÜNDNIS

In der freien Geschlechtsvereinigung verbindet man sich auf Grund der Überzeugung, daß man miteinander für die Dauer glücklich werden kann. Man bleibt frei und Herr seiner Handlungen und Entschlüsse nach allen Richtungen; folglich ist man auf sich selber angewiesen, durch alle uns zu Gebote stehenden Mittel und Wege die Liebe, die wir mit Aufwand unserer persönlichen Vorzüge erworben haben, nur mit dem ferneren und ununterbrochenen Aufwand derselben Vorzüge auch für die Dauer zu erhalten. Das Schlaraffenleben des Ehemanns hört auf, das Gesetz schützt ihm sein höchstes Gut, den Besitz seiner Erwählten nicht. Man muß selber zu fesseln, zu gefallen, zu entzücken, zu befriedigen trachten; man muß ununterbrochen streben, glücklich zu machen, um ununterbrochen glücklich zu bleiben; eins gehört zum andern. Glücklich machen, um glücklich zu sein, führt sodann zu jener großartigen Liebeserscheinung, daß wir am allerglücklichsten erst durch das vollste Glück unseres Liebs werden.

Grundlage des Geschlechtsbundes ist die gegenseitige Einwilligung und Übereinstimmung zweier Geschlechtspersonen zur dauernden Eingehung einer geschlechtlichen Lebensgemeinschaft.

Das ist das einzig stichhältige und allen Lebensverhältnissen Rechnung tragende Naturgesetz für das natürliche Geschlechtsbündnis, für die Ehe in allgemeinster Bedeutung.

Das schließt keinerlei Formen der so verschiedenen Ehen aus; nur wird sich auf dieser Grundlage alles, was bis jetzt unter Umständen oft albern war, zur vernünftigen, praktischen Verbindung gestalten.

Die Voraussetzungen eines freien Geschlechtsbundes sind: 1. das natürliche Bedürfnis zu geschlechtlicher Befriedigung; 2. die Liebe zu und das Wohlgefallen an einem vor allen auserkorenen Wesen; 3. das Gefühl der Ehre in Anbetracht der Opfer, die eines dem andern an Freiheit und in der Hingabe seiner Geschlechtlichkeit gebracht, und 4. das Bewußtsein des Rechtes im Punkte der Regelung der gegenseitigen Guts- und Blutsverhältnisse.

Der „Geschlechts-Bund" wird am natürlichsten auf Grund eines freien Übereinkommens geschlossen.

Die Formel dieses Übereinkommens dürfte, wenn der Bund fürs ganze Leben zu schließen wäre, etwa auf folgende Grundsätze zu bauen sein:

„Ich erkläre dir hier frei und feierlich, daß ich deine Genossin (dein Genosse) bin und es bleiben will durch Glück und Unglück, durchs ganze Leben — bedingungslos!".

„Ich gelobe dir bei meinem Weibes- (Mannes-) Wort: in allem stets dein Wohlgefallen zu erstreben; als Weib (als Mann) ausschließlich dich allein zu lieben; deine Liebe mit aller Kraft zu befriedigen; andere nie für mich gewinnen zu wollen — weder durch Wort und Blick, noch in der Tat — und niemals vorsätzlich dich zu betrüben, auf keinerlei Art!".

„Ich werde treu und ehrlich mit dir durchs Leben gehen und vor dir weder eine Unwahrheit noch je ein Geheimnis walten lassen!"

„Ich will mich in dich hineinleben und mit dir zu einem Herzen, zu einer Seele, zu einem Gedanken, zu einem Willen werden —; ich will mit dir zu einem Wesen werden von jetzt bis in den Tod!"

„Und falls ich dies Gelöbnis in welcher Art auch immer brechen sollte, dann lege ich mein Schicksal in deine Hände, weil ich weiß, daß die durch dich verhängte Strafe eine gerechte sein wird."

Ganz besonders sei hier jedoch betont, daß diese Formel kein Schwur, sondern ein Dokument ist, das bindender als alle Schwüre der Welt, bindender als der Vertrag, bindender als das Ehrenwort —, weil es die Verpfändung des Geschlechtscharakters, weil es das Weibeswort oder das Manneswort ist!!

Dies Gelöbnis ist gegenseitig und liegt so im Interesse der beiden, daß es keiner zuerst wird brechen wollen.

Bindender und sicherer ist ein solcher Geschlechtsbund jedenfalls als die Ehe; auch garantiert er die Dauer der Liebe, während die Ehe die Dauer der Liebe unmöglich macht, weil ihr leitender Gedanke das gesetzliche Monopol der Person, das feige Verkriechen hinter den schützenden Wall des Gesetzes ist.

Zur Befestigung des freien natürlichen Geschlechtsbundes und zur Wirksamkeit des Gelöbnisses kann auch das Prinzip mit zur Verwertung gelangen, daß der Geschlechtsbund wie ein amerikanisches Duellverhältnis geschlossen werde (und auch so zu nehmen und zu erklären ist): Wer die Treue, das Gelöbnis bricht, hat die schwarze Kugel gezogen. Dies kann auch ausdrücklich am Schlusse der Gelöbnisformel statt jenes Passus stehen, der die unbestimmte Bestrafung des Treubruches als Folge bezeichnet.

Aber! wird man fragen, was wird dann aus der so edlen erhabenen Einrichtung der Familie?

Hierauf fragen wir einfach zurück, ob denn die Familie als solche wohl wirklich und im allgemeinen etwas Edles, Erhabenes sei, und ob die Liebe des Mannes und Weibes sowie die Liebe der Kinder diese edelsten, erhabensten menschlichen Regungen denn eigentlich mit dem Begriffe der Familie zusammenhängen müssen, ob sie im Geschlechtsbunde nicht ebenso, ja sogar erhabener möglich sind?

Ferner wird man fragen: was soll aus den Kindern werden?

Auf diese Frage brauchen wir ja keine Antwort: Denn solange der oben besagte Geschlechtsbund dauert, solange werden die Eltern gewiß für ihre Kinder mit vereinter Kraft sorgen. Hört der Bund aber auf — und dann geschieht dasselbe, was nach aufgelöster Ehe geschieht — so regelt ein freier, ganz dem Ermessen und der Entschließung der beiden vertrag-schließenden Parteien anheimgestellter Sonderpakt vor oder während des Geschlechtsbundes diese Angelegenheit auch für jeden einzelnen Fall.

Was geschieht denn heute mit den unehelichen Kindern und mit den sogenannten Kindern der Öffentlichkeit?

All diese Dinge kommen bei der freien Geschlechtsvereinigung nicht vor; denn jene schroffe Unterscheidung zwischen gesetzlichem und unge-setzlichem Liebesleben müßte gänzlich wegfallen, und alle Geschlechtsbünd-nisse kämen unter den Gesichtspunkt des allgemeinen Weltrechts.

Dieses aber garantiert die Natürlichkeit und das Recht der geschlecht-lichen Verbindung.

Der männliche oder weibliche Unverheiratete sucht, sobald sein Ge-schlechtstrieb erwacht, sein Verlangen zu befriedigen. Sobald ihm das Gesetz oder die Landessitte verbietet oder erschwert, Befriedigung bei dem anderen Geschlechte zu suchen oder zu finden, so tut er es auf eigene Faust.

Und das führt zur ekligsten Unnatur. Selbst das andere Geschlecht ist unter solchen Verhältnissen unverläßlich sowohl in moralischer als auch in gesundheitlicher Beziehung, und die Schwierigkeiten, die sich der Befriedigung entgegenstemmen, werden zu einer Qual, der besonders das weibliche Geschlecht anheimfällt.

Die ekligsten zwei Pfützen in der Gesellschaft sind und bleiben: die Liebe ohne Wollust und die Wollust ohne Liebe.

Erstere ist das Resultat des sündigen Gelübdes der Keuschheit, letztere aber die Folge der verhängnisvollen Wellenschläge des Schicksals.

Die Wahl zwischen beiden ist Ertragung mit der Aussicht auf Selbstschändung oder — Prostitution; und leider ist letzteres von beiden noch immer das Natürlichere!

Der Jüngling, der nicht selten schon in seinem 15. oder 16. Lebensjahre, ja sogar auch früher die Prostitution benützt, um Befriedigung zu finden, treibt die Liebe auf Kosten seiner Gesundheit, seiner Manneskraft; während das Mädchen, wenn es auf Ehre reflektiert, gezwungen ist, der Unnatur zu verfallen, weil es in den Ehestand die Jungfernschaft als notwendiges Zubehör mitzubringen hat.

Und wer fordert diese Jungfernschaft? Männer, die seit ihrer frühesten Jugend bis zur Heirat die Liebe fast schon bis an den Grund ausgeschlürft haben und in die Ehe bloß die Trümmer ihrer Geschlechtskraft und die eklen Überreste eines liederlichen Lebens bringen!

Ist das geschlechtliche Gleichberechtigung? Lohnt es sich dem Mädchen daß es solchen Entnervten zuliebe bis zu dem fraglichen Momente der Eheschließung aller Liebe sich enthalte, einem grundsatzlosen Schürzenbuben zuliebe, der vielleicht in dem Moment gerade, wo sie schrecklich ringend über ihre brennenden Begierden siegt, in den Armen einer Metze jauchzt? Das mögen die Mädchen selber entscheiden.

Bestände das Gesetz nicht, welches zwischen „ehelich" und „unehelich" eine so schroffe Kluft stellte, so würden die Geschlechtsverhältnisse von Grund aus andere werden, die Unzucht eine ganz andere Beleuchtung erfahren und in dem heutigen Sinne des Wortes zur verachteten Seltenheit und Ausnahme werden. Die Unehelichen hätten nicht das Recht, sich gegenseitig wegzuwerfen, und noch weniger das Recht, ihre Kinder den Zufällen des Lebens preiszugeben.

Durch die hier zunächst folgenden Erwägungen wollen wir weder einen feststehenden Standpunkt schaffen, noch aber denselben überhaupt als den unseren anerkennen: wir wollen damit nur über die Denkbarkeit oder Undenkbarkeit des Hellmannschen Prinzipes der Geschlechtsfreiheit ein Urteil der denkenden Leser herausfordern und gleichsam als folgerichtiges Resultat des Prinzips der „Geschlechtsfreiheit" einen Blick in die Familie werfen und das Familienleben auf Grund dieser Geschlechtsfreiheit zum Gegenstand unserer Betrachtungen machen.

Unseren eigenen Standpunkt kennzeichnen wir somit durch die Voransetzung der Ansicht, daß die Geschlechtsfreiheit als solche, wie sie

Dr. Roderich Hellmann in seinem Werke: „Über Geschlechtsfreiheit" (Berlin, E. Staude, 1878) verlangt, überhaupt nicht eher eintreten und gar nicht eher denkbar sein kann, als bis nicht derjenige Grad der Bildung und Vorurteilsfreiheit erreicht ist, welcher gegen alle Angriffe der Andersdenkenden mit der erforderlichen Überlegenheit aufzutreten lehrt, jene Bildung und Vorurteilsfreiheit, wie sie auch z. B. zur unbeschränkten Religionsfreiheit als Hauptforderung gedacht werden muß. Und wir können somit sagen:

Die Geschlechtsfreiheit ist heute nicht mehr und nicht minder berechtigt, als die Religionsfreiheit!

Anders verhält es sich mit dem freien Geschlechtsbündnis! Dieses ist schon auf der heutigen Bildungsstufe gebildeter Völker vollkommen berechtigt, ebenso berechtigt, als die freie, selbstgeschaffene Religion der einzelnen!

Wir dürfen das Geschlechtsbündnis aber nicht mit der Maitressenwirtschaft verwechseln; denn diese und jenes sind sowohl im Prinzip als auch in gesellschaftlicher Beziehung einander geradezu entgegengesetzt, weil das Geschlechtsbündnis in der Gesellschaft kraft seines rein natürlichen Prinzipes und kraft seiner unantastbaren Moralität sich jene Anerkennung verschaffen muß, die das Weib zur achtbaren Frau, zur achtbaren Lebensgefährtin macht.

Die Geschlechtsfreiheit jedoch verlangt ganz andere Vorbedingungen, die wir uns wohl kaum in der Familie gut denken können.

Wir müssen zu diesem Behufe die Geschlechtsneigungen als den zweitwichtigsten Naturtrieb, als den Trieb der Arterhaltung hinstellen und anerkennen, daß dieser Trieb nach dem Selbsterhaltungstriebe der allerwichtigste sowohl für den Menschen als auch für die Menschheit ist und sein muß! Das können wir.

Nicht minder wichtig aber ist die Tatsache des Erwachens und Entwickelns, der Heftigkeit und Absonderlichkeit der Befriedigungsarten dieses natürlichen Triebes, weil durch die Ungebärdigkeit der Befriedigung nicht nur die Familienruhe, sondern auch die Gesellschaftsordnung bedroht erscheint.

Ein Blick auf die heutigen Zustände macht uns auf die soziale Stellung, die Ehre und das Gewissen der männlichen Jugend aufmerksam, aber auch aufmerksam auf die soziale Stellung der weiblichen Jugend, und ebenso auf das Mißverhältnis dieser Stellungen zueinander und auf die Folgen, die dies Mißverhältnis notwendigerweise nach sich zieht.

Sollte eine Änderung dieser Zustände durch die oben betonte Geschlechtsfreiheit erreichbar sein, so müßte vor allem in der Familie, im Hause spätestens bis zum 14. Jahre bei Mädchen und bis zum 16. Jahre bei Knaben eine solche Erziehung eingebürgert werden, wie sie Rousseau im „Emile" sich denkt; es müßte bei strenger Züchtigkeit namentlich die natürlichgesunde, vernünftige Anschauung über Geschlecht, Geschlechtlichkeit und Gesellschaft, von den Eltern auf die Kinder übergehend, die unerschütterliche Basis einer geschlechtsfreien Existenz in und außer dem Herzen werden.

Erst wenn die Basis gegeben ist, erst dann können Grundsätze zur Geltung kommen, welche die ganze bisherige Familienordnung umstoßen.

So finden wir vor allem den Satz:

Bis zum 14. resp. 16. Jahr kann und soll ein jeder frei von geschlechtlichen Versuchungen bleiben —; dafür haben die Eltern durch vernünftige Erziehung zu sorgen.

Sind diese Zeitgrenzen überschritten, so kann und mag wohl jeder, Mädchen oder Jüngling, dem Zuge seines Herzens folgen.

Welche Folgen würde das in der Familie haben und wie würde das sich im sozialen Leben bewähren?

Sind wir wohl berechtigt, schon jetzt damit zu antworten: „Edler, besser und menschenwürdiger als jetzt müßte es allenfalls werden!?"

Betrachten wir die jetzigen Zustände in der Familie, in der Gesellschaft, die männliche und weibliche Jugend, die Dirnen, die Schlaffheit der Ehegenossen, die verkehrten Anschauungen und Überzeugungen, dann die namenlose Unnatur der Ehe und der Ehegesetze und die demoralisierenden Folgen derselben in der Menschengesellschaft. — Erst müßten wir statt der Ehe den freien Geschlechtsbund gesetzt denken; und ist dieser gesetzt, dann leben wir uns hinein in die Zustände obiger Aufstellung.

Das alles durchzuführen, ist einer der natürlichsten Gesellschaftszwecke —; ihn praktisch durchzuführen und vorauszugenießen, kann auf richtiger Kulturstufe wohl jeder getrost wagen.

Es würde das die hohe und wichtige Stellung der Eltern erst recht fühlbar machen. Aber auch in den Schulen wäre die Liebe in erhabenstem Sinne mit in den Plan zu weben. Die Lesebücher mit zweckgerechten Schilderungen, und namentlich die Hebung des Sinnes für Poesie, Künste und zartere Empfindungen müßten angestrebt werden, damit die Geschlechtsroheit, das schamlose Betragen, die modernen Don Juan-Grundsätze dem Gemüte möglichst fern bleiben. — Also Eltern und Lehrer, Haus und Schule müßten in dieser Richtung einer gründlichen Reform unterzogen werden. Das Mädchen ist beim ersten Eintritt der Regelung geschlechtsreif; der Knabe aber, sobald der Geschlechtstrieb erwacht ist und sich im Verlangen nach dem Mädchen zum Ausdruck gibt.

So viel steht fest, daß bei offener Vertraulichkeit zwischen Eltern und Kindern die Geschlechtsfrage jedenfalls eine moralischere Lösung fände; denn nie wird sich jemand durch den leiblichen Verkehr mit dem anderen Geschlecht körperlich so schaden, als allein und im geheimen. Außerdem kann in gleichzartem Alter keinem der beiden in keinerlei Hinsicht anderweitige Gesundheitsgefahr drohen.

Für die männliche Jugend sorgt die Verderbtheit der Gesellschaft; für Mädchen ist dies nicht der Fall, und wir zitieren hier bloß die Worte eines englischen Arztes ("Gesellschaftswissenschaft" Verlag von E. Staude, Berlin. VII. Aufl. S. 204): "Wenn das Mädchen für den Besitz eines gesunden Körpers erzogen ist, wird sie mit den schönsten Aussichten auf ihre Zukunft das Alter der Reife beginnen. Aber um diese Zeit ist es zur Erhaltung ihrer Gesundheit und zur Verhütung geschlechtlicher Krankheiten unbedingt notwendig, daß sie bald eine gesunde Tätigkeit für die neuen Organe und eine normale Befriedigung für ihre neuen Wünsche finde. Wenn dies nicht zu erreichen ist, werden all unsere vorhergehenden Bemühungen sich als eitel erweisen und wir werden ihre Kräfte nur zu ihrem eigenen Verderben gehoben haben; denn ihr Geist und Körper werden unzweifelhaft unter der Einwirkung der neuen moralischen und physischen Einflüsse leiden. Sie mag ihre Gesundheit allerdings noch eine Zeitlang bewahren, aber allmählich wird die Menstruation unregelmäßig oder schmerzhaft werden, das Mädchen wird hysterisch und nervös werden und Unzufriedenheit und Mißmut werden ihre frühere Liebenswürdigkeit verdrängen!"

Von der ersten Liebe des Mädchens und des Jünglings ab bis zum reifsten Liebesalter hätte also alles seine Begründung, seine natürliche Gesetzlichkeit.

Verfolgen wir zur Erhärtung des bisher Gesagten einen im einzelnen vorliegenden Fall des freien Geschlechtsbundes.

Wir müssen hierbei in erster Reihe nur solche Menschen voraussetzen, die außerhalb des Verbandes der Ehe leben. Da wir aber zu dieser Darlegung der natürlichen Geschlechtsverhältnisse das gesamte Menschengeschlecht benötigen, so kann zwischen ehelich und unehelich füglich kein Unterschied gemacht werden, umsoweniger als die Ehe hier grundsätzlich stets Mißbilligung findet. — Sie müßte denn zu diesem Behufe beliebig lösbar gedacht sein.

Dann aber wäre die Ehe das verkehrteste Geschlechtsverhältnis der Welt; denn der Schutz des Gesetzes pflegt das Schlaraffentum und hätte zur Folge die Unzufriedenheit und — sonach die Trennung. Das ist die eine Schwäche der modernen Ehen und der Zivilehe noch mehr.

Nehmen wir erst die soziale Seite.

Zwei fanden sich und fühlen das Verlangen, sich miteinander liebend zu verbinden. Sie müssen Zeit und Gelegenheit gehabt haben, sich genau kennen zu lernen, ihre Vorzüge und Mängel zu beobachten und zu erwägen.

Sind sie hiermit und mit sich selber im klaren, so offenbaren sie sich einander, so wie das von jeher stets geschah —, weil es so doch auch natürlich ist.

Entschließen sie sich nun, sich dauernd zu verbinden, so müssen sie in sich die vollste, feste Überzeugung hegen, daß sie dauernd zu einander taugen.

Zu größerer Sicherheit und Vorsicht sprechen sie sich frei und unumwunden aus, nicht bloß über die Vorzüge, auch über ihre Mängel, und erwägen reiflich die möglichen Folgen dieser letzteren. Sie gestehen sich ferner treu und unumwunden auch diejenigen Mängel, die der andere, weil sie wohl geheim sind, nicht bemerken konnte.

Über die bestehenden Ehehindernisse durch Schwägerschaft ist nicht erst zu rechten; ihre Albernheit springt allzusehr ins Auge.

Eine andere Frage ist allerdings das Ehehindernis durch Blutsverwandtschaft. Hierüber handeln ausführlich George H. Darwin: Die Ehen zwischen Geschwisterkindern und ihre Folgen, Leipzig 1876; dann A. X. Huth: „The mariage of nearness", London 1875; Dr. Ed. Reich: „Die Volksseele", Jena 1876; Aug. Voisin: „Etude sur les mariages entre consanguins", 1865. Alle raten schließlich die strengste Prüfung der Ehehindernisse zwischen Blutsverwandten und nennen als Schlüssel zur Lösung dieser Frage den Grad, die Entfernung der Verwandtschaft.

Also sie stehen sich ganz und voll erkannt gegenüber und prüfen sich zum Schluß noch selber, ob der Bund, den sie geplant, wohl auch für lange und dauernd möglich sei und ziehen dabei Erfahrenere zu Rate, in die sie ein entschiedenes Vertrauen setzen.

Mit diesen nun beraten sie die Pakte noch, die beide schließen wollen in bezug auf Namen, Rang und Güter, sowie auch in bezug auf die Kinder —, wenn das alles eben nötig erschiene.

Es stehe beiden frei es unter sich zu bestimmen, ob das Weib des Mannes Namen, Rang und Güter, oder ob sie bloß den Rang samt Gütern, oder bloß die Güter, oder welches von den Dreien und in welchem Maße teile; ob und wie der Mann an seines Weibes Gütern sich beteilige; ob die Kinder alle ihres Vaters Namen führen oder nur die Knaben, oder welche Kinder ihrer Mutter Namen erben; endlich wie die Kinder an der Eltern Güter sich beteiligen sollen.

Wohl verstanden: Es stehe beiden frei, es unter sich zu bestimmen: durch eine bindende Urkunde, am besten durch einen Notariatsakt.

Durch geschlechtliche Verbindung selbst wird keinerlei Verwandtschaft begründet, also weder durch die Ehe noch durch den Geschlechtsbund: Mann und Weib sind aber miteinander am allerwenigsten durch ihr Geschlechtsverhältnis verwandt; eben durch das Nichtvorhandensein der Verwandtschaft zwischen beiden wird die Begattungsfreiheit begründet. Verwandtschaft wird nur durch Zeugung hervorgerufen; Mann und Weib, die in auf Zeugung basierender Verwandtschaft zueinander stehen, haben die Begattungsfreiheit nur bedingt für sich. Sobald sie aber durch irgend eine gesellschaftliche Formalität, trotz ihrer Verwandtschaft, die Begattungsfreiheit erlangen, so wird durch diese Formalität eigentlich die volle Auflösung ihres Familienbandes anerkannt.

Also weder das Weib noch aber die Verwandten des Weibes stehen zum Manne in irgend welcher Verwandtschaft. Schwägerschaft ist daher nichts anderes als eine nebensächliche Freundschaft, deren Bestand einzig und allein von dem guten Willen der Personen abhängt, die es angeht, und entweder anerkannt oder unberücksichtigt gelassen werden kann.

So und nicht anders liegt es in der Natur!

Das Erbrecht der Natur bleibt voll aufrecht auf Grund des Satzes: Die Kinder sind der Eltern Fortsetzung und der Eltern Tod zieht die Teilung, in gleiche Teile, zugunsten der Kinder nach sich.

Das Weib kann ihren eigenen Namen führen, ihre Güter selbst verwalten; all das hängt allein von beider frei erwogenen Feststellungen ab.

Aber außer diesen willkürlichen und von Fall zu Fall verschiedenen, weil vom Belieben abhängigen Verfügungen läßt sich auch eine feste Norm aufstellen, kraft welcher alle übrigen bisher als Hindernis geltenden Umstände aufs natürlichste beseitigt werden.

Die Namensfrage der Menschen ist noch immer nicht erledigt; die Namengebung bei den Griechen, bei den Römern des Altertums, bei den Orientalen, noch der Jetztzeit und auch in Rußland war und ist eine verschiedene von jener, deren wir uns gewöhnlich bedienen. Welches aber die zweckmäßigste, die praktischeste sei, das ist bis jetzt noch nicht entschieden.

Der Unsinn der modernen Familien- und Taufnamen kam erst durch das spätere Christentum, durch die Pfaffen zur gesetzlichen Geltung und in Gebrauch. Und so allgemein dieser Gebrauch im größten Teile von Europa geworden ist, so erweist er sich weder als haltbar, noch aber hat er auf Grundlage des allgemeinen Weltrechts eine Berechtigung; denn die Mutter, als die wahre und eigentliche Trägerin der Generation, kann und darf nicht außeracht gelassen werden.

Wenn dies weltrechtliche Prinzip Würdigung finden soll, dann kann die Namensfrage nur so am zweckmäßigsten gelöst werden, daß nicht nur der Name des Vaters, sondern auch der der Mutter beim Kinde zur Geltung gelange; denn eigentlich und von weltrechtswegen gibt zunächst die Mutter den Namen, und damit der Name des Vaters nicht verlösche, wird er in zweiter Reihe, gleichsam als Prädikat zu gelten haben. Es ist das die natürlichste Lösung der Personen- und Vermögensfrage des Weltrechts; denn so wie für den Namen, so ist auch für das Vermögen in der Familie die Frau, die Mutter der Ausgangspunkt: sie ist das Ackerfeld, so wie der Mann das Saatkorn ist.

Die weiblichen und männlichen Personen sollen dem Rechte nach zwei Namen tragen, den der Mutter und den des Vaters. Verehelichte Frauen oder richtiger, Frauen, die mit einem Manne in Geschlechtsverbindung leben, können für die Dauer des Geschlechtsbündnisses noch außerdem einen dritten, den Namen des Mannes haben.

Allen Verhältnissen am entsprechendsten wäre es, wenn neben dem nun schon angenommenen Taufnamen die Familiennamen der beiden Eltern angefügt würden und zwar so, daß das Mädchen den Mutternamen an erster, den Vaternamen an zweiter Stelle (durch einen Bindestrich verbunden), während der Knabe an erster Stelle den Vaternamen, an zweiter aber den Mutternamen führte.

So wäre dann, wenn Maria Werner und Franz Kern eine Tochter Anna und einen Sohn Friedrich hätten, die Benennung folgendermaßen normiert: die Tochter hieße Anna Werner-Kern, der Sohn aber Friedrich Kern-Werner. Ginge nun Friedrich Kern-Werner mit Elise Rohrer-Jungmann den Geschlechtsbund ein, so vererbt auf die Kinder dieser beiden nur ihr erster Name und die Knaben hiessen Kern-Rohrer, die Mädchen aber Rohrer-Kern, oder sie könnte zum Überfluß, und wenn es nicht zu umständlich schiene, für ihre Person als dritten Namen auch den ihres Vaters beibehalten und Elise Rohrer-Jungmann Kern heißen, während der Mann selbstverständlich durch den Geschlechtsbund keinerlei Veränderung seines Namens erleidet.

Trotz allen diesen Zugeständnissen an die Frau bleibt das Vorrecht des Mannes doch immer noch gewahrt, ohne daß der Name des weiblichen Stammes, wie es bis jetzt so auffallenderweise der Fall ist, gänzlich in Wegfall und Vergessenheit geraten würde.

Mit diesem Auskunftsmittel können die Namensverhältnisse der Familie für beide Geschlechter auf das Natürlichste normiert werden und bliebe die Gleichheit in jeder Richtung hin auch vollkommen gewahrt.

Ein Geschlechtsbündnis läßt sich unter solchen Vorbedingungen am verläßlichsten schließen, und ist betreffs dieser alles genau vereinbart, so formulieren sie (im Sinne jener obigen Formel) ein Gelöbnis, welches sich beide feierlich leisten.

Das ist der Abschluß des Geschlechtsbundes.

Sie gehören sich einander an und sind vor aller Welt nun Frau und Mann. Sie erklären sich öffentlich frei, oder die Obrigkeit vollzieht die Einschreibung; dies Aufgebot macht beide legitim; sie gehören der Gesellschaft an; das Weib ist wie der Mann „salongerecht".

Welche Folgerungen!

Die Treue wird gesichert. Wer von den beiden die gelobte Treue bricht, ist bundesbrüchig und er muß, wenn der andere darauf besteht, nun aus dem Bunde scheiden.

Den Bundesbruch und wer daran schuld, wird die Welt wohl stets erfahren, und ob einer oder ob sie beide schuldig sind.

Wer viele, aber kurze Bünde schloß und brach, wird in der Meinung der Gesellschaft allmählich sinken, den unumschränkten Zutritt sich verwirken und nur schwer einen Genossen finden, mit dem er dauernd glücklich werden dürfte.

Wie anders ist es mit der Ehe! Sie auferlegt wohl niemals diesen Sittenzwang. Die Unmoral hatte nur wenig zu sagen, und die verworfensten der Ehefrauen können und konnten in der Gesellschaft ungeniert die ersten Rollen spielen.

NEUNTES KAPITEL

WEITERE AUSFÜHRUNGEN ZU GUNSTEN DES FREIEN GESCHLECHTSBUNDES

Sie wurden Weib und Mann, weil sie sich inniglich geliebt, weil sich dauernd und ausschließlich zu besitzen ihrer Seelen heftigstes Verlangen wurde, und weil sie sich überzeugt hatten, daß sie dauernd glücklich lieben würden.

Wie lange wird das aber währen? Das ist eine Frage, die sich wie unwillkürlich stellt, wenn der Besitz uns nicht durch sakramentale Kraftmittel garantiert ist.

In der Ehe würde diese Geschlechtsgemeinschaft ruhig sich genießen lassen; auch nicht der leiseste Anflug der Befürchtung, daß unser Weib auch in anderen Armen dasselbe Glück sich gönnen möchte, stört unsere Wonnen. Das Bewußtsein: „Wenn ich scharfe Wacht halte, kann die Untreue mich nicht treffen; denn wenn mein Lieb mir auch gerne untreu werden möchte, so darf es mir nicht untreu werden, weil das Gesetz es so bestimmt; und sollte Untreue doch geschehen, dann mache ich von meinen Rechten Gebrauch, und das untreue Weib laß ich die Wucht der Gesetze fühlen; daß dem so und nicht anders sei, das weiß mein Weib und wird sich weislich hüten, all das über sich ergehen zu lassen.“

Das Gesetz wird in der Ehe der Ehrenhüter, während die Fesselung durch persönlichen Wert nach wie vor Sache der Bildung, des Geschmackes und der Laune bleibt, und von dem Streben, seinen Launen je den Zügel anzulegen, ist natürlich nur selten die Rede.

Das aber ist der erste Anlaß zur Uneinigkeit, zur Unzufriedenheit, zur Erkaltung der Liebe.

Bei der freien Geschlechtsvereinigung hört diese Nachlässigkeit selbstverständlich auf; denn wir stehen auf dem Gebiete „des Kampfes ums Weib“

Wir selber, unser eigener Wert muß es sein, der uns das Lieb treu erhält, da unser schönster Ehrgeiz wohl darin zu gipfeln hat, daß wir streben im höchsten Glücke unseres Liebs möglichst glücklich zu werden.

Kann ich dies Glück nicht geben und nicht finden, bin ich dazu nicht fähig oder nicht gestimmt, weil ich auf die Folgen dieses Säumnisses nicht Gewicht zu legen imstande oder in der Laune bin, so kann ich es dann mir und nur mir zuschreiben, wenn mein Lieb an meiner Person nicht mehr denselben Gefallen findet und mir entfremdet zu werden droht.

Wenn wir jemanden so recht aus tiefster Seele lieben, so wird es naturgemäß unsere erste, heiligste Sorge sein, unserem Lieb es abzusehen, es an seinem ganzen Wesen und Gebaren zu erkennen, ob es glücklich, ob es möglichst glücklich ist, und wo das nicht so ganz der Fall wäre, alles dranzusetzen, um es glücklich zu machen. So tut wenigstens naturgemäß ein jeder, der liebt, der wahrhaft liebt.

Wer wahrhaft liebt, des höchstes, heißestes Sehnen ist, von seinem Lieb womöglich stets mehr und mehr, oder wenn das schon nimmer möglich, stets so sehr und innig geliebt zu werden und es ebenso zu lieben, als das nur der Fall sein kann.

Dieses Sehnen muß in der Ehe notwendigerweise schneller sinken, als das beim freien Geschlechtsbunde der Fall sein kann; denn hier spornt der schreckliche Gedanke an die Möglichkeit des Überganges unseres Lieb an einen anderen zum Kampf um die Erhaltung desselben, zum Kampfe mit sich selber, um alles zu vermeiden, was unser Wohlgefallen bei dem geliebten Wesen irgendwie beeinträchtigen und es uns abgeneigt machen könnte.

Um das nach unseren herrschenden Verhältnissen faßlich zu machen, ist der Geschlechtsbund in psychischer Beziehung ein dauernder Brautstand; ich sage in psychischer Beziehung, weil unser moderner Brautstand, dem Gesetze nach, physisch keine Befriedigung gewähren kann. Wenn wir uns aber einen Brautstand mit physischer Befriedigung denken, dann können wir annähernd das Verhältnis innerhalb des Geschlechtsbundes fassen.

Was ich frei und ungebunden durch meines Geistes und des Körpers Vorzüge, also durch ideale Bande an mich zu fesseln gezwungen bin, ist meines Geistes und Körpers Kraft viel mächtiger anzuregen fähig und wird somit das Interesse an dem alleinigen Besitz des geliebten Wesens inniger gestalten, als das bei jenen denkbar ist, die, auf die Fesseln des Gesetzes sich verlassend, des Liebs Wohlgefallen nur solange und nur dann suchen, wenn es ihnen eben Freude und Vergnügen macht; ein übriges zu tun oder zu lassen, ist ihr gutes Recht, ob das dem Lieb recht sei oder nicht.

Von dem Moment ab, da wir vollen Grund empfinden, uns zu sagen: Nun bist du mein! formulieren sich in uns unwillkürlich: der Vorsatz, dieses

Glück möglichst viel und möglichst lange zu genießen, ferner die Überzeugung, daß wir miteinander dauernd glücklich bleiben können, sowie endlich noch die Frage „was macht uns so glücklich?"

Die letztere Frage können wir nicht so kurzerhand beantworten, denn wir finden in erster Reihe und im allgemeinen das Gesamtwesen unseres Liebs derartig, daß es uns gefällt; im besonderen aber werden wir uns gestehen, daß es jenes Bestreben ist, uns wohlgefällig zu sein, und jener Eifer, uns allen andern vorzuziehen; dann, daß es einzelne psychische Züge und endlich, daß es einzelne Körpervorzüge sind, die unser Wohlgefallen erregen, welche durch die uns bekannten Mängel nicht verdunkelt werden.

Wir können diese Kategorien nun bis ins kleinste Detail Zug für Zug erwägen; am sichersten gehen wir aber hierin, wenn wir es uns gegenseitig unumwunden offenbaren, was uns gefällt und was wir als einen Mangel ansehen —, und das hätte zur Folge, daß wir das, was als Mangel gilt, möglicherweise abzulegen trachten, um uns zu vervollkommnen oder um uns wenigstens dem Geschmacke unseres erkorenen Wesens gemäß zu gestalten.

Wir kennen uns nun bis ins Innerste unserer Herzen und werden imstande sein, das zu tun, wovon wir wissen, daß es unserem Lieb wohlgefällt, und das Gegenteil zu lassen.

Der heikelste Punkt ist — hier betonen wir es ganz besonders noch einmal — das Verhältnis unserer Lebensgenossin zu anderen. Die Verbindung mit diesen anderen können nur ausnahmsweise angenehm sein, und es soll auch immer unsere vorzüglichste Sorge sein, anzufragen, ob in diesem Punkte dieser oder jener erst anzutretende Umgang unserem Lieb angenehm wäre; man handle aber nur in dem Sinne, wie die Antwort fällt, und lege lieber mehr Enthaltsamkeit als Eifer in den Umgang mit anderen.

Hier schalten wir zur Festigung des häuslichen Liebesglückes einige praktische Regeln und Betrachtungen ein, die, wenn sie im Haushalt der Liebe zu Gesetzen erhoben würden, in allen Fällen nur zur Wahrung des dauernden, intensiven Glückes beitragen und nie Ursache geben werden, ihre Aufstellung und Befolgung jemals zu bereuen:

1. Die Ehe ist eine Wanderung durchs Leben. Ein Genosse an unserer Seite, der immer und in allem unser Wohl fördert und in schwierigen oder gar gefährlichen Lebenslagen fest und treu und helfend uns zur Seite steht, ist ein Segen des Himmels; ein Genosse aber, der in verhängnisvollen Stunden das Unheil nur noch größer macht, durch seine entmutigenden Vorwürfe, durch sein Verzagen uns nur noch mehr verzagt macht und durch seine Hilflosigkeit nur zur Bürde wird, die zum Überwinden der Schwierigkeiten die doppelte Kraft in Anspruch nimmt, und wenn diese

Kraft unzureichend ist, das Unheil selbst heraufbeschwört: ein solcher Genosse ist schlimmer als der offene Feind und jedenfalls gefährlicher als dieser, weil er unserem Herzen und unserem Geschicke näher steht.

2. Wenn zwei sich lieben und ihre Liebe den Bund fürs Leben geschlossen hat, so ist nur zweierlei denkbar: entweder sie wollen aus treuer Seele und tiefem Herzen einander für immer, fürs ganze Leben angehören, oder aber es liegt ihnen an der lebenslänglichen Dauer ihres Bundes nur wenig. Im letzteren Falle ist das Bündnis ein Widerspruch. Im ersteren Falle kann es gar nicht denkbar sein, daß einem der beiden überhaupt in den Sinn käme, dem anderen vorsätzlich Böses zu sagen oder ihn Böses fühlen zu lassen (weder durch einen Fehltritt, noch durch das Rügen dieses Fehltrittes oder gar durch Vergeltung desselben!) Geschieht dies aber unter Liebesverbundenen dennoch, dann kann ebenfalls wieder nur zweierlei der Fall sein: er bedachte nicht, was er tat, indem er seinem Weib schroff entgegentrat, und verfiel dadurch in eine Schuld, die er wieder gutzumachen die Pflicht hat, oder ihm liegt an der Dauer ihres Liebesbundes nur wenig. Beide Fälle aber deuten entweder auf ein bundesunfähiges Wesen oder aber auf ein böses Gemüt. — Wer sein Weib liebt, darf gegen diese Gesetze sich nicht vergehen! Tut er es, so richtet er nur unverantwortliches Unheil an!

3. Menschen sind fehlbar und auch der beste Mann und das beste Weib können irren und fehlerhaft handeln. Das aber kann das Weib vom Manne oder der Mann vom Weibe fordern, daß keines von ihnen vorsätzlich und böswillig die Fehler begehe; das können sie von einander fordern kraft bedingungsloser Vertrauenswürdigkeit, die ihre Liebe voraussetzt, und kraft des Bundes, der die Liebe zwischen ihnen für ewig knüpfte. Fehlt nun eines von beiden, so soll das andere nie und niemals Richter sein oder gar darob mit ihm in Gegensatz geraten, noch zu Vorwürfen sich hinreißen lassen, sondern ein Freund, ein wahrer Freund und charakterfester Lebensgenosse sein, dessen schönste Lebensaufgabe in diesem Fall ist: das Böse gut zu machen, den Fehler mit edler Hingebung zu verschleiern und vergessen zu machen! Dies Verfahren bessert die bösesten Anlagen des anderen Ehegenossen und ist wegen der Höhe der Überlegenheit und wegen der Scham vor dieser Überlegenheit eine der empfindlichsten Strafen, die gewöhnlich den „festen guten Vorsatz" zur Folge haben.

4. Nur in ihr bezw. ihm trachte den wahren tiefen Menschenwert zu finden und sei dabei nachsichtig; gegen andere sei und urteile streng.

5. Suche solche geeignete Gesellschaften auf, in welchen sich die Gelegenheit bietet, an deinem persönlichen Wert den Maßstab anzulegen, um deinem Lieb deinen Wert vor Augen zu führen. Nur meide man dabei

einen Wert zu beweisen, womit man die geschlechtliche Begier anderer erweckt. Und das tun Damen so gerne!

6. Sollte es sich je ereignen, daß eines der beiden jemanden in irgendwelcher Gesellschaft fände, die ihm gefällt, und die Gefahr, daß Herz oder Sinn für diesen jemand eingenommen werden könnte, zu befürchten wäre, dann gestehen wir es unserem Ehefreund ehrlich und aufrichtig, oder aber geben wir es ihm durch unsere verdoppelte Zärtlichkeit und Aufmerksamkeit gewissermaßen zu verstehen, daß unseres Ehefreundes liebevolles Entgegenkommen uns jetzt mehr als je Bedürfnis ist, um seiner ferneren ausschließlichen Liebe um so sicherer zu sein.

7. Nie sollst du in Gegenwart deines Weibes — Mannes — andere (in Gesellschaft oder auf der Straße) einer besonderen Aufmerksamkeit würdigen oder gar einzelne vor den übrigen bevorzugen. Dein allgemeines, normales Benehmen gegen alle und jeden einzelnen sei ein würdevolles und doch freundliches und zuvorkommendes, so, genau so, wie es die Anstandslehre vorschreibt, nicht mehr und nicht weniger, und ohne irgend jemandem Anlaß zu der Vermutung zu geben, daß er auch nur in irgend etwas mehr deine Aufmerksamkeit beanspruchen kann, als ein jeder andere.

8. Dein Lieb sei für dich das erste auf dieser Welt — ausschließlich nur für dich, aber aufrichtig.

9. Saget euch gegenseitig nur Liebes, nur Angenehmes, nur Erfreuliches — unter allen Umständen! Und sollte euch je ein Wort auf den Lippen schweben, dessen Sinn oder dessen Ton auch nur mißdeutet werden könnte: dann beißet lieber eure Lippen blutig, als daß ihr das Wort aussprecht! Kein Zwang, keine Zurückhaltung, keine Entbehrung ist ein so edles Opfer als dasjenige, welches ihr bringt, wenn ihr ein solches Wort verschweigt.

10. Solange man sich so recht von Herzen liebt, gibt man sich gegenseitig nicht einmal einen ständigen Namen; es ist sonderbar, auch beim Geburtsnamen nennt man sich nicht, denn es däucht unser Lieb uns namenlos; oder vielleicht richtiger: ein jeder Name, der uns in den Wurf gerät, ist ein Name für unser Lieb, weil unser Lieb uns alles ist, unsere Welt und unser All und alle Namen ihm darum passen müssen.

11. Setzet alles daran und trachtet mit aller Kraft der Seele dahin, daß ihr einander immer lieber und werter werdet und bleibet!

12. Das Weib soll im Hause den besten Geschmack in seine Toilette legen; ja es soll die gewählteste Eleganz entfalten, ohne das Budget zu überschreiten; außer dem Hause, für andere oder für die Straße genügt die geschmackvolle Einfachheit, die reinliche Bescheidenheit, denn der Mann denkt: „Solange du mich liebst, solange wirst du nach außen keinen Ehrgeiz

hegen; immer wirst du in deiner Toilette mir gegenüber sein, wie ich es verdiene; daran will ich dich zu jeder Stunde erkennen!" Und in der Tat, nichts kann des Weibes Prunksucht nach außen rechtfertigen, denn immer wird daran die Gefallsucht zu erkennen sein. Anderen Damen gegenüber wollen die Damen nicht zurückstehen; aber wer denkt, wird finden, daß ein glückliches und liebendes Weib bei elegantem Geschmack durch Einfachheit unter allen Umständen, selbst unter Damen, am sichersten imponieren kann!

13. Beide sollen ihren Wirkungskreis vorzeichnen und ihn plangemäß einhalten: Der Mann gehe seinem Lebensberuf nach in und außer dem Hause — wenn nur irgend möglich im Hause — kraft seiner Naturanlagen und seiner Fähigkeiten; das Weib aber besorge ihre Haus- und Wirtschaftsangelegenheiten: ist sie fleißig, kräftig und gesund, dann mehr, wenn nicht, so weniger; nie aber soll sie sich mit nichts begnügen, denn das ist unter allen Umständen vom Übel. Der Mann sei der Erwerber, das Weib die Erhalterin; er die Kraft und Arbeit, sie aber die Seele und Ordnung.

14. Lernet eure Eigenschaften und Gefühle, eure geheimsten Wünsche und verborgensten Gedanken kennen und erraten. Dadurch werden eure Herzen und Seelen erst bekannter, dann verwandter, dann allmählich eines wie das andere und schmelzen endlich gerne in eines — und führen hin zur hohen Liebe!

15. Auch physisch gewähret euch die innigste Sorgfalt: heget und pfleget gegenseitig euren Körper; seid bekümmert um euren Körper und dessen Teile, als wie um das Wohl des eigenen und noch mehr — ohne je den Anstand außeracht zu lassen. Ein jeder Vorzug, ein jeder Reiz und alles, was der Pflege bedarf, bilde nicht nur den Gegenstand eures Kultus, sondern auch eurer Kultur. Wer dies richtig auffaßt, möge es versuchen; die Erfahrung wird eine überraschende sein!

16. In euren schönsten Momenten, in den Momenten des beglückenden Liebesfriedens erwäget und ermesset in traulichem Gekose die Größe und den Wert eures Glückes, die Tiefe und die Höhe eurer Liebe, und ihr werdet finden, daß euer Glück und eure Liebe etwas so Eigenes und Unvergleichliches ist, was nur ihr zwei einander zu geben imstande seid, und daß ihr eure Liebe mit keiner anderen auf diesem Erdenrund vertauschen würdet.

Glück und Zufriedenheit isolieren; sie machen das Beisammensein mit dem Lieb und die Einsamkeit zu den schönsten Momenten des Lebens, zum wonnigen Schwelgen im Geiste; während in Unglück und Unzufriedenheit man von dem Ehefreund wegverlangt und anderen sich anzuschließen, sich zu gesellen strebt, wie dies schon das eingangs (in dem Kapitel über die natürlichen Grundlagen des Geschlechtslebens) aufgestellte Naturgesetz „Not gesellt, Überfluß isoliert" so bündig ausgesprochen hat.

Wenn sich ein liebend Paar eingehend und mit Innigkeit miteinander dauernd befaßt, so wird jedes der beiden an und in den anderen Eigenschaften finden und diese Eigenschaften mit seinen eigenen so in Einklang bringen, daß beide zusammen in ihrer liebend innigen Verschmelzung eine namenlose, beseligende Harmonie verwirklichen.

Diese Harmonie kann aber nur das Werk sorgfältiger, vielfacher, ja ausdauernder Prüfung, Vergleichung und Aneinanderpassung sein. Ist diese Harmonie gelungen und tönt sie sanft und zauberisch durch eines Paares Liebe, dann schmilzt sie Herz in Herz, Seele in Seele und windet um beide ein blumig Band, das unzereißbarer ist als alle Stränge der Gesetze, als alle Ketten der Welt.

Eine solche Harmonie gestaltet sich zur hohen Liebe und ist der erhabenste Siegespreis im Kampfe ums Weib!

Die hohe Liebe! Dieser Göttergedanke möge stets das Herz durchrieseln, in welchem sie entstand, und aus diesem Herzen in jenes übergehen, das es sich zum Lieben auserkoren, und diese Herzen beide in eines verschmelzen bis zur letzten Stunde!

ZEHNTES KAPITEL

HOHE LIEBE ODER DIE LIEBE ALS DAS HÖCHSTE IDEAL

ie Liebe ist die Feuerpflanze mit glühenden Wurzeln und flammenden Blüten, sie gedeiht nur an und in der Menschenbrust; sie legt sich an das befallene Herz mit der brennendsten Kraft ihres Feuers und legt ihre glühenden Wurzeln an, um sie Faden für Faden, Strahl für Strahl, immer tiefer und tiefer ins heftig ergriffene Herz zu versenken; nur das geduldig ausharrende Herz pflegt die Festwurzelung der Liebe auszuhalten, jedes andere reißt sie mit der Zeit hinweg und sucht dann eine andere Liebe an dieselbe wunde Stelle zu legen, sie dort zu hegen und zu pflegen; aber wer die ersten Schmerzen nicht ertrug, erträgt wohl auch die zweiten nicht und wird gar bald mit dritter, vierter Liebe den Versuch beginnen, bis daß er sich ums Herz eine harte Kruste gebrannt, die ihm dann alle Liebe und alles Liebesglück verleidet.

Der „Naturtrieb" und der „Kulturtrieb", das sind zwei Faktoren von wesentlicher Verschiedenheit, die uns in der Geschlechtswelt auf Schritt und Tritt begegnen, und an denen wir nicht vorübergehen können, ohne von ihnen Kenntnis zu nehmen.

Ersterer — der Naturtrieb — ist die dem Tiere nächste, letzterer — der Kulturtrieb — die dem Tiere fernste Stufe; und letzterer, als auf der scharfen Zuchtwahlfähigkeit basierendes Moment ist erst das, was zum dauernden freien Geschlechtsbund berechtigt, für rechtsfähige Gemeinschaft tauglich ist, während ersterer als natürliches Gelüste nur insofern unter den rechtlichen Gesichtspunkt gestellt werden kann, als er etwa mit den Rechten anderer in Widerspruch gerät.

Die Liebe muß von zwei Standpunkten aus in Betracht kommen: als sinnliche Befriedigung und als geistiger Wonnegenuß. Letzterer hat in Romeo und Julie, in Wamik und Asra dem Menschen auf eine hohe Stufe der irdischen Seligkeit, der seelischen Erhabenheit emporgeholfen und ihn schwindelnd hoch über die Welt der Tiere erhoben. Aber der erstere, der sinnliche Geschlechtsgenuß, konnte bislang nur äußerst dürftige Resultate der Veredlung verzeichnen, und der Mensch blieb im Punkte der Befriedigung seines geschlechtlichen Naturtriebs auf einer so niedrigen Stufe, daß der Unterschied zwischen Mensch und Tier nur ganz unwesentlich in den Vordergrund trat. Der Geschlechtsgenuß blieb reine Natur; denn das, was der Mensch durch seine Findigkeit, durch seine Kunst dazu hätte tun können, war bis heute so wenig, daß es gar nicht ernstlich in Betracht zu kommen vermag.

Und das war es, was die Verlotterung der Geschlechter, was die geschlechtliche Brutalität bis zur scham- und ehrlosen Sittenverderbnis, bis zur Prostitution gesteigert hat; denn die Ästhetik der Sinnlichkeit war null, und der Drang der Befriedigung mußte notwendigerweise in Schlamm und Kot geraten, wo er widrig und eklig werden mußte und vor der puren Natürlichkeit des Tieres sich zu schämen gezwungen ward. Und das verzerrte die Schande zu solcher Menschenunwürdigkeit, daß heute das Wort „Liebe" der Welt schon halb wie ein Hohn klingt.

So ist die Welt geworden; so ist die Welt. Und wir, wir leben in dieser, in solcher Welt.

Und haben wir uns gefunden für die Dauer und fürs Leben, dann spricht die Liebe, und ihre Sprache klingt dieser Welt gar sonderbar.

„Zu leben und zu sterben, wie es andere Menschen in dieser Welt tun — das ist zu alltäglich. Unsere Liebe ist zu hoch und zu heilig, als daß sie sich in diesen Gedanken fügen könnte."

„Lange, lange haben wir uns erstrebt und endlich erlangt —! Jetzt bist du mein, bedingungslos mein, unwiderruflich mein! Ich will dich verherrlichen, vergöttern, und so bin ich dein, daß du in den Seligkeiten dieser Brust dein Glück findest und durch dies Glück mich hoch über alle Menschen erhebst!"

„Und du weißt es, daß dies nicht meine Sprache von heute und nicht von gestern ist — aber heute ebenso innig wie damals, als wir uns das erstemal geahnt. Heute sage ich dir es: ich bin glücklich, unnennbar glücklich durch deine Liebe, durch die edle Schönheit deines gesamten Wesens."

„Du bist mein Stolz, meine Zukunft; in dir will ich meinen Ruhm suchen, und du und ich werden, da wir anders lieben als andere, auch fürderhin anders und großartiger glücklich sein als andere!"

„Könnte deine Liebe mich zum Gotte machen oder mir die Erfüllung aller meiner Wünsche von den Göttern erlangen, so wäre mein erstes, was ich schüfe oder was ich wünschte: eine hoch über dieser Welt hinschwebende „Wohnkugel" aus rosenrotem Kristall, ein schwebendes kleines Schloß, nur so groß, um dich und mich zu fassen, um uns hineinzuheben, über die Erde empor und empor über die Menschen und hinschwebend vom Aufgang hin gegen Untergang wie eine rosigrote Sonnenkugel."

„Du bist die Liebe, du bist das Glück und an deinem Herzen fühle ich der Himmel Seligkeiten durch das Blut der Adern rieseln. So — so wollte ich mit dir fort und weiter schweben — ununterbrochen und unermattet in deinen göttlichen Armen, an deinem heiligen Busen und küssend Unsterblichkeit trinken aus dem Korallenkelche deiner Lippen, aus dem Korallenkelche namenloser Wonnen — lange, ununterbrochen lange, bis in alle Ewigkeit!"

„Und deine Liebe und unser Himmelsglück machten unseren schwebenden Kristall zum strahlenden Meteor hoch über dieser Erde, dessen Licht und Glanz den Menschen, die es sahen, ein süßes Ahnen in die Seele flößt."

So spricht die Liebe zur Liebe so gern und offenbart ihre heilige Ahnung wie ein tiefgefühltes inniges Gebet.

Es fühlt die Menschenbrust in jenem Ahnen das wonnige Sehnen, das tiefe Weh des Lebens; sie fühlt den Kampf der entfesselnden Leidenschaft, den Frieden des geadelten Herzens; sie fühlt und ahnt den Triumph des Glaubens an eine hohe ideale Liebe, sie fühlt und ahnt die Zähmung und Unterjochung des entfesselten Naturtriebes durch die rosigen Ketten der kulturentsprossenen Liebe.

Es ist dies das religiöse Ahnen jener Welt der Liebe, wo das Sinnliche jene Vergöttlichung gefunden, die Gesellschaft von allen Schlacken, von allem Unflat befreit, die das Ringen und Kämpfen der Reinen gegen die Anschläge der Unreinen zur Vermengung gebracht und im Laufe der Zeit zu einem Pfuhl des Ekels werden ließ.

Und diese Ahnung guter Menschen entfaltet sich in der Brust der Liebenden zur allbeglückenden „Religion der Liebe!"

Der ursprüngliche Naturzug im Menschen, wir haben es schon gesagt, ist Vielweiberei-Flatterhaftigkeit.

Das zu leugnen wäre ungerechtfertigt.

Aus der wilden Wüste dieser „Naturliebe" siehst du den Himmel nach allen Richtungen: Du brauchst nur den Blick zu erheben und aufmerksam hinzusehen.

Wer sich über die Gemeinheit der Sinnesliebe erhebt, dem erscheinen am hellen Himmel liebliche Gestalten: Ideale der Liebe. Ist das Herz darnach geformt, dann tritt die Katastrophe ein: Die Liebe zum Geschlecht (zu allen schönen Weibern) verwandelt sich in die Liebe zum Weibe (zum einen und einzigen Weibe). Durch die Schaffung dieses Ideals der Liebe gewinnt die Phantasie ihre Nahrung; die Anbetung, worin sie versunken, wandelt ihr die ganze Welt um: das Herz hat den Gott gefunden, dem es seinen Kultus widmet; das leere, kalte Tierherz, das nur für sinnlichen Genuß zu pochen verstand, gewinnt die Wärme der edeln Empfindungen, die dem vollen Verschmelzen von „ich und du" entsproßt. Herz und Herz zerfließen in eine Liebe, und diese Einheit der tiefinnigen Empfindungen ist ein heiliges Gebet — ein Gebet, dessen Inbrunst die Reinheit des Herzens, die Aufrichtigkeit der Vereinigung und die Beharrlichkeit im Dulden der etwaigen Ungunst des Schicksals erfleht.

Und mag dies Gebet, und mag dieses religiöse Ahnen recht lange währen!

Dort aber, wo es noch die letzten Stunden verschönt und auf den Lippen wie ein seliges Abschiedslied verhallt — dort war Liebe bis zum Tode! Treue war ihr Schatten. — Das ist wahre Religion der Liebe, deren Ideal reellen Sinn hat!

Denn die natürlichste und menschenwürdigste Religion der Geschlechter ist die Liebe! Sie ist das heiligste, innigste Gefühl der Seele, und das Weib, auf das sich alle Allmacht dieser Liebe konzentriert, ist die seligmachende, die alleinseligmachende Gottheit, vor welcher betend niederzusinken das liebende Herz sich innig sehnt, weil es in solcher Anbetung den Frieden des Lebens und die Verklärung des Glückes empfindet.

Die „Religion der Liebe" ist eine große, erhabene, fürs ganze Leben richtunggebende Religion.

Aber nur wenn sie wahr und echt und aufrichtig tief von beiden Herzen, gegenseitig empfunden und verwirklicht wird, ist sie der seligmachende Weltfaktor; in jedem anderen Falle ist sie eine falsche, verderbliche, täuschende oder selbsttäuschende Religion, die früher oder später unglücklich, ja elend machen kann oder uns im besten Falle in Gleichgiltigkeit versinken läßt; sie ist eine falsche Gottheit, deren Anbetung in den Schlamm und Staub des Irrwahns hinabzerrt.

Die wahre Religion der Liebe ist der Schutzgeist der Liebenden; sie feit das Herz und feit den Sinn gegen alles, was die Liebe verunheiligen kann.

Wenn so in Zeiten, wo der Mann unfreiwillig, durch die Lebens- und Berufsverhältnisse gezwungen, getrennt und fern von seinem Idole lebt, das physische Verlangen ihn durchströmt, und er dann obendrein noch hie und da ein schönes und erlangbares Weib erschaut, und wenn er trotz aller Versuchung standhaft und von Herzen ehrlich widersteht — was hielt und hält ihn da zurück? — Jene Religion ist es, deren Gottheit er anbetend in sein Herz schloß, und deren Anbetung ihm nicht nur Lebensbedürfnis, sondern auch Lebenszweck geworden ist.

Laßt uns an der Seite unseres Liebs nun liebesmüde ruhen; laßt in dieser wohligen Ruhe an uns nun einzeln alles Glück der Welt vorüberziehen und fragt, was uns in dieser süßen Ruhe von alledem wohl begehrlich sein könnte?! Ist es der Reichtum? Ist es der Ruhm? Ist es das Verlangen nach einem anderen schönen, wunderherrlichen Weibe?

— Nein! All das läßt uns kalt und erscheint uns eine eitle, wertlose, abgeschmackte Zumutung, und wir finden es unbegreiflich, je nach derlei gestrebt, geschwärmt zu haben! — Was also könnte in diesen Stunden so seligen Ruhmes als Glück erscheinen?

Nichts, gar nichts auf dieser Welt, als die „Religion der Liebe" selbst, die unserem Inneren ein heiligsüßes Bewußtsein einprägt, das Bewußtsein: Ein Herz gefunden zu haben, das mit uns im Lieben zu einem Wesen verschmolz und das bedingungslos uns hingegeben, unverbrüchlich treu und wahr an unserer Seite hin durch das Leben wandelt!

Wie glücklich, wer dies Herz gefunden!

Die Verschmelzung zweier Existenzen in „Eins" ist die wunderbare „Zweieinigkeit", die ihren einzig wahren Ausdruck in der Liebe zwischen Mann und Weib findet, und die bis in den Tod währt. Was die andere Welt unter Liebe versteht, ist ein mehr oder minder bedeutendes Stück der in obiger Auffassung definierten Liebe.

Die Liebe im gewöhnlichen Sinne des Wortes ist das, was mehr oder weniger Wellenschläge (ein Auflodern, ein Zündfunke) sind, während Liebe im tiefsten und vollsten Sinne des Wortes ein Strom ist, der im Quell der „ersten Empfindung" einen Ursprung und im Meere des Todes der Vernichtung sein Ende hat. Es ist das der Quell, aus dem das Himmelsfeuer strömt und das im Menschenherzen wie der Blitz zündet.

So zart und herzgewinnend es auch den Leser bestricken mag, wenn George Sand in ihrer „Comtesse de Rudolstadt" die Heldin über die Liebe sagen läßt: „Nous˙ sentons bien tous que tu es le feu vivifiant (émané de Dieu même) et que celui de nous qui pourrat te fixer dans son sein et t'y retenir jusqu'à la dernière heure toujours aussi ardent et aussi complet: celui-là serait le plus heureux et le plus grand parmi les hommes" —, so bleibt eine solche Vergötterung der Liebe schon darum eine nur halb korrekte Auffassung, weil nicht in der Heftigkeit des Liebens, sondern in der Zusammenschmelzung des „Ich" mit dem „Nicht-Ich", des weiblichen mit dem männlichen Prinzipe, als auch in der Dauer derselben der Schwerpunkt liegen muß.

Es ist das noch nicht die „hohe Liebe"! „Hohe Liebe" ist des Lebens erste und letzte Liebesregung zusammengenommen.

In der Unerfahrenheit der Jugend, in der Zeit der Träume, wo die Liebe sich so göttlich offenbart (vor dem Erwachen der Geschlechtsleidenschaft) und in der Erfahrenheit der Reife, wo ein hinter uns liegendes Leben der Prüfungen es gezeigt, wer liebend, wahrhaft liebend uns zur Seite stand (in der Zeit also, wo die Geschlechtlichkeit ausgetobt) —, in diesen beiden entgegengesetzten Lebensphasen fühlen wir eigentlich, was Liebe ist, was sie sein sollte und was sie in Wirklichkeit gewesen ist.

Hohe Liebe ist nicht erkünstelt, sondern wahr und natürlich und nur zwischen verschiedenen Geschlechtern denkbar. Es ist das die instinktive Offenbarung des Vollkommenheitsgefühls, welches das Geschlecht als solches für halb, die Vereinigung beider Prinzipien, des weiblichen und des männlichen, für ganz, für voll, für das Höchste erachtet.

Ist diese Vereinigung auch nur vorübergehend, ist so sie während ihrer Dauer doch das, was sie sich wähnt, nämlich die Ergänzung der zwei Hälften zu einem Ganzen. Dieser Wahn offenbart sich in verschiedenen Verhältnissen des Lebens und ist allemal ein gewisser Teil der hohen „Liebe" und als solcher eine Art derselben, nie aber sie selbst.

So unterscheiden wir als Teile der hohen Liebe: die Geschlechtsliebe, die Liebe zwischen Eltern und Kindern, die Familienliebe überhaupt, die verehrende Liebe, die dankbare Liebe und die Freundschaft.

Bei all diesen Arten kommt es bei sehr vielen Völkern und Klassen nicht einmal — die erste (die Geschlechtsliebe) ausgenommen — auf die Verschiedenheit des Geschlechtes an; ihre Dauer aber ist nicht fürs Leben.

„Hohe Liebe" hat zur Parole: „Leben für Leben" und sie ist die ruhigste, die wahrste, die vollkommenste. Je höher ihre Wellen gehen, desto zweifelhafter muß sie dünken, und auch wenn Momente oder Zeiten der Entzückung, des wildliebenden Ungetüms mit Phasen der Gleichgiltigkeit oder der Unliebe abwechseln.

Je weniger man sich mag oder wenigstens, je mehr Ursache man zur Voraussetzung hat, anderen nicht lieb zu sein, umsomehr wird die Kunst, die Unwahrheit, die Verstellung zutage zu treten Anlaß finden. Und es bewährt sich fast täglich, daß diese Art der Liebe, je mehr und mit je größeren Redensarten sie jemand zu beteuern sucht, um so haltloser ist.

Selbst die Liebesäußerung dem eigenen Kinde gegenüber ist leider auch nicht anders zu nehmen: Wir fühlen das Bedürfnis, von dem Kinde geliebt zu sein, fühlen aber zugleich, daß das Kind dies Bedürfnis uns gegenüber nicht hat; denn wir wissen, daß, wenn das Kind uns lieb hat, die Gewohnheit, unsere aufopfernde Liebe, und nicht ein inneres Naturgeheiß der Grund seiner Liebe ist.

Wer liebt, und auf welche Weise er auch liebe, vermag es eigentlich ganz gut zu dulden, daß neben ihm auch andere dieser Liebe im gewissen

Sinne teilhaftig werden; so sehen wir es in der Freundschaft, in der Familie, wo mehrere Kinder sind und auch bei der Geschlechtsliebe. — Nicht nur bei Völkern, wo Vielweiberei herrrscht, sondern auch anderwärts, ich möchte sagen überall (da in diesem Punkte die Natur oft Toleranz verlangt); unter ganz rohen Menschen ebenso wie in den höchsten Kreisen der zivilisierten Gesellschaft werden wir diesbezüglichen Zugeständnissen begegnen. Aber nie und nirgends kann es jemand über sich bringen, daß er in der Liebe, welcher Art auch immer, hintangesetzt werde, oder was dasselbe ist, daß ihm ein anderer vorgezogen werde. Wenn er es auch verwindet, aus Klugheit, oder weil er es verwinden muß, so wurmt es ihn doch unwillkürlich. Am schrecklichsten frißt es aber im Gemüt, wenn der, den man uns vorzog, uns an Wert nicht gleichkommt. Einen Besseren, Vollkommeneren als wir sind, uns vorzuziehen, kränkt uns wohl, aber nicht darum, weil wir hintangesetzt wurden, sondern vielmehr, weil wir unsere Inferiorität anerkennen und deren Folgen empfinden müssen.

Menschen aber, die ihre Inferiorität keinem Sterblichen gegenüber anerkennen, weil sie zu dieser Anerkennung zu stolz sind, werden nie Anlaß zur Eifersucht suchen.

Die hohe Liebe muß zur Grundlage eine genaue gegenseitige Bekanntschaft haben, d. h. eines muß von dem Werte, von dem absoluten Werte des anderen eine bis zur tiefsten Überzeugung herangediehene Kenntnis haben, was entweder dadurch möglich ist, daß beide sich durch stetes oder sehr dauerndes Beisammensein oder gar von Kindheit an aufs vollkommenste genau kennen, oder aber dadurch, daß eines dem anderen gegenseitig durch ein ehrliches, unumwundenes Geständnis zu Hilfe kommt, damit sich beide von allen Seiten, in ihren Fehlern und Vorzügen, in ihren Mängeln und Begabungen erkennen, damit zwischen beiden nicht einmal der Schatten einer Täuschung übrig bleibe.

Sind sich beide in ihrer wahren Wesenheit, in ihrem natürlichen Werte, wenn sie sich bis ins Tiefste ihrer Seelen kennen, noch immer das, was sie sich vorher waren, ohne Abbruch und Hehl, dann ist jene erste Bedingung erfüllt, die zur hohen Liebe berechtigt und sie auf den höchsten Wipfel des Liebesglückes zu heben vermag.

Wie schön hat es die Zufälligkeit der Gedankenbegegnung in „Amaranths" erstem stillen Liede ausgeprägt, was hier in einer ganzen Kette von Gedanken zum Ausdruck kam:

> Es muß ein Wunderbares sein
> Ums Lieben zweier Seelen!
> Sich schließen ganz einander ein,
> Sich nie ein Wort verhehlen!

Und Freud und Leid und Glück und Not
So miteinander tragen!
Vom ersten Kuß bis in den Tod
Sich nur von Liebe sagen!

Nach gewissenhafter langer Prüfung erkennen sich die Herzen, die treu und ehrlich lieben; sie passen alle Regungen sich gegenseitig an und schaffen eine Harmonie, die sanft und süß durchs Leben tönt, und die in keinem Sturm und Ungemach zum Mißlaut werden kann.

Es ist das die tiefgeprüfte, festgewordene, bedingungslose Liebe, die Liebe vom Leben zum Tode, die „absolute Liebe"!!

Jenes Ideal, welches sich zwei Herzen auf der Zinne des Glückes geschaffen und mit unerschütterlichen Vorsätzen durchs ganze Leben hindurch als den unerschöpflichen Quell der reinsten, höchsten Erdenseligkeiten träumen, findet in der „hohen Liebe", wenn auch nicht immer seine Verwirklichung, so doch gewiß und stets den schönsten Ausdruck seines Inbegriffes!

ZWEITES BUCH

DER TRIUMPH DER GESCHLECHTER

ERSTES KAPITEL

GESCHLECHTLICHE KULTURZUSTÄNDE

> Motto: Kann man etwa hoffen, daß mit Predigten von der Kanzel herab die geschlechtlichen Verirrungen der Flatterhaftigkeit geheilt werden können?
> Nein. Der Kanzelpredigt lacht man. Einzig nur die „nackte Wahrheit" allein ist überzeugend und vermag dem unsittlichen Getriebe der Abwechlung suchenden Geschlechter Einhalt zu tun.

Der herrlichsten Genüsse einer ist unbestritten die Liebe, ja sogar der allerherrlichste, besonders wenn alles, was dazu gehört, richtig beisammen ist: herzliche Neigung zu einander, geistige Ebenbürtigkeit, proportionierter Körperbau, Gesundheit und kummerlose Existenz. Ist all dies gegeben, so liebt es sich gar wonnig.

Aber um so trauriger muß dem gegenüber die Erfahrung des täglichen Lebens erscheinen, daß die Liebe Zweier in der Regel bald an Energie einbüßt; sie wird gedämpft, mäßig, flau, und nur aus dem Grunde wird sie dies, weil ein ewiges „Einerlei" oder im besten Falle ein bald erschöpftes „Einigerlei" im Lieben den sinnlichen Trieb sättigt, übersättigt, das Ideale jedoch, ohne den weiteren „Reiz des Neuen", seine Flügel kaum noch spannt. Der Körper will sein Behagen, und wenn die Phantasie ihn nicht zur Tatkraft spornt, bleibt er gern in Ruhe.

Das ist ein Naturgesetz, das keiner Erläuterung bedarf; und daß dies Gesetz in der Liebe an der Tagesordnung ist, und daß das *Verlangen nach Abwechslung* ihr ein gebieterisches Bedürfnis, solange der Geschlechtstrieb kräftig ist, weiß gewiß ein jeder.

Abwechslung! Die Liebe will sie, verlangt sie. Und wie wird ihr diese Abwechslung geboten? Durch Treubruch!

Im Punkte der Liebe war der Mensch immer oder meistens blind, hat sich um die Unterscheidung zwischen Abwechslung und Abwechslung nicht gerne gekümmert und dem gefröhnt, was ihn der Zufall, der Augenblick gebracht, und er brachte es im wüsten Getriebe bis zu der Auffassung, daß er unter Abwechslung am liebsten jenen Genuß versteht, der allemal sich in den Armen eines anderen möglichst herrlichen und begehrlichen Weibes abjubelt, gestachelt durch Getändel und Scherz, durch Wein und Witz, solange dauernd, als eben die Gegenseitigkeit des Beliebens und Gefallens es verstattet.

Hieran aber ist, so befremdend das auch erscheinen mag, das ewige leidige Einerlei im Lieben schuld! Dies verhängnisvolle Einerlei ist aber nicht bloß im Genießen gefährlich, sondern auch im Kosen selbst: Wo nicht genug Geist, Originalität und Bildung vorhanden ist, dort wird über kurz oder lang alles flach und banal, oder gar langweilig und widerlich. Es muß daher das ganze Leben der Liebe eine stetige Kette von Anordnungen sein: Man sorge für immer andere und andere Inszenierung der Schäferstunden; immer andere und andere Gelegenheiten sollen gesucht werden, um dem Lieb zu huldigen; kein Fest der Liebe gleiche dem anderen, und die Art, wie wir unsere Zärtlichkeiten betätigen, sei eine gesuchte, sorgfältige und stetig andere: kein einzigmal ohne etwas Neues!

Es ist ja das gefundene geliebte einzige Weib an sich schon ein unerschöpflicher Quell der Reize, der Schönheit und der Anmut in unseren Augen; nun erst in den Momenten der eigentlichen Liebe! Ein wahrhaft geliebtes, schönes und unvernachlässigtes Weib entfaltet von Tag zu Tag und allmählich immer neue und neue Zauber; ein jedes Wort, ein jeder Blick, eine jede Bewegung und Wendung ihres blendenden Körpers ist eine weitere Offenbarung, deren ganzer Wert erst spät, sehr spät erkannt werden kann; und je länger wir ein solches Weib bewundern und genießen, um so tiefer prägt sich dem ästhetischen Sinn das Unverlöschliche jener wechselvollen Momente ein, deren Totalität erst die ganze Größe des in solchem Weibe garantierten Liebesglücks erkennbar macht.

Der gegenseitige Liebesumgang hat dann einen eigentümlichen Zug der Heimlichkeit, der Traulichkeit zur Folge, der seine Wurzeln tief in der Natur der Dinge hat.

Die Macht des Blickes, das ofte und wonnige Weiden der Augen an den Zaubern einer vollgelungenen Plastik des Weibes sind schon an und für sich Momente, die ein Tiefwurzeln der Empfindungen allmählich zur Folge haben. Selbstverständlich wird hierbei die Gegenseitigkeit des Gefallens und dann ganz besonders das Gütige, Liebliche und fortgesetzt Zärtliche im Verkehr vorausgesetzt.

Der Mensch ist egoistisch. Er will genießen, und der erlangte Genuß ist es, was ihn unter allen Umständen am gefügigsten, am dankbarsten macht.

Diese Erscheinung tritt uns in der ganzen großen Natur überall entgegen.

Alles genießen ist aber gleichsam eine Nahrung, deren das Gemüt ebenso gut bedarf wie der Körper.

Füttere etwas beständig und sättige es, so wirst du Anhänglichkeit bis zur Hingebung, Treue und Aufopferung finden — überall. Das ist auch in der Liebe so; denn ihr beiden nähret euch mit eurer Liebe, genießet und werdet gesättigt, das ist die primitiv-natürliche Erklärung der Liebesanhänglichkeit und Ausdauer.

Wäre das Tierweibchen nicht so schnell mit dem Verlangen fertig, so sähen wir das bei dem Tiere ebenso wie beim Menschen. Kehren wir das nun um: das Tier muß polygam sein, weil das Weibchen für die Dauer nicht dankbar ist; der Mensch ist polygam aus Unbildung und Unkultur und an die Monogamie schon deshalb durch die Natur gewiesen, weil sein Weib für die Dauer der Geschlechtsgenüsse vollkommen und in sehr hohem Maße geeignet ist!

Weil aber das Weib den Mann an Dauer oft überbietet, d. h. der Mann für das Weib oft nicht dauerhaft genügt, also nicht genug ist, ist das Weib in solchen Fällen, wo es nicht volle Befriedigung findet, selber zur Vielmännerei geneigt, ein Avis für die verkehrten Zustände der Gesellschaft. — Türkenpolygamie erweist sich somit als ein Akt der Willkür und ist unnatürlich!

Und aus all diesem kristallisiert sich der gewiß schwertönende Satz heraus, daß die Abwechslung, wie sie bislang in Übung war und ist, im Grunde genommen die höchste Schmach ist, die man dem anderen Geschlechte und namentlich dem Weibe antun kann — eine Schmach, von der jeder Denker zurückschaudern muß, sobald er das Gewicht des Wortes in seiner ganzen Bedeutung erkennt.

Der Mensch findet den erhabensten Zweck seines geschlechtlichen Berufes in der Monogamie.

Man sagt aber, Monandrie und Monogamie seien unnatürlich! Hierbei muß nur der Ausdruck berichtigt werden; denn man kann füglich statt unnatürlich sagen: untierisch d. h. menschlich, sowie alles Menschliche mehr oder minder eine Außerachtlassung des Natürlichen zu sein pflegt. Man weiß es also in die richtige Kategorie zu reihen, wenn man hört:

„Jedes Weib von auch nur mittelmäßiger Phantasie kann sich mit der Idee der Monandrie schwer befreunden, ebenso wie der Mann von hinreichender Phantasie mit der Idee der Monogynie sich vertragen will; sie seien denn beide wie Venus und Apollo. Da aber dies nicht in jeder Ehe der Fall sein kann, so muß das ewige Einerlei am Ende doch erschöpfen."

Und solche und ähnliche Reden hört man oft.

Nirgends so markant wie in der Liebe kann man es wahrnehmen, daß das Natürliche nicht immer das Richtige ist!

„Natürlich" und „menschlich" gestalten sich sogar zu Gegensätzen: denn je idealer der Mensch ist, desto natürlicher nimmt er sich in der Kulturwelt aus; je primitiver aber und je natürlicher er ist, desto unatürlicher erscheint er auf den Stufen des Kulturlebens.

Unter idealer und menschlicher Verfeinerung aber ist keinesfalls der ekelerregende Etikettendienst zu verstehen; denn dieser stößt, je raffinierter er ist, desto allgemeiner ab. Es ist jene einfache, wahre und schöne Gesamtheit des Charakters, die allen und ewig gefällt. Verfeinerung kann einerseits in Falschheit, Abgefeimtheit, elende Schlechtigkeit ausarten, während sie andererseits den richtigen Grad des ehrlichen, zartsinnigen und edelherzigen Charakters erhält. Alle Menschen gehören in bestimmtem Maße zu den ersteren oder zu den letzteren. — Im Kampfe ums Dasein aber (und das ist kennzeichnend) sind die Schlechteren durchschnittlich günstiger gestellt als die Besseren! Und das liegt eben in der Natürlichkeit des Unnatürlichen und in der Unnatürlichkeit des Natürlichen, d. h. in der mangelhaften Würdigung dieser gesellschaftlichen Wahrheit! Die Folge dieser mangelhaften Würdigung ist die Verkennung des Lebenszweckes und Verwechslung der richtigen Mittel zum wahren Ziele.

Der weitaus überwiegende Teil der Menschen besteht aus solchen, die die Liebe nie empfunden, in wüster Natürlichkeit hintreiben und in ihrer Summe den Pfuhl des Lasters ausmachen. Der andere kleinere Teil, der die Liebe sucht und findet, wiegt in seiner Verschlossenheit nicht das auf, was nötig wäre, um jenem andern Teile das Gleichgewicht zu halten.

Außer dem „Einerlei" ist ferner die Unsinnigkeit der Gesetze gegenüber der Natur ein so wesentlicher Faktor, daß eine ganze Reihe der Verkehrtheiten gleichsam als selbstverständliche Folge davon sich offenbart und sich als gesellschaftliche Zustände heranqualifiziert, mit welchen die ehrliche Denkungsart sich niemals wird vertragen können: die Prostitution in ihren tausend abstoßenden Gestalten.

Der Schreck vor jener Venus vulgivaga ist gewiß gerechtfertigter als jener „naturalis horror sanguinis", den man selbst in entfernteren Verwandtschaftsgraden mit solcher Vorliebe in den Vordergrund schiebt, um den geschlechtlichen Ansprüchen einzelner frech in den Weg zu treten und das Hindernis sub titulo „Ehehindernis" erst für Geld aus dem Weg zu schaffen.

Die Prostitution läßt sich, so vielgestaltig und wechselnd sie auch sein mag, denn doch im großen und ganzen in eine dreifache Kategorie bringen. Die erste, die allerweltfeile, als die allgemeinste und verachtetste, muß nicht nur die Aufmerksamkeit, sondern auch die Teilnahme auf sich lenken: Wie elend müssen solche Wesen sein, wie verkommen und wie verworfen oft! Welche Schule des Elends müssen sie wohl durchgemacht haben! Eine zweite Klasse ist die spekulierende Prostitution, die nicht aus Verkommenheit und Zynismus, sondern weil sie keinen Genossen gefunden, aus Hab- und Gewinnsucht sich hinwirft, um sich eine möglichst bequeme Existenz zu schaffen; ist doch das Ende ihrer Erdenlaufbahn von keiner prinzipiellen Wichtigkeit; so mag denn wenigstens die Zeit der Geschlechtsfähigkeit ausgenützt werden. Die dritte Kategorie endlich ist die der Raffinierten, die aus berechneter Genußsucht sich tiefer auf das Gebiet der Prostitution wagen. Kein Weib kann verurteilbarer erscheinen als jenes, das mit einem Manne in Glück und Ehren leben könnte, statt dem aber alle Mittel und Opfer daransetzt, um sich die Gelegenheit zu schaffen, sich aus einer Umarmung in die andere zu werfen, geheimnisvoll und jeden der Anbeter betrügend.

Nicht der Schacher, den das Weib mit seinem Leibe treibt, ist das Verabscheuungswürdige daran, sondern die Besudelung des Charakters der geschlechtlichen Weiblichkeit, der, wenn er auch nicht öffentlich mit Füßen getreten wird, sich doch in jene Schmach verwandelt, die ein Geschlecht dem anderen unter der Fahne der „Abwechslung" antut!

Was da von dem Weibe gilt, dasselbe gilt auch voll vom Manne.

Ein Unterschied jedoch läßt sich nicht wegleugnen; jener Unterschied nämlich, den die Natur des Geschlechtes begründet. Denn wie wir die Sache auch nehmen mögen, so muß kraft der gesellschaftlichen Verhältnisse das Weib sich ein Gewissen daraus machen, mit einem solchen Manne in geschlechtliche Verbindung zu treten, dessen wüstes Leben ihn allüberall herumgetrieben, gerade so als wenn ein Mann eine Prostituierte zum Weibe nähme; denn sie kann es wohl nicht wissen, welche von den vielen auf der Straße sich das Recht nehmen könnten, ihr am Arme eines solchen Mannes ins Gesicht zu lachen!

Aber noch viel schwerer ins Gewicht fallend bleibt der Umstand, daß die Initiative im Lieben nur dem Manne zufällt.

Der Gedanke, daß dieser oder diese in den Armen eines andern geruht oder genossen, macht beim Manne und beim Weibe einen großen Unterschied, einen sehr verschiedenen Eindruck. Denn der Mann riskiert bei diesem Urteil wohl wenig, vielleicht gewinnt er sogar, weil sein Wert hiedurch einen gewissen Grad der Steigerung zu erfahren pflegt. Nicht so das Weib, dessen erste Tugend die Widerstandskraft sein muß; denn ein Weib, von dem es voraussetzbar sein darf, daß sie schwach genug war, einem anderen sich hinzugeben, ein solches Weib hat bei dieser Voraussetzung nie auf Gewinn zu rechnen, aber um so gewisser auf Schaden, auf Schmälerung ihres geschlechtlichen Wertes!

Dieser Unterschied, zusammengeworfen mit den Kulturzuständen der Geschlechtsexistenz der Massen und der polygam denkenden Natürlichkeit, hat jenes grell und höhnisch jubelnde Übel zur Folge, über dessen Herkunft und Folgen die Welt hinweggeht und das zu sanktionieren droht, was jeder einzelne in sich verurteilt und bei anderen als Verkehrtheit in Rechnung bringt.

Das ist der Lauf der Welt in seiner ewig wechselnden und dennoch immer gleichen Leidenschaftlichkeit!

Diesem Übel vorzubeugen, das ist der erste Zweck dieses Buches, da die Liebe in sich einen so reichen Schatz an Abwechslungen birgt, daß sie diesen in denselben Armen, an demselben Herzen finden kann, und das Wort nicht dahin mißzudeuten hat, daß unter „Abwechslung" andere Arme, andere Herzen verstanden werden müßten.

Wie bedauerlich und unheilvoll diese sinnreiche Verirrung auf den einzelnen Menschen wie auf die ganze Menschheit zurückwirken muß, das fühlt am tiefsten und erkennt am klarsten der, dem das gütige Geschick ein Weib nach seinem Herzen gab; denn dieser weiß es unter allen wohl am besten, daß das Weib, das unsere Liebe und Wollust teilt, uns erst so recht nach längerer Zeit, im Laufe der Jahre tiefer in die Seele wächst; daß jenes unerklärlich „Trauliche" in ihrem Blick, daß jenes unerklärlich „Verwandte" in ihren Zügen und jenes unerklärlich „Eigendünkende" in uns selber zu wurzeln scheinende „Etwas" ihres gesamten Wesens, ihrer schönen Eigenschaften — daß alles dies erst nach geraumer Zeit gegenseitiger Überzeugung und Bewährtheit, und gleichsam unter der schützenden Macht der Gewohnheit möglich wird, möglich werden kann.

So wie dies der Mann vom Weibe findet, so findet umgekehrt das Weib es auch vom Manne.

Und wenn es ein Mittel gibt, das uns die Lehren der Genüsse des Glückes an einem Herzen und in denselben Armen zu sichern helfen kann, dann ist dies Mittel der edelste Schatz des Lebens.

Dieser Schatz war bis jetzt aber noch ungehoben. — Ihn zu heben und, in ein System gebracht, den Liebenden vorzulegen, ist ein zweiter Zweck, der aus jenem ersten fließt.

Schöne, dabei aber leichtlebige und genußsüchtige Weiber und Männer, also das maßgebendste und ergiebigste Kontingent der liebefähigen Welt, huldigen ganz eigentümlichen Maximen, welche von ihrem Triebe, viel und heftig zu genießen, eingeflößt sind, und welche darin gipfeln, daß die „Abwechslung", sowohl physisch als auch psychisch, der Liebe erhabenster Zielpunkt sei; daß somit die Abwechslung nicht bloß mit Rücksicht auf den sinnlichen Reiz und das sinnliche Wohlgefallen zu suchen sei, und die Genüsse mit möglichst oft gewechselten Geschlechtsgenossen nicht bloß deshalb zu erstreben wären, damit durch den Reiz der Neuheit die sinnliche Lust um so erregbarer und ergiebiger sei, sondern auch und besonders deshalb, damit durch die „Anknüpfungen" neuer und wieder neuer Liebesverhältnisse die seelischen Eindrücke und die heftig verlangenden Triebe nach Befriedigung neu und wieder neu zur Geltung gelangen, und die immer neuen Liebesereignisse möglichst oft und heftig durchgelebt werden, um hiedurch die Summe des Wertes der Liebe im Leben möglichst hoch in Rechnung zu bringen. Das, was frommblöde und keuschprüde Menschen „Liebe" nennend kaum einmal im Leben durchleben und sich es damit sattsam genügen lassen, das muß und soll bei lebens- und liebestüchtigen Menschen zum psychisch erschütternden Hochgenusse werden und, wenn die Verhältnisse günstig sind, zu einem oft — bis in die Hunderte — sich wiederholenden Sinnenrausch und Seelenfieber, zu ebenso vielen Abschnitten eines wollustreichen Liebeslebens werden, von denen jeder einzelne das ganze Liebesleben eines frommkeuschen Blödprüden aufzuwiegen imstande sei. —

Männerbeständigkeit im Lieben gilt heute fast für lächerlich. — Der für seine Ehre und sein Wort zu sterben bereite Mann scheut sich nicht, das arme, liebende, hilflose Weib ohne die geringste Gewissensregung zu belügen und zu betrügen und zu entehren!

Es ist Mode und gehört zum guten Geschmack, das Weib oft zu wechseln.

Unnütz prallt jede Vorstellung ab und wird „Moralisierung" gehöhnt.

Das höchste Argument solcher Schmetterlinge ist: Ich liebe ja nicht! Liebe läßt sich nicht gebieten — genießen ist ein unaufschiebbares Naturgeheiß — wenn ich einst lieben werde ... dann werde ich vielleicht anders werden! —

Das aber ist es eben, was pervers ist: Befriedigung ohne Liebe! Es ist das der Krebsschaden der Zeit — man findet das fürs erste sogar für natürlich; aber genießen ohne zu lieben, — das ist als dauernder Zustand entschieden widersinnig und ich sage: Liebe ist Menschenpflicht ... Jeder soll und muß lieben — wer nicht liebt, ist unsittlich!

Aber auch die Unsittlichkeit muß ihre Schranken und Grenzen haben. Wenn der Mann denkt und sagt: „So lange andere Geld und Güter haben, so lange brauche ich mich um mein Fortkommen nicht zu kümmern", — so ist dies das spekulierende Argument eines Schurken, der aus Beruf Schurke ist, und seine Spekulation steht auf rein materiellem Boden Wenn aber der anständige Mann, der, auf moralischem Boden stehend, von Ehre und Charakter sich ein unnahbares Heiligtum geschaffen, wenn ein Mann von ernstem Charakter aber jenen Grundsatz, jene prahlerische Fanfaronnade meist halbpotenter und unappetitlicher Buben vernimmt, die da denken und sagen: „So lange ich eines anderen Weib haben kann, so lange nehme ich mir kein eigen Weib!" — Was glaubst du wohl, wohin rangiert der, welcher diese Parole zum Sport, zum Beruf gewählt: Kannst du dir einen solchen Mann der Ehre denken? Und weißt du wohl auch, was ein solcher Eroberer „Triumphe" nennt? Er wedelt meist um die Schönsten herum, die hoch genug stehen, um ihn gewährlich zu finden und zu dulden; er aber saugt am Zauber ihrer Schönheiten seine Phantasie voll, um dann sein Feuer in den Armen einer feilen Dirne oder, wenn er auch ein solches nicht erschwingen kann, anderswie — auf eigene Faust zu kühlen.

Das ist das Facit!

Nicht einmal die kühnste Auffassung der Geschlechtsfreiheit kann über eine gewisse Grenze der Moralität und des Anstandes hinaus. Und wenn wir sagen: „Frei soll ein jeder geschlechtliche Bund sein — frei im vollsten Sinne des Wortes!...", so können wir hiebei unmöglich vergessen, daß eben diese unbedingte Geschlechtsfreiheit die sichersten und festesten Garantien des geschlechtlichen Glückes bieten muß. Das Glück aber als ephemeres Vorüberjagen an den Lagerstätten des Glückes als erbärmliche „Eintagsfliege" vorzustellen und zu erklären, wäre denn doch allzu leichtsinnig und würde nur den totalen Abgang gesunder Anschauung konstatieren.

Glück ist nur dann als Glück vorstellbar, wenn damit zugleich auch der Begriff der „Dauer" in Verbindung tritt.

Die „Dauer" des Glückes, die möglichst lange Dauer desselben, — das ist des Glückes herrlichste Bedingung, ohne welche das Glück als solches gar nicht in ernsten Betracht kommen kann.

Diese „Dauer" aber, diese erhabenste Bedingung des Glückes, begründet und befestigt die Beherzigung und vernünftige Anwendung alles dessen, was in vorliegendem Werke den Liebenden in so überaus reichem Maße geboten wird.

Außer der Dauer im Lieben ist auch noch die offen ausgesprochene, gegenseitig aufrichtige Offenkundigkeit der zweifellose Beweis unserer Neigungen. Wie viele bemänteln ihre Mängel im Empfinden dadurch, daß sie sagen: „Ich liebe viel zu tief, als daß ich meinen Gefühlen Ausdruck geben wollte und könnte usw."

Diese sentimentalen Scheinheiligen vergessen aber, daß es ein anderes ist, seine Liebe, seine Gefühle vor anderen Unberufenen, Fremden zu verhüllen, damit sie nicht entheiligt werden, als seine Liebe und seine Gefühle vor seinem eigenen Lieb zu verhüllen oder, wie sie sagen, geheim im Herzen zu behalten.

Solchen aber sage ich: „Lieben, ohne aus allen Kräften des Leibes und der Seele glücklich zu machen; lieben und unserem Lieb gegenüber verschlossen und weniger tiefliebend zu erscheinen, ist wie Selbstbefleckung! Denn ein solcher will nur selber glücklich sein, er liebt nur für sich und für sein eigen Herz, wenn er sein Glück verschweigt und nicht dem andern möglichst treu und möglichst oft mitteilt. Ist doch selbst der körperliche Liebesgenuß erst dann ein voller und vollbeseligender, wenn wir unverkennbar wissen und fühlen, daß auch unser Lieb in vollem Maße genossen — mitgenossen hat! Im entgegengesetzten Falle ist der Genuß nur ein halber, ein verfehlter Genuß."

Lassen wir hier nun alles Moralisieren und trachten wir durch die Erkenntnis der richtigen Mittel und Wege an jenes Ziel zu gelangen, dessen Erreichung nicht nur für die Liebe, sondern auch fürs Leben von unabsehbarer Wichtigkeit ist und bleiben wird, so lange Menschen sind und sie menschlich denken und fühlen.

Wenn ich die Fülle der Liebesarten, die da vor mir liegt, betrachte und erwäge, so muß ich unwillkürlich erstaunen und behaupten, daß die Welt bis jetzt von dem vollen Genuß der Liebe gar nicht einmal eine rechte Vorstellung hatte, daß die Menschen bis jetzt entschieden gar nicht zu lieben verstanden. Sie kannten den Quell der Wonnen nur an seinem Ursprung, dort aber, wo er in hundert und hunderterlei Nuancen, Windungen und Verästelungen plätschert, schäumt und in Kaskaden niederstürzt, dort, wo er im romantischen Gefilde des Geschlechtes sich nach den verschiedensten Richtungen hin zerteilt, um sich schließlich, sobald es der richtige Moment erheischt, zu einem kräftig strömenden Ganzen wieder zu vereinen, dann am Fuße des Abhanges im Tale ruhig und, wie sanft ausruhend, leise weiterströmt: dort blieb er bisher unerforscht und sie lebten und liebten, ohne sich weiter zu kümmern, bis an den heutigen Tag!

Wieviel Entzücken, wieviel Energie ging für sie bislang verloren! Ob sie denn wohl diesen Ausfall aus ihrem bisherigen Liebesleben gleichgiltig finden; ob sie nicht vielmehr diesen Ausfall als ein Minus aus der Gesamtheit ihrer Geschlechtsexistenz anerkennen werden?

Anders ist es bei dem, welchem diese Blätter noch rechtzeitig in die Hände fallen.

Statt überflüssiger Worte, die zum eigentlichen Thema schrittweise näher führen, wollen wir den Schritt selbst mitten in den Stoff hinein tun und das wissenschaftliche Gebiet der Physiologie und Organoplastik der Liebe selbst betreten.

ZWEITES KAPITEL

GESCHLECHTS-PHYSIOLOGIE UND ORGANOPLASTIK

as Verlangen nach geschlechtlicher Befriedigung ist beim Manne und beim Weibe ein verschiedenes. Beim Manne kann es sich zur energischen Körper- und Geistesregsamkeit steigern, die ihn auch in sozialer Beziehung auf eine hohe Stufe zu heben vermögen, während beim Weibe der geschlechtliche Drang ein mäßiger, regulierbarer ist und nie zu jenem anregenden Faktor wird, der die gesellschaftliche Bedeutung des Weibes wesentlich verändern kann; daher erscheint auch die Emanzipation der Frauen schon von diesem Gesichtspunkte aus nicht gerechtfertigt.

Das aber liegt im organischen Baue der Geschlechtsapparate.

Tatsache ist, daß beide Geschlechter naturgemäß einander zustreben.

Die wichtigste Rolle spielt namentlich beim Menschen das Gefallen und besonders das Verlangen. Diese beherrschen die geschlechtsreifen Individuen im verschiedensten Maße; in allen Fällen aber fassen sie physiologische Vorgänge in sich, die namentlich im Stillen so manche Phantasieerscheinung zur Folge haben und eine eigene Welt vor die Seele zaubern.

Die Aufsaugungsfunktion des Geschlechtsapparates wird reger und somit die Erzeugung der Geschlechtssäfte eine lebhaftere: die Keimdrüsen im Samenapparate des Mannes entwickeln eine energische Tätigkeit, derzufolge die Wärme sich steigert. Der übrige Organismus liefert den zu dieser gesteigerten Tätigkeit erforderlichen Zufluß an Lymphsäften und namentlich an Blut.

Die einzelnen Moleküle des gesamten Geschlechtsapparates dehnen sich aus, die Gewebe und Muskeln geraten in eine außerordentliche Spannung und bedingen besonders bei den muskulösen Teilen des Apparates eine sehr beträchtliche Härte und Starrheit.

Dabei steigert sich die organische Arbeit in den Keimdrüsen immer mehr und mehr, und es gehen in denselben folgende merkwürdige Erscheinungen vor sich. Die Samenkörperchen (diese machen den Kern der Samenzelle aus) verlieren kraft der in ihnen ebenfalls gesteigerten Wirkungsmomente ihre Rundung, werden oval und lassen am dünneren Ende, bedingt durch den Raummangel, einen fadenförmigen Fortsatz hervorwachsen; dieser Faden bildet den Schweif, während das dickere Ende den Kopf des Samenembryos vorstellt.

Werden diese Samenembryonen, welche noch fortwährend in der Zellenhülle eingerollt sich befinden, durch fortgesetzte Erregung und Funktion des Geschlechtsapparates in ihrer Entwicklung begünstigt, so beginnen sie sich zu strecken und energischer zu bewegen und werden frei, indem der Kopf und der Schweif gleichzeitig das Membran der Samenzelle durchbrechen. Das ist der fertige Samen! Häuft sich dieser stark auf, oder ist er überhaupt in erforderlicher Menge vorhanden, so wird durch die wallende Bewegung dieses Geschlechtssaftes (welche Bewegung von der jetzt schon ziemlich energischen Lebenstätigkeit der entwickelten Samenteilchen bedingt ist) eine mehr oder minder spannende lokale Abnormität entstehen, und es resultiert hieraus der Drang nach Freigebung — nach Absonderung — dieses Vorrates.

Dieser physiologische Drang aber äußert sich in dem sinnlichen Verlangen nach geschlechtlicher Befriedigung.

Der Gesamtorganismus ist durch diesen Zustand des Geschlechtsapparates in hohem Grade erregt. Diese Erregung steigert sich mit dem Drange nach Befriedigung noch ganz besonders und ist in dem Momente des Ergusses so heftig, daß nicht selten, besonders bei empfindlicheren Individuen, sogar die Geistestätigkeit in unmittelbarste Mitleidenschaft gezogen wird —: es stellt sich eine Art Verrücktheit ein, die, wenn sie ihren Höhepunkt erreicht hat, sehr rasch in eine mitunter mehr als viertelstündige Entkräftung mit verschiedengradiger Wonnetrunkenheit, ja selbst mit Bewußtlosigkeit vereinigt, überschlägt.

Ein gesunder Geschlechtsapparat pflegt die angesammelten Säfte nicht ohne äußere Veranlassung abzusondern. Diese Veranlassung bietet in der Regel und am natürlichsten der geschlechtliche Apparat. Durch Ineinanderfügung der beiden Apparate resultiert eine Reibung und diese Reibung ist es, die in Verbindung mit jener so eigentümlich wirkenden feuchten Naturwärme des Weibes wie etwas Elektrisches schon im ersten Momente des Eindringens in den vor Wollust zuckenden Brennpunkt unser ganzes Wesen wie ein Feuerstrom durchrinnt — und die Absonderung als solche veranlaßt.

Ist diese durch die Ineinanderfügung der Apparate hervorgerufene Reibung allein nicht ausreichend, wie sie auch in der Regel nicht auszureichen pflegt, so wird diese Reibung wieder veranlaßt, aber nun schon durch unvollständige Trennung der beiden Apparate, um sofort darauffolgend eine abermalige, mit

Reibung verbundene, womöglich noch kräftigere und vollere Ineinanderfügung und Anpressung zu vollziehen; diese Bewegungen werden nun in beliebigen Zwischenräumen so oft und so lange wiederholt, bis der Erguß erfolgt. Diese Wiederholungen geben sich in einer ab- und aufwärtsgehenden Bewegung der Lenden kund. — Das ist der Akt der Begattung.

Oft aber, und besonders wenn der Drang nach Befriedigung ein sehr gesteigerter ist und die Phantasie noch obendrein sich lebhaft mitbeteiligt, ist selbst die minimalste Reibung ausreichend, um die Genußempfindung herbeizuführen; ja sogar und besonders im Traume reicht die bloße Vorstellung der geschlechtlichen Einswerdung der Organe verbunden mit einer auch noch so geringen Berührung mit der Hand, mit der Bettdecke oder mit einem sonstigen Gegenstande der Schlafgeräte vollkommen aus, um die Absonderung der Geschlechtssäfte zu bedingen. Das ist die Pollution — die Wollust im Traume.

Durch die Reibung der Geschlechtsorgane, wie sie hier geschildert wurde, erreicht die Energie der geschlechtlichen Funktionen, die Anschwellung ihren höchsten Grad. Die Muskeln des Apparates geraten in eine lebhafte Zuckung und bringen durch dieses nun sogar mechanisch - heftige Eingreifen den Spannungszustand der Geschlechtssäfte ebenfalls auf seinen höchsten Punkt. Dieses mechanische Moment wirkt unvergleichbar heftiger durch das psychophysische Wohlgefallen an den Zaubern und Reizen des Weibes, mit dessen weichsten, üppigsten und empfindlichsten Körperflächen die unseren in die innigste, wohligste Fühlung, Schmiegung und Anpressung gerieten!

Durch die stoßweise kräftigen Zuckungen aller beteiligten Muskeln geraten die Schließmuskeln der Säfteleiter ebenfalls in eine zuckende Schließ- und Öffnungsbewegung, und alle diese Bewegungen, unterstützt durch die kräftigen Stöße des Harnschnellers und die Spannung der Muskulatur des Mittelfleisches, treiben den in seiner Spannung ohnehin nur des Ausbruchs harrenden Samen mit solcher Vehemenz nach außen, daß er im unbehinderten Zustande unter Umständen bis in die Ferne von 1 bis 1.5 Meter geschleudert werden könnte. Natürlich ist diese Heftigkeit der Ausstossung von jenem Verhältnisse abhängig, das zwischen der geschlechtlichen Muskelarbeit und zwischen der Spannung der Geschlechtssäfte obwaltet.

Der Mann hat mehr Geschlechtssaft als das Weib und ergießt davon im Lieben auch mehr; während des ersten Ganges ergießt er am meisten, in den darauffolgenden Gängen aber, und zwar stetig abnehmend, immer weniger.

Das Weib hat weniger Geschlechtssäfte, vergießt davon auch unverhältnismäßig weniger als der Mann und in den späteren Gängen ebenfalls immer weniger.

Der Säfteverlust eines kräftigen Mannes ist im ersten Ergusse im allgemeinen etwa 10-12 Gramm, im zweiten kaum mehr die Hälfte, und so fort um je 0.4 bis 0.3 des vorhergegangenen Quantums abnehmend, so daß z. B.: im 6. Gange nur mehr etwa 2—2.1/2 Gramm sich ergöße, vorausgesetzt, daß die Gänge des Liebens so nacheinander folgen, daß zwischen jedem nur soviel Zeit gelegen, die gerade ausreichte, um zum neuen Liebensgenusse zu befähigen.

Beim Weibe ist der Säfteerguß bloß eine schleimige Ausscheidung aus den Vaginaldrüsen, somit auch ein ungleich geringerer; darum ist die sukzessive Abnahme des Quantums eine kleinere, und wenn der Mann zwischen einem Gange und dem andern eine gewisse Zeit beansprucht, um wieder zur Wollust gestimmt werden zu können, so ist diese Zwischenzeit bei dem Weibe eine so geringe, daß es besonders nach dem ersten Gange in ganz kurzer Zeit der Liebe wieder begehren kann, obgleich es feststeht, daß, wenn ihr dies Begehren nicht sofort in Erfüllung geht, es, auf etwa eine halbe Stunde verschoben, gewiß süsser und großartiger genossen wird, als nach dem ersten Genusse.

Die organische Erschlaffung steht sonach mit dem Quantum des Ergusses in umgekehrtem „Verhältnis".

Der Mann ist nach dem Ergusse ernst, schweigsam und reizbar; denn er arbeitet an dem organischen Ersetzungsprozeß der verbrauchten Energie. Das Weib dagegen wird nach dem Ergusse im Gegenteil erst inniger, schmiegsamer, hingebender und verbundener. Beide sind wie zwei ungleichnamige Pole, die, trotzdem der eine an sich die Anziehung, der andere aber die Abstoßung ist, sich miteinander um so kräftiger verbinden, je kräftiger ihre natürliche Polarität, ihre geschlechtliche Gegensätzlichkeit sich offenbart.

Ein jeder in inniger Gemeinschaft geleerte Wollustbecher übt auf beide die Wirkung eines Filtrums; ein jeder Erguß ist eine Einimpfung des Bewußtseins allerinnigster Zusammengehörigkeit; je öfter und je weiter diese Ineinanderströmung stattfindet, umso sicherer ist der Erfolg: die Tatsache unverbrüchlicher Zusammengehörigkeit!

Die Geschlechtssäfte, deren Abgabe und Wiederersatz, spielen im Lieben daher die bedeutendste Rolle.

Des Mannes Samenapparat und der des Weibes sind wesentlich verschieden. Der Mann erregt eine erhebliche Menge des Geschlechtssaftes, und sein Samenapparat hat das innerliche Streben, den erzeugten Saft zeitweise abzusondern; — daher die angreifende Rolle des Mannes und der kräftige Drang, seinen Geschlechtstrieb zu befriedigen. Das Weib erzeugt nur wenig Säfte; ihr Drang, ihn abzusondern, ist minimal. Daher bei ihr die Möglichkeit, des Genusses sich für lange zu enthalten, wenn auch ihr Genuß an sich ebenso großartig ist wie der des Mannes. Daher ihre zuwartende Rolle im Punkte der natürlichen Liebe!

Die Devise scheint zu sein: „Sie kann sehr oft, aber sie muß nur selten; er kann viel seltener und muß viel öfter wegen der Anhäufung der Geschlechtssäfte".

Daher die Erscheinung bei dem Weibe, daß, wenn es sich nicht durch Lektüre u. dgl. reizt oder nicht durch den Anblick verlangenerregender Personen, Gespräche oder andere Dinge gereizt wird, es lange Zeit, selbst Jahre hindurch, leben kann, ohne ein gefährlich heftiges Verlangen nach geschlechtlichen Genüssen zu empfinden, und daß ein Weib, daß seine Genüsse im richtigen Maße hat, oft, sehr oft nicht mag, selbst wenn sie den Mann recht sehr und innig liebt und von diesem Einladung oder Anfrage über etwa zu genießende Wonnen erhält.

Und diese Zurückhaltung ist im organischen Bau des Weibes begründet; sie ist somit auch der Gesundheit nicht nachteilig, weil nur der Samenapparat den Drang auch unwillkürlich hervorruft. Der unwillkürliche Drang nach geschlechtlicher Befriedigung ist somit bloß beim Manne hervortretend.

Wer viel dieser Säfte hat, davon viel erzeugen und rasch ersetzen kann, der kann in Liebe lang und kräftig schwelgen; wer wenig hat und wenig ersetzen kann, dem ist die Liebe von geringer Bedeutung.

Wer aber hat viel Geschlechtssäfte und wie kann man sie möglichst rasch ersetzen?

Der gesunde, kräftige, vernünftig genährte und ausgeruhte Körper im richtigen Lebensalter ist an Geschlechtskräften der ergiebigste; möglichst rasch ersetzen sich die abgegebenen aber durch zweckmäßige Nahrung (Speise und Trank) kurz vor dem Liebesfeste und durch erheiternde gesunde Getränke zwischen den einzelnen Gängen; durch vernünftige Schonung der Kräfte beim Genusse selbst und durch anregende, spielende, sinnige Tändeleien während der Pausen — zwischen einem und dem anderen Gange. Aus letzterem erhellt, wie wichtig die Ruhe des Geistes, wie wichtig dessen rosige Disposition ist.

Das beste Zeichen weiblicher und männlicher Tüchtigkeit und Vollkommenheit ist das Feste und das Stramme ihrer Geschlechtsapparate. Bekanntlich ist wohl alles, was die mittleren Dimensionen überschreitet — beim Weibe wie beim Manne — fast genau im selben Grade schlaffer, unenergischer und undauerhafter, als es das Mittelmaß überschritten hat. Des Weibes Vaginalspalt mit engem, dehnsam-festem Schließmuskel und mäßig tiefer Scheide; des Mannes Muskel kompakt, aus festem Gewebe — das Ganze für das Maß von 15 oder 18 cm. oder höchstens 6 bis 7 Zoll berechnet, ergibt diejenigen Dimensionen, die für kräftiges, langes, häufiges Lieben die höchste Leistungsfähigkeit sichern. Wenn oft das Weib von großem langem Gliede schwärmt, wenn ihr das rechte Maß nicht recht genügt, wenns oft Männer mit schwammigen, gedunsenen, langen Organen gibt, so ist das alles eine Entartung, eine Abnormität. Die Berichte endlich, die uns von Männern erzählen, die, mit Muskeln von 10 bis 12 und mehr Zoll versehen, eine riesige Leistungsfähigkeit beweisen, sind ebensolche Märchen wie die von Weibern, die zur Stillung ihrer unersättlichen Liebesbrunst des Esels sich bedienen. Beides ist entschieden von Natur aus schon albern; denn Weib und Mann mit so großen Apparaten können weder so unersättlich noch aber so übertrieben leistungsfähig sein, außer daß ihr Zustand ein krankhafter wäre; denn wenn solche Phänomene nach größeren Intervallen der Liebe Bedürfnis fühlen, und bei ihnen — setzen wir voraus! — dies Bedürfnis ein ziemlich vehementes sein kann, so ist es, wenn einmal oder zweimal nacheinander befriedigt, für längere Zeit gestillt, als das bei normalem Apparat und bei normaler Begierde der Fall ist. Und der Heißhunger, den das durch heftige Reizung der Phantasie exaltierte Weib nach Befriedigung zuweilen empfinden kann, mag es sein, der es für jene Märchen oft empfänglich macht. Unleugbar war und bleibt darum der Satz:

„Was die Natur korrekt geschaffen, ist kompakt und was kompakt, das ist auf kleineren Raum gepreßt — gedrungener."

Die entscheidende Hauptsache dabei ist jedenfalls der Umstand, daß an des Weibes Apparat der Schließmuskel und die Klitoris den Ausschlag beim Genusse geben. Die Scheide selbst ist schon bei der Jungfrau sehr dehnsam und außerdem sehr weit und spielt bei der geschlechtlichen Berührung eine ungleich geringere Rolle. Ist der männliche Nerv länger als die weibliche Vagina, dann ist eine Anpressung der männlichen Wurzelteile an den Hügel und an das Tal der Scham nicht gut möglich — und der wahre, wirkliche Hochgenuß, der eigentlich in dieser Anpressung und in ihren Folgen liegt, wird entschieden zur Illusion — und es bleibt dabei: ein mehr als mäßig langer Mannesnerv ist ein absurdes Gelüst geiler oder unwissender Frauen und weiter nichts . . . als Misère.

Der weibliche Geschlechtsapparat ist seiner Tiefe nach gar nicht so beträchtlich; schon in der Tiefe von höchstens 8—12 cm. oder von 4—5 Zoll schwillt dem eindringenden Geschlechtsmuskel der zarte weiche „Muttermund" entgegen, der sich, trotzdem der Uterus an den dehnsamen Mutterbändern hängt, nur sehr unbedeutend (2—3 cm.) aus seiner Lage schieben läßt, ohne das Gefühl der Spannung oder des Schmerzes und, was noch mehr ist, ohne schädliche Folgen zu veranlassen.

Der Körperbau hat so manche Ähnlichkeiten, die nicht unbeachtet gelassen werden sollten. So ist die Daumenbreite der wohlgepflegten, durch harte Arbeit nicht entformten Hand, das obere Daumenglied der beiden Daumen, die an der Nagelgegend mässig fest nebeneinander gelegt werden, namentlich bei Damen ein ziemlich verläßlicher Maßstab für ihre geschlechtsorganischen Dimensionen, und für die Dimensionen dessen, was diesem Organe die korrekteste Befriedigung zu geben vermag. Vier bis fünf Breiten ihres Daumens sind der Umfang, und acht bis neun Daumbreiten die Länge, die für sie als korrekte Mitteldimensionen gelten können. Wo diese Messung sich als falsch erweist, dort wird sicherlich, oder wenigstens sehr wahrscheinlich, etwas Anormales dazu der Grund sein.

Ein diese Dimensionen weit überbietender oder im allgemeinen mehr als 18 20 cm. messender Muskel füllt die Tiefen des Weibes wohl aus; aber abgesehen davon, daß gerade in der Tiefe die Genußempfindung nicht maßgebend ist, so ereignet es sich bei größerer Länge, daß des Weibes Scheide die ganze Länge nicht total aufnehmen kann, wodurch es sich ferner ereignet, daß der Mann mangels der Möglichkeit eines vollen Eindringens über dem Weibe, gleichsam in der Schwebe sich befindet; er kann sich nicht andrücken, die Hügel der Scham beider können nicht in volle Berührung geraten: eine Anpressung der beiden wird zur Unmöglichkeit; und was normal Gebaute durch eben dieses kräftige, feurige, konvulsivische An- und Ineinanderpressen an Wollust genießen, das müssen solche „Langbegabten" und mit ihnen auch das Weib entbehren. Der beste Genuß aber liegt eben in der Ausübung und Zurgeltungbringung der Kraft in den Armen, in den Schenkeln und Waden und in den Lenden. Dieser Kraftgenuß, gesteigert durch die Anstemmung der Füße an das Bettende, ist nur den normal gebauten voll zugänglich.

Zur Erklärung des bisher Gesagten nehmen wir nun zum Schlusse die Tatsache an, daß der weibliche Geschlechtsapparat dem Manne unbedingt um so herrlicher und begehrlicher erscheint, je zarter und gedrängter derselbe gebaut ist, je mehr die schönen ebenmäßigen Lippen und die frischen schwellenden Konturen der Randpartien zum Genusse einladen, während bei schlaffen, großen oder zerdehnten Anlagen des Weibes die Begehrlichkeit sich mindert und die Genußsehnsucht des Mannes wohl kaum sich je so lebhaft regen wird. Und diese Tatsache ganz allein schon müßte genügen, um zu konstatieren, daß das natürlich-korrekte denn doch die gediegene Mittelgröße des Mannesmuskels ist; denn der eigene Reiz, den die Spannung des weiblichen Schließers dem Genusse gibt, führt uns zu der Annahme, daß des Mannes Apparat den des Weibes bei sanften mäßigen Spannungsverhältnissen ausfülle. Also, wenn das Ideale des weiblichen Apparates in der Kleinheit und Zartheit liegt, so kann das Ideale für die männlichen Dimensionen unmöglich das Große und Unverhältnismäßige sein, sondern muß entschieden in jenem der weiblichen Kleinzartheit entsprechenden mittleren Ebenmaße liegen.

Mit dem soeben Gesagten hängt die Theorie des „kräftigen Druckes" eng zusammen und wir sind der Ansicht, daß das gelinde Drücken und das bemessene, rückhaltende, gleichsam schonende und sanftmilde Auf- und Niederwogen während des Genusses nur beim ersten Gange ganz am Platze sei, wo seine Begier sehr heftig ist, oder wenn selbst im zweiten Gange des Weibes Aktion allzu stark zum Ausdruck gelangt, erscheint diese Vorsicht schon deshalb geraten, weil sonst der ganze Hochgenuß in 1-2 Minuten oder noch rascher abläuft, und es doch zu wünschen ist, daß er möglichst lange andauere.

Schon beim zweiten Gange und umsomehr bei dem dritten oder vierten ist eine größere Freiheit der Bewegungen etwas ganz natürliches; die Heftigkeit der „Niedergänge", die, mit der Kraft des Druckes gepaart, entschieden mächtigere Reizung und Erregung des ganzen Organismus im Gefolge haben, machen den Genuß der späteren Gänge zu etwas Eigenartigem, vom Genusse des ersten Ganges auffallend Verschiedenem.

Wer mit dem geliebten Wesen eine Nacht der Wollust durchgenossen, dem wird es aufgefallen sein, daß schon die zweite Umarmung eine von der ersten gänzlich verschiedene ist —, nicht nur im Beginne und Verlaufe, sondern auch im entscheidenden Hochmomente, sowie in allen ihren Nuancen und somit auch in ihrem Gesamtresultate.

Aus dieser Tatsache lassen sich die triftigsten Belege für obige Theorie des kräftigen Druckes ableiten. Und es ist das auch sehr natürlich:

Je starrer der Nerv ist, desto empfindlicher ist der ganze Geschlechtsapparat gegen alle Friktion, und der Wollustgenuß eilt folglich um so rapider seinen Höhepunkt hinan; und je rascher etwas genossen wird, um so weniger und um so kürzere Zeit beherrscht der Genuß das Bewußtsein, um so geringeren Wert hat er fürs Leben; denn das Monument, das er sich in der Erinnerung errichtet, ist in diesem Falle ein viel unbedeutenderes, als jenes, welches sich ein lange anhaltender und das Bewußtsein lange beherrschender Genuß setzt.

Ist der Nerv weniger starr, so ist er auch für die Reizung, die mit der geschlechtlichen Friktion verbunden ist, weniger empfindlich, und das, was beim Spiele der Wollust die höchsten Wonnen bietet, gewinnt ein freieres Terrain: Die Bewegungs- und Reibungsheftigkeiten können früher ihre Zügel schießen lassen; der Nerv kann, wenn er an den Lippen, am Rande genug geweilt und getändelt, wieder mit voller Kraft in die Tiefen niedergehen; heftigkräftige Niederfahrten wiederholen sich mehr oder minder rasch und oft —, und es folgt ein konvulsivisches Ineinderpressen mit aller Preßkraft der Arme, mit aller Stemmkraft der Beine, und so ineinandergepreßt, beginnt ein höchst wonniges Aneinanderreiben der Schamhügel von seiner Seite, während auch sie ausserdem mit der Croupe jene Drehbewegung einschaltet, die der erwähnten Reibung eine besondere Intensität verleiht.

Dies mit dem erwünschten Erfolg zuwege zu bringen ist nichts Leichtes;

es erfordert die Hervorbringung des richtigen Reibungsverhältnisses eine gewisse Geschicklichkeit, wenn nicht Übung der beiden Liebenden, die zu erlangen sich stets aufs wohligste lohnen wird.

Derartige Kraftleistungen aber sind nur bei normaler Nervlänge und in nicht allzustarrem Zustande gut möglich. Denn allzugroße Länge beeinträchtigt das Ineinanderpressen; unzureichende Länge hingegen würde das Aneinanderreiben der Hügel und besonders die Drehbewegung der weiblichen Croupe beeinträchtigen, weil dabei eine Entgleisung und deren unliebsame Folgen nur allzuoft eintreten; allzu starke Strammheit wäre endlich daran ein Hindernis, weil bei kräftiger Pressung und beim Beginne der Reibungsversuche der Genuß sehr rasch seinen Abschluß fände.

Die weibliche Scheide ist „in ihrem Innern" nicht derartig gebaut, daß sie überall, gleich eng und gleich weit, den Muskel des Maunes behufs bedeutender Friktion umfaßte, und auch nicht so empfindlich, daß sie bei der Reibung für den Reiz der Empfindungen eine wichtige Rolle spielen würde. Ihr Hauptzweck ist die schleimige Weichheit und die feuchte Wärme, alles andere und wichtigere, namentlich die Wonnenphasen der beiden Genießenden, hängen von der Empfindlichkeit der Klitoris und von der Schließzartheit des Constrictor vaginae ab. Diese beiden sind die zwei wichtigsten Faktoren des weiblichen Geschlechtsapparates.

Jene gewisse geschmeidige, biegsame Starrheit des Nervs „nach dem ersten Genusse", die dem ganzen Apparate schon beim Befühlen etwas sammetartiges Schwellendes verleiht, ist für den Wollustgenuß etwas ganz besonders Wichtiges und Bedeutendes.

Die Starrheit des Nervs hat ursprünglich zwei Hauptzwecke: 1. die Einführung und das Eindringen in die weiblichen Tiefen zu ermöglichen und 2. die erforderliche Reibung zu veranlassen.

Von des Mannes Muskel ist für Punkt 1 genug getan, wenn er hinreichend stramm ist, um eben in die Narbe versenkt werden zu können; was den Punkt 2 anbelangt, so ist zu betonen, daß ein sanfteres, gelinderes Reiben eines sanfter starrenden Nerves oft ziemlich lange fortgesetzt werden muß, bis er allmählich in den erforderlichen Zustand der Anschwellung gerät, und der Genuß dann seinen Kulmpunkt erreicht, was unter jenen Umständen, wo die Theorie des „kräftigen Druckes" zur Verwertung kommt, von unschätzbarer Bedeutung für die Großartigkeit des Liebens ist.

Wer diese Theorien richtig auszunützen imstande ist, der schöpft ein Lieben aus einer Quelle der Wollustgroßartigkeiten, die fast ans Unversiegbare grenzt!

Ein Nerv aber, der in des Weibes Narbe nicht einzudringen vermag, weil er zu schlaff ist, der taugt in diesem Zustande zu nichts und rechnet nicht zu jenen Faktoren, die hier überhaupt in Betracht kommen.

Eigens verhält es sich mit den allzukleinen, mäßigen und übermäßig großen Frauenbrüsten.

Diese sind nämlich schon in den jüngsten Jahren der Jungfrau ziemlich verläßliche Anzeichen für die Körperfülle späterer Jahre und somit für den Wert und die Dauer der Taille, der Grazie, der Tournure und der gesamten „Massenphysiognomie" des weiblichen Körpers. Große Brüste bei Mädchen zeigen nämlich — wie man annimmt — mit ziemlicher Bestimmtheit eine respektable Wohlbeleibtheit und die Verunstaltung des Wuchses in späteren Jahren der Reife an — und umgekehrt!

Somit bleibt und gilt nun schließlich wohl die Regel: „Was zu wenig ist, das bietet nicht mehr so volle Befriedigung; dagegen, was mehr und zuviel ist, ist oft nur lästig."

„Einzig korrekt und in jeder Richtung einzig bewährt ist und bleibt das richtige Mittelmaß!"

Um zum Schluß noch auf die weiblichen Geschlechtsorgane zurückzukehren, wollen wir betonen, daß diese um vieles komplizierter sind als die männlichen, und um den Vergleich zwischen beiden möglichst treffend zu bezeichnen, führen wir aus H. Ellis „Das Geschlechtsgefühl" folgendes an. „Es handelt sich um einen ähnlichen Unterschied, wie den zwischen einem Schlosse und einem Schlüssel." Der Schlüssel stellt als einfacher Bestandteil das männliche, das Schloß aber als komplizierter Mechanismus das weibliche Organ dar. Der Schlüssel kann einfach in erregten Zustand geraten, während das Schloß mehr und heftigere Anregung, wie auch mehr Zeit braucht, bis es in den vollen Grad des Orgasmus gelangt.

Hieraus folgern wir aber unsererseits, daß der Mann vor Beginn des Geschlechtsaktes darauf bedacht sein muß, daß er das Weib in entsprechendem Grade erregt und für den Akt gänzlich vorbereitet wisse; denn wer dies versäumt oder nicht genug Gewicht darauf legt, der kann beim Weibe sehr verhängnisvolle Folgen verursachen, weil der Akt ohne Befriedigung fürs Weib nur peinlich, unangenehm und für die Folge unerwünscht ist, ja sogar anwidert. Da der Orgasmus beim Weibe die Tendenz hat, sich langsamer zu entwickeln als beim Manne, so hüte der Mann sich, ungeschickt zu verursachen, daß er schon ergieße, bevor dies beim Weibe noch begonnen; denn hieraus folgt für das Weib Kälte und Unbefriedigung, was ihr den Geschlechtsakt über kurz oder lang gänzlich zu verleiden imstande ist.

Aus diesem Grunde dürfen wir dem Weibe gegenüber das Zartgefühl nicht vernachlässigen, und diesen Grundsatz hält man im Orient viel gewissenhafter ein als im Okzident, weil dort der Kultus des einen Weibes — bei den höher Gebildeten — viel inniger ist.

Im Oriente strebt der Mann den Geschlechtsakt dem Weib zuliebe immer möglichst in die Länge zu ziehen. Die Mohammedaner wie auch die Hindus vermeiden während des Koitus, schon vom ersten Beginn desselben, jede stärkere Muskelspannung und suchen die Gedanken auf ferner gelegene Dinge zu lenken und beschäftigen sogar während des Aktes die Hände mit gleich-giltigen Dingen, essen kleingeteiltes Obst, das sie eigenhändig zerkleinern, schlürfen Sorbet, kauen Betel, rauchen den Narghilé oder die Houka, und wenn auch wir ähnliches tun, so überlassen wir das Weib seiner Phantasie, die den Hochmoment für sie bald herbeiführen wird —: der Mann lasse sich jedoch hierdurch nicht beirren; er verharre, ohne höherer Muskelspannung sich hin-zugeben; er lasse das Weib die vollste Befriedigung genießen: er bleibe gelassen und ohne Ergießung beharrlich, bis sein Lieb noch einmal und wo-möglich noch mehreremal die Befriedigung erlangt.

Das sind die allerherrlichsten Empfindungen, welche Liebe zu erregen vermag!

Für den Mann scheint das Ruhigbleiben und passive Verharren während der Ergüsse des Weibes fast ganz unmöglich oder übernatürlich: wenn dies aber beim ersten Gange auch nicht gelingt, so wird beim zweiten oder dritten Gange, nach ein oder zwei gehabten Ergüssen, die Sache sich vollkommen möglich erweisen, da es schon während des zweiten Ganges nicht selten vorkommt, daß das Weib 5, 6 und sogar mehrmal die Schauer des Hoch-momentes durchströmen, bis der Mann die zweite Ejakulation mit einem aber-maligen Schauermomente des Weibes genießt.

Wenn ein solcher zweiter Gang voll gelungen ist, dann bleibt vorläufig nichts mehr zu wünschen übrig —, dann kann für diesen Tag abgebrochen werden.

Ein solches Liebesfest ist so herrlich und so groß, daß wir damit besonders unserer Genußgenossin zuliebe in vollstem Masse zufrieden sein können.

Ein solches Fest ist der Triumph und die Verherrlichung unseres Weibes und unser eigener Lohn für so viel gebotene und empfangene Wonne!

Und das Weib, welches solche Liebe genießt und solche Liebe zu genießen gewöhnt ist, wird einen jeden Tag, an welchem solch ein Fest genossen wird, als ein Monument des Lebensglücks unverlöschlich in ihrem Gedächtnis, als wonnigste Erinnerung an die allerglücklichsten Stunden bewahren, und sie wird den Mann, der ihr solches zu bieten vermag, höher schätzen und tiefer lieben, als dies gewöhnlich zu geschehen pflegt seitens solcher, welche so erhaben zu genießen nicht verstehen und nicht gewohnt sind.

DRITTES KAPITEL

GEIST UND KÖRPER ALS TEILHABER AN DEN GENÜSSEN

Verläßliche, absolut bewährte Kennzeichen für die Heftigkeit und Ausdauer, also für die Tüchtigkeit im Lieben, gibt es wohl kaum. Am sichersten gehen wir jedoch, wenn wir die Heftigkeit, das Feuer der Wollust im Blick des Auges suchen: — so lebhaft und feurig der Blick, so lebhaft und feurig pflegt auch das höchste Genießen zu sein. Und ferner, wenn wir die Ausdauer und Leistungsfähigkeit im Lieben aus dem Charakter und dem inneren Wesen beurteilen — so mutig und unerschrocken jemand (ohne Affektation, ohne Fanfaronade) ist, so kräftig und ergiebig, so ausdauernd und leistungsfähig pflegt er sich wohl auch im Kampf und Sturm der Wollust zu erweisen.

„Tüchtig" verdient daher genannt zu werden: nicht, wer bloß mäßig und ökonomisch mit den Kräften umzugehen versteht, sondern wer obendrein auch an sich ausdauernd, energisch und findig-erhaben sich erweist.

Die Speisen stärken und erregen den Körper, die Getränke den Geist — beide zusammen heben und fördern den Säfteumsatz in dem Maße, als sie vernünftig und zweckmäßig genossen werden.

Der Geist ist in der Liebe von höchster Wichtigkeit; besonders der ausgeruhte Geist.

Wenn der hirnlose Koloß sich auch kräftig im Lieben denken läßt, so ist er in Wirklichkeit denn doch nur ein armer Held; denn „alle Ausdauer" des gesunden Körpers liegt in der geistigen Energie!

Mag sonach auch der Körper noch so ausgeruht, gesund sein, so wird, wenn der Geist — oder bei den Tieren die Lebensenergie — die „Verve" zum Lieben und Genießen nicht verleiht, solange diese Verve nicht vorhanden ist, das Lieben nur der Schatten des Genusses und Genießens sein.

Aus diesen Betrachtungen entwickelt sich das hochbeachtenswerte Axiom: „Die Lust zu genießen ist gleich der Kraft zu leben!" das sich im Leben und im Lieben der ganzen Welt bewährt.

Wen Sorgen drücken, Kummer plagt, oder wer von geistiger Arbeit, von schöpferischem Denken in Anspruch genommen ist, der wird selbst im Arm des schönsten und geliebten Weibes nur Bruchteile jenes Genusses finden, den er sonst in jenen selben Armen fände und vielleicht fand.

Und solche Halbgenüsse sind ermüdend und erschlaffend und auch die Erinnerung an sie läßt kalt, was schon darum gefährlich ist, weil die Erinnerungs-effekte im ganzen und auf andere Einzelfälle leicht einen Abbruch erleiden und die Liebe schwächen.

Darum sei der Mann gewarnt. Er sei bedacht, in so trüben Zeiten nur solche Stunden sich zum Lieben abzulauern, wo er dem Vergessen, der Zerstreuung zugänglich ist und ihm die Sonne der Lebenslust die Wolken verscheucht.

Unter den Geistreichen unterscheiden wir Genies und Talente. Das Aus-dauerndste unter allen Nuancen des Geistes ist das unangestrengte Genie; die Ungenießbarsten aber sind die angestrengten Talente, die gelehrten Stuben-hocker und ähnliche.

Außer den körperlichen und geistigen Anlagen spielen entschieden die äußeren Lebensverhältnisse die wichtigste Rolle. Wer so lebt, daß er vom Morgen bis zum Abend solchen Dingen nachstrebt, die sein ganzes Dichten und Trachten in Anspruch nehmen, der denkt an Liebe nur dann, wenn ihn der natürliche Drang schon sozusagen zwingt oder der Zufall oder die Laune anregt, um der natürlichen Pflicht zu gedenken. Und in der Tat, die konventionellen Existenzen sind heutzutage in so großem Durchschnitte der Liebe abhold, dass die Liebe in höherem Sinne sehr in den Hintergrund gerät, und dafür die Momente des Zufalls oder der Laune um so öfter hin zum Laster treiben. Wie edel, wie erhaben könnte ein günstiger Durchschnitt, der zur wahren Liebe anregte, auf die Besserung der Charaktere und der Gesellschaftsverhältnisse wirken! Aber niemand ist da, der auf dieser Grundlage eine allgemeine Besserung durchzusetzen vermöchte, und auch die Literatur zweigt sich nicht auf bis zu jener Gipfelblüte, die die Theorie der Liebe hoch über alles und erhaben entfalten ließe —, zum Wohle aller.

Doch darauf müssen wir vorläufig verzichten. Vielleicht wird es einmal anders werden.

Welche Speisen, welche Getränke wollen zum Lieben am besten befähigen? Das ist sehr individuell und kann jeder aus denen die Auswahl treffen, die ihm von jeher am besten bekamen. Die eigentlichen Erreger, wie Austern, Krebse, Fische, Eier, Schokolade, Feigen, Gewürze, Sellerie, Champagner, Tokayer usw. mag jeder nach bestem Wissen und Vermögen und darnach berücksichtigen, wie sie sich bei ihm am besten bewähren.

Betrachten wir das Kind und den Greis, bei denen das Verlangen nach geschlechtlicher Befriedigung noch nicht, oder nicht mehr vorhanden ist, so wird uns die Epoche des Lebens auffallen müssen, die uns nun unwillkürlich zu den Betrachtungen hinleitet, ob denn das Kindesalter und das Greisenalter gänzlich ohne geschlechtliche Regung sind? Diese Frage müssen wir in Rücksicht auf die oft nur allzu frühzeitig sich offenbarenden „Phantasie-Gebilde" des Kindes, sowie in Rücksicht auf das Schwelgen des Greises oder Impotenten in dert „Erinnerung" an genossene Wonnen, damit beantworten, daß eine gewisse geschlechtliche Regung in jedem Alter vorhanden sein kann.

Das Kind schafft in seiner Liebesahnung sich gewissermaßen durch ein zweites Gesicht eine Szene, ein Bild, das die Wirklichkeit vorzaubern soll. Der Greis benützt vornehmlich den Gesichtssinn, übrigens auch die anderen Sinne, um sich ein „zweites Gesicht" zu schaffen, das ihm die Wirklichkeit des Genusses ersetzen hilft. Der Impotente, ja selbst der Entmannte wecken durch drastischere Einwirkung auf ihre Sinne eine entschieden geschlechtliche Regung, die sie in ihrer eigenen Weise befriedigen.

Im Kinde herrscht die Zukunft, im Greise die Vergangenheit, und in beiden offenbart sich ein schon vorhandenes und noch kräftiges Seelenleben!

Denn die Liebe als solche ist nicht sowohl ein Körpergenuß, als vielmehr ein Genuß der Phantasie der Seele und ist ihr Hauptkriterium nicht das Physische, sondern das Psychische.

Bei der Wahl der Geliebten fällt somit der Schwerpunkt nicht bloß und allein auf die Vorzüge des Körpers, und es darf auch beim Genusse nich ausschließlich und nicht allzu grell das gegenseitige Interesse des Körpers in den Vordergrund gezerrt werden.

Der Genuß, welcher. bloß seine Gegenwart hat, ist nur ein Drittel des vollen Genusses, weil voller Genuß nur so denkbar ist, wenn Vergangenheit, Gegenwart und Zukunft in der Phantasie aufs höchste wipfeln; also bei gegebenen Kulturbedingungen jene Lebensepoche, die auch schon eine Vergangenheit für sich haben und wo aus beiden kraft der Gesinnungserhabenheit jener Zauber sich entfaltet, der dem Leben und dem Lieben Wert und Inhalt gibt.

Die eigentliche und normale Liebesepoche des Lebens aber ist jene Reifeperiode des Körpers, wo die Erzeugung der Geschlechtssäfte oder der geschlechtliche Stoffwechsel die organische Gesamtfunktion in mehr oder minder heftiger Weise beeinflußt und der Wille, der Drang nach Umsetzung dieser Reifeprodukte mehr oder minder energisch auftritt.

Vor und nach dieser Liebesepoche ist der „Wille" nach Befriedigung ein minimaler, ja oft ein gänzlich fehlender und gestaltet sich bei Greisen, Impotenten oder übersättigten Individuen geradezu zu einem „Widerwillen".

Schon dies erklärt uns die meisten Erscheinungen des Sättigkeitsgefühls im Liebesleben.

Wir gelangen somit zu dem höchst wichtigen Schlusse:

Wenn die Verluste der Geschlechtssäfte eine Einbuße der körperlichen und geistigen Energie nach sich ziehen, so involviert die Wiedererregung der körperlichen und geistigen Energie den möglichst raschen Ersetzungsprozeß der Geschlechtssäfte!

Und wie alles, so hat auch dies seinen Grund in den Naturgesetzen und ist gar nicht schwer zu erklären.

Die Reize, die Schönheit des weiblichen Körpers im allgemeinen; die Reize des Antlitzes, des Wuchses, der Augen, der Duft des Körpers und der Haare, die Geschmeidigkeit und Weichheit des Teints, der Haut; der liebliche Klang der Stimme aber im besonderen, sind ebensoviele Zaubermittel, um die Energie des Geistes zu beleben und dadurch auch belebend auf den Körper einzuwirken. Es ist das alles und im einzelnen ein seelischer Trunk der Sinne aus dem Becher der Körperschönheiten und das Behagen der Sinne daraus ist eine erfrischende Labung für den Körper.

Besonders zu warnen ist vor jeder künstlichen Reizung des Geschlechtstriebes durch Droguen, die berüchtigt genug sind, um doch in Anwendung ihre momentane Wirkung in einem letzten Kräfteaufwand zu offenbaren und den Körper dann in eine um so dauerndere Hinfälligkeit zu versetzen.

Die Erhaltung der Geschlechtskraft und die Steigerung der Geschlechtsenergie erheischt dieselbe Nahrung und dieselben diätetischen Maßregeln wie die Erhaltung der Geisteskräfte, wie die Steigerung der Geistesenergie.

Solange und inwieweit die Geschlechtskraft bestimmend und energisch wirkt oder steigerbar ist, ebensolange und eben so weit wirkt die Geisteskraft bestimmend und ist in ihrer Energie steigerbar.

Der Verbrauch der Geisteskraft ist auch ein Verbrauch der Körperkraft -- und umgekehrt. Drum soll der Verbrauch der beiden ein abwechselnder und ein weise berechneter sein. Beider Verbrauch zugleich wirkt entschieden am nachteiligsten.

Als besonders wichtige Frage betrachten wir nach all dem Bisherigen: „Was ist das Großartige an der Wollust — was macht es aus, daß sie uns zuweilen so namenlos erhaben, zuweilen aber so ganz gleichgiltig erscheint?"

Diese Frage findet ihre Beantwortung aus der ersten der drei Fragen. Wichtig aber ist außerdem, was denn eigentlich die Wollust sei, wo sie ihren Anfang und ihr Ende nehme?

Ebenso wie der Berg, der schon in der Ebene beginnt, steigt, seinen Gipfel hat und über diesen wieder sinkt, um sich in der Ebene zu verlieren, überall Berg ist und alle seine Höhenverhältnisse zusammengenommen seine Totalität ausmachen, ebenso fängt die Wollust mit dem Gedanken an den bevorstehenden Genuß an, wird von da ab, wo beide sich zu diesem Behufe treffen, bedeutungsvoller, steigert sich in ihren Berührungen, Händedrücken, Küssen, Umarmungen und allerlei süßen Torheiten, wird steil und akut und immer schwindelnder, bis sie im Momente der Verzückung gipfelt und von da ab sanft nach abwärts steigt, um sich in der Ebene der Ruhe zu verlieren ... um vielleicht nach kurzer Rast wieder zu werden, was sie erst gewesen — ein Berg.

Das alles zusammengenommen und wie in einem Zuge genossen ist die Wollust, die wie das Gebirge zu einer Kette werden kann, worin der einzelne Berg je einen Liebesgenuß vorstellt. Und so wird das Liebesfest oder das Buhlgelage zu einer Genußkette, die im Laufe einer Nacht oder einer sonstigen Zeitdimension sich schmiedet und fügt, um in unserem Erinnerungsleben ein hoch und ragend Denkmal zu verbleiben.

Und seh ich so die Berge an, die wellig oder in hohen Ragungen Orte schmücken oder Länder durchziehen, so sehe ich in ihnen nicht bloß ein Naturschönheit, sondern auch das Symbol des großartigen Liebesgenusses, wo jeder Gipfel, jedes Tal, jeder Abhang und jeder Fels verschiedene Momente der Wonnen versinnlichen.

Der eigentliche Zauber der Wollust aber liegt in jenem psychisch-physischen und bis jetzt noch viel zu wenig erkannten „Phantasiegefühle", das sich in einem mehr oder minder, je nach der Größe des Liebesglückes gesteigerten, in allen Fällen jedoch auf den Geist und die Sinne und den Körper kräftig wirkenden „phantasievollen Wohlgefühl" äußert.

Der Geist verirrt sich in Cytherens Eldorado der Wirklichkeit, der Ernst des Lebens tritt zurück, und in den Armen eines tief mit voller Inbrunst geliebten und treu inbrünstig liebenden, schönen, seelischen Weibes vergessen wir die ganze Welt —: die Gegenwart, die Vergangenheit und Zukunft hüllen sich in regenbogig strahlenden Zaubernebel — das erhabenste Ideal des Ich, zerflossen tief und innig bis ins Herz und tief bis in die Seele mit dem vergötterten Ideale des „Nicht Ich" zu einem absoluten Einen, erhebt uns hin bis zum Begriff der Gottheit, und im Gefühl der namenlosen, unsagbaren Seligkeiten erkennen wir vollkommen das „Vollkommenste" dann in jenem einen, absolutem Einen ...

Das Wohlgefühl des Körpers ist je nach der Tiefe der empfundenen Liebe gerade so mächtig. Wo keine Liebe waltet, oder wo das Liebesglück nicht gegenseitig auch zur Geltung kommt, und wo die Liebe nicht bewußt und kundig genossen wird, dort ist das Wohlgefühl kaum vorhanden, noch mehr: es stellt sich meist Erschöpfung, Unbehagen, Abgespanntheit. Überdruß mit ein — die Liebe wird fast zur Qual, zur Geißel — das Knie wird matt, die Muskeln spannen träg sich ab, und allgemeines reuiges Mißbehagen herrscht und waltet über die geschehene Tat, und all das nur darum, weil sie unbewußt und ohne Kunde, ohne Liebe und ohne Gegenseitigkeit genossen worden ist.

Und das sind die Parias der Liebe, und das sind diejenigen, die Zeter über Liebe und Wollust schreien, die offen oder bloß im Innern über jede Liebe gern den Stab brechen! Und wer sind diese? Überblicken wir die Legion und wir werden bald inne, daß dies die traurig armen Jammergestalten, die in ihrer Verkommenheit so tief Demoralisierten sind, die selbst in unserer Zeit des Lichts. in unserer Zeit der Freiheit, dem freien Bündnis der Geschlechter, dem wahren und naturgerechten Lieben überall auf Schritt und Tritt nur hinderlich im Wege stehen, die frömmelnd und verkappt das heute noch unabschüttelbare Vorurteil ins Herz der Welt, ins Herz der liebeskräftigen Paare legen.

Und warum ist ihnen diese göttlich schöne Liebe denn so schadenschwanger, warum so ungenießbar? Und warum ist dieselbe Liebe allen glücklich Liebenden so unvergleichbar herrlich und die höchste Wonne dieses Lebens?

Die Antwort liegt im Lieben tief begründet und führt von selber zur Erklärung jener körperlichen Großartigkeit der Wollust.

Das Glück, die Seligkeit der Liebe ist einerseits etwas rein Geistiges, andererseits aber ist es etwas entschieden Körperliches, Stoffliches! Das Stoffliche, was uns im Lieben so unnennbar und wohlig durchströmt, ist eine dem Körper, dem Stoff entströmende Kraft, vergleichbar fast dem Galvanismus.

Das weibliche und das männliche Sinnesorgan sind die zwei Pole; ihre Vereinigung, ihre tiefkräftige Einfügung setzt den Strom in Wirksamkeit! Dieser Strom durchschauert die Körper und hat das unbegreifliche Wollustgefühl zur Folge; dieser Strom wirkt umso vehementer, je tiefgefühlter und je seelischer die Liebe der Liebenden ist, und erreicht seinen Wirkungskulmpunkt in jenen Momenten, wo die Frenesie der Beiden rasend auf den Wipfel klomm, von wo sie bei stetig abnehmendem Strome allmählich wieder herabsteigt zur wohltuenden wonnigen Ruhe, die im Vereine mit dem Seelenglücke jenes himmlische Gefühl uns geben, welches wir die „Großartigkeit der Wollust" nennen.

Wer den Strom als solchen während des höchsten Genusses, wo der Liebe Feuerströme glühend ineinander rinnen, entbehren muß, der hat des heilsamen Stromes besten Teil, dessen Quintessenz, verscherzt.

Den besagten Strom, den möchte ich mit dem Namen „Wollustfluid", „Wolluststrom", bezeichnen.

Dies Fluid ist, wie bei jeder elektromagnetischen Stromwirkung, gegenseitig beeinflussend. Ein Pol durchströmt den andern, ein Element das andere — und wie, wenn der eine Pol im Vergleich zum andern zu schwach, sein Wesen, sein Ganzes zu wenig ist, so muß, um doch die natürliche Stromwirkung zu erzeugen, der eine Pol ungleich mehr leisten, mehr in Anspruch genommen sein.

So ist es in der Liebe.

„Durchströmt die Liebe beide gleich und in gleichem Maße, dann ist die Wollust die vollkommenste. Dann ist das Fluid ein „himmlisches Remed" für Leib und Seele, ein „Remed von sicherem Erfolg für Liebesglut und Liebesfieber".

Dann wird nach genossener Liebe Wohlgefühl und minniges Behagen über unser ganzes Wesen herrschen; der Kraftverlust ist kein Verlust, denn Glück und Wonnen bieten reichlichen Ersatz.

Das ist so, laut den Gesetzen der Natur!

Doch, wie oft wird dieses Gleichgewicht gestört! Ich spreche nicht von jenen Naturschändern, die dem Lieben feindlich sich entgegenstellen, ich bedaure nur die tief und innig Liebenden, bei denen eine körperliche Indisposition, ein momentaner Kummer... des Wollusstromes Ungleichheiten zu verursachen imstande ist.

Trat diese Ungleichheit nun ein, so geht das stets auf Rechnung dessen, dessen Strom der stärkere, dessen Fluid das ergiebigere: dessen Liebe die tätigere, die heftigere war; das aber, was er mehr abgegeben hat, das gestaltet sich bei ihm zu einem Minus des wonnigen Behagens; und war das viel, sehr viel, oder leistete der andere soviel als nichts: dann resultiert statt des Wohlbehagens ein Unbehagen, und es würde, wenn ein solches stromverschiedenes Geschlechtsleben länger anhalten oder zum Systeme sich gestalten würde, auch den stärksten und elastischsten Organismus über kurz oder lang aufreiben müssen. So sehen wir aus diesem Grunde so manche Jugendblüte allmählich rettungslos verwelken; so sehen wir so manchen edlen Charakter und manchen mächtigen Geist zur Fratze dessen werden, was er vordem war oder zu werden versprach.

Daher dann die Klagen gegen alle Liebeswonne; daher das Eifern gegen die durch Liebe wahrhaft Glücklichen, daher das Mißbehagen der gegen die Natur in Liebe Sündigenden.

Berechne darum du, der du der Wollust Herrlichkeiten in den Armen einer treuen und innigen Geliebten zu geniessen auserkoren bist, allemal die Zeit, den Moment, wo nicht nur du, sondern auch dein liebend anderes Ich, ihr beide des Fluids in möglichst vollem Maße fähig seid.

Durchströmt es euch mit gleicher Kraft, mit gleichem Feuer, so ist euer Glück ein unvergleichliches, ein unversiegbares; doch achtet ihr nicht, wie ihr sollt, hierauf, und werdet ihr, bald eines, bald das andere, der Liebe Überdruß empfinden, dann kann für eurer Liebe Dauer niemand stehen!

Und das gebe ich euch beiden und eurer Weisheit zu bedenken.

Dies gilt für jene, die der Liebe Feuerkraft mächtig aneinanderkettet.

Was soll ich nun zu jenen sagen, deren Liebe zu einander ganz verschieden ist, oder die für einander nichts von Liebe empfinden?

Kann es wohl solche Fälle geben? Gewiß; und ich glaube nicht zu irren, wenn ich annehme, daß gleiche Liebe seltener sei als ungleiche.

Keines von beiden — Weib oder Mann — ist in sittlicher Beziehung als moralische Person im Geben oder Empfangen weniger beteiligt: Genuß und Verdienst gehört beiden in gleichem Maße.

Wie überall, so auch in der Liebe, hat aber der Mann die erste Initiative, während das Weib gleichsam den ersten Widerstand, die anfängliche Defensive repräsentiert.

Hier kann ich nicht umhin, dem Weibe einen höchst wichtigen Wink zu geben. Das Weib ist in der Erkenntnis der Menschennatur nur selten geübt, und ist sie es, so ist sie es mehr instinktiv als infolge genauer Beobachtung.

Ich will es ihr ganz leise zuflüstern, daß der Mann zuweilen ein echtes Ungeheuer ist! Ist er liebeshungrig, hungrig bis zur Frenesie, so kennt er keine Grenzen; er ist opferwillig bis zur Tollheit; er verspricht und schwört alles im Himmel und auf der Erden; er ist zärtlich, ungestüm und wird endlich unwiderstehlich; er bittet, kniet, und betet an und windet sich, wenn sie es so will, im Staube und beugt seinen Nacken unter ihre Füße; aber nur der liebeshungrige Mann ist so!

Der liebessatte Mann ist selbstisch, launisch und, wenn nicht wohlerzogen oder von Natur aus mild und gut, meist unverträglich, ja selbst unerträglich, ein Poltron, ein Tyrann. Erinnerung der verflossenen Stunden mit ihr in süßem Entzücken, in großartiger Wollust zu genießen, machen ihn wohl zärtlich und nachsichtig, sogar dankbar; aber dann ist er, wenn er satt, doch nie, was er im Hunger ist.

Darum: möge sie nie allzuverschwenderisch mit ihren Zärtlichkeiten sein, wenn sie bemerkt, daß er nicht ganz besonders nach ihrer Liebe, nach ihren Süßigkeiten begehrt, daß er nicht besonders Lust und Zudringlichkeit an den Tag legt.

Die großen, langen, tiefen Küsse, Umarmungen und andere vertrauliche odar gar kühne Berührungen soll sie aus eigenem Antriebe nur dann wagen, wenn sie die ganz klaren und unzweideutigen Symptome seiner Liebesgier, seines Verlangens nach ihrem Gekose noch hoffen kann. Befolgt sie das, so wird ihr Wert stetig wachsen; vergißt sie sich aber, so wird er bald sinken müssen.

Das darf aber zu keinem Mißverständnis führen; denn eine gewisse Art der milden, unter allen Umständen wohltuenden und selbst dem morosesten Manne wonnigen Zärtlichkeit ist gerade das wirksamste Mittel, selbst den gleichgiltigsten, sattesten, wunderlichsten Mann — ohne Absicht des sofortigen Genießens — zur Liebe zu wecken und in Liebe dauernd zu fesseln.

Die Kunst, diese Art der Zärtlichkeit, des zärtlichen Kosens zu finden und in Anwendung zu bringen, ist aber der höchste, kostbarste Schatz des Weibes und die sicherste Garantie einer wonnevoll dauernden Liebe.

Sie darf ihn nicht nach ihren eigenen Empfindungen beurteilen. Sie wird im Punkte der Liebe stets anders denken; denn das Weib ist und wird meist schwerer liebessatt, daher auch nie so veränderlich denkend, stets schmiegsamer, weil verlangender, sein und irrt stets, wenn es vom Manne dasselbe voraussetzt.

Das Sättigkeitsgefühl im Lieben ist etwas ganz Eigentümliches. Wie Speise und Trank und alles andere, so bringt auch die Liebe, wenn sie abgenossen ist, eine Art von Abspannung hervor, die besonders bei Anfängern und Schwächlingen oft einen sehr hohen Grad der Unbehaglichkeit zur Folge hat, was beim Essen und den übrigen Sinnesbefriedigungen nie in so prägnanter Weise auftritt. Und das ist der eine Unterschied zwischen der Liebe und zwischen den andern Körpergenüssen. Ein anderer Unterschied ist ferner die Doppelnatur des Liebesgenusses; er ist nämlich nicht nur körperlich, sinnlich, sondern in hohem Maße geistig, seelisch, und nimmt seinen Anfang schon bei jenem Momente, wo es festgesetzt wird, daß nun der Liebe gehuldigt werden soll, d. h. er beginnt schon bei jenem Momente, wo wir mit dem Vorsatze des Genießens unserm Lieb in diesem Sinn ins Auge sehen, es wollusthungrig an die Brust drücken, es mit unseren Küssen entwaffnen, und dauert bis zu jenem Momente fort, geschehe inzwischen was da wolle, und dauert das so lang es mag — bis sie nach stürmischer Verschmelzung lang und innig sich gedrückt und liebestot (wie Uhland sagen würde) erschöpft von einander lassen und bewegungslos einander aus den Armen gleiten.

Jetzt, in diesen Momenten zu fragen: wars gut? bist du glücklich? wäre unzweckmäßig oder eigentlich bloß müßig, weil überflüssig.

Also: Vor jener stürmischen Verschmelzung ist das Urteil über die Wonnen der Liebe kompetent; denn den Genuß kann man in den Momenten des Genießens am besten taxieren, da wir in unserem Urteile das wiedergeben, was wir eben empfinden: während der, welcher nach durchfühlter Mark- und Nervenerschütterung gefragt würde, ein Urteil nicht über den Genuß, sondern über die Folge des Genusses und dessen Wirkung auf ihn geben müßte und somit in einen Anachronismus verfiele: — sein Urteil wäre nicht mehr kompetent.

Die Hauptsache liegt also darin, daß der Wert, die wollustschwere Großartigkeit der Liebe während des Genießens sich offenbart und man daher bei Formulierung des Urteils über die Wonnen der Liebe stets die zwei Momente: den des Genießens und den des Genossenhabens, streng auseinander halten muß.

Besonders Anfänger und junge Mädchen oder Jungverheiratete werden — weil sie diese Momente verwechseln und weil sie in der Praxis der Liebe noch nicht so weit sind, daß sie den Genuß zu steigern vermöchten — durch den ersten Versuch im Lieben, durch das erste wirkliche körperliche Genießen derselben fast von Widerwillen ergriffen oder wenigstens arg enttäuscht. — Natürlich: sie gingen ohne Plan und voller Neugier und Heißhunger ans Geschäft der Liebe und — das Resultat mußte ein recht armseliges sein, weil eben die Abspannungsperiode ihnen nach dem Genusse mehr auffallen, sie mehr niederschlagen mußte, als der Genuß selbst sie zu entzücken imstande war.

Und so ergeht es auch späterhin noch oft, wenn man die nötige Planmäßigkeit außer acht läßt, oder außer acht zu lassen aus irgend welchem Grunde immer veranlaßt ist.

Ein dritter Unterschied zwischen dem Liebesgenusse und dem andern Körpergenusse besteht darin, daß, wenn letzterer abgenossen ist, das Bedürfnis nach einem Wiedergenuß der Liebe zum großen Teil von psychischen Momenten, von dem Grade der Liebe und des Wohlgefallens der beiden Liebenden zu — und aneinander abhängt, und es gilt von beiden der Grundsatz: Je liebenswürdiger du im Lieben bist, je voller du dein Lieb im Genießen zu beglücken vermagst, und je mehr du es überhaupt fesselst, umso öfter und umso voller wirst du die Großartigkeiten der Wollust genießen können!

Hierbei möge sie aber nicht vergessen, daß er die Kraft, sie die Anmut ist; sie soll ihn, den Sorgengequälten durch ihr liebreizendes Entgegenkommen anregen. Die das vergißt, vergißt, daß sie Weib ist!

Wie aber bei allen Körpergenüssen das fortwährende Einerlei das Bedürfnis des Wiedergenusses zu beeinträchtigen pflegt, und zwar umso sicherer, je reichlicher und je hungriger man genießt, ebenso ist es in gewissem Sinne auch mit der Liebe: eine Übersättigung mit einerlei Liebesnahrung in plan- und zügelloser Aufeinanderfolge beeinträchtigt das Verlangen nach Wiedergenuß oft für längere Zeit und hat so manches Unliebsame im Gefolge.

Nun aber hat die Liebe ein „Menu" an Nahrungsweisen, so reich und so erschöpfend, daß, wer es in seiner ganzen Mannigfaltigkeit kennt und weise genießt, sich nie wird übersättigen dürfen. Diese Mannigfaltigkeit ist aber noch nicht erkannt gewesen, und vorliegendes Werk ist das erste, welches es in seiner ganzen Ausdehnung, in einer fast unglaublichen Reichhaltigkeit der liebesfrohen, wonneatmenden Generation zur Verfügung stellt.

Diese Blätter sollen es lehren, wie aus Liebe ein höchstmögliches Kapital geschlagen, wie in ihr der höchste Wipfel und das ergiebigste Maß des Erdenglücks erreicht werden kann.

VIERTES KAPITEL

DIE TECHNIK DES GENUSSES

Er legt den Plan des Liebens — sie führt ihn aus; er gibt den Gedanken — sie verherrlicht, verschönt ihn durch ihre „Kunst zu lieben".

Diese Kunst ist eine mehr bedeutende, entscheidende: von ihr hängt zum Teil der Wert des ganzen „Systems", ja das ganze Liebesglück der beiden ab; denn es ist zu bedenken, daß, wenn sie den Mann kräftig, fähig, liebesbereit am liebsten sieht, dieser nur mit der Schönheit des Weibes nicht ausreicht, sondern die Überzeugung gewinnen muß, daß auch sie aus voller Seele mitfühlt und mit aller Kraft daran mitwirken will: glücklich zu machen und glücklich zu werden. — Er muß überzeugt sein, daß sie voll teilnimmt; denn Schönheit, die kalt ist, ermattet die Sehnsucht nach ihr gar bald. Wildfeuer, Genie und Geschicklichkeit in all ihren Bewegungen ist es, was sie mit ins Gewicht legen muß.

Das soll des näheren behandelt werden.

Alles hat seine Zeit, Widerstand ebensogut als Hingebung. Ob und wann das eine oder das andere angebracht sei, wird die Feinfühligkeit des Weibes oder der Schlag der richtigen Stunde stets genau feststellen.

Gibt sie sich aber schon hin, dann gebe sie sich voll und mit aller Kraft ihres Feuers hin; — hat sie den Becher schon an den Lippen, so trinke sie nach Herzenslust; und will sie im Genusse den höchsten Wipfel des Glücks erreichen und ebenso glücklich machen, so gebe sie diesem Glücke den vollsten Ausdruck.

Was weniger ist, ist eine Sünde, die sie an der Seligkeit des Augenblicks begeht; denn die Liebe ist nichts Halbes — was sie verlangt und gibt, soll vollkommen sein; darum ist sie das süßeste der Ziele und — darum erscheint sie, solange wir sie träumen, gar so erhaben, weil unser Träumen stets die vollste, feurigste Hingebung vor Augen hat.

Kann sie im Lieben das Glück in sehr hohem Maße finden und geben, so ist sie für den Mann eine Perle, die umso unersetzlicher wird, je höher das Glück ist, das sie gibt und findet; dies Glück muß auch voll zum Ausdruck kommen, denn die Weide an ihrem Glück ist erst recht die volle Ergänzung des Glückes für den Mann.

„Die Ausdauer, die Leistungsenergie des Mannes liegt im Wesen des Weibes!" Das ist ein Kardinalsatz der Liebe und ist unwiderlegbar.

Ist das Weib, wie es sein soll, ist es fähig und geschickt genug, den Mann immer neu und neu zu fesseln, zu begeistern, zu entzücken, dann wird es vom Manne, ist dieser nur einigermaßen Mann, Überraschendes an Seligkeit und Kraft und Ausdauer im Lieben erfahren.

Der schönste Lohn für beide!

Fürs Lieben ist das allernotwendigste: die Muskelfestigkeit, des Mannes kräftige Erregbarkeit. Aber hier hat es oft seine fatalen Schwierigkeiten! Was kann hier helfen? Arzneien? Nein. Das einzig natürlichste und untrüglichste Mittel, die Erschöpfung zu neuem Kraftgefühle umzuzaubern, ist: Der Reiz, die Liebenswürdigkeit des Weibes; die Art und Weise ihres Gehabens; die Harmonie ihres Gesamtwesens!

Den ersten Wollustbecher verlangt die Natur: er ist zum Stillen des Liebesdurstes; — auch ein zweiter geht zuweilen zu diesem Behufe auf, aber das schon meist nur in den Armen eines herrlichen und sehr begehrten Weibes; was aber mehr ist, das geschieht dem Weibe zulieb! — das geschieht, weil das Weib uns fesselt, erregt und zu neuer und wieder neuer Liebe hinreißt. — Aber auch schon die erste Labung ist nicht mehr pure Befriedigung, sobald das Weib uns durch Schönheit oder andere Reize nach Liebe lechzen macht. Schon dieser Trunk wird zum Hochgenusse; weil aber mit lechzendem Durste getrunken, gestaltet er sich allzu heftig, allzu delirisch: das Entzücken wird in ihm zur fieberischen Ekstase.

Soll diese Zauberkraft dem Weibe lange bleiben, so muß es damit weise haushalten!

Je vollkommener das Weib in dieser Beziehung ist, umso sicherer bleibt ihr des Mannes Liebe garantiert — und sollte sein tierischer Trieb sich zu einer andern verirren, so wird er dieser gegenüber umso rascher erschlaffen, je größer er den Kontrast zwischen der einen und der anderen findet.

Daher soll das Weib im Lieben stets die höchsten Stufen suchen, um aller Konkurrenz schon von vornherein vorzubeugen.

Ein schönes Weib, das nicht geistvoll und feurig, ist bloß ein plastisches Marmorwerk.

Zu diesem Wildfeuer im Lieben ist aber nicht eine jede befähigt.

Ein Teil davon läßt sich erlernen; das Ideale daran aber muß in der Natur, im Blute liegen.

Ausgeprägt findet dieses „Ideale" der Kenner im Blick des Auges; beides aber: erlernte Gewandtheit und ideale Naturanlage müssen vorhanden sein, denn eines ist ohne das andere nur ein Halbes.

Verschämtheit, Ziererei und alle Prüderie ist im Lieben ein Widersinn. Die Liebe kennt diese ebensowenig wie die Rohheit; eines wie das andere sind dem wahren Glück der Liebe ein hinderliches Bollwerk.

Nun frägt es sich: wie soll das Weib eigentlich im Leben sein, um vollen Genuß zu finden und zu geben?

Wenn Zeit und Gelegenheit, der Liebe sich zu widmen, günstig sind, und das Herzen und Kosen keine Störungen zu fürchten hat, kann sie sich ihren Gefühlen hingeben, soll aber wie eine geschickte Feldherrin das Terrain genau überblickt haben und wissen, wie „alles" steht, und hiernach den Plan für ihr Verhalten entwerfen. Gewöhnlich wird ihr hierbei für den Anfang Umsicht, Zurückhaltung und ein Gewährenlassen von seiner Seite notwendig sein. Erst wenn sie positiv weiß, daß alles richtig, günstig und zuträglich, oder aber, wenn sie schon ihre eigenen Gefühle nicht mehr bezähmen kann, möge sie ihn wissen lassen, wie sehr es ihr nach Liebe verlangt. Bis hierher kann und mag sie auch in der höchsten Aufregung ihres Verlangens einen gewissen Grad der Beherrschung und Selbstüberwindung an den Tag legen. Ist es aber bestimmt unb beschlossen, daß die Flammen des Liebesopfers lodern mögen, dann lege sie alles Falsche und Erzwungene nieder und bedenke, daß Göttin und Priesterin der bevorstehenden Wonne nur sie allein ist! Die Maske falle, und das liebesglühende Weib enthülle sich in all seiner Herrlichkeit und Wirklichkeit. Der Wunsch des geliebten Mannes ist auch jetzt noch immer der ihrige, bis zu dem Momente, wo ihre Lippen zur Spendung der hohen Liebe sich öffnen.

Hier, schon in diesem Momente, wird das Weib selbständig; hier wird es gewahr, was es dem Manne ist, und daß in der Liebe Seligkeiten die Seligkeit es allein ist, deren Höhe und Großartigkeit entscheidet.

Wenn man die Herrlichkeiten der Liebe erwägt, muß zugestanden werden, daß an deren Großartigkeit als solcher dem Weibe die höhere, die edlere, die idealere Hälfte des Verdienstes zukommt.

Sie ist das Prinzip des Seelischen, des Wechselvollen, des Erfinderischen. — Er ist der leitende Gedanke; seine Energie und seine Ausdauer ist der eintönige Grund, der fundamentale „Gitterstoff", den die Sinnigkeit ihrer Liebe zu einem Kunstgebilde von entzückendem Schmelz, von zauberischer Farbenpracht verwandelt — das ganze eine wonnigschöne Stickerei.

Sie ist das Ideale, er das Reale. Er wirkt hauptsächlich durch das Anordnen

im allgemeinen und durch die „Fixierung der jeweiligen Plastik" im besonderen; im Lieben selbst aber ist er wie ein kräftiges, gemessen tief und
hoch gehendes Triebwerk, dessen Kolbenzüge sie an sich hindert, deren End-
phasen und Zwischenmomente sie aber durch ihr Feingefühl, durch die Erhöhung
und den Ausdruck ihrer eigenen Wonnen und Seligkeiten verherrlicht.

Hierbei ist aber unbedingt notwendig, daß er — um nicht im beiderseitigen wilden Umgestüm allzufrüh zum Ende zu gelangen — möglichst
gelassen, zurückhaltend und die Wonnen des Liebs mit kalter Berechnung teile!

Sie unterscheidet nämlich zuerst den „Tiefmoment". Fühlt sie ihn bis
an die Randung tiefgetaucht, so wendet sie allen Scharfsinn daran, um ihn
nach und nach tiefer zu zwingen, auf dass sie alles, alles was er ihr bietet,
seiner allervollsten Totalität nach in sich begreife. Sie legt, schiebt und
windet sich zu diesem Behuf mit aller Geschmeidigkeit ihrer Hüften so zurecht,
wie es am besten ist, als es nur irgend tunlich; ûmflicht und drückt mit
Armen und Beinen, wie und wo sie's kann; aber wie oft gelangt ganz
unwillkürlich ihr Genuß durch aufgedrungene Küsse, oder ihre Leidenschaftlichkeit verratende Bewegung zum wahren, natürlichen, unübertriebenen
Ausdruck, der erst recht im Blick sowie in allen nur verfügbaren Mitteln
des Sprachorgans seine Bestätigung findet. Beissen, kneifen, schrill auf-
schreien — sind natürliche Ausdrucksweisen der Leidenschaft, die, wenn
sie auch nicht unterdrückt, so doch nach den obwaltenden Verhältnissen
gemäßigt werden sollen. —

In welcher Lage auch das Liebesspiel vor sich geht, sie soll, wo nur
möglich, mit einer Hand spielend, tastend, tändelnd und auf allerlei Weise
ihren und seinen Genuß erhöhend, die Phantasie erregend, dort eingreifen,
wo der Stachel in der Wunde starrt. Oft gelangt sie direkt von vorne hin,
oft aber muß sie von hinten um den Schenkel greifen — je nach des Körpers
Lage und des Liebens Weise. Auch er kann zuweilen eine Hand diesem
Zwecke widmen, und wenn sich die Fingerspitzen beider berühren, um
dies Spiel gemeinschaftlich von Punkt zu Punkt, von Phase zu Phase
zu genießen, da vereinigen sich gar gern die Gedanken und ihre Phantasie
sieht durch das Befühlen lebhaft und anfeuernd das, was sie befühlen. Die
andere Hand reicht in diesen Fällen aus, um kräftig zu umschlingen und
sich aneinander zu pressen.

Nicht bloß in diesem „Tiefmomente", sondern im allgemeinen während
des ganzen Liebens sei sie voll Leben, Feuer, Kraft und erfinderischer
Abwechslung in ihren Bewegungen, in ihrem Gebaren.

„Des Weibes beste Kunst ist eine korrekt - tiefe Insichzwingung und
dabei eine geniale Mannigfaltigkeit in den Windungen und Wellenschlägen
ihrer Hüften!"

Besonders beachte sie den „Steilmoment". Fühlt sie ihn gehoben, so windet und schmiegt sie sich abwärts, daß sie das Ende des „Emporgegangenen" bis an die Lippenrandung lenke, wo sie ihn durch geschickte, sachte und zarte Bewegung erhalten soll, ohne daß er entgleise, und trachten muß, daß er mit dem „Knospensaume" dort gleichsam alle Süßigkeiten jener Lippen küsse; daß er da gleichsam freier und ungebundener, wie der Fühler des Falters, die beiden Ränder jener Blumen-Lippen fühle und unterscheide. Daß er selbst am äußersten Rande nicht entgleise, dafür sorgt, wenn die Lage überhaupt günstig ist, ihre Geschicklichkeit durch präzises Nachgehen, so daß sie ihn, wenn er sich auch ganz über sie erhebt, gleich wieder zu finden imstande ist. — Hat sie diese Fertigkeit in hohem Grade, so kann sie ihn necken, ihn fehlgehen lassen, um ihn sofort wiederzufinden, ihn über die Einzelheiten ihrer Lippen geschickt herumführend, um diese einzeln befühlen zu lassen. — Das ist der ruhige Moment; er ist aber an Feinheiten um vieles reicher als der Tiefmoment, kann sich jedoch auch zu einem Kampf um die Behauptung der Besatzung gestalten, wenn sie, ihn entsattelnd und vorsätzlich irreleitend, das Wiederfinden des verlorenen Paradieses in findiger Mannigfaltigkeit und nicht zur Unzeit verzögert und erschwert.

Hat sie die besagte Fertigkeit aber noch nicht, oder wenn sie sie auch hat, so bietet es eine höchst angenehme Abwechslung, wenn sie zurzeit des Steilmomentes für kurze Zeit mit der einen Hand den Fühler sanft erfaßt und so die reizende Irrfahrt an den Lippenrändern leitet; — oder aber sie läßt ihn, um seine „Fühlungen" zu begünstigen, seiner ganzen Länge nach, wie in der Furche liegend, mit beliebig abwärts oder aufwärts gerichtetem Ende auf- und niederackern, auf und niederpflügen.

Ein dritter Moment von besonderer Wichtigkeit für den Genuß ist der „Freimoment".

Fühlt sie nämlich, daß er sich senkt, dann findet sie Gelegenheit, im Genusse aller Wonnen ihn, den Ruhenden, aus eigener Machtvollkommenheit bis an die Wurzel zu versenken oder bis an die Spitze zu setzen. — Das ganze Gebiet der Aktion beherrscht nun sie; denn er ruht und weidet sich, sie gewähren lassend, an ihrer Wonne und an den süßen Empfindungen, die ihre erfinderische Geschicklichkeit beiden bietet. So verschieden dieser dritte Moment von den zwei vorhergehenden auch ist, so ist er, was die Mannigfaltigkeit der ihr zu Gebote stehenden Varianten anbelangt, an Reichtum der Hochgefühle und im ganzen den vorhergehenden vollkommen ebenbürtig

Als vierter hochwichtiger Moment kündigt sich ihr die „Wonnenkrise" an.

Die Wonnenkrise oder „Krise" kurzweg ist jenes Stadium des Genusses, der wahre „Hochmoment", in welchem der ganze Körper eine fieberische

Erregung zu empfinden beginnt, und welche sich bis zur höchsten, wonnigsten Erschütterung des Nervensystems steigern kann.

Dieses Stadium ist das wildeste von allen; die Liebenden vergessen hier alles vorher und bisher Aufgezeichnete, die Leidenschaft schüttelt die letzte Fessel ab und wird blind für alle Grenzen. Die Heftigkeit des Genusses offenbart sich in fast denselben Ausdrücken, in welchen sich die Heftigkeit irgend eines Schmerzes offenbart. — Die Heftigkeit dieses Genusses kann sich besonders bei ihr bis zum momentanen Verlust des Bewußtseins steigern.

Diese momentane Ohnmacht, dieser momentane Liebestod ist es, dem Uhland sein sinnig Gedicht widmet:

„Gestorben bin ich
Vor Liebeswonne,
Begraben lag ich
In ihren Armen:
Den Himmel sah ich
In ihren Augen,
Erwecket ward ich
Von ihren Küssen."

Dieser Moment, der letzte Wutschrei der Leidenschaft, äußert sich in einem langen, kräftigen Ineinanderdrücken der sich ergießenden Liebesorgane, in einem krampfhaften, seligen Aneinanderpressen der Körper und der Lippen, zu einem süßen, süßen Dankeskuß für so viel und so herrlich Genossenes!

Und weil ein solcher Kuß, der Wipfelpunkt der Liebe, die Krone aller Träume von Lieb und Seligkeiten, gar so herrlich ist, trennt sich so schwer Lipp von Lippe, Herz von Herz und Liebe von Liebe — es weilt sich da so süß, als sollt es gar kein Ende nehmen! —

Die Ergußdauer ist relativ.

Die „Krise" kündigt sich an in einem den ganzen Körper durchrieselnden Wollustschauer, dem alsbald ein Pulsen und Zucken in den Liebesapparaten nachfolgt, deren Steigerung sonach die Schleusen des Liebesnasses öffnet, und es erfolgt mit einer heftigen Zuckung der erste Strahl des Nasses und in immer längeren Intervallen und in immer kleineren Strahlen, aber immer in heftigen Pulsungen rinnt bei sanfteren Lendenbewegungen Leben in Leben, und ein jedes Heben und ein jedes Senken, so rasch und erschütternd es allmählich sich gestaltet, wird, sobald der Kulmpunkt überschritten ist, zu einem ganzen Leben voll Himmelseligkeit, und die Einzelphasen dieses Lebens lassen sich durch weise Mäßigung und Berechnung sehr, sehr verlängern, und ein jeder Tropfen des entrieselnden Nasses wird dabei zu einem Strome unnennbar süßer Wonnen.

Ohne Zeichen, ohne Silbe verstehen sich beide hierbei instinktmäßig;

es ist ja das Leben in seiner höchsten großartigsten Vollendung — ein Doppelleben in Eins zerronnen!

Und doch, wer den Becher bis zum letzten Tropfen ausgeschlürft und wieder und wieder Liebe trinken will, der muß den Becher mit Süßigkeiten wiederfüllen und — zu diesem Zwecke muß die Liebe, dieser üppige Quell der Kraft und Lust, tändelnd und herzend wiederbringen, was das wilde Feuer verzehrte und die Lippe muß vom Becherrand sich trennen.

Eine ganz eigene Technik des Genießens lesen wir in der Broschüre der Frau Dr. Alice Stockham betitelt „Die Reform - Ehe", worin die geschlechtliche Vereinigung dem Willen unterworfen werden soll. Diese Reform-Ehe will die Ehe in der Weise verbessern, daß durch Willenskraft und liebevolle Bedachtsamkeit nicht nur der Eintritt der Schluß-Ekstase verhindert, sondern auch während des ganzen Aktes dessen vollkommene Beherrschung von seiten beider Gatten aufrecht erhalten wird.

Durch diese willenskräftige Vorsicht wird zugleich auch die Verhütung des Schwangerwerdens bezweckt, — was jedoch unserer Ansicht nach nicht immer gelingt, und die „Reform-Ehe" als gepriesenes „Preservativ" muß mit dem äußersten Mißtrauen angesehen und lieber nicht angewendet werden. Der Kulmpunkt der Ausführungen Dr. Alice Stockhams ist, daß vor der „entscheidenden Handlung" die Liebkosungen und Zärtlichkeiten stattfinden, welche den „körperlichen Zusammenschluß" begleiten, dessen Feinheit die „innige aber ruhige Versenkung des männlichen Organs in das des Weibes" ist. „Solange, als während derselben der Wille unbestritten die Herrschaft behält, findet ein vollständiges Aufgehen der beiden Wesenheiten mit der Wirkung unvergleichlicher und geläuterter Verzückung statt. Daran darf sich eine ruhige Bewegung schließen, die so vollständig unter der Botmäßigkeit des Willens stehen muß, daß bei keinem der beiden Teilnehmer der Sturm der Leidenschaft die Grenzen des angenehm dahinfließenden Gefühlsaustausches überflutet."

Das will sagen, daß kein kräftiger Tiefmoment, kein reizender Steilmoment und kein fieberischer Hochmoment, also keine Wonnenkrise, keine Ejakulation, kein Erguß der Geschlechtssäfte stattfinden soll!

Bleiben wir darum getrost bei unseren oben geschilderten *„Momenten"* der wahren Wollust!

Somit gelangen wir jetzt an die wichtigsten aller Momente, die dem Weibe Gelegenheit bieten, sich voll und groß zu bewähren. — Es sind das die „Pausen".

Ist der soeben erwähnte Becher geleert, und sei er der wievielte immer gewesen, so ist es wieder das Weib, das wie der kundige Feldherr die Situation überblicken muß. Erst muß sie ergründen, ob sie selbst noch der

Liebe genießen will, und dann aus der Energie und der Leistungskraft des Mannes während des letzten Ruhens beurteilen, ob er auch fernerhin Vergnügen an ihrer Liebe fände, und wenn sie sich diesbezüglich mit ihm verständigt oder gefunden hat, daß eine Fortsetzung beide beglücken könnte, so hängt es von ihren Küssen, Schmeicheleien, Streichelungen, Berührungen, Umarmungen, Neckereien und allerlei Liebenswürdigkeiten ab, auch den schläfrigsten Klotz in hellodernde Flammen zu versetzen.

In dieser Pause darf sie sich sogar etwas mehr erlauben: Sie darf selbst im Übermut (nach geschehener Befolgung der natürlichen Reinlichkeitsgesetze) Spiele und Szenen veranlassen, die sonst bei regem Verlangen nach Liebe überflüssig oder anstößig scheinen könnten, hier und jetzt aber in anderem Lichte erscheinen und ihre aufmunternden Wirkungen nicht verfehlen werden.

Es sind diese Pausen eben Stadien, in welchen sich auch die empfindlichsten Menschen gerne mehr als sonst erlauben; und je mehr Genüsse schon durchgenossen wurden, umso kühner und verwegener darf sie werden, ohne in anstößige Rohheiten verfallen zu müssen.

In solchen Momenten ist alles süß und willkommen, was mit den Geschlechtsapparaten geschehen kann ohne Beschränkung und im freiesten und verwegensten Sinne des Wortes. Roh jedoch erscheinen in den meisten Fällen alle derartigen Handlungen und Redensarten, die überhaupt nur in das Benehmen tieferstehender Menschen passen: — „sonst ist alles erlaubt!" alles, und selbst was in ruhigen Momenten anstößig erscheint, verlangt sich wie von selber, sobald die neue Lust, das neue Verlangen nach Liebe wiedererwacht ist, und steigert die Wollustbegier nicht selten bis zur Frenesie.

Auch für geistigen Hochgenuß eignen sich diese Pausen ganz besonders: es entwickelt sich in ihnen eine trauliche Rückschau auf die soeben genossenen Wonnen; eine trauliche Beratung und Planlegung für das nächste Wollustopfer; lebhafte, dem seelischen Auge klar sichtbare Schilderung der zu gewärtigenden Bilder und Formvarianten; Causerien der reizendsten Art; Liebeserklärungen; Bewunderung und Verherrlichung der Vorzüge und Leistungen; kurz, es ist das die eigentlich richtige Zeit für alle galanten Zärtlichkeiten.

Das regungslose Nebeneinanderliegen ist das ärgste Vergehen, das sich zwei, die sich lieben und noch der Liebe genießen wollen, gegenseitig antun können, und wäre einigermaßen nur unmittelbar nach dem Ergusse in der Dauer von etwa 5—10 Minuten oder nur dann gerechtfertigt, wenn es beiderseitig beschlossen wurde, daß für heute genug des Genusses war. Das Prinzip: „Nütze weise die Nacht aus!" soll wie eine Feuerschrift stets vor unsern Augen schweben, wenn wir überhaupt beschlossen, mehrere Stunden der Nacht dem Genusse zu widmen.

Die Gewohnheit, für ständig in einem und demselben Bette zu schlafen, ist eine alte Sitte, die der Intensität einer planmäßigen Liebe hinderlich ist.

Die Müdigkeit rechtfertigt ein regloses Nebeneinanderliegen nicht; denn wollen sie weitergenießen, so werden sie eben durch Kosen und kühneren Übermut wieder aufgefrischt; sind sie hierzu allzumüde, dann sollen sie lieber für heute „Rast" beschließen.

Nebeneinander liegend einzuschlafen ist soviel wie die Negation des Willens: am Busen des genossenen Liebs noch weiteren Genuß zu suchen; während der Vorsatz, wach zu bleiben, analog ist dem Willen und der Lust: den Kranz der Wonnen weiter zu winden.

Den Vorwurf des unverabredeten und unbeschlossenen Einschlafens sollte sich wohl niemand zu schulden kommen lassen; — es ist das eine äußerst heikle Etikettenfrage unter Liebenden; denn „der Opferwille des Wachens ist der Lustempfindung an dem Liebesgenusse proportional!" — Wessen Wille zum Wachen gering ist, der also unbeschlossen einschlummert, der sagt seinem Lieb eine schlummernde Beleidigung!

Das Schlafen in einem Bette oder auf irgend einem andern Lager ist ohne Polster — ausnahmsweise von vielem Interesse und gewährt so manchen herrlichen Reiz. Zu diesem Behufe — um „sans coussins" zu ruhen — legen sich beide einander zugewendet seitlings und derart, daß sie etwa mit dem Gesichte gegenseitig in die Geschlechtsgegend zu liegen kommen; in dieser gestreckten Lage schiebt nun jedes von beiden den untenliegenden Schenkel unter den Kopf des andern und bietet ihm hiedurch einen warmen wohlig-weichen Polster. So, auf diese Weise, läßt es sich „san coussins" recht traulich ruhen und ein Schlaf auf solchem Pfühl bringt gern und oft ein liebever-langendes Erwachen. Vor dem Einschlafen spielt die obere freie Hand beliebig lose Spiele und während des Schlafes legt sich derselbe obere freie Arm innig um des Lieblings Weichen, um des Lieblings Hüften.

Das ist der Zerberus-Schlaf, die Wache des Zerberus. —

FÜNFTES KAPITEL

STEIGERUNG DER GENÜSSE IN DEN PAUSEN

Wenn dir am Lieben was gelegen ist, d. h. wenn du dein Lieb und dein Lieben in hohem Werte hältst, dann stelle dir als erste höchste Regel den Grundsatz auf: nie ohne gewisse Einleitung, nie ohne freudige Vorbereitung ans Werk des Liebens zu gehen.

Das erste zum Ganzen ist der Wille und dann auch die Lust zum Lieben; den erstern kann man an der Seite eines schönen Weibes sehr leicht fassen, die letztere aber ebenfalls leicht erlangen.

Ist der Wille zum liebenden Genießen gefaßt, dann muß sofort auch der Vorsatz zur Geltung kommen, nach erstem Vollgenusse nicht der Erschlaffung zum Opfer zu fallen! Denn, merke dirs: des Vollgenusses Hochmoment ist des Berges höchster Gipfel, auf den du jeweilig vom ersten Kuß ab allmählich und von Stufe zu Stufe, gleichsam zurückhaltend hinaufgelangest, damit dir die Großartigkeiten nicht zu rasch und nicht zu kurz vorüberrasen. Bist du aber endlich auf dieser höchsten Kulm angekommen, dann genieße, was auf so erhabenem Punkte rings und nach allen Richtungen hin zu genießen möglich, d. h. gehe kosend und herzend (und das muß dir mit zum Glücke zählen) den Weg nur allmählich wieder zurück, küssend und schwelgend, erquicke dich an ihren Reizen durch Blick und Kuß, durch Scherz und Experimente mancher Art, ob nicht ein roter Fleck oder ein sonstiger Schaden vom Druck oder vom Widerstand zu sehen, zu heilen wäre. Es liegt ja vor dir das All der Liebessüßigkeiten und dies herrliche All soll dir nach dem Genuß so wenig und so unwichtig erscheinen, daß du es vergessen, daneben ruhig einschlummern könntest?! Entsetzlich!

Verließest du nicht dein Lieb grad so, wie der müde Tourist von einem Maulesel steigt und weiter sich um nichts mehr kümmert? Oder, nach erreichtem Vollgenuß des Hochmomentes, hoch oben auf des Berges Gipfel, wollte es dir wohl einfallen, von der höchsten Höhe des ganzen Gipfels, auf des Berges steilster Seite mit einem Sprunge hinab in die Tiefen des Schlummers und des Traums zu springen?!

Hier sei noch einmal die hohe Sonderbarkeit des geschlechtlichen Verlangens betont, in der Beleuchtung, daß dieses Verlangen, wenn der Hunger ein heftiger ist, derart auf die Gier des Verlangenden einwirkt, daß es scheinen müßte, als würde er sich am Lieb schon gar nicht sattgenießen können, oder wenigstens, als müßte nach einmaligem Genusse das Verlangen nach weiteren Genüssen natürlich und selbstverständlich sein, d. h. im Falle eines sehr begehrlichen Sehnens nach Befriedigung nimmt sich der Mann vor, für diesmal so recht unersättlich sein und der Liebe recht oft genießen zu wollen!

Aber nimm dich mit diesem Vorsatz in acht! Er läßt dich gern im Stiche. Deine Natur ist schwach; nur dein Wille, dein Geist kann über deine Schwäche siegen und dem vorgefaßten Vorsatze Wert und Geltung verschaffen.

Versuche es darum und sei berechnend und standhaft im Geiste! Versuche es einmal in Momenten des heftigen Verlangens nach dem Lieb, in und an ihren Reizen zu schwelgen. Es wird dir die Möglichkeit, dies zu tun, eine gar zu kurze dünken, du wirst es nicht lange genießen; denn die Befriedigung will nicht warten. Aber du kannst sie zwingen, du kannst die Befriedigung durch andere wonnige Spiele verzögern und recht in die Länge ziehen, und je besser dir dies gelingt, desto großartiger wird sich die nachfolgende Befriedigung dir lohnen.

Nun gib acht! Bist du befriedigt, hast du das brennende Hochverlangen gestillt, dann wird deine Natur über dich Gewalt zu gewinnen suchen; sie wird dich in deiner Ermüdung zur Ruhe, zur Pause zwingen. Gut. Gehorche ihr; bleibe ruhig; ruhe aus. Sobald aber die höchste Ermüdung nachgelassen, dann trete der Wille des Geistes in seine Rechte: betrachte dieselben Reize, die du vor der Befriedigung so fieberisch gekost und mit Küssen überhäuft; frage dich, wie so es möglich wäre, dieselben Reize, jetzt, nach dem Genusse nicht ebenso begehrlich zu finden? Und du wirst keine Antwort finden. Denn die Reize sind dieselben, aber dein Verlangen ist ein geändertes; nun muß dein Wille, deine Geisteskraft es zuwege bringen, daß dieselben Süßigkeiten dir jetzt, wo du deren genießen willst, noch genießen willst, ebenso herrlich munden als zuvor. Willst du dies aber im Ernste und mit Besonnenheit, dann wirst du es dahin bringen, und mit der Zeit, durch Übung dabei bleiben, daß du auch nach dem ersten Genusse nicht erschlaffen, nicht ein Opfer der natürlichen Trägheit werden, sondern an derselben auch weitere Wonnen empfinden und diese Wonnen, welche eigentlich bloß Geschmacksache sind, so nach deinem Geschmacke finden wirst, daß ein Ablassen nach erstem und einmaligem Genuß dir als Unverständnis fürs „Höhere" im Nachgenießen, in der vernünftigen Verwertung der Pause erscheinen muß.

Dieses Nachgenießen, das, so oft es auch wiederholt wird, stets mit neuer Anregung, mit neuer Lust zu neuem Lieben endet, ist umso gewisser, je vernünftiger man den dabei in Betracht kommenden sämtlichen Neben-umständen Rechnung trägt, um es zu vermeiden, sich durch selbstver-schuldetes Versehen willenlos in die verführerischen Arme der Abspannung zu werfen.

Fasse den festen, männlichen Willen, nach erstem Genusse weiter zu kosen, und du wirst diese Nutzanwendung als neue Errungenschaft, als unschätzbar erproben!

Genügt dein Wille nicht, so helfe mit anregenden Erfrischungen nach; aber wenn du willst und auch sie deinen Willen teilt, so wirst du immer Herr deines Willens bleiben!

Das Lieben beginnt nur dann ein „höherer" Genuß zu werden, wenn es im zweiten Gang genossen wird, und zwar in solchen Bildern, die das diesem Werke sich anschließende „Riesensystem" bietet; denn die einmaligen Gänge sind bloß eine Befriedigung wie das Essen oder Trinken, während beim Kunstgenuß die Liebe eigentlich ein seelisches Verlangen, ein höher ästhetisches, ein ideales Sehnen ist.

Dieser „höhere" Genuß des zweiten oder öfteren Ganges wird aber nur so möglich, wenn nach soeben stattgefundenem Genuß der Wille des Weitergenießens unverwüstet sich zu erhalten imstande ist; und dies wird dadurch möglich, daß man sich nicht schlaff der Ruhe hingibt, sondern, die Abspannung überwindend, mit dem Lieb sich zu beschäftigen beginnt, mit dem Lieb kost und minnig scherzt und tändelt und plaudert; „denn alles will und hat seine Zeit", und wenn erwünscht, läßt man dem Körper die eben angenehme und zweckdienliche Pflege angedeihen — mit einem Wort, man beschäftigt sich miteinander, nicht nur, um die Mattigkeit und den Schlaf zu vertreiben, sondern auch, um sich gegenseitig von Herzen zu erheitern, solange, bis das Verlangen nach einem abermaligen Genuß in seine vollen Rechte tritt. Und was nun folgt — und was nun alles an Wonnen zu Gebote steht, das ist die große Gelegenheit, das ist die seelenerschütternde Großartigkeit der findigen kräftigen Liebe!

Ein solcher Vollgenuß mit unserem Lieb — dem tiefinnig geliebten Lieb — ein solcher Genuß, eine solche Stunde, wenn sie voll und voll-kommen ausgenutzt wird, wiegt ein gemeines ganzes Leben auf!

Auch wenn es geschähe, daß wegen mehrerer Nächte hindurch genossener Liebe an den folgenden Tagen der Reiz zum Genusse herabgestimmt ist, so muß eben am Tage das Weib wieder alles tun, an Liebenswürdigkeit alles aufbieten, um den Mann, wenn auch nicht kampflustig und kampfgerüstet für die nächste Nacht zu machen, so doch um seine Liebe zu ihr, sein Verlangen nach ihr nicht sinken zu lassen, um die Gleichgiltigkeit, dieses schrecklichste Liebesgift, zu bannen. Sie kann es tun; sie ist hierzu berufen; sie ist physisch nie so in Anspruch genommen und niedergedrückt wie er.

Solche Tage gestalten sich auf diese Weise und gewissermaßen auch zu „Pausen" im freieren Sinn des Wortes; sie sind die Pausen im Großen. Aber für die Liebe der beiden sind sie ebenso hochwichtig, wie die Pausen der Nacht selbst.

Übrigens beschränkt sich die Liebe keineswegs auf die Nacht; — das Ideale bleibt aber dennoch immer die Nacht, die zauberisch-dunkle, die heiligstille Nacht!

Gute Einfälle und sinnige Betrachtungen, die an solchen Pausentagen zu belebender Erheiterung gedeihen, tun oft gute Wirkung. Betrachten wir zum Beispiel das männliche Muskelwerk, so sehen wir vor allem zwei in faltige Hüllen geschlossene Testikel. Sind diese stramm am Stamme und ohne Hang und festgeschmiegt, kaum halbsphärisch, so sind sie die Zeichen kräftiger Samenstrahlung — heftiger und kräftiger Ergußmomente!

Die Testikel hängen an ihrem Stamme an Strängen. Die Länge dieser Stränge steht mit der Samenstrahlungsenergie in umgekehrtem Verhältnis.

In der Kälte sind die Stränge kürzer; also sitzen die Testen strammer am Stamme, und es ist wahrscheinlich, daß folgerichtig in der Kälte, oder wenigstens in der belebenden Frische, die Samenstrahlungsenergie eine größere sein mag als in solchen Wärmeverhältnissen, wo alles schlaff und tiefgehängt erscheint.

Wenn der Geschlechtsmuskel des Mannes nach stattgehabtem Akt naturgemäß auch in den Zustand der Abspannung gerät, so ist er doch und eben in diesem Zustande ein ganz verläßlicher Kraftmesser für die geschlechtliche Leistungsfähigkeit: Ist der abgespannte Muskel wie gestreckt, gedehnt, nach abwärts ziehend, so ist er ein Zeichen der Erschöpftheit im besonderen, im allgemeinen aber ein Zeichen der geschlechtlichen Schwäche und Trägheit. Zeigt der Abgespannte aber trotz seiner Insichversunkenheit eine gewisse Einschrumpfung, so gilt der Satz: je eingeschrumpfter, desto mehr Geschlechtsenergie für den zu erwartenden Genuß und desto mehr Kraft und Ausdauer im allgemeinen.

Möge das dem Weib als Barometer dienen.

Die Pausen sind Momente der Anschauung und der Beschauung und des Spieles. Der Geist, die Phantasie muß hier als elementare Kraft mit in volle Wirksamkeit treten, sie müssen den matten Körper neu beleben — und eine hochwichtige Rolle spielt hierbei das Schauen: das Auge!

Wie sie sich selbst überzeugen kann, ob die Testikel stramm und ob jenes „Wunder der Schöpfung" schwellustig ist, so hat auch er sein Mittel, um zu wissen, ob sie wohl auch wirklich schon nach Liebe verlangt. Es ist das die stille Frage, worüber sie dir den Bescheid gewiß und gern geben wird. Sie wird dir die Stelle verraten, wo du sofort auch ohne Antwort alles erraten wirst.

Bisher hieß es oft, ein Weib könne durch e i n e n Mann nicht befriedigt und nicht im Stande der Befriedigung erhalten werden.

Das ist zu erklären.

Das Weib hat eine muskelumschlossene Hianz, ein „Minus" an sich, das als solches stets eingehbar ist; während der Mann einen muskulösen Fortsatz, ein „Plus" an sich hat, das als solches nur seltener erregt und ergußfähig ist.

Das ist der Unterschied.

Wenn wir aber bemerken, daß dies Minus wohl stets die Liebe ertragen und starren Dingen immer zugänglich sein, aber nur seltener die Liebe wonnig genießen kann, und zuweilen beiläufig ebenso selten als des Mannes Plus der Schwellung fähig ist: so reduziert sich jener Unterschied zwischen der Begehrungs-Energie des Weibes und der des Mannes wohl auf ein Minimum.

Und was daher vom Weibe über Unmäßigkeit und Unersättlichkeit erzählt wird, reduziert sich unbedingt darauf, daß dies nur seltene Ausnahmen und abnorme Zustände sind.

Frage nur das Weib, ob nach einem soeben gehabten Genuß ihr sofort nach Liebe verlangt, so wird sie, wenn der Genuß ein vollständiger und richtiger war, gewiß mit „Nein" antworten. Fragst du aber, ob sie sofort den zweiten Becher zu leeren geneigt wäre, so wird sie mit „Ja" antworten: erstlich aus Liebe zu dir und dann im Bewußtsein ihres Könnens und auch aus weiblicher Eitelkeit. Ebenso wärest du selber eitel darauf, wenn es dir physisch möglich wäre, daß du ihr von deiner Manneskraft und, ohne zu entgleisen, so gleichsam in einem Zuge öfter nacheinander Proben geben könntest. Hüte dich jedoch vor derlei Bravouren; denn sie sind unnatürlich — sie sind gegen alles Naturgesetz, und der, welcher das zuwege bringt, ist sicherlich nicht im normalen Zustande der Gesundheit.

Nie versuche man nach einem eben stattgehabten vollen Liebesgenusse, sofort und ohne zu entgleisen, eine neue Erregung, einen neuen Genuß zu erzwingen. Abgesehen davon, daß dies naturwidrig ist — denn die Natur fordert die Abspannung sowie die Trennung der beiden Pole und gestattet die Übertretung dieses Gesetzes nur höchstens nach mißlungenen Genüssen, — muß noch bemerkt werden, daß sowohl des Mannes als auch des Weibes Organe unmittelbar nach stattgehabtem Erguß sich wie von selber aus einander wünschen, um die wie ineinander geronnenen Gegenpolaritäten auszugleichen und in dem Wohlgefühl der Liebesmattigkeit die polare Selbständigkeit für beide Geschlechter wieder in Kraft treten zu lassen, und um das, was beide schleimig nun im Innern der Samenwege umhüllt, naturgerecht zu absorbieren. — Das ist der Pause erster Moment, in dem sich Brust an Brust und Lippe süß an Lippe drückt, in dem Geist und Körper selig volle Ruhe schöpfen, die sich wie ein namenloser Dank über beide Wesen gießt und allmählich alles Blei der Müdigkeit in wohliges Behagen auflöst, und so von minnigem Getändel bis zu den ausgelassensten „Geschlechtskühnheiten" führt.

Wäre aber dein Nerv aus harter Substanz, wie Horn so hart gebildet und eine Erschlaffung nicht vorauszusetzen, dann könntest du ebenso fortwährend aus ihren Liebestiefen wie zwischen Korallenriffen unfindbare Perlen suchen, gleich wie sie es stets vermag, wenn es sein müßte (aus Zwang, z. B. bei Massenschändung), wohl hundert Männern sich zu opfern.

Sie hat aber in diesem Falle nicht nur nichts davon, sondern es steigert sich das Gefühl bis zur Qual; — ebenso erginge es dir mit einem „Wunderhorn", wenn du zuviel genießen wolltest und — die Liebe verlöre allen Reiz, die ganze Welt würde entarten müssen, wenn der Mann stets ebenso liebefertig wäre wie das Weib.

Das gibt Stoff zu tiefem Denken!

Das Weib braucht selten mehr, verlangt und lechzt selten mehr nach Liebesgenüssen als der Mann; sollte sie aber nach mehr lechzen, so bietet sie dafür aber auch Reize, die den Mann fähiger und ebenfalls leistungskräftiger machen, und es gleicht sich so bei regelmäßigem, vernünftigem Genuß die Intensität des Verlangens bei beiden Geschlechtern so ziemlich aus.

Nun aber ist es zu berücksichtigen, daß der Mann oft dem Weibe gerne mehr böte, als er vermag oder als sie verlangt, weil auf diesem Felde des Kampfes beide eitel genug sind, um ihre Sattheit zu bemänteln und sich kampfunfähig zu bekennen. Aber es kann auch vorkommen, daß das Weib wirklich unbefriedigt und der Mann erschöpft ist; in diesem Falle tritt die hohe Wichtigkeit einer „Potenzierung" in den Vordergrund, die in der Ausgleichungsfrage der Verlangensvehemenz des Weibes oft recht ergiebige Dienste leistet, nicht nur sich selbst, sondern auch ihm, da durch die Potenzierung selbst und durch ihr wollüstiges Gebaren er selber, wenn auch im Geiste nur, so doch eine hohe Wollust mitgenießt, ohne fluides Defizit und ohne besondere Ermüdung sogar, wodurch die Gesamtheit des Genusses zuweilen außerordentlich verschönt, weil anders gestaltet erscheint.

Die Potenzierung liegt in der richtigen Berechnung der Momente seitens des Mannes. Findet er, daß das Weib viel zu genießen verlangt, daß es in der gewöhnlichen Ration des Vergnügens diesmal oder überhaupt nicht volle oder genügende Befriedigung erlangen dürfte, so sorgt er dafür und bestimmt sein Lieb auf irgend eine Weise, daß während derselben Zeit, wo er einmal zu des Hochmomentes Erschütterungen gelangt, sie wenigstens zweimal, unter Umständen jedoch auch dreimal und selbst öfters die konvulsivischen Wonnen des Hochmoments — das letztemal jedoch mit ihm zu gleicher Zeit und gemeinschaftlich — zu genießen bekommt.

Dies kann er stets sehr leicht erreichen, und tut er es, so ist wohl kaum vorauszusetzen, daß sein Lieb, selbst wenn es noch so sehr für sinnlichen Genuß brennt und nach voller großer Befriedigung strebt, nicht gänzlich und selbst bis zum Übermaß befriedigt werden sollte. Selbstverständlich ist, daß dies der Mann nur jenem Weibe zu tun sich angeregt fühlt, das ihn liebt und das er liebt, und das er für sich allein für die Dauer zu erhalten sich zum Lebenszwecke hinstellt, und auch, daß all sein Streben, sie stets total zu befriedigen, für ihn nur dann einen Sinn hat und überhaupt nur dann gelingt, wenn sie nicht dauernd krankhaft überreizt oder durch frühere Ausschweifungen nicht derart depraviert und unersättlich ist, daß jede Mühe in dieser Richtung nicht nur unlohnend erscheint und ungern geschieht, sondern auch total vergeblich ist.

Will er jedoch die Befriedigung für sie potenzieren, so kann er dies schon im ersten Gange versuchen, was ihm jedoch, besonders nach vorangegangenem Spiel, wohl selten gelingen wird. Die richtige Zeit hierfür ist der zweite und fernere Gang. Sobald nämlich der zweite Genuß seinen Anfang nimmt, so sorge er dafür, daß sein Lieb möglichst rasch in volle Erregung gerate und in möglichst kurzer Frist genieße; er wird dabei bei richtiger Berechnung und Reserve noch lange nicht die Zeichen des Hochmomentes empfinden; sie ist in vollem Zuge, in vollem Feuer des Genießens und kann in ihrer Ekstase nach ganz kurzer Rast ein zweitesmal, und wenn er tüchtig stand hält, ein drittes- und viertesmal — ja sogar öfter, des Genusses höchste Wonnen trinken, um dann schließlich gemeinschaftlich mit ihm des zweiten Ganges wirklichen Abschluß in frenetischer Ekstase des beiderseitigen Ergusses zu feiern.

Die Pause nach einem solchen Riesengenusse muß eine herrliche sein; herrlich durch die schönen Erfolge und herrlich durch das beiderseitige Glück, so kolossale Wonnen empfangen und gegeben zu haben. Der Mann hat hierbei jedoch verhältnismäßig wenig Einbuße erlitten; so erschütternd und erschöpfend der große mehrfache Genuß fürs Weib war, ebenso selbst erhebend und erquickend mußte er auf ihn wirken, so oft und je mehr er sah und empfand, daß sie so voller Lust, in vollen Zügen trinkend, im Schauer der Gefühle ihrem Glück zügellosen Ausdruck verlieh.

Ein solcher Gang ist für den Mann kraft der darinliegenden physisch erhabenen Momente ein Gewinn; er wird für einen dritten Gang sogar empfänglicher als nach einem einfachen vorhergegangenen: er ist psychisch gehobener, ohne physisch auffallend angegriffener zu sein. Für sie jedoch ist das ein Werk gewesen, das sie in beiden Beziehungen sehr in Anspruch genommen hat.

In der darauffolgenden Pause wird wohl alles wieder in hohem Maße rekreiert, und das Verlangen nach einem dritten Genusse rege werden können.

Ob es von da ab noch weitergeht, oder ob für diesmal Schluß gemacht wird, so darf sie auch nach allem, was geschah, die Zahl ihrer eigenen Wonnenkrisen summieren und muß betreffs ihres gehabten Verlangens wohl auch empfinden, daß die Befriedigung eine volle, eine eventuell so übermäßige war, daß ein Übriges davon entschieden nicht zu wünschen ist.

Aber solche potenzierte Liebe ist nur für sehr verlangende Naturen, die durch Anlage oder durch die ebenfalls häufige und kräftige Liebe des Mannes gewohnt und verwöhnt, in der potenzierten Befriedigung ein Bedürfnis finden, welches, wenn es unbefriedigt bleibt, dem Manne betreffs der Treue des Weibes verhängnisvoll werden kann. Und das ist der einzige, aber jedenfalls gerechtfertigte Grund zur Potenzierung zugunsten des Weibes; während stillere und normale Naturen eine derartige Potenzierung nur selten und ohne nachträgliche abnorme Abspannung vertragen und sie wohl auch nur ausnahmsweise verlangen oder in Anspruch nehmen.

Derart potenzierte Liebe ist demnach schon mit dem zweiten oder dritten Gange zu einem großartigen monumentalen Feste geworden, wobei, wie gesagt, der Mann verhältnismäßig geschont, physisch sich jedoch bedeutend erstarkt zu fühlen pflegt, und alles übrige und für diesmal eventuell zu Geschehende ist lediglich Sache des Weibes, die nun ihrerseits zu ermessen hat, ob das, was sich nun bis jetzt vollzog, wohl noch mit wonnigem Erfolge auch fortgesetzt werden kann oder in süsser Rast enden soll.

Findet sie nun ihrerseits und bei vorgerückter Pause, daß ein ferneres Opfer auf dem Altare der Liebe zu beider Nutz und Frommen wäre, allein des Mannes Stolz zu diesem Werk noch nicht erwachen mochte, dann liegt all das, was kommen soll, „in ihrer Hand!" Sie muß das Schicksal dieses Opfers sein und es für den Stolz erwecken!

So leicht und einfach das auch dünken mag, so erfodet er dennoch viel, sehr viel Takt und Feingefühl. Es ist hier das Walten ihrer Hand mit der erschlafften Masse und die Starrsetzung dieser Masse gemeint.

Mit dem Zwecke der Erweckung mag das sinnige Weib auch weiter

Nützliches verbinden: in psychischer Beziehung möge sie wissen, daß an solcher Muskelsaumseligkeit oft trübende Gedanken schuld sind. — Um diese zu bannen, soll sie durch alle Mittel den Mann in heitere Stimmung versetzen! In physischer Beziehung ist zu beachten, daß jeder Muskel durch eine entsprechende Gymnastik außerdem auch einer allgemeinen Tüchtigerwerdung fähig ist. Da das Weib schon die Aufgabe der Erweckung erfüllt, so tue sie dies zugleich auch mit Rücksicht auf die Vertüchtigung! Ohne daß ihr Beginnen auch nur lästig zu werden braucht, kann sie durch kräftiges Einwirken zugleich das Wohlgefühl im Mann sogar erhöhen und den Zweck zuweilen rascher erreichen; sobald sie die ersten Symptome des Erfolgs gewahrt, kann sie noch kräftiger und, je mehr Widerstandsfähigkeit sie findet, umso kräftiger, aber auch umso bedachtsamer fortsetzen, bis daß es eben Zeit ist, dem so Behandelten die wohltuenden Wirkungen der „feuchten Wärme" angedeihen zu lassen. Ein derartiges Turnen, sorgsam kultiviert, wird ihr mit der Zeit, und wenn sie es konsequent fortsetzt, die Mühen reichlich lohnen.

Dieses Stück Mann ist höchst empfindlich und kaum wird das Weib seine „Behandlung" aufs erste treffen. Das ist ein Spiel, so zart und sanft und kräftig doch zugleich, so leicht und ätherisch und doch bis in die Seele dringend: — die Hand ist kaum zu fühlen, sie gleitet wie ein Hauch dahin, und doch muß sie dem Manne fast wie selbst das Zauberwort der Wonnen dünken. Das ist des Weibes herrlichstes und dankbarstes Beginnen in den Pausen.

Glücklich, wer ein Weib liebt und hat, das diese Kunst in vollster Vollendung kennt, das sein ganzes Wesen und Fühlen diesem Tändeln widmet und es versteht, was ihre Hand allein nicht vermag, mit ihren übrigen Reizen und Erfindungen zu ergänzen und ihre ganze Seele in dies ihr Werk zu legen vermag! Aber auch glücklich das Weib selber; denn es genießt unvergleichlich mehr als andere!

SECHSTES KAPITEL

DAS THEMA DER ÄSTHETIK IM GESCHLECHTLICHEN UMGANGE

Da wir nun zu diesem so hochwichtigen und so mißverstandenen Thema gelangen, müssen wir, um die Unliebsamkeit dieses Mißverständnisses nach Möglichkeit zu beheben, eine tiefergehende Analyse der ästhetischen oder unästhetischen Anlagen, der Geschmacksrichtung der durch Liebe einander nahe gebrachten, ineinander mehr oder minder verschmolzenen Geschlechtswesen versuchen.

Die Liebe hat so manche Stufe — oder genauer genommen: die Liebe ist ebenso verschiedenstufig, als es Liebespaare gibt!

Nur jene Fälle, wo beider Liebe gleich erhaben ist, und die, wo beider Liebe null ist, gehören nicht hierher. Letztere bilden das größte Kontingent.

Für jene, die dazwischen beiden liegen, gibt es Stufen, soviel, daß sie sich nicht zählen lassen.

Doch wollen wir versuchen, des Liebens Stufen, die Grade des geschlechtlichen Verlangens in ein, wenn auch nur halbwegs haltbares System zu bringen und hierbei besonders die Natur, den Hang der zarter besaiteten und höher gebildeten „Wüstlinge" zur Basis zu nehmen.

Ich weiß es, daß es Menschen gibt, die, gestachelt durch den Trieb, notgedrungen nach geschlechtlicher Befriedigung streben. Sie gehen und suchen und — finden, weil das Suchen leicht und das Finden nicht schwer ward.

Sie gehen, sie tun es ab — eins hatte vielleicht unwillkürlich Ekel vor dem andern — und das Feuer ist gedämpft, die Sehnsucht ist erloschen; sie haben der Venus vulgivaga das Opfer gebracht. Doch wie sie beide dabei gefahren, das darf uns ziemlich gleichgiltig sein; der Zufall hat dabei entschieden — doch wie? das ist ein anderes.

Wenn man ein Weib erblickt, des Geist und inneren Wert man nicht ermessen kann, so fragt man sich, wenn Körper und Gesicht gefallen: „Wie könnten wir dies Weib wohl lieben?" Lieben? vielleicht gar nicht. Also eine andere, korrektere Frage: „Wie weit könnten wir uns wohl mit diesem Weibe geschlechtlich befassen?

Die Frage ist jedenfalls deutlich und verständlich.

Doch was ist die Anwort darauf?

Legen wir die Hand aufs Herz, seien wir gewissenhaft und antworten wir erst nach reifer Erwägung.

Wir sehen ein Weib auf der Straße, von hinten bloß, seitwärts ihren Kopf gewandt, daß wir sie deutlich im Profil und dann selbstverständlich ihren üppigschlanken Wuchs gesehen, doch ohne ihr Auge und ohne den Ausdruck des Gesichts gewahrt zu haben. Wir sagen uns, sie ist nicht übel!

Nun fragen wir, ohne mehr von ihr zu wissen, wie weit wir es — geschlechtlich — mit ihr wohl treiben könnten?

Vorausgesetzt, wir lieben keine andere und die Befriedigung ist für uns gerade ein Bedürfnis, wie wird da die Antwort lauten?

Sie lautet: „Wir wollen uns gern zum Wollustversuch mit ihr entschließen, d. h. wir sind gern entschlossen, bei ihr die Stillung unseres Verlangens zu suchen." Und diese Antwort ist natürlich, und fände sich nachher an ihr auch manches, was uns von ihr abstößt, so werden wir den fast wie blind gefaßten Vorsatz ohne viele Überwindung doch durchführen können. Wir werden sie zur Befriedigung unseres Verlangens benützen und weiter nichts. Und das können wir und werden wir, wenn wir auch nichts bei ihr mehr finden als das, was wir von hinten schon gesehen: den üppig-schlanken Wuchs und das als Bild und ohne Ausdruck gesehene Profil.

Das ist gewiß. Hiezu entschließt sich jeder und jede, außer es fände sich am Körper verborgen geradezu Ekelerregendes. Diese Möglichkeit soll aber außer Betracht bleiben, und der Entschluß bleibt fest und wird gerne, schon weil er gefaßt, auch in Erfüllung gehen. Wird solche Wollust dann auch zur Tat, so kommt es unzähligemale vor, daß die Tat wohl abgetan wird, ohne jedoch einen Kuß zu wechseln oder sich liebend tief ins Auge zu schauen.

Nun aber fragen wir weiter.

„Könnten wir einem so bloß dem Wuchs und dem Profile nach gekannten Weibe auch gerne ins Auge sehen? Könnten wir uns in sie „einschauen", an ihrem Anblick und unter dem Einfluß ihres Blickes Wohlgefallen finden?"

Hierauf könnten wir gewiß noch schwerer Antwort geben. Es müßte dies erst von ihrem Genusse und von ihrem „Anblick" abhängig gemacht werden.

Man hört in dieser Beziehung in traulichen Mitteilungen über Liebes-erlebnisse g ar oft die Bemerkung, die auf verschiedene Weise formuliert, sich schließlich in dem Satze zusammenfassen läßt: „Gerne hätte ich mein Verlangen mit ihr befriedigt, wenn ich wüßte, daß ich sie nicht küssen müßte; weil ich aber weiß, daß sie das verlangt oder verlangen könnte, so verzichte ich lieber auf das Ganze."

Und fragen wir noch weiter.

Könnten wir das Weib, das wir nur von hinten gesehen, das wir nur nach ihrem Wuchse und ihrem Halbprofil kennen, mit Lust und Wohlgefallen küssen?

Die Antwort könnte nicht anders ausfallen als: „Wenn ihr Genuß mir wonnig werden könnte, dann vielleicht ja!"

Fragen wir immer noch weiter.

„Könnten wir mit diesem bloß von hinten gesehenen Weibe tiefe, nasse Küsse, so recht aus vollem Herzen wechseln?"

Die Antwort hinge diesmal gewiß von noch mehr Bedingungen ab: „Wir könnten mit ihr gerne solche Küsse wechseln, wenn wir bei ihr Genuß in ihren „Umarmungen", Wohlgefallen an ihren Küssen und Glück in ihrem Auge fänden."

Noch weiter müßten wir fragen:

„Könnten mir bei diesem bloß von hinten beurteilten Weibe mit Entzücken vagabondierende Küsse über ihre einzelnen Körperreize irren lassen — könnten wir ihren Busen, ihre Schenkel, ihre Weichen und ihre andern weniger verborgenen Reize küssen, um uns an ihres Körpers Duft und an der Glätte und Weichheit ihrer Schönheiten sinnlich zu berauschen?"

Die Antwort wäre diesmal gewiß:

„Wir könnten es, wenn die Wonnen ihrer Umarmungen, wenn das Wohlgefühl ihrer Küsse, wenn der Zauber ihres Blicks und wenn die reizend werdenden Eindrücke ihres großen Kusses uns zu diesem Grad der Liebe entflammten!" — Denn es könnte ja dies auf der Straße, bloß von hinten und im Halbprofil gesehene Weib, genauer besehen, sich wohl auch als die schönste, edelste Schönheit, als der schönste lieblichste Charakter, mit einem Worte, als das schönste begehrenswerteste Mädchen offenbaren.

Doch stets bleibt uns die Frage noch:

„Könnten wir wohl mit einem so von hinten bloß für schön gehaltenen Weibe jenen großen Kuß der Küsse wechseln — jenen wilden Kuß der Talblume?"

Pfui doch! Gewiß nicht eher, als bis wir all die bisherigen Bedingungen nicht voll und dauernd sich erfüllen sahen; nicht eher, als bis wir die volle Überzeugung hegen, sie sei durch erstes Lieben, durch jungfräuliches Recht, oder aber durch längere Bewährung und nach erprobter Treue unsere, und nur ausschließlich unsere Geliebte geworden, und auch dann nur so, wenn sie durch reine Schönheit jenes tiefverborgenen Reizes, wenn sie durch Anmut ihres zauberischen Wesens unser Verlangen in wilde Flammen setzt.

So wird wohl ein jeder Denker von Geschmack die Antwort geben.

Und nun die letzte Frage.

„Könnten wir das bloß von hinten und im Profil gesehene Weib wohl „lieben“ — lieben mit jener „hohen Liebe“, die sie mit uns unbedingt und bis zum Tode wie eine Seele, wie ein Gedanke verbände?“

Gewiß nicht! So lautet die Antwort auf die Frage. Lieben — welch ein Wort! Und lieben mit jener „hohen Liebe“ — lieben, so inniglich zerflossen in ein absolutes Eins, erhoben hin bis zum Begriff der Gottheit, und im Gefühl der namenlosen, unsagbaren Seligkeiten, voll erkennend das „Vollkommene“ dann in jenem einen absoluten Einen!

So zu lieben, das vermögen nur die, welche alle vorgegangenen, und noch alle anderen Bedingungen im Leben für unbedingte Liebe tief und treu im Busen tragen.

Das beiläufig sind die sieben Stufen, die im Leben der Geschlechter bis zur Liebe hin im großen ganzen aufgestellt und aufstellbar sind. Ich will nicht sagen, daß diese Reihenfolge genau präzis und richtig sei, behaupte aber, daß an ihr eine Änderung nur gewagt und nur mit vieler Vorsicht möglich wäre oder gelingen könnte, und daß sie, so wie sie da aufgestellt ist, gewiß in mancher Hinsicht treu an der Hand des reinen, natürlichen, unverdorbenen Geschlechtsgeschmackes zur Auffindung wichtiger Wahrheiten, zur Lösung so mancher sonderbaren Frage führen wird, die uns im Geschlechtsleben der Gesellschaft entgegentritt.

Von welcher unberechenbaren Tragweite ist nur schon der eine Schluß, der aus dieser aufgestellten siebenstufigen Skala des Geschlechtslebens möglich wird, der Schluß nämlich: daß der Geschlechtsakt als solcher das Erste und das Nächste, das Leichteste, das Gleichgiltigste und Unbedeutendste ist, wozu sich zwei (der Liebe bedürftige Leichtsinnige) miteinander entschließen können! Klingt uns das fremd? Erscheint uns das paradox — absurd? Mag es nun so klingen und scheinen, wahr und tief in der Menschennatur wurzelt es doch; freilich kann es sich bei den herrschenden Moralverhältnissen so nicht frei offenbaren, aber so liegt und steckt es tief im Wesen aller Menschen!

Um klarer zu sein: der Mann (sowie auch das Weib) entschlösse sich naturgemäß — wenn einander unbekannt — fast rascher und leichter, miteinander den Coitus auszuüben — besonders wenn das Weib venal ist — als daß er sich entschließen könnte, einem solchen Weibe liebend tief ins Auge zu schauen, oder ihm von Herzen einen Kuß zu geben!

Gibt es das?

Nicht nur gibt es das, sondern das, und nur das ist natürliche Regel; alles Andere, was sich dem entgegen in der Gesellschaft offenbart — das alles ist gemacht und konventioneller Trug.

— Wie wunderbar sich da im Lieben Tierisches und Ideales berührt und mengt! —

Denke nur nach!

Um zu beweisen, kehren wir die sieben Fragen einfach um, und aus den Resultaten werden wir die Richtigkeit der Stufenfolge bald gewahr.

Stellen wir die Fragen:

1. „Könnten wir einem Weibe, das wir mit hoher Liebe, so voll und treu mit aller Kraft bis in den Tod, wie unser eigen Ich bedingungslos mit allem Feuer unseres Wesens lieben, könnten wir einem solchen Weibe, uns über alle Fragen erhabenen Weibe, wenn Liebesgier nach ihr uns erfaßt, in der Frenesie unseres Verlangens den gewagtesten aller Küsse in seiner ganzen Wildheit geben?“

Unbedingt gewiß — ja!

2. „Könnten wir ein Weib, dessen Höllenküsse uns so oft durch Mark und Seele rannen, könnten wir dies Weib, uns an ihren Reizen und an ihres Körpers Duft, an ihrer Haare Seide, an der samtweichen Glätte ihrer Üppigkeiten uns berauschend, mit jenem wüsten „Witterkusse“ voll inniger Lust küssen?“

Unbedingt gewiß — ja!

3. „Könnten wir ein Weib, dessen Reizeszonen wir alle in wüster Trunkenheit küssend und schmiegend und kosend durchirrten, könnten wir dies Weib auf ihren Mund küssen mit jenem großen, tiefen Kusse, gerne und in Wonne?“

Unbedingt gewiß — ja!

4. „Könnten wir einem Weibe, dessen große leidenschaftliche Küsse uns oft schon tiefbeglückt, einen einfachen herzlich-innigen Kuß geben?“

Unbedingt gewiß — ja!

5. „Könnten wir einem Weibe, dessen Küsse süß uns munden und zur Wollust entflammen, schwelgend wohl ins Auge schauen?“

Unbedingt gewiß — ja!

6. „Könnten wir ein Weib, in dessen Anblick wir ein wonnig Wohlgefallen finden, wohl gern zur Stillung unseres Geschlechtsverlangens ausnützen — könnten wir in seinen Armen geschlechtliche Befriedigung suchen?“

Unbedingt gewiß — ja!

Auf alle diese sechs Fragen, in denen die sieben Stufen des Geschlechtslebens Berücksichtigung gefunden, muß die Antwort unwillkürlich überraschen.

Welche Lehre schöpfen wir hieraus?

Vor allem eine gar sonderbare und gewiß frappierende Folgerung:

Wer dich „mit dem Flammenblick" ansieht, oder wer dich sogar gerne küßt, der genießt mit dir die Wonnen des Geschlechtslebens gewiß auch mit Vergnügen!!

Wie wahr sprach Ovid, als er lehrte: „Wer es bei einem Weibe bis zum Kuß gebracht, und dann, bei diesem Kusse stehen bleibend, nicht auch alles andere nimmt, der verdiente wahrlich auch den erhalten Kuß nicht!"

Ovid verlangte den Kuß, um überzeugt zu sein, daß die Hingebung erwünscht und möglich sei. Ich aber sage: schon der Flammenblick, jener gewisse, mit freudigem Wohlgefallen schauende Blick der Geschlechter ist ein vollauf genügend sicheres Zeichen dafür, daß beiden der Geschlechtsgenuß mit einander willkommen; ein Kuß noch obendrein ist unbedingt ein sicheres Zeichen des Willens zur geschlechtlichen Vereinigung.

Es wird gut sein, sich dies wohl zu merken!

Wollen wir diese Skala nun auf die Praxis der Wollust selbst anwenden, so werden wir allerdings sehr verschiedene Geschmacksrichtungen gewahren: wir werden solche finden, die vom Weibe, dessen sie sich zur Befriedigung ihres Geschlechtstriebes bedienen, gar nichts weiter wollen oder ihr gar nichts weiter geben, keinen Blick, keinen Kuß; sie trinken, wie man sagt, mit zugehaltener Nase und genießen am liebsten im Dunkeln. Das ist die primitivste, dem Tiere nächste Geschlechtsvereinigung. Finden sie mehr, als was sie beanspruchen, nun so nehmen sie es eben natürlich mit vielem Vergnügen.

Andere werden dem Weibe wenigstens frei und herzlich ins Auge schauen und an ihrem Anblick Wohlgefallen finden wollen, ohne eben einen Kuß oder gar mehr zu geben. Noch andere verschmähen jeden Geschlechtsgenuß, wenn sie nicht ein Weib gefunden, das ihnen so gefällt, daß sie mit ihr in Blick und Küssen voll Vergnügens schwelgen mögen. Sogar auch solche gibt es, welche den Geschlechtsgenuß auf noch höherer Stufe suchen und verlangen.

Das alles bleibt Geschmacksache; soviel jedoch steht fest, daß, auf einer je höheren von den sieben Stufen die sexuelle Lust genossen wird, umso idealer, umso erhabener und der „hohen Liebe" näher sie ist. Ebenso idealer und wertbewußter ist der ganze Mensch, der auf höheren Stufen genießt!

Die Theorie der Liebenstufung führt wie von selber zu den nachstehenden Schlüssen: Die Geschlechtung (Coition) ist das einfache notwendig tierische der Menschenliebe; ihr Charakter liegt in dem Abstrahieren von aller Mitbeteiligung der übrigen Sinnesorgane und der Geistestätigkeit.

Sie begnügt sich in dieser ihrer Abstraktheit vollkommen mit der Befriedigung des natürlichen, geschlechtlichen Verlangens, und ihr Element ist, wenn sie lediglich nur Geschlechtung sein will, das Dunkel und das Schweigen; denn ihr ist außer der Befriedigung alles andere gleichgiltig.

Der innigschauende Blick bedingt schon notwendig das Licht, — mehr verlangt er, lediglich als solcher, nicht. Er weidet sich, selbst auch aus der Ferne, an den Körperreizen und schwelgt in Gedanken in den Armen des angeblickten Geschlechtswesens. Dieser Blick als solcher ist das sichere Zeichen dafür, daß die Geschlechtung mit dem Angeblickten erwünscht, angenehm, ein Genuß wäre, wenn nicht Hindernisse obwalten würden; weiter nichts.

Ein innig gegebener und genommener Kuß hat eine schwerere Bedeutung (wenn er wirklich innig ist); er besagt in intensiverem Maße dasselbe als der Blick, entschließt sich aber auch selbst zur Überwindung gewöhnlicherer Hindernisse und Gefahren und rechnet schon mit der Zeit, indem er auf eine gewisse Dauer und jedenfalls auf eine öftere Befriedigung reflektiert: Wer schon innig küssen kann, der wird auch sofort lieben können. Die Bedingungen hiezu fallen als gegeben ins Gewicht, werden nur mehr durch den Ernst der Verhältnisse modifiziert und wird ein Wanken des Vorsatzes durch physische und psychische Notwendigkeit veranlaßt.

Die weitere Detailierung und Charakterisierung der so mannigfaltigen Richtungen des Geschmacks im Punkte des Geschlechtsgenusses auf den sieben Stufen wäre ein schönes Gebiet des Studiums — schade, daß es hier zu sehr abseits führen würde!

Wir resumieren demnach die aufgestellten „sieben Stufen der Geschlechtlichkeit" in folgenden Ausdrücken:

Die niederste und erste Stufe ist die Geschlechtung (der Coitus); die zweite ist der Flammenkuß des Blickes; die dritte ist der Lippenkuß; auf vierter Stufe steht der „Große tiefe Kuß"; auf die fünfte Stufe stellen wir den Schwelgerkuß; auf die sechste Stufe gelangt der „Höllenkuß", und auf der siebenten und höchsten Stufe prangt die „Hohe Liebe".

Von diesen sieben Stufen faßt eine jede höhere alle anderen, numerisch ihr vorangehenden, voll und unbedingt in sich.

Das zu wissen, ist gewiß nicht uninteressant, und wer im Laufe seiner Geschlechtskarriere dies genau sich merkt, der wird so manches genießen, was ohne dieses Wissen ungenossen geblieben wäre.

Ob nicht das Hiergesagte so manchem manche Illusion zerstört hat?

War es die Kühnheit der Sprache? War es das Thema selbst, das doch so unvermeidlich sich ins Ganze flocht? oder war es die verblüffende Folgerung betreffs solcher, die sich gegenseitig gefallen, daß der Entschluß zum körperlichen Geschlechtsgenuß der erste und nächste Gedanke zweier Wesen verschiedenen Geschlechtes ist?

Es ist das wohl traurig und recht gefährlich für das wahre, glückliche Lieben, für die dauernden Liebesabsichten und Bestrebungen; aber leider ist es so und nicht anders, weil unsere bisherigen und heutigen gesellschaftlichen Einrichtungen mit ihren Moralsatzungen, mit ihrer Sittenpolizei und mit ihren Eheverhältnissen aller Unzucht Tür und Tore öffnen. In und mit und neben diesen Einrichtungen läuft die geilste, ungezügeltste Genußmanie einher, sanktioniert durch die Verkehrtheiten der herrschenden Ansichten — und greift um sich, nicht nur in den Schichten jener notorisch Verkommenen, sondern herrscht in allen Klassen der Gesellschaft, bis hinauf zu den höchsten und tritt täglich unverhüllter zutage — samt seinen Seuchen und Schäden.

Der „freie Geschlechtsbund" wäre unter den gegebenen desolaten Verhältnissen — so kühn das Wort auch tönen mag, immerhin noch das einzig radikale Mittel, um diese Geschlechtsmisere gründlich und sicher zu beseitigen.

SIEBENTES KAPITEL

DAS „TRAINING" DER GESCHLECHTER

ie Tage, die zwischen größeren Liebesgenüssen liegen, sind eine Zwischenfrist, die im großen dasselbe ist, was die „Pausen" zwischen den einzelnen Befriedigungs-Gängen sind: eine Zeit, in der die Psyche und moralische Krafteinbuße wiederersetzt, die Leistungsfähigkeit wiederhergestellt und das Feuer der Energie wieder angefacht werden soll

Daß auch in diesen großen Pausen das Weib die Seele des ganzen Liebeslebens sein muß, gilt hier gerade so, wie das in den kleinen Pausen gilt.

Ihr freundlich herzliches Entgegenkommen, ihr liebend geistreiches Gehaben, ihr wollustatmend süßes Wesen wirkt neubelebend, erquickend und zündend auf den Mann, und der beiden Liebe wird gar bald nicht nur wieder so kräftig wie zuvor, sondern sie wird, wenn diese Fristen richtig ausgefüllt, sich voller noch und kräftiger entfalten.

Ein vollkommen korrektes Weib wird alles daransetzen, um den Mann in diesen Zwischenfristen für sich, für ihre Liebe möglichst oft zu entflammen — täglich zehn- und auch mehrmal, ohne jedoch Befriedigung zu gewähren. Ein solches Weib ist die belebende Seele der Liebe und des ganzen Lebens!

Diese Zwischenfristen sind die Kulturzeiten, die Pflegephasen der Liebe, und von dieser Kultur und von dieser Pflege hängt alles Wohl und Weh des Liebens ab.

Denn die seelische Liebeskraft unterliegt sozusagen denselben Gesetzen wie die körperliche Muskelkraft: Will man sie auf die höchsten Stufen ihrer Leistungsfähigkeit bringen und sie auf diesen Stufen möglichst langedauernd erhalten, so müssen sie hierzu herankultiviert werden. Und wie der übungslose, untätige Körper schlaff und träge wird, und wie er nach zufälliger Leistung oder Anstrengung sich angegriffen, ja wie gerädert fühlt und längere Zeit an stellenweisen oder allgemeinen Muskelschmerzen leidet, ebenso ist es mit der Liebe und der Liebeskraft. Der Verweichlichte wird ungleich rascher müde und satt und riskiert nach ungewöhnlicherem Kraftaufwand und Kraftverlust eine länger dauernde wahrhafte Malaise, in deren Jammer sich ein zweitesmal zu stürzen er sich gewiß und weise zu hüten vornimmt.

Wer die Kraft der Muskeln stärken, sie zu hoher Leistungsfähigkeit erheben und bringen will, der fange an, seine schlaffen Muskeln allmählich sachte und immer mehr und mehr an Bewegung und Arbeit und Anstrengung zu gewöhnen, bis er auch die kraftvollsten Leistungen ohne besonderes Unbehagen, ja mit Freuden und bestem Behagen zuwege bringt.

Es täuscht sich aber, wer da meint, daß es mit diesem sukzessiven Potenzieren bis zur höchsten Leistungsfähigkeit und dann mit fortgesetzter Leistungsregelmäßigkeit nun gänzlich abgetan, genuggetan sei.

Angelangt auf der höchsten Leistungsstufe würde die Leistungsfähigkeit gar bald wieder bergab geraten, wenn nicht auf das vernunftgemäße Kultivieren, oder besser, auf das rationelle Trainieren ein ganz besonderes Gewicht gelegt würde. Das ist klar.

In was besteht nun die Kultur, das Training der Muskeln?

Darin: daß vor der Kraftleistung der gesamte Kraftapparat und vorzüglich die kraftleistenden Teile in den Zustand der möglichsten Leistungsfähigkeit versetzt werden, daß nach stattgehabter Kraftleistung derselbe Gesamtapparat und besonders die angegriffeneren und erschöpfteren Teile der sorgfältigsten Beobachtung, Hegung und Pflege, der fürsorglichsten Kräftigung und Vervollkommnung teilhaftig werden und teilhaftig bleiben bis zur nächsten Kraftleistung, und es muß die Zwischenfrist unbedingt und notwendig mit kleineren Kraftübungen, die zwischen körperlicher Ruhe und seelischer Anstrengung ganz beliebig abwechseln, zugebracht, verwertet werden, um die neue Kraftarbeit dann wohlgemut antreten und erfolggekrönt vollführen zu können.

Das ist das Training der Muskelkraft, und ganz dieselbe Kultur erheischt die Liebeskraft, sowohl zwischen den einzelnen Liebesopfern desselben Tages, als wie zwischen den einzelnen größeren Liebesfesten als solchen.

Wer im Lieben Großes leisten will, dessen Körper muß durch Turnen oder anderweitige Arbeitsgewohnheit zu diesem Zwecke schon vorbereitet sein!

Diese Zwischenfristen sind, im Unterschied zu den Liebesfesten, welche die Zeit des Genießens sind, die eigentlichen und wirklichen Zeiten des zarteren Liebens, des erhabeneren Kosens, des vergeistigteren Aneinanderschmiegens beider Herzen; das sind die Zeiten, wo die Liebe immer tiefer und tiefer Wurzel schlägt. Und werden diese Zeiten richtig und konsequent verwertet, und folgen sie in richtiger Folge konsequent aufeinander, dann erstarken die Wurzeln der Liebe so sehr, dann klammern sie sich so kräftig fest im Herzen der beiden, daß sie wohl jedem Zerren und jedem Rütteln des Schicksals Widerstand leistend, allmählich die „Liebe bis an den Tod", die „hohe Liebe" garantieren.

Diese Zwischenfristen machen das Leben so eigentlich erst zum Paradies: die gegenseitigen Dankesregungen, das innige Entgegenkommen, die süße Erinnerung an genossenes, die süße Hoffnung auf zu genießendes Glück, das Küssen und Kosen, das wonnige Getändel — das alles und manches Andere noch ergeben ein Minneleben, dessen Einzelheiten unabsehbar, unberechenbar, unbeschreiblich sind, und deren Summe die Erde uns zum Himmelreich umzaubert.

Ein wirksames Mittel, zur Hebung der Leistungsfähigkeit beizutragen, ist das trauliche Geplauder über Liebesgenüsse. Wenn man ungestört hierzu Zeit hat, bespreche man die letzten Genüsse aufs ausführlichste miteinander; man gehe in die geringsten Details ein, erwähne die dabei vorgekommenen etwaigen Zwischenfälle u. dgl. — Ferner bestimme man schon im voraus, wie und auf wievielerlei Art demnächst genossen werden soll. Man präpariere sich zu diesem Feste gleichsam, indem man die technische Ausführung derselben sich gegenseitig klar macht. Durch alle diese Dinge wird die Phantasie hochgehend — und die vergangenen sowie künftigen Genüsse verdoppelt, verdreifacht erscheinen.

Was die Körpertüchtigkeit der Liebenden anbelangt, so ist hervorzuheben, daß dieselbe außer der allgemeinen Gesundheit und Konstruktion des Körpers namentlich auch in einer speziellen Tüchtigkeit und Geübtheit des Körpers, in Ausführung einzelner Bewegungen, im längeren Verharren in sonst ungewohnten Positionen, in der eigentümlichen Elastizität und Zähigkeit einzelner sonst geschonter Körperpartien . . . besteht.

Man sieht es so gerne — und das ist auch geschlechtlich genommen ein natürlicher Zug der Menschen, — wenn kräftige und geübte Personen die Proben ihrer Kraftleistungen vorführen.

Ein Turner in seinen Kraft- und Geschicklichkeitsübungen im allgemeinen, oder Spezialisten im besonderen, wie Kunstreiter beiderlei Geschlechts, Equilibristen am Draht, Kunsttänzerinnen, Ringer und sogar die Kavalleristen und zivilen Reiter, finden (selbst geschlechtlich genommen) auf Grund ihrer krafterfordernden Übungen ziemlich allgemeinen Anklang, da namentlich das Weib sich ursprünglich von Natur aus williger und freudiger dem Starken ergibt als dem Schwächling oder dem Weichling. Das ist durchaus natürlich!

Und doch ist all dies nicht so ausschließlich und direkt darauf berechnet, daß es in allen Haltungen, die das große System der Liebesarten zu bieten vermag, sich bewähre. Nur der Turner im vollen Sinne des Wortes wird unter allen Umständen als probefest erscheinen. Da man jedoch nicht in allen Lebenslagen und Lebensaltern das Turnen systematisch üben kann, so sollen hier diejenigen Übungen folgen, die für jedermann durchführbar und darnach angetan sind, daß sie ein rastloses Ausharren, eine unschätzbare Unermüdlichkeit in allen Lagen der Liebesarten zur Folge haben.

Bei richtiger Auswahl kann aus der nachfolgenden Anzahl sich jeder je nach seiner Körperkonstitution oder nach seinen übrigen Neigungen und Absichten einige (5—6, zuweilen 2—3) Übungen feststellen, die er, als mit den wenigsten Umständen verbunden und dennoch Körper und Gliedmaßen stählend, unausgesetzt und konsequent jeden Morgen durchmacht.

Wir nennen dieses Turnen am einfachsten und zweckmäßigsten vielleicht das „Teppichturnen", indem es fast ausschließlich am Turn-Teppich und in tiefen, unten am Teppich gebildeten Körperlagen und Stellungen geübt wird. An diese Benennung klammern wir uns übrigens durchaus nicht und räumen wir einer besseren zu jeder Stunde gern den Platz.

Der Nutzen und Vorteil, der aus diesem Turnen fließt, ergibt sich wie von selber. Der Nichtturner ist auf dem Felde der praktischen Liebe eine ganz unvollkommene Erscheinung. Hinfälligkeit, Gicht etc. sind alles Dinge, die nur dem Weichlinge widerfahren können und dem Turner auffallend aus dem Wege gehen. So mannigfach denn auch die Positionen des großen, im letzten Buche dieses Werkes behandelten „Systems" sein mögen, so ist bei gehöriger Beobachtung der Turntheorie deren Darstellung ein stählendes, kräftigerhaltendes Mittel bis ins hohe Alter hinan.

Abgemattet ward durch geschlechtliche Exzesse nur der ungeturnte Weichling, selbst dann, wenn seine Exzesse wegen der geringen Leistungskraft, die er aufbringen konnte, bloß mäßige zu nennen waren. Tüchtige Turner leisten bedeutend mehr und exzedieren, wenn's darauf ankommt, bedeutend energischer und ergiebiger, ohne daß die Liebe dieselben noch je zu einem Krüppel gemacht hätte, wie das den verweichlichten Wüstlingen so oft widerfährt und namentlich in vergangenen Zeiten so oft widerfuhr... in jenen Zeiten, wo das Turnen überhaupt noch kein Faktor im Leben der Menschen war.

ACHTES KAPITEL

TURNEN UND ALLOTRIA

ls ersprießliche Vorübungen für das Riesensystem empfehlen sich folgende:

1. Streckhub: Man steht auf einem Fuß; der andere wird mit gestreckten Fußspitzen erst nach vorne, dann nach rückwärts gestellt und langsam möglichst hoch gehoben und in dieser Höhe etwas ausgehalten. Die Balance wird am besten durch Hanteln erzielt. Der Oberkörper gibt möglichst nach. Arme ebenfalls gestreckt und nahe parallel. Kein Knie gebeugt. Rechts, dann links.

2. Vorhubgang. Bei jedem Schritte das Knie möglichst hoch und nahe der Brust heben.

3. Anfersgang. Bei jedem Schritte mit der Ferse an die Keule schlagen.

4. Anfersen: Aus dem Stand ein Sprung, dabei mit beiden Fersen auf die Keule fersend. So oft, als gutdünkt, wiederholen.

5. Zehengang: Füße hochgestreckt, ganz auf den Fußspitzen stehend.

6. Knickebein: (Hände auf die Oberschenkel gestützt.) Ein Gang mit möglichst tiefer Knickung des einen (voranschreitenden) Beins im Knie; bei jedem Schritte wiederholend.

7. Schlußhocke: Füße knapp nebeneinander (geschlossen) niederhocken, aufstehen. So oft, als gut dünkt.

8. Spreizhocke: Fersen zwei Fußlängen von einander; dann drei Fußlängen weit. Nieder und auf, so oft als gut.

9. Doppelkniete: Aus dem Stande in die Knielage und aus dieser in den Stand, frei.

10. Einkniete: Rechts oder links; auf einem Bein stehend, das andere wird frei und geknickt allmählich gesenkt, so, daß das Knie und die Fuß-

spitze zugleich die Erde berühren. Das tragende andere Bein knickt im Knie natürlich mit nach.

11. Zwiespreize: Beide Füße bei gestreckten Beinen möglichst fern auseinander bringen und halten. Stehend, 12. knieend, 13. liegend (rücklings, dann brustlings) mit gradgestrecktem Gesamtkörper, 14. mit aufgestemmter Sohle (rücklings liegend), 15. liegend mit senkrechten Schenkeln, aber wagrechten Waden, 16. liegend mit ganz senkrechten Beinen und gestreckten Fußspitzen. Langsam und vorsichtig üben. In der größten Spreizung möglichst lange verharren.

17. Halbspreize: Stehend erst mit einem gestreckten Beine (rechts und links), dann mit gebogenem, sesp. eingezogenem, geknicktem Beine; 18. schiefknieend, seitlings auf eine Hand gestützt, das freie im Knie gebogene Bein möglichst hoch spreizend, rechts und links; 19. auf allen Vieren, dabei abwechselnd je ein Bein (geknickt, dann gestreckt) möglichst hoch spreizen und in der Taille nachdrehen; in höchster Höhe auf gleichhohem Gerät ruhen lassen oder frei erhalten.

20. Kreuzhocke (türkisch): Stand; durch Drehung die Beine kreuzen, d. h. auf den Zehen stehend Front machen, ohne die Füße vom Platz zu heben; niedersetzen; ruhen; aufstehen; Zurückdrehung in den Stand. Alles frei und rasch; ohne Stützung der Hände.

21. Seit-Niedersatz: Man ist auf allen Vieren (mit den Beinen nicht knieend), hebt dann die eine, erst rechte, dann linke Hand möglichst senkrecht und gestreckt empor; aus dieser Stellung macht man eine Rückschwenkung in den Sitz; aus dem Sitz, die rechte Hand stützend und den rechten Fuß an die Keule gezogen, mit einem Ruck des rechten Armes in die obige Positur und von da in den Stand. Will rechts und links viel geübt sein.

22. Frontniedersatz: Man hockt sich, stützt die Finger oder deren Knöchel rechts, links, knapp an den Fersen fest auf die Erde und setzt sich; zieht die Fersen wieder eng an die Keulen, gibt sich mit den Fingern einen Schwung, streckt die Beine und gerät in den Stand.

23. Zwergenschritt: Hockend, Hände mit gestreckten Fingern zwischen den Schenkeln auf der Erde, also wie auf allen Vieren; in dieser Stellung wird nun gegangen, gelaufen, getrabt u. s. w.

24. Streckstemme: Die Hände auf der Erde, Arme gestreckt; auf ihnen und auf den Zehen ruht der ganze gestreckte Körper.

25. Kreiselstrecke: In der Streckstemme vorlings, das heißt den ganzen Körper stramm gestreckt, auf die gestreckten Arme und auf die Fußzehen gestemmt; Fußzehen bleiben als Angelpunkt fixiert, während die Hände nach rechts oder links, Schritt, Trab, Galopp mit möglichster Präzision in genauem Kreise exekutieren.

26. Dasselbe rücklings; der Körper ruht auf den Händen und Fersen. In beiden mit Tauch- und Aufwölbübungen. Auch Zehen oder Fersen am Sofa oder dergleichen lange aushalten.

27. Langstrecke: Die Hände auf dem Tische oder gleichhohem Gerät, Zehen auf der Erde, Körper und Arme gradgestreckt; nur vorlings.

28. Wurfpendel: Große Hanteln: Aus der Streckstemme von vorne in diese rücklings sich werfen und zurück. Tempi: 1. Streckstemme, 2. Durchwurf oder Überpendeln in rücklings, 3. zurück in die Hocke und von da entweder Fortsetzung oder Aufsprung in den Stand.

29. Durchlauf: Hocke; Hände mit den Fingerknöcheln auf die Erde gestemmt; in kleinen Schritten gehen die Füße nach rückwärts bis in die Streckstemme vorlings, dann wieder in die Hocke zurücklaufend und, ohne darin verweilend, vorwärts bis in die Streckstemme rücklings, dann wieder zurück in die Hocke und unaufgehalten in die Streckstemme vorlings und so fortgesetzt, bis es genug dünkt.

30. Bock: Man sitzt, zieht die Waden an die Schenkel, die Fersen an die Keulen (so vollkommen als nur möglich) und legt das Gesicht auf oder an die Kniee, und in dieser möglichst kugeligen Situation versucht man auf weicher Unterlage allerlei Rollbewegungen, die natürlich nur unvollkommen gelingen können.

31. Nester: Am Bauche liegend, torso wölbend; Kopf hoch, Beine in den Knien geknickt, die Waden möglichst nah den Schenkeln; Arme nach hinten langend; Zweck ist: mit den Händen die Füße im Rist zu erfassen, zu halten, und durch Ziehen und Spannen die möglichste Abrundung zu erzielen.

32. Sesselstrecke: Quer über den Sessel liegend, ganz gestreckt und horizontal.

33. Kleinhufeisen: Rücklage, die Fäuste unter die Kruppe gestemmt, Schenkel bis an die Brust überschlagen angezogen, wagrecht und gespreizt.

34. Großhufeisen: Rücklage, die Ellen (die ganzen Unterarme) unter die hochgehobene Kruppe gestemmt, Schenkel, bis an die Brust überschlagen, angezogen wagrecht und gespreizt.

35. Gelenkübungen: 1. Sitzend und mit den Händen die Fußknöchel fassend, die Ferse je eines Beines an die Hüften bringen oder an die Leisten; von rechts nach links und umgekehrt. 2. Sohlenschau: Sitzend führt man je eines Fußes Sohle nahe zum Gesicht. 3. Zehen an die Stirne, den Mund oder an die Brust. Rechts dann links (natürlich sitzend).

36. Wildlauf: Auf allen Vieren möglichst präzis und schnell: Schritt, Paß, Trab, Galopp.

37. Spinnengang: Auf allen Vieren rücklings, nur im Schritt, aber möglichst schnell und präzis.

38. Streckbalance (vorlings). Rechte Hand und linken Fuß stemmend; linke Hand und rechtes Bein frei und möglichst hoch gestreckt und gespreizt. Rechts, dann links.

39. Wagbalance (rücklings rechts, links): Rechte Hand und linken Fuß stemmend, rechtes Bein parallel mit der Erde gestreckt, Oberkörper ebenfalls wagrecht, möglichst tief. Das gestreckte Bein ist hinter dem stemmenden, worauf es nach vorne gewechselt werden kann. Die Pointe liegt in der Geradheit der Körperteile. Rechts, dann links.

40. Sesselwage (auf festem Holzsessel), ist jene bekannte Kraftübung wo man mit beiden Händen die zwei Seitlehnen festgreift und den Körper in den Hüften auf Ellenbogen der näheren (diesseitigen) Hand aufstützt und stramm geradestreckt. Rechts, dann links.

41. Knieprobe: Ist jene, mit schweren Hanteln ausgeführte Nieder-lassung auf ein Bein in die Hockstellung mit freigespreiztem andern Beine. Man steht nämlich erst aufrecht, in jeder Hand eine Hantel; dann hebt man das linke Bein im Knie geknickt (Waden senkrecht, Schenkel wagrecht) und hockt sich mit dem rechten Beine sehr langsam bis zur Ferse und dann bis zur Erde nieder; dabei strecken sich sowohl die Arme als auch das linke Bein allmählich und nach Bedarf vollkommen wagrecht. Sitzt man, so hebt man sich auf demselben Wege und ohne merklichen Ruck oder Schwung wieder empor bis in den Gradstand. Dann wiederholt man dasselbe, auf dem linken Bein stehend, ebenso wie oben beschrieben.

42. Löwenschritt: Ist die Fortsetzung der Knieprobe, indem in der Hocke nun das gestreckte Bein zum Tragen, das tragende aber zum Strecken gelangt und so abwechselnd und fortschreitend.

Aber nicht nur der Körper, sondern auch der Geist will seine Gymnastik, seine Diätetik, seine Aufmunterung in direkt geschlechtlicher Richtung und in unmittelbarem Umgange mit dem Lieb.

Ausser dem bis jetzt angeführten Geflüster von Lieb und Dank, von Erinnerung und Hoffnung; ausser dem Gekose und Getändel, dem innigen Anschmiegen und Entgegenkommen, erinnern wir an andere Einzelheiten noch, zu deren Wert und Wirkungsart wohl niemals noch ein Kommentar vonnöten war.

So heben wir von diesen kleineren Kraftversuchen ganz besonders zweierlei Klassen hervor: Die „Allotrien" und die „Belagerung"; auf beide verbriefe ich hiemit das Patent für mein seelenvolles, wunderliches und einziges Lieb, das je im Leben mich in Liebe namenlos beglückt und dessen Herz die vollste Gewähr für hohe Liebe birgt!

Du blonder Schelm, du weißt doch, wen ich meine?

Wenn wir dann oft tändelnd in minniger Erregung Kuß um Kuß und flammende Blicke wechseln, die mehr besagen als jede Rede und jede Schrift — wenn unterm losen Negligé die lüsternen Hände von Reiz zu Reiz sich wagen — wenn eingedenk des jüngsten Liebesfestes ein sehnendes Regen unser sich bemächtigt, und doch — wenn wir den festen Vorsatz schon gefaßt: nicht eher Zytheren ein Opfer zu weihn, als bis der große angesetzte Festtag und seine bestimmte Stunde schlägt, und — wenn wir getreu dem festgefaßten Vorsatz trotz alledem mit dem, was Lieb und Wonne heißt, nur spielen wollen, weil wir dem wonnigen Spiel — sei es aufrichtig gesagt — nicht widerstehen können, was tun wir da? Was bleibt uns da noch übrig?

Wir treiben Allotria!

Was ist Allotria?

Das sind die reizenden Scherze, der Vorgeschmack, die abgebrochenen Versuche, die Kettenbrücke jenes wonnenschweren, vollgepreßten ganzen Wollusternstes — das sind die langen üppigen Spiele, der Anfang ohne Ende!

Und wenn es doch geschähe! Wenn im Entzücken der richtige Moment, wo Einhalt getan werden soll, übersehen würde, und wenn die Wollust doch eine ernste Wendung ... und wenn der Anfang doch ein Ende nähme?

Nun dann — das wäre eben ein Verbrechen nicht; geschah's doch ohne böse Absicht, aus Versehen, aus Unberechnung; und da bei jeder bösen Tat vor allem die Berechnung, die Absicht in die Wagschale fällt, so ist die Strafe, die in der Tat selber liegt, die Mahnung des Gewissens in diesem Falle schon genugsam Strafe — die übrigens bei zäheren Naturen gar bald und leicht verwunden und verschmerzt werden mag.

Doch sollen, Scherz beiseite, derlei Vergehen nicht absichtlich begangen werden. Es wäre das ein Versehen an unserem Lieb, an unserem anberaumten Liebesfeste und — an uns selber!

Also abgemacht; die Zwischenfrist wird mit kleineren Kraftversuchen, mit feuerschürenden Spielen, — mit Allotrien, — vor allem aber mit der Festigung der Liebe und Treue ausgefüllt durch ein innig zärtlich, engel-lieblich gegenseitiges Entgegenkommen, durch ein edles und charakter-schönes Wesen, durch ein selbstloses, das Ich und Du verschmelzende Tun und Lassen, durch treu unwandelbares Denken und Lieben, daß sich die Herzen fest und immer fester ineinanderschließen, aneinanderketten, daß Lebensglück und Liebensseligkeiten unseren ganzen Zukunftshimmel rosig strahlend erhellen!

Wir sind allein; das „Fest" ward gestern erst gefeiert; das nächste „Fest" steht noch manchen Tag entfernt; wir haben es für übermorgen anberaumt; wir lieben uns innig; die Liebe ist so schön; wir ruhen Brust an Brust und denken der verflossenen Nacht. Das Tagwerk ruht; wir haben Zeit zum Kosen; ein Kuß, ein Blick und anderes noch; es fängt das Blut zu wallen an; die Herzen pochen hörbar — wir fühlen ihre Schläge — ein Herz verrät dem andern sich; es geht ein glühend Sehnen uns durch alle Fibern — kann das so bleiben? Wär's besser, wenn es so bliebe? Soll die Flamme keine Nahrung, die Sehnsucht kein Erbarmen finden?

Das wäre Tyrannei; das hätte keinen Funken Sinn! Sie sollen beide haben, was ihnen gut und heilsam dünkt.

Er sitzt am Sofa, lehnt bequem und nimmt sein Liebchen in den Schoß — so recht wie man es gerne tut, wenn man allein. — Die Hüllen sind, so weit es erwünscht, soviel wie Nebensache; die blendend vollen Säulenpforten öffnen sich; die kampfbereiten Waffen, erprobt in letzter Nacht, stehen pulsend sich entgegen. Sollten sie sich kreuzen — sich gleich, ohne Verzug in den Kampf jagen? Wozu? Es hat ja keine Eile; der Tag des Kampfes ist noch fern.

Doch, daß sie in Übung und in gutem Stande bleiben, dafür soll stets gesorgt sein.

Nicht auf dem Schlachtfeld bloß, auch in dem Fechtsaal müssen Waffen immerfort in Übung sein — Fechtmarken, Plastrons und Handschuh machen den Kampf zur „Übung", sichern gegen die Gefahr des Blutens. Und so soll es sein.

Sie sitzt auf seinem Schoß. Sie tändeln und spielen und kosen; die Hände werden verwegener — die Finger noch vielmehr — das eine bleibt dem andern kaum was schuldig, und wollen sie's nicht so, so sollen sie es anders wollen! Das ändert an dem Zweck nichts.

Sie tun es so, sie tun es anders — sie tändeln und kosen und spielen.

Sie werden kühner. Willst du —? Nicht doch! — Aber nur so zum Kosen, zum Nippen. — Sie willigt ein; aber nur so zum Kosen — und nur so zum Nippen!

Sie legt die „Knospe" vor die Schwellen ihres Zugangs und — mit einem unnennbaren Schauder der beiden gelangt die Knospe allmählich tief und immer tiefer in die bebenden Süssigkeiten namenloser Träume. — Sie halten ein, sie bleiben still und drücken fest sich ineinander — ein heißes Pulsen fesselt ihre Aufmerksamkeit; ein tiefer, langer, langer Kuß — so bleiben sie lange wie eine tiefsinnige Zwei-Einigkeit.

Sie halten den stürmischen Atem an, — und wie bei geschlossenen Polen einer galvanischen Kette, — so durchströmt sie der „Strom der Geschlechter".

Doch sie sind weise.

Sie trennen sich — gänzlich. Der Blick, er flammt, mit dem sie innig sich ins Auge schauen; die Lippen heiß und rot, zerküßt; die Waffen finden Kühlung in des Sinnens kühlem Bad. — Sie springt herab; der Vorhang fällt; sie schmiegt sich wieder an seine Brust und frägt und sagt so manches.

Sie haben gekostet, genippt — bloß die Wunde geschlagen — nicht getötet! Es war das bloß eine Verwundung, ein Zündeln, eine Probe — und weiß ich, wie viel Namen diesem Spiel noch zu geben wären!

Nun ruhen sie wieder und flüstern und planen wohl andere Allotrias.

Das währt so manche Stunde und so mancher Versuch wird erneut. Doch sagt sie gar oft: artig sein! nicht ausschlürfen!

Die Phantasie hat hier ein weites Feld.

Sie können auch ergiebiger geniessen. Solch ein Spielen kann zum langen Schwelgen, zum fortgesetzten abwechselnden Kettenspiele werden dadurch, daß sie die im hier angekündeten Riesensysteme enthaltenen einzelnen „Bilder" versuchen — nur versuchen: ob's geht und ob's gut ist — weiter nichts; und sie können bei weiser Vorsicht der Arten gar manche durchkosten — der Arten gar viele sogar!

Oder sie sagen sich einen „Guten Morgen", einen „Guten Abend" oder sonst einen Tagesgruß, in welcher Pose auch immer — aus tiefem Herzen, tief bis an das Herz — durch jede Faser strömend; — und wenn des Stromes genug erscheint, wenn seine Wellen höher zu gehen beginnen und wenn dem zündelnden Gelüste genug getan, dann lassen sie ab und treiben dafür, wenn's eben beliebt, andere Allotria.

So gehts, wenn's gut geht, von Tag zu Tag ein Stündchen wohl — oder auch seltener — wie eben Zeit und Umstände es erwünschen; die andere Zeit des Tages ist dem rein Seelischem, soweit das Tagwerk es gestattet, gewidmet. Oder man besucht sich des Nachts — man schläft miteinander — ohne jedoch im Ernste zu sündigen — man treibt eben Allotria so ganz nach Herzenslust!

So geht die Zeit benützt dahin, bis daß die Stunde des neuen „Festes" schlägt, bis die beiden vor lauter „Verwundung" wie blutend gierige Tiger auf einander stürzen.

Das war der erotische Teil der zugebrachten Zeit des Tages, und diese Zeit ist nur dann und so zu wählen, wenn es beiden offenbar von Herzen willkommen ist; diese Zeit ist ohnehin ein kleiner Bruchteil nur des Tages — soll auch wohl nie zu sehr in die Länge gehen und am allerwenigsten soll da ein Mißbrauch einreissen!! Denn solches Nippen und solches Kosten bringt den ganzen Körper in Aufruhr und — auf wen ein solcher Aufruhr ermattend wirkt, der mag sich dieser Spiele enthalten; wem das aber nicht schadet, nun, dem war das nicht gesagt!

Beim Tagwerk gehe jeder seiner Wege. Das obligate, allzuviele Bei-sammensein wird über kurz oder lang fatal. Jeder bleibe frei in seinem Handeln. Die „Treue", die „Ausschließlichkeit" ist, wenn alles Andere richtig sich bewährt, im Glück der Liebe: in der Großartigkeit des Genießens voll-stens garantiert — alles andere Bemühen ist ohnedies von keinem oder nur dürftigem Erfolge.

Es hatte Blond-Liebchen auch andere Gedanken — sie sinnt ja so gern über Schelmereien!

Sie sagte dereinst: In Ermanglung des Bessern, sollten Liebende sich manchmal den Versuch gönnen, zu sehen, wie und ob es gelingen mag, der Geliebten gegen ihren Willen, d. h. wenn sie sich dem aus aller Kraft ent-gegensetzt, einen Genuß abzugewinnen? — In welcher Stellung das auch gelingen mag, ob mit Gewalt oder mit List, oder aber durch beides — das ändert an dem Ganzen nichts — das gäbe ein prächtiges Kampfspiel!

Nun hängt das Gelingen dieses allerdings schwierigen Werkes zum größten Teil von dem Kraftverhältnis der beiden ab, und es muß demnach in Fällen größerer Kraftdifferenzen durch Bedingungen, die den Stärkeren an dem Vollgebrauche seiner Kraft behindern, das Gleichgewicht hergestellt werden.

Die Bedingungen können so vielfach und so bindend sein, daß auch das kleinste, zarteste Weib bei diesem „Versuch" dem riesigsten Athleten großen Widerstand zu leisten vermag. Von der richtigen, korrekten Stipu-lierung der Bedingnisse hängt vieles ab.

Dann hängt es auch davon ab, in welchem Zustand der Versuch ge-schieht: ob angekleidet, oder wie gekleidet.

Und dann ist ganz besonders noch der Raum und die Zeit, die uns zur Verfügung steht, zu berücksichtigen.

Der Raum sei möglichst ausgedehnt, möglichst bequem eingerichtet und womöglich der Fußboden mit Teppichen ganz belegt, oder auf andere Art zum Liegen (wenns vorkäme) sich eignend. Stehen mehrere Räume zur Verfügung, dann umso besser.

Betreffs der Zeit ist's ebenfalls umso besser, je mehr Zeit zur Ver-fügung steht. Eine Stunde oder eventuell eine halbe Stunde können wohl ausreichen; doch können zur Belagerung auch mehr Stunden, mehrere Tage, sogar die ganze „Zwischenfrist" in Verwendung, in sehr entsprechende Verwendung kommen.

In allen Fällen liegt der Schwerpunkt auf den „Bedingungen". Soll die Festung in einer halben Stunde gestürmt werden, dann werden die Bedingungen so gestellt, daß dem Manne die Aufgabe leichter werde. Hat man eine gewisse Stunde vor sich, so können die Bedingungen für den Mann etwas härter ausfallen und dem Weibe etwas mehr Freiheit gestattet werden. So kann, wenn in einer halben Stunde ein Sieg errungen werden soll, und wenn das Kraftverhältnis beider Liebenden ein normales ist, d. h. daß sie nur um ein Gewisses schwächer ist als er, etwa folgende Bedingungen zur Geltung kommen: Sie darf nicht beissen, nicht kratzen, nicht schlagen, nicht zwicken, nicht kitzeln, nicht rupfen; sie darf den schon in die Bresche sich zwängenden Sieger nicht mit der Hand aus dem Geleise reissen oder schieben — obgleich ihr alle andern Entziehungsmethoden zu Gebote stehen; sie muß, sobald sie den Sieger bis zu einem gewissen Masse innerhalb der Wälle fühlt, sofort bedingungslos kapitulieren — d. h. auf allen Widerstand verzichten und dem Sieger, in welcher Lage ihm's belieben mag, zu Willen sein. — Für einen ganzstündigen Kampf soll sie nicht so beschränkt werden.

Wollen sie über einen ganzen Tag den Belagerungszustand verlängern, so ist das so zu verstehen, daß nur diejenige Zeit als Kampf- und Sturmzeit gilt, die ihnen bleibt, ohne sie im Tagwerk zu stören, und wo sie unbehindert allein sich finden können. Das ist, wie selbstverständlich, ein Kampf mit Unterbrechungen.

Wie das für einen Tag gilt, so kann der Belagerungszustand auch über 2, 3 und mehr Tage ... über eine Woche und noch mehr verhängt werden, und am besten in Verbindung mit einer konkreten vorausgesetzten Wette oder mit einer Diskretionswette.

Die Kampfbedingungen werden deutlich und eingehend festgestellt — sogar notiert.

Bei solchen unterbrochenen Kämpfen spielt die Kriegslist, der Geist und der Witz eine hervorragende Rolle, und es können solche Kampfzüge, solche Kampfepochen in ihrer Totalität zu wunderbaren Genusskombinationen, zu einem schöpferischen Quell der findigsten und genußvollsten Streiche werden.

Doch sollen solche Belagerungen, besonders die mehrtägigen, nur sparsam und mit weise berechneter Absicht angesetzt und arrangiert werden. Die kleineren sind auch öfter zulässig, da sie ob ihres vorherrschend sinnlichen Charakters so manches Pikante bieten, das als Würze für die Zwischenfrist der Kräftekultivierung von erheblichem Wert ist.

Das weite Gebiet, das einer regeren Phantasie für Belagerungskämpfe sich öffnet und die Unberechenbarkeit des Wonnenzuwachses, der aus geistreich gelungenen Kämpfen resultiert, sei beiden Geschlechtern, zur tieferen Durchforschung und Verwertung aufs angelegentlichste anempfohlen.

Warnung! „In der Hitze des Kampfes und Sturmes ereignen sich ganz ungewollt und unversehens oft Dinge, die vielleicht moralisch oder physisch schlechten Eindruck machen, Schmerzen oder Indignation verursachen. Wer sich daher in beiden Richtungen empfindlich weiß, der soll es feierlichst bedingen, daß alles unterbleibe, was ihm nicht ganz behagt, — und soll zu diesem Zweck jedes einzelne Ungemach klar und deutlich beim Namen nennen — sonst ist es besser, wenn das geplante Kampfspiel unterbleibt."

Soviel wird vorderhand über Allotria und Belagerung genügen.

NEUNTES KAPITEL

EROTISCHER KAMPF UND SIEG

ur Veranschaulichung eines solchen Belagerungskampfes der einfachsten Art diene folgende „zufällige" Geschichte. Nehmen wir an, daß sie sich wirklich ereignet hat; warum sollte sie unmöglich sein? Sie ist so wahr, wie jedes ähnliche Ereignis, das ebenso abläuft wie dieses — und dessen beneidenswerte Aktoren wir Lucill und Chlorinde nennen wollen. Die Heldin ist eine gefeierte römische Schönheit aus der Kaiserzeit, der Held ein edler jugendlich schöner Römer; das Fest wird in der Schlafhalle Chlorindens gefeiert, und der Zweck ist, zu erhärten, ob es wohl wahr ist, was Chlorinde dem Geliebten gegenüber als kategorischen Satz hinstellte, daß: „Wenn sie es nicht will, er ihr keinen Genuß abgewinnen, er sie nicht besiegen könne!"

Es ist Nacht. Der Saal ist hell von Wachslichtern beleuchtet, groß und mit aller Bequemlichkeit fürs Lieben ausgestattet; in der Mitte glatt mit weichen Matten ausgelegt, woran sich an den entgegengesetzten beiden Rändern je ein bequemes Ruhebett anschließt.

Lucill ist schon in voller Toilette — wie Adam vor dem Sündenfall; er liegt auf dem einen Torus, die Wangen auf beide Ellbogen gestützt, in wonniger Erwartung. Da tritt hinter dem Gehänge ihres Schlafbettes Chlorinde hervor, ganz so gekleidet wie er, nur mit dem Unterschiede, daß an ihren Füßen der spannhohe, hellrote Seidenkothurn prangt, und die dunklen Haare mit einem ebenfalls hellfeuerroten Bande, am Scheitel in einem koketten Knoten zusammengebunden sind. Das war alles. Selbst jeder Schmuck ward abgelegt.

So trat sie auf den Kampfteppich.

Lucillus sprang mit einem Satz von dem Lager; von der Schönheit des Anblicks wie bezaubert, stand er regungslos da; die Erregung, ohnedies schon während des Harrens auf hoher Stufe, ging über in die Phase der brennenden Begier; das Blut geriet in helle Flammen; sein Auge sprühte glühend über ihre plastische Gesamtheit; die Muskeln waren in äußerster Spannung — alle ausnahmslos, denn das Schauen so starrblendender Brüste, so runder Arme, so schlank-üppiger Hüften, so kräftiger Schenkel, unter deren dunklen Schattenhügel Himmelswonnen in korallenem Glimmen sich verbargen. Das alles mußte das Feuer der Begier bald in ungestümes Verlangen verwandeln.

Mit einem zweiten Satze stürzte er auf sie los und wollte sie erfassen; er wollte seiner Wildheit ganzes Ungestüm daransetzen, um ihr den Widerstand schon im voraus zu vereiteln. Doch mit geballter Faust streckte sie beide Arme starr und abwehrend ihm entgegen. Er prallte ab; wieder und abermals stürmt er auf sie ein, bald von der einen, bald von der anderen Seite, aber — allemal ward er zurückgedrängt. Sie geriet in Feuer, ihre Wangen waren hochgerötet, ihr dunkles Auge sprühte Flammen und der Ernst der Abwehr prägte sich ihrem ganzen Wesen, jeder ihrer Bewegungen auf. Ihr Anblick war herausfordernd; des Römers Angriffe erneuten sich immer heftiger, je herrlicher ihm dies göttlich-schöne Weib erschien.

Es dauerte lange; die abwehrenden Fäuste waren wie von Stahl, und alle Kraft und alle List mußte er aufbieten, bis es ihm endlich gelang, sie mit beiden Händen zu erfassen, mit beiden Armen zu umschließen.

Sie schnaubte und schäumte vor Zorn. Aber die eherne Umarmung des Jünglings preßte Brust an Brust, Schenkel an Schenkel, und schon versuchte er die Vorteile seiner Übermacht auszunützen und ihren Ausspruch durch sein volles Gelingen aufs gründlichste zu widerlegen. Doch sie bog sich zurück; er versuchte es wieder, doch sie drehte sich rasch in der Hüfte und war ihm nun mit der Flanke zugewendet.

Er faßte sie rasch, drehte sie gänzlich um und hoffte weniger Widerstand zu finden; aber wieder drehte sich ihre üppige Hüfte und wieder war sie ihm mit der Flanke zugewendet und wand sich weiter, bis sie nun abermals Brust an Brust mit ihm sich fand. Da versuchte er nochmals das Gelingen zu ermöglichen, hob sie empor und — nun mußte er triumphieren . . wenn nicht in ihr, angesichts dieser Gefahr und angesichts ihrer unbehilflichen Lage, die ganze Wut des Widerstandes erwacht wäre. Sie machte die verzweifeltesten Anstrengungen, stemmte die Arme mit den Ellen an seine Brust, und fand Gelegenheit, in diesem Momente seiner Überraschung auch die Schenkel übereinander zu kreuzen, bis er, die Unmöglichkeit seines Ausharrens erkennend, ratlos wurde; in diesem Zustande gelang es ihrem Ungestüm denn endlich sich seiner wie ein Aal zu entwinden und höhnisch frohlockend in schicklicher Entfernung gesicherte Stellung zu nehmen.

Beide keuchten und waren im Feuer der höchsten Erregung. Sie lachte jetzt und war ihres Erfolges froh, am meisten aber froh, ihren kategorischen Satz denn doch bewährt zu finden. Er drohte und schwur und behauptete steif und fest, daß sie den Widerstand übertreibe und bei ihrer Verteidigung ihren Fäusten freiere Wirksamkeit gestatte, als dies eigentlich recht und billig wäre. Doch solle sie hierfür Rache fühlen — Rache bis ins Herz, bis in die Seele! Und er hob die Arme und den Blick hoch gen Himmel und flehte zur Göttin der Liebe, zur allmächtigen Venus um Hilfe und Kraft zur Bändigung dieses entsetzlich widerspenstigen gewandten Weibes. Sie spottete und höhnte des Gebets und riet der Göttin in frevelhaftem Übermut, daß sie so einem sündigen Übermut, einer so prahlerischen Vergewaltigung nicht zum Siege, sondern zur Schande verhelfen möge.

Da verbreitete sich ein namenlos wohliger Duft im Gemach und unsichtbar erschien auf der Wollustwahl — statt Venus, die knidische „Göttin". Sie nahte sich, während beide hochatmend im Ruhen neue Kräfte schöpften, dem Jüngling, der sein schelmisch lächelndes Mädchen eben mit rachegrimmiger Gier besah und neigte ihr Götterhaupt und behauchte seine Lenden und Flanken und alles das, was meist der Kraft bedarf, ringsum und zog sich dann beiseite, um Zeugin des Erfolges zu sein.

Der Göttin Hauch tat seine Wunder. Der Jüngling fühlt übermenschliche Kraft in seine Sehnen strömen, heroischer Mut schwellt seine Brust, sein Verlangen nach den Süßigkeiten des Weibes wird zur Raserei und wie ein blutdürstiges Ungeheuer stürmt er auf Chlorinden los, die wieder ihre Abwehr versucht und nun sogar mit Fäusten und Nägeln ihren Bedränger noch schonungsloser als zuvor abzuweisen sucht. Aber es verfängt an dem Gefeiten nicht; gar bald gelingt es ihm, die Widerspenstige zu umschlingen, und eingedenk des Mißerfolges von zuvor, trägt er sie geraden Weges aufs nahe Ruhebett und fällt mit ihr auf dieses nieder und sucht die Arme der Rücklingsliegenden festzugreifen und sie unschädlich zu machen. Da schlug sie jedoch die Beine so übereinander, als könnte sie keine Kraft der Welt mehr auseinanderbringen. Sie rechnete allerdings nicht mit jener Kraft, die Venus ihrem Jüngling eingehaucht. Sein einer Arm war genug, um ihre beiden Arme gebannt zu halten; den andern schob er zwischen die gekreuzten Schenkel, die sich, als wären sie durch Zauberkraft gezwungen, nun auseinandertaten. In diesem Augenblicke warf Lucill sich zwischen diese, und lagerte sich da nun so fest, daß Chlorindens ganze Kraft und List ihn nicht mehr haben beirren können.

Chlorinde schrie und fauchte und knirschte vor Grimm; Lucill lachte brüllend vor wütender Lustbegier; Venus aber stand unsichtbar vor ihnen und hatte ihre Freude daran.

Also er hat sie, dies ungestüme, strahlend schöne Weib nun in seiner Gewalt — vollkommen, bedingungslos. Noch einen lüstern betrachtenden Blick wirft er auf die schönste aller Römerinnen, auf dies Wunderwerk weiblicher Vollkommenheit, und wie sein Aug dem ihren nun begegnet, da zuckt ein namenlos Gemisch von wildem Glühen und schelmischer Scham aus ihrem Blick und ein stürmischer Seufzer entringt sich ihrer Brust.

Länger zögern ist unmöglich! Mit seiner freien Hand führt er den glühenden Forderer an den wie schäumend-feucht gewordenen Korallenrand und mit einem Ausruf unsäglichen Entzückens gelangt er tief in das verteidigte Gebiet, und preßt sich, als sollt er sich niemals mehr trennen, an ihren schaudernden bebenden Körper fest.

Erst jetzt fühlt er die ihm eingehauchte göttliche Kraft, erst jetzt fühlt er sie in ihrer Vollkommenheit, jetzt in der Stunde, wo die so wilde erbarmungslose Rache beginnt für so viele Auflehnung, für so viele heftige Widersetzlichkeit! Rache, entsetzlich süße Rache an dem so betörend schönen und so heftig verlangten Weibe mit dem hellroten Kothurn und mit dem hellroten Band im schwarzen Haare und ohne Schmuck, in ihrer paradiesischen Unverhülltheit!

Er läßt ihre Hände frei; sie kämpft nicht mehr. Sie umschlingen sich beide, und nun hebt des Kampfes heftigster Feuerstrom erst an!

Seine Lenden heben sich und pressen mit riesiger Gewalt dann nieder, und, begünstigt durch die Schlüpfrigkeit des Weges, gelangt er in die Seelentiefe tiefster Wonnenseligkeit. — Die Pressungen sind erschütternd kraftvoll; die auf- und niedergehenden Züge sind je ein langes Tauchen im engbequemen Nektarschlunde. Die Glieder krachen unter der Wucht der Züge und bei jedem Niedertauchen wird gäschendes Geräusch in den verborgenen Tiefen hörbar. Sie windet sich zuckend unter den Brandungen der kolossalen Wogen und wimmert und stöhnt in seligem Hochgenuß und fühlt die Schleusen ihres Wonnenstromes sich öffnen und in wohliger Erschütterung sich ergießen und lange, lange himmlischen Schauder sie durchrieseln.

Er nicht. Er hält bloß inne, indem er sich bis in die allertiefste Tiefe getaucht hält, und küßt sie schadenfroh auf Stirn und Augen und Lippen und Hals und auf die Knospen der Brüste.

Venus aber lächelt vergnügt und hat ihre Freude daran.

Und als er genug geküßt und genug geneckt, da hoben die Züge wieder an, noch länger und noch kräftiger als zuvor.

Ein jeder Zug ist je ein wonniges Kommen, ein wonniges Gehen im Himmel der Unsterblichkeit.

Er kommt und geht nun diese Wege, wie im Gefühl der Unsterblichkeit, so unermüdet, unermattet, immer rüstiger und riesiger, immer tiefer und wohliger, seit ihres Fluids Erguß der Wege Wandeln vollkommener und behaglicher gestaltet.

So geht es fort in langen Zügen, in gewaltig hohen Wogen.

Es ist das wie ein wilder heulender Sturm, der Verheerung und Verderben droht, der die Körper und die Seelen beider durchrast und durchwühlt, und in dessen Toben sich das Stöhnen Chlorindens mengt, die um Einhalt bittet, um Nachsicht fleht; und abermals ergreift sie unwillkürlich wilder Aufruhr und in der Wonnenkrise delirischem Feuer vergißt sie alles Heil der Welt und zwingt und strömt in sich des Kampfes gefeite Waffe, bis wieder in fieberischem Erguß lange, lange himmlischer Schauder durch all ihr Wesen strömt . . . Sie ist ganz aufgelöst. —

Er nicht.

Er hält bloß inne, aus Schonung — und hält sich fest im Allertiefsten und harrt der Dinge, die aus der Rache werden sollen. Er betrachtet diese wilde Herrlichkeit, diese unterworfene Widerspenstigkeit, diese zerknitterte, zerdrückte rote Rose, die in ihrem Sinnentaumel und Feuerglühen begehrlicher, betörender als jemals ist.

Und schadenfroh und siegesfreudig küßt er sie allüberall, wo er sie nur erreichen kann, allüberall, dies stolzdemütig erschöpfte himmlisch-schöne Weib, allüberall schön wie die Vollendung der Kunst und der Natur.

Er küßt und frägt sie, ob sie der unsagbaren Empfindungen zürne, ob sie der Niederlage Folgen schwer verwinde? — Statt aller Antwort umschlingt sie mit beiden Armen seinen Nacken und preßt auf seine heißen Lippen jenen wüsten Feuerkuß, der ihm in ihres Liebesschauders nun schon zweitem Aufgebot mehr als tausend innige Bitten sagte. Sie war mit ihrem Widerstand zu Ende — sie war besiegt — sie war zerknirscht und gestand die Unhaltbarkeit ihres Satzes ein.

Venus aber lächelte vergnügt und hatte ihre Freude daran.

Er fühlte sich namenlos beglückt, er hat an ihrem großen Doppelgenuß sich inniglich geweidet und fühlte Sehnsucht nach noch mehr, nach noch Großartigerem!

Er hob die Züge wieder an, noch länger und noch mächtiger als zuvor. Ein jeder Zug ist je ein wonniges Kommen, ein wonniges Gehen im Himmel der Unsterblichkeit. Er kommt und geht diese Wege rüstig und riesig fort; er kommt und geht, und geht und kommt — ein kräftiger Zug und Wellenschlag folgt mächtig tief und hoch dem anderen. — — Aber jetzt durchschauert auch ihn das Fieber. In wüstem Ungestüm brandet Woge um Woge, und in den noch wohliger gewordenen Liebestiefen gäscht es noch geräuschiger; und kräftiger noch umschlingt er nun dies vergeistigt schön in hoher Liebe strahlende Weib, heftet seine heißen Lippen auf die glühenden ihrigen zum langen, wilden, tiefen Kuß. Dort aber im feurig pulsenden Flammpunkt der Wollust, dort zieht er hoch empor bis an den Lippenrand und wühlt hinab bis in das tiefste Tief, und wieder hoch empor und wieder tief hinab und bei jedem Wellenschlag gleitet engbequem der Starrheit volle ganze Länge körpererschütternd tief hinab; wie in wilder Raserei ... durchschüttelt auch ihn nun der hohen Liebe brennend Sturmgefühl — zugleich mit ihr! —

Wie war es da! So hatten Menschen nie gefühlt und nie genossen! Der körper- und seelenerschütternde Strom begann zu strömen, und den heißgenäßten Weg hinab geht ein frenetisch Jagen — starr hinab und bleibt pulsend tiefversenkt nun da; doch weiter strömt's und wieder hoch empor, und wieder tief hinab — und wieder und wieder und — beim letzten Niedergang, da bleibt es mit letzter, krampfiger Kraft im tiefsten Tief. Und sie und er, zerflossen in ein einzig Schüttelgefühl, bleiben wie einsgeworden lange, lange — fieberisch schaudernd, lange, lange — wie in einem Himmelstraum!

Es pochen die Herzen laut aneinander, hochatmend und keuchend schwellet Brust an Brust. —

Sie schloß die Augen. Er senkte sein Haupt auf ihre Schulter. — Ein langes, schweigendes Nachempfinden — bis daß der Süßigkeiten letztes Atom aufgenossen war. —

Und Venus war verschwunden.

Das war des Kampfes Ende.

Wer hatte recht? War Chlorindens aufgestellter Satz wohl richtig?

Was dachten beide und wie war ihnen dann geschehen als sie erwacht?!

Und wir kehren wieder zurück zu dem besten Zwecke des Liebens, zur Darlegung der höchsten Leistungsfähigkeit, kraft welcher vollgenossen, ausgenossen wird, so oft und viel, als die Kraft der beiden es gestattet ... zum Wohle der Gesundheit und zur herrlichen Verlängerung des wonnevollen Lebens!

ZEHNTES KAPITEL

GESCHLECHTLICHE LEISTUNGSKRAFT

ach all dem bisher Gesagten und die Naturaufrichtigkeit der „hohen Liebe" vorausgesetzt, möchte ich wohl behaupten, daß nach begonnenem Wollustspiel nicht der Mann das Weib, sondern das Weib den Mann zu fernerem Genusse fordere und — befähige! Das heißt, daß in der Initiative der Anregung und Veranlassung zum Genuß zwischen beiden die „Abmachung einer natürlichen Ungezwungenheit", einer geschlechtlichen Gleichberechtigung herrsche.

Die Aggressive gehört dem Manne insoweit, als es sich darum handelt, eine Geliebte zu gewinnen, oder das Weib seiner Liebe zum Genusse zu bewegen, oder ein „kühneres Opferwerk" einzusetzen.

Hat er sie aber schon und hat sie ihm bei einem jeweiligen Gelage schon bewiesen, daß seine Liebe ihr süß sei, dann soll im Lieben bis zum Schlusse des Gelages das Weib den Ton ebenso mitangeben, als wie der Mann; ja sie soll sogar in der Übung und Darlegung der ehrlichsten und vollsten Aufrichtigkeit bezüglich des Verlangens vor dem Manne das Vorrecht haben.

Sie soll es zum Teile auch sein, die ihr erwachendes Verlangen zu zweitem und fernerem Genusse offenbare; nicht bloß er. Sie ist das Verdauungsorgan, er ist die Nahrung im Punkte der Liebe. Was sie fordert, das wird er leisten mit dem echten oder, wenn durchaus nicht anders möglich, mit dem „falschen" Herrn des Terrains; sie wird stets gut dabei fahren und er — er wird ihr stets Genüge leisten, sie stets befriedigen, wenn sie die „Aufrichtigkeit ihres Verlangens" durch kein Falsch und keine Eitelkeit beflecken wird.

Es ist das ein peinlicher Punkt; aber ein kategorisches Übereinkommen wird allen Zwang bald beseitigen und beide werden ihre Rechnung finden; denn sein Ehrgeiz wird nicht provoziert sein, mehr zu leisten als er mit Wonne zu leisten vermag; sie aber wird bei dem Gedanken, daß sie mit Herrin der Situation ist, eine Force darein legen, ihn mehr zu schonen und sich selber mehr zu zügeln und im allgemeinen nicht mehr zu verlangen als das, was ihre eigene wahre Sehnsucht stillt.

Jede Gelegenheit muß wohlweislich ausgenützt werden; denn die Zeit, das Leben geht rasch und kein Moment wird wiederkehren!

Das ganze Leben teilt sich in vier Epochen, die wir gerne mit: Frühling, Sommer, Herbst und Winter vergleichen. Die Liebe aber kommt im Frühling und schwindet im Winter des Lebens.

Das Frühjahr ist die Saison der Liebe par excellence: vom Februar bis in den Mai — und bis in den Juni hinein. Alle anderen Zeiten im Jahre sind mehr oder minder normal, während die Frühlingsmonate die Zeit einer gesteigerten Geschlechtsenergie sind.

Sinnbildlich besagt das die nachstehende Welle:

Die „Triebeswelle" als die symbolische Welle des Geschlechtstriebes ist gleichbedeutend mit der Sonnenhöhe: sowohl der Zonen, als auch des Jahres und vielleicht auch des Tages. Indien ist das Land der glühendsten Liebe — Lappland oder Spitzbergen das der frostigsten.

Bei Beginn des Regerwerdens und des Sinkens des Triebes treten die Regung und das Sinken etwas entschiedener auf, worauf sie alsdann eine Weile unter das Niveau des normalen Steigens und Sinkens sich drücken; daher das heftigere Verlangen im Februar und halben März und das minimale Verlangen im August und halben September. Auch bildlich gilt dieselbe Regel; das Leben des Menschen wird, wie gesagt, gerne mit dem Tage oder mit dem Jahre verglichen. So sagt man z. B. im „Winter" oder „im Spätherbste des Lebens" oder „am Abende des Lebens". Wie die Sonne in diesen symbolischen Tagen oder Jahren im Aufsteigen oder im Sinken ist, so ist dies auch mit der Triebeskraft. Das dürfte in gewissem Sinn auch vom Monde gelten.

Die Erkenntnis aller dieser und ähnlicher Einzelheiten ist für die Liebe das, was ihr den eigentlichen höheren Reiz verleiht. Sie ist die wahre Würze der Liebe ebenso, wie die Liebe die Würze des Lebens ist.

Diese Erkenntnis führt den tiefen Wert der Liebe erst recht zum Bewußtsein, und ohne sie verkümmert die herrlichste Blüte und wird in ihrer Welkheit zur — gewöhnlichen Sinnlichkeit.

Die Frage der Energie-Welle wirft wie naturgemäß hier die Frage auf: Wie oft man wohl der Liebe pflegen soll?

Das ist ein Punkt von höchster Wichtigkeit, den wir so tief als möglich zu erörtern suchen wollen; hiervon hängt zuweilen das ganze Schicksal unserer Liebe ab.

Wie in allem, so ist auch in der Liebe die Natur unsere getreueste Führerin und das Naturgesetz unser einzig verläßliches Richtmaß. Weder die Natur noch das Naturgesetz lassen sich fälschen oder überlisten. Es muß uns daher das Prinzip der weisen Berechnung und Mäßigung unabläßlich vorschweben. Wir müssen die Liebeskraft und Liebeslust auf eine Stufe zu bringen und auf einer Stufe zu erhalten trachten, die unsern individuellen Anlagen am besten zusagt, am dauerndsten behagt, d. h. dahin streben, daß wir das Liebesfest als solches durch möglichst häufige und kräftige Leistungen verherrlichen und durch berechnete Verzögerung und Findigkeit in die Länge ziehen, sowie uns andererseits durch sorgsame Pflege des Körpers und des Geistes zu möglichst häufigen und möglichst großartigen Liebesfesten befähigen und fähig erhalten.

Wem dies gelingt, nur der kann durch die Liebe und ihre Wonnen wahrhaft glücklich werden, und daher ist es kein müßig Beginnen, wenn wir die Symptome der Wollust etwas eingehender beleuchten.

Wir stellen uns zuerst die Frage: was ist es wohl, was oft so liebeshungrig macht und diesen Hunger manchmal zum Zynismus potenziert?

Es ist wohl jedem bekannt, daß die Liebe nach längerem Abbruch im Genuß sich so heftig offenbaren kann, daß sie wie ein Heißhunger den ganzen Organismus übermannt, zur Geilheit treibt und daß sie in dieser Geilheit oft zum unbeschreiblichen Hochgenusse wird, wenn vor des Triebes Befriedigung man des Weibes Liebesblumen zum Gegenstande wüstkosenden Getändels macht. Dies Tändeln, dies Kosen, dies Küssen wirkt oft umso berauschender, umso verzückender, je pikanter und schärfer die Sinne berührt werden.

Diese Frenesie des Mannes hat eine physiologische und eine psychologische Seite: sie ist das Anhäufen der Geschlechtssäfte im geschlechtsreifen Organismus und somit physiologisch genommen, das dringende, heftige Bedürfnis, durch die Absonderung dieser Säfte im Organismus Raum und Gelegenheit zur fortgesetzten Erneuerung der Geschlechtssäfte zu bieten. Diese Kontinuität der Säfteerzeugung ist der Grundgedanke für die Befähigung zu großartigen Liebesleistungen. Die psychologische Seite dieser Liebesbegier ist das heftige Verlangen: den Vorrat, den gereiften Überschuß des Geschlechtssaftes an ein Wesen abzutreten, d. h. mit dem Geschlechtssafte jenes Wesens zu vermengen, von dem man voraussetzt, von dem man überzeugt ist, daß diese Vermengung es glücklich, es namenlos glücklich macht.

Der Zynismus dieser Frenesie aber ist lediglich die Befriedigung und die Freude darüber, daß jener andere Geschlechtsapparat, mit dem man die Vermengung der Geschlechtssäfte beabsichtigt und so glühend verlangt, bis zur Ungebärdigkeit nach dieser Vermengung lechzt — und je mehr in dieser Ungebärdigkeit die Spuren einer regen Geschlechtstätigkeit sich offenbaren — je mehr sie den Sinnen des Gesichts, Geschmacks, Geruchs, Gefühles und nicht selten auch des Gehörs zugänglich gemacht werden, und je kräftiger diese Spuren einer heftigen Geschlechtstätigkeit auf die Sinne auch zurückwirken — desto ungezügelter wird das Verlangen nach einer möglichst vollkommenen und erschöpfenden Abgabe und Vermengung der beiderseitigen Geschlechtssäfte! Aus dem reichlichen Befriedigen des Triebes und aus dem — als natürliche Folge — andauernden Sättigkeitsgefühl resultiert der Gegensatz des Zynismus: man wird wählerisch, empfindlich, man verlangt die tadelloseste Reinheit überall und besonders dort, wohin man in diesem Zustande der Abgespanntheit nur selten sich mit den höheren Sinnen verirrt Und all das ist natürlich und begreiflich.

Das Verlangen nach geschlechtlicher Befriedigung ist somit nichts anderes als die Unterbrechung der oben bezeichneten Kontinuität des geschlechtlichen Stoffwechsels.

Die angesammelten Geschlechtssäfte müssen abgesondert, beziehungsweise umgesetzt werden, wenn neue weitererzeugt werden sollen.

Das ist der wichtigste Folgesatz, der uns von besonderem Nutzen sein muß.

Die richtige Menge und die richtige Weise des Umsetzens der Geschlechtssäfte ist das Geheimmittel, welches die Liebe zur himmlischen Seligkeit zu steigern vermag.

Gehen wir nun zur zweiten Frage: „Was ist die Abspannung, das Sättegefühl nach vollgenossenen Liebeswonnen?

Wem, der geliebt hat, wäre es unbekannt, daß, wie hungrig und wie lechzend er sich auch in die Arme seines Weibes warf, so wütend er es auch an sich schloß, so gottvoll ihm in den ersten Wellenbewegungen und nach den ersten Momenten dieses Deliriums der wonnige Genuß auch dünken mochte, und so fest er sich auch vorgenommen, dies berauschende Spiel nach dem ersten Ergusse möglichst oft zu wiederholen und möglichst lange verzögernd zu gemessen, so lag er dennoch, gleich nach diesem ersten Ergusse wie umgewandelt, wie umgezaubert da: die erst so fest gefaßten Vorsätze sind in arges Wanken geraten!

Gibt es wohl einen frappanteren Beweis dafür, daß der Wille, dies psychische Moment nichts anderes, als das Ergebnis, als die Wirkung physischer Dispositionsverhältnisse ist?

Wie erklärt sich diese psychophysische Depression, diese so auffällige Umstimmung?

Das Problem ist ein rein physiologisches. Es waltet hier dasselbe Gesetz, welches auf die äußerste und erschütterndste Erregung Ruhe und Abspannung folgen läßt: Die Nerven, das Gehirnsystem spannen sich physisch ab und die natürliche Folge davon ist die Herabstimmung der Denk- und Willensenergie! Außerdem tritt hierzu beim Manne auch noch der Abgang von Säften, der speziell auch die Geschlechtsmuskulatur abspannt, weil die innere Arbeit der Wiederersetzung oder wenigstens der Ansammlung und Konzentrierung der Geschlechtssäfte eine angemessene Weile in Anspruch nimmt, bis die äußere Spannkraft der Muskeln wieder einigermaßen zur Geltung gelangt. Endlich ist der durch die Fülle der Geschlechtssäfte bedingte spontane Reiz, wie ihn die in einem früheren Kapitel gebrachte „Physiologie der Liebe" des genaueren erklärt, abhanden, und wird nur durch die Schönheit, Liebe, Zärtlichkeit und Großartigkeit des Weibes für die Folge bei den Genußwiederholungen ersetzt.

Und es ist somit der Geschlechtsgenuß nicht sowohl in der Tätigkeit der Geschlechtswerkzeuge, als vielmehr in der Ergötzung der höheren Sinne in Gemeinschaft mit den niedrigen, an den Reizen und Zaubern, an der Vollkommenheit und Beglückung des Wesens, mit dem wir genießen, gelegen!

Das ist die Lösung dieser problematischen und auffallenden Erscheinung!

Wesentlich verschieden vom Willen zur, ist das Verlangen nach Befriedigung. Wenn der Wille zur Befriedigung vorhanden ist, kann das natürliche Verlangen darnach vollständig mangeln, während, wenn das Verlangen nach Befriedigung wach geworden, der Wille fast ausnahmslos dazu mit vorhanden ist.

Der erste Gang, zuweilen auch ein zweiter, geschieht auf Grund des natürlichen Verlangens — einen jeden späteren und öfteren Gang genießen wir auf Grund eines kräftigen Willens, den die psychologische Gediegenheit des Weibes in uns zu wecken vermag.

Das hatten wir schon oben betont.

Das Kräftige, das Mächtige des ganzen Begattungsvorganges basiert auf diesem „Verlangen" und kulminiert in der Fieberwut der Befriedigung.

Schon der Gedanke an das Weib, an ihre Formen, an ihre Umarmungen durchströmt den Körper mit einem spezifischen Wohlgefühle. Dauern die Bilder, die wir uns von dem Weibe vor unseren Geist stellen, fort, oder sehen wir das Weib selber vor uns und denken uns in ihre Arme, so steigert sich obiges Wohlgefühl zu einer mehr oder minder heftigen Erregung, die während des Begattungsaktes zum wahren Fieber wird, das in seinem höchsten Grade mit einer gewaltigen Erschütterung des Gesamtorganismus abschließt.

Wie erklärt sich dies alles?

Der vollkommenste Stoff im Menschen ist „das Produkt der organischen Reife" — der „Geschlechtssaft," der im Geschlechtsapparate erzeugt, gereift und angesammelt wird.

Der Geschlechtsapparat steht mit allen übrigen organischen Apparaten in innigster Verbindung, sonach auch mit dem Denkapparate.

Das Bewußtsein der Geschlechtsverschiedenheit wirkt bei dem Menschen stets durch seine geschlechtlichen Vorstellungen direkt auf die Geschlechtsorgane zurück.

Die erste Wirkung des Bildes unserer Vorstellung auf die Sexualorgane manifestiert sich in einer Vermehrung der Funktionen dieser Organe, wodurch, wenn die Vorstellung wichtig genug ist und Muße genug vorhanden, um weiter verfolgt zu werden, eine energischere Zirkulation der Geschlechtssäfte und deren gesteigerte Erzeugung und Ansammlung veranlaßt wird.

Die Vorstellung stellt die Bilder der geschlechtlichen Vereinigung, oder gar der gegengeschlechtlichen Reize vor das geistige Auge — ob durch mittelbare oder unmittelbare Anschauung, das ändert an der Sache nur wenig — und die natürliche Wirkung dieser Bilder ist direkt auf die Sexualorgane gerichtet. Ist der Geist solcher Anschauungen fähig und das Sexualorgan der Erregung durch die Bilder des Geschlechtslebens schon oder noch zugänglich, so werden die Gesamtfunktionen des Geschlechtsapparates erregt, gesteigert und zur vehementesten aller organischen Funktionen gestaltet.

Und nun kehren wir, orientiert, zum aufgeworfenen Thema zurück und antworten auf die Frage: Wie oft man wohl der Liebe pflegen will? getrost durch folgendes Axiom:

„Sei klug und berechnend im Genießen! Nur wenn es dich nach Wollust dürstet, suche den Genuß; genießest du aber, dann genieße bis zum letzten Tropfen aus! Denn: solange du es mit Wonnen kannst — selbst in einem Zuge — solange verträgst du es gewiß!"

Eine andere kategorische Antwort auf das „Wie oft" zu geben, ist gewagt, denn sie müßte von allerlei Umständen abhängig formuliert werden.

Wenn wir den gesunden, kräftigen Mann und den einmaligen Genuß als Ausgangspunkt nehmen, so können wir bei Voraussetzung aller günstigen Umstände und vorausgesetzt, daß der Mann als solcher für den Genuß der Liebe volltauglich ist, beiläufig sagen: Ein kräftiger, gesunder Mann vermag jahraus, jahrein durchschnittlich und ohne seiner Gesundheit zu schaden, der Liebe täglich einmal pflegen! Mehr zu leisten ist physisch wohl schwer möglich.

Martin Luthers: „Alle Wochen Zwier schadet weder dir noch mir und macht im Jahre hundertvier" — mag wohl der rationellste Durchschnitt für das Jahr und für die Menschen im allgemeinen sein.

Hier muß hervorgehoben werden, daß der Mensch unter allen Geschöpfen der Erde im Genießen der Geschlechtsvergnügungen durch seinen Willen und durch seine Phantasie einzig dasteht und nicht nur idealer, sondern auch ergiebiger genießt, als alle irdischen Mitgeschöpfe. Wenn der Hengst in der Frühlingszeit des Geschlechtstriebes drei bis vier Monate hindurch, bei rationeller Ernährung und Pflege täglich auch zweimal zur Bedeckung zugelassen werden kann, ohne ihn einer besonderen Gefahr auszusetzen: so kann der kräftige, gesunde Mann den oben festgestellten Durchschnitt täglich einmal ohne die geringste Störung der Gesundheit getrost befolgen, sobald er für die Liebe lebt, der Liebe und dem Genusse derselben sich zu widmen vornimmt und demgemäß sich auch nährt und pflegt.

Wenn wir aber die großen Feste „bis zum Ausgenießen" zur Basis nehmen, dann könnten solche Feste im allerbesten Falle: wöchentlich zweimal oder, im rationellsten Durchschnitte fürs ganze Jahr, monatlich etwa viermal stattfinden.

Ob Luther sein „alle Wochen Zwier" nicht auch in diesem Sinne, auf dieser Basis aufgestellt hat?

Im ganzen bleibt es Sache der verschiedensten Fälle, die auf die Frage: „Wie oft?" fast für jeden einzelnen eine andere Antwort geben.

Außerdem gilt eine solche Bestimmung hauptsächlich für die Quantität des Genusses im allgemeinen und für längere Zeitabschnitte.

Bei dem Umstande aber, daß die geschlechtliche Energie verschiedener Konstitutionen verschieden und auch wesentlich von der Vollkommenheit und Fesselkraft des Weibes abhängt, so fällt hier auch besonders die Frage nach der Quantität des Genusses in einem Zuge auf, und es kann bei ihrer hohen Wichtigkeit diese Frage nicht gut unbeantwortet bleiben.

Sagen wir, es steht eine Nacht der Liebe in Frage. Die Trümmer eines ersten Opferbrandes glimmen — die Opferer schmiegen sich im Gekose der ersten Pause zärtlich aneinander — die Pause hatte schon so mannigfach Wonniges geboten — die Blicke werden feuriger, die Küsse tiefer und heftiger. —

Ist das Verlangen nach neuem Liebesgenuß wiedererwacht und auch der Mann vollkommen genußbereit, so muß die Frau es erwägen, ob sie schon jetzt der Liebe sich darbiete, oder durch weiteres Scherzen und Necken und Kosen und Tändeln noch etwas verziehe. Letzteres ist besonders dann angeraten, wenn das neubeabsichtigte Spiel der Wonnen schon das dritte oder gar ein noch späteres wäre; und sie möge sich's überhaupt zur Regel machen, die „Pausen" nach jedem Genusse systematisch immer mehr und holder zu verlängern. Kurze Pausen sind nur nach dem ersten Gange und in dem Falle gerechtfertigt, wenn das Weib von diesem erstenmale unbefriedigt blieb, das heißt, wenn das Weib während dieses Genusses nicht bis zur Wonnenkrise gelangen konnte. In diesem Falle sei die kurze Pause besonders reizend und von der erregenden Tätigkeit des Weibes beherrscht.

Nach beiläufig genügender Rast „lege sie Hand an", damit alles möglichst rasch in den richtigen Stand gerate und sie die versäumte Befriedigung möglichst voll und womöglich doppelt einhole!

Um solche Störungen aber zu vermeiden, merke man sich, daß nicht eher zum Geschlechtsgenuß geschritten werden soll, als bis der Mann die hierzu erforderliche Muskelschwellung aufweist. Das ist eine Regel, über die man sich nicht hinwegsetzen kann; aber auch das Weib hat seinen „Moment der Bereitschaft!" Ein jeder Genuß, der ihr geboten wird, muß, wenn und solang sie in diesem Zustand der Bereitschaft nicht ist, ihrer Gesundheit von Nachteil sein! Wer sein Weib liebt, vergesse dies nie! Dazu sind die vorhergehenden Zärtlichkeiten und Schelmereien, dazu die Pausen und Allotria. Diese zu benützen, ist gleichsam Gewissenssache; sie zu vernachlässigen und dem Weibe in Momenten der Unbereitschaft seine Liebe aufzudringen, ist ein egoistisches, unritterliches Attentat gegen ihr körperliches Wohl. Daher oft das kränkliche Aussehen solcher Frauen, die, aus welchem Grunde es auch sei, den Liebesgenüssen in Momenten der Unbereitschaften ausgesetzt sind oder sich diesen in krankhafter Zügellosigkeit selber aussetzen.

Von besonderer Wichtigkeit ist noch die Sorge für die psychophysische Kraft durch Speisen und Getränke, auf die wir hier nun wiederholt und technischer genommen reflektieren wollen.

Einem Liebesfeste gehe stets 3—4 Stunden früher ein kräftiges Mahl mit gesundem, starkem Wein voran, ebenso, wie man zu großartigerem Liebesgenusse nicht anders schreiten soll, als körperlich und geistig dazu gleichsam ausgerüstet — in bester Kraft und Stimmung — in bester Kondition; und da ein eigentlich gelungenes Liebesfest von beiläufig 6 Genüssen etwa 8—9 Stunden oder mehr in Anspruch nimmt, die Intervalle aber zur Pausung und Restaurierung nicht über 4—5 Stunden ausmachen, so ist es geraten, nach jedem Gange, das heißt, in jeder Pause eine Erfrischung durch Wein sich zu gönnen und in der 3. oder 4. Pause, sich an dem zu diesem Behufe bereitstehenden Vorrate kräftigender und die Liebesfähigkeit fördernder Speisen, womöglich nebst Tee, gütlich zu tun, so daß, wenn das Fest um 11 Uhr abends anhob, um 3—4 herum der Zwischenschmaus fällt, worauf nach kräftiger Fortergänzung der noch mangelnden Genüsse so etwa um 7—8 Uhr des Morgens das Schlafen beginnt, das beliebig in den Tag hinein währt.

Hier tritt jedoch das selbstverständliche Axiom zur Geltung: wer viel leisten und viel geniessen will, der muß zeitig anfangen, das heißt, der muß für die Zeit zum Ganzen, einschließlich des nachträglichen Schlafens, gesorgt haben.

Und so wird die Zeit, die nicht direkt im Lieben verstreicht, durch Scherz und liebenswürdigen Übermut ausgefüllt, und es wird das Glück und die Seligkeit den Liebenden im großen ganzen viele, viele Stunden hindurch wie in einem Zuge genossen dünken, ohne daß der Genuß und die Rast so vieler Stunden als anstrengende „Arbeit" erscheinen werden.

Wie der Berg bei seinem Fuße beginnt, an der Spitze kulmt und im Tale jenseits verläuft und erst das alles zusammen der „Berg" ist: ebenso kann, wer mit seinem Lieb abends um 9 Uhr zu herzen begann und mit ihr bis 3 Uhr des Morgens herzend wachte, getrost sich sagen: er habe 6 volle Stunden in einem Zuge die Wonnen der Liebe genossen. — Glücklich Liebende können ganze Monate, Jahre, ja sogar, wenn die Verhältnisse hierzu nach allen Richtungen günstig sind, ihre ganze Liebesepoche wie im stetigen Flusse des Wonnegenusses verbringen.

Und das ist das höchste Liebensziel.

Man möge sagen, was man will, die beste, die korrekteste und natürlichste Zeit des Liebens, des geschlechtlichen Geniessens ist, wie anderweits schon betont, die heilige stille Nacht. Das will besagen, daß die Energie des Körpers in der Abendhälfte des Tages (von Mittag bis Mitternacht) dem Geschlechtsleben am zuträglichsten ist; also nach Mittag und zwar, nach geschehener Verdauung, denn sowohl die Lust als auch die Leistungsfähigkeit sind von da ab am höchsten.

Diejenigen, die am Mittag ihre Hauptmahlzeit halten, tun gut, um $1/_26$ oder 6 Uhr einen ausgiebigen Lunch zu sich zu nehmen und (Winters etwa um 9 Uhr) sich in ihr Adyton zurückzuziehen, indem sie sich dort mit den zum Abendmahl notwendigen Speisen und Getränken versehen und, das Essen in kleinen Portionen zu sich nehmend, dies Nachtmahl stundenlang andauern lassen, indem sie gleichsam in den Pausen der Liebe essen und trinken, so daß der Magen, fortwährend beschäftigt, aber nicht überladen, den Körper in der tauglichsten Disposition erhält. Fällt die Hauptmahlzeit aber auf Nachmittag 5—6, so mag die Liebe um 9—10 beginnen. Auf diese Weise erhält man den Körper am frischesten, die Schlaflust spielt keine bösen Streiche, und die Liebe läßt sich bei richtiger Berechnung des stückweisen Essens oft 6—8 Stunden lang aufs begehrlichste genießend ausdehnen.

Und um das Thema der großartigen Liebe, das „Liebesfest" noch einmal zu berühren, sei wiederholt, daß die zweckmäßigste Einrichtung diejenige ist, wenn man monatlich etwa 3—4 Feste bestimmt; das eine und jedenfalls glänzendere falle dabei in die Zeit etwa acht Tage nach der vollendeten Monatregel oder beginne den letzten oder vorletzten Tag dieser Regel, was jedenfalls Geschmacksache bleibt. Die übrigen Feste aber fallen etwa je 8—10 Tage später. Die dazwischenliegenden Tage sind beliebig dem Flirt und Kosen gewidmet und jedenfalls selbstverständlich nur Bruchteile des Genusses der Festtage; und so wird der Tag des Festes, dem man so sehnend entgegensieht, die freudigste Überraschung gewähren.

Die Dauer eines solchen festlichen Genusses, einer solchen „Soirée des dieux" bestimmen die Liebenden am besten gemeinsam und vorher. Also sie überlassen sich nicht lediglich ihrer körperlichen Leistungskraft und Disposition, sondern sie setzen auch einen psychischen Faktor mit ein, der die Willensenergie rege zu halten geeignet ist, wenn solche Festsetzung mit korrekter Erkenntnis der psychophysischen Umstände erfolgen, in welchen sich ihre Liebe jeweilig offenbart. Sollten sie ihrer Urteilskraft in so schwieriger Aufgabe nicht genugsam trauen, so kann die Festsetzung der Dauer jener Soirée in der ersten Pause, knapp vor Beginn des zweiten Genusses, wieder in Beratung kommen, wodurch eine rekapitulierte Festsetzung mit definitiver Geltung und Verläßlichkeit resultiert, die unabänderlich sein und konsequent durchgeführt werden soll. Wille und Kraft müssen diesen Entschluß zur Tat werden lassen.

Im gewöhnlichen Haushalte eines einsamen Paares dürfte folgende Anlage als Beispiel gelten: Um 6 Uhr abends kräftiger Lunch, gewürzt durch zärtliches Getändel; um 7 Uhr: erster, möglichst langsam und mit Unterbrechung genossener Wollustbecher; Pausen mit allen Tändeleien; $1/_2$9 Uhr: zweiter, lang und weise geschlürfter Becher; 10 Uhr: Souper; 11 Uhr: Entkleidung und Niederlegen — all das als Pause, mit allem, was zur liebenden Erheiterung dient; $1/_2$12 Uhr: dritter Becher von langer Dauer; dann Schlummer, indem zuvor der Wecker auf 3 Uhr gestellt wird; $1/_2$4 Uhr: vierter Becher; etwas Erfrischung, Erheiterung, Gekose; 6 Uhr morgens: fünfter Becher mit darauffolgendem Schlummer oder beruhigendem Morgengetändel, je nachdem man noch frei über seine gute Laune verfügt oder nicht.

Solche fünf Becher sind gar spielend und wonnig mit einem geliebten und begehrten schönen Weibe abgenossen.

Ohne die Bequemlichkeit des Genusses zu beeinträchtigen und dabei dem Genusse selbst ein leidenschaftlicheres Gepräge verleihend, kann man die oben im Beispiele angenommene Zeit von 6 Uhr abends bis 2—3, respektive bis 6 Uhr morgens etwa auch folgendermassen einteilen: 6 Uhr erster Genuß während des Lunches, auf möglichst sinnreiche Art genossen und verzögert und verschönt. Pause, Fortsetzung des Lunches, Getändel unter Wein, Scherz und Allotria; 7 Uhr: zweiter Genuß, womöglich eine volle Stunde während, in möglichst vielen Bildern; Pause, Erfrischung, Allotria; $\frac{1}{2}$10 Uhr: dritter Genuß von recht langer Dauer in möglichst verschiedenen Bildern. In der hierauf folgenden Pause Souper von intensiver Nährkraft und feuervollem, gesundem Wein, wobei sich alles entfaltet, was zu neuer Begeisterung führt. 12 Uhr: vierter Genuß mit vieler Abwechslung der Posen und Getändel und Erfrischung, von wenigstens zweistündiger Dauer. Das sind vier Genüsse in acht Stunden, aber eine ganze Kette von Wonnen unnennbarer Großartigkeit und Ergiebigkeit — ein herrliches Götterfest, dessen Angedenken nie wird schwinden können.

Ist jener vierte lange Genuß abgenossen, so hängt es von den Umständen ab, ob noch ein fünfter folgen soll, und ob diesem eine längere Pause reizender Kauserie und Schelmereien oder eine Schlummerpause vorangehe. Dieser fünfte Genuß mag weniger auf plastischer Abwechslung, als vielmehr auf ein sozusagen sachtes, zartes, ruhiges, so recht tief und bedächtig den noch übrigen Rest des süßen Zaubertrunkes wie tropfenweise schlürfendes Behagen gerichtet sein, dessen einzelne Züge im Tief-, im Frei- und Steilmomente mit jener berechneten sinnigen Vollendung von beiden mit hingebendster Aufmerksamkeit vollgenossen werden, und dessen Hochmoment ein langanhaltender, tief in die Seele rieselnder Wonnenschauer ist. Der Beschluß eines solchen langen, süßen Götterspiels ist ein wonniges Küssen, dies innige, heilig-tiefe Dankgebet!

Es folgt nun der Schlaf, die Ruhe, und wenn man ausgeschlafen und ausgeruht, kann immerhin noch ein innigwohliges Morgengetändel mit beliebig gewürztem Genuß den letzten Schluß des Festes krönen. Der übrige Tag wird der Ruhe und dem Dankgekose der Herzen geweiht — er soll eine lange Pause der tändelnden Genüsse, ein Tag der liebenden Anbetung und Vergötterung, ein Band der Festigung und Tieferprägung der Lebensinnigkeit der beiden Liebenden sein.

Die Zeit? Hat sie hierzu wohl auch jeder? Wenn er es richtig anstellt, so hat sie ein jeder! Denn Ruhetage hat wohl jeder Gebildetere, und diese Ruhetage sollen es sein, in welche jenes wohlige Ausruhen von durchgenossenen Liebesfesten falle.

Obige Zahlen von vier, fünf oder sechs Genüssen gelten bloß für den Mann; denn das Weib kann, wenn es mit seinem Liebling im Lieben weise und berechnend genießt, wenigstens das Doppelte der obigen Zahlen für sich verzeichnen, d. h. sie kann wenigstens doppelt so oft in die Frenesie der Wonnenkrise sich versetzen als der Mann. Das geht am besten und ergiebigsten wohl vom zweiten oder dritten Run angefangen, weil es etwas ganz natürliches und in der weisen Disposition der Geschlechtsverschiedenheit selbst begründet ist. Nur müssen sie beide darauf reflektieren und diesen Erfolg beiderseits verabreden und fest wollen, namentlich wenn sie die folgende Vorsicht beobachten: Während des Genusses sollen beide in stetem Rapporte miteinander bleiben, d. h. sie sollen durch verabredete Zeichen sowohl den Grad ihrer Empfindung mitteilen, als auch den Wunsch nach rascherer Bewegung oder Verlangsamung oder aber nach plötzlichem Einhalt aller Bewegungen sich offenbaren. Kraft dieses Rapports sollen sie des Momentes lauschen, wo Liebe sich in Lieb ergießt, damit die Hochmomente des Weibes öfter möglich werden und damit der Schlußerguß der beiden, gehörig signalisiert, zu gleicher Zeit erfolgen könne. Das ist so wichtig und entscheidend, daß ohne diese Vorsicht der Genuß nur ein halber ist, zur Hälfte aber in Versäumnis und Enttäuschung aufgeht. Durch solchen Rapport werden ferner die Empfindungen stets wach erhalten; auch wird eine jede Bewegung mit voller Aufmerksamkeit und in vollen Zügen genossen und schließlich ist das Endresultat dadurch ein stets so vollbefriedigendes und hochbeglückendes, daß die Devise: „Eile mit Weile" keinen Moment außer acht gelassen werden soll.

Der Wert der grossen Feste äußert sich besonders auch darin, daß, wenn das Weib einmal derlei genossen hat, es wohl kaum sobald an Geringerem volles Wohlgefallen finden wird. Wie viel Gewicht schon die Alten und besonders das klassische Rom auf die Großartigkeit der Leistungen gelegt, zeigt uns ein Brief des Q. Soranus an den Konsul Antonius, den Geliebten Kleopatras, dieser unersättlichen Königin, worin er ihm die (freilich bloß drastischen medikamentösen) Mittel angibt, wie er für Kleopatra den Genuß möglichst großartig gestalten könne, um sie dadurch von ihrer berüchtigten Zügellosigkeit und Unbeständigkeit zu heilen.

Je nach der Verschiedenheit des Standes, des Berufs und der häuslichen Verhältnisse werden bei verschiedenen Liebenden diese Feste verschieden, oft verschiedenartig geplant und in verschiedenen Zwischen- und Tageszeiten zu verwirklichen sein. Jeder passe sich dieselben seinen Verhältnissen an und sorge, daß sie aufs beste und vollkommenste gelingen.

Geplant aber, d. h. in gegenseitiger Beratung festgesetzt, der Dauer und Größe nach im Voraus bestimmt, sollen sie jedenfalls und allemal stattfinden, damit nicht durch die Planlosigkeit und den Mangel eines fixierten Vorsatzes, jene Unbeholfenheit und Unberatenheit eintrete, die meist schon nach der ersten Ermattung so gern in Form der geistigen Apathie, in der Scheu vor jeder Gedankenarbeit eintritt und jede weitere Planlegung oder plangemäße Leitung des Liebesfestes verleidend, dieses Fest einem totalen Fiasko preisgibt.

Die Folgen eines solchen Versehens sind naturgemäß wenig animierend, ja selbst herabstimmend und die in ihr liegende Enttäuschung, besonders wenn diese öfters eintritt, hat gar leicht eine Lockerung der Liebe, die dann möglicherweise bis zur Gleichgiltigkeit führen kann, zur wohlerklärlichen Folge.

Und das ist es, was im alltäglichen Leben und Lieben so konsequent der Liebe schönste Träume in ein Leben lauer und kühler Entnüchterung umwandelt und — nicht selten unglücklich macht!

Weib und Mann werden sich nach einer mißlungenen Nacht wohl gerne vergeben; eins wird das andere auch kaum beschuldigen. Was sie aber in ihrer Enttäuschung, ohne Absicht und ohne selbst dabei etwas zu denken, innerlich empfinden, das werden sie nicht sagen, vielleicht schon deshalb nicht, weil sie für diese Gefühle den Ausdruck nicht finden. Allein dieses Geheimnis gestaltet sich zu einem positiven Faktor und gibt bei öfterem Vorkommen den Keim ab für ein Neoplasma, dessen Dimensionen und Auswüchse mit der Zeit ein unheilbares Übel in der Liebe werden können.

Ganz anders begegnen sich Weib und Mann nach herrlich gelungenem Liebesfeste. Ihr gegenseitiger Wert kann unmöglich sinken — ihre Liebe erhebt ihr Leben hoch über das Gemeine, sie schaffen sich ein Paradies, worin sie glücklich leben und lieben.

Liegt ein fertiger, durchberatener Plan für das vorstehende Liebesfest vor, dann hat die herabgeminderte Denkenergie nichts zu besorgen und nichts zu verderben — alles ist im voraus fertig — das bloße Wollen, das dem Geschlechtsehrgeize wohl nie total abhandenkommen kann, genügt selbst in ganz bescheidenem Maße, um den Plan zu verwirklichen, ein Fest der Götter zu genießen und wieder einen der Quader für das Fundamentwerk der dauernden Liebe zu schaffen.

Zu solcher Planlegung eignen sich, wie wir das auch anderwärts betonen, naturgemäß die Zwischentage zwischen dem einen und andern Liebesfeste.

Hier sei nun den Liebenden noch ganz besonders eine gewissenhafte Obsorge für die Korrektheit solcher Pläne an das Herz gelegt: er soll nicht unausführbar, d. h. physisch nicht unmöglich sein, er soll sinnig, von gutem Geschmacke und von reicher anziehender Abwechslung der Bilder, von zweckmäßiger Anordnung der erfrischenden und restaurierenden Momente, er soll von sinnlicher Feinheit und von geistiger Vollendung Zeugnis ablegen; dann heißt sein Resultat: Vergöttlichung der Liebe!

Die Bilder und Posen zur Planlegung für solche Liebesfeste bietet — wie schon des öftern erwähnt — der letzte Teil: „Das Riesensystem" dieses vorliegenden Werkes.

Zur turnerischen „Arbeit" darf solch ein Fest nicht werden. Man liebt dabei bequemen, fesselnden und wieder neuanregenden Genuß.

Für jenen Moment, „wo Liebe sich in Liebe ergießt", wähle man stets bequeme Posen, deren Zahl, wie es sich im „System" zeigen wird, groß genug ist; die übrigen dienen gleichsam zum Spiel und zur Erregung der Phantasie für jenen Moment der Wonnenkrise und für die Zukunft im allgemeinen, und es können in ununterbrochener Folge deren viele, zuweilen — und besonders in späteren Gängen — der Liebesarten 20, 30 durchgenossen, ineinander übergehend verkettet werden.

Der erste Gang gestattet immer einen geringeren Wechsel an Liebesarten als ein späterer, weil er verhältnismäßig rascher, heftiger und leidenschaftlicher und gieriger das Verlangen stillt als jeder nachfolgende Gang und er versteht sich nur ungern zur Unterbrechung des Genusses, selbst wenn das auch nur für Momente zu geschehen hätte.

Die Unterbrechungen oder Entgleisungen haben ebenfalls ihren besonderen Reiz, ihren besonderen Wert. Ist die Liebe im Zuge, so unterbricht man das wonnige Spiel nur ungern; wird es aber unterbrochen, so fühlen sich die hocherregten Beiden, besonders aber das Weib, in einem ganz eigentümlichen Zustande des gesteigerten und gereizten Verlangens. Den inguinalen Flammpunkt fühlt sie glühen wie eine frischgeschlagene Wunde, und die qualmende Waffe, die diese Wunde schlug, pulst und verlangt wieder und weiter zu verwunden; beide werden zu einem Doppelbilde der Gereiztheit, das ungestüm und wild nach Liebe lechzt! Je länger die Unterbrechung dauert und eine je größere Muße zur Verfügung steht, umso grimmiger wird die Gier, bis zu einem Punkte, wo sie ihren Wipfel erreicht; von da ab sinkt sie jedoch wieder und an ihre Stelle tritt allmählich wohltuende Abspannung und Ruhe.

Hier sei noch die höchstwichtige Bemerkung eingefügt, daß man aus jeder nur erdenklichen Lage, in die „Urart" (die gewöhnliche Liebesart), oder in irgend ein anderes bequemes „Bild" übergehen kann, ohne zu entgleisen — wie und auf welche Weise man auch immer genossen hat; daß man also im erwünschten Momente durch ein wenig Nachdenken leicht eine Evolution wird kombinieren können, die in das erwählte Bild hinüberführt.

Etwas umständlicher und mühsamer, aber gerade deswegen pikant, ist es, wenn von einem Möbel auf ein anderes, aus einer Form in eine andere — aus einer Vorderform in eine Seitform und so fort, übergegangen wird, ohne dabei aus dem Geleise zu geraten! Auf diese Weise lassen sich die großartigsten und sinnreichsten Kombinationen zusammenstellen, deren Abwechslungen unerschöpflich sind.

Überhaupt sind große, wenn auch seltenere Genüsse den kürzeren und öfteren vorzuziehen, denn man erinnert sich an großartige Liebe stets mit viel regerem Verlangen als an gewöhnlichere Momente, umsomehr, als in jenen langen Nächten der Zauber der „Pausen" dem Ganzen ein ganz anderes Gepräge verleiht; denn die Liebe ohne Pausen kann nur einen geringen Teil des höheren Glückes bieten. Einmaliges Lieben aber schließt natürlicherweise und an sich die Pausen aus.

***

Außer den Gründen, die bisher zugunsten großer Genüsse aufgeführt wurden, kommt noch der, wohl noch nicht unwiderleglich nachgewiesene, aber durch die Erfahrung schon ziemlich anerkannte Satz, daß die Empfängnis nicht stattzufinden pflegt, sobald der Liebe mehr denn zweimal nacheinander gepflogen ward.

Es ist nicht unwahrscheinlich, daß die Befruchtungsprozedur durch eine rechtzeitig genug darauf folgende Liebesanstrengung gestört und vereitelt wird — es müßte denn die Befruchtung schon im ersten Momente des ersten Ergusses durch direkte Einstrahlung erfolgt sein; — dieser Gefahr jedoch läßt sich ganz leicht und, ohne den Genuß auch nur im mindesten zu beeinträchtigen, durch den Erguß des ersten Strahls im „Steilmomente" (am Lippenrande) vorbeugen, und es ist diese prämeditierte Ergußregelung sogar ein besonderer Beitrag zum Lustgenuß, da sie die Konzentrierung der vollsten Aufmerksamkeit auf den Zentralpunkt der Liebe in sich faßt. — Ein dritter, vierter oder späterer Erguß ist nun schon zu wenig energisch, um den Bedingungen der Befruchtung zu genügen.

Eine schon an sich kräftige Gegenwirkung in diesem Sinne — gegen Gefahren — ist die rückwirkende Tätigkeit des weiblichen Apparates, wenn schon nach stattgefundenem ersten Ergusse, nach möglichst kurzer Pause, ein zweiter Genuß folgt; denn, indem das Weib sich hierbei abmüht, kann es die zur Empfängnis unumgänglich erforderliche innere Geschlechtsruhe nicht finden. Empfängnis aber ist nur dort und dann möglich, wo und wenn die Bedingung obiger Ruhe gegeben ist.

Es sollen daher die ersten drei Genüsse so aufeinander folgen, daß die Pause zwischen dem Momente des Ergusses und zwischen dem Beginn des neuen Wonnenkampfes möglichst gering sei, d. h. zwischen der ersten und zweiten Pause soll man sich keiner überflüssigen Ruhe oder gar dem Schlafe hingeben!

Nachstehend wollen wir die Sicherheit gegen die Empfängnis behandeln und auch sichere Mittel und Wege angeben, wie der Empfängnis aufs verläßlichste und sicherste vorgebeugt werden kann.

Aber! und auf dies „Aber" mache ich die Liebenden ganz besonders aufmerksam : niemals sollen sie es je vergessen, daß das Bewußtsein einer solchen vollen „Sicherheit" nur allzugerne lässig macht und man in süßer Ermattung nur allzu gerne das „lieber mehr", das zur vollen Sicherheit so unumgänglich ist, zu versäumen veranlaßt, und man oft, sehr oft nur das knapp Erforderliche oder gar „lieber weniger" zur Vorbeugung der Empfängnis zu tun pflegt und gerade hierdurch der Möglichkeit einer Gefahr Tür und Tor öffnet!

Diese Warnung möge jeder und besonders jede tief sich ins Gedächtnis prägen.

Die Gefahr der Empfängnis, also das Prinzip der Zeugung, ist als natürlicher ungebändigter, als ungebändigt wilder Existenzfaktor ein Umstand, der die Geschlechtsgemeinschaft oft arg verleidet, und somit auch der Geschlechtsfreiheit hindernd in den Weg tritt; dies Hindernis wegzuräumen, ist eine der gewichtigsten Pflichten der Menschenwelt — aber dies darf nicht auf jene anekelnde Weise geschehen, die das „Lieben auf unnatürliche Weise" als das beste Auskunftsmittel hinstellt und empfiehlt.

ELFTES KAPITEL

DIE SICHERE VERHÜTUNG DER EMPFÄNGNIS

„Natur ist eine Makulatur;
ihre Korrektur ist die Kultur!"

Das ist ein Satz, der sich im ganzen All bewährt, vom Reiche der Pflanzen an über das der Infusorien bis hinan zur Menschheit. Die Schwalbe lebt von der Mücke, die Katze von der Maus, der Wolf und Bär und Tiger von größeren Säugetieren — und alles das hat seinen Nutzen und ist für die Gesamtheit gut, weil es als Korrektur der Übelstände in der Natur befunden wird. In die Natur aber greift am einschneidendsten die Kultur; sie verändert und wandelt zugunsten des Menschen alles um, wie und wo sie kann; denn, wo der Natur in der Menschenwelt „ganz freier Lauf" gelassen wird, dort übersättigt sich der Zustand durch sich selber, wird krankhaft und die Natur muß ihre Kraftmittel, als: Übervölkerung, Volkselend, Seuchen und Krisen aller Art zur Geltung bringen und solange wüten, bis der Zustand ein besserer und der Fehler korrigiert wird.

Das auf das Geschlechtsleben, mit Rücksicht auf das Malthusische Gesetz angewendet, kann gesagt werden, daß die Präventivmethode der Kultur im Leben der Geschlechter ein notwendiger Faktor ist, weil sonst die Natur als Rächerin ihres Mißbrauches grausam eingreifen muß. Das führt außerdem zu dem Satze, daß: wo die Prävention der Kultur vorherrschend und die Regelung der Natur nicht notwendig ist, auch das Gesellschaftsleben im allgemeinen ein gesichertes ist und so auch das Recht als solches imstande sein muß, durch mildere Maßregeln dasselbe oder selbst mehr auszurichten, als es unter den obwaltenden Verhältnissen imstande ist.

Es ist eine nicht genug zu rügende Indolenz der angehenden Fachkundigen, daß sie bis jetzt sich noch gar keine Mühe zu geben Anlaß fanden, die Art und Weise festzustellen, wie einer Empfängnis auf vollkommen verläßliche Weise vorzubeugen wäre. Sie nahmen und nehmen die Sache immer allzu schroff und stellen sich geradezu auf polizeiliche Basis, indem sie sagen, daß die Verhinderung der Empfängnis unsittlich, ja entschieden zu verdammen wäre.

Das mag in mancher Beziehung richtig sein, aber es gibt Fälle, wo die Empfängnis moralisch, ja sogar physisch ein schwerer Schlag für ganze Familien wird. Von den moralisch entsetzlichen Fällen, von den vernichtenden Wirkungen einer ungewünschten Schwangerschaft und von den zahllosen Selbstmorden und anderen fürchterlichen Folgen derselben wollen wir hier sogar absehen und nur auf jene physische Gefahr hinwiesen, die manchem Weibe durch Schwangerschaft und Geburt droht. Gar oft gibt es Körperanlagen und Gesundheitszustände, bei welchen das Tragen und Gebären der Frucht analog mit einer ziemlich gewissen Untergrabung der Gesundheit, ja selbst eine imminente Todesgefahr ist!

Wie oft verbieten nicht Ärzte schon verheirateten Frauen den geschlechtlichen Umgang und geben nicht den Männern solcher Frauen die schändlichsten, gewissenlosesten Ratschläge oder indirekte Winke, daß sie diese Frauen der Geschlechtlichkeit ganz unzugänglich machen, oder dieselben der naturwidrigsten, ekelsten Unzucht preisgeben, oder ihnen einen ganz unerläßlichen Halbgenuß mittels läppischer Präventivs vorschreiben, der jedenfalls unsittlicher und ungesunder ist, als es fürs erste dünken mag.

Aber es gibt auch solche Ratgeber, die durch ihre Ratschläge verächtlicher und gefährlicher als die gewissenlosesten Kuppler werden, weil ihr leichtbefolgbarer Rat als Orakel gilt. Es sind das jene Ratschläge, die den Mann zum Wüstlinge machen, der Familie und am meisten der armen Frau entfremden, und nicht selten samt und sonders ins Verderben senden — damit die arme Frau nur ja vor Empfängnis gesichert bleibe!

Das sind Dinge, die jeder wohl überlegen möge.

Es ist die Verhinderung der Empfängnis nie unmoralisch, ebensowenig wie es keine überflüssige Errungenschaft ist, die Empfängnis — wenigstens in negativer Richtung hin — vollkommen in seiner Gewalt zu haben, sie vollkommen zu beherrschen.

Will man übrigens bezüglich der Empfängnis klarer sehen, so beobachte man noch folgende Winke und kombiniere aus ihnen das apodiktisch sicherste Verfahren.

1. Zwei Wochen nach Eintritt der Menstruation ist die Empfängnis nur durch einen unberechenbaren Zufall möglich.

2. Wenn man am Rande der Lippen ergießt, so ist die Empfängnis eine sehr problematische und gelingt nur in den allerseltensten Fällen; wird

aber in den allermeisten Fällen durch ein spätestens eine halbe Stunde darauf erfolgende neue Liebesanstrengung mit ziemlicher Sicherheit vereitelt, unmöglich gemacht.

3. Geschah der Erguß in beträchtlicherer Tiefe, so ist eine sorgfältige Einspritzung der portio vaginalis mit frischem Wasser oder besser mit ziemlich kräftigem Karbolwasser (2 Teile Karbolsäure und 100 Teile Wasser), oder aber auch mit gesättigtem Alaunwasser in den allermeisten Fällen sicher. — Eine solche Karbollösung wirkt auf den Samen desorganisierend und auf die Schleimhäute der Vagina etwas zusammenziehend und gewährt die gewünschte Sicherheit, ohne im geringsten nachteilig zu sein.

Immerhin jedoch ist und bleibt es Hauptsache, den ersten Strahl des Ergußes nicht tief, oder richtiger, möglichst hoch und an den Lippen erfolgen zu lassen, was bei gehöriger Übung und Geschicklichkeit der beiden die Wonnen nicht viel beeinträchtigt, dafür aber das beruhigende und wohltuende Sicherheitsgefühl zum Ersatze bietet. Besonders sicher ist das Verfahren dann, wenn die Frau in der Ergußfase der Umarmung oben (d. h. er unter ihr) sich befindet.

Die Ausspritzung geschieht mittelst der sogenannten Mutterspritze oder Vaginalspritze, deren bequemste Form der Irrigator ist; es kann zu diesem Zwecke von der Karbolsäure 2 Teile auf 100 Teile Wasser beigemengt werden, was in Fällen des unbehinderten Ergusses entschieden das verläßlichste Injektionsmittel als solches ist. Die Ausspülung hat am besten sofort nach dem Ergusse zu erfolgen und es muß dabei das Rohr bis an den Uterus hineingeführt werden!

Viele behaupten, daß selbst nach 2—3 Stunden diese Einspritzung, wenn korrekt ausgeführt, vollkommen verläßlich wäre, was aber darum nicht gut zu glauben ist, weil eine korrekt geschehene Empfängnis schon schwer annuliert werden kann!

4. Ein ebenfalls vielfach empfohlenes und, wie man sagt, sich tatsächlich bewährendes Verfahren zur Hintanhaltung der Empfängnis ist jenes, wobei das Weib in jenem Momente, wo es den Strahl der Strömung beim Manne fühlt, bewegungslos verharrt, obendrein den Atem zurückhält und dabei die Bauchmuskeln (wie z. B. bei harter Stuhlentleerung) anspannt! Dies Mittel verleidet aber beiden den Genuß allzusehr und ist außerdem das Unterdrücken des Atems bei dem vor Erregung hochatmenden Weibe viel zu peinlich, als daß wir ihm unsere Fürsprache angedeihen lassen möchten.

5. Ein ziemlich sicheres und dabei bequemes, sowie durch die gebotene Beruhigung auch wohliges Mittel ist die geschickt-aufmerksame Einführung eines wallnußgroßen, oder richtiger den Dimensionen des Vaginalgrundes entsprechenden, möglichst zartgewebigen, von jedem Kies und Sand

sorgfältig gereinigten, möglichst kugelrunden Schwammes (Toiletten-Schwamm) bis an die Öffnung des Uterus. Dieser Schwamm aber muß mit $1^1/_2$—2 prozentiger Karbollösung ($1^1/_2$—2 Gramm Karbolsäure auf 100 Gramm Wasser) ganz vollgetränkt sein.

Bei Anwendung dieses Mittels kann der Erguß sich auch in den tiefsten Tiefen vollziehen, ohne daß dabei die Empfängnis möglich wäre. Statt des Schwammes kann auch eine mit derselben Karbollösung getränkte Kugel aus chemisch reiner Charpiebaumwolle dienen, nur hat diese Kugel zwei Nachteile: daß sie nicht genug Flüssigkeit aufsaugt, und daß sie durch die Flüssigkeit sehr hart wird, folglich auf den Samen nicht genug desorganisierend einwirkt. Der Schwamm wird nach stattgehabtem Erguß, in der Zeit des ersten Ausruhens — etwa nach zehn Minuten, oder auch früher — entfernt und es kann zu noch größerer Beruhigung, übrigens auch schon wegen der Reinlichkeit, die weiter oben besagte Ausspülung mit Karbolwasser vorgenommen werden.

Bis zu drei Gramm Karbolsäure auf 100 Gramm Wasser empfehlen wir hier bloß aus dem Grunde nicht, weil drei Gramm Karbol manchem empfindlicheren Organismus zu stark sein, d. h. die Schleimhäute beißend affizieren und dadurch zu einer unangenehmen Störung oder Belästigung werden, eventuell bei längerem Gebrauche das Angegriffenwerden der vaginalen Schleimhäute veranlassen könnte.

Condoms (Gummi, selbst die heute schon vollkommen fein erzeugten Rosawaren und Rouletts aller Art) beeinträchtigen den Genuß — besonders den des Mannes — viel zu sehr, als daß deren Benützung anempfohlen werden könnte.

6. Das neueste und — soweit es bislang festgestellt werden konnte — auch zugleich das sicherste Präservativ ist die Pessarkapsel, d. h. ein Gummihelm von der Form einer Halbhohlkugel, deren wulstiger Rand derart um den Uterusmund angelegt wird, daß dadurch dieser Mund gleichsam wie mit einem konvexen Hohldeckel bedeckt und mittels des Randwulstes verschlossen wird. Natürlich muß der Durchmesser oder die Größe dieser Kapsel ebenfalls den Dimensionen, den Innenverhältnissen des Vaginalgrundes entsprechen und der wulstige Rand als um den Muttermund herumgehender Kranz möglichst genau angepaßt sein.

Dies Präservativ sieht von weitem wie ein winziger Hut aus, dessen Krempe ein mehr oder minder starker Wulst und dessen Kappe wie das Endstück eines Condoms ist. Die Höhe dieses Hütchens ist alles in allem etwa $2^1/_2$—3 cm. Das ganze besteht aus Gummi; im Inneren des Randwulstes aber geht ein Stahldraht durch.

Um über dieses Präservativ möglichst kurz und ausgiebig zu berichten, sei hier mitgeteilt, daß dieses unschätzbare Pessarium unter der Benennung „Damenpräservativ" in zwei Sorten — die eine von Dr. Hasse mit sehr dickem Randwulste, die andere von Professor Mensinga, mit ganz dünnem Randwulste — und beide in allen Größen (Nr. 4, $4^1/_2$, 5, $5^1/_2$, 6 . .) erhältlich sind, und daß bei Bezug der Ware die ausführlichste Gebrauchsanweisung beigeschlossen wird.

Sowohl bei der Schwammkugel, als auch bei dem Pessarium ist es von entscheidender Wichtigkeit, daß dieser Gegenstand sehr genau auf und um den Muttermund anpassend und gutschließend bis an den Grund der Scheide eingeführt und angedrückt werde; und das ist nicht leicht, denn von der Genauigkeit des Anschlusses und des Schließens voll überzeugt zu sein, ist das wesentlichste bei der Sache. Um diese Überzeugung zu erlangen und der Verläßlichkeit des Verschlusses sicher zu sein, konstruiere oder verschaffe man sich etwas, was z. B. einer folgenden Vorrichtung ähnlich erscheint: Ein Stengelglas (Likörrglas), dessen Kelch etwa wie eine halbe Eierschale geformt, dessen Stengel sehr lang (beziehungsweise sehr hoch ist) und dessen Basisscheibe entfernt wurde. Statt Glas ist besser ein ähnlich geformter Kautschukkelch zu bestellen und anzuwenden.

Für die Schwammkugel muß der Kelch des Glases bloß so groß sein, daß er gut ein Viertel der Kugel aufnehme, d. h. der innere Durchmesser des Kelches muß etwas kleiner sein, als der Durchmesser der Kugel. Das Pessariumhütchen hingegen wird mit der Kappenhalbkugel so in den Glas- oder Kautschukkelch locker eingefügt, daß der Randwulst soweit außerhalb des Kelchrandes bleibt, daß er auf diesem aufliegt, wodurch das Pessarium in die Scheide genau und sicher eingeführt werden kann, und beim Zurückziehen des Kelches das Pessarium an Ort und Stelle bleibe.

Wie dieser Einführapparat aus Glas oder Hartkautschuk gedacht ist, so kann er, und aus Gründen der Reinlichkeit unbedingt zweckmäßiger, aus Elfenbein, Silber oder Gold . . . verfertigt werden. Die Einführung selbst des Schwammes sowohl, als auch des Pessariums geschieht am leichtesten in hockender, am sichersten und genauesten aber in schon liegender Pose und ist letzteres deshalb rätlich, weil eine Verschiebung des Präservativs viel weniger zu befürchten ist.

Zu betonen ist, daß Einführungsapparate vollkommen entsprechend noch nicht konstruiert sind, und daß sie auf oben beschriebene Weise und der Umfangsgröße des Pessariums gut angepaßt zu bestellen sind.

Ein gut passendes Pessarium mit dazugehörigem Apparate, gut deckend eingeführt, gewährt gegen Empfängnis stets absolute Sicherheit!

Um sonach *„mehr als vollkommen"* sicher der Empfängnis vorzubeugen, benütze man erstens beim Coitus das genau passend eingeführte Pessarium (der Karbolschwamm ist wegen des Karbols selber, und weil er nicht ebenso sicher als das Pessarium — weniger angenehm); zweitens ergieße man den Hauptstrahl, zur um so gewisseren Sicherheit, möglichst hoch und knapp am Eingange der Vagina; und wem diese superflua cautela auch noch nicht genügt, der nehme drittens noch obendrein die Karbolausspülung vor, wie sie oben in Punkt 3 vorgeschrieben wurde.

Bei solcher Vorsicht ist die Möglichkeit einer Empfängnis gänzlich ausgeschlossen!

Wer diese drei Maßregeln befolgt, kann mit der allervollsten Sicherheit der Empfängnis vorbeugen; obschon mit der ersten und zweiten Maßregel die Sicherheit ebenfalls so gut wie vollkommen ist, umsomehr, als schon die erste Maßregel allein, wenn die Einführung des Pessariums oder des Schwammes eine genaue und gelungene ist, volle, ja *absolute Sicherheit* garantiert.

Ein besonderer Vorteil des Pessars ist noch der, daß während des Geschlechtsaktes weder sie noch aber er auch nur im geringsten etwas Unbequemes verspüren, was das Vorhandensein dieses Schutzes verriete.

Und das ist eine Errungenschaft, die eine neue Ära der Liebe zu schaffen geeignet ist.

Ebenfalls als absolut sicher wird der Frauenschutz „Komet" gerühmt, ist jedoch nicht ganz erprobt und kann dem „Mensinga Pessar" noch nicht gleichgestellt werden.

Ein älteres Verfahren, das aber neuerdings wieder aufgegriffen wurde (Karl Buttenstedt: „Die Glücksehe," zu beziehen durch den Autor, derzeit in Friedrichshagen bei Berlin) ist, daß der Mann bei seinem Weibe sich an das Saugen der Brüste gewöhnt: täglich saugt er wenigstens einmal oder auch öfter einige Minuten lang an je einer Brustwarze; nach einigen Tagen wird sich Milch zeigen, auch wenn die Frau durchaus nicht schwanger oder mit dem Stillen des Kindes beschäftigt ist. — Auf Grund der Erfahrung, dass milchende Frauen (während des Stillens) nicht empfangen, wurde und wird angenommen, daß, wenn durch das Saugen der Warzen durch den Mann die Milchung herbeigeführt wird, die Empfängnis nicht stattfinden kann.

Buttenstedt sagt hierüber wörtlich: „Daß weder der Mann noch das Weib ein voller Mensch sei, sondern daß erst aus der Verschmelzung beider ein Vollmensch werde, und daß dies der Fall würde, wenn beide dasselbe Blut haben würden, und dieser Austausch des beiderseitigen Blutes ginge nun in der Weise vor sich, daß der Mann sich direkt an die Brust des geliebten Weibes lege und die Milch desselben tränke, hierdurch würde das Weib gegen die Empfängnis gefeit und der Mann gebe durch Vollziehung des Geschlechsaktes dem Weibe die von ihm durch die Milch empfangene Kraft dadurch wieder zurück, daß er mit demselben den Geschlechtsakt vollzöge und seine Samenflüssigkeit vom Geschlechtsorgane der Frau aufgesogen und bei ihr ins Blut treten und sie an Kraft bereichern würde."

Er führt ferner aus, daß jedes geschlechtsreife Weib, sogar die Jungfrau, nach angefangenem Saugen in spätestens 2—3 Wochen Milch gebe, und: sobald dies eingetreten, sie gegen Empfängnis gefeit sei.

Dies ist wohl nicht ohneweiters abzuweisen, müßte aber erst erprobt werden — bleibt aber unter- allen Umständen Sache des Geschmackes!

Absolut sicher ist das Pessarium von richtiger Umfangsgröße, wie es oben beschrieben, wenn es durch einen geschickt zu konstruierenden Einführungsapparat prompt den Muttermund bedeckt!

Und das genügt vollkommen!

Nun du, du träumerisch herrliche Leserin, was frägt dein sinnig Auge so? Was ist's, das dich so denken macht?

Verschweig es nur; ich weiß es wohl, was deines Busens Wogen — was deiner Wangen Purpur sagen will!

Ist's so? — Dann fasse fest, was du in diesen Zeilen fandest; dann prüfe weislich, was du erfuhrst und — lange, süße Götternächte, durchgeliebt in *wahrhaft genossenen* Götterwonnen „am Herzen dessen, den du dir erkorst" und dem bisher nur „*träumend*" du die Himmel deiner Seligkeiten erschlossest — das sei dein Lohn, wenn richtig du mich auch verstandest!

DRITTES BUCH

DIE AVATARA ODER VERKÖRPERUNG
DER GESCHLECHTSIDEALE

EINLEITUNG

Motto : Mein Weib und ich allein !

Es wäre absolut unnatürlich, wenn bei einem Thema, wie die Abspielung des Geschlechtsaktes und dem dabei unumgänglichen Kosen der Liebenden, die Schilderung der Szenen in starrstrengem Tone geschähe : Wo Körper und Geist voll Wonnen sind und Seligkeiten empfinden, dort muß es eine der wichtigsten Bedingungen sein, daß in der Beschreibung des Gegenstandes Verve und poetischer Anflug nicht mangle; denn sonst ist eine solche Lektüre ein unverdaulich krasser Unsinn.

Aus diesem Grunde muß der Text dieses III. Buches verschlossen sein — diskret bleiben !

ERSTES KAPITEL

THEMATISCHE ERÖRTERUNGEN

ir befanden uns schon mit dem zweiten Buche dieses Werkes, dem „Triumph der Geschlechter", in ziemlich kühnem Negligé und oft in großer Verlegenheit, da wir auf einem Gebiete standen, wo die Verhüllung als unnatürliche Prüderie, als falsche Affektation gewiß anstößiger gewesen wäre, als die reine unbefangene Natürlichkeit, die allem, was geschlechtlich ist, so sub rosa denn doch am vorteilhaftesten steht.

Mit dem hier anhebenden dritten Buche, mit der „Avatara" der Liebe, gelangen wir noch um eine Stufe höher, da wir ein Gebiet betreten, wo alle Hülle fällt, wo die Natürlichkeit uns in ihrer gänzlichen Unverhülltheit entgegentritt und als ästhetisch erhabener Faktor zur Geltung gelangt; denn trotz der Unverhülltheit tritt nirgends der herausfordernde Übermut, nirgends die schamlose Obszönität hervor.

Ja selbst die Ausdrücke müssen feiner und gewählter werden, um das Niveau des Klassischen nicht aufzugeben; namentlich aber sei hervorgehoben, daß bei der Beschreibung der Bilder des Riesensystems in Worten es sogar notwendig wird, einzelnen Teilen des Körpers symbolische Bedeutung zu geben und sie symbolisch zu benennen.

So nennen wir z. B. die Beine: Säulen; das Knie: Bug oder Kehlenbug; die Oberschenkel oder die Keulen: Kolumnen oder Kolonnen, Pfosten, Torflügel oder Torpfosten; die Arme: Hebel; den Ellbogen: Hebelbug.

Wir fühlen uns in das geheimste Gebiet Cytherens eingeführt, wo wir die Verkörperung der Geschlechtsideale beim heiligen Lichte der Sonne schauen, wo wir die Einswerdung der beiden Geschlechter zu einem zweieinigen Sinnesganzen in ihrer vollsten Vollkommenheit erkennen, und wo wir aus dem Idyll im Rosenschlosse hin zur Entwicklung und dann zur vollen ausführlichen Darlegung des „Riesensystems" selbst gelangen, also in jenes Gebiet, wo die Arten der Liebe, in plastischen Bildern beschrieben, uns Zeugen einer geradezu erstaunlich vielfältigen Szenerie werden läßt.

Das hier meditierte System bietet so ziemlich alles, was an Liebe denkbar und genießbar, und erschöpft die Kombination mitunter bis zu dem Grade, daß einzelne Posen fast schwierig zu nennen sind; aber nur deshalb, um das System möglichst vollständig zu geben. Wirklich Schwieriges oder Unmögliches wurde jedoch gänzlich umgangen.

Hier sei ausdrücklich bemerkt, daß das System sich nur in solche Liebesweisen einläßt, die zwischen Liebenden verschiedenen Geschlechts, ohne das ästhetische Gefühl anderweits zu verletzen, stattfinden können.

Die „Abwechslung" ist in diesem System reichlich geboten. Es bietet durch den Reiz seiner Mannigfaltigkeit so viel Genuss und so viel Leistungsfähigkeit, daß die Hinfälligkeit und Schädlichkeit des ewigen Einerlei sofort einleuchten muß.

Und das sonderbarste daran ist, daß trotz der effektiv bedeutenderen Leistung die Leistungsfähigkeit weniger beeinträchtigt wird, als es gewöhnlich geschieht, weil das eben kein künstliches Reizmittel, sondern ein natürliches ist, das dem Geiste nicht nur willkommen, sondern Bedürfnis wird, und das er bislang entbehren mußte.

Die Körperanstrengung ist nie so gefährlich als die Anstrengung und Abmüdung des Geistes; der Geistigschlaffe ist müder als der Körpermüde, aber Geistesrege, und findet der Geist reichen Stoff zur Tätigkeit, so nimmt er die Kraft des Körpers, stets in seinen Sold und beide vereint leisten, was sie getrennt nie zu leisten vermögen.

In mehr als fünfhundert Arten zu lieben, bieten sich soviel plastische Bilder, daß die Liebe stets etwas finden wird, was ihr neuen Reiz und Wert verleiht. Denn selbst auch der, den das Alter oder übermäßig rasches Genießen früh blasiert gemacht, findet gar oft ganz unerwartet Anregung und Verlangen durchs Lesen so vieler und großer Wonnemöglichkeiten.

Wo wegen Gefahr des Fallens — bei schwacher oder geschwächter Konstitution — Befürchtungen eintreten, dort läßt sich die an sich waghalsige Figur durch entsprechende Maßregeln leicht ungefährlich machen.

Wiederholungen sind möglichst vermieden, und wo diese scheinbar auch vorkommen, sind sie in der Tat auch nur scheinbar und vorhergegangenen etwa ähnlichen, plastisch kaum vergleichbar, da die natürliche Situation sich auf den verschiedenen Geräten, selbst ganz ähnliches, sowohl der Darstellung als auch dem Genuß nach, bedeutend ändert.

Da wir oben ausdrücklich betonten, daß wir nur solche Arten der Liebe berücksichtigen, die nur zwischen zwei Liebenden verschiedenen Geschlechtes in rein natürlicher Weise stattfinden können, so können wir nicht umhin, besonders hervorzuheben, daß die 500 und mehr Bilder, die sich in diesem Systeme bieten, alle von einander ganz verschieden sind, und daß der, welcher aus der scheinbaren Ähnlichkeit irgend eines Bildes mit dem andern die Folgerung zöge, daß dies eine von jenem andern nicht wesentlich verschieden sei, so könnte derselbe nur dann Recht haben, wenn er von dem Gesichtspunkte ausginge, daß alle natürliche Liebensarten endlich doch nichts anderes sind als „das Saturieren derselben Hianz durch dieselbe Substanz".

Nun, mit solchen Begriffsstutzigkeiten ist wohl nicht zu rechten!

Erst durch vorliegendes System wird uns klar, welcher Unterschied zwischen dem Menschen und dem Tiere sei!

Während das Tier nur eine Art der Geschlechtsbefriedigung hat, finden wir deren beim Menschen eine Unzahl und das ist ein wesentliches Zeichen des Unterschiedes zwischen Mensch und Tier, der sich mit der Abnahme der Abwechslung mindert und bei dem Einerlei — in geschlechtlichem Sinne — fast erlischt und so erlischt, daß der Unterschied zwischen Mensch und Tier bei einerlei bleibender Befriedigung des Geschlechtriebes kaum merkbar wird.

Ein noch subtilerer Unterschied zwischen Mensch und Tier liegt darin, daß das Tier bloß die momentane Befriedigung des Geschlechtriebes verlangt, und ist das geschehen, sich weiter um nichts mehr kümmert, bis sich der Trieb wieder regt und die Befriedigung möglich wird; ja sogar, es bleibt der Trieb lange unerregt, wenn die Gelegenheit der Befriedigung nicht vor Augen steht.

Nicht so der Mensch. Er sucht wohl auch die Befriedigung des Triebes — desselben Triebes, wie das Tier; aber er sucht sie selber und verfolgt sie schon lange vor der Befriedigung als Zweck; ferner begnügt er sich nicht mit der bloßen Befriedigung und mit dem Momente ihrer Dauer, sondern trachtet: 1. in den Genuß der Befriedigung einen, seinem Bildungsgrade konformen Grad der Verfeinerung, der Abwechslung zu bringen, um die Dauer des Genusses zu verherrlichen, und 2. trachtet er, die Dauer selbst mit dem Aufwande aller Geistesvorteile, die ihm zu Gebote stehen, zu verlängern. Für beides aber ist die Abwechslung im Lieben das geeignetste Mittel.

Auch begnügt sich das Tier in der Regel mit einem Genuß für längere Zeit, während der Mensch, besonders wenn er die hier zu bringenden Liebesarten kennt, mehr leistet und mehr Genüsse aufeinander folgen läßt, als jedes andere Wesen.

Wenn wir den Sperling auch dutzendmale auf sein Weibchen hüpfen sehen, oder auch beim Tauber öftere Wiederholungen bemerken, so soll das niemanden beirren, denn das sind eben keine *gelungenen* Taten — das sind bloß Liebesscherze, mißlungene Versuche und Spiele; ist die Tat gelungen, so war das sicherlich der letzte Sprung, im Scherz . . . für einige Zeit.

Übrigens sind die Säugetiere im Punkte der Geschlechtlichkeit anders beschaffen, als die Vögel, Wassertiere, Insekten usw. Wenn wir aber beim Säugetiere den Unterschied zwischen dem Menschen konstatieren wollen, so können wir behaupten, daß der Mensch unter allen am vollsten und am längsten genießt. Sehen wir als Beispiel den stattlichen Hengst: er kommt, sieht und siegt, d. h. er siegt über seine harrende Stute und, was bemerken wir? Daß die Erscheinung viel zu kurz gedauert! Nur ganz wenige, zwar kraftvolle Bewegungen, und — alles ist vorüber. Er ist zufrieden, sie ist zufrieden — er wenigstens auf einen Tag; sie, wenns gut ging, auf ein volles Jahr. So der Stier und alle, selbst die größten Tiere.

Das Ideale des Genusses, die raffinierte Verlängerung und die künstliche Vermannigfaltigung desselben ist nur dem Menschen eigen.

Das Tiermännchen ist bezüglich der Geschlechtsbefriedigung an keine Perioden gebunden. Während das Weibchen nur zeitweise, nur ein- oder einigemale im Jahre das Männchen verlangt und zuläßt, ist das unschwangere Weib des Menschen in diesem Punkte (einige Regeltage — ja zuweilen nicht einmal diese! — ausgenommen) ebenso frei und unbeschränkt, als der Mann.

Hat das Weib nun einen Mann gefunden, der die Liebe oder den Genuß idealisieren, verlängern, wiederholen und vermannigfaltigen kann, und hat der Mann ein Weib gefunden, das außer dem, was ihm an ihrem Körper gefällt, ihn durch Liebenswürdigkeit, Leidenschaftlichkeit, Feuer, Geist und erfinderische Geschlechtlichkeit zu entzücken, zu fesseln und wenn er abgespannt, wieder zu beleben und nach Liebe brennen zu machen imstande ist, dann ist die Liebe, was sie sein soll; dann entzieht sich die Seligkeit jeder Schilderung!

ZWEITES KAPITEL

DAS BLONDCHEN UND DER BARDE

Komm, zaubervolle, ideale Leserin, komm, lass dich nieder, hier knapp an meiner Seite! Die Ottomane ist weich und breit und bietet reichlich Platz für zwei.

Vergiß es nicht, wir sind bloß im Geiste so nahe; denn die Wirklichkeit ist uns ein Abgrund, der zwischen dir und mir für ewig gähnt. Für ewig? Ist das gewiß?

Drum, nah dich ohne Scheu, wir sind allein; und so allein läßt sich's gar traulich plaudern. Lege dein Haupt an meine Schulter und laß dich umschlingen.

Nun laß dich fragen, ob du wohl den Barden kennst, der von seinem „Rosenblondchen" gar so kühne Dinge singt? Wenn dich der Abgrund auch von diesem trennt, so kennst du doch vielleicht den Sang vom „Rosenblondchen" selbst.

Du kennst ihn nicht, doch ahnst du was; das sagt mir klar dein Händedruck und du wünschest, daß ich rede.

War Blondchen schön? — Entzückend schön; ihr Haar fiel üppig lang in losen Flechten nieder; ihr Auge, schöngeschnitten, strahlte schalkhaft feurig. Die Brauen und die Wimpern, voll und schattigdunkel, verliehen ihrem Ausdruck etwas Eigenes; ihr Antlitz, so seelisch und verklärt, hat ein unerklärlich Etwas, das voll Zauber jedes Herz gewinnen mußte. Ein blendend voller Nacken, und von wundersamen Schultern fielen Arme, rund, doch kräftig wie gemeißelt, nieder, als wären sie zu liebender Umarmung nur geschaffen, mit Händchen daran zum Küsssen und zum Tändeln. Und dann ihr Busen, ach, so kräftig schwellend, weiß wie Schnee und daran zwei kleine, wunderkleine, wie Korallen rote Rosenknospen.

Die Taille ist von tiefem Schnitt wie zum umspannen; die Hüften aber

14*

und die Lenden mächtig, lang sich wölbend, enden in zwei festgeschlossene Schenkel, mit Knien, mit Waden und mit Füßen, dergleichen wohl kein Meißel noch geschaffen.

Das alles so kernig, so strotzend voll Leben und Glut!

So schön und zierlich der Bau, ebenso gelenkig anmutig ist jede Bewegung. Ihr Wesen ist voll Zauber und steht mit der Gesamterscheinung in schönster Harmonie. Tändelnd war sie, sanft und geschmeidig, schmeichelnd und geistreich; doch strömte aus dem Blick des sanften Auges ein Etwas, das klare Zeichen ihrer heftigen Empfindung und ihrer wilden zügellosen Energie im süßen Spiel der Liebe.

So war Blondchen; doch kann die Feder dürftig nur entwerfen, was die Natur in herrlichster Wirklichkeit geformt.

Und er, der Barde? Er, er paßte zu ihr. Wie Apoll war er, mittelhoch und um ein wenig größer als sie. Aus seinen Zügen strahlte Kraft, Mut und Geist; sein Feuerauge, wenn liebend er geblickt, drang tief bis in die Seele; der feste Nacken saß auf breiten Schultern; die breite gewölbte Brust und die sehnigen Arme verkündeten die zähe Manneskraft. Im ganzen schlank und zart gebaut, doch alles wie von Stahl und Eisen.

Sie trafen sich, das Blondchen und der Barde, der Zufall hat es so gewollt, und bald entflammten beider Herzen in glühender, heftiger Liebe.

Der Gegenliebe Ungewißheit wuchs zum Harm, zur Qual heran.

So manches lästig starre Hindernis war zwischen ihnen aufgetürmt.

Die Zeit ging hin — nur allmählich konnten sie sich erhoffen, und beiden brach das Herz schon fast; die Zeit ging hin — da strahlte die Sonne hell, schön und mild; was erst unmöglich war, das war zur Möglichkeit: auf seine kühne Frage hat sie „Ja" gesagt! — Er warb um sie, die Herzensgüte hatte die Entscheidung — sie stimmte bei, und — Blondchen ward des Barden Braut und dann — sein Weib!

Nun höre, was er sang von seiner Werbung und von seiner Brautfahrt und von der ersten Liebesnacht mit seinem

ROSENBLONDCHEN

Wir schwangen uns mal, weiß nicht mehr wann,
Mein Blondchen und ich zum Himmel hinan,
Zur Quelle der Liebe, der Wonnen;
Wir zogen zu Gott, der uns glücklich gemacht,
Durch den unsere Seelen zum Lieben erwacht,
Ins Reich der allewigen Sonnen.

Und weil wir doch gar so unendlich beglückt
Und weil uns die Liebe so festlich geschmückt,
Geschah unsere Dankeserklärung.
Da schaute der Herr auf mein Liebchen so lang
Mit Augen gar seltsam — mir ward es so bang —,
Mir klopfte das Herz vor Empörung!

Das merkte der Herre, das hat ihn gerührt,
Und wurde voll Anstand, so wie sichs gebührt,
Und sprach in Züchten und Ehren:
„Dieweil ihr euch liebet, grad wie mir's gefällt,
So sei zu Gebot euch die ganze Welt,
Will jeglichen Wunsch euch gewähren.

Dieweil ihr die Liebe so tieflich empfah'n,
Wie niemand im sämtlichen Weltenplan,
So geht denn und tut nach Belieben.
Und du! (das war ich), du eifre nicht mehr,
Ich laß dir dies Blondchen für ewig auf Ehr',
So einzig, so herrlich zum Lieben.“

Mögt denken und wünschen, so Kühnes ihr wollt,
Es wird euch zur Tat, daß staunen ihr sollt,
Drauf geb ich euch Siegel und Namen;
Doch aber das höret und merket und wißt:
Daß ihr euch für ewig drum liebet und küßt,
Das will ich, das fordr' ich und Amen!“

Das ward dem Gefühle zu viel, zu schwer,
Ich schloß mich an Blondchens Busen — so sehr,
Als stürb ich in Liebe zerflossen;
Und Liebchen, das weinte mir Tränen ins Herz;
Wir sanken süßschaudernd nun erdenwärts
Auf Fluren wo Lotusse sprossen.

Da sucht ich mit Liebchen das herrlichste Land
Und fand es, allwo's Paradies einst stand
In seiner urewigen Milde;
Doch fand ich's für Blondchen ein wenig zu schlecht
Und dacht mir: will's machen für Blondchen zurecht
So etwa — wie Himmelsgefilde.

Kaum dacht ich's und fand die Schablone noch kaum,
Da fand ich mein Reich wie im Zaubertraum
Voll glühend erblühender Rosen.
Wie lieblich! So kann es im Himmel nur sein!
Süß Blondchen, welch schwellender Edenhain,
Wie logisch geschaffen zum Kosen!

Das prangte mit aller Schmelze Gewalt,
Das war ein hellflammender duftender Wald
Von Liebe der Liebe posaunend.
Zur Königin sämtlicher Rosen geschmückt
Hatt ich ins Haar manche Knospe gepflückt
Dem Blondchen, so königlich staunend.

„Doch wie", meint Blondchen, „nur so vielleicht?
Kein Schloß und kein Hort und der Abend so feucht —!"
— Da zaubert aus Rosen ein Schloß sich.
Wie jubelte Blondchen voll Freuden davor,
Und lispelt mir neckisch so manches ins Ohr —
Ein Strom von Küssen ergoß sich.

Da zogen wir ein in das Rosenschloß,
Darin manch schelmische Stunde verfloß —,
Es flossen die Monde wie Stunden —.
Ein Meer von Rosen, ein Meer im Blüh'n,
Ein Meer der Düfte, zwei Herzen im Glüh'n —
Zwei Herzen für ewig verbunden!

Wir hatten manch armes Röslein geknickt;
Die Röslein am Busen verwelkt und zerdrückt . . .
Die starben so selig — so gerne —.
Welch Leben! welch Sterben! wie göttlich! Wie süß!:
Die Liebe, mein Blondchen, ein neu Paradies —,
Das war wie im Reiche der Sterne.

Der Tau der Kelche, gesammelt zur Flut
Rann Kühlung für Blondchens Feuerblut,
Drin spielt sie „Susanna die Keusche";
Und Tränen die Rosen vor Freude geweint
Sind ihr zu kühlendem Trunke vermeint,
Weil Küsse, die machen ihr Räusche.

So heg ich mein Mädchen und küß es entzückt —
Sein Lager sind Rosen mit Kränzen geschmückt,
Umhangen mit Schleiergeweben —.
— Einst flocht sich aus Blumen und Moosen ein Kahn;
Da spannt ich des Reichs alle Falter dran,
Die mußten uns flatternd erheben.

So schwebten wir hoch in der Lüfte Gebiet,
Wir sah'n unsere Lande von Wundern durchblüht,
Uns zogen raschflatternde Rosse.
— Dann hielt sie mich an, so eigens — „Zurück!"
Der Wunsch vollzog sich im Augenblick —
—: Wir waren im traulichen Schlosse.

Ich zeigt ihr die Sonne, die sank so klar,
Da hat es gedämmert gar sonderbar —,
Sie meinte: „das will was bedeuten".
Sie lauschte versunken der Vögelein Chor;
Ich sagt' ihr da leise ein Wörtchen ins Ohr —
Das tat ihr Verwirrung bereiten.

Da ward es dunkler . . noch dunkler . . dann Nacht —;
Dann lichter . . noch lichter . . die Sonn' ist erwacht,
Sie hat uns beschlichen geheime - - :
Und vor uns, da lag nun ausgeschlürft,
Verratend was niemand erfahren dürft —
— Der Kelch überhimmlischer Träume! —

Kannst du dies Lied verstehen? Dir scheint es so; doch kennst du nicht des Liedes Geheimnis und weißt nicht, allwas und wies geschah.

Dies Geheimnis liegt tief in meiner Brust und nur ein langer, langer heißer Kuß von deinen süßen feuchten Lippen wird es mir entlocken.

In solchem Kuß gießt Seele sich in Seele nnd Leben sich in Leben; was Zwei erst kaum, wird Eins im Glücke der Umarmung, im Glücke dieses Kusses! Nichts soll dir verschwiegen bleiben — nichts von des Liedes Geheimnis und nichts von dem, was ich vom Lieben weiß — und das Geheimnis ist gar wichtig, und was ich weiß, ist gar viel.

In dem Gedichte und namentlich am Schluß ist von geschehenen Dingen die Rede, die scheinbar keines Kommentars bedürfen; doch ist das irrig; — denn denke nur an den Tannhäuser! Frau Venus selbst, das vollkommenste Götterweib, die Göttin aller Liebe mit allem Aufwand ihrer Reize und bei allem Luxus war nicht imstande, ihn für die Dauer zu fesseln; — liebesmüde, des ewigen Liebens überdrüssig, trieb es ihn weiter, fort in die Freiheit, in die Welt. Sonderbar! Aus den Armen der Liebesgöttin selbst? Wie ist das möglich, wie ist das denkbar?

Die Sage von dem Tannhäuser hat tief in des Volkes Überzeugung seine Wurzeln; denn es ist eine alterprobte Wahrheit, daß, je heisser die Liebe genossen wird, desto schneller die Herzen sie kühlet und das Verlangen nach ihr wird — schon wegen des Genießens *in ewigem Einerlei* — immer lauer und lauer.

Das wußte der Barde und sagte es dem Blondchen, und Blondchen hatte es sich gar sehr zu Herzen genommen; doch schlang dies Wissen das süße Band der Liebe nur umso fester um ihre Herzen, als wollten sie sich gegen jenen verhängnisvollen Lauf der Dinge feien.

Sie mußten sorgen, daß sie lange, lange lieben, viel genießen und für immer glücklich blieben.

Doch wie? Wenn sie wie andere Menschen lieben, so können sie dem Schicksal dieser andern nicht entgehen — das war klar! und soll ihr Schicksal anders sich gestalten, so müssen sie auch anders lieben als andere; — ein Schluß so richtig als natürlich.

„Wünschen!" Ihr Wünschen galt nur Irdischem und Stofflichem; Seelisches wie die Liebe ließ sich nicht gebieten, entzog sich allem Wunsche.

Was sollen sie sich erwünschen? Sie dachten nur an Liebe und was mit Liebe zusammenhing.

Sie lebten nicht von Seufzern und von Küssen; ihr „Wunschrecht" bot alles — von allen Getränken und Speisen und allen irdischen Gütern das Beste.

Auch liebten sie nicht in Entbehrung: sie schufen sich alle Bequemlichkeit und hatten in ihren Gemächern wohl alles, was Liebe verlangt, und was sie nicht hätten, das zaubert im Nu sich herbei.

DRITTES KAPITEL

DIE GESCHICHTE AUS DEM ROSENSCHLOSS

er Schluß des letzten Gedichtes läßt dich was vermuten. Erratest du es, schöne Freundin? Gewiß nur so im allgemeinen. Was aber im besondern geschah, die Einzelheiten bis ins kleinste, das ist's, was ich dir eröffnen will, das ist des Lieds Geheimnis!

Sie waren im Schloß und in jenem Gemach, das sie zum Lieben und Kosen so gerne sich ersah'n; es war dasselbe, das sie im voraus schon zu ihrem nächsten künftigen Liebestempel umzugestalten beschlossen.

Blondchen hatte das wenige auch, was sie an sich an Kleidung trug, rasch abgelegt, sank auf ihr Ruhbett und goß über sich ein leicht Gewebe, das sie vor dem Blick, dem unschicksamen Blick des Geliebten verhüllen sollte, und tat auch bald, als ob sie nun schon schliefe.

Die Falsche!

Der Barde lüftet ein Randstück des Fenstergehängs und sieht sinnend hinan zu den aufblitzenden Sternen. Wie schön beginnt die schöne Nacht; welche Zauber verspricht sie in ihrem spätern, weiteren, vollen Verlauf!

Er nahte sacht, doch weniger verhüllt als sie und neigte sich, die beiden Arme rechts und links an ihren Seiten aufstemmend, über sie; versunken in den Anblick dieses Glück und Schönheit strahlenden Antlitzes sog er den süßen Duft, der ihrem himmlischen Körper entströmte und merkte den Verrat, die Verstellung — den Schlummer!

Leise, leise und ohne die Stellung zu ändern, zog er mit einer Hand das luftige Gewebe erst von den Schultern, dann weiter, immer weiter abwärts und da lag sie, das herrlichste Wunder der Schöpfung, ein Zauberbild, des Anblick auch die kühnsten Augen blendet, das kühlste Blut zu heißem Wallen zwingt.

Wie träumend und von des Zaubers Allgewalt wie festgebannt, stand regungslos er da und trank die Schönheit dieser Götterformen in seine Seele mit solchem Hochgefühl, als hätt' er ähnliches noch nie erschaut, — als wär's das erstemal oder gar das letztemal, daß solches er nun sieht.

Er war wie dieser Welt entrückt und glich einer Marmorsäule mehr als einem Manne, so starr und regungslos war alles — jeder Zoll an ihm!

Das ganze bot ein Bild — ein Bild, das auch des genialsten Malers Phantasie weit überflügelt.

Da öffnete lächelnd sie die Augen und sah ihn an mit einem Blick, mit einem solchen unnennbaren Blick der Liebe und der Schelmerei, der ihn wie ein Blitz durchzuckte. Mit einem Schrei des Entzückens stürzte er auf sie hernieder, umschlang sie mit seinen nervigen Armen und preßte sich so fest an sie — und seine Lippen suchten ihre Lippen, und ein frenetischer Kuß, ein Kuß, als wollt' er niemals enden, fachte die Seelen zu hellodernden Flammen, deren Glut die fiebernden Körper zu verwüsten gedroht.

Du frägst, warum sie diese verzehrende Glut nicht in dem Quell der Wonnen sofort gekühlt?

Sie taten es nicht. Denn er, statt dies zu tun, ging weiter noch: er küßte sie fort und fort, — verließ den Purpur ihrer Lippen dann, um sein wildes Treiben an des Busens Hügeln fortzusetzen, küßte das Herz und alles, was noch weiter kam . . . und als die mächtigen Pforten jenes geheimen Hains sich vor seinen Küssen wie von selber aufgetan, da bäumte er hoch empor und im selben Augenblick lag er an ihrem Busen, umfaßte sie konvulsivisch und suchte sich in ihren offnen Armen zurecht zu finden.

Was er suchte, fand er rasch; es war wie eine blitzverursachte Erschütterung am Wendepunkt des Lebens, welche beiden einen Ausruf des Wonnenschauders unwillkürlich entlockt hat. Krampfhaft umflochten sich Körper und Körper und fühlten niegeahnte Feuer; und dort, wo Strand und Sturm zur Brandung wurden, dort bebten zuckend die Lippen und pulste das Fieber der Verwüstung. Regungslos sind plötzlich beide; ineinander geschlungen weilen sie . . . es suchen sich die brennenden Lippen zu neuen Küssen, doch ohne des Körpers leiseste Bewegung, denn sie fühlten und ahnten die Nähe verhängnisvoller Momente.

Verzögern! O solange, als nur möglich verzögern! Denn was bis dahin das Leben ist, das ist wohl der höchsten Vorsicht wert.

Es schmiegen sich schaudernd Brust an Brust und Arme in Arme; und Liebe tief in Liebe versunken, fühlt die hochwogenden Regungen süsser Entzückungen; keine andere Bewegung; in liebesbanger Vorsicht verharren sie in dieser Umarmung und „wünschen" sich's aus voller Seele, sie könnte ewig währen — ewig!

Doch vergebens.

Die Lippen fanden sich und öffneten sich zu jenem großen ineinander-dringenden Kusse, des Wärme und Naß, wie auch die von beiden ins Küssen gelegte Gier und Wildheit ihnen das Gefühl gab, als wäre dies Genießen fast so wonnig, als jenes um drei Spannen tiefer.

Doch nun, nun hält es Blondchen nimmer länger! Sie mußte es sein, die, von des Fühlens Sturmeswogen fortgerissen, alle Fesseln abgestreift und der wilden Liebe schäumende Brandung über sich ergehen ließ.

Sie wand sich; sie warf ihr zerstörtes Haupt zur Seite bald, bald schob sie ihm es unter die Brust, ihm unter die Achsel, als suchte sie die Stelle sich zum Biss, der den Stachel ihrer Raserei aus ihr in die geplante Wunde stäche.

Ihr feuchtes blitzendes Auge mit dem verschleierten starren Blick sucht immer und immer sein Auge, und wenn sich die Blicke begegnen, da wird sie es gewahr, daß er es sei, ihr Barde, ihr Geliebter! Und so oft sie das im Toben der Gefühle vergißt — ein Blick in sein sprühend Auge und an Ver-wundung denkt sie nicht. Doch vergißt sie das bald und oft; schon krümmen sich die Finger, um die rosigen Nägel in seine Muskel zu graben, oder es ballt sich die Faust — ein Blick in seinen Blick, und sie vergißt den Grimm. Was soll sie? Es treibt und spornt sie beide in namenloses Schauer-gefühl: Die hochflutende Brust, sie droht zu zerspringen. Hoch atmen sie auf mit gespannten Nüstern — das Feuer will gelöscht, der Leidenschaften Sturm will gedämpft, das heißwallende Blut will gekühlt, das glühende Ver-langen will gestillt sein! —

Sie ringen nach Erlösung, nach Rettung aus dem fürchterlichen Kampf der Liebesseligkeiten!

Da hebt des Barden Lende sich, und wie auf einen Zauberwink ist Blondchen in der Höhe. Sie beben an Leib und Seele und lullen sich in Fieber und Glut; dann ein planlos fürchterliches Stürmen und Branden, und alle Feuer des Himmels zuckten durch den Sturm — der Kampf erstieg den höchsten Wipfel, die tobende Macht zu brechen; — ein Doppelschrei, gebrochene Töne, wirre Worte, wildere Küsse, alle Fibern erzittern, die Muskeln springen; tiefer immer, tiefer .. gehen die Wogen; alles wird dann ruhiger und ruhiger; der Sinne delirischer Taumel erfaßt die Umklammerten; und Tropfen für Tropfen sehnen sie das göttliche Leben zu schlürfen; die Körper trennen sich kaum mehr . . . ein mattes Wiegen und ein mächtiges Aufgebot — und — ihre Sinne schwinden: Blondchen hat die Welt ver-gessen. Mit einem tiefen lauten Atem entschlingen ihre erst so kräftigen Arme sich und legen schlaff sich längs der Seiten; sie kennt sich nicht und liegt in seligem Traum, im Tod der Liebe regungslos. — Er küßt ent-zückt noch ihre rotgeküßten Lippen, sie fühlt es kaum; er drückt sich wieder und wieder an sein liebesschlummernd Weib und fühlt an dem Gestade neu die Brandung; doch sie, sie fühlt es nicht, und ohne darum den schauerlich göttlichen Ort zu verlassen, befällt nun ihn ein neues Fühlen: Er umschlingt sein Lieb in dankbarem Entzücken für so hohe Liebe und seitlings zieht er Blondchen, seitlings so, daß er nun neben ihr, doch Brust an Brust mit ihr verbleibt. Und derart vereint zieht er ihr Haupt an seine Schulter und saugt in dieser Liebesstille leise, leise an ihren Süßigkeiten und fühlt bewußt, was sie im Traume fühlt: den Nachgenuß der vorgegangenen und zu gleicher Zeit den Vorgenuß der kommenden Wonnen. Sein feurig-matter Blick ruht zärtlich auf dem Weibchen, dessen geschlossene Wimper und glühend Antlitz trotz allem Glück und Ruhe strahlte.

Und wie er sie so angeschaut und sich in ihr so unaussprechlich glücklich fühlte, hat er unwillkürlich den Tannhäuser im Sinne.

Wärs denn auch möglich! Solch ein Weib, und für es einst erkalten? Nimmermehr! Bis zum letzten Momente der Liebesfähigkeit, bis zum letzten Funken der Manneskraft muß sich mein Herz bei ihrem Anblick regen, muß liebendes Verlangen nach ihr in jedem Tropfen dieses Blutes glühen!

Versunken in Lieb-Blondchens Anblick sann er hin und sann er her, wie und in welcher Weise nun ihr Lieben sich gestalten soll.

Und Blondchens Antlitz und Blondchens hüllenlose Reize gaben ihm den schöpferischen Funken.

Er sah im Geiste eine ganze Kette der mannigfachsten Liebesbilder; er sah noch mehr; er sah die Kette weit sich dehnen — weit, bis sie dem Auge entschwand, und das ganze wie ein Chaos ihm vor die Seele trat. Dieses Chaos zu entwirren, zu bewältigen und es in die richtige Ordnung zu bringen, das war nun sein höchstes Trachten, sein einzig Denken.

Er hatte Muße und das schönste Weib, um die vorgestellten Bilder, wie sie ihm im Geiste folgen, auch zur Tat werden zu lassen.

Die Lage, in der er sich in diesem Augenblicke befand, gab ihm den ersten Gedanken ein.

Diese Lage, diese Pose, sie war ein Ausgangspunkt!

Jede Lage oder Gruppierung, jede mögliche Gestaltung, die der beiden Körper im Genießen der Liebe aufzuweisen vermag, und alles, was wir Bilder der Liebe oder erotische Posen nennen könnten: alles das fassen wir am besten unter der Benennung „Plasma" zusammen, und alle Plasmen, die hier nun zur Entwicklung gelangen, bilden zusammengenommen das erotische Riesensystem der Plasmen.

Das, meine Freundin, war der erste Teil, die erste Stunde jener Nacht, die in des Liedes letzter Strophe so dunkel und verhüllt sich schildert. Was darauf noch folgte, und es folgte vieles noch, will ich dir treu berichten.

Aber, fühlst du nicht, daß die Schilderung des bisherigen ins Blut uns schlich und dieses Blut in heiße Wallung brachte? Vergeblich leugnest du es mir. Ich seh dein Auge, es wird zum Verräter an dir ... o, erröte nicht ... bist du denn nicht mein Blondchen? Ja? O ja — nur sag es keiner Seele — es bleibe das unser Geheimnis!

Wo aber sind wir geblieben — wo haben wir Blondchen gelassen? Im Arme des Barden liegt's regungslos vom Übermaße wonniger Erregung. Sie an seiner Seite; Brust ist fest an Brust geschmiegt; ihr Knie über seine linke Hüfte gelegt. Da öffnet Blondchen auch die Lider; sofort entsann sie sich des Ganzen, was geschah; staunt, daß sie ihn, da, wo er war, noch wiederfand. — Ein holder Blick in seinen Blick und mit einem himmlisch seelischen Lächeln, wo sich all ihr Glück und all ihr Dank vereinte, schlang sie die weichen Arme um seinen Hals und ein langer Kuß, wie Dank und Bitte, brennt auf seinen Lippen; Körper preßt sich an Körper fester, vor neuer Sehnsucht bebend.

Das Wort kann nie so deutlich reden, als es diese Sprache tat — sie hatten sich verstanden und waren rasch und ohneweiters einig.

Was hatte folgen sollen, hast du, geliebte Freundin, klar verstanden; doch wie es folgte, wirst du kaum erraten. Wie findig nur der Barde war! Sollst staunen, gerade wie Blondchen staunte.

Doch ... wie kommt's, daß du noch immer zitterst, und daß dein Busen wie das sturmgeschwellte Meer so hoch noch wogt? Wie kommt's, daß du gar so schwer Ruhe findest?

Wärs wahr? Jener lange, wüste Kuß —? Wärs jener Kuß, den du, als ich ihn im holden Sinnentaumel, im seligen Rausch der Leidenschaft aus jenem korallenen Kelche trank, den du, als ich mich daran voll Seligkeit berauschte, und den du, weil du ihn „entsetzlich" wonnig fandest, errötend unter Küssen mir so sehr und gar so sehr zum Vorwurf machtest; den du für unschicksam, für unästhetisch, für gottlos erklärtest.

Ich kann diese Anklage, die Verurteilung des „so arg verpönten Kusses" für gar so baren, für gar so vollen Ernst unmöglich nehmen; denn erstlich hast du ihn erprobt, empfunden voll und ganz, und seinen tiefen Wert darum richtiglich ermessen, und dann auch gar nicht Grund, ihn unästhetisch zu erklären, weil bei dem korrekten Weibe, das wir mit voller Inbrunst lieben und liebend gern umfangen, gar nichts unästhetisch ist.

Was an der Pflanze die Knospe und die Blüte, das sind am Weibe die koralligen Lippen der Liebe: diese Liebesblüte des Weibes ist die mittelste Vollendung des Körpers, welche, wie die Liebe, in die Mitte des Lebens, der Lebensdauer fällt, wo Körper und Leben am herrlichsten, am üppigsten sind; sie ist der Flammpunkt unserer geistigen Existenz, unserer idealen Welt, und nur der Unsinn hat das Recht, die Wahrheit dieser Worte anzuzweifeln.

Abgesehen von jener Menge, die an Pflege, Reinheit, Sorgfalt selten denkt; abgesehen von denen, die den Hort der wonnigsten Genüsse zum eklen Pfuhl, zum Sammelpunkte der Mißgerüche werden lassen, und selbst von jenen abgesehen, die wenig Sorgfalt nur daransetzen, nichts weiter als ein simples Waschen täglich einmal pflichtgemäß, wie etwa an den Händen oder Ohren vorzunehmen pflegen, abgesehen von diesen allen will ich entschieden fest behaupten, daß des korrekten, reinen, tiefgeliebten Weibes schönster, zaubervollster, kunstgerechtester Reiz eben jene Blüte ist!

Vorausgesetzt die reinste Reinheit und ohne Zutat künstlicher Gerüche, ist diese Blume dem liebenden und liebedurstigen Manne ein Wohlgeruch, der ihn, wie kein anderer in der Welt, zu berücken und in Fieberwahn zu setzen imstande ist.

Dies kleine Ding, diese wundervolle Talesblume, wer sollt es denken, muß, wenn sie ihrer Bestimmung höchstem Zwecke voll entsprechen will, zur wahren Tyrannin werden! Wie sie die Welt im allgemeinen und den Mann tyrannisiert, ebenso wird sie fürs Weib auch selber fast zur Tyrannin: sie fordert fürstliches Bedientsein; sie fordert der ganzen Gegend, des ganzen Reiches tadellose Reinheit und Frische; sie fordert nach jeder, wohlgemerkt, nach jeder Absonderung die gewissenhafteste Sorgfalt; sie fordert vom Weibe alles, was eine Königin von ihrer Sklavin fordern kann; denn sie weiß es, daß sie es ist, daß die Schönheit, Reinheit und Frische ihres Wesens es sind, die dem schönen Weibe erst recht und sicher jenen eigentümlichen Wert und Reiz verleihen, die den Mann für bleibend und fürs ganze Leben fesseln!

Gibt es für den nach Liebe verlangenden, nach Wollust lechzenden Mann wohl etwas Großartigeres, etwas Berauschenderes als den Anblick jener Blütenlippen? Kann was mächtiger erregen als die sanfte Furchenlinie dieses sanften schattig umflossenen, plastischen Korallengebildes? Kann etwas den Sinn mehr erregen, zu wahren Tigern der Liebe reizen, als wenn wir sehen, wie einzelne Teile dieser Wunderblüte sich sehnend regen, in Sehnsucht nach Liebe, in Sehnsucht, um voll und tief zu beglücken und glücklich zu werden? Kann uns etwas mehr zur Wildheit treiben, als wenn wir den wonnig berauschenden Duft in diesem Tale atmen?

Wie kannst du denken, dass es möglich wäre, die Lippen nicht mit heißem Sehnen an diesen Feuermund zu pressen; daß es möglich wäre, das Verlangen zu fesseln, damit es nicht die Zauber dieser Blüte fieberisch küssend trinkt? Und wär es ein trügender Giftpokal, des schreckliches Süß vollausgetrunken den Tod auch brächte: ließe es der Fieberdurstige wohl, den mächtigen Schauder in vollen Zügen bis in des Kelches Tiefe voll auszuschlürfen, bis nicht des heißgeliebten Wesens Beben die Erschütterungen des Entzückens, das Verlangen nach wahrer, voller und großer Liebe aufs höchste steigern?

Findest du nun, mein schmollender Engel, noch immer, daß dieser „unästhetische Kuß", wie du ihn nennst, unästhetisch, gottlos, garstig sei? Wirst du das, was den Blick erfreut, was Phantasie und Seele so mächtig erregt, noch unästhetisch nennen? Wirst du das, wozu die Natur mit unwiderstehlicher Macht uns zwingt, und das, was namenlose Wonne uns bietet, als unschicksam auch ferner noch erklären? O nein. Dein holdes Glühen seit jenem wüsten Kuß half kräftig mit, für jenen wüsten Kuß dich günstig umzustimmen.

Was diesen kühnen Kuß uns wahrhaft wert und wonnenreich macht, ist innige wechselseitige Neigung, inniges Wohlgefallen, aufrichtige, tiefgefühlte, ausschließliche Liebe des einen zum andern und das Bewußtsein einer tadellosen physisch-moralischen Reinheit!

Was den Wert und Hochgenuß des Lebens und des Liebens noch heben kann, soll niemand sich versagen. Doch ist der Geschmack in dieser Frage sehr verschieden! Die einen lieben künstlich wohlige Düfte, die andern lieben den reinen natürlichen Duft jener Blume, selbst wenn er durch tiefere Erregung . . kräftig und markiert erscheint.

Es ist eine allgemeine sich bewährende Regel, daß das „Sättigkeitsgefühl" — wenn es auch nicht Sätte ist! — enthaltsam, nüchtern und wählerisch macht; während der „Heißhunger" cynisch macht in allem: im Essen, Trinken, Lieben, Sprechen und nach allen Richtungen hin. — Wir essen bei gereiztem Appetit oft die verdorbensten „Delikatessen" mit vielem Wohlbehagen, weil der Heißhunger die Gier nicht nur nach Sättigung, sondern auch nach üppigem schwelgerischem Genuß hoch hinanschraubt.

Selbstverständlich ist, daß all diese und ähnliche Spiele mit dem Feuer bloß für des Lebens und des Liebens Jugend gelten: bloß für solche Liebende, die an des Weibes höchstem Reize all das Wohlgefallen finden und suchen, das zur Begeisterung des Mannes und zum herrlichen Genuß im Lieben erwünscht erscheint.

VIERTES KAPITEL

DAS IDYLL DER FUNDE

ber wenden wir uns wieder zu den Funden, und setzen wir die Schilderung der Vorgänge im Rosenschlosse fort.

Als nun der Barde sein Blondchen linksseits liegen sah, er aber rechtsseits liegend sie Brust an Brust umschlang, da hob er tiefsinnend ihr rechtes Knie auf seinen linken Ellenbug, sank mit seiner Brust auf ihren rechten Busen hinan, wobei er Blondchens gestreckte linke Kolumne (Oberschenkel) gleichsam überritt.

Sie machte große Augen und meinte, er wäre irre geraten und wisse nicht genau, was er da beginne. Er wußte es ganz genau; denn er hob an, so wie er war, der Liebe Tiefen zu ergründen, sein halbseits liegend Lieb umschlingend, und fand sich so behaglich, wie er es kaum geahnt; er staunte selbst über den günstigen Erfolg des ersten Bildes, das ihm sein Genius soeben eingegeben.

Das war so wonnig, so neu, so ungewohnt und erfüllte beide mit ungekannter Überraschung.

Da schöpften sie neue Kraft und neues Hoffen und sahen im Geiste die Erfüllung jenes langgehegten Wunsches: anders und mehr und herrlicher zu lieben als andere!

So wie er da auf seinem halb nach links geneigten Blondchen sann, ward er bald gewahr, daß diese Art, dem Liebchen beizukommen, ein eigener, ein neuer Weg ins Land der Liebe wäre; fand er sich doch nicht mehr, wie erst zuvor, inmitten beider Kolumnen, sondern er ritt liegend über ihre andere (linke) Kolumne, was wesentlich verschieden von der ersten ursprünglichen Weise war, und ganz entschieden einer anderen Reihe von Liebesbildern beigerechnet werden muß.

Er wußte nun, daß Blondchen ihm von einer zweiten Seite her zugänglich ist und dachte glücklich, ob sie nicht wohl von noch anderen Seiten her auch zugänglich werden könnte.

Als er sie da aus ihrer linksseitigen Lage in eine rechtsseitige brachte, in der Hoffnung, einen neuen Zugang zu erspähen, hob er schon ihren linken Kehlenbug auf seinen rechten Arm, schon überritt er knieend ihre rechte nun unterhalb sich befindliche gestreckte Kolumne, da gewahrte er, das dieser Zugang ganz derselbe sei wie der von links, und darum als neu und als verschieden nicht in Betracht kommen darf, und bekam die Überzeugung, daß solcher Lagen, die von der einen Seite dasselbe sind wie von der anderen, es noch viele andere geben muß.

Doch forschte er unverdrossen weiter und fand zu beider namenlosem Entzücken nun wirklich einen dritten Zugang: Er hat Blondchen sich derart halb nach links zu wenden veranlaßt, daß sie mit ihrer linken Brust am Lager lag, die linke Säule gestreckt, die rechte aber eingezogen mit dem Hebel (Knie) am Lager stemmend, mit ihrem rechten Arm und der rechten Säule diese Halbseitlage ermöglichend, während er ihre linke gestreckte Kolumne knieend überritt, sich dem diesmal abgewendeten Blondchen möglichst anschmiegend zugleich versuchte, ob die neu aufgestellte Theorie wohl auch in Wirklichkeit sich bewährt, und — wie wonnig hat es beide da durchschauert, vor Überraschung staunend, daß dieser kühne Versuch so herrlich gelungen ist, daß nun auch dieser dritte Zugang sich so glänzend bewährt hat.

Das war so wonnig, das empfand sich so innig und bot so fremde Genüsse. Sie konnten sich nicht entschließen, von dieser neuen Wonne abzulassen. Er griff mit seiner Rechten an ihren Busen und tändelte glücklicher, als es ein Gott je sein konnte, mit diesen üppig schwellenden Hügeln. Dann schob er seine Linke unter ihre Mitte, umklammerte diese vollgewölbte Gesamtheit und fand zu seiner Überraschung, daß auch in dieser Variante dieser Zugang an Vollkommenheit nichts zu wünschen übrig läßt.

Da flammten plötzlich alle Feuer ihrer Herzen hoch empor, und wie der Tiger und die Tigerin der Wildnis, so rasten sie, von wilder Leidenschaft gepeitscht, den Wipfel namenloser Himmelslust hinan.

Am höchsten Punkte des Zieles fast angelangt, ließen sie von ihrer neuen Lage ab, warfen sich aneinander und schlossen sich wieder wie früher Herz an Herz. Wie war es ihnen so sonderbar. Es war ihnen, als wären nicht sie es gewesen, so fremd, so neu erschienen sie einander — als wärs ein ander Paar, als wären es zwei andere, die so erst diese

Liebeshöhen hinangerast. Umso fester schließt sich die keuchende Brust an das hochwogende Busenpaar, je süßer ihnen die Gewißheit ward, durch anderes Lieben anders, auf nie gekannte, nie geahnte Weise glücklich gewesen zu sein.

Wie blicken sie sich selig in die Augen, und stillen Dankes schließen sie sich fester aneinander, als wollten sie das stürmende Blut durch äußere Mittel niederdrücken, als wollten sie von einer Zukunft sagen, die ihnen wie zu dämmern erst begann.

Der Barde durchflog im Geist die hier kaum stattgehabte Szene; er erwog sie nun mit seinem Blondchen, und es stellte sich dabei heraus, daß dieser dritte Zugang, der von links gelang, auch von rechts gerade dasselbe sei, was er von links war, und ohne, daß zwischen rechts oder links auch nur der geringste Unterschied der Plastik oder des Genusses denkbar sein könnte.

Er neckte sie ob dieser zweifach doppelten Zugänglichkeit durch manches doppelsinnige Wort. Er meinte gar, daß, wenn in so kurzer Zeit so viele Wege und Doppelwege sich erschließen, man vollberechtigt sei, vorauszusetzen, daß nach weiteren Forschungen und Erhebungen sich weitere Wege noch erschließen werden. Er müsse, sprach er, sich von nun gar tief und ernst mit der Wissenschaft der Seemysterien befassen. Er müsse und werde sich den Ruhm des größten Entdeckers seiner Zeit wohl sichern, wenn es ihm gelinge, in jenes rätselvolle Land der Götter, in jenes zauberhafte Labyrinth der Seligkeiten alle Wege, alle Zufahrten, die zum Ziele führen, zum Wohl und Heil der Nachwelt zu entdecken und wissenschaftlich festzulegen.

Das mußte Blondchen dem losen Barden schwer verargen! Sie entschlang sich seinen Armen, und wie eine rollende Welle, so rasch und üppig wand sie sich um und kehrte dem Barden den Rücken.

Das war ein verhängnisvolles Ereignis — ein Ereignis für die beiden Liebenden und für alle Liebenden bis in die fernste Zukunft!

Sah er sie doch gar nie von dieser entgegengesetzten Seite! Wie anders war sie doch von da besehen! Welch neue Reize, neue Großartigkeiten entrollten sich dem Blick in dieser blendenden Unverhülltheit!

Mit dem ersten Blick auf diese üppig herrlichen Formen schlug es ihm wie ein zündender Funke durch den Sinn; das fachte neue Glut im Herzen an, die weiter zündend durch sein ganzes Wesen rann. Es standen vor seiner Phantasie wohl all diese Szenen der höheren Tierwelt, die sich ihm einst auf irrender Lebensbahn geboten. Es wallt das Blut und, fast wie unbewußt, überbeugt und umklammert er das abgewendete Mädchen; Blondchen aber dachte sich der problematischen Umschlingung mehr und mehr entziehen zu müssen und damit ihm, dess' Absicht sie gar bald durchschaut, nun nichts und gar nichts gelingen möge, hat sie sich beinahe platt auf den Busen gelegt und fühlte sich fest überzeugt, daß sie derart am sichersten verbirgt, wonach des Bösen Sinn zu früh begehrt.

Und doch, wer sollt es meinen! Gerade diese Lage war es, die der Barde sich ersehnt. In diesem Wink des Zufalls sah er eine ganze Offenbarung — rasch entschlossen und mit einem Satze, daß ihm die wie auf einen Zauberspruch heraufbeschworene Gelegenheit sich nicht entwinde, sank er auf das sich platt ans Lager schmiegende Blondchen.

Nicht schwer gelang es ihm, die richtige Lage zu treffen und des in den Schenkeln ungeschlossenen arglosen Mädchens wunde Stelle zu bedrohen. Sie fühlte das ungestüme Suchen; denn er hatte den ganzen Platz zwischen den beiden Kolumnen eingenommen, und es ward ihr klar, daß diese Lage ihr nur wenig Schutz gewähre . . ., daß sie sich gründlich verrechnet habe. Sie hielt sich für halb besiegt und dachte wenig mehr an Widerstand. Und er, er sah, daß die gestreckte Lage Blondchens ihm nur schwer den Sieg gestatte. Er mußte sich zu entscheidender Tat erkühnen: mit einem kräftigen Hub hat er des Blondchens ganze Mitte etwas höher, nur ganz wenig steiler emporgehoben und mit wunderbarer Fertigkeit traf er den gesuchten Weg, der ihm noch mehr als beide vorigen, bequem und tadellos sich erwiesen hat. — Was er erhofft, gelang ihm voll, und — gefunden, ergründet war der vierte Zugang!

Nützte er seinen neuen Sieg, diesen neuen Triumph seiner findigen Forschung jetzt nicht weiter aus?

Er schmiegte sich an Blondchen, das noch zu schmollen schien, und als es ihm gelang, ihr in das Engelangesicht zu schauen, da fand er ein schelmisch Lächeln — den schönsten Lohn seiner kühnen Erfolge.

Sie waren schnell versöhnt. Der Barde aber in seiner unersättlichen Forschungsgier nur noch mehr angespornt, hob des immer noch in derselben Lage verharrenden und über das Geschehene staunenden und sinnenden Blondchens Mitte nun zu solcher Höhe, daß ihr etwas auseinandergehenden Kolonnen senkrecht knieten und mit ihrem Oberkörper einen rechten Winkel bildeten: Sie lag da wie eine unverhüllte Fetisch-Priesterin, die vor ihrem Götzen, mit dem Antlitz tief im Staube, betend niedersank.

Wozu der Barde wohl dies derart hingegossene Heidenbild gewünscht? Wollt er, daß Blondchen dem Fetische der triumphierenden Liebe huldige? Was er gewollt, das wußt er selber nur unklar; doch als er dies plastisch wunderbare Bild wie träumend angestaunt, da umschlang sein Genius inbrünstig den Inbegriff der Weibes-Schönheit, und aus dieser feurigen Umarmung entsprang ein neuer Gedanke: daß sich auch hier ein Weg erschließe, der in das Eden hehrer Seligkeiten führe.

15*

Und während Blondchen weiter noch so verharrte, legte er sich quer, fast rücklings, hinter die knienden Kolumnen auf ihre Waden — oder richtiger auf ein zwischen die Waden günstig hingelegtes hartes Kissen — so, daß der vom vorigen Triumph noch übermütige Eroberer so nah als tunlich sich dem unerwarteten Engpaß fand.

In dieser queren Lage bewog er das Mädchen, nun sich mit der Croupe nach abwärts und nach dort zu senken, wo der Siegbewußte ihrer harrte, um sich mit dem ihm huldreich entgegensinkenden Wonnenideale sinnend zu vereinen; und es gelang im vollsten Sinne des Wortes und voller noch, als beide sich's geträumt.

Hier merkte sie, daß sie der Situation Gebieterin und Lenkerin geworden. Das führte sie nun zu dem Schlusse, daß es auch Liebesarten geben müsse, wo sie nicht mehr die Dulderin, sondern die Herrin und Beherrscherin des Gebietes sei, und umso mehr erfreute sie dieser Gedanke, als dieser letztgefundene Zugang ebenfalls ein zweifacher war — wie zweimal schon vorher: so gut von rechts als wie von links — und ihre Herrschaft gleichsam doppelt begründet schien. Denn ob er nun mit seinem Haupte rechts oder nach links quer hinter den Kolonnen ruht, das wäre entschieden eines und dasselbe.

Das war der fünfte Zugang zu jenem tiefverborgenen göttlichen Gefilde.

Sie versuchten in der Tat diese Quere rechts erst und dann links, und weil da Blondchen auch Ehrgeiz zu empfinden begann, so hätte sie's nun nimmermehr verwunden, wenn nicht auch sie zum Ruhme der geplanten Liebestriumphe beigetragen hätte.

Sie fühlte des Barden Glut noch ungelöscht und dachte still in ihrem Sinn, ob es wohl nicht ein Mittel gebe, alle die bisher gefundenen Weisen miteinander zu verknüpfen.

Als hätte sie der Liebe Fetisch in der Tat erhört, hob sie sich kniend stumm empor, um in demselben Augenblick ihrem Barden an das Herz zu sinken.

Sie schlang sich, dürstend nach der Liebe ewig süßem Trunke und nach solchem Erfolg in ihren Plänen, kettenfest um ihn, als wollte sie ein Teil ihres Wesens unzertrennbar in sein eigen Wesen schmelzen; mit Herz und Seele wollte sie gerne mit den seinen in Eins zerfliessen, und ihr ruhlos Sinnen vermählte sich mit seinem Findergeist, um dort, wo der Barde seine Forschungen erschöpft gewähnt und ratlos auf den Grenzstein seiner Phantasie sich niederließ, um dort den Säugling ihres Witzes in seinen Schoß zu legen, für diesen Schutz und kräftiges Gedeihen zu erflehen.

Bedurft es mehr als eines Fingerzeigs? Kaum hatte sie in kurzen Worten angedeutet, wie und was sie meine, wie nun auch sie die Herrscherrolle übernehmen sollte — so erfaßte der erwachte Forschergeist des Barden allgewaltig den Ideensprößling und hob entschlossen ihn auf der Vollendung Piedestal.

Er legte sich im Sinne des gefaßten Planes rücklings auf das Lager hin und ließ das kundige Blondchen walten.

Sie überstieg ihn an den Weichen und überritt ihn kniend, ihr Gesicht dem seinen zugewendet. Da faßte sie mit entschlossener Hand die Gelegenheit — senkte senkrecht nieder und fühlte tief, wie Seligkeit und Wonnen sich verschmelzen.

Sie hob und senkte sich zurecht, als wollt sie sich vergewissern, ob das ein Traum, ob das die Wirklichkeit wohl sei. Doch eingedenk der festgestellten Absicht, zu sehen, ob alle bisher schon zutage geförderten Liebesweisen nicht irgenwie und in einer Form wie in einer stets sich veränderten Weise ohne Unterbrechung, wie in einem Zuge durchzuproben wären, hob sie ihre linke Ferse über seine Brust hinüber, so, daß sie nun beide Fersen an des Barden linker Hüfte hatte und auf ihm wie mit geschlossenen Kolumnen saß. Diese Drehung erregte in ihr die Empfindung eines unnennbaren wohligen Gewühls.

Dann hob er seine rechte Kolumne etwas gespreizt, aber möglichst senkrecht aufstemmend, und gestattend, daß sie, sich etwas nach rechts drehend, die rechte Ferse über seine linke Kolumne hinüberhebe und diese mit den beiden ihrigen überreite, wobei sie sitzt und ihm etwa halb zugewendet ist und seine nun ebenfalls hochgestemmte linke Kolumne fest an ihre Brust preßt.

Noch eine Achtelwendung, indem sie nun ihre rechte Ferse auch über seine andere (rechte) Kolumne hebt. Er hat hierbei die beiden Kolumnen gestreckt, während sie im vollsten Sinne des Wortes verkehrt über ihm als Amazone weilt.

Jetzt eine Achtelwendung weiter, wobei sie ihr linkes Bein über seinen linken Schenkel hinüberhebt. Er stemmt seinen rechten Schenkel abermals möglichst senkrecht auf; diesen Schenkel erfaßt sie mit beiden Armen, zieht ihn fest an ihre Brust und umschlingt ihn mit den beiden ihrigen, wobei sie wie türkisch sitzend und ihm halb mit dem Rücken zugekehrt erscheint. Und endlich läßt sie seine rechte Kolumne los. Sie überschreitet auch mit ihrem linken Beine diesen mittlerweile wieder gestreckten rechten Schenkel, verweilt jedoch nicht bei dieser Achtelwendung — denn ein ähnliches Seitling-Sitzen war schon links bei der ersten Achseldrehung da , sondern sie dreht den Oberkörper rasch und entschlossen weiter nach rechts, hebt dabei ihre rechte Ferse über seine Brust und postiert es kniend knapp an seine linke Hüfte, wodurch sie ihm mit dem Gesicht zugewendet und sich wieder in derselben Stellung findet, in der sie war, als sie dies bohrende Dämonenspiel begann.

Was sollten sie nun? Staunen über das überraschende Gelingen dieser sonderbaren „Mühle"? Staunen über das niegeahnte, niegekannte Schaudern, die das Bohrgewühl erzeugt? Staunen über die Erfolge des heutigen Tages an Entdeckungen im weiten Reich der Liebe? Staunen über die schöpferische Fruchtbarkeit der liebenden Genien? Staunen über jenen wunderbaren Einklang beider, wie zu einem einzigen Wesen mit demselben Willen, mit demselben Gedanken im Lieben verschmolzen?

Wo hätten sie beginnen, wo enden sollen?

Wer von den beiden war heut Sieger? Wem der beiden gebührt wohl heute die Palme für Liebesschöpfungen, wem die Krone des Triumphes?

Hat des Barden scharfer Geist auch alle Zugänge in das Land der Verheißung aufgefunden und bei einigen die Doppelmöglichkeit von rechts oder links auch konstatiert, so wiegt gewiß des Blondchens einziger Gedanke: „die Vereinigung mehrerer Genußbilder zu einem gleichsam einzigen Gesamtgenuß" an Erhabenheit und feiner Findigkeit alle Funde des Barden samt und sonders auf. Nur dürfen wir den Barden nicht aus dem Auge verlieren, der unternehmenden Sinnes und rüstigen Mutes nach Wonnen und nach Funden lechzt, der für heute noch nicht entmutigt, mit den heutigen Funden noch durchaus nicht abgeschlossen hat, und aus dem Flammen seines Auges und dem Zucken seiner Muskeln kann man ersehen, daß ihm Blondchens genialer „Verbindungsgedanke" nicht aus dem Sinne wollte.

Beseelt von diesen Gedanken sank er wie ein fanatischer Träumer über Blondchen nieder, die, gar nichts Arges ahnend, gemächlich rücklings weilte und sann, und sinnend selig lächelnd ihrem schönen glühenden Barden zugeblickt.

Er bezwang mit feurigheftigen Küssen ihren Widerstand; wie unwillkürlich öffneten sich ihre Arme, ohne dem, der vor der Pforte stand, den ungesäumten Eingang zu verwehren.

Er lag voll und wohlig in ihren Armen wie in früheren Zeiten, und im nächsten Momente sank wonneschaudernd Liebe tief in Liebe, ohne Bewegung der Hüften, ohne Wellenschlag des Empfindungsmeeres. — Ein unerklärlicher Moment der Stille. Schon wollte auf des Mädchens Lippe die Frage treten; da blitzte es plötzlich aus des Barden Auge. Das tat der Ideenfunke, der, zündend aus Blondchens Geist, sein ganzes Wesen durchfuhr.

Auch ihm schwebte eine Art der Verbindung der verschiedensten Genüsse wie dämmernd unklar vor den Augen, und mit jenem Blitzesfunken ward es ihm wie der sonnigste Tag so hell.

Ihm ward es klar, daß eine große, weit in die Hunderte gehende Anzahl der Liebensbilder möglich sei und gefunden werden könne, und daß ganze lange Reihen solcher Liebensarten in einem, ohne Unterbrechung fortgehend, einander abwechselnd und ohne zu „entgleisen", durchgenossen werden können, in der Idee wohl ganz so, wie es der „Verkettungs-gedanke" Blondchens anregt, doch in der Praxis und in seiner Art von noch weitaus ausgedehnterer Ergiebigkeit, als das bei Blondchens selbstischen, sich dem Manne „überordnenden" Gedanken zur Geltung gelangen könnte. Seine Idee ist entschieden selbstloser und ruht auf dem Prinzip der Gleich-berechtigung beider Liebenden.

Sein einziger Kummer ist die kleine Zahl der bisher gefundenen Liebesarten.

Doch will er den Gedanken auch an dieser gar so beschränkten Zahl versuchen, um wenigstens um so sicherer über die Brauchbarkeit und all-seitige Anwendbarkeit des Gedankens auch in den ungünstigsten Verhält-nissen sich ein Urteil zu verschaffen.

So wie er grad in Blondchens Armen lag — so Aug in Aug und Herz an Herz — da sann er, wie er denn aus dieser in eine andere Stellung übergehen könnte, ohne zu entgleisen. Er hob zu diesem Zweck, so wie er lag, seine rechte Ferse über Blondchens linkes Knie und hatte hierdurch ihre linke Kolumne zwischen den beiden seinigen. Er veranlaßte sie, sich ein wenig schief auf ihre linke Seite zu wenden und hob sodann ihre rechte Kniekehle auf seinen linken Arm und saß in dieser reizend offenen Stellung fest und wonnig tief. Er befand sich hierdurch in der Vornseitstellung (vornschrägs, schenkelschräg, sur fémur).

Um in eine dritte Stellung zu gelangen, mußte er wieder in die ursprüngliche, erste zurück, dadurch daß er von ihren beiden Kolumnen abließ und mit den beiden seinigen zwischen ihnen wieder Platz genommen. Nach kurzer Rast hob er ihre rechte Kniekehle auf seine linke Achsel und gab ihr durch des Kopfes abwärts seitliche Neigung Gelegenheit, dies hohe Pedal nun ganz über seinen Kopf hinüber auf seine rechte Achsel zu heben, dabei lag sie nun schon auf ihrer linken Seite, während er trotz dieser hohen Hebung und trotz ihrer Drehbewegungen fest im Sattel saß.

Es ist selbstverständlich, daß bei derlei Überhebungen der Gänge teils er, teils sie mit dem Oberkörper nach Bedarf nachbiegen müssen, um das Entgleisen zu verhüten.

Sie aber drehte weiter noch, indem sie die Kehle von seiner rechten Achsel an seiner rechten Seite niedergleiten ließ und dadurch dann schließlich ganz auf die Brust zu liegen kam, und die wonnigen Gefühle der Drehung im Innersten aufs heftigste empfand, und ihre Croupe, liegend wohl, doch möglichst hoch nach aufwärts gehoben war. Das war die Stellung von hinten (kreuzrecht, kreuzgrad, en croupe). Aus dieser dritten Stellung eilte er ohne weiteren Zeitverlust in eine vierte, zu welchem Behufe er mit seinen beiden Kolumnen ihren linken Schenkel einschloß, ihren rechten aber nach aufwärts schob, daß er wie knieend fast im rechten Winkel zu dem andern stand und Blondchen halbschief auf seine linke Seite geraten mußte. Es war dies nämlich die vierte Stellung von hintseits (hintschräg, keulenschräg, sur cuisse).

Durch ihr „Entgegenheben" mit hoher Croupe erschien diese Stellung den beiden eine ganz besonders erfolgreiche.

Schon hob er hoch und tauchte nieder; doch fühlten sie, daß dieses Spieles Abschluß nimmer fern sei.

Er kniete rasch empor und verließ den wohligen Hort auf kurze Frist, bis Blondchen mit einer einzig raschen Wendung und mit offenen Armen sich wieder rücklings fand.

Der nimmersatte und immer noch lechzende Rebelle brach sich stürmend Bahn durch die korallenen Dämme des kaum verlassenen Gebietes — und mit titanischer Kraft brach der verhaltene Orkan da los. Die gegeneinander wogenden Wellen hoben und senkten und brachen sich schäumend; die Wucht des Anpralls, das Schnauben und Keuchen der Kämpfer, das unwillkürlich der Brust sich entwindende Röcheln der Leidenschaft, das Winden der Glieder, der Ausdruck der schrecklichsten Wildheit der Gefühle in den Zügen, das frenetisch pressende Ringen, das alles verlieh diesem rasenden Sturm das Gepräge des Schauerlich-Wilden, des Verzweifelt-Entzückenden, — vollends, als mit dem Ausdrucke des furchtbarsten Entsetzens die beiden sich wie zwei gierentflammte Ungeheuer umfaßt hielten, die sich gegenseitig in den grimmvoll gähnenden Rachen stürzen, um sich im Kampf auf Tod und Leben unbarmherzig zu vernichten, — als jetzt im allerhöchsten Momente das Blondchen und der Barde im allerseligsten der Küsse die ganze große weite Welt vergaßen und wie unzertrennbar ineinandergewachsen und in süßesten Küssen ineinandergebissen wie liebestot und wie für ewig sich umschlangen.

Lange, lange währte dieser selige Tod und erst nach langem zuckte irgend ein Muskel oder durchschauerte es die aneinandergepreßten Herzen zum Zeichen der baldigen Wiederkehr ins vollbewußte Leben.

Lassen wir sie ungestört in ihrer Seligkeit, wo in jedem Atemzug, in jedem Hammerschlag der Herzen ein ganzes Leben voll der süßesten Träume sich offenbart!

Das, mein himmlisches Weib mit deinem tiefen Flammenblick, mit deinem hochwogenden Wunderbusen . . ., das war das Geheimnis jener so bedeutungsvoll hereingebrochenen Nacht. Das war der Sinn des Liedes vom Rosenblondchen, du träumerisch sinnende Leserin.

Dein liebesehnend hingegossenes Wesen, umflossen von jenem willenlosen Zauber der Gewährung, zieht mit unwiderstehlicher Gewalt mich hin ins Heiligtum deiner Umarmung, hin ins Allerheiligste deiner Wonnen.

Eine solche Nacht mit dir!

Und ist dann wohl in dieser Nacht der, den deine Seele sich träumt, — ist e r der Schöpfer dieser Gedanken, oder ist der Schöpfer dieser Gedanken e r, den deine Seele sich erträumt? Wer ist es dann, der in dieser wild-erhabenen Wollustnacht dich umfängt, der in langen heißen Küssen die Seligkeiten deiner Zauber saugt?

Und ratest du's, dann – dann eine solche Nacht mit dir!

In den hier geschilderten losen Träumereien liegt zugleich die Entstehungsgeschichte eines ganzen „Riesensystems", und die zuletzt geschilderte wilde Szene war zugleich der Abschluß jenes Tages, an dem der Gedanke der Vervielfachung und Vergroßartigung der Liebe in Liebe entsprang, und an dem der Grundstein einer unberechenbar genußvolleren Liebeszukunft gelegt ward.

Viele, viele solcher Tage folgten noch und brachten endlich jenen „Systemkoloß" der Liebesarten zur Vollendung, dessen Mächtigkeit und Höhe selbst der kühnsten Phantasie als nie geahnt wird dünken müssen.

Hatte die Liebe die Macht, Menschen zu Götter werden zu lassen, und hat die Liebe im bisherigen Sinne diese Metamorphose nur seltener und im allgemeinen für kürzere Fristen nur bewirkt, so wird auf Grund des hier zu gebenden großen Systems der Mensch gewiß für ungleich längere Frist zum erhabeneren Wesen, und benützt er den sich ihm erschlossenen Schatz auch weise und seiner würdig: dann wird seine Liebe sein Leben in einen Himmelstraum und die Welt in ein herrlich blühendes Paradies umzaubern.

Das ist des Lebens Wunderhort, gehoben aus des Gedankenstromes Ewigkeit und niedergelegt in die Stapelkammern dieses Werkes, zum Wohl und Frommen aller energischen Naturen, die in der Liebe des Lebens allerhöchste Lust und Wonne, beides aber in des Wortes erhabenerem Sinne suchen.

Sie werden finden, was sie suchen.

FÜNFTES KAPITEL

ENTWURF DES RIESENSYSTEMS

Das ganze erotische Riesensystem hat zur Grundlage die vier wichtigsten Zugänge oder richtiger Zugangsweisen in des Weibes verborgene Welten.

Die erste dieser Zugangsweisen ist die von vorne; diese bildet die erste Klasse des Systems. Das ist die Klasse der Pompen oder der Fronten (en front), anders auch Pompaden, Frontaden genannt, oder auch frontisch oder stirngrad, oder von vorn, abgekürzt „vv".

Die zweite Klasse basiert auf dem Zugange von hinten, wozu auch die oben dargelegten Querweisen zählen, welche sowohl von rechts, als auch von links gleich gut ausführbar sind. Das ist die Klasse der Croupaden (en croupe), croupisch, oder kreuzgrad, oder von hinten, abgekürzt „vh".

Die dritte Klasse beruht auf der Zugänglichkeit des Weibes in der Flanke von vorne, also seitlings von vorne, ob von der rechten oder der linken Seite genommen, bleibt ganz dasselbe. Das ist die Klasse der Kolonnaden oder Flanketten (sur colonne), schenkelschräg, schenklisch, vorschräg oder vornseits und abgekürzt „vs". Unter Kolonne oder Kolumne ist der Oberschenkel von vorne genommen (vom Knie bis zum Leistenbug), kurzweg der Schenkel zu verstehen, zur Unterscheidung von Cuisse, worunter hier derselbe Oberschenkel, aber von hinten und mit samt der Keule, oder kurz: die Keule, zu verstehen ist.

Endlich die vierte Klasse ist diejenige, welche die Zugänglichkeit des Weibes in seitlicher Lage, wie halb von hinten, zum Grundgedanken hat, wobei des Weibes eine (gleichviel ob rechte oder linke) Keule (Cuisse) sich in der Regel zwischen den beiden Kolumnen des Mannes befindet.

Das ist die Klasse der Cuissaden (sur cuisse), keulenschräg, keulisch, hintschräge, hintseits, abgekürzt „hs".

Wenn wir die Mühlen und die anderen Wanderbilder oder Wandelbilder in die eine oder andere der obigen Klassen aufnahmen, so geschah dies aus dem Grunde, daß, wenn die Mühle auch aus mehreren verschiedenen Bildern besteht, sie als ganzes denn doch viel zweckmäßiger als ein einzig Bild in Betracht kommt. Nicht so ist das mit der „Kette", die vor Abschluß der oben geschilderten Szenen erörtert wurde und hier des näheren gewürdigt wird.

Die Kette ist das Mittel, wodurch man Bilder der verschiedensten Art, und ohne zu entgleisen, aufeinander folgen lassen kann. Die Reihenfolge der in der Kette verflechtbaren Bilder ist eine so verschiedene und dabei so willkürlich, daß die Kette als eine ganz eigentümliche Methode der raschen Abwechslung der erfinderischen Phantasie ein weites Gebiet öffnet und es notwendig erscheinen muß, eine eingehendere Anleitung über die zweckmäßigste Art, die Ketten zu entwerfen und auszuführen, nebst Beispielen möglichst gediegener Ketten folgen zu lassen. Diesem schließt sich noch die Wahl der durchzugenießenden oder zu verkettenden Einzelheiten durch das Lotto an.

Jetzt wollen wir das „System" in seinen vier Klassen und seiner ganzen Ausdehnung nach zerlegen. Die einzelnen Bilder, über 500 an der Zahl, werden von eins ab fortlaufend numeriert und entspricht einer jeden laufenden Nummer ein fixer Terminus, der das Bild als solches charakterisiert.

Jedes einzelne Bild wird in kurzen klaren Worten beschrieben und seiner Plastik, sowie seinem erotischen Wert nach möglichst bestimmt geschildert. Die aus dem einzelnen Bilde sich ergebenden Varianten werden in übersichtlicher Kürze dem jeweiligen Bilde angefügt.

Die Darstellung des Systems in Bildern ist nur so möglich, daß einige Hauptbilder zur Illustration gelangten. Die Abbildung aller oder auch nur der interessantesten Varianten (die mitunter wichtiger und wesentlicher sind, als die Hauptbilder selbst) müßte unbedingt in die Tausende reichen und für ein Werk, dessen Zweck ein so konkreter ist, auch hinsichtlich der Anschaffung so manches sehr bedeutsame Hindernis in den Weg wälzen. Der Leser muß sich also mit den beigegebenen Abbildungen begnügen.

Das System gründet sich auf die aufrechte Statur des Menschen, der im Becken nicht eingeknickt, aber einknickbar, schmiegsam und gelenkig ist, und dessen Geschlechtsapparate so situiert sind, daß er in der Ausübung der Liebe einer besonderen Mannigfaltigkeit fähig ist.

Wenn alle vier Extremitäten gestreckt und gespreizt sind, gleicht der Mensch einem X; sind die Beine allein oder Arme allein gespreizt, ist der Mensch ein umgekehrtes bezw. ein aufrechtes Ypsilon.

Diese Vorzüge zu benützen, um die verschiedensten Liebesmöglichkeiten alle zu ergründen und ihren Eigentümlichkeiten nach zu ordnen, ist ein Gedanke, der bis jetzt bloß bruchweise und auch dies bloß insofern kultiviert wurde, als die mißverstandenen Liebesumtriebe mancher Kreise die spekulierende Feder veranlaßten, Dinge zu sagen, die mehr Ekel und Unmut als Interesse erregen mussten. Das beste noch, was die Literatur bietet, ist „La Lanterne magique" und dann „La science pratique, ou quarante manières." — Deutsch gibt es nichts Nenneswertes; — und was bieten beide Werke? Außer einigen geistreichen Pikanterien fast lauter Unbrauchbares.

Viel wichtiger, obgleich viel weniger bekannt, ist der „Hermaphroditus" des Antonius Panormita, welcher wohl an die neunzig Arten zu lieben gibt; aber abgesehen davon, daß er etwa 40 Arten der ekligsten Unnatürlichkeit vorführt — indem er die Päderastie, das Irrumieren respektive das Fellieren, das Cunnilingieren, die Masturpation, die Tribadie und die Sodomie mit zu den Liebesgenüssen rechnet und ihre verschiedenen Vollführungsarten bis auf 40 bringt, während er der natürlichen Geschlechtsliebe die übrigen 48 Methoden zuweist, die aber im Sinne des von uns aufgestellten Systems alle zusammen nur 5 Methoden ausmachen, — sind alles übrige nichts als Varianten und Subvarianten dieser 5 Arten durch die verschiedene Haltung der Beine des Weibes.

Und doch heißt es in einer Kritik oder richtiger in einer Ankündigung dieses Werkes: „Man ersieht aus demselben, daß die Alten in geschlechtlicher Beziehung der späteren Zeit nur wenig hinzuzufügen überlassen haben." Wenn wir dabei nun bedenken, daß diese Kritik von einem der geschlechtskundigen Schriftsteller unserer Tage stammt, so haben wir den klarsten Beleg dafür, wie unvergleichbar reichhaltig und schöpferisch das hiergebotene riesige System allem bisher in diesem Genre Dagewesenen entgegensteht.

Um die hier tangierten literarischen Quellen zu vervollständigen, sind außer dem Werke des Antonius Panormità „Hermaphroditus" (editio F. C. Forbergius, Coburgi 1824) noch folgende aus neuester Zeit anzuführen:

Knowle: „Fruits of Philosophy" (1877). — C. Bradlaugh and Amie Besant: „Trial" (1877). — Meursius: „Aloisae Sigeae Satyrae Sotadicae de arcanis amoris & Veneris." — „Monuments de la vie privée des 12 Cäsars." — „Monuments du culte secret des dames Romaines" — usw., die einen klaren Begriff über die Stufe geben, auf welcher die Liebe in verschiedenen Zeiten stand. — — —

Das Weib ist dem Manne bisher und hauptsächlich nur von zwei Seiten zugänglich erschienen: von Angesicht zu Angesicht (en front), wie's alltäglich geschieht, und im Gegenteil (en croupe), so wie man's dem Wilde abgelauscht.

Der Darvinismus gestattet uns die Folgerung über die Entstehung des Menschen, gibt uns aber keinen genauen Aufschluß darüber, wann und an welchem Punkte der Entwicklung die „neue Art" eigentlich anhob, Mensch zu werden. Nun das soll uns, speziell uns, nicht lange beirren; denn wir sagen ganz einfach: im Punkte der Liebe begann der Mensch, Mensch zu sein, als er, zur Unterscheidung der Tiere, begann das Weib an sein Herz, an seine Brust zu drücken und der Liebe in dieser Weise, also Aug in Aug zu huldigen, — und diese Huldigungsweise ist vom menschlichen Standpunkt aus die „Urweise".

Das war das erste geschlechtliche Unterscheidungsmerkmal zwischen ihm und dem Tiere. Das Beispiel der Tiere, des Wildes hatte er aber stets vor Augen und das verleitete ihn, schon weil es ganz gut anging, in den Momenten gehobener Stimmung und zur Abwechlung mitunter auch das Wild nachzuahmen.

Die „stete Liebesfertigkeit des Weibes" ist übrigens eine Erscheinung, die für die natürliche Entwickelungsgeschichte des Menschen und für die einzelnen Entfaltungszweige als: Philosophie, Rechts- und Staatswissenschaften und alle soziologischen Studien von höchster Wichtigkeit ist, schon darum, weil man auch dieser Erscheinung vielleicht sogar den vielgesuchten und bislang noch ungefundenen ersten Unterschied zwischen Tier und Menschen wird entwickeln können.

Weil das Weib aber, wie es hier unzweifelhaft dargetan werden soll, nicht bloß von zwei, sondern mit überraschenden Vorteilen auf vier-, ja im gewissen Sinne auf sechserlei Wegen zugänglich ist, so teilen wir die Bilder der Liebe in vier fast in aller Hinsicht gleichberechtigte Haupt- und in zwei Nebenklassen, welch letztere wir in den vier ersteren, um Komplikationen möglichst zu vermeiden, gänzlich aufgehen lassen.

Die Einteilung der sämtlichen Bilder bewerkstelligt sich durch die Einreihung in vier Hauptklassen:

1. In die Pompen, welche das Lieben Herz an Herz, resp. Aug in Aug umfassen; 2. in die Croupaden, welche jenes Lieben darstellen, wo sie ihm mit dem Rücken zugekehrt sich bietet, aber nicht schräg, sondern den Rücken platt der Brust entgegen; 3. in die Flanketten oder Colonnaden, welche die Liebe vorderseits, d. h. so behandeln, daß er und sie gleichsam eine Kolumne des andern wie reitend zwischen sich haben und zu einander nicht mit der ganzen Brust, sondern nur halb geneigt sind;

4. in die Cuissaden, welche jene Liebesbilder offenbaren, bei denen derjenige der beiden, welcher oben ist, die eine Kolumne des andern überreitet und ebenfalls derart schräg ihm zugewendet ist, daß seine rechte Brust ihr linkes Schulterblatt berührt, resp. diesem zugewendet ist, beide sich sonach schräg und einander abgewendet befinden.

Eine fünfte Weise, wie sich das Weib dem Manne bieten kann, ist: von der Quere, d. h. so, daß sie in den Hüften eingeknickt und meist mit geschlossenen Kolumnen sich zugänglich macht, und der Mann in dieser Stellung am besten sich quer anstellend zur Geltung gelangt; z. B. sie liegt auf einem Bette querüber, in den Hüften rechtwinklig eingeknickt, die geschlossenen Kolumnen aber dem Bettrande parallel und auf dem Bettrande; er hinter ihr aufrecht stehend; — das versinnlicht das hierüber Gesagte ziemlich klar.

Endlich wären als eine sechste Klasse noch diejenigen Weisen besonders zu erwähnen, welche wandelbar in verschiedene andere Weisen übergehen und sich besonders charakterisieren: die Wandelbilder.

Weil aber die queren Weisen en croupe sich vollziehen, während die wandelbaren vorwiegend als Vorderweisen anheben, nachher aber in Croupaden, Kolonnaden oder Cuissaden übergehen, so haben wir in Rücksicht auf die verhältnismäßig nur geringe Anzahl beider die Wandelbaren sowie auch die Querweisen in jene Klasse eingestellt, in welche des Bildes Anfangsphase hingehört.

Wichtig ist es auch hier, aufmerksam zu machen, daß sowohl die Kolonnaden (Flanketten), als auch die Cuissaden doppelartig sind, d. h., daß sie, rechtsseitig oder linksseitig in Anwendung gebracht, sich vollkommen gleich bleiben, daher sie in unserem System auch nur von einer Seite beschrieben vorkommen werden. — Dasselbe gilt von den Querbildern; — und auch bei den Wandelbildern bleibt es sich gleich, bei welcher Phase sie beginnen, vorausgesetzt, daß der Übergang in die übrigen Phasen erfolge.

Die meisten Kolonnaden und Cuissaden sind auf zweierlei Arten möglich, und zwar entweder so, daß er mit beiden Kolumnen ihre eine Kolumne einschließt, wobei sie die andere Kolumne hoch emporgezogen hält; oder aber zweitens so, daß er mit einer Kolumne zwischen ihren beiden ist, d. h. sie mit ihren beiden Kolumnen seine eine Kolumne einschließt, während er die andere Kolumne seitwärts hinweggespreizt hält. Das möge man sich hier gut ad notam nehmen, da es zur Vermannigfachung des Liebens sehr wesentlich beiträgt und dennoch bei der Beschreibung der einzelnen Bilder unmöglich überall und einzeln hervorgehoben werden kann, trotzdem daß durch die Verwertung beider Möglichkeiten die Zahl der Kolonnaden und Cuissaden fast verdoppelt und die Bilder des Riesensystems um etwa 200 vermehrt werden würden.

Nicht unwichtig ist ferner die Bemerkung, daß die Cuissaden und Kolonnaden, sowie die Querbilder eine andere Beckenstellung der beiden Liebenden involvieren, als das bei den Pompen und Croupaden der Fall ist. Denken wir uns die Beckenachse als diejenige Gerade, welche die beiden Hüftknochen verbindet, so finden wir bei den Pompen und Croupaden jeder Art und ausnahmslos die beiden Beckenachsen zu einander stets parallel (=), während bei den Flanketten, Cuissaden, die Beckenachsen sich in mehr oder minder scharfen Winkeln schneiden, bei den Querbildern aber in rechten Winkeln sich kreuzen, d. h. ein Kreuz der Multiplikation ($\times$), oder der Addition ($+$) bilden.

Wie richtig, wie überraschend die Kolonnaden, Cuissaden, Quer- und Wandelbilder sich in unserem System beweisen und bewähren, daran würde jeder zweifeln, hätte er die schlagendsten Tatsachen nicht zur Erklärung bei der Hand.

Abgesehen von den nahe dreihundert durch den Verfasser ersonnenen Pompen und Croupaden, sind die Kolonnaden, Cuissaden, die Quer- und Wandelbilder, wie sie hier gegeben sind, fast ausschließlich des Autors Fund und zeichnen sich diese, wie schon oben erwähnt, vor den anderen besonders dadurch aus, daß sie alle ohne Ausnahme rechts und links ausführbar, also stets doppelt möglich sind.

Die Wandelbilder sind unstreitig die pikantesten und sinnreichsten und waren bisher ebenfalls so gut wie gänzlich unbekannt.

DAS LOTTO

Ganz besonders sei hier noch hervorgehoben, daß die hier aufgestapelten mehr als 500 Liebesarten dem reizendsten Lotto zur Grundlage dienen können:

Man lasse sich soviel Lottokapseln fertigen, als es Liebensplasmen gibt und versehe diese Kapseln mit fortlaufenden Nummern; ferner braucht man noch zwei Vasen oder Urnen. In der einen befinden sich ursprünglich alle Kapseln. So oft der Liebe soll gepflogen werden, ziehe man sich eine Anzahl Nummern — soviel als man durchmachen zu können gedenkt, 5 bis 10, zuweilen auch mehr — und weil jede Liebesart ihre eigene feststehende Nummer hat, so hat man hierdurch bei jedem Genusse und bei jedem Liebesfeste fortwährend neue Liebesarten zu gewärtigen. Die benützten Nummern kommen in die zweite Urne.

Dies Lotto bietet die herrlichste Abwechslung und gestattet die sinnreichsten Kettenkombinationen. Die bequemsten gezogenen Weisen beläßt man für die Hochmomente. Die Leerung der einen und die Füllung der anderen Urne auf diese Art beschäftigt die Lebenslust zweier Liebenden vollauf jahraus, jahrein, und wenn das Ganze einmal durchgenossen ist, macht es den Eindruck, als hätte man ein einzig langes Liebesfest durchgenossen, und zwar, weil keinerlei Wiederholungen vorgekommen sind, die Wiederholung desselben Lottospiels fürs nächste ebenso neu und reizend wird erscheinen müssen. Denn, wenn auch dieselben Liebesarten, diese jedoch in so verschiedener, durch das Los bestimmter Reihenfolge vorkommen, so wird doch der Wonnenzyklus in seiner Art abermals als ein ganz anderes langes Liebesfest erscheinen müssen. Und so dauert der Reiz der Neuheit ununterbrochen von einem Zyklus zum andern, und das ganze Leben der Liebe erscheint wie eine lange Kette stetig abwechselnder und durch den Zauber der Neuheit entzückender Liebesseligkeiten.

Es bleibt noch die Anleitung zu den „Kettenkombinationen" übrig, die, wenn sie mit den mehr als 500 Bildern und allen Varianten und Subvarianten als Kombination durchgeführt werden sollten, geradezu ins Endlose führen müßten.

Gut tunlich bleiben jedoch die Kettenkombinationen an der Hand des obigen Lotto, indem die gezogenen Nummern, resp. Bilder auf Grund der bisher gebotenen Anweisung über Verkettungen jeweilig derart geordnet und festgestellt werden sollen, wie das am zweckmäßigsten erscheint. Das hängt wohl stets vom Geschmacke und von der praktischen Geschicklichkeit der betreffenden Darsteller ab, bietet aber jedenfalls als Spiel und wonnige Abwechslung so manches Vergnügen und so manche unvergeßliche Überraschung, die ohne die Kettenkombination ungeahnt und ungenossen verloren und an uns vorübergegangen wäre. Mögen diese Genußverkettungen jedem aufs angelegenste empfohlen sein!

Und so haben wir alles in allem nun vier Klassen, die von einander absolut verschieden, da die einen gleichsam der Gegensatz der anderen sind, zu einander aber im Derivativ-Verhältnisse stehen, ohne miteinander im Wesen, im Genuß und in der Plastik eine eigentliche Ähnlichkeit zu haben.

SECHSTES KAPITEL

PLANMÄSSIGE ANORDNUNG DER PLASTISCHEN GESTALTUNGEN UND POSEN.

ind die Sinne erregt und die Phantasie zu Extravaganzen geneigt, so kann die paradoxeste Liebesweise oft die sonderbarsten Wonnen bieten. Und das ist der Grund, warum die Klassen alle im vorliegenden Systeme so entschieden von einander getrennt erscheinen und jeder, der den Unterschied zwischen den vier aufgestellten Klassen erprobt hat, wird erkennen, dass die Trennung in vier Klassen vollkommen begründet ist.

Die so getrennten vier Klassen unterscheiden sich bezüglich ihrer Inszenierung folgendermaßen:

Nehmen wir die primitivsten Weisen des Liebens, so finden wir erstens in der Pompe das höchstens in den Knieen eingezogene Weib so unter dem Manne, daß Brust an Brust sich voll anschmiegt; zweitens in der Croupade das mit der Stirn nach abwärts liegende und in den Hüften etwas eingezogene Weib so unter dem Manne, daß seine Brust sich ihrem Rücken anschmiegt; drittens in der Kolonnen-Klasse finden wir das einen Schenkel (den untern) streckende, seitlings, halb am Rücken liegende Weib so unter dem Manne, daß dieser, ihre gestreckte Kolumne zwischen die beiden seinigen schließend, mit der Mitte seiner Brust auf die rechte (oder linke) Brust des Weibes sich anlegt, während ihr zweiter Schenkel hoch angezogen (rechts oder links) an der Seite des Mannes sich befindet; dann viertens in der Cuissade sehen wir das mit der Brust halb nach abwärts (seitlings) liegende, in der Hüfte etwas eingezogene Weib, dessen untere Kolumne gestreckt, die andere aber wie gespreizt nach seitwärts vorn hin liegt, so unter dem Manne, daß dieser, ihre gestreckte Kolumne zwischen die beiden seinigen

16

schließend, mit der Mitte seiner Brust auf dem rechten (oder linken) Schulterblatt des Weibes sich befindet. Die jeweilige Positur gibt allemal an, wie weit das Weib sich einzuziehen oder zu strecken, oder überhaupt wie es sich zu halten hat, um dem Mann das Gelingen möglichst tief zu gewähren.

Die Kolonnaden und Cuissaden sind zweiseitig, d. h. sie sind sowohl von rechts als auch von links ausführbar.

Diese Doppelmöglichkeit ist wesentlicher, als es für den ersten Moment dünken sollte: In der Liebe und besonders im Genießen haben einzelne Raum- und Zeitmomente eine ganz eigenartige Bedeutung. So ist das Schnell und Langsam der Ausdruck des heftigen oder bedächtigen Genießens; das Auf und Nieder, sowie das An und Ab der Bewegung die Basis der geschlechtlichen Friktionserscheinung, der Wellenschlag der Wollust. Nicht minder wesentlich ist das Rechts und Links der Kolonne insofern, als im Prinzipe der Abwechslung und der Bilderverkettung selbst *der Übergang desselben Bildes aus rechts in links* etwas ganz Eigenartiges hat und schon an sich zur Erhöhung der Genüsse beiträgt. Dieses Rechts und Links, d. h. die Übergänge aus rechts in links sind wohl zu üben und zum Zweck der Vervielfachung und Abwechslung zu vervollkommnen.

Die Verschiedenheit der Geräte, als Bett, Sessel, Tisch, Würfel usw., ist insofern von besonderer Wichtigkeit, als zuweilen selbst dieselbe Weise auf verschiedenen Geräten nicht nur eine verschiedene Plastik, sondern auch entschieden einen anderen Charakter und Genuß bietet; trotzdem aber wurden die Wiederholungen auf verschiedenen Geräten hier nur insoweit durchgeführt, als die auffallende Verschiedenheit obiger Merkmale sie rechtfertigt; alle andern wurden als müßig weggelassen.

Eine ganz besondere Plastik findet sich unter der Benennung: „Wandelbilder". Sie bieten ob ihrer Mannigfaltigkeit und leichten Durchführbarkeit viel Angenehmes. Zu diesen Wandelbildern gehören im gewissen Sinne auch die „Ketten", nämlich die Übergänge aus einem Bilde in ein anderes, sowie solche aus einer Klasse in die andere: aus der Pompe in die Kolonne, Croupe- und Cuisse-Klasse.

Diese Ketten empfehlen wir hier ganz besonders, da sie als solche wegen ihrer zahllosen Kombinationsmöglichkeiten in das System nicht aufgenommen werden können. Die Übergänge sind bei gehöriger Geschicklichkeit fast ausnahmslos durchführbar, ohne daß eine Entgleisung vorkommen müßte. Das Genie der beiden Liebenden kann auf diesem Gebiete durch die Kettenübergänge wahrhaft Wunderbares zuwege bringen, während die Borniertheit nur dürftig genießen wird.

Sehr wichtig und von plastisch überraschender Wirkung sind ferner die „Varianten", deren Zahl bei den verschiedenen Bildern verschieden ist.

Die Varianten konnten nicht ins System, noch weniger in die Numerierung aufgenommen werden, da wir sonst in die Tausende hätten geraten müssen.

Der Hauptfaktor für das Wesen der Varianten sind die Beine des Weibes, häufig auch die des Mannes.

Manche Bilder sind, wie schon erwähnt, ebenso von rechts als auch von links ausführbar, das wird aber bloß mit „r. u. l." angedeutet und ebenfalls nicht numeriert.

Wenn nur ein Bein oder nur ein Arm die Lage ändert, so ist das rechte oder linke Bein, oder aber das rechte Bein und der linke Arm, oder endlich das linke Bein und der rechte Arm fürs Variieren zu verwenden. Die Berücksichtigung aller dieser Subvarianten und ihrer Subtilitäten kann aber nicht der Zweck des Systems sein; und wenn die Bezeichnung „r. u. l." vorkommt, so bedeutet das, daß die betreffende Weise eine zweifache ist, daß sie sowohl von rechts als auch von links möglich ist, wird aber nur als eine Weise betrachtet und berechnet, trotzdem der Übergang aus rechts in links oder umgekehrt eine sehr wesentliche Abwechslung bedeutet.

Die über alle Erwartung resultierte Vielfältigkeit der Liebesweisen, besonders an Bildern und plastisch überraschenden Varianten, macht es notwendig, für die einzelnen Weisen eine Nomenklatur aufzustellen, damit das Merken und Behalten erleichtert, sowie auch das Aussprechen und Ausschreiben ohne besondere Umständlichkeit ermöglicht werde. Das gäbe eine ganze Terminologie ab, welche, wenn dazu auch noch die Benennung der einzelnen Körperteile und Körperformen, besonders aber die der beiden Geschlechtsapparate, sowie die des Aktes der Liebe selbst und dessen einzelne Momente möglichst erschöpfend angereiht würden, einen abgesonderten ganzen Abschnitt in Anspruch nehmen müßte. Dessen können wir aber füglich entraten, da unsere Ausführungen jedem vollkommen verständlich werden und dort, wo etwa ungeläufige Ausdrücke zur Anwendung kämen, die erläuternden Zusätze sofort an Ort und Stelle zu Gebote stehen sollen.

Das ganze Reich der Liebesmöglichkeiten zerfällt demnach und genau systemisiert in vier Klassen und in mehr als 500 Bilder.

Der leichteren Übersicht und der bequemeren Faßlichkeit wegen wird das System jedoch vor allem in zwölf Gruppen geteilt, und zwar sowohl in Berücksichtigung der Geräte, als auch mit Rücksicht auf die Positur selbst. Und so wird es in jeder Beziehung am praktischsten sein, die zwölf Gruppen teils der Positur, teils dem Geräte nach zu benennen, so wie das dem obigen Doppelzwecke am entsprechendsten sein wird.

Wir berücksichtigen demnach unter den Positurgruppen die folgenden: das Vollager, das Halblager, das Unlager, das Randlager, den Lehnstand und den Freistand; unter den Geräten: den Schwinger (Liegesessel), den Sessel, den Tisch, die Bank, das Reck und den Würfel. Über die Beschaffenheit dieser Geräte handelt das nächste Kapitel ausführlicher.

Und so haben wir nun folgende zwölf Gruppen aufgestellt:

I. Die Vollagergruppe, für all diejenigen Bilder (auf welchem Geräte sie auch immer dargestellt werden), wobei beide Liebenden in gänzlich liegender Lage sich befinden.

II. Die Halblagergruppe, deren Gerät entweder das Bett oder der Turnteppich ist, und wobei bloß eines der beiden Liebenden liegt, der andere aber irgend eine andere Stellung einnimmt.

III. Die Unlagergruppe, deren Bilder ebenfalls entweder auf dem Teppich oder im Quaderbette stattfinden, wobei jedoch keines der beiden Liebenden liegt, sondern kniet, hockt, kauert, sitzt usw.

IV. Die Randlagergruppe, deren Bilder sitzend, liegend oder sonstwie, aber ausnahmslos am Bettrande stattfinden, und wobei einer der Liebenden dem Bette (quer oder längs dem Rande), der andere aber neben dem Bette, auf der Erde stehend sich befindet.

V. Die Lehnstandgruppe, wobei beide oder bloß einer der beiden an die Mauer oder sonstwo angelehnt, ohne auf einem Geräte plaziert, sondern auf der Erde stehend, kauernd oder auf der Erde postiert sich befinden.

VI. Die Freistandsgruppe umfaßt alle diejenigen Bilder, wobei beide frei und unangelehnt und ohne Zuhilfenahme von Geräten freistehend der Liebe genießen.

VII. Die Schwimmer- oder Schwingergruppe, deren Bilder auf dem Schwimmer oder Schwinger genannten Liegesessel sich abspielen.

VIII. Die Sesselgruppe, deren Bilder auf einem oder mehreren Sesseln zur Darstellung gelangen.

IX. Die Tischgruppe mit jenen Liebensarten, die sich teils auf dem Tische, teils aber am Tischrande abspielen.

X. Die Bankgruppe, als die Summe jener Weisen, deren Gerät die Bank ist und nur diese sein kann.

XI. Die Würfelgruppe, in der Regel auf dem Teppich, ausnahmsweise aber auch im Quaderbette ausführbar, wobei eines der Liebenden auf dem Würfel liegend die eigentümliche Position schafft.

XII. Die Mischgruppe, deren Bilder mit Hilfe des Reckes oder des Trapezes, der Leiter (als Stützpunkt) oder im Bade dargestellt werden.

Diese 12 Gruppen werden dann einzeln in die vier Hauptklassen eingeteilt und positurgemäß systematisch geordnet.

Eine jede weitere Einteilung würde das System nur allzusehr komplizieren.

Bezüglich der Varianten ist noch hervorzuheben, daß sie in Vorliegendem bloß mit römischen Ziffern oder mit dem der römischen Ziffer entsprechenden Schlagworte notiert sind.

Die wichtigsten Varianten sind folgende und werden im Texte konsequent mit den hier beigegebenen Schlagwörtern bezeichnet sein:

I. Primitiv: Beine nur so weit als nötig gespreizt und nach Bequemlichkeit gestreckt oder höchstens das eine Bein im Knie eingezogen und angestemmt.

II. Normal: Dieselbe Spreizung wie im vorigen, beide Beine aber in dem Knie eingezogen und aufgestemmt.

III. Halbumflochten: Wenn ihr rechtes oder linkes Bein ihn etwa bei den Kniegelenken umfängt, mit seinen Beinen sich verflicht.

IV. Umflochten: Wenn ihre beiden Beine ihn etwa bei den Knien oder Schenkel umschlingen, resp. mit den Beinen sich verflechten.

V. Halbhochumschenkelt: Ihr eines Bein umfaßt ihn an der Hüfte oder Croupe.

VI. Hochumschenkelt: Wenn ihre beiden Beine seine Hüften oder Croupe umschlingen.

VII. Halbübersohlt: Sie stemmt nur eine Sohle durch die Spreizung des Beines auf seinen Oberschenkel oder auf seine Keule.

VIII. Übersohlt: Wenn sie mit möglichst gespreizten Oberschenkeln ihre Sohlen möglichst hoch auf seine Oberschenkel stemmt und durch diese Stemmgewalt zu möglichst tiefem Gelingen kommt.

IX. Halbarmhoch: Ihr eines Bein in der Kniekehle auf seinem Unterarme oder im Ellengelenke eingehängt.

X. Armhoch: Wenn ihre beiden Beine auf seinen beiden Armen, in seinen beiden Ellengelenken liegen.

XI. Halbachselhoch: Ein Bein auf seiner Schulter.

XII. Achselhoch: Beide Beine auf seiner Schulter.

XIII. Halbfreihoch: Ein Bein gestreckt nach aufwärts und frei in der Luft, in Ruhe oder aber mit allerlei Streck- und Spreizbewegungen, welche den Genuß angenehm beeinflussen.

XIV. Freihoch: Beide Beine gestreckt nach aufwärts.

XV. Halbfreigespreizt: Ein Bein gestreckt und hochgehoben gespreizt, oder bloß hochgehoben gespreizt, ohne es zu strecken.

XVI. Freigespreizt: Beide Schenkel auseinandergerissen, gestreckt oder auch nicht gestreckt, in der Luft.

XVII. Halbspanngespreizt: Wenn er ihren einen Fuß oder Knöchel, mit seiner Hand fassend, selber spreizt.

XVIII. Spanngespreizt: Wenn er mit beiden Armen ihre beiden Beine sehr auseinander spreizt.

XIX. Halbhandhoch : Bedeutet das Anfassen des einen Beines, meist am Knöchel oder am Rist, mit der Hand, welche er oder sie, statt zu spreizen, solche Bewegungen machen läßt (ziehen, heben, niederdrücken u. s. w.), die gerade geboten erscheinen und das Wohlgefühl beeinflussen.

XX. Handhoch : Beide Hände des einen erfassen die beide Füße (Knöchel, Waden . .) des andern, um dieselben zu heben, zu ziehen, niederzupressen u. s. w., ohne dabei zu spannspreizen.

Überall bei jedem Bilde — und das merken sich er und sie genau hier ein- für allemal, — wo sich nur die Möglichkeit bietet, sollen sie es nie versäumen, die Hände zum Spiele, zum Tändeln zu benützen. Dies Tändeln wird zu einem herrlichen Hochgenuß und steigert das ganze Wonnegefühl ungemein, indem durch die Betastung der in voller Tätigkeit begriffenen Schamteile gleichsam ein zweites Gesicht die geistige Anschauung vermittelt, deren Regeerhaltung von äußerst liebsamer Wirkung ist. Er mag außer den Geschlechtspartien zur Abwechslung auch ihre Brüste oder Hüften oder die sonstigen plastischen Schönheiten ihres Körpers in tastender Tändelei genießen.

Wenn wir aber bedenken, daß alle Liebesarten streng genommen nichts anderes sind als die vier Klassen der Urpositur, d. h. der „Urpompe", so nennen wir die gewöhnliche „Alltagspositur", nur in anderer Lage des Körpers und seiner Teile, und wenn wir bedenken, daß durch die obigen Beinvarianten oft eine überraschende plastische Veränderung des Bildes resultiert, so können wir nicht umhin zu bemerken, daß die Mehrzahl der Varianten es eigentlich verdienen würde, ganz gesondert und alleinstehend in Betracht zu kommen und als eigenes Bild zu gelten, weil sie von ihrem wirklichen Bilde so abstechen und so neu und originell erscheinen, daß es uns nur schwer fällt, sie bloß unter die Rubrik einer römischen Ziffer der Varianten zu bringen.

Da wir jedoch ein System geben, und dies System konsequent durchführen wollen, um nicht in eine Unmenge isolierter Posituren zu geraten, so werden wir denn doch nichts anderes tun dürfen, als uns mit dem entsprechenden, die Varianten als solche ausdrückenden Schlagworte zu begnügen. Aber die wichtigsten und besonders bemerkenswertesten dieser Varianten wollen wir, damit sie der gebührenden Beachtung teilhaftig werden, durch auffallenderen Druck markieren.

Das System ist ein möglich vollständiges und im turnerischen Sinne gehaltenes; auch die Benennungen der Klassen und Bilder tragen dieses Gepräge; möglichste Kürze in dem Ausdrucke, sowie bequeme Benützung der Ausdrücke in Schrift und Sprache und auch in jeder sonstigen Hinsicht war der leitende Gedanke.

Die Umgangssprache bei lebender Darstellung der Bilder kann durch beliebiges Übereinkommen normiert werden, indem man die Titelworte der Bilder des „Riesensystems" als Basis nimmt und je nach Maßgabe des individuellen Geschmackes zur Verwertung bringt.

Dieser Terminologie zufolge „macht man" die Wippe, die Tauche . ., oder „man geht" zum Vergißmeinnicht, zur Zauberschau . ., oder „man hält" den Perlenzug, das Hockrad, den Karrentanz . ., oder „man schaut" das Freinest, die Aarenbrut . ., oder „man zeigt" die Urpompe, die Volte . ., oder „man geht" perlenziehen, wippen . ., oder wie es sonst gerade passend erscheint.

Die Darstellung an sich aber sei stets mit leidenschaftlicher Hingebung, mit aufmerksamer Beobachtung der Plastik, mit steter Rücksicht auf graziöse, auf geschmackvolle, auf korrekte Körperlage, auf berechnete, korrekte Haltung und Stellung der einzelnen Gliedmaßen effektuiert. Und wenn die Liebenden in allem auf die Schönheit der Haltungen Gewicht legen werden, dann werden sie Herrliches, erhaben Plastisches leisten und werden in der inneren Befriedigung, die das schöne Gelingen ihnen dadurch gewährt, daß ihr Schönheits- und Kunstsinn angenehme Befriedigung findet, auch in dem Genusse als solchem ungleich höhere Wonne fühlen, als wenn sie planlos und ohne Rücksicht auf die Plastik genössen.

Ihre eigenen Spiegelbilder müssen ihnen in hohem Maße die Wollust verschönen!

Fast alle der in nachstehendem System ausgeführten Weisen sind bequem und ohne besondere Vorbereitungen ausführbar.

Bezüglich der Körperbeschaffenheit ist zu bemerken, daß eine schlanke Gestalt, kräftig, gelenkig und gesund, alle Weisen ohne Ausnahme genießen kann, besonders wenn beide zueinander in richtigem Ebenmaße stehen. Aber auch Ungleiche, oder an sich abnorm Gebaute, werden in diesem Systeme Vieles finden, was ihrem Baue ohne jede Schwierigkeit entspricht; selbst solche, die wegen Körperfehlern bis jetzt fast ganz des Genusses der Liebe beraubt gewesen, finden hier Weisen, die ihnen jene Zauberträume, die auch sie doch gerne träumen, zu verwirklichen geeignet sind.

Eine ganz besonders willkommene und unschätzbare Errungenschaft ist dies für unsere „interessant" gewordenen Frauen! Bevor ihnen dies interessante Ding geschah, wie waren sie da oft bequem und wollten in ihrer Bequemlichkeit vorwiegend nur die „Urpompe" kultivieren! — Jetzt — aber jetzt, wo die Urpompe — das Ertragen der ganzen Last — ihnen unbequem wird, jetzt können sie wählen nach Herzenslust, und werden eine reiche Auswahl finden.

Alles was nur Kleid und Hülle heissen kann, ist in den Stunden der

Wollust sehr überflüssig: Sie sollen beide davon möglichst wenig an sich haben, oder aber nur mit jenem „Schlafmantel" angetan sein, der ein bis über die Waden reichendes, vorne bis unten ganz offenes und in der Mitte, wenns angenehm, mit einem Gürtel oder mit einer Schärpe befestigtes Hemd ist. Die Farbe mag jeder beliebig wählen.

Auch das Vollkommene „Alleinsein" ist besonders wesentlich; denn nichts ist peinlicher als die Zurückhaltung und die stete Befürchtung, von andern belauscht oder gar gestört werden zu können.

Das reine, klare, von Spirituosen unbeeinflußte Bewußtsein und Denkvermögen ist das geeignetste zum Genusse der Liebe: weil es das klarste, reinste, vollkommenste „Bild der Erinnerung" — dieses Monument unseres Seins — zurückläßt.

Überhaupt soll der Liebe nicht im Zustande der Blutwallungen, der Erhitzung durch Alkohole und äußere Einflüsse, gepflogen werden. Besonders aber soll man Bilder, wo der Kopf mehr oder weniger nach abwärts liegt, oder wo sehr anstrengende Positionen lange andauern, nur bei voller Nüchternheit, nur in solcher Disposition genießen, wo der genossene Wein auf die Zirkulation des Blutes noch keinen besonders merklichen Einfluß geübt.

Und so wird auch das Schwierigste vollkommen gelingen, besonders wenn beide turnerisch gewandt und richtig für einander gewachsen sind.

Ein in diesem Sinn korrektes Weib leistet auf diesem Gebiet geradezu Erstaunliches!

Es gibt kein erhaben reizenderes Thema, als die Liebe und namentlich ihre Posen! Deren gabs bis jetzt nur spärlich wenig, und es war nicht wert, sich mit ihnen theoretisch zu befassen. Eine wahrhafte Weltüberraschung muß es genannt werden, die unendlich urwüchsigen Bilder des Liebens ans Licht gebracht, die der menschlichen Körperform naturgemäß aufs vollkommenste angepaßt, nicht nur kraft ihrer kolossalen Zahl, sondern zumal kraft der mitunter wundervollen Schönheit ihrer Plastik geradezu phänomenal sind.

Wie schwer es aber fallen mußte, auf einem so neuen gänzlich brach daliegenden Gebiete überhaupt Bahn zu brechen, wird der am besten begreifen, der das System einer genauen Prüfung unterziehen wird: er wird finden, daß, wenn im Systeme selbst oder in der Bezeichnung der einzelnen Weisen Mängel sich fühlbar machen, die einem widerfuhren, der auf diesem Gebiete in dieser Ausdehnung entschieden der erste ist, und der außerdem sich, angeregt durch einen ganz sonderbaren Zufall, nur so im Fluge mit derlei zu befassen die Muße hatte — daß etwaige Mängel ihm unmöglich verargt werden können.

SIEBENTES KAPITEL

AUSSTATTUNG UND EINRICHTUNG DES SEXUAR-GEMACHES

Ueber das Ideal eines „Liebestempels" als eines Sanktuars, eines „Asyls der Liebe", — das wir am bündigsten das „Sexuargemach", oder „Sexuarium", oder kurzweg das „Sexuar" oder aber auch das „Abaton" respektive „Adyton" nennen, — wollen wir hervorheben, daß der Raum ein möglichst großer und vor allem vor Unberufenen bestens geschützt zu wünschen ist. Erlauben es die Verhältnisse, so ist ein anstoßendes Badezimmer und ein anstoßender Alkoven mit dem Bette angezeigt. Der Fußboden sei mit sehr weichen Teppichen belegt, an dessen Rändern die Pölster und Würfel und Schärpen in Bereitschaft liegen. Alle anderen Möbel, Sessel, Tisch, Schwinger sind an die Wände gerückt; die Bank weich und schmal, einen Winkel bildend, deren einer Schenkel 1·20 Meter, der andere 0·60 Meter lang und überall 0·35 Meter breit sei, ist vor Gebrauch von der Wand wegzuziehen, kann aber an die Wand gerückt bleiben, stehe jedoch für gewöhnlich in einer Ecke des Gemachs. Die Temperatur des Sexuars ist sorgfältig zu kontrollieren und soll weder unter 20⁰ noch aber über 24 – 25⁰ Celsius stehen — und wird lediglich dem körperlichen Wohlgefühle anzupassen sein.

Wir waren stets der Ansicht und sind auch jetzt der Überzeugung, daß das Beschauen dessen, wo es so wonnevoll sich fühlt, ein besonderes Moment zur Vervollständigung des Liebesglückes sei, daß demgemäß richtig situierte Spiegel zum Behufe ähnlicher Beschauungen zur Vergroßartigung der Wollust wesentlich beitragen, und fügen hieran betreffs der Beleuchtung noch ausdrücklich hinzu, daß der Zauber des Lichtes alle Momente der Beschauung bedeutend hebt.

Ohne das Beschauen ist das ganze Lieben eigentlich etwas ganz verfehltes, und die Ausdauer, sowie hauptsächlich der Anreiz zu weiteren und aberweiteren Unternehmungen hängt ausdrücklich und ausschließlich von dem Beschauen ab. Ohne Licht ist das Beschauen ein bloß geistiges. Durch Befühlung und Betastung wird das geistige Beschauen oft sehr gehoben. — Diese Vorstellungen aber bleiben an Raschheit und Unmittelbarkeit doch stets hinter der wirklichen Schauung durch den Gesichtssinn zurück — das Schauen mit den leiblichen Augen hebt den Wert des Beschauens auf die höchste Stufe und hierdurch auch den Genuß selbst, da auch das Gekose mit dem Lieb während der Pausen und zum Behuf der Wiedererregung ohne Beschauung und ohne Spiegelbilder wohl schwerlich den erwünschten Erfolg aufzuweisen vermag.

Ein gewisses Halbdunkel, wie dies das natürliche Schamgefühl des Weibes vorzieht und mit vieler Vorliebe sucht — ein Halbdunkel, in welchem die Formen zu verschwimmen beginnen, in welchem alle Schönheiten und alle reizenden Partien schöner und reizender wirken, in welchem alle etwaigen Schattenseiten nur schwach hervortreten, und in welchem entferntere Gegenstände, namentlich die Bilder, die der Spiegel treu zurückwirft, wie feenhaft verschwommen wahrgenommen werden und dadurch, weil das Sehvermögen der Phantasie nun lebhaft behilflich sein muß, alle Spiegelszenen wie von einem eigentümlichen Zauber umflossen erscheinen. Die Wirkung und der Eindruck dieses Zaubers sind aber umso angenehmer, umso großartiger, je zauberischer das in solchem Halbdunkel herrschende „Licht" ist.

Bezüglich des Halbdunkels ist die Liebe schon seit Ovid, diesem Altmeister der Erotik, stets einverstanden gewesen.

Außer zahlreichen anderen Schilderungen über den Eindruck des Halbdunkels, verweisen wir auf die fünfte Elegie des ersten Buches seiner Liebesgesänge, wo er eine äußerst reizende Wollustszene mit seiner schönen Corina schildert und wo er in der Lichtfrage folgendes ausführt: „Es war Mittag. Ein Teil des Fensters war offen, doch verschlossen der übrige Teil, so daß ein Licht geherrscht wie in Wäldern und wie nach Sonnenuntergang oder wie vor Anbruch der Morgenröte. Ein solches Licht soll den schamfühligen Mädchen geboten werden, damit ihre ängstliche Sittlichkeit die Hoffnung auf Verborgenheit hegen könne."

Am besten empfiehlt sich nachts eine matte Beleuchtung durch die Ampel, welche ihr Licht durch farbige, mattgeriebene Gläser durchläßt; von den Farben sind diejenigen zu wählen, welche das Inkarnat des Körpers am vorteilhaftesten beleben; verschiedene Teints erfordern verschiedene Nuancen der Farbe, am bewährtesten erscheint jedoch bisher unter allen

Verhältnissen das durch seine Kombinationen, Mischungen und Nuancen weiteste Farbengebiet, das Rot.

Alles übrige bestimmen die Umstände und die Zweckmäßigkeit selber am besten.

Es ist diese Anordnung, sowie die Ausnützung des zu bringenden Systems der Liebe beider von höchster Wichtigkeit: man lernt sich von so mancher Seite erst recht würdigen, und ein festeres Band sich um die Herzen schlingt.

Abermals offenbart sich ein Zweck, und das ist die Festigung der Liebe und der Treue zugleich.

Welche Bedeutung das System nebenbei für Plastik und Malerei hat, werden die Interessenten am besten zu würdigen verstehen.

Und wer von der Sache nicht schon im Voraus vorurteilig denkt, wird finden, daß hier nicht die Unmoral, sondern das Gegenteil beabsichtigt ist. Leser und Leserinnen werden überzeugt sein, daß dies Werk den moralischen Wert besitzt, daß es viele, die es lesen, abhalten wird, ein herumirrendes Liebesleben zu führen; daß sie denen, die zum Lieben sich erkoren, langdauerndes, wechselreiches und ein genau geordnetes, züchtig-natürliches Liebesglück zu garantieren imstande sind, und daß diese Blätter eigentlich von der Kanzel herab verkündet werden sollten und gewiß mehr Nutzen brächten als so manche verkappt-obszöne Fastenpredigt.

Bevor wir an die Darstellung der Liebesbilder schreiten, wollen wir noch über die einzelnen Möbel und Geräte die notwendigen Bemerkungen machen.

Die hier folgenden 500 Bilder werden, wie schon weiter oben erwähnt, in vier Hauptklassen geteilt und zwar so, daß die Bilder der einzelnen Möbel wieder in soviel Gruppen zerfallen, als dies die Verschiedenheit der Geräte, worauf die Bilder dargestellt werden, erforderlich macht.

Die Wahl der Geräte bei Entwurf des „Riesensystems“ war keine willkürliche und wurde lediglich durch den Umstand geleitet, daß Positur und Geräte zwei Faktoren sind, die beide zusammengenommen erst jenes Ganze liefern, das wir ein plastisch selbständiges Bild zu nennen berechtigt sind. Geräte also, die ihrem Baue nach von einander wesentlich verschieden sind, involvieren notwendigerweise auch wesentlich verschiedene Posituren auf ihnen.

Wenn daher — und das wiederholen und betonen wir hier ganz besonders noch einmal, — wenn daher vielleicht an sich zwei Bilder, die als ähnlich gelten könnten, in ihren Posituren auf zwei wesentlich verschieden gebauten, also ganz andere Körperlagen notwendigerweise bedingenden Geräten zur Darstellung gelangen, so ist es unmöglich, daß diese zwei

Bilder plastisch genommen nunmehr als ähnlich bezeichnet werden könnten. Der Unterschied zwischen beiden prägt sich jedoch am allermarkantesten dadurch aus, daß der Genuß, den sie in dieser ihrer Verschiedenheit den Liebenden gewähren, ein total anderer ist.

Die erste der vier Klassen ist die der Pompen, d. h. der Geschlechts-genuß von vorne; als zweite Klasse reihen sich die Croupaden an, als jene Bilder, die von hinten zu geniessen sind; die dritte Klasse bilden die Flanketten oder die vornseitlings genossenen Formen; die vierte Klasse endlich die Cuissaden, wobei der Genuß hintseitlings, also halb von hinten und halb von der Seite sich bietet.

Eine jede dieser vier Klassen ist die Summe von Bildern, die zu ihrer Darstellung verschiedene Einrichtungsstücke erfordern; wir finden dabei die Liebenden: Im Bett, am Bett, auf dem Teppich, auf dem Würfel, auf der Bank, auf dem Schwinger, auf dem Sessel, auf dem Tische, im Lehnstuhle, im Freistande usw.

Außerdem kommen auch noch in Betracht: Das Reck, das Sofa, der Balsak, die Ottomane, der Schemel, verschiedene Unterlagen, als Polster, Sofarollen u. dgl. All das sind jedoch Gegenstände von untergeordneter Bedeutung, deren Wichtigkeit je nach Umständen und namentlich in Er-mangelung einer vollständig planmäßigen Einrichtung hervortritt.

Das wichtigste und meist benützte Stück ist das sogenannte „Flach-lager" (Vollager), also jenes Lager, worauf der ganze Körper liegend sich befindet. Es ist das Bett und der Teppich zusammengenommen, da entweder das eine oder andere den Erfordernissen des Flachlagers zu entsprechen pflegt. Unter Flachlager ist nämlich ein weites, möglichst großes Lager zu verstehen, das für alle Lagen und Wendungen des Körpers, für alle freiere Bewegung und Ortsveränderung am besten taugt. Es ist umständlich, sowohl das Bett als auch den Teppich hierzu in Verwendung zu nehmen, und wenn das Bett richtig eingerichtet und darnach angelegt ist, so kann es ebenso vast und verwendbar werden, als es der Teppich ist, daher bei dieser Voraussetzung nicht beide, sondern entweder das eine oder das andere, das Bett oder der Teppich allein genügen.

Die Wahl zwischen beiden hängt jedoch von Umständen verschiedenster Art ab. Wer daher in allen Fällen gesichert und den Zufälligkeiten nicht ausgesetzt sein will, der setze sich 1. ein quadratisches Bett in besten Stand und habe 2. einen Turnteppich zur Hand, wobei das Bett als das regel-mäßig benützte Gerät gelten wird, während der Teppich als solcher, sowie auch bei Liebesgenüssen auf anderen Geräten als weiche Unterlage zur Benützung gelangen kann.

Trotzdem wir der Ansicht sind, daß die Betten der Liebenden unter

Umständen vielleicht zweckmäßiger in verschiedenen Zimmern aufgestellt sein mögen, so ist, wo eine Abnahme des Gefallens und Verlangens durch das stetige nahe Beisammensein nicht zu befürchten ist, das knappe Nebeneinanderstellen der Betten ganz in Ordnung; namentlich aber dort, wo die Liebe auf jener Stufe steht, daß fürs Lieben ein eigenes Gemach eingerichtet zu werden als gewünscht erscheint, dort ist das (quadratische) Doppelbett das einzig korrekte.

Das Quadratbett: Man stelle zwei an sich breit und lang gebaute, massive Betten, deren zwei Breiten gleich der Länge sind (die Höhe der Ränder betragen nicht mehr als 0'50 Zentimeter) und deren Seitenbretter an den Kopf- und Fußenden nicht aufwärts geschweift sind, eng nebeneinander, belege die federnde Unterlage mit einer eigens zu diesem Behufe gefertigten Baumwolldecke von demselben Quadratmaße als das Quadratbett. Diese Decke lasse man aus festem und schönem Stoffe (ohne eigenen Leinenüberzug) anfertigen. Sie kann, wenn nötig, zu oberst, oberhalb der Matratze eingebettet sein, oder, wenn nötig, als Teppich benützt werden.

Am Bettrande stattfindende Genüsse bilden ebenfalls ganz gesonderte Gruppen, und daher ist es wichtig zu betonen, daß es in Berücksichtigung dieser Art des Liebens geraten ist: entweder die oberen Kanten der Seitenbretter des Bettes abzurunden, oder aber, wenn die Kanten nicht abgerundet sind, dieselben mit einer wollenen Decke zu bedecken.

Der Würfel ist ein Gerät ganz eigener Art, kann aber als Puff oder als Schemel auch mit den Möbeln im Zimmer figurieren, und wenn er mit ähnlichem Stoffe wie die Möbelstücke überzogen ist, so wird sein Vorhandensein niemand auffallen. In der Regel ist ein einziger Würfel genügend; geratener jedoch ist es, einen kleineren und einen größeren zu halten, damit etwaigen außerordentlichen Anforderungen entsprochen werden könne. Dieses Gerät dient zu demselben Zweck, wie ein harter Polster: als hohe, harte, nicht sehr nachgebende Unterlage, vornehmlich unter die Croupe bei Genußbildern, die auf dem Teppich, zuweilen sogar bei solchen, die im Quaderbette zur Ausführung gelangen, dabei jedoch eine so charakteristische Positur zur Folge haben, daß alle Bilder, die auf dem Würfel stattfinden, eine eigene Gruppe bilden.

Dies kleine Möbel dient dazu, um, unter die Croupe gebracht, die Inguinalpartien möglichst steil und hoch zu präsentieren; der ganze Rücken ist dabei von der Taille an flach am Teppich, resp. auf einer schmalen, dünnen Matratze. Der Würfel ist ein eigens zu konstruierender Fußschemel von etwa kubischer Form: vierkantig, mit glatter, weicher Oberfläche, die Höhe 25 oder 30 Zentimeter, je nach Bedarf und Geschmack. Man nimmt zu diesem Behufe ein Quadrat aus Holz (dünnem Brett), dessen jede Seite

40 Zentimeter ausmacht, und tapeziert dieses Quadrat nun polsterartig so, daß die Oberfläche etwa 25—30 Zentimeter, möglichst nachgiebig und nicht scharfkantig aus gutem Roßhaar gearbeitet und mit beliebigem Stoff einer Möbelgarnitur überzogen wird. — Eigens soll hier betont werden, daß dieser Würfel, trotzdem er unter dem Gewicht der Croupe bedeutend einflachen muss, dennoch stets zu hoch wäre, und dem Zwecke erst dann recht entspricht, wenn an diesem Würfel noch eine eigens dazu verfertigte Matratze angefügt wird, welche 40 Zentimeter breit ist, deren Länge etwa 100 Zentimeter und etwa 10 Zentimeter hoch, d. h. dick sein soll. Der Zweck ist, daß der mit der Croupe auf dem Würfel befindliche Eine mit dem ganzen Rücken auf dieser Matratze liege; unter den Kopf nimmt er außerdem noch ein kleines festes Kissen. Durch diese Matratze wird die Höhe des Würfels bedeutend vermindert und der Blutandrang gänzlich beseitigt, während die übrigen drei Seiten des Würfels ihre volle Höhe beibehaltend, die Plastik der Liebesarten zur vollen Geltung gelangen lassen.

Die Bank kann als Nebenmöbel in einem Winkel des Zimmers untergebracht werden, umsomehr, als zu unseren Zwecken ein im Winkel gebautes Stück, dessen längerer Schenkel beiläufig 125 Zentimeter, der kürzere aber 60 Zentimeter messen und der Breite nach 35 Zentimeter ausmachen soll, am besten entspricht, gut weich tapeziert ist und bei diesen Dimensionen auch zierlich ausgestattet sein kann. Zum Gebrauche selbst aber muß die Bank etwa 40—50 Zentimeter von der Wand weggezogen werden.

Der Schwinger, dieser fauteuilartige Liegesessel, gleichsam als leichtes Halbsofa, kommt in verschiedenen Größen vor. Die kleinen taugen für unsere Zwecke zu nichts; es muß eine Größe ausgewählt werden, die gerade recht ist, um sowohl das liegende Lehnen, als auch das Sitzen bequem zu ermöglichen, und außerdem mit Armlehnen versehen ist. Zwei Stück genügen als Kontingent fürs Abaton.

Der Sessel soll es mehrere geben, die jedoch weich gepolstert (nicht federnd) sein müssen. Man braucht zwei hochgebaute (je nach der Körperhöhe etwa 50—60 Zentimeter hoch) mit schmalem tiefen Sitz und zwei niedriggebaute mit gewöhnlichem Sitz (45—50 Zentimeter hoch).

Der Tisch braucht nicht groß zu sein; es genügt die Größe eines sogenannten Sofatisches, am besten viereckig und mit abgerundeten Kanten; er muß aber fest, massiv gebaut sein und wird bei Benützung zu Liebeszwecken mit einer weichen dicken Decke bedeckt und diese unten so befestigt, daß sie nicht verschiebbar ist.

Das Reck wird zwischen der Türe und so angebracht, daß es brusthoch, kopfhoch und überkopfhoch (so hoch die Fäuste gestreckter Arme reichen) gestellt werden könne. Auch soll ein auf die Reckstange beliebig

(24, 30, 35, 40 Zentimeter) und je nach Bedarf von der Erde befestigbares Trapez zur Verfügung stehen.

Zwei feste Schärpen, deren Gebrauch bei verschiedenen Bildern zum Heben notwendig sind, deren Stelle jedoch auch Handtücher ersetzen können, Fußschemel, Sofarollen, Fußpölster . . . sollen außerdem immer bei der Hand sein.

Und hiermit hätten wir so ziemlich alles angeführt, was für ein gewöhnlich eingerichtetes Schlaf- und Liebesgemach von Wichtigkeit ist.

Damit sind zugleich auch alle Mittel gegeben, die zur Ausführung der hier nun folgenden 500 Bilder erforderlich sind. Erforderlich aber sind sie darum, weil es geschehen könnte, daß ohne diese Mittel das eine oder andere Bild der Bedingungen seiner Ausführbarkeit entbehren würde. Stehen diese Mittel aber zur Verfügung, so sind damit alle Bedingnisse geboten, die das nachstehende Riesensystem, bei Voraussetzung des proportionierten Körperbaues, vollkommen ermöglichen. Und sollte selbst irgend ein Bild fürs erste als unmöglich, als unausführbar erscheinen, so hat man, mit diesen Mitteln ausgerüstet, das Recht, diesem Scheine der Unausführbarkeit nicht zu trauen, denn wenn es auch vorkäme, daß ein oder das andere Bild faktisch schwierig erschiene, so gelingt es bei genauerer Besichtigung und mit Anwendung der angegebenen Hilfsmittel doch stets!

Kurz: alles muß gelingen; denn das Blondchen und ihr Barde sind dafür volle Gewähr — durch das Ebenmaß ihrer zu einander passenden Körper.

Und hast du nun ein Lieb so herrlich wie's unser Blondchen ist, dann mußt du wohl ein Gott dich dünken, der in des Busens wonniger Schmiegung und in des Kusses süßem Fieber die ganze Welt in jenen Armen wähnt und tief sich in die Ewigkeit zerflossen fühlt. Und willst du lange, lange mit solchem Lieb so gottgleich glücklich sein, dann errichte deinem Liebesglücke jenen Tempel, jenes Heiligtum, auf dessen mannigfachen Altären ihr beide dann Priester und Götter zugleich sein sollt.

Was für die Einrichtung eines Sanktuars vonnöten ist, kann selbst unter den allerbescheidensten Verhältnissen jeder unschwer aufbringen; wer sich das nicht gönnt und das unterläßt, dem mag der Abgang an Genüssen, den er erleidet, an sich schon genügsam Sühne sein.

Dies Sanktuar, ein liebend und geliebtes Lieb, und der hier folgende Schatz von mehr als 500 Möglichkeiten des Glückes, die der Wonnen Hochgenüsse in anderer und immer anderer Herrlichkeit durch Herz und Seele strömen lassen: das ist der Liebenden heiliger Hort, der die Liebe feien und ihre Dauer verbürgen und ihren Zaubertraum verschönen hilft, kraft des soeben erwähnten dreifachen Wundersegens, der die Welt ein Himmelreich und die Menschen Götter werden läßt.

Du aber, du plastisch zart gebaute Leserin, wenn der allverschönenden Liebe Zauber dich umfließt und du deshalb die hier niedergelegte Liebe allzutrocken, allzuverwickelt fändest und nicht geruhtest, deine Phantasie mit der Entwirrung und mühseligen Vorstellung der einzelnen Klassen und Bilder erst lange zu quälen: dann gib ein Zeichen nur! und er, den du erträumst, wird auf dein Geheiß das Ganze dieser Blätter rasch und klar erfassen.

Die „lebende Vorstellung" an der Hand des Kundigen bleibt ewig der sicherste Weg zum Ziele.

O könntest du mich erraten, mich ahnen! Wirst du's können? Nein! Willst du mir aber zum Lohne liebesdankbar sein, dann denke dir, daß der, den deine Seele sich erträumt, er und kein anderer, der Schöpfer der hier aufgestapelten Gedanken: daß der, den du in mir ahnen solltest, Er sei..., und wenn du dich in diese Überzeugung hineingelebt und ihr beide dann die hier entworfenen Bilder zu „lebender Anschauung" bringt — wer ist es dann, der dich umfängt? — Wer ist es dann, der der Liebe Göttertrank mit dir aus einem Kelche trinkt?

Erratest du's?

Und willst du's auch erraten . . .?

ACHTES KAPITEL

DAS EROTISCHE RIESENSYSTEM

ie groß die Zahl der Plasmen, d. h. der Bilder oder der Liebesarten ist, die sich dem Geschlechtspaare bieten, zeigt die hier folgende Zusammenstellung von mehr als 500 Arten.

Wir sagen „mehr als 500", trotzdem unser hier folgendes System eigentlich 532 Plasmen aufweist, weil es doch vorkommen könnte, daß unter so vielen Plasmen das eine oder das andere als schwer ausführbar scheinen mag; obwohl dem schlanken, elastischen, geschickten und zu einander passenden, ebenmäßigen Paare nicht ein einziges der Plasmen unausführbar sein darf, das ist erwiesen und erleidet keinen Zweifel!

Der genaue Stand der in die zwölf Gruppen eingeteilten Plasmen ist der Zahl nach folgender:

  1. In der Vollagergruppe sind .   .   .   .   40 Plasmen
  2. In der Halblagergruppe sind   .   .   58   „
  3. In der Umlagergruppe sind   .   .   48   „
  4. In der Randlagergruppe sind   .   .   58   „
  5. In der Lehnstandgruppe sind   .   .   24   „
  6. In der Freistandgruppe sind   .   .   30   „
  7. In der Schwimmergruppe sind   .   .   82   „
  8. In der Sesselgruppe sind   .   .   .   74   „
  9. In der Tischgruppe sind   .   .   .   22   „
10. In der Bankgruppe sind   .   .   .   11   „
11. In der Mischgruppe (Leiter, Bad und Reck) sind   43   „
12. In der Würfelgruppe sind   .   .   .   42   „

Somit eigentlich zusammen genau 532 Plasmen,

die Varianten, und außerdem auf andere Art: im Eisenbahnkupee, im Wagen mit verhängten Fenstern ... noch gar nicht dazugerechnet.

Unter den bisherigen Umständen, wo es der Plasmen nur etliche gab, hatte man alle möglichen und unmöglichen Momente, wie z. B. lesbische, päderastische, manustuprierende, cunnilinguische ... Absurditäten als eigene Akte, als Liebesplasmen systemlos zusammengewürfelt und daraus Sammlungen von Akten zusammengestellt, die heute von unserem Standpunkt aus natürlich absolut keinen Wert haben und keines Federstriches würdig sind.

Wollten nun wir auf ähnliche Weise à tout prix jede nur denkbare, aber wirkliche Verschiedenheit der aus unseren die „natürliche" Liebesmöglichkeit darstellenden Plasmen hervorgehenden Varianten, und die aus letzteren noch kombinierbaren Untervarianten bis in die kleinsten Details mit präzisester Genauigkeit ohne Ausnahme zusammenbringen, so müßte die auf diese Weise aufgefaßte „Möglichkeit der plastisch verschiedenen, natürlichen Liebensarten" die Zahl zehntausend entschieden überschreiten!

Dies will hier nicht bloß behauptet sein, sondern soll durch die effektive Darstellung und eingehend ausführliche Schilderung, resp. „Beschreibung" der nun hier folgenden 532 von einander wirklich verschiedenen Liebesarten und ihrer Varianten glaubhaft gemacht werden, wodurch der freundliche Leser einen annähernden Begriff von der hohen Zahl der Liebesmöglichkeiten erhalten wird.

GYMNOPLASTIK DER LIEBE

ODER

DAS EROTISCHE RIESENSYSTEM

Ein Ausrufungszeichen (!) nach dem Titelwort der Pose bedeutet soviel, daß die Pose auch im Eisenbahnkupee gut ausführbar ist; ein Kreuz (+), daß die Pose zu den schwierigeren gehört.

V. v. = Fronten und Wandelbilder.
V. h. = Croupen und Queren.
V. s. = Colonnen und Flanquetten.
H. t. s. = Cuissaden und Volten.

I.	Vollager	. . . .	1—40	VIII.	Sesselgruppe . .	336—410
II.	Halblager	. . .	41—98	IX.	Tischgruppe . .	411—433
III.	Umlager	. . . .	99—147	X.	Bankgruppe . .	434—445
IV.	Randlager	. . .	148—206	XI.	Mischgruppe, Bad,	
V.	Lehnstand	. . .	207—231		Leiter u. Reckhang	446—465
VI.	Freistand	. . . .	232—252	XII.	Würfelgruppe . .	466—509
VII.	Schwingergruppe	.	255—335			

I.

DIE VOLLAGERGRUPPE

(BEIDE WAGRECHT LIEGEND, AUF FLACHEM LAGER)

KLASSE I

DIE FRONT-POSEN

1. URAKT ODER URPOSE, URMANIER ODER ALTE MODE (!)

Dies ist die natürlichste, einfachste und gewöhnlichste, zugleich aber auch die abwechslungsvollste, d. h. die variantenreichste Weise des liebenden Genießens. Eine nähere Beschreibung wird hier ganz überflüssig sein, weil dies das ist, was jeder, der je die Liebe in den Armen eines Weibes genoß, ganz wahrscheinlich hat kennen lernen müssen, weil es die Urweise ist, deren sich die Menschen von altersher am allermeisten bedienten und bedienen. Es ist dasjenige Bild, wo sie rücklings hingegossen, ihn an ihr Herz preßt; sie kann hierbei im Bette, auf dem Sopha, dem Teppich oder auf jedem Geräte liegen, wo ihr die voll ausgestreckte Lage möglich ist. Für gewöhnlich hat sie dabei die beiden Beine im Knie eingezogen und die Sohlen angestemmt. An Varianten*) sind hervorzuheben: I. Primitiv, II. Halbtiefumschenkelt, III. Tiefumschenkelt, IV. Halbumschenkelt, V. Hochumschenkelt, VI. Halbgesohlt, VII. Aufgesohlt, VIII. Halbarmhoch, IX. Armhoch, X. Halbschulterhoch, XI. Schulterhoch, XII. Halbfreihoch, XIII. Freihoch, XIV. Halbfreigespreizt, XV. Freigespreizt, XVI. Halbspanngespreizt und XVII. Spanngespreizt. In diesen beiden letzteren Fällen faßt er ihren einen oder ihre beiden Füße beim Knöchel und spreizt sie mit den Armen auseinander. Sie kann diese Varianten beliebig, eine um die andere, entweder alle, oder wenn es ihr so beliebt, nur einige davon während des Gespieles durchführen.

---

*) Obige römische Ziffern sind für alle Varianten der hier folgenden gesamten Posen giltig und entsprechen den im 6. Kapitel genauer geschilderten zwanzig Möglichkeiten der angenehmeren Varianten.

2. CONTREFRONT (+)
(Scheinbar von vorn)

Die hier folgende Weise gehört insofern zu den schwierigeren, als sie im Zustande allzu starrer Muskelerregung nur schwer ausführbar und mehr für spätere Gänge, wo die Spannkraft schon nachgelassen hat, geeignet ist. Sie liegt im Bette und rücklings auf ihren Polstern, hat unter der Croupe ein festes Kissen, um in der Mitte möglichst hoch zu sein, die beiden Beine aber im Knie eingezogen und mit den Sohlen aufs Lager gestemmt; sie wird jedoch zugänglicher, wenn sie beide Kolonnen möglichst hoch und gespreizt an sich zieht. Er den Rücken ihrem Gesichte zugewendet, überreitet ihre Taille und läßt sich dann mit dem Oberkörper gegen das Fußende das Bettes nieder, so, daß Mitte richtig auf Mitte paßt. Dadurch, daß er seine Croupe möglichst hoch reckt, den Bauch aber bei Krümmung des Kreuzes platt auf das Lager niederdrückt, gelingt die Eintiefung ziemlich vollkommen. Viel sicherer aber ist das Gelingen dann, wenn er ihre hoch an sich gezogenen Keulen überreitet und den Tiefgang auf diese Weise durchsetzt. Varianten: Sie halbfreihoch, freihoch, frei gespreizt, ferner auf sein Kreuz aufsohlend (die Unterbeine verflechtend), mit den Händen zuhelfend; er seine Beine bald geschlossen streckend, bald gestreckt spreizend und was weiter frommt und gutdünkt.

Dies Bild aber ist nur scheinbar ein Frontakt und gehört eigentlich zu den Croupen.

---

3. SCHMOLLPOSE, d. h. *Sie* schmollt (+)

Dies hochpikante Bild ist ebenso gut in jedem gewöhnlichen Bette als wie auf dem Teppiche ausführbar und ist im Grunde genommen durch die wesentliche Veränderung der Lage ein Doppel- oder Wandelbild.

Sie liegt erst gestreckt auf dem Rücken, die Kolonnen wie abwehrend und versagend geschlossen, oder gar gekreuzt.

Er liegt auf ihrer Brust und hat zwischen seinen Kolonnen die ihrigen — und es ist in dieser Lage nichts zu wagen und nichts zu gewinnen. Nun spreizt sie ihre beiden Kolonnen so weit auseinander als nur möglich und hebt sie so hoch wie nötig; hierdurch kommt er zwischen ihre Kolonnen, aber so, daß er nun seinerseits auch die Kolonnen gespreizt an sich, resp. an ihre beiden Flanken emporziehend, wie über ihren Keulen gespreizt reitend bleibt. Hier versucht man die Einfügung und Tiefbringung, Brust an Brust liegend; sollten hierbei Schwierigkeiten obwalten, so verläßt seine Brust die ihre, indem er, sich auf beide Arme stemmend, dem Oberkörper eine Neigung von 30 – 40 Grad gibt, wodurch er, der bislang zu hoch reichte, nun tiefer und bequemer an und in die richtige Mitte reichen und den Zweck voll verwirklichen kann.

Außer der charakteristischen Lageveränderung gilt als Variante (im Hauptbild ist die Lage Brust an Brust) die gestemmte, bequemer zureichende Lage. Außerdem durch ihre Beine: 1 oder 2 freihoch, 1 oder 2 spanngespreizt. Arm- und schulterhohe Varianten nähern sich zu sehr der Plastik des Uraktes. Schlanken und zu einander in gutem Ebenmaße stehenden Paaren muß dies Bild stets aufs Beste gelingen — besonders je kleiner sie im Vergleich zu ihm ist

---

4. ROLLPOSE
(V. v.; Wandelbild)

Dies Bild kann nur auf sehr breitem Lager zur Ausführung gelangen und würde eigentlich auf schiefer Ebene, etwa an sanften rasigen Bergabhängen am besten gelingen; da dies aber nur unter ganz besonderen Umständen und meist nur unter dem Mantel der Nacht möglich wäre, so raten wir einfach den weichen Teppich an. Die Darstellung ist einfach: die beiden liegen Brust an Brust, wie's Alltagsbrauch ist, einander tief und fest in den Armen, die Knie nur ganz wenig oder gar nicht eingezogen, ineinander verflochten; nun geben sie sich durch Aufstemmen der Füße, der Hände oder der Ellenbogen einen Schwung, um sich erst auf die Seite, dann wieder auf den Rücken des andern zu wenden, und so fort stoßweise zu rollen, soweit als der Teppich reicht, um dann denselben Weg wieder zurück zu machen. Die dabei unvermeidliche Erschütterung hat einen ganz eigentümlichen Reiz und unterscheidet sich von der „Urmanier" außer dieser plastisch besonderen Eigentümlichkeit auch dadurch, daß sich hier sogut wie keinerlei Variante bietet.

---

5. REVANCHE (!)
(V. v.)

Das Lager ist ein freies und volles, worauf er rücklings und stramm und geschlossen hingestreckt liegt; sie Brust an Brust auf ihm, hat seine beiden Kolonnen zwischen den ihrigen und sucht und findet wie's am besten ist. An reizender Plastik läßt dies Bild wohl nichts zu wünschen übrig, da außerdem so manche Varianten zur Verfügung stehen; sie kann nämlich aus ihrer ursprünglichen gespreizt-gestreckten Lage übergehen ins Knien mit einem Beine, ins Knien mit beiden Beinen (mit weitgespreizten Schenkeln); er kann einen oder aber beide ihrer Kniegelenke mit seiner Hand erfassen und anziehen; möglich sind ferner ihrerseits: halbarmhoch, halbschulterhoch und schulterhoch. Die freien Hände haben zum mannigfaltigsten Getändel gute Gelegenheit.

---

6. WIRRE (!)
(V. v.)

Auf regelmäßigem und nicht unbequemem Langlager liegt er ganz geradegestreckt und mit geschlossenen Kolonnen auf dem Rücken. Sie setzt sich mit dem Gesichte ihm zugewendet erst ganz genau auf seine Mitte (und wenn es ihr so lieber ist, schon jetzt die Eintiefung besorgend), läßt sich aber dann sofort nach rückwärts auf seine gestreckten Beine nieder; wenn sie beide gut zulangen, können sie sich bequem und fest die Hände fassen, um sich einander näher zuschieben und tiefer zu ziehen. Als Varianten können gelten: Das Einziehen, Strecken und Spreizen *ihrer* Beine frei und hoch; das Spannspreizen *ihrer* Beine mit einem oder beiden seiner Arme; das Spreizen, ferner das Einziehen seiner Beine einzeln und dann beider; das Spannspreizen seiner Beine (einzeln oder beide) durch ihre Arme, und endlich als höchst pikantes Resultat der Plastik: die gegenseitige doppelte Spannspreizung der Beine. Auch so: beide auf dem Rücken liegend, mit den Centren so an- und ineinander gedrückt, daß der Oberkörper beider eine Gerade bildet und daß beider Köpfe die Endpunkte dieser Geraden sind. Die Beine beider sind im Knie eingezogen und derart plaziert, wie es der Eintiefung am geeignetsten ist, z. B. so, daß seine Kolonnen weniger gespreizt zwischen den ihrigen, die ihrigen aber mehr gespreizt außerhalb der seinigen bleiben oder aber umgekehrt, die seinen außen, die ihren innen. Sich die Hände reichend gelingt das Tieferziehen gut.

---

7. VERSÖHNUNGSPOSE, d. h. *Sie* versöhnt sich (+)
(V. v.; Wandelbild)

Diese Weise ist auf jedem Langlager, im gewöhnlichen Bette, auf der Ottomane und dem Teppich gut möglich.

Er liegt auf dem Rücken, die Kolonnen gespreizt, normal gestemmt.

Sie liegt auf ihm, Brust an Brust, mit ihren geschlossenen Kolonnen zwischen den seinen.

Das ist des Bildes erste Hälfte; aus dieser Lage erwächst den beiden weder Nutzen noch Gefahr, da in ihr so gut wie nichts zu erlangen steht. Plötzlich ändert sich die Lage:

Er hebt die beiden Kolonnen nämlich hoch an sich ziehend, während sie, die Schenkel recht gespreizt, ebenfalls hoch zieht und dadurch seine Keulen gleichsam überreitet, dabei jedoch fortwährend Brust an Brust bleibt; nun trachtet sie an das Ziel zu gelangen, wobei er sie bestens unterstützt, damit ihr Vorhaben möglichst voll gelinge.

Varianten: Statt auf seiner Brust zu liegen, stemmt sie beide Arme, um sich mit der Brust von der seinen möglichst zu entfernen und die Eintiefung bequemer zu gestalten; ferner, durch seine Beine (in der Lage Brust an Brust): 1 oder 2 freihoch, 1 oder 2 spanngespreizt, eine oder beide Waden auf ihre Croupe schließend; endlich in gestemmter Lage: einen oder beide seiner Riste armhoch, einen oder beide Riste in die Schulterhöhle einhängend.

---

8. SCHLIEFER
(V. v.; r. u. l.)

Eins der bequemeren und entschieden auch der dankbareren Bilder Sie liegt dabei ganz auf der linken Seite und ist, wie beim natürlichen Schlafen, in den Hüften und in den Knien eingezogen und hat die Kolonnen geschlossen. Er schmiegt sich an ihre Brust, hebt ihre obere (rechte) Kolonne in die Höhe und legt sich mit seiner rechten Hüfte auf ihren linken Schenkel und sucht des Zuganges beste Möglichkeit, während sie ihre gehobene rechte Kolonne auf seine obere (linke) Hüfte niederläßt. Zu den Varianten steht ihr nur ein Bein zur Verfügung und sie kann dies: halbarmhoch, halbschulterhoch, freigespreizt und spanngespreizt in Tätigkeit setzen. Sollte ihre linke Kolonne durch die Last seines Körpers ermüden oder schmerzen, so wälzen sich beide auf die andere Seite, wodurch das Bild nicht im geringsten geändert wird. Das Lager muß ein freies und möglichst breites sein; am besten eignet sich das quadratische Bett.

---

9. KIPPE

(V. v.; r. u. l. — Querbild)

Auf dem Vollager, jedenfalls aber am bequemsten im Bette, liegt sie mit dem Haupte auf ihrem Kissen bettlängs auf der rechten Seite, ist in der Hüfte rechtwinklig eingeknickt (gekippt) und hat die Beine möglichst gestreckt. Er auf seiner linken Seite liegend, befindet sich quer über dem Bette und so hinter ihr, daß sein Gesicht an ihren Fersen, seine Brust an ihren Waden oder Kniekehlen liegt, hat dabei die Beine vollkommen geschlossen und gestreckt und sucht aufs Beste an Ort und Stelle zu gelangen; um dies möglichst vollkommen zu ermöglichen, darf er seine Beine beliebig heben, stemmen oder sonstwie bewegen; auch kann er mit dem Kopfe auf dem Knöchel ihres rechten Fußes liegend, ihr linkes Bein als Variante mit seiner Rechten hochspreizen, oder auf sein Ellengelenk nehmen und dadurch mit seinem Oberkörper sich über ihr gekipptes untere Bein legen, um noch vollkommener den Tiefgang zu sichern. Außerdem kann sie ohne seine Beihilfe freihoch oder geradegestreckt spreizen oder das gerade gestreckte obere Bein auf seine Hüften senken, anpressen oder sonstwie bewegen. Das ganze Bild ist auch linksseitig möglich.

---

10. SCHNEIDE

(V. v.; r. u. l.)

Beide befinden sich im breiten oder bequem verbundenen doppelten Bette; sie liegt etwa in der Mitte, bettlängs auf den Pfühlen ganz auf ihrer linken Seite, ist der ganzen Körperlänge nach gestreckt und hebt dann das obere (rechte) Bein hoch genug, worauf er sich mit seiner rechten Hüfte quer auf ihren linken Schenkel legt, so, dass sein gestreckter Körper mit dem ihrigen ein rechtwinkliges Kreuz bildet. Durch Hebung und richtige Stellung ihres freien rechten Beines wird die volle Eintiefung keine Schwierigkeiten verursachen. Wird ihre linke Kolonne müde durch die auf ihr liegende Last, so kann das Bild fortgesetzt werden, indem es von rechts wiederholt wird (d. h. indem sie sich auf die rechte Seite legt). Es ist zu bemerken, daß bei diesem Bilde ihre Brust der seinen zugewendet liegt und beider Brust miteinander einen rechten Winkel bildet.

---

11. LIEBWACHT
(V. v.) Sans coussins

Nicht uninteressant ist es, wenn beide in einem Bette oder auf dem Teppichlager für kürzere Rast das Haupt zur Ruhe beugen wollen und keine Polster im Moment zur Hand sind, daß die Liebenden auch „sans coussins" der Rast pflegen können — was außerdem noch manchen herrlichen Reiz gewährt. Es legen sich zu diesem Behufe beide (rechts) seitlings, gestreckt und derart, daß sie etwa mit dem Gesichte gegenseitig an die Geschlechtsgegend zu liegen kommen; aus dieser gestreckten Lage schiebt jedes von beiden den unteren (rechten) Oberschenkel unter das Haupt des anderen und bietet ihm hierdurch einen warmen, wohligweichen Pfühl. Nun können sie sich da so manche Freiheit erlauben, wozu sich ja sehr verschiedene Möglichkeiten bieten. Auf solchem Pfühl ist selbst das Schlafen möglich und ein Schlaf auf solch einem Pfühl bringt oft und gern ein liebverlangendes Erwachen. Vor dem Einschlafen hat die obere freie Hand beliebig Gelegenheit sich zu beschäftigen und während des Einschlafens legt sich derselbe obere freie Arm recht innig um des Lieblings Weichen. Wenn sie auf einer Seite ermüden, so wälzen sie sich festumschlungen auf die andere Seite und legen sich die andere Kolonne unter das Haupt. Ist am besten als „Schlußbild" verwendbar. So bewacht, ist Treue stets am sichersten bewacht.

---

12. NACHTWACHT
(V. v.)

Es ist das ein „Schlußbild" für eine Nacht des Liebens. An beiden Enden des Bettes werden Polster wie zum Schlafen geschichtet und möglichst hoch gerichtet. In der Mitte zwischen diesen Polstern sitzen die beiden einander gegenüber Brust an Brust, sie die Schenkel über die seinen (oder wenn's besser ist: er die Schenkel zwischen den ihren), beide jedoch möglichst weit gespreizt und trachten so recht tief und fest als möglich eins zu werden. Wenn das geschah und gut gelang, dann legt sich jedes langsam (und sich der Situation bequemend, damit vorläufig keine Entgleisung stattfinde und alles möglichst tief verbleibe) auf seine Kissen zurück als wie zum Schlafen und — bleibt so in dieser wohlig reizenden Lage womöglich längere Zeit hindurch ... ohne Bewegung ... sich bloß die Hände reichend, die Schenkel streichelnd oder mit den Händen dort, wo eins im andern ist, gemeinsam tändelnd. All dies gelingt am besten bei nicht allzu spannender Erregtheit — als Abschluß einer abgenossenen Nacht: man deckt sich zu und — schläft dann ein.

KLASSE II

DIE CROUPE-POSEN

13. RENVERSE (!)
(V. h.)

Sie liegt auf Brust und Bauch derart, daß sie die Croupe etwas hochgezogen und die Schenkel soweit als nötig gespreizt hält — im übrigen ist ihre Lage eine ziemlich gestreckte (namentlich darf sie nicht zu sehr knieen); er liegt der Länge nach auf ihr, mit der Brust auf ihrem Rücken, die beiden Schenkel zwischen den ihrigen und richtet nun alles so zurecht, daß der Tiefgang ein vollkommener und unbehinderter sei. Sie kann hierbei keinerlei Varianten veranlassen; er kann, sobald alles in bester Ordnung und seine Hände frei sind, mit der einen oder auch mit beiden Händen an ihrem Busen, oder am Punkte der Vereinigung durch spielendes Tändeln und Irren den Wert des Ganzen erhöhen; für gewöhnlich mag sich das Umschlingen ihrer Mitte mit seinen beiden Armen empfehlen; aber auch sie kann sich, wenigstens mit einer Hand, ins Spielen mengen. Für dies Bild muß das Lager ein volles sein, das die gestreckte Lage der beiden ermöglicht.

---

14. ZUDRANG
(V. h.)

Sie liegt gestreckt auf dem Bauche. Als Lager empfiehlt sich das Bett oder jedes bequemere Ruhmöbel, am besten der Teppich. Wie sie da liegt, hat sie die Schenkel ein wenig gespreizt und die Croupe so emporgereckt, daß der Zugang zu ihren Zaubern möglichst unbehindert ist. Wie sie das zu machen hat, wird sie am besten wissen.

Er liegt mit der Brust auf ihrem Rücken, hat die Beine aber nicht zwischen den ihrigen, sondern ist mit den weitgespreizten Schenkeln wie knieend postiert, d. h. er hat die Schenkel froschartig eingezogen und weitgespreizt, — knieend sucht er den Eingang in das ersehnte Ziel. Bei sorgfältig gewahrten Attituden gestaltet sich dies Bild zu einem der reizendsten von allen. Der Tiefgang ist von der Geschicklichkeit der beiden bedingt, aber bei richtiger Körperproportion stets gut möglich. Varianten gibt es keine.

---

15. QUERIDYLL
(Croupade; r. u. l.; quer)

Ein recht idyllisch Bild durch seine reizende Plastik, dabei bequemen und vollen Genuß gewährend. Sie liegt nämlich im Bette, auf einer Ottomane oder auf irgend einer Erhöhung (Rasenbank, Hügel,) ganz auf der linken Seite mit dem Rücken gegen den Bett- oder Sopharand gewendet und in den Hüften so geknickt, daß die geschlossenen Oberschenkel mit dem Oberkörper einen fast rechten Winkel bilden; — sie kann auch dabei mit dem Rücken ganz platt aufliegen, was sich durch eine leichte Drehung des Oberkörpers erreichen läßt. Er setzt sich auf den Rand des Lagers, neigt und legt sich dann auf seinen rechten Ellenbogen gestützt über ihre Kniegelenke oder Oberschenkel hinüber, sucht die richtige Tiefung und Fügung, die beiden gar so gut sich bietet, faßt mit seiner linken Hand ihre rechte Schulter, um sich fester an sie zu ziehen. Varianten: Ihr oberer Schenkel auf seine Schulter oder auf seinen Ellenbogen oder aber beliebig gestreckt oder gespreizt; tändeln und küssen sind leicht möglich. Das ganze Bild so schön und sogar unauffallend, kann im Falle des Gestörtwerdens durch einfache Verhüllung der Mitte maskiert werden. Ist auch von rechts auszuführen.

---

16. CONTRE-CROUPE (†)
(V. h.; r. u. l.)

Von recht pikanter Plastik und bei genügender Geschicklichkeit besonders überraschend. Sie liegt ganz gestreckt im Bett auf dem Bauche und hat die Beine gespreizt, unter dem Bauche aber ein doppelt zusamengelegtes Polster, damit die Croupe recht hoch emporrage; er mit dem Kopfe bei ihren Füßen, legt sich mit dem Torso, Gesicht nach abwärts, zwischen ihre Beine, hat seine Schenkel gespreizt und die Beine über ihre Kolonnen legend in den Knien ganz eingeknickt. Wenn nun so Mitte recht knapp und nah an Mitte liegt, biegt er sein Rückgrad möglichst abwärts, stemmt seine Schenkel an ihre Leisten, um eine noch gebogenere Lage zu erlangen, und wenn dann auch noch sie geschickt durch Beischmiegung zuhilft, so ist die Eintiefung ganz gut möglich und wenn gelungen, überaus genussvoll. Varianten sind nur durch Streckung und Zusammenziehung der Beine beider möglich, aber sind allemal nur von sekundärer Bedeutung. Die Hauptsache bleibt das Gelingen des Hauptzweckes.

---

17. CUISSADE
(V. h.; r. u. l.)

Eine ganz sonderbare Plastik und ein Beweis für die ausserordentliche Geschmeidigkeit des weiblichen Körpers. Sie liegt erst platt auf dem Rücken, dann aber dreht sie sich so in der Taille, dass ihr Rücken noch immer platt auf dem Lager bleibt, während ihre Croupe sich nach links wendet; sie ist dabei in den Hüften und Knien ein wenig eingezogen, ihr rechter (oberer) Schenkel etwas mehr gegen den Bauch gezogen als der linke, und bietet sich so vollkommen von hinten dar. Er legt sich mit seiner Brust auf ihre Brust und mit plattem Bauche auf ihre umgewendete Croupe und wird überrascht sein, wie voll der Vorsatz gelingt! Bei richtiger Fügung und Schmiegung der beiden ist ein Mißlingen des Versuches nicht anzunehmen. Varianten werden vorläufig keine festgestellt, sie müßten sich denn unter sehr günstigen Verhältnissen wie von selber ergeben. Das Gespiel der Hände ist schon wegen ihrer sonderbaren Croupestellung besonders von oben angenehm.

---

18. REBELLE
(V. h.)

Im Bett oder auf der Ottomane, dem Teppich oder auf jedem beliebigen Vollager liegt er stramm und geschlossen ausgestreckt, ein kleines Kissen nach bester Bequemlichkeit unter seiner Croupe und den Rücken möglichst nach abwärts krümmend. Sie legt sich ihm mit ihrem Rücken auf die Brust und hat die beiden Beine rechts und links wie knieend neben seinen Schenkeln auf dem Lager angestemmt, um sich in der Croupe möglichst hoch und steil nach abwärts strecken zu können. Varianten sind dadurch möglich, dass sie erst das eine und dann das andere Bein allein aus der knienden Lage frei macht und entweder mit der Sohle aufstemmt oder irgendwie spreizt oder aber der Länge nach, nach abwärts neben die seinen streckt, ferner dadurch, daß sie beide Beine mehr oder weniger gespreizt, im Knie eingezogen mit den Sohlen aufstemmt oder aus einer dieser Lagen in die andere übergeht, oder endlich, daß sie beide Beine gerade und neben die seinen streckt oder sie weit auseinanderspreizt — in beiden letzteren Fällen muß aber die zentrale Einfügung eine hinlänglich tiefgelungene sein.

---

19. FLECHTUNG (!)
(V. h.)

Das Lager muß frei und lang sein; am besten eignet sich das Bett. Er liegt stramm und gestreckt und bettlängs auf dem Rücken mit geschlossenen Beinen. Sie überreitet seine Mitte, indem sie ihm den Rücken zukehrt und legt sich mit ihrer Brust auf seine Knie und sucht bei gestreckten und gespreizten Beinen die tiefste Vereinigung, wozu auch er ihr mit allen möglichen Mitteln hilft. Als Varianten empfehlen sich sehr vorteilhaft: Einziehung erst ihres einen Knies, dann Zurückstreckung desselben und Einziehung des andern Knies; ferner Einziehung ihrer beiden Knie, wobei sie alsdann gleichsam gespreizt kniend liegt; auch er kann die geschlossenen Beine beide auseinander spreizen, ferner eines derselben, dann das andere und auch beide Beine ihr auf die Croupe oder den Rücken legen und damit möglichst anpressen, oder mit seinen Beinen ihren Torso umschlingen und endlich das gegenseitige Spannspreizen des einen Beines, oder als besonders beachtenswerte Pikanterie, das Spannspreizen aller vier Beine zugleich.

---

20. CROUPADE
(V. h.; r. u. l.)

Auf beliebig freiem Lager, am besten im Bette befindet sie sich auf der linken Seite, fast ganz ausgestreckt. Er, die Brust an ihrem Rücken und den Bauch an ihrer Croupe, schiebt seine beiden geschlossenen Schenkel so zwischen die gestreckten ihrigen, daß sich ihre Schenkel etwas eingezogen kreuzen — er muß sich dabei natürlicherweise etwas tiefer herabschieben, ohne daß seine Brust sich von ihrem Rückgrat beträchtlich entfernen darf, weshalb er am besten mit einer Hand oder auch mit beiden ihre Schultern anfaßt und sich möglichst fest an und in die Mitte preßt. Auch kann dies Bild so dargestellt werden, daß sie in den Hüften ganz eingeknickt auf der Seite liegt, wobei er nicht zwischen, sondern knapp an ihren Schenkeln bleibt. In beiden Fällen kann als Variante: Halbarmhoch, freigespreizt und spanngespreizt gelten.

21. KNICKE
(V. h.; r. u. l.)

Auf vollem breiten Lager, dem Teppich oder besser noch im Doppel-Bette, ist das Bild leicht darstellbar. Sie liegt zu diesem Behufe in der Mitte des Bettes, das Haupt auf den Polstern und bettlängs vollständig auf der linken Seite, ist in den Hüften rechtwinkelig eingeknickt und in den Knieen womöglich ganz gestreckt, wobei ihre Beine ihrer ganzen Länge nach geschlossen bleiben. Er legt sich quer und ebenfalls voll auf der linken Seite gestreckt und geschlossen so hinter sie, daß bei gegenseitiger Berührung resp. Vereinigung der Mittelpunkte, seine Brust ihrem Rücken zugewendet, mit diesem einen rechten Winkel bildet. Die Varianten führt ihr rechtes Bein aus, ohne daß er helfen darf, durch Hebung, Spreizung, Geradstreckung, Senkung auf seine Hüfte, durch Ansohlung an seinen Oberkörper (oder wie und wo sie sonst kann) und durch abwechselnde Bewegungen dieses freien Beines. Dies Bild wird auch von rechts bestens gelingen; liegt sie aber links (und er auch) und dreht nur sie (ohne zu entgleisen), ihren Körper in die rechtseitige Lage, so daß ihre Fersen zu seinem Kopfe gelangen, so ist sie in die „Kippe" (N. 9) hinübergelangt, und kann dann wieder zurück in die „Knicke" — was äußerst wohlige Empfindungen verursacht.

22. KREUZUNG
(V. h.; r. u. l.)

Diese Weise hat ihren Namen davon, daß sie in ihrer Darstellung die übers Kreuz geratende Lage der beiden Darsteller bedingt. Sie liegt nämlich im breiten Bette etwa in der Mitte, ist dabei ganz links gewendet und gestreckt. Er, mit seinem Oberkörper an ihrer Rückseite, legt sich mit seiner linken Hüfte quer und gestreckt auf ihren linken Oberschenkel, zu welchem

Behufe sie das rechte Bein möglichst hoch hebt und erst dann auf seine Hüfte herabläßt, wenn die zentrale Einfügung tief und vollkommen gelungen ist. Ihr rechtes Bein ist so zu mancher Bewegung frei und kann diese Bewegungen zu einigen unerheblichen Varianten benützen. Zur Beherrschung der zentralen Bewegung mag er sich durch Anstemmung der Beine und Arme helfen so gut er kann; sie kann ihn hierin nur so weit unterstützen, als es Ansohlen und Anpressen an seine Croupe mit dem freien Bein und der rechten Hand ihr möglich machen. — Im Falle der Ermüdung ihres linken belasteten Schenkels kann sie abbrechen und sich auf die rechte Seite wenden, in welcher Lage das Bild ebenso vollkommen genossen wird.

23. KEULENKOLONNE (+)
(V. h.; r. u. l.)

So schwierig die lebende Darstellung dieses Bildes auch scheinen mag, so gut durchführbar ist sie, wenn die Umstände dazu günstig sind. Er liegt auf breitem Lager linksseitig und in den Hüften ganz zusammengezogen, wenn möglich mit den Knieen an der Brust; sie, ebenfalls linksseitig und auch zusammengezogen, liegt mit ihrer Croupe der seinigen so nahe und schmiegt sich soweit an ihn, daß eine Einfügung bei gehöriger Länge und Weichheit der Muskulatur bestens möglich wird; durch gegenseitige Ansohlung auf den Rücken, sowie durch Aneinanderschieben mit den Händen wird einigermaßen die Regelung der Bewegung denkbar. Wären Länge und Weichheit nicht ganz passend, so helfen sie sich beide dadurch ineinander, daß sie die rechten Schenkel heben, miteinander zweckgemäß verschlingen und so mehr Terrain gewinnen. Sollte jedoch auch das nicht genügen, so legt sie sich auf seinen nun etwas weniger eingezogenen linken Schenkel, und was bis da nicht gelungen ist, gelingt auf diese Weise bestimmt. Dasselbe Bild entsteht, wenn beide statt links zu liegen, sich auf die rechte Seite legen. Die erste der oben gegebenen Möglichkeiten ist aber dennoch am leichtesten durchführbar!

24. QUADERUNG
(V. h.; r. u. l.)

Auf weitem geräumigen Lager (im Quadratbette oder auf dem Turnteppich) liegt er auf seiner rechten Seite, hat den rechten Schenkel etwas angezogen, das linke Bein aber ziemlich hoch und beliebig emporgespreizt.

Sie legt sich ebenfalls auf die rechte Seite, den Kopf bei seinen Füßen, mit ihrer rechten Keule oder Hüfte auf seinen rechten Schenkel und zwar so, daß sie ihm mit der Croupe zugekehrt ist und ihr Rücken eine geradlinige Fortsetzung seiner Brust und Bauchfläche ausmacht. Beider Oberkörper liegen somit in gerader Linie, deren Endpunkte die Köpfe sind; der Unterschied ist vornehmlich der, daß dorthin, wohin seine Brustfläche gewendet ist, sich ihre Rückenfläche wendet.

Sie hat die Schenkel ursprünglich geschlossen oder öffnet sie nur wenig, kann aber auch emporspreizen und ihr linkes Bein mit seinem linken plastisch verflechten. Auch andere Varianten lassen sich finden. Beide können sich an den Händen fassen oder mit den Händen gegenseitig die oberen Schenkel festgreifen und anziehen. — Läge er links, so ergäbe sich das Pendant des obigen Bildes von links.

---

25. PFEILQUERE
(Quer, v. h.; r. u. l.)

Auf sehr breitem Bette oder dem Teppich liegt sie auf dem Rücken, hat die Schenkel senkrecht gespreizt, die Wade aber wagrecht ragend.

Er legt sich seitlich rechts, unter ihre Waden, mit der Bauchfläche ihren Keulen zugekehrt, legt an und versenkt die ganze Starrheit seines Ungestüms in die Glut ihres Verlanges. — Das ist das Originalbild.

Als Variante faßt sie dann mit dem einen Fuße (Ferse oder Sohle) seinen einen Schenkel etwa bei der Kniekehle und mit dem andern seine linke Seite am Schulterblatt und zieht nun stemmend an, indem sie hierdurch die Situation und alle Bewegung beherrscht. Er ist dabei entweder ganz gerade gestreckt oder aber mit Brust und Bauch in einem starken Bogen nach vorne gewölbt; in diesem Falle gibt ihr stemmend Ziehen gleichsam eine Bogenspannung. Eine andere Variante ermöglicht die Beherrschung der Bewegung dadurch, daß ihr rechtes Bein mit den seinen sich möglichst eng verflechtet, ihr anderes Bein bleibt dabei freihoch, während ihr linker Arm von seinen beiden Händen erfaßt als zweiter Stützpunkt der Bewegungsregulierung gilt. Oder aber er liegt ganz am Fussende des Bettes und zwar mit dem Rücken an die Bettwand gedrückt, während sie die beiden Enden einer, von außen um die Bettplatte gehende Gurte mit den Händen erfaßt und ihn gleichsam an die Bettwand preßt; ihre Füße können hierbei auf dem Oberrand der Bettplatte aufstemmen oder außerhalb der Bettplatte hinausragen oder sonstwie beliebig angebracht sein. Schließlich kann dies alles auch dadurch eine plastische Abänderung erfahren, daß er statt auf der rechten Seite liegend, sich auf seiner linken ihr an- und unterschmiegt.

KLASSE III
DIE FLANQUETTEN

26. ZWIESCHE (!)
(Flanquette; r. u. l.)

Ein Genußbild, das auf freiem Lager: Bett, Ottomane, Rasenbank, Teppich und überall ausführbar wird, wo das Liegen mit gestrecktem Körper möglich ist. Sie liegt dabei halbseits links, das linke Bein gestreckt, das rechte aber im Knie eingezogen etwas nach aufwärts gespreizt, damit es den Zugang gänzlich freilege. Er liegt derart auf der halbseits sich Bietenden, daß er sie, ihren gestreckten linken Schenkel zwischen den beiden seinigen habend, gleichsam überreitet, und sich so zurecht findet, daß sich ihm möglichst wenig Hindernisse entgegenstellen. Er hat dabei entweder die Beine gestreckt, oder aber die Schenkel gegen den Bauch gezogen, gespreizt, d. h. froschartig gespreizt-kniend eingezogen. Varianten kann sie hierbei selbstverständlich nur mit einem Beine ausführen und zwar: V. Halbhochumschenkelt, VII. Halbaufgesohlt, IX. Halbarmhoch, XI. Halbschulterhoch, XIII. Halbfreihoch, XV. Halbfreigepreizt und XVII. Halbspanngespreizt — aber auch bei günstiger Lage I. Primitiv insofern, als sie das freie Bein eingezogen mit den Sohlen fest ans Lager stemmen kann. Ein durch die wohlige Empfindung der umschließenden Schenkel äußerst reizender Genuß, der ebenso auf ihrem rechten Schenkel möglich ist.

---

27. CONTRE-FLANK (+)
(Vrs.; r. u. l.)

Sie liegt auf dem Vollager etwas seitlich oder ganz auf der rechten Seite, hat das rechte Bein gerade gestreckt, das linke aber im Knie eingezogen und beliebig nach links weggespreizt. Er, ihr den Rücken kehrend, nimmt ihren gestreckten Schenkel samt Hüfte so zwischen seine beiden

Schenkel, daß er, voll ausgestreckt, mit Bauch und Brust auf ihrem rechten Beine liegt, so daß er ihre Zehen etwa beim Munde hat; nun wird die möglichst gelungene Eintiefung versucht, die auch bei richtiger gegenseitiger Hilfe aufs beste zu gelingen pflegt. Was die Füße an freien Bewegungen übrig haben, mag zu Varianten ausgenützt werden, obgleich diese hier nicht wesentlich zu sein pflegen. Will sie aus der rechtsseitigen Lage in die linksseitige gelangen, so kann dies durch zwei Viertelwendungen und ohne zu entgleisen geschehen, indem sie zuerst platt auf dem Rücken sich wendet und er ihr hiebei geschickt folgt und beide in dieser neuen Lage verharren und Varianten versuchen, dann aber macht sie bald die andere Viertelwendung und gelangt so, gefolgt von ihm, in die linksseitige Lage.

---

28. WENDE
(Flanquette; r. u. l.)

Er macht es sich auf vollem Lager bequem, indem er halb linksseits auf dem Rücken liegend, das linke Bein gestreckt, das rechte aber im Knie eingezogen und ziemlich gespreizt auf die Sohle stemmt, wobei er unter der Croupe zu größerer Bequemlichkeit ein kleines Kissen hat. Sie legt sich mit ihrer vollen Länge und ebenfalls etwas seitlich so auf ihn, daß sie seinen linken gestreckten Schenkel zwischen die beiden ihrigen nimmt und sich so tief als möglich einfügt. Die hierbei möglichen Varianten sind: ein Bein gespreizt-kniend (erst das eine, dann das andere), ferner beide Beine gespreizt-kniend, dann: IX. Halbarmhoch, X. Armhoch und auch: daß sie seinen freien rechten Schenkel auf ihren linken Ellenbogen nimmt, oder aber denselben auf ihre rechte Achsel zwingt. In der ursprünglichen Lage, wo ihre beiden Beine gestreckt sind, können sich die drei Unterbeine der beiden ineinanderflechten. Die Wende ist so möglich, daß er mit dem rechten Beine gestreckt und mit dem linken gestemmt liegt.

---

29. SEITWIRRE (+)
(V. s.; r. u. l.)

Wenn auch die Länge des Bettes zu dieser Weise genügt, so ist doch in Anbetracht der Varianten entschieden der weiche Teppich als Lager vorzuziehen. Er liegt rücklings, aber mit der Croupe etwas nach rechts gedreht, das rechte Bein vollkommen ausgestreckt, das linke aber frei und hoch nach links gespreizt, auf daß sie in nichts behindert werde. Sie, mit der Brust ihm zugekehrt, setzt sich reitend so auf seinen gestreckten Schenkel,

daß die Eintiefung tief und sicher möglich werde (auch kann sie die Einfügung sofort jetzt, während des Reitsitzes, weil das bequemer ist, zur Tat
werden lassen); sie läßt sich dann rücklings auf sein gestrecktes Bein
horizontal nieder. Ist dies alles geschehen und alles fest und richtig passend,
so können die Varianten in Betracht gezogen werden: beide haben sich
vor allem in den Hüften fest und voll zwischen den Schenkeln, und das
Drücken und Pressen der Schenkel hat so manche Reize; die Beine können
auf verschiedene Weisen verwertet werden; schließlich ist bei gestreckten
Beinen und bei Anfassung der Hände das Umwälzen von der rechten in
die linke Seitlage oder auf dem Teppich das mehrmalige Umwälzen als
besonders wirksam hervorzuheben.

30. ZWIEZACK
(V. s.; r. u. l.)

Ein recht nettes, gefälliges Bild, ohne daß es eigentlich zu den schwierigeren gehöre, entsteht dadurch, daß er im Bette, oder wenn dies nicht breit
genug wäre, auf dem Teppich voll auf der rechten Seite liegt, die Schenkel
zum Torso rechtwinkelig eingeknickt und die Waden möglichst an die
Schenkel gezogen hat; in dieser Lage hebt er nun den linken Schenkel
senkrecht und öffnet dadurch die Möglichkeit dazu, daß sie sich rücklings
und mit der Croupe so auf seinen untern Schenkel legt, daß ihr und sein
Oberkörper rechtwinkelig zu einander, die Zentren aber sich knapp und
nahe beieinander befinden und sich möglichst tief ineinander zu fügen vermögen; dies letztere befördert er durch eine Art Drehbewegung, sie aber
dadurch, daß sie sich mit den Waden oder mit den Armen seinen senkrechten linken Schenkel umklammert und sich näher und fester zieht. Wenn
er statt rechts, links läge, so wäre das Bild immer dasselbe. Varianten kann
sie mit beiden Beinen, er aber nur mit dem freien nach Belieben veranlassen;
als sich hier noch eigens bietende Variante erscheint die äußerst plastische
Verschlingung der drei hoch und frei ragenden Beine.

31. SCHERE
(V. st. s.; r. u. l.)

Das Lager muß möglichst breit und bequem sein. Mit dem Kopfe auf
den Polstern, in der Mitte des Lagers liegt sie seitlings auf der linken Seite,
ist dabei bettlängs gestreckt und hat unter der Hüfte ein festes, ziemlich
hohes Rollkissen. Nun hebt sie sich durch Stemmung des Körpers, wobei
sie sich mit den Armen hilft, noch höher, damit er, der vor ihr ist, seinen

rechten Schenkel unter den linken ihrigen schiebt und dann bettquer ihr gegenüber eine solche Lage einnimmt, daß beide miteinander ein Kreuz bilden; er hat mittlerweile sein linkes Bein zwischen die beiden ihrigen gebracht, so, daß er ihren linken Schenkel nun zwischen den beiden seinigen hat; sie hebt jetzt ihren freien rechten Schenkel beliebig hoch und derart, daß ihm die Einfügung und vollkommene Eintiefung möglichst gelinge, wobei er aber beachten muß, daß seine Brust der ihrigen nicht näher gebracht werde, sondern den rechten Winkel bewahre. Varianten können ihr rechtes und sein linkes Bein durch Verschlingung miteinander, oder mit den Armen, sowie durch freie Hebung und andere Bewegungen ausführen. — Was da in linkseitiger Lage möglich war, ist von rechts ebenso gut ausführbar.

32. VIERSCHROT
(Vorseits; r. u. l.)

Durch die vierfache Möglichkeit der Ausführung überaus reizvoll, ohne schwierig genannt werden zu können. Das Lager ist ein breites und bequemes: das Bett oder der Teppich. Sie liegt auf der linken Seite, ist in den Hüften und Knieen etwas eingezogen; er Brust an Brust mit ihr, schiebt seinen rechten Schenkel unter ihren linken und seinen linken zwischen die beiden ihrigen so, daß er ihren linken voll zwischen den beiden seinigen hat; sie hebt nun ihr oberes (das rechte) Bein derart, daß ihm der Zugang recht tief geboten sei — und das gelingt sehr gut. Oder in ganz derselben Lage: er schiebt seinen rechten Schenkel zwischen die ihrigen und liegt mit seiner rechten Hüfte auf ihrem rechtwinkelig eingezogenen linken Schenkel. Er hebt ferner sein linkes Bein über ihren rechten Schenkel (wobei ihr rechtes Bein im Knie eingezogen und mit der Sohle frei spreizend ans Lager stemmt) und sucht möglichst tief einzudringen. Das sind zwei Möglichkeiten; die anderen zwei bieten sich genau so, wenn sie auf der rechten Seite liegt. Von links kann nach rechts und ohne zu entgleisen durch einfache Umwälzung gewechselt werden. Varianten der Beine sind unwesentlich, aber ziemlich reich möglich durch Spreizung, halbarmhoch u. s. w. Das geeignete Verwenden der Hände verschönt das Ganze bedeutend.

KLASSE IV

DIE CUISSADEN

33. CUISSADE
(R. u. l.)

Auf vollem Lager: Bett, Sofa, Teppich u. s. w. liegt sie halb auf dem Bauche, halb auf der Seite, so, daß ihr linkes Bein gestreckt bleibt, das rechte aber wie kniend und in Hüftenhöhe auf das Lager hingestemmt ist. Überhaupt muß sie anfangs mehr auf dem Bauche als auf der Seite liegen. Er nimmt über ihr der ganzen Länge nach derart Platz, daß er ihren linken Schenkel wie die Zinken einer Gabel zwischen die beiden seinen preßt und danach trachtet, des Zugangs beste, tiefste Art zu finden. Er kann die Schenkel auch hoch an sich gezogen haben, d. h. gleichsam froschartig eingeknickt sehr gespreizt knien. Varianten: sie kann später mehr nach seitwärts drehen und ihr kniendes Bein, als wollt es einen Schritt tun, mit der Sohle auf das Lager stemmen; er aber kann mit seinem rechten Arm dies rechte Bein noch in verschiedenartig andere Lagen bringen. Auch das Tändeln der Hände beider hilft die hierbei so hochgesteigerten Empfindungen zu verschönern. Dies alles kann auch so geschehen, daß sie ursprünglich rechtseitig liegt.

---

34. CONTRE-VOLTE (+)
(Hts.; r. u. l.)

Eine interessante Geschmeidigkeitsprobe für ihn, besonders wenn er, sehr erregt, auch noch mit den Unbequemlichkeiten der Starrheit zu schaffen hat; übrigens bei gehöriger Geschicklichkeit allemal ganz und vollkommen lohnend. — Sie liegt dabei halb auf dem Bauche, halb auf der linken Seite, hat das linke Bein vollständig gestreckt, das rechte aber im Knie eingebogen und so nach rechts und aufgestemmt, als wollte sie einen großen Schritt machen. Er legt sich mit Bauch und Brust abwärts auf ihr gestrecktes Bein, so daß er etwa ihre Ferse am Kinne hat. Nun müssen beide alle Biegsamkeit ihres Körpers daransetzen, um die nicht allzu bequeme Einfügung möglichst tief zu erreichen. — Varianten sind bei diesem Bilde unerheblich und dürfen bloß bei besonders gutem Gelingen versucht werden. Sie kann sich auch auf der rechten Seite liegend darbieten, aber das Bild bleibt dasselbe. Auch können sie durch beiderseitige Drehung versuchen, von links nach rechts überzugehen ohne zu entgleisen, und das ist eine entscheidende Probe ihrer Geschicklichkeit.

35. REVOLTE (+)
(Hintseits; r. u. l.)

In dieser Darstellung finden wir eins der schwierigeren Bilder, das aber trotz alledem bei richtigen Körperverhältnissen und bei der nötigen Gewandtheit stets vollkommen und recht angenehm überraschend gelingt. Auf breitbequemem Lager liegt er mit dem Rücken ganz flach, mit der Croupe aber halb nach links gewendet auf untergelegtem Kissen bettlängs und hat das rechte untere Bein gestreckt, während das linke frei gehoben und gespreizt emporragt. Sie legt sich mit ihrem Rücken flach auf seine Brust, mit dem rechten Schenkel aber gestreckt knapp rechts neben seinen rechten Schenkel, wobei sie ihren linken nach Bequemlichkeit und so zu spreizen trachtet, daß ihr die möglichst vollkommene Eintiefung gelingt. Ist dies geschehen, dann können sie mit den vier Beinen und mit Hilfe der Arme so manche Variante zur Verschönerung des Genußes zuwege bringen und auch, ohne zu entgleisen, aus dieser rechtsseitigen Lage in die links-seitige übergehen. Varianten: Einziehung des gestreckten Beines; Verflech-tung ihrer zwei mit seinem gestreckten Beine; gegenseitiges Halbarmhoch der freien Beine u. s. w., nebst allerlei Getändel der Hände.

36. SCHRÄGFLECHTUNG
(Hts.; r. u. l.)

Ein Bild von ganz sonderbarem Effekt, wobei beide in dem Ineinander-fügen der Schenkel und im Gewirr der Füße gar liebliches Vergnügen finden; das Lager soll ein bequemes, namentlich aber recht langes sein, und darauf liegt er der Länge nach gestreckt halb auf der rechten Seite, nur den linken Schenkel recht hoch und gespreizt haltend, damit er ihren Plan nicht beirre. Sie überschreitet seinen gestreckten Schenkel, daß sie den Kopf bei seinem Fuße hat, und dafür sorgt, daß die Mitte gut zur Mitte passe und ein Tiefgang bestens möglich sei. Wenn sie will, kann sie sich schon früher eintiefen und erst dann auf seinen Schenkel niederlassen. Besonders bemerkenswert und lieblich ist das Gefühl, welches durch die gegenseitige scherenartige Verwendung der Schenkel erregt wird. Weitere Varianten sind überflüssig, nichts destoweniger aber immerhin möglich und genußsteigernd. Besonders nahe liegt bei Festfassung der Hände das Umwälzen (auf dem Teppich auch auf größere Strecken), wobei der Übergang von rechts nach links zugleich mit inbegriffen ist, das Wälzen selbst aber eine heikle Probe der Geschicklichkeit ist.

37. ARIADNE
(Hts.; r. u. l.)

Er liegt im Bette oder auf einem anderen bequemen Lager auf dem Rücken und hat beide Beine im Knie eingezogen und festgestemmt, die Schenkel nach Belieben und Bedarf mehr oder minder geöffnet. Sie liegt mit ihrer rechten Seite rücklings mit der ganzen Länge ihres Oberkörpers auf seiner Brust und seinem Bauch, öffnet aber ihre beiden Schenkel derart, daß sie den einen der seinigen, als wollte sie einen großen Schritt tun, zwischen sich bekommt und sich nun in der Taille eindreht, mit der abwärts gerichteten und fast flach auf seinem Bauche liegenden Croupe aber so zurechtschmiegt, daß ein möglichst tiefes und selbst größere Bewegungen gestattendes Einfügen erreicht wird. Statt mit ihrer rechten, kann sie mit ihrer linken Seite über ihm liegen und kann sogar, wenn sie geschickt genug ist, von rechts nach links, ohne zu entgleisen, übergehen. Seitlings, auf seiner Brust liegend, kann sie auf ihm eine bequeme schlafende Stellung einnehmen. Varianten können mittels der Beine versucht werden.

38. DOPPELZACK
(Hts.; r. u. l.)

Sollte das Bett für freiere Bewegungen zu knapp sein, so läßt das nachstehende Bild, auf dem Ruheteppich ausgeführt, nichts zu wünschen übrig. Er liegt voll auf der rechten Seite, die Schenkel mit dem Oberkörper im rechten Winkel lagernd und hebt, die Waden möglichst an die Schenkel gezogen, den linken Schenkel senkrecht und bietet ihr unter den vielen in dieser Lage denkbaren Möglichkeiten die Gelegenheit dazu, daß sie (auf dem Bauche liegend) sich so auf seinen rechten Schenkel legt, daß ihr Oberkörper mit dem seinen einen rechten Winkel bildet, während die zentrale Ineinanderfügung möglichst vollkommen durchgeführt wird. Sollte hierbei ihr rechtes Bein durch seinen Torso behindert sein, so mag sie durch seitliche Spreizung oder dadurch sich helfen, daß sie ihr rechtes Unterbein (etwa bis an die Kniekehle) unter seine Weichen schiebt und sich somit bequem legt. Die Bewegungen beherrscht eigentlich sie; er trägt übrigens bestens dazu bei, wenn er eine Art ganz leiser Wälzbewegung hin und zurück markiert und einer Entgleisung möglichst vorbeugt. Die Möglichkeit des Tiefdringens ergibt sich von selber. Dies Bild bleibt dasselbe auch dann, wenn er statt auf der rechten Seite zu liegen, auf der linken läge. Varianten ergeben sich hier wenige und nur durch die verschiedene Spreizung ihrer Schenkel.

39. VIERSCHRÄGE (+)
(Hintseits; r. u. l.)

Etwas kompliziert, ohne besonders schwierig durchzuführen, aber wegen der vierfachen Verschiedenheit besonders empfohlen. Auf breitem Lager (Teppich oder Bett) liegt sie voll auf ihrer rechten Seite und ist ganz gestreckt, hat aber ihr linkes Bein im Schenkel geöffnet und beliebig frei. Er mit seiner Brust gegen ihren Rücken gewendet, schiebt seinen rechten Schenkel schräg unter ihren rechten und hebt seinen linken anschmiegend unter ihren gehobenen linken. So sucht er des Zugangs vollste Tiefe, die durch ihr Zutun gut erreicht wird. Eine zweite Möglichkeit in dieser ihrer rechtseitigen Lage ist: Er legt seinen rechten Schenkel schräg auf ihren rechten und hebt seinen linken über ihren linken und beide suchen und finden sich nun zentral so zurecht, daß nichts zu wünschen übrig bleibe. Das war die zweite Möglichkeit; die dritte und vierte ergibt sich ganz so wie die erste und zweite, wenn sie statt rechts auf ihrer linken Seite liegt; die Umlegung kann geschehen ohne zu entgleisen, indem er mit ihr (sie mit dem Rücken auf seiner Brust liegend) sich auf die andere Seite wälzt. Verwendung der Hände und verschiedene Stellung der Beine machen das Bild zu einem der reizendsten.

40. WILDKREUZ (+)
(Hintseits; r. u. l.)

Das Lager zur Darstellung dieses Bildes muß möglichst breit und bequem sein, und es eignet sich dazu am besten ein breites oder doppeltes Bett mit festen Matratzen. Sie liegt in der Mitte des Lagers, gestreckt auf der linken Seite, mit der Brust etwas nach abwärts, und hat unter der Hüfte ein erhöhendes Kissen. Er schiebt von ihrer Rückseite sein linkes Bein unter ihren linken Schenkel und legt seinen rechten Schenkel so darauf, daß ihr linker sich zwischen seinen eingezwängt befindet; ihr rechtes Bein aber hebt sie nun derart, daß ihm der Zugang voll möglich werde. Seine Brust und ihr Rücken bleiben rechtwinkelig zu einander und die gestreckten Körper beider bilden ein rechtwinkeliges Kreuz. Ist die Einfügung gelungen, so können beide durch Verschlingung der freien Beine und andere Bewegungen einige, wenn auch genußerhöhende, doch plastisch unwesentliche Varianten zuwege bringen. — Nach Ermüdung der linken Seite kann rechtsseitig dasselbe Bild reproduziert werden.

II

DIE HALBLAGERGRUPPE
(EINES WAGRECHT LIEGEND, DAS ANDERE NICHTLIEGEND,
AUF FLACHEM LAGER)

KLASSE I

DIE POMPEN ODER FRONTEN

41. PERLZUG
(V. v.)

Am geeignetesten läßt sich dies Bild auf dem Spielteppich durchführen; es kann aber auch im quadratischen Bette noch bequem genug dargestellt werden.

Er sitzt geschlossen auf einem Kissen, das seine Mittelpartie höher hervortreten lässt.

Sie legt sich rücklings auf seine Beine und nimmt seine Hüften zwischen ihre Schenkel. Nun faßt er sie an den Flanken oder an den Händen fest, zieht sie näher und näher, sie schiebt sich heran und wölbt sich im Kreuze und sucht zur Einfügung mit ihren Händen beizutragen, und wenn das gelang, dann zieht er sich voll in sie, indem er den Oberkörper möglichst nach rückwärts neigt. Ihre Beine sind frei und sie kann eine ganze Reihe von Varianten kombinieren; sie hat namentlich folgende Lage: halb oder ganz freigespreizt; halb oder ganz freihoch; halb oder ganz spanngespreizt; halb oder ganz armhoch; halb oder ganz schulterhoch; 1 oder 2 Beine um die Croupe geschlungen — oder von all den hier Angeführten eines und das andere, mit je einem Beine anderes, die plastisch gelungensten Attituden ersinnend.

„Halb" bedeutet bei den Varianten soviel als mit *einem* Beine; „Ganz" aber soviel als mit beiden Beinen!

---

42. SCHLINGDORN
(V. v.)

Er sitzt auf dem Teppichlager oder aber an günstiger Stelle eines großen Quadratbettes derart, daß sein Torso in einer Neigung von etwa 40⁰ durch die nach rückwärts gestreckten Arme gestützt ist und hat dabei die Beine beliebig gestreckt, die Schenkel weitgespreizt.

Sie liegt rücklings vor ihm, mit der Croupe zwischen seinen Schenkeln, spreizt ihre Schenkel jedoch hoch über die seinigen und sucht mit den Sohlen festen Standpunkt zu gewinnen; nun hebt sie die Croupe so hoch als nötig, wölbt dabei das Rückgrat möglichst hoch und bietet und richtet sich derart, daß sie sich dann niederpressend ihn möglichst tief in sich gelangen lasse. Als Varianten kann sie 1. die Waden übereinanderkreuzend ihn an den Lenden umschließen und dabei die Sohlen aufs Lager stemmen; 2. dasselbe, aber die Sohlen nicht aufstemmend, irgendwie freigehoben; 3. Halbarmhoch; 4. Armhoch; 5. Halbschulterhoch und 6. Schulterhoch.

---

43. HUBZUG
(V. v.)

Sie liegt auf bequemem Lager rücklings und mit gespreizten Schenkeln.

Er kniet zwischen ihren Schenkeln, faßt sie an den Keulen (Croupe) und hebt diese so hoch als nötig, und ohne sich wesentlich zu beugen, legt er möglichst sicher an, wobei sie ihm zur volleren Erreichung seines Zweckes mit ihren Händen hilfreich ist. Ihre Beine bleiben hierbei schlaff gestreckt und nur soviel als eben nötig gespreizt.

Varianten: Beide Beine sehr gespreizt; 1 oder 2 umschenkelt; 1 oder 2 freihoch; 1 oder 2 armhoch; 1 oder 2 schulterhoch.

„1 oder 2 . . . hoch" bedeutet soviel als mit *einem* oder mit beiden Beinen hoch!

---

44. DARDRANG (!)
(V. v.)

Sie liegt auf mäßig hartem Bett oder anderem flachen Lager auf dem Rücken, hat die Beine gespreizt und in den Knien eingezogen, mit den Sohlen auf das Lager gestemmt. Er kniet zwischen ihren Schenkeln, etwa eine Spanne von ihren zentralen Reizen, knickt in den Hüften nur sehr wenig ein und stützt sich, sich über sie beugend, mit gestreckten Armen neben ihren Schultern fest mit den Händen und verharrt nun, ohne sich zu nähern, möglichst hoch. Nun hebt sie sich, gestützt auf die eingezogenen Unterbeine so hoch, bis sie an die rechte Stelle gelangt, mit Hilfe ihrer Hand den Harrenden an die Pforte führt und mit weiteren Schüben ihn gänzlich einzutreten zwingt. Mit beiden Händen faßt sie ihn dann an den Hüften und zieht in kräftig voll in sich, indem sie sich nach aufwärts hebt und wölbt.

Varianten gibt es keine weiter als höchstens die, daß sie sich statt bloß auf die Unterbeine, zur Abwechslung auch auf die Oberarme stützt und ihren Körper in die erwünschte Höhe bringt.

---

45. TAUCHE (!)
(V. v.)

Diese Liebensweise ist auf jedem flachen Lager und also auch in jedem Bette gut möglich.

Sie liegt ganz auf dem Rücken, die Beine etwas gespreizt und normal eingezogen, hat aber unter der Croupe eine gut erhöhende Unterlage.

Er stemmt sich einerseits bei ihren Achseln mit den Händen auf ihre gestreckten Arme, andererseits aber bei ganz stramm gestrecktem Körper auf die Fußzehen, so daß sein ganzer Körper in schiefaufsteigender Lage frei über ihr schwebt. Durch die Abwärtsbiegung seines Kreuzes gelangt er an die Pforte der Verheißung, wo ihm ihre freundliche Hand das Geleite gibt und ihn zum Eintritt ladend, dann ins Innerste ihrer schönen Geheimnisse führt.

Sie hat Hände und Beine frei. Als Varianten kann sie mit ihren Beinen durchführen: 1 und 2 freihoch; 1 und 2 freigespreizt; 1 und 2 armhoch; 1 und 2 schulterhoch; 1 oder 2 Unterbeine über seine Croupe legend. Auch kann sie mitunter mit beiden Händen seine Croupe erfassen und ihn mit voller Kraft und lange an und in sich pressen.

---

46. KNICKHANGSENKE
(V. v.)

Sie liegt auf gewöhnlichem Bett rücklings, mit dem Kopfe auf Polstern, reißt die beiden Beine so hoch an sich, daß ihre Knie möglichst nahe an ihre Brust gelangen und hat die Waden ebenfalls recht nach rückwärts gestreckt, die Schenkel aber gespreizt.

Er, ihr mit dem Gesichte zugewendet, erfaßt ihre Füße an den Sohlen, oder unter Umständen auch an den Knöcheln, hängt mit seinen Armen seinen Oberkörper zwischen ihre Beine (wie ein Hängewerk), streckt seinen ganzen Körper stramm und stemmt ihn auf die Fußzehen und — wölbt nach abwärts, bis er jene Pforte findet, die ihm so gern besten Einlaß gewährt.

Nur in der Art, wie er ihre Füße erfaßt und wie er sich zwischen ihren Beinen die schwebende Lage schafft, vermag sich irgend eine plastische

Änderung des Bildes ergeben; alle andern Teile — ausgenommen etwa eines seiner Beine, das ebenfalls Varianten versuchen könnte — sind voll in Anspruch genommen.

47. RAGSTRECKE
(V. v.)

Der Teppich wird mit einer Seite bis knapp an die Wand gezogen und ein Sessel auf demselben so weit von der Wand postiert, als beiläufig die ganze Körperlänge des Mannes ausmacht; der Sitz des Sessels ist hierbei gegen die Wand zugewendet.

Sie liegt rücklings auf dem Teppich, den Kopf etwa zwischen den Füßen des Sessels, und hat ihre Füße gegen die Wand hin liegen. Sie hebt nun ihre Schenkel, beliebig gespreizt, recht hoch und stützt ihre Fäuste unter ihre Lenden oder ihren ganzen Unterarm unter ihre Hüften, um mit der Croupe recht hoch von der Erde emporzuragen (was sie übrigens noch vorteilhafter durch Unterlegung von Polstern oder andere geeignete Gegenstände erreichen kann).

Er steht vor ihr, mit dem Rücken an die Wand gelehnt; sobald sie aber mit ihrer Mitte hoch genug und richtig situiert ist, läßt er sich mit den Händen auf den Sitz des Sessels nieder und stemmt so, daß sein gestreckter Körper eine schiefe Linie darstellt. — In dieser Lage suchen nun beide sich zurechtzufinden; um tiefer zu gelangen, ist es oft vorteilhaft, statt mit den Händen, mit den Ellbogen auf den Sessel zu stemmen.

Varianten durch ihre Beine: 1 oder 2 freihoch; 1 oder 2 freigespreizt.

48. HOCKE (!)
(V. v.)

Eine der gefälligsten Liebesweisen, die im Bette sowohl, als auch auf jedem anderen flachen Lager mit vielem Behagen durchführbar ist.

Er liegt mit gestrecktem Körper und mit geschlossenen Beinen auf dem Rücken. Sie, mit dem Gesichte ihm zugewendet, stellt sich mit den Füßen auf die beiden Seiten seiner Hüften und läßt sich, als wollte sie sich setzen, so bis zu ihm herab, daß sie, an richtiger Mitte anlegend, durch das Gewicht ihres Körpers und durch ein noch etwas tieferes Senken den Zweck am denkbar vollsten erreicht.

Um den Tiefgang bestens zu ermöglichen, hat er unter dem Kreuze ein oder zwei kleine Kissen und liegt dadurch gut nach aufwärts gewölbt.

Varianten gibt es nur durch seine Beine, die er: 1 v. 2 freihoch; 1 v. 2 spanngespreizt; 1 v. 2 armhoch; 1 v. 2 schulterhoch heben kann.

Als eigene Variante gilt das Bild, wenn sie sich mit einem Beine, statt zu hocken, niederkniet, d. h. kniehockt.

---

49. DORNHOCKE
(V. v.)

Er liegt rücklings auf dem Bette oder auf dem Spielteppich, macht sich es so bequem als möglich und zieht die Schenkel mäßig gespreizt recht hoch an seine Brust.

Sie steht mit den Sohlen rechts und links an seinen Hüften und läßt sich hockend auf seine Keule nieder, reicht ihm eine Hand, mit der andern aber macht sie es möglich, daß nichts ohne Zweck bleibt, und sobald sie dies erreicht glaubt, so hockt sie sich noch etwas besser und fester, bis daß der Rand die Wurzel fühlt.

Sie legt sich dabei mit der Brust an seine aufwärtsragenden Beine, die sie als Variante einen, oder auch beide, mit den Händen auseinanderspannend, spreizen kann; schließlich kann sie sich *zwischen* (nicht *über*) seine gespreizten Schenkel mit dem Oberkörper niederlassen und seine beiden Kniekehlen oder Schenkel mit ihren Ellenbogen festhalten

---

50. KNIERITT (!)
(V. v.)

Auf dem weichen Spielteppich oder auf breitem, mäßig hartem Bette liegt er flach auf dem Rücken mit geschlossenen Beinen gestreckt.

Sie überreitet ihn kniend in der Mitte, setzt an, tieft ein und läßt sich behutsam, um ihn in seiner Strammheit nicht allzu sehr zu spannen, nach hinten an beiden seiner Kniee mit den Händen stützend auf das Lager nieder, wobei ihr Oberkörper etwa 45⁰ Neigung annehmen dürfte. Dies ist eine Bedingung des Bildes.

Als Variante gelten die Evolutionen seiner Beine: 1, 2 freihoch u. s. w., da er sich durch Spreizung beliebig frei machen kann; ferner kann sie statt mit beiden Beinen zu knien, mit dem einen aufsohlen, oder statt aufzusohlen, dies Unterbein mit der Wade quer über seinen Bauch u. s. w. legen.

---

51. ABKNIETE
(V. v.)

Er liegt rücklings auf bequemem nicht allzu weichem Bett, mit dem Kopf und Oberkörper recht hoch ragend, die Schenkel aber etwas gespreizt und mehr als senkrecht gegen seine Brust hinangezogen.

Sie, mit dem Gesichte ihm zugekehrt, kniet knapp an und über seinen Keulen und spreizt so gut sie kann, sich über jenen Teil, wo sie erst mit der Hand den wegwärts Gekehrten an sich beugen, richtigsetzen und in sich zwingen muß, was bei gegenseitiger Zuhilfe immer gut gelingen wird. Nun stemmt sie sich mit gestreckten Armen rückwärts auf die Hände, wobei er, wenn ihr Rücklehnen ihm Spannung verursacht, mit der Senkrecht-hebung seines Oberkörpers nachgeben kann.

Sie ist hierbei fast unwillkürlich mit den Achseln an seinen Kniekehlen, und außer der Spreizung und Hochhebung seiner Beine ist auch nichts weiter an Varianten zu verzeichnen.

Durch wagrechtes Umfallen nach (z. B.) rechts, können sie, ohne zu entgleisen, in verschiedene ähnlich komplizierte Bilder übergehen.

---

52. RADWENDE
(Wandelbild)

Er liegt auf sehr breitem Bette oder noch besser auf dem Spielteppich, eventuell mit erhöhender Unterlage unter der Croupe, rücklings und gerad-gestreckt.

Sie überreitet seine Hüften hockend und legt zuerst, mit dem Gesichte ihm zugekehrt, die wesentlichen Teile gut ineinander, bis daß sie fühlt, daß alles in richtiger Tiefe starrt; dann dreht sie sich, ohne zu entgleisen nach rechts, so daß sie mit beiden Fersen an seine linke Hüfte kommt; dann dreht sie sich weiter, hebt den rechten Fuß über seine beiden Schenkel und ist nun ihm ganz mit dem Rücken zugekehrt; jetzt hebt sie einen und den andern Fuß zwischen seine mittlerweile sich öffnenden und sich weit spreizenden Schenkel; dann weiter nach rechts, beide Füße überhebend, bis sie mit beiden Fersen an seiner rechten Hüfte anlangt und von hier wendet sie weiter nach rechts, überhebt den rechten Fuß über seine Brust und langt an, von wo sie ausgegangen.

Sie kann die Drehung nach beliebiger Richtung und in beliebiger Reihenfolge machen. Auch kann sie dabei mit den Beinen beliebig hockend, kniend, gestreckt, nachschleppend, oder wie es gerade am bequemsten, die Fortschreitungen vornehmen. — Eine Geschicklichkeitsprobe für das schöne Geschlecht und eines der wonnigsten unter allen Bildern.

---

53. HOCKABSENKE (+)
(V. v.)

Er liegt auf beliebigem Lager, am besten auf einem Teppich rücklings und mit gespreizten Schenkeln; sie stellt sich mit den Füßen zwischen seine Schenkel, mit den Zehen die beiden Seiten seiner Croupe berührend und hockt sich da so tief als möglich. Er hebt nun seine beiden Kniekehlen in ihre beiden Ellengelenke. Ist dies alles richtig geschehen, so sorgt er mit seinen freien Händen für die innigste Vereinigung. Sie gelangt hierdurch in eine nach vorwärts geneigte Haltung, die gleichsam einen schiebenden Druck auf den unten Befindlichen übt; alle weiteren Bewegungen hängen von ihrer Hebung und Senkung und davon ab, ob er seine freien Hände zur Regelung dieser Bewegungen oder dazu benützt, daß sie spielend sich mit ihren sich so gefällig bietenden Reizen befassen. Es ist wohl selbstverständlich, daß namentlich bei ihm alles Unterkleid hinderlich ist.

---

54. WÖLBHOCKE
(V. v.)

Er liegt rücklings und gestreckt auf einem flachen Lager: Bett, Teppich u. dgl.

Sie, das Gesicht ihm zugewendet, steht mit beiden Beinen etwas weit über ihn gespreizt, damit sie nicht zu hoch sei, dann bückt sie sich, erfaßt ihn an der Croupe und hebt ihn bis zu sich hinan; sie ist hierbei etwas in den Knien eingeknickt, sodaß sie beinahe eine hockende Stellung einnimmt. Das Heben seiner Croupe gelingt ihr bequem mit Hilfe einer festen Schärpe oder eines Handtuchs; auch hilft er dadurch nach, daß er sich nach Tunlichkeit mit gestrecktem Körper in der Mitte hoch emporwölbt.

Alle variantenfähigen Gliedmaßen sind hier so in Anspruch genommen, daß eine bedeutende plastische Abänderung nicht möglich ist.

---

55. WÖLBSTEMME (+)
(V. v.)

Er liegt auf flachem Lager, im Bette oder auf dem Spielteppich auf dem Rücken, hat die Schenkel geschlossen, aber die Unterbeine senkrecht auf dem Lager aufgesohlt, so, daß die Beine in den Knien eingezogen erscheinen.

Sie kauert sich, mit dem Gesichte ihm zugewendet, so über ihn, daß sie mit den Füßen seine Hüften, mit den Armen aber seinen Oberkörper überschreitet und die Hände an seinen Schultern auf das Lager stemmt, so, daß sie wie hoch hockend auf allen Vieren kauert und ihre wahre Mitte von der seinen eine gute Spanne hoch entfernt ist. Nun hebt und wölbt er seinen Unterleib, gestützt auf seine Schienbeine, so hoch hinan, bis er mit ihr in unmittelbare Berührung gelangt, mit Hilfe seiner Hand anlegt und mit einer noch höher gehenden Stemmung tief ins Reich der Mitte gelangt.

Varianten gibt es für dies Bild keine wesentlichen, da alle Gliedmaßen anderweitig beschäftigt sind. Nur ihm ist noch die Möglichkeit geboten, sich auch noch auf seine Oberarme, respektive auf seine Ellbogen, oder in günstigem Falle sogar auf seine ganzen gestreckten Arme zu stemmen und seinen Oberkörper wagrecht zu erheben.

56. WÖLBSCHUB
(V. v.)

Auf nicht federndem Bette, auf dem Teppich oder auf jedem andern Langlager liegt er voll auf dem Rücken, hat die Schenkel etwas gespreizt und in den Knien durch die senkrecht gestemmten Unterbeine festgestützt — die Entfernung der Knie von einander etwa 2—3 Spannen weit.

Sie hockt sich, mit dem Gesichte ihm zugekehrt, mit ihrer Mitte über seine Mitte, die Füße rechts und links an seinen Flanken, mit ihren Oberarmen aber legt sie sich auf seine Knie und hält sich mit den Händen an seinem Schenkel fest, wobei ihre unterste Wölbung (unter Wölbung ist hier das Gesäß zu verstehen) von seinem Bauche eine gute Spanne hoch entfernt bleibt. Nun stemmt er sich auf seine Unterbeine und gerät durch die Hebung und Wölbung seines Unterleibs hart an ihre untere Wölbung, legt an, schiebt noch etwas höher aufwärts und gerät auf diese Art ganz tief in jene feuchte Wärme, deren Wirkung wie anderwärts, so auch hier sich voll bewähren wird.

Wenn er nun auch noch mit den Oberarmen oder mit den ganzen Armen seinen Kopfteil höher hebt und den Oberkörper in eine etwas erhöhte Lage bringt, so ist dies eine Variante, die zur Vollständigkeit des Genusses wesentlich beiträgt.

57. STRECKE
(V. v.)

Er liegt im Bett oder auf anderem flachen Lager rücklings, geschlossen und gestreckt und hat unter der Croupe zur Aufwölbung seiner Mitte irgend eine Unterlage.

Sie, mit dem Gesichte abwärts, stemmt mit gestreckten Armen rechts und links an seinen Schultern recht hoch über ihm, ist stramm gestreckt und auf die Fußzehen gestemmt und hat die Beine mäßig gespreizt.

Sie beugt sich im Kreuze abwärts (ohne in den Knien einzuknicken); er wölbt sich mit Hilfe seiner unter die Croupe geschobenen Fäuste oder auch diese etwas höher, bis die richtige Nähe und Berührung erreicht ist; nun wird angelegt und hinangehoben — was seiner Hände Werk zu sein hat.

Er hat die Beine frei und kann sie vollauf verwerten: gespreizt-gestreckt; in den Knien eingezogen-gespreizt; 1 oder 2 Fersen an die Croupe gezogen (unterschlagen); 1 oder 2 tief- oder hochumschenkelt; 1 oder 2 armhoch; 1 oder 2 freihoch; 1 oder 2 freigespreizt.

---

58. SCHERSTRECKE
(Vrsts.; r. u. l.)

Er liegt auf dem Turnteppich oder auf einem mäßig harten Quadratbette, das Kreuz auf erhöhender Unterlage, den ganzen Körper gerade gestreckt, die Beine geschlossen.

Sie mit dem Gesichte abwärts, stemmt ihre beiden Hände, mit gestreckten Armen, etwa einen Fuß weit von seiner rechten Hüfte und ist so genau quer über ihn gestreckt und bloß auf die Zehen des linken Fußes gestützt (ganz offene Schere), während das rechte Bein, soweit als zur Sache ersprießlich dünkt, eingezogen, d. h. so geschmiegt ist, daß die Einfügung bestens möglich werde.

Oder — b) sie hat das *rechte* Bein gestreckt und das linke gespreizt, nach Bedarf situiert. Oder — c) sie stemmt mit den Händen in der Nähe seiner rechten Achsel und mit den linken Fußzehen etwa fußweit von seinem linken Fuße, so, daß sie schräg über ihm ist (halb offene Schere) und hat den rechten Schenkel behufs Ermöglichung des Zwecks gehoben und gespreizt. Oder — d) sie hat in der Lage von c) das rechte Bein gestreckt und das linke hochgezogen, um alles, was zum Gelingen nötig ist, möglich zu machen.

Dies alles war rechts; doch läßt sich dies Bild samt seinen vier Abänderungen auch links vollkommen durchführen.

Er kann stets ein Bein frei halten und zu Varianten benützen.

KLASSE II

DIE CROUPE-POSEN

59. FREYADORN (!)
(V. h.)

Er liegt rücklings auf dem Vollager (Teppich oder Quadratbett) die beiden Schenkel hochgezogen und sehr gespreizt.

Sie auf allen Vieren (en levrette) ihm mit der Croupe zugekehrt, naht sich bis zur richtigen Nähe und hockt sich ein, wobei seine Hand die Einfügung leitet. Zu beachten ist, daß ihre Schenkel sich derart legen, daß sie mit den seinigen möglichst viel Berührung und Fühlung erlangen. — Er faßt sie dann mit beiden Händen an den Schenkeln oder Hüften, um eine möglichst feste Pressung und Tiefung hervorbringend die Bewegungen und weiteren Nuancen des Bildes zu leiten und zu modifizieren.

Varianten führen seine Schenkel durch: eine oder beide Waden über ihre Lenden legend; 1 oder 2 freihoch, (natürlich bei mehr gestreckten Beinen und von hinten über ihre Schulterblätter). Auch sie kann mit dem einen ihrer Beine einige Varianten veranlassen: gradgestreckt; freihoch; spanngespreizt durch seine selbseitige Hand.

---

60. DUCKE (!)
(V. h.)

Er liegt gestreckt und geschlossen, mit dem Kopf auf dem Polster im Bett oder auf dem Ruhteppich oder auf beliebigem Flachlager rücklings.

Sie stellt sich, ihm den Rücken zuwendend, mit beiden Füßen an beide Seiten seiner Schenkel, hockt sich dann genau in der Mitte nieder, so daß sie des Zwecks und Ziels bewußt, nicht irre gerate, richtig anlege, damit die ganze Tiefe ihrer Absicht sich möglichst voll bewähre.

Wenn nötig, und auf daß sie sich nicht zu tief zu ducken habe, kann er kleine Kissen unter seine Croupe legen.

Hierbei würde eine jede Variante durch ihn überflüssig werden, da solche leicht die plastische Ähnlichkeit mit irgend einem anderen Bilde hervorbringen könnte. — Sie aber kann als Variante sich mit einem Beine niederknien, während sie mit dem anderen hockend geknickt bleibt.

61. ABDUCK (!)
(V. h.)

Auf flachem, nicht federndem Lager jeder Art durchführbar.

Er liegt, den Kopf bequem auf Polstern, rücklings, hat die Schenkel jedoch weit gespreizt und unter der Croupe ein oder zwei kleine Kissen.

Sie stellt sich, ihm den Rücken zuwendend, mit den Sohlen zwischen seine Schenkel, duckt sich dann ohne sich zu knien und sucht, wonach ihr verlangt, so voll als möglich zu erreichen.

Durch Hochhebung, resp. Ansichziehung der gespreizten Schenkel entsteht eine Variante, deren Plastik überraschend ist; als weitere Varianten außer dieser, läßt sich durch Hebung seiner Unterbeine: auf ihren Rücken, 1 und 2 armhoch, 1 und 2 freigespreizt, 1 und 2 spanngespreizt erzielen. — Auch sie kann variieren, indem sie mit einem Beine sich in eine kniende Lage niederläßt.

62. KNIENEST (!)
(V. h.)

Er liegt auf flachem Lager gestreckt und in den Schenkeln geschlossen auf dem Rücken und hat den Kopf bequem auf Polstern.

Sie überschreitet ihn kniend und ist ihm dabei mit dem Rücken zugekehrt und sobald sie richtig gefunden, was sie gesucht und alles in allem versorgt und verfestigt hat, lehnt sie sich mit dem Oberkörper nach rückwärts, indem sie mit gestreckten Armen die Hände an seiner Schultergegend auf das Lager stemmt.

Varianten: Er mit einem oder den beiden Beinen gespreizt; 1 oder 2 freihoch; sie das eine Bein aus kniender Lage freimachend: gestreckt; gespreizt aufsohlend.

Eins der bequemsten, angenehmsten und zufriedenstellendsten Bilder.

63. WURZELKNIETE (!)
(V. h.)

Eine der gelungensten Weisen des kombinierten Liebens, die ihrer Einfachheit und Annehmlichkeit wegen sich besonders empfiehlt.

Er liegt auf dem Flachlager (Bett, Spielteppich u. s. w.) rücklings und hat die Schenkel sehr gespreizt und möglichst hochgezogen.

Sie kniet sich, ihm mit dem Rücken zugekehrt, außerhalb seiner Keulen, mit ihrer Croupe so nahe an seine Schenkel, daß ihre Waden rechts und links an seine Hüften zu liegen kommen.

Nun setzt sie ein, indem sie schon als Variante, mit einem oder beiden Armen seine Schenkel umfaßt, oder sich aus ihnen eine Schulterlehne macht, oder sie faßt seine Beine, eines oder beide, an den Knöcheln und spreizt sie möglichst auseinander u. s. w.; schließlich, und wegen des Tiefgangs besonders typisch, ist das schiefe Zurücklehnen des Oberkörpers auf die mit gestreckten Armen bei seinen Schultern angestemmten Hände.

---

64. GIPFELHOCKE
(Htsts.; quer)

Er liegt auf sehr bequemem Lager (Spielteppich oder Quadratbett — auch breite Betten genügen), rücklings, hat unter seiner Croupe irgend eine erhöhende Unterlage und zieht seine Schenkel so hoch an sich, daß sie, wenn möglich bis zur wagrechten Richtung überschlagen erscheinen.

Sie steht mit den Fersen an seiner rechten Hüfte und gerade so und dort, daß, wenn sie sich niederhockt, es ihr am bequemsten wird richtig anzulegen und ihn in sich zu führen.

Ist dies geschehen, so ist sein eines Bein frei und er kann damit spreizen, oder sie kann es mit der einen Hand erfassen, beliebig führen und auseinanderspannen. Schließlich kann sie in kleinen Schritten von rechts im Kreise nach links, auf seine linke Keule hockend gelangen und während dieser Halbwendung beiden zum Genuße alle Wohlgefülle der Ortsveränderung vollführen, und wenn es ihr beliebt aus links, dann wieder in rechts übergehen, und so das holde Wühlen auch noch öfters veranlassen.

---

65. KNIESCHLINGE
(V. h.)

Er liegt auf flachem Lager auf dem Rücken, hat die Beine im Knie eingezogen und gespreizt auf das Lager gestemmt.

Sie kniet, ihm mit dem Rücken zugewendet, sich so zwischen seine Schenkel, daß ihre Waden sich zwischen seine Schenkel und Waden auswärts

— 301 —

durchziehen und womöglich sich mit diesen irgendwie verflechten und verschlingen. Nun setzt sie sich nieder und trachtet so tief als möglich einzudringen; sie läßt sich in gebückter Lage, ohne sich bedeutend vorzubeugen, mit den Händen auf ihre Schenkel gestützt nieder; dabei kann sie die Schenkel auch fest geschlossen haben und bloß die Waden weit auseinandergehen lassen.

Das ist das eigentliche Bild. — Als Variante gilt, daß er seine Beine nicht anstemmt, sondern freibewegend: 1 oder 2 freihoch, ferner durch ihre Hände gespannt 1 oder 2 gespreizt, oder auch 1 oder 2 armhoch bringt. Auch kann sie, wenn er die Beine wieder anstemmt, mit den Armen seine Knie umfassen, und diese als Stützlehne mannigfaltig benützen.

---

66. KIPPDORN (!)
(V. h.)

Das hierzu tauglichste Lager ist entschieden der Spielteppich, auf welchem er rücklings liegt, die Schenkel hoch überschlägt und durch Stemmung seiner Lenden oder durch Unterlagen mit der Croupe möglichst hoch ragt.

Sie, mit dem Rücken ihm zugekehrt, überreitet hockend und möglichst gespreizt sein Gesäß, senkt sich ein, erfaßt, zwischen ihren Schenkel hindurch greifend, seine Hüften oder Flanken und zieht fester und tiefer und ist hierdurch Herrin der Bewegungen.

Auch kann sie ihre Arme freibehalten, in welchem Falle durch die Bewegung seiner freien Beine einige Varianten möglich werden: Freigespreizt wagrecht; 1 oder 2 freihoch, bis senkrecht, 1 oder 2 spanngespreizt; 1 oder 2 armhoch, resp. Einhängung seiner Kniekehlen in ihre Ellengelenke; Kreuzung seiner Waden auf ihrem Rücken.

---

67. BOGENHOCKE
(V. h.)

Er liegt auf dem Spielteppich rücklings und gestreckt. Sie stellt sich, ihm den Rücken zukehrend, mit beiden Beinen gespreizt über seine Hüften, hockt sich tief nieder, greift mit den Händen hinter sich, und erfaßt die unter seiner Croupe befindliche Schärpe und hebt sich mit dieser Last etwa so hoch, daß seine Croupe eine Spanne über dem Lager erhoben sei; er hilft selbstverständlich durch Aufwärtswölbung bestens mit und besorgt mit seinen freien Händen die innige Vereinigung der Mitte. Wenn dies geschehen, so zieht sie ihn mit der Schärpe fest an sich und bewirkt dadurch einen beträchtlichen, unter Umständen sogar vollen Tiefgang. Wenn er sich auch noch so fest emporwölbt, so gerät er doch unwillkürlich etwas niedriger, sobald sie die Schärpe locker läßt. Sie kann somit durch Nachlassen der Schärpe die Bewegung aufs angenehmste selbständig beherrschen,

68. KAUERWÖLBE
(V. h.)

Er liegt rücklings im Bett oder auf beliebig anderem Flachlager, ist in den Schenkeln etwas gespreizt und eingezogen, d. h. mit den Unterbeinen gestemmt.

Sie, ihm den Rücken kehrend, hockt sich über seine Mitte und sohlt dabei ihre Füße rechts und links bei seinen Füßen an; lehnt sich mit ihren Ellbogen, resp. mit dem muskeligen Teil ihres Unterarmes auf seine beiden Kniee und hockt kauernd etwa eine gute Spanne hoch mit ihrem Damm von seinen Leisten entfernt. Jetzt stemmt er an und streckt und wölbt den Körper, wodurch er hart an die Schwelle der Pforte gelangt, von welcher der An-gelangte Platz ergreift, und durch welche er mit aller Behaglichkeit freien vollen Einlaß findet und tief ins Reich der Mitte gelangt.

Zur Vollständigkeit des Genusses wird es nur noch erforderlich sein, wenn er auf seine Ellbogen oder gar auf seine gestreckten Arme sich stemmend, auch den ganzen Körper in eine wagrecht schwebende Lage hebt. Auch sie kann als fernere Variante mit ihren Armen, aber auch mit den Beinen eines und das andere versuchen, was in dieser Pose zu variieren möglich ist.

---

69. STRAMME
(V. h.)

Er liegt rücklings auf dem Teppich, hat unter dem Kreuze eine recht hohe Unterlage und ist dabei gestreckt und geschlossen.

Sie nimmt einen weich gepolsterten Sessel, stellt ihn, um das sehr mühsame Stützen der Hände zu sparen, mit den beiden vorderen Füßen in die Winkel seiner Achselhöhlen, legt sich mit den Schulterblättern auf den Sesselsitz und streckt ihren Körper über den seinigen stramm hinweg, gestützt auf die Fersen der Fußsohlen und ist dabei gespreizt. Aus dieser Erhöhung läßt sie sich etwas tiefer, während er sich höher wölbt, auf daß sich ihre Mitten möglichst genau treffen und sich möglichst vollkommen anpassen.

Alle variantenfähigen Gliedmaßen sind in Anspruch genommen und sind Varianten nur in dem Falle möglich, wenn seine Croupe so hoch (durch die Unterlagen) emporragt, daß das Stemmen überflüssig und seine Beine frei werden. Falls der Sessel nicht richtig stände und verschoben werden müßte, so kann er dies mit seiner Hände oder Arme Kraft leicht tun; darf aber nur vorsichtig rücken.

---

70. SCHERSTRAMME (+)
(Htsts.; r. u. l.).

Auf dem Turnteppich oder auf einem recht harten Quadratbette liegt er, die Mitte durch entsprechende Unterlagen hochragend und emporgewölbt, gestreckt mit geschlossenen Beinen.

Sie, mit der Brust nach oben, legt sich a) quer über seine Mitte (ganz offene Schere) und stemmt mit gestreckten Armen die Hände unweit seiner rechten Hüfte auf das Lager, streckt den ganzen Körper stramm und ist auf die Ferse des rechten Fußes gestützt, während das linke Bein der Einungsmöglichkeit gemäß sich beliebig fügt. Oder b) sie hat das linke Bein gestreckt, während das rechte sich beliebig fügt. Oder c) sie ist mit den Händen an seiner rechten Achselhöhle und mit der Ferse ihres gestreckten rechten Beines links von seinem linken Fuße gestützt (halb offene Schere), während ihr linker Schenkel sich nach Bedürfnis fügt. Oder d) sie hat in der Lage von c ihr linkes Bein gestreckt, das rechte aber behufs der Einfügung beliebig situiert.

Dies Bild von rechts ergibt alle obigen Abwechslungen auch dann, wenn es von links dargestellt wird.

Er kann ein Bein frei machen und damit Varianten ausführen.

---

71. TRAVERSE
(V. h. quer)

Das Lager kann jedes breite Bett, besonders gut aber der Turnteppich sein.

Sie macht die Levrette, d. h. sie kniet auf beiden Knien und stemmt mit gestreckten Armen die Hände auf das Lager, wobei ihr Gesicht natürlich abwärts gekehrt ist, ihre Schenkel aber etwas gespreizt sind; ihr Oberkörper ist ganz wagrecht.

Er legt sich rücklings mit der Croupe zwischen ihre Waden quer hinter sie und hat, um ihre Waden nicht zu sehr zu belasten, die Knie etwas eingezogen und den Oberkörper ein wenig auf die Ellbogen aufgestemmt, oder legt zwischen ihre Waden einen festen Polster oder eine Sofarolle. Er liegt rücklings und mit dem Kopf nach ihrer rechten Seite gewendet, während seine Schenkel über ihrem linken Waden liegen. — Nun duckt sie sich abwärts, und ein volles Gelingen ist garantiert. Sie ist es, die bei diesem Bilde die Bewegungen hauptsächlich beherrscht.

Diese Form war die rechtseitige; läßt sich aber linksseitig ebenso vollkommen wiederholen, umsomehr, als die Situation eine in jeder Beziehung angenehme und nicht schwierige ist.

Varianten sind durch Spreizen, Strecken seines einen oder seiner beiden Beine möglich, aber nicht besonders wesentlich.

---

72. GLOBENZUG
(V. h.)

Die beste Stätte dieses reizenden Bildes ist das weite flache Lager, als welches der Teppich, oder ein breit gebautes Bett am besten dienen kann.

Er sitzt bedeutend erhöht auf entsprechenden Unterlagen und hat die Schenkel geschlossen.

Sie liegt mit dem Bauche auf seinen Schenkeln, ist mit dem Kopfe nahe an seinen Fußzehen und hat zwischen ihren gutgeöffneten Schenkeln des Mannes Hüften, während ihre Unterbeine entweder ebenfalls wagrecht liegen, oder aber beliebig gehoben erscheinen.

Bezüglich des Reichs der Mitte ist bloß zu bemerken, daß da ein jeder Wunsch wie in einem Eldorado gelingen muß und zum non plus ultra wird, sobald er mit beiden Händen sie fest an den Flanken faßt, seinen Ober-körper etwas nach rückwärts beugt und sich in sie mit jener Geschicklichkeit einzieht, deren die Sache eben würdig ist.

Als Varianten gelten der beiden Schenkelstellungen: Sie 1 oder 2 gespreizt kniend, wobei er dann übrigens auch die Schenkel öffnen kann, wodurch die Lage ihres Oberkörpers um ein bedeutendes niedriger wird und er die ganze Plastik sowohl, als auch die empfundenen Wohlgefühle nicht unwesentlich beeinflußt.

---

73. GEGENDORN
(V. h.)

Als Lager dient das Bett oder jeder bequeme Ruheplatz. Sie liegt zuerst rücklings und ganz gestreckt; er überreitet sie kniend in der Hüften-gegend, ihr den Rücken wendend. Sie legt nun unter ihre Croupe die Fäuste oder trachtet auf beliebig andere Art die Schenkel möglichst vollkommen zu überschlagen; er läßt sich nun auf die derart Gebotene nieder, stützt mit den Händen dort, wo zuvor ihre gestreckten Beine waren so, daß er gleichsam auf vier Beinen stehend erscheine. Nun wird es nicht schwierig sein, durch gegenseitiges Zubiegen und Nachgeben genau jene Lage zu treffen, die sich als die gelungenste und bequemste für diesen Fall erweist.

Dies Bild läßt keine wesentlichen Varianten zu; da sie aber beide Beine vollkommen frei hat, so kann sie die Plastik des Bildes durch die verschiedenartige Stellung der Schenkel und Unterbeine vermannigfachen.

---

74. KIPPNAGEL
(V. h.)

Sie liegt rücklings auf dem Spielteppich, hat unter dem Kreuze soviel Unterlage, daß, wenn sie die Schenkel gegen die Brust zieht, diese möglich wagrecht erscheinen; kann jedoch durch bloßes Unterstützen der beiden Unterarme an ihre Hüften aller Unterlage ganz gut entbehren.

Nun stellt er sich, ihr den Rücken zukehrend, mit sehr gespreizten Beinen und wie reitend über ihr Gesäß, bückt sich etwas, um die Einfügung und Eintiefung leichter möglich zu machen, greift hernach zwischen seinen Schenkeln mit beiden Armen durch und erfaßt sie an den Weichen oder an den Schenkeln fest, zieht sie mit beliebiger Kraft an sich, um die Bewegung und den Tiefgang zu regulieren.

Die Bewegungen ihrer Füße haben zu wenig Spielraum, als daß sie genug ausgeprägte Varianten ausführen könnten.

---

75. NARBENZUG (!)
(V. h.)

Sie liegt auf bequemem Lager (Teppich, Bett) flach auf dem Bauche und in den Schenkeln recht gespreizt.

Er kniet hinter ihr und zwischen ihren Schenkeln, erfaßt sie mit beiden Händen an ihren Schenkeln, beiläufig dort, wo die Wölbung der Keule anhebt oder wenn er Varianten beabsichtigt, das Becken an der breitesten Stelle der Hüftenknochen und hebt sie (die ganz gestreckt und gespreizt sich Haltende) so hoch als bis er ganz aufrecht kniet und ihre Mittelspaltung in der richtigen Höhe hat, dieselbe mit Hilfe ihrer Hand wie eine Perle auffaßt und dieselbe in ihrer Tiefe sondiert. Sie liegt hierbei nur mehr auf ihrer Brust und auf ihren Armen.

Sollen Varianten gebildet werden, so kann sie das eine Bein bis auf das Lager niederlassen und bleibt dabei nur mit einem Beine gestreckt. Aus dieser Stellung kann sie ferner den Rist des gestreckten Beines unter seine Achselhöhle einhaken; endlich streckt sie sich wieder starr mit beiden Beinen und hakt beide Riste in seine Achselhöhlen.

---

76. UNTERSCHUB (!)
(V. h.)

Sie liegt auf flachem, mäßig hartem Lager (Bett, Ottomane, Teppich) flach auf Bauch und Brust und hat die Schenkel nur wenig gespreizt.

Er kniet geschlossen hinter ihr, zwischen ihren Schenkeln fast ganz bei ihren Knien und stemmt mit gestreckten Armen die Hände rechts und links an ihrer Taille auf das Lager, wobei er eine nur wenig in den Hüften eingeknickte Stellung bewahrt.

Jetzt stemmt sie mit ihren Händen, resp. Unterarmen und schiebt ihren Körper so gegen ihn, daß ihre Croupe, nur wenig hochgehoben, an jene Stelle gelangt, wohin sie gelangen soll, wobei die Knie den unverschiebbaren Fixpunkt bilden. In dieser Stellung ist die Einfügung auch ohne Hilfe der Hände nicht schwer; sollte das doch nicht auf diese Weise gelingen, so muß er die eine Hand für diese kurze Zeit freimachen, bis alles an Ort und Stelle ist. Soll sich dies Bild von einem in den Endresultaten ähnlichen (Levrette) genau unterscheiden, so müssen obige Angaben, namentlich die unmerkliche Knickung seines Körpers in den Hüften genau befolgt werden. Varianten gibt es keine.

----

77. RAGTAUCHE

Das geeignetste Lager hierzu ist der Teppich. Dieser wird mit einer Seite bis an die Wand gezogen.

Sie liegt rücklings auf dem Teppich, den Kopf ganz nahe an der Wand; hat die Oberarme platt aufgelegt und stemmt die Unterarme fest in die Flanken, um die Croupe recht hoch zu bringen (was sie jedoch bequemer dadurch erreichen kann, daß sie unter ihre Lenden eine entsprechend hohe Unterlage schiebt); ihre Schenkel sind hierbei womöglich wagrecht gestreckt und etwas gespreizt.

Er steht mit seinen Füßen rechts und links von ihrem Kopfe, mit dem Rücken an der Wand, beugt sich nach vorne, schmiegt sich mit den Hüften zwischen ihre Schenkel, indem er sich mit den Händen auf den Sitz eines früher dahin gestellten Sessels stemmt, und läßt sich gestreckten Körpers über sie nieder und fügt sich tief nun rechten Ortes ein. Wenns besser ist, kann er sich mit seinem Ellbogen auf den Sessel herablassen, wodurch er wahrscheinlich tieferes Eindringen erreicht.

Varianten durch ihre Beine: 1 oder 2 freihoch, 1 oder 2 freigespreizt, und endlich, durch seine eine Hand erfaßt, 1 spanngespreizt.

----

78. SENKE

(V. h.)

Sie liegt im Bett oder auf jedem langen Flachlager auf dem Bauche, die Schenkel etwas gespreizt; hebt jedoch vor Beginn des Spiels die Croupe durch Reckung derart, daß sie etwa eine kleine Spanne hoch in der Luft ragt.

Er stemmt mit gestreckten Armen die beiden Hände rechts und links an ihre Schultern, hat den ganzen Körper ganz starr gestreckt und auf die Fußzehen gestützt. Dann biegt er sein Kreuz ein und gelangt dadurch mit seiner Mitte so zu der ihrigen, daß ihrer Hände Führung voll genügt, um die Einfügung und Eintiefung zu ermöglichen. Varianten gibt es hier nur wenig, durch ihrer Beine Verwendung.

Es muß darauf gesehen werden, daß er mit den Knien gestreckt bleibe und nicht auf das Lager knie, weil in der vollkommenen Gestrecktheit, mit der bogenförmigen Abwärtssenkung das Charakteristische des Bildes liegt.

---

79. WÜSTKNICKSENKE

(V. h.)

Auf flachem Lager (auf einfachem Bett und auch auf dem Turnteppich ist's überall ausführbar) liegt sie rücklings, hat die Schenkel möglichst an die Brust hochgezogen, die Waden beliebig, die Schenkel nur wenig gespreizt.

Er, den Rücken ihr zukehrend, stemmt mit gestreckten Armen, etwa zwei Fuß von ihrem Unterkörper entfernt, die Hände aufs Lager, nimmt ihre beiden Schenkel zwischen die seinen, doch so, daß er mit seinen Schenkeln immerhin sich über den ihren befindet, ist dabei jedoch mit seinen Beinen vollkommen gestreckt und wenn tunlich auf die Fußzehen gestützt, seine Füße können auch wie schwebend oder frei beliebig plaziert sein. Sein ganzer Körper ist stramm gestreckt und wölbt sich zur Erreichung und Erfüllung des unter ihm befindlichen Zweckpunktes nach abwärts. Es ist auch gestattet, daß er zu dem Zwecke etwas einziehe, um wie auf allen Vieren kauernd zu erscheinen. Varianten werden bei diesem Bilde von selbst überflüssig.

20*

80. QUERKNICKSENKE

(V. h. quer; r. u. l.)

Sie liegt rücklings auf dem Turnteppich oder in sehr breitem (doppeltem) Bette und hat die Schenkel so hoch als möglich gegen die Brust gezogen und etwas gespreizt, ohne unter der Croupe eine Unterlage nötig zu haben.

Er legt sich quer über ihre Keule, so, daß er sich mit den Beinen links, mit dem Oberkörper aber rechts von ihren Hüften befindet, ist mit dem ganzen Körper gestreckt und stemmt sich oben mit gestreckten Armen auf die Hände, unten aber auf die Fußzehen, und senkt sich behufs möglichst vollkommener Eintiefung nach abwärts und fügt sich überhaupt so gut als möglich der Situation, indem er auf die Schiefe der ihm charakteristisch zu Gebote stehenden Pose Rücksicht nimmt.

Dies ist die Darstellung des Bildes von rechts; es kann auch von links durchgeführt werden, indem er sich so quer über sie streckt, daß er mit den Händen links, mit den Füßen aber rechts von ihren Hüften stemmt.

KLASSE III

DIE FLANQUETTEN

81. KNIEBOLD (!)
(Vrsts.)

Auf flachem, mäßig hartem Lager liegt er halb auf seiner rechten Seite, das rechte Bein gestreckt, das linke freihoch gehoben.

Sie überreitet kniend' seinen rechten Oberschenkel genau dort, wo sie am besten anlegen und eintiefen kann, läßt sich dann etwas seitlich nach rückwärts, langsam und vorsichtig mit gestreckten Armen auf ihre Hände gestemmt nieder, welch Niederlassen für dies Bild ein wesentlicher Charakterzug ist.

Nun läßt sie ihn mit seinem freien Beine walten, womit er einige Varianten erzielen kann, während sie, als Variante, ihr eines kniendes Bein freimacht und mit der Sohle auf das Lager stemmt, oder es mit seinem freien Beine verschieden verflechtet oder mit der Wade quer über seinen Unterkörper legt.

Liegt er halb auf der Linken, so ist das Bild ebenso durchführbar und zufriedenstellend.

---

82. BUGGABEL (!)
(Vsts)

Das Gerät ist in erster Reihe das gewöhnliche Bett, es empfehlen sich jedoch ebensogut der Teppich, die Ottomane und jedes nichtfedernde flache Lager.

Er liegt halbseitlich, rechts, gestreckt; hebt den linken Schenkel senkrecht, mit der Wade beliebig wagerecht. Ein kleines Kissen unter der Croupe wird unter allen Umständen rätlich sein.

Sie legt, ihm zugewendet, die Sohlen an beide Seiten des gestreckten, rechten Schenkels, hockt sich an der gehörigen Stelle nieder, fügt alles zurecht, daß der gewünschte Erfolg gesichert sei und hockt sich dann um jene etliche Zoll, die noch fehlen, tiefer und fest bis auf seinen Schenkel, ohne jedoch in kniende Stellung zu kommen; dann erfaßt sie seinen senkrechten linken Schenkel als Stütze für fernere Bewegungen.

Obgleich dies Bild voll gelingt und nichts zu wünschen übrig läßt, so kann sie doch, als Variante, seinen senkrechten Schenkel freigeben und ihren Oberkörper etwas nach rückwärts beugen, wodurch er dann seinen linken Fuß schulterhoch zu bringen vermag. Eine weitere Variante, womit wieder alle Varianten variiert werden können, ist, daß sie kniehockt, d. h. mit dem einen Beine sich niederkniet.

Dasselbe Bild kann mit gleichem Erfolge links, d. h. so durchgeführt werden, daß er auf seiner linken Seite liegend sich darbietet.

---

83. WÖLBHUB

(Vrsts., r. u. l.)

Trotzdem, daß bei diesem Bilde ein jedes flache Lager dienlich sein kann, so ist doch wegen der Sicherheit ein niedriges Lager, namentlich der Teppich, allen anderen vorzuziehen.

Er liegt gestreckt auf dem Rücken; hebt aber das linke Bein bei ihrer Annäherung frei in die Höhe.

Sie stellt sich, ihm zugekehrt, mit gespreizten Beinen über seinen rechten Schenkel, hockt sich und bückt sich, um ihn an der Croupe zu fassen, oder richtiger, um die unter seiner Croupe sich befindliche Schärpe zu ergreifen und ihn in seiner Mitte bis genau an ihre Mitte emporzuheben; ihr Oberkörper streckt sich wieder gerade empor, die Beine aber bleiben in den Knieen und Hüften etwas geknickt, etwas hockend, damit die Höhe nicht allzu beträchtlich ist; er hilft dabei dadurch, daß er, auf die rechte Fußsohle gestemmt, sich möglichst emporwölbt.

Eine interessante Variante gibt der Umstand, daß er seine linke Kniekehle auf ihre rechte Achsel legt und dadurch fürs Heben und Wölben einen guten Stützpunkt findet.

Zur ferneren Abwechslung dient, daß er auch mit dem linken Beine stemmen und wölben kann, während er das rechte frei hat, resp. auf ihre Achsel hebt.

84. STRECKSCHRÄGE

(Vrsts.; r. u. l.)

Er liegt im Bette oder auf beliebigem Flachlager auf dem Rücken, geschlossen und gestreckt und hat unter der Croupe zur Erhöhung seiner Mitte eine entsprechende Unterlage; hebt jedoch bei ihrem Nahen den linken Schenkel hoch und seitwärts nach links.

Sie stützt sich mit beiden Händen und gestreckten Armen knapp an seiner linken Achsel, mit ihren beiden Fußspitzen aber, etwas gespreizt, bei seiner rechten Fußspitze, so schräg als es gerade vorteilhaft sein mag, ist aber am ganzen Körper kräftig gestreckt und nirgends eingeknickt.

Nun hebt er die Mitte wölbend hoch, und sie beugt sich in dem Kreuze abwärts, bis sie beide die Nähe erreichen, die nötig ist, um voll und tief vereint zu werden. Das ist das eigentliche Bild.

An weiterer Abwechslung bietet sich hier noch einiges: statt frei weggespreizt, legt er sein linkes Bein auf ihr rechtes, Kniekehle an Kniekehle, und läßt sein Unterbein zwischen ihren Knien nieder: oder er legt sein linkes Bein mit der Wade um ihre Croupe; ist er in der Mitte durch Unterlagen hoch genug, so kann er auch das andere Bein freimachen und alle möglichen Varianten versuchen. — Dies war das Bild rechts, ebenso gut gelingt es auch von links.

---

85. SCHIEFZUG

(Vrsts.)

Auf bequemem, nicht federndem, festes Knien ermöglichendem Lager, wozu auch das gewöhnliche Bett genügt, liegt sie auf ihrer rechten Seite gradgestreckt und ein Handtuch oder eine andere feste Schärpe unter ihrer Keule. Sie hebt den linken Schenkel und reckt ihn möglichst nach rückwärts, freihoch.

Er überreitet, ihr zugewendet, kniend ihren rechten Schenkel, erfaßt die Schärpe recht kurz und knapp an ihrer Croupe mit beiden Händen, hebt die holde Last so hoch, bis er in ganz gerader Stellung kniet, legt an, läßt sich mit ihrer freien Hand alle nötige Hilfe angedeihen, um möglichst tief all sein Sehnen zu stillen. Ein gut trainierter Mann wird solche Last auch für längere Zeit nicht ermüdend finden.

Als plastische Varianten empfehlen sich: 1 schulterhoch und das Kreuzen ihres Unterbeines auf seiner Brust. Alle obigen Evolutionen samt Varianten sind auch so ausführbar, wenn sie auf ihrer linken Seite liegt.

86. KAUERSCHLUNG

(Vrsts.; r. u. l.)

Sie liegt rücklings auf dem Teppich oder aber auch im breiten Bette, (in der Croupe) etwas nach rechts gestreckt, den linken Schenkel hochgezogen, den rechten aber geradgestreckt.

Er, mit dem Antlitz ihr zugewendet, duckt sich hockend, nimmt ihre linke Kniekehle auf seine linke Achsel, stemmt mit beiden Händen an ihrer linken Flanke und ist, mittlerweile sich zurechthockend, so situiert, daß er ihren rechten Schenkel zwischen seine beiden Beine hat, wodurch er wie auf allen Vieren kauernd erscheint. Sich der Situation anpassend, kann er nun ohne erhebliche Mühe, dort wo er ohnehin schon nahe, alles gut erreichen, was er zu erreichen für wichtig hält.

Oder ist es aus irgend einem Grunde bequemer, so kann dies Bild von der anderen Seite dargestellt werden, indem er ihre rechte Kniekehle auf seine rechte Schulter nimmt. Ferner kann er mit einem Beine die hockende Lage verlassen und damit in die kniende übergehen, oder, wenn er es vermag, sich auch auf beide Knie niederlassen. Sie kann endlich auch mit ihrem unteren (gestreckt gewesenen) Beine und ihren freien Händen verschiedene plastische Veränderungen bewirken.

87. ÜBERZUG

(Vrsts.; r. u. l.)

Wenn auch ein breit gebautes Bett zur Darstellung dieser Liebensweise genügen mag, so findet sie ihre bequemste Durchführung denn doch auf dem Teppich selbst.

Er sitzt auf einem erhöhenden Pfühl, den rechten Schenkel gestreckt, den linken frei gehoben, aufgesohlt.

Sie legt sich, ihm zugewendet, rücklings mit der Croupe auf seinen rechten Schenkel (ihre Lage ist etwas schräg) und nimmt seinen Unterleib zwischen ihre Schenkel, wobei sein linker Schenkel über ihren rechten Schenkel hinwegragt; er erfaßt sie nun an den Händen, oder wenn er will, an ihren Hüften oder Flanken und zieht ganz nahe Mitte an Mitte, und wenn da alles geordnet und versorgt ist, dann zieht er fester an und zieht sich so tief als möglich in sie und neigt dabei mit dem Oberkörper soweit er kann rückwärts.

Ihr eines (das rechte) Bein ist fest um seine Croupe geschlungen, während das andere alle Varianten durchmachen kann: gestreckt, eingeknickt (normal); freihoch; freigespreizt; spanngespreizt; armhoch; schulterhoch;

Croupe umschlingend — und sie kann zur größeren Abwechslung ausnahmsweise auch das andere Bein mit in Kombination ziehen. Dasselbe
Bild gelingt linksseitig ebenso wie rechtsseitig.

---

88. STEMMSCHUB
(Vrsts.)

Das Lager ist ein sehr breites Bett oder der weiche Teppich. Sie liegt
mit den Schultern platt rücklings, ist aber in den Hüften derart gedreht,
daß sie mit der Croupe ganz seitlich, rechts liegt; der untere (rechte)
Schenkel samt übrigem Bein ist gestreckt, während der andere Schenkel
irgendwie hoch (gespreizt, gestemmt) nach links abneigt.

Er überreitet, ihr zugekehrt, hockend ihren gestreckten unteren Schenkel,
kniet dann obendrein so tief als möglich (beiläufig bis er auf ihren Schenkel
zu sitzen kommt), neigt nun den Oberkörper nach rückwärts, stemmt ihn
mit den zurückgespreizten Armen und überläßt nun nach rückwärts dringend
ihren Händen die Einfügung, bis daß die volle und vollkommene Tiefung
erreicht wird. Dasselbe kann bei ihrer linksseitigen Lage stattfinden; der
Übergang von rechts nach links kann ohne Entgleisung durch gemeinsame
Linkswendung vor sich gehen. Varianten: mit ihrem freien Beine 1 schulterhoch; freigespreizt; freihoch; übersohlt.

---

89. SCHERSENKE
(Vrsts.; r. u. l.)

Sie liegt gestreckt auf dem Turnteppich oder im breiten Bette, unter
dem Kreuze Unterlagen, also in der Mitte hoch emporragend und zieht
den rechten Schenkel hoch an die Brust.

Er legt sich, mit den Knien an ihrer rechten Hüfte, quer (offene Schere)
über sie, ist in der Taille etwas nach ihrer Mitte gedreht, stemmt gestreckten
Leibes und mit geschlossenen Beinen jenseits ihrer linken Hüfte; falls die
Tiefe der Vereinigung etwas zu wünschen übrig ließe, so kann er den
Zweck voller erreichen, wenn er seinen linken Schenkel über ihren rechten
hebt und den Zugang freier macht.

Noch bequemer gelangt er an das Ziel, wenn er nicht ganz quer,
sondern schräg über sie stemmt, so daß seine Hände an ihre linke Achsel
zu liegen kommen (halb offene Schere), wobei vorerst seine beiden Beine
gestreckt sind; um es aber noch bequemer zu haben, hebt er auch hier

den linken Schenkel über ihren rechten und wird wohl nichts zu wünschen übrig haben. Seine gestreckten Beine sind womöglich allemal auf die Fußspitzen gestützt, aber das Knien ist möglichst zu vermeiden.

Fernere Varianten können durch ihr gestrecktes Bein auch zum Versuch gelangen.

Dies war das Bild von rechts; es gelingt von links ebenso vollkommen in allen seinen Abänderungen.

---

90. SCHERTAUCHE
(Vsts.; r. u. l.)

Sie liegt rechtsseits, vollkommen gestreckt, auf dem Turnteppich oder im breiten Bette, hebt den linken Schenkel hoch spreizend und nach vorne gegen die Brust.

Er stemmt mit gestreckten Armen die Hände links, unweit von ihrem Genick, ist mit den Knien vor ihrer rechten Kniescheibe (halb offene Schere), stützt sich jetzt aber auch auf seine beiden Fußspitzen, streckt den Körper vollständig und trachtet möglichst tief zu gelangen; sollte dies Trachten nicht voll gelingen, so zieht er sein linkes Bein hoch an, hebt den linken Schenkel an ihren linken Schenkel und versucht jede Spreizung und Schmiegung, die dem Zwecke am vollsten entspricht. Er mag übrigens auch ganz quer (ganz offene Schere) über sie sich strecken, wobei natürlich seine Hände hinter ihrer Croupe zu liegen kommen und versucht alles, was er in voriger schräger Lage versucht und ausgeführt hat. Außerdem, wie dies alles, was bisher beschrieben ist, von rechts möglich war: ebenso wird es möglich sein, wenn sie statt auf ihrer rechten, auf ihrer linken Seite liegen wird.

KLASSE IV

DIE CUISSADEN

91. DUCKZANGE (!)
(Htsts.)

Er liegt auf bequemem, nicht federndem flachen Lager halb auf seiner rechten Seite, ist erst ganz gestreckt, hebt dann den linken Schenkel freihoch, und hat unter seiner Mitte ein oder zwei kleine Kissen.

Sie, ihm mit dem Rücken zugekehrt, steht mit den Fersen rechts und links neben seinem rechten Schenkel, duckt sich, nimmt den Harrenden in sich auf und versenkt ihn durch ein weiteres Niederlassen bis an die Grenzen der gewiß recht günstigen Möglichkeit.

Varianten: 1 spanngespreizt; 1 armhoch und wenn sie sich gehörig neigt, legt sich seine linke Wade an verschiedene Partien ihres Rückenteiles. Fernere Variante, womit alle hier vorhergehenden variiert werden können, ist, daß sie mit einem Beine auf das Knie fällt, d. h. kniehockt.

Das Bild bleibt, selbst die Varianten nicht ausgenommen, ganz dasselbe, wenn er statt auf der rechten, auf der linken Seite liegend sich darbietet.

---

92. KNIEZWINGE (!)
(Htsts.)

Er liegt auf dem Spielteppich oder in einem breiten Bette, möglichst bequem halb auf der rechten Seite, wobei er gestreckt und in den Schenkeln geschlossen ist; hebt jedoch, sobald sie naht, den linken Schenkel freihoch, sogar gespreizt nach links.

Sie überreitet kniend seinen rechten Schenkel und ist dabei ihm mit dem Rücken zugekehrt. Sobald sie Mitte in Mitte ganggerecht angebracht und mit einer Tieferlassung korrekt bis an den Rand zwang, läßt sie sich mit gestreckten Armen etwas seitlich und rückwärts auf die Hände, bei seiner Schulter oder wo es am besten angeht, nieder.

Varianten. Er mit seinem freien Beine: 1 senkrecht; 1 gespreizthoch. Sie: ihr rechtes Bein aus der knienden Lage freimachend entweder gestreckt oder gespreizt angesohlt; endlich kann sie mit ihrer linken Hand seinen linken Schenkel fassen und verschiedenartig situieren.

Vertauscht man alles was hier oben rechts war mit links, so erlangt man ein Bild, das alle Annehmlichkeiten dieses wie ein Spiegelbild getreulich wiedergibt.

---

93. NARBENZUG (+)

Sie liegt auf bequemem, nicht federndem Bette, oder besser noch auf dem Teppich scharf auf der rechten Seite, und hat den linken Schenkel hoch und etwas vorne nach der Brust gezogen. Unter ihrer rechten Keule hat sie die Schärpe oder ein Handtuch.

Er überkniet, ihr mit dem Rücken zugekehrt, ihren rechten Schenkel und erfaßt mit festen Händen möglichst kurz und knapp die Schärpe und hebt die erbötig Liegende so hoch an sich, bis er ganz gestreckt kniet und ihren Schenkel sich fest an seinen Damm drücken fühlt. Jetzt setzt er an und hilft ihr den Eingang finden; der Tiefgang ist ein voller und günstiger, wenn er sich gut nach vorne neigt und beide sich bestens fügen.

Variierend kann sie die Wade oder überhaupt das Unterbein des freigehobenen Beines auf seinen einen Arm und ferner auf seine eine oder aber endlich auch auf seine andere Schulter legen.

---

94. SCHARFZUG
(Htsts.; r. u. l.)

Ein wohlgelungenes Bild des Genusses bietet sich in folgendem, das auf breitem Bett oder jedem freien flachen Lager bestens darstellbar ist.

Er sitzt auf irgend einer Unterlage von 10 bis 15 Zentimeter Höhe, hat das rechte Bein gestreckt, das linke aber im Schenkel geöffnet und gehoben.

Sie legt sich mit ihrem Bauche auf seinen rechten Schenkel, nimmt ihn zwischen ihre beiden Schenkel und ist dabei mit ihrem Gesichte bei seiner Fußspitze; nun richtet sie die Lage ihres (etwas unparallel werdenden) Oberkörpers, namentlich ihre zentralen Partien derart, daß dem, was werden und was kommen soll, die vollste Gewähr geboten sei; er erfaßt sie an den Hüften und leistet mit ihrer Zuhilfe dem Vergnügen beider die besten Dienste, indem er mit etwas nach rückwärts gebeugtem Oberkörper fest und fester zieht.

Als Varianten gelten die Posen ihrer Schenkel: beide flach gestreckt; einer oder beide weitgespreizt kniend.

---

95. SCHARFSCHUB (!)

(Hts.; r. u. l.)

Als Lager empfiehlt sich auch bei diesem Bilde das Vollager, d. h. der Teppich oder das Quadratbett.

Sie liegt halbseitlich nach rechts auf dem Bauche, in den Hüften aber ganz seitlich gedreht, so daß der rechte Schenkel geradgestreckt liegt, während der andere irgendwie gespreizt und hochgezogen nach links abragt.

Er überreitet kniend ihren gestreckten rechten Schenkel, hockt sich nötigenfalls auf diesen herab, reicht mit seinen gestreckten Armen nach rückwärts, etwa bis zum Knöchel ihres rechten Fußes, und stemmt sich dort mit den Händen fest an, schiebt so viel als erforderlich nach vorwärts, wölbt mit dem Bauche nach aufwärts, schmiegt mit der Croupe nach abwärts, während sie mit der linken Hand die prompte Einswerdung besorgt. Vollen Tiefgang garantiert die günstige Lage. Varianten gibt es nur unbedeutende, mittels ihres linken freien Beines: Streckung, freihoch, angesohlt — gespreizt. Übergang von rechts nach links ohne Entgleisung als Evolutionsvariante.

---

96. BOGENSCHUB

(Htsts.; r. u. l.)

Er liegt rücklings auf dem Teppich, hat eine Schärpe oder ein Handtuch unter der Croupe und hebt bei ihrer Annäherung den linken Schenkel frei hinweg.

Sie stellt sich, ihm mit dem Rücken zugekehrt, mit beiden Füssen und recht gespreizt über seinen rechten Schenkel, greift mit den Händen hinter sich zurück, bückt sich und duckt sich, bis sie die Schärpe fest erfaßt hat;

dann hebt sie sich mit gestrecktem Oberkörper etwas in die Höhe, bleibt aber mit den Beinen etwas geknickt, gleichsam hockend.

Er stemmt auf den rechten Fuß gestützt den Körper fest an und wölbt sich (während sie hebt) in der Mitte aufwärts und hilft, wenn sich die Mitteldinge hinreichend genaht, zur vollen Einigung derselben. Das Nachlassen und Anspannen der Schärpe wird stets ein angenehmes Gefühl veranlassen.

Als Variante gilt die Hebung seiner linken Kniekehle auf ihre Schulter, oder wenn dies nicht gut geht, auf ihren Arm oder ihre Hüfte. Das war rechts; das Bild ist ebensogut auch von links darstellbar und ebenso genußvoll wie dieses.

---

97. STRAMMSCHRÄGE (+)
(Htsts.; r. u. l.)

Er liegt rücklings auf dem Turnteppich gestreckt und hat unter der Croupe eine Sofarolle oder dergleichen als Unterlage; der linke Schenkel ist frei hoch, fast senkrecht gehoben.

Sie stellt an seine linke Schulter einen Sessel mit weichgepolstertem Sitz, legt sich mit den Schulterblättern auf denselben und läßt ihren übrigen Körper gestützt und gestemmt auf ihr rechtes gestrecktes Bein etwas schräg über ihn hinstarren, ihr linker freigehobener Schenkel aber schmiegt sich beliebig innerhalb an seinen freien Schenkel. Sie läßt sich nun mit ihrer Mitte ganz bis auf ihn nieder und senkt sich mit seiner Hände Hilfe in ihn ein.

Ist alles am richtigen Ort und bestens gelungen, so hebt er variierend auch seinen rechten Schenkel senkrecht und hat so zwischen seinen beiden Schenkeln ihren linken Schenkel eingeklemmt und kann überhaupt noch andere Attitüden durchmachen. Stellt sie den Sessel an seine rechte Schulter und stemmt sie sich mit ihrem linken Beine über ihn, während er den rechten Schenkel frei emporhebt, dann gelingt das Bild ebenso wie vorher.

---

98. SCHERSCHRÄGE (+)
(Htsts.; r. u. l.)

Sie liegt auf ihrer Seite rechts mit dem Bauche mehr nach abwärts und ist vollkommen gestreckt; das Lager ist der Turnteppich oder ein sehr weites Bett; sie hebt ihren linken Schenkel hoch und nach rückwärts

— am besten erfaßt sie ihren linken Fuß mit ihrer linken Hand etwa an den Fußknöcheln und zieht ihn hochgespreizt nach rückwärts.

Er, mit dem Antlitz nach abwärts, stemmt seine Hände vor ihr Gesicht (halb offene Schere), ist in der Mitte etwas gegen ihre Mittelwelt gedreht, und versucht das Wagnis erst mit geschlossenen, strammgestreckten beiden Beinen, dann aber, um alles voller und tiefer zu erreichen, hebt er seinen rechten Schenkel hoch über ihren hochgezogenen Schenkel und sucht eine solche Situation, die alles aufs vollkommenste gestattet. Sein Körper ist in allen Fällen strammgestreckt und außer auf den Händen auch auf die Fußzehen gestemmt; die Berührung des Lagers mit den Knien soll womöglich vermieden werden.

Dies Bild von rechts entspricht in allen seinen Nuancen genau demjenigen, das entsteht, wenn sie statt auf ihrer rechten Seite auf ihrer linken Seite liegt. Varianten sind schon oben gegeben, lassen sich jedoch mittels der freien Beine noch vermehren.

III.

DIE UNLAGERGRUPPE

(BEIDE NICHT LIEGEND, SONDERN SITZEND, KNIEND, HOCKEND, KAUERND ODER SONSTWIE AUF FLACHEM LAGER)

KLASSE I

DIE POMPEN ODER FRONTEN

99. AARENAKT
(V. v.)

Beide sitzen auf dem Turnteppich, oder auf ähnlich hartem Lager oder dem Bett, einander Brust gegen Brust gekehrt und einander so nahe gerückt, als es die Absicht erfordert; beide haben die Beine im Knie eingezogen, die Schenkel gespreizt und die Sohlen am Lager, doch so, daß ihre Schenkel sich außer und über den seinen befinden, er aber mit seinen gespreizten Schenkeln zwischen den ihrigen ist. Man erreicht den Zweck und zieht sich, gegenseitig möglichst tief erfassend, an und in sich.

Es ist dies das variantenreichste Bild, indem nicht nur ihre, sondern auch seine Beine alle möglichen Stellungen annehmen können; mit einem oder beiden ihrer Beine: normal; gestreckt; umschenkelt; freigespreizt; spanngespreizt; armhoch; schulterhoch. Hieran reihen sich nun die Varianten seiner Beine und dann die Varianten, die aus der Kombination der Beine beider denkbar sind. Die Zahl der Variantennuancen kann bis an die Hundert gebracht werden, besonders wenn beide etwas erhöht auf festen Pfühlen sitzen.

---

100. VIERSTEMME
(V. v.)

Auf dem Turnteppich, auf hartem Bett oder jedem sonstigen Flachlager stützt und stemmt sie mit Armen und Beinen, die Brust nach oben, die Schenkel gut gespreizt und gestreckt; dabei ist der ganze Oberkörper möglichst wagerecht und möglichst hoch.

Er kniet, ihr zugekehrt, zwischen ihren Schenkeln und liegt mit dem ganzen Oberkörper parallel über ihr und stützt sich mit den Armen auf das Lager.

Durch die wagerechte Streckung seines einen Beines, oder durch halbe Streckung der beiden Beine, bei Aufstützung auf die Fußzehen, lassen sich einige Varianten erzielen.

101. WAGSTEMME
(V. v.)

Sie im Bette oder auf dem Turnteppich, mit der Brust nach aufwärts, auf allen Vieren stemmend und stützend, so daß ihr ganzer Körper samt Schenkeln auf den Armen und auf den Unterbeinen sich womöglich vollkommen wagrecht befindet; die Schenkel gespreizt.

Er kniet vor ihr, bleibt kniend und gestreckt aufrecht und mit geschlossenen Schenkeln zwischen ihren Schenkeln, tieft sich ein und erfaßt ihre Hüften, um feste Preßkraft auszuüben. Sein Oberkörper bleibt senkrecht, und das ist das Typische an diesem Bilde, bei dem es keine Varianten gibt·

102. AARENSCHUB
(V. v.)

Er sitzt auf dem Lager (Bett, Teppich usw.), hat die Arme nach rückwärts gespreizt, den Oberkörper folglich schief nach rückwärts gelehnt, die Schenkel recht weit auseinander, die Knie dabei etwas eingezogen und die Unterbeine aufgestützt.

Sie setzt sich zwischen seine Schenkel, den Oberkörper ebenfalls nach rückwärts auf die Arme gestemmt, die Waden über seine Schenkel gehoben und ihre Füße an seine Hüften angesohlt.

Nach geschehener Eintiefung schieben sich beide durch das Festerstemmen ihrer Arme gegeneinander.

Varianten sind sowohl durch ihre als auch durch seine Beine vielfach möglich.

103. WÜSTSTRECKE
(V. v.)

Ein Bild, zu dem sich vorzugsweise der Turnteppich eignet.

Er, mit der Brust nach oben, stemmt mit gestreckten Armen die Hände nach rückwärts auf das Lager oder, um höher und steiler zu sein, auf eine quer unter die Schulter gelegte Sofarolle oder dgl., hat dabei die Beine geschlossen und den ganzen Körper straff gestreckt, indem er sich auf einen zweiten Stützpunkt, auf die Fersen stemmt.

Sie, ebenfalls mit der Brust nach oben, und so wie er, mit gestreckten Armen nach rückwärts stemmend, nimmt ihm gegenüber eine Lage ein, so daß sie Aug in Aug mit ihm, ihre Hände bei seinen Füßen anstemmt; hierbei sind ihre Beine gut gespreizt und sie hat zwischen ihren Schenkeln die seinen, etwa wie zwischen einer Gabel. Wie da die Einung vor sich zu gehen habe, das muß dem Belieben der Beiden anheimgestellt bleiben. Zu bemerken ist jedoch, daß entweder die Armkraft des einen oder des andern, wenn sie turnerisch geübt sind, gewöhnlich ausreicht, um eine Hand frei zu machen; wenn nicht, dann mag sie einen Sessel unter die Schulter schieben, damit sie eine Hand frei erhält. Eine jede Einknickung der strammgestreckten Körper, selbst zum Behufe der bloßen Einfügung, muß bei diesem Bilde vermieden werden.

---

104. WILDSCHUB (+)

(V. v.)

Sie liegt rücklings auf dem Teppich oder auf dem mäßig harten Quadratbett, mit gespreizten, in den Knien geknickten, festgestützten Beinen.

Er, mit der Brust nach unten und mit dem Kopf zu ihren Füßen, stützt sich mit den Ellbogen zwischen ihren Beinen in ihrer Wadengegend fest aufs Lager, ist mit der Croupe sehr hoch und mit beiden Füßen an ihren Hüften, gleichsam dachförmig, über sie gespreizt.

Nun hebt sie ihre Mitte durch die Stemmkraft ihrer Unterbeine möglichst hoch und trachtet danach, die Zentren so nahe zu bringen, als die Pose es nur gestattet. Hierauf streckt und schließt er fest seine Beine und bringt sich in derart strammer Gestrecktheit durch Stemmen und Schieben seiner Ellbogen in eine so steile Lage (die Fußspitzen hoch in der Luft, mit den Schenkeln auf ihren Venushügel gestemmt) als notwendig ist, um die Eintiefung zu vervollständigen. Die Sache ist etwas schwierig; gelingt aber bei gut geschulten Paaren, namentlich wenn sie sich recht hoch zu heben vermag, immer gut. Um jedoch die Pose vollkommen zu machen, muß sie aus obiger Positur zum Abschluß noch jene wählen, wo sie nicht nur auf die Unterbeine, sondern auch auf die Ellbogen resp. auf die Oberarme gestützt ist und bei hinreichender Kraft auch höher heben und ragen kann.

---

105. GROSSHOCKE

(V. v.)

Er, auf flachem Lager, befindet sich auf allen Vieren, mit der Brust nach oben, die Schenkel gespreizt.

Sie stellt sich, ihm mit dem Gesicht zugewendet, mit beiden sehr gespreizten Beinen über seine Weichen (über den Bauch) und hockt sich dann möglichst pünktlich ein.

Varianten unwesentlich; dazu gehört z. B., daß er die Schenkel fest schließt oder eines seiner Beine streckt oder es freigespreizt oder in der Kniekehle auf sein anderes Knie hebt.

---

106. DOPPELKNIETE

(V. v.)

Dies Bild ist auf jeder ebenen weichen Fläche durchführbar und besonders durch seine Bequemlichkeit und Wohligkeit zu empfehlen.

Beide knien, mit der Brust einander zugewendet und vom Knie bis oben in gerader Haltung.

Sie spreizt die Schenkel und überschenkelt dabei die seinen.

Er läßt sich mit seinen Keulen bis auf seine Waden nieder — und hierdurch machen sie sich gegenseitig aufs angenehmste zugänglich.

So nahe dies Bild liegt und so natürlich es ist, so muß es umsomehr wundernehmen, daß es bis jetzt noch keinerlei Abbildung zur Basis diente.

Varianten sind unwesentlich. Durch wagrechtes Fallen, d. h. durch das Seitwärtssinken nach rechts oder links, ist das eine Brücke zu den mannigfachsten Übergängen aus einer Pose in die andere.

---

107. WAHLSCHUBHOCKE

(V. v.)

Ist überall durchführbar, wo nur ein ebenes Lager vorhanden ist.

Beide hocken, das Gesicht einander zugewendet, haben die Arme nach rückwärts gestemmt und die Schenkel nach Bedarf gespreizt.

In dieser Pose bringen sie beide ihre zentralen Organe einander möglichst nahe, doch bei diesem Bilde mit folgenden Unterscheidungen:

1. Daß er ihre gespreizten Schenkel zwischen den noch mehr gespreizten seinen hat, oder aber:

2. daß sie seine gespreizten Schenkel zwischen den noch mehr gespreizten ihren hat.

Wer von den beiden mit seinen Schenkeln zwischen denen des andern ist, hebt seine Unterbeine über die Hüften des andern.

Haben sie die beiden Formen erprobt, so wählen sie für sich diejenige, die ihnen tiefere und vollere Befriedigung bietet.

Eines der Beine kann sowohl er als auch sie zu plastischen Varianten verwerten.

---

108. MOURETTE
(V. v.)

Er kniet auf beiden Knien, gradgestreckt aufrecht und die Schenkel geschlossen auf dem Teppich oder auch in der Mitte des Bettes.

Sie, ihm zugekehrt, steht etwas gespreizt vor ihm, ihre Füße an seinen Knien, hockt sich nieder bis zur richtigen Lage, die nötig ist, um die ersehnte Zweieinigkeit zu verwirklichen.

Er erfaßt sie an den Keulen und zieht sie fest an sich; sie kann ein gleiches tun oder aber umschlingt ihn mit den Armen irgendwo höher oder umhalst ihn.

KLASSE II
DIE CROUPADEN

109. LEVRETTE (!)
(V. h.)

Das ist die uralte Weise, wie im Bett „von hinten" der Liebe gepflogen ward.

Sie, das Gesicht abwärts auf allen Vieren kniend, ist mit den Armen ganz gestreckt und hat die Schenkel sehr gespreizt, um in der Croupe niedriger zu sein.

Er kniet hinter ihr, mit dem ganzen Oberkörper wagrecht und parallel über ihr, die Arme auf das Lager stemmend.

Ihr eines freies Bein kann folgende Varianten bilden: frei hochgespreizt; gestreckt, spanngespreizt (interessant); handhoch (er streckt den Arm zurück, erfaßt ihre Fußspitze mit ganzer Hand und hebt etwas aufwärts); armhoch. Auch seine Beine, namentlich eines, kann die Plastik des Bildes verschieden verändern.

---

110. KAPUCINADE (!)
(V. h.)

Sie kniet auf allen Vieren auf dem Teppich oder im Bette ganz wie en levrette, nur mit dem Unterschiede, daß sie die Schenkel fest und vollständig geschlossen und etwas schräg unter den Bauch gezogen hat.

Er kniet hinter ihr mit beiden Schenkeln über ihren Waden und geht aufrechten Oberkörpers in die Wonnen ein.

Statt auf beiden, kann er auch bloß auf einem Knie knien, mit dem andern aber hockend postiert sein, oder statt zu knien, hockt er kauernd hinter ihr. Bleibt er aber bei der knienden Positur auf beiden Knien, so kann er mit dem Oberkörper sich ganz auf ihren Rücken legen, dabei mit den Händen ihre beiden Brüste fassen, um sich fester anzupressen.

— 329 —

Dies Bild gewinnt dadurch einen besonderen Reiz, daß durch die Geschlossenheit der Schenkel ihre Narbe besonders eng zusammengepreßt und die Spielung daher mit bedeutender Reibung verbunden ist.

---

111. WILDSTEMME (!)

Eine alte Art des Liebens, die sich besonders ihres Tiefgangs wegen allgemeiner Beliebtheit erfreut.

Sie, das Gesicht nach abwärts gekehrt auf allen Vieren, aber mit den Armen 1. entweder ganz gestreckt, oder 2. auf die Ellbogen gestemmt oder 3. sogar ganz auf der Brust, mit verschränkt darunter gelegten Armen liegend; die Schenkel sind senkrecht und nur wenig gespreizt; sollte sie derart zu hoch sein, dann kann sie die Schenkel etwas gegen die Waden herablassen.

Er kniet aufrecht, mit geschlossenen Schenkeln zwischen ihren Waden hinter ihr, faßt sie an den Flanken und macht den bekannten Tiefgang möglichst vollkommen.

In bequemer Lage kann sie mit einem Beine: gestreckt, freigespreizt, Rist in seine Hand, armhoch variieren.

---

112. NEGRESSE (!)
(V. h.)

Er sitzt auf flachem Lager, die Arme nach rückwärts gestemmt, mit eingezogenen Beinen und gespreizten Schenkeln.

Sie, ihm mit dem hinteren Teile zugekehrt, befindet sich tief auf allen Vieren, d. h. den Oberkörper auf die Oberarme (in den Ellbogen) stützend oder ganz auf der Brust liegend, mit den Beinen kniend, mit den Schenkeln nach Bedarf spreizend und gegen seine Mitte hin abwärts neigend; in dieser Lage schiebt sie sich mit ihren Schenkeln so zwischen die seinen, daß ihre Waden unter seinen Kniekehlen durchgeschoben werden und ihre Fersen an seine Flanken rechts und links gelangen.

Das Bild gelingt immer gut und erlaubt wegen der ziemlichen Freiheit der Beine eine ganze Reihe von Varianten.

---

113. MARTERSÄULE (+)
(V. h.)

Dies Bild ist eigentlich nur auf dem Teppich zu versuchen, da im Bett die Fallgefahr zu groß ist. Sie liegt rücklings und geradgestreckt; er steht mit sehr gespreizten Beinen neben ihren Achseln, den Blick nach ihren Füßen hin.

Nun hebt sie die Schenkel möglichst hoch; er bückt sich tief, um sie recht fest an der Croupe zu fassen, zieht, indem er sich wieder gerade richtet, ihre Mitte so hoch und so situiert zu sich heran, daß fortan gar nichts mehr als unmöglich erscheinen mag.

Dies Bild ist klar genug und bedarf wohl keines weiteren Kommentars. An Genuß-Vollkommenheit und plastischer Schönheit läßt es nichts zu wünschen übrig. Varianten sind hier wohl nicht nötig und auch nicht gut ausführbar. Was die verschiedene Haltung ihrer vollkommenen freien Schenkel an der Gesamtheit des Bildes variieren kann, ist zwar nicht uninteressant, aber auch nicht wesentlich. Mit Behutsamkeit kann er, ohne zu entgleisen, in die Positur des Gegendorns (Nr. 73) und aus dieser in die der Kontre-Attaque (Nr. 16) gelangen.

----

114. KATZENSPRUNG
(V. h.)

Sie liegt auf dem Flachlager auf allen Vieren, mit dem Gesicht nach unten und hat die Hände auf einen Schemel oder eine Sofarolle gelegt, die Arme in den Ellbogen nach Bedarf etwas geknickt; die Füße sind etwa ein bis zwei Spannen weit von einander, die Beine in den Knien und Hüften eingezogen, gleichsam in hockender Form, so daß ihr Rücken etwas gekrümmt (Katzenbuckel) in der Croupe etwas tiefer als an den Schultern sei.

Er, mit der Brust auf ihrem Rücken, hat seine Füße knapp von außen an ihren Fersen, ist in den Knien und Hüften stark eingeknickt und hat ihre Beine zwischen den seinigen, alles in allem nehmen beide eine Lage ein, die dem Zwecke möglichst voll entspricht.

----

115. PERLDORN
(V. h.)

Er sitzt auf einem freien, breiten Lager (Teppich, Quadratbrett) mit gespreizten eingezogenen Schenkeln, den Oberkörper etwas zurückgelehnt, oder durch das Stützen der Arme nach hinten geneigt.

Sie auf allen Vieren, ihm mit der Croupe zugekehrt, drückt sich, zwischen seinen Schenkeln kniend und die Waden unter seine Schenkel schiebend, so tief herab als nötig ist, um ihn möglichst tief und sicher in sich versenkt zu wissen. Sie sucht hierbei möglichst viel Berührung mit den Schenkeln, Waden und Füßen. Eine der Hände beider spielt frei und beliebig.

Als Variante dient der Versuch von seiner Seite, seine Füße oder Waden einzeln oder beide auf ihre Croupe zu legen um dem Bilde eine möglichst gelungene Plastik zu verleihen. Das Übersohlen über irgend eine ihrer Hochpartien (Croupe, Schenkel, Weichen, Achselhöhle) mit einem oder beiden Füßen dürfte aber nur bei sehr gelenkiger elastischer Bauart gelingen.

---

116. WUSTSTRAMME
(V. h.)

Er auf dem Turnteppich, mit der Brust nach oben, stemmt mit gestreckten Armen die Hände nach rückwärts auf und sitzt, um bedeutendere Höhe zu erreichen, auf fester Unterlage, hat die Beine geschlossen und den ganzen Körper stramm gestreckt auf den Fersen ruhen.

Sie ihm abgewendet und mit dem Gesichte nach abwärts, stemmt die Hände an beiden Seiten seiner Füße, hat ihre Mitte über seiner Mitte und seine Schenkel zwischen ihren Schenkeln, wobei ihr ganzer Körper vollkommen gestreckt und auf die Fußzehen gestützt ist.

Die Gestrecktheit der Körper darf, selbst zum Zwecke der Einfügung, nicht aufgegeben werden, und muß hierzu einer von beiden die nötige Handhilfe leisten. Gute Gelenkigkeit ist bei diesem Bilde eine wesentliche Bedingung. Nichtsdestoweniger darf die Dauer der Darstellung derselben nicht zu beträchtlich sein und man mag lieber recht bald zu einer bequemeren Liebesform übergehen.

Varianten sind hier wohl kaum auszuführen, da alle variantenfähigen Teile vollauf in Anspruch genommen sind.

---

117. WÜSTSCHUB (+)
(Doppelt; v. h.; sie v. h.)

Eines der schwierigeren Bilder, das nur turnerisch abgehärteten und einander wohlproportionierten Paaren gelingt.

Sie liegt auf mäßig hartem vollem Lager (Teppich oder Quadratbett) flach auf dem Bauche und hat die Schenkel etwas gespreizt.

Er, mit der Brust nach unten, situiert sich in gehöriger Entfernung, etwa bei ihren Waden mit den Ellbogen auf das Lager, während er die Croupe hoch, die Beine aber so wenig als möglich gebeugt mit den Sohlen an ihren beiden Hüften angesetzt hat, so, daß er mit seinen Beinen gleichsam ein Dach über ihre Schenkelpartien bildet.

Nun stemmt sie ihre Ellbogen und schiebt ihren Oberkörper derart nach rückwärts, daß sie sich kniend auf allen Vieren befindet und mit ihrer Spaltung dem Spalter möglichst nahe gelangt. Um eine Einfügung möglich zu machen, schließt er die beiden Schenkel über ihrem Kreuze; jetzt trachtet sie durch Schiebung noch näher ans Ziel, indem sie seine gestreckten Beine und seinen Oberkörper in noch steilere Lage bringt, solange bis eine Einfügung durch rasche und geschickte Hilfeleistung ihrer einen Hand möglich wird.

Ist das gelungen, dann läßt man sich in dieser Lage und ohne zu entgleisen horizontal auf die eine Seite sinken und kann nun (von anderen Übergängen abgesehen) Brust an Brust gelangen und sich für die gehabte Mühe reich entschädigen. Varianten: aus steiler Streckung seiner Beine läßt er diese, gleichsam ihre Croupe überreitend, auf dieselbe möglichst anschmiegend nieder.

---

118. DOPPELHOCKE

(V. h.)

Er hockt auf flachem bequemem Lager, aber so, daß er den Oberkörper, auch noch auf seine rückwärts gestreckten Arme stemmend, zurücklehnt und hat die Schenkel fest geschlossen, die Beine dabei ganz gestreckt.

Sie steht, ihm den Rücken zukehrend, mit gespreizten Beinen über seinen Schenkeln und hockt sich nach bester Möglichkeit ein. Dann faßt sie, wenn es ihr beliebt, nach rückwärts und ergreift seine Hüften, um ihn möglichst fest und tief in sich zu ziehen. Varianten sind bei diesem Bilde nur unwesentliche, können aber mit Hilfe seiner Beine mehrfach gut gelingen.

---

119. HOCKERDORN

(V. l.)

Er hockt auf ebenem Lager und läßt sich auf die gestreckten Arme nach rückwärts stemmen, dabei hat er die Schenkel sehr gespreizt.

Sie steht, mit dem Rücken ihm zugekehrt und nur wenig gespreizt zwischen seinen Schenkeln und hockt sich ein; dann kann sie auch mit den Händen seine Keule erfassen, um ihn fester und voller in sich zu ziehen.

Nähme sie seine beiden Kniekehlen auf ihre Ellengelenke, so wäre das eine Variante, die manche interessante Ortsbewegungen zuließe.

---

120. DULKAMARA

(V. h.)

Sie ist in der Levrettepositur, d. h. sie stemmt auf den Armen, mit den Beinen aber kniet sie und hat die Schenkel nur ganz wenig gespreizt; das Gesicht nach abwärts.

Er steht hinter ihr, die Füße außerhalb ihrer Knie; nun hockt er sich so tief als nötig, aber so, daß ihre Schenkel zwischen die seinen kommen, erfaßt ihre Hüften mit beiden Händen und zieht sie mit voller Kraft an sich; sein Körper neigt sich möglichst wenig über ihre Croupe.

Varianten, wohl nur unwesentlich, ergeben sich durch Streckung, Hebung ihres einen Beines; auch kann er mit einer Hand ihren gehobenen Fuß oder Knöchel fassen und nach aufwärts ziehen oder spannspreizen.

---

121. ZWIEKNIETE (!)

(V. h.)

Beide knien auf beiden Knien, doch so, daß sie ihm den Rücken kehrt und in den Schenkeln nach Bedarf gespreizt ist, während er mit geschlossenen Schenkeln zwischen ihren Waden kniet.

Sie rücken so nahe und so vollkommen an- und ineinander, als das bei dieser äußerst günstigen Pose überhaupt nur angeht. Er läßt sich, wenn nötig, mit dem Gesäß bis auf seine Waden herab, während sie, wenn es die Umstände erheischen, sich mit dem Oberkörper etwas nach vorwärts beugen und dabei sich mit den Händen auf ihre Schenkel stemmen kann. Er erfaßt sie, wo es ihm am dienlichsten dünkt; auch sie kann eventuell nach rückwärts greifen und ihn an den Flanken oder Keulen fassend, fester in sich ziehen. Auch kann er auf beiden Armen sich nach rückwärts stemmen.

---

122. HOCKBOMBE
(V. h.)

Er hockt auf beliebigem flachen Lager so, daß er den Oberkörper auf die gestreckten Arme nach rückwärts stemmt, ohne mit dem Gesäß das Lager zu berühren; die Schenkel sehr gespreizt.

Sie hockt, ihm den Rücken kehrend so, daß sie ihren Körper, nach vorwärts neigend, auf die voll gestreckten Arme stemmt, die Beine ebenfalls gespreizt — hockend wie ein Frosch. Sie führt nun ihre wunde Mitte derart seiner Labung nah, daß ihre Unterbeine sich unter seinen Schenkeln dahinziehen, während seine angesohlten Füße rechts und links von ihren Flanken bleiben. Man tut, was man vermag, um die günstige Lage zu allervollster Ausbeute zu verwerten.

Er kann, mit einem Beine sich frei machend: freihoch oder freigespreizt strecken oder geradstrecken, oder aber die Wade auf ihre Croupe usw. legen.

123. WILDCHEN
(V. h.)

Er kniet mit geschlossenen Schenkeln aufrecht auf dem Turnteppich oder einem sonstigen Flachlager.

Sie steht, mit dem Rücken ihm zugekehrt und mit etwas gespreizten Beinen so vor ihm, daß ihre Fersen außerhalb neben seinen Knien sind; sie hockt sich nun mit etwas vorgebeugtem Oberkörper, aber ohne die Hände auf das Lager herabzulassen. Am besten stemmt sie die Hände auf ihre Schenkel auf. Auch darf sie dabei eventuell mit einem Knie niederknien.

Beider Wunsch erfüllt sich aufs erfreulichste. Sie greift nach rückwärts, um ihn in der Taille, er aber nach vorwärts, um sie zwischen den Schenkeln zu erfassen und ein festes Aneinanderpressen zu bewirken. Varianten sind in ziemlicher Anzahl möglich.

KLASSE III

DIE FLANQUETTEN

124. SPINNENNETZ
(Vsts.; r. u. l.)

Beide sitzen im nicht elastischen, harten Bett oder auf sonst einem Flachlager mit dem Gesichte einander zugekehrt, die Schenkel gespreizt, in den Knien gestützt hochgezogen und einander vollkommen nahe, doch so, daß sein rechter Schenkel zwischen den beiden ihrigen und ihr rechter Schenkel zwischen den beiden seinigen sich befindet. Die Erreichung des geplanten Unternehmens ist voll und bestens garantiert.

Varianten gibt es eine große Menge, da ihre und seine Beine aller möglichen Varianten fähig sind.

Dies war rechts; nimmt er ihren linken Schenkel zwischen die seinen und sie ebenso seinen linken zwischen die ihrigen, dann haben sie ein Bild, das abermals der ganzen obenbesagten Menge von Varianten fähig ist. Der Übergang aus rechts in links und zurück usw. ist an sich schon eine ganz wonnige Abwechslung.

---

125. KRABBENSCHUB
(Vrsts.)

Das geeignete Lager für dieses Bild ist ein Bett, in dessen Mitte sie rücklings der Länge nach liegt, ist aber in den Hüften halb auf ihre rechte Seite gedreht und mit gestreckten Armen nach rückwärts auf ihre Hände gestemmt, wobei sie den linken Schenkel freiweg aus dem Wege hebt.

Er, ebenso situiert wie sie, ist mit den rückwärts greifenden Händen bei ihrem rechten Fuße gestemmt, hat die Croupe auf ihrem rechten Schenkel und schiebt sich möglichst nahe zu ihrer Mitte und beide machen den

Eindruck, wie wenn zwei Gabeln ineinander führen. Sie richten sich hierbei so zurecht und gehen sich gegenseitig so an die Hand, daß die innigste Vereinigung möglich wird; ist das geschehen, dann stemmen sie sich fester an und schieben gegeneinander. Es ist geraten, einen Zeitpunkt geringerer Muskelstrammheit für dies Bild auszuwählen, da die schiefe Lage ihrer Körper ein bedeutendes Hindernis bildet.

Varianten gibt es keine, außer, daß sie statt nach rechts gedreht, sich nach links dreht, wodurch sich dasselbe Bild wiederholt.

---

126. WÜSTSTRECKSPREIZE
(Vrsts.; r. u. l.)

Am besten und sichersten läßt sich dieses etwas schwierige Bild auf dem Turnteppich durchführen.

Er liegt mit dem Gesichte aufwärts und stemmt mit gestreckten Armen nach rückwärts auf das Lager (um höher zu sein: die Hände auf erhöhender Unterlage), dreht sich in der Taille etwas nach rechts, so daß das linke Bein im Schenkel etwas eingezogen frei hinwegragt, während das rechte Bein, so wie der ganze Körper stramm gestreckt, auf der rechten Ferse, respektive auf der rechten Fußkante seinen Stützpunkt hat.

Sie ganz genau so wie er situiert, ist mit ihrem Haupte bei seiner rechten Ferse und mit ihrem gestreckten rechten Schenkel an die Innenfläche seines rechten Schenkels geschmiegt und hat ebenfalls das linke Bein frei emporgezogen, so daß der beiden freie Schenkel sich zweckmäßig verflechten und die Anpressung ermöglichen. Nur guten Turnern wird das Bild vergnüglich sein. Die Einfügung hat ohne Einknickung der Körper zu erfolgen.

Die freien Beine können manche Variante von plastischem Wert zuwege bringen.

Wie dies Bild von rechts stattfand, so kann es mit denselben Nuancen auch von links ausgeführt werden.

---

127. ZWISCHENHOCKE
(Vrsts.; r. u. l.)

Er befindet sich auf ebenem Lager (Bett, Teppich usw.) mit der Brust nach oben gekehrt, auf die Hände und Füße gestemmt, den Oberkörper und die Schenkel wagrecht gestreckt und die Schenkel gespreizt.

Sie stellt sich, mit dem Gesichte ihm zugekehrt, mit beiden Beinen über seinen rechten Schenkel, nimmt dann mit ihrem rechten Arm sein linkes Bein in den Kniekehlen hoch, bis auf ihre Schulter, dreht sich in den Hüften so wie es die Situation erfordert und hockt sich dann richtigen Orts nieder, indem sie die möglichst vollkommene Einfügung und Eintiefung verwirklicht.

Die Art, wie sie sein linkes Bein hochhebt: mit der Hand aufwärts zieht, auf das Ellengelenk legt oder bis auf die Schulter hinaufbefördert, legt den Grund zu ebensovielen Varianten.

Dasselbe Bild von links gibt dieselben Resultate.

---

128. DREIKNIETE
(Vs.)

Er kniet auf beliebig flachem Lager auf beiden Knieen, die Schenkel gespreizt, den Körper geradgestreckt.

Sie, ihm mit dem Gesichte zugekehrt, kniet bloß mit dem rechten Bein, das linke ist beliebig aufgesohlt; sie schiebt sich mit ihrem rechten Schenkel gehörig zwischen die seinen, gibt sich eine etwas seitliche Lage, hebt und schiebt den freien linken Schenkel so, wie es zur vollen Vereinigung am besten erforderlich ist; kurz, sie machen sich durch geschickte Schmiegung und gegenseitige Zuhilfe ihre Aufgabe aufs vergnüglichste und leichteste möglich.

Varianten ergeben die verschiedenen Posen ihres freien Beines, welches er mit den Händen und Armen mannigfach verwerten kann.

Dasselbe Bild ist auch von links möglich.

---

129. DREISTÜTZ
(Vrsts.; r. u. l.)

Er kniet bloß auf dem rechten Knie, das andere Bein ist auf dem Lager beliebig aufgesohlt.

Sie kniet vor ihm, das Gesicht ihm zugekehrt, auf beiden Knien, die Schenkel möglichst gespreizt.

Er schiebt seinen rechten Schenkel zwischen die ihrigen, dreht und schmiegt sich so, wie es am besten entspricht, um volles Gelingen zu erreichen.

Den Schenkel des freien Beines kann er verschiedenartig stellen; auch kann sie ihn auf ihr Armgelenk nehmen oder die Beine tief unten (etwa an den Knöcheln) erfassen und plastisch beliebig situieren.

Dies Bild war von rechts dargestellt und kann von links ebenso stattfinden.

---

130. KNIETERICH
(Vrsts.; r. u. l.)

1. Er kniet auf dem rechten Knie, das andere Bein hat er rechtwinkelig aufgestützt und gespreizt.

Sie kniet, ihm die Brust zukehrend, ebenfalls auf dem rechten Knie knapp an der Innenseite seines rechten Knies, wenn nötig, auf einem Sofapolster, um etwas höher zu sein und hat das linke Bein so wie er gestützt und gespreizt.

Beide wenden sich ein wenig seitwärts, um präziser ineinander zu gelangen, und umfassen sich mit den Armen beliebig, um vollere Tiefführung zu erzielen.

Sie können dann ihre freien Beine zu so mancher Variante benützen und auch mit Zuhilfe der Hände und Arme dazu beitragen.

Dies Bild von rechts ist ebensogut auch von links darstellbar.

2. Das Pendant des obigen Bildes, um derart ähnliche Gestaltungen nicht besonders zur Geltung zu bringen, ist: Er kniet auf dem rechten, sie auf dem linken Knie; alles andere ebenso wie oben in 1., nur hebt sie dabei ihren freien Schenkel über den seinen. Varianten wie oben. Dies Bild von rechts geht auch von links.

---

131. SCHROFFHOCKE
(Vrsts.; r. u. l.)

Beide hocken, einander zugekehrt, lassen sich mit gestreckten Armen nieder und stemmen den Oberkörper schief zurückgelehnt auf die Hände; beider Schenkel sind weit gespreizt. Sie nahen sich dann derart, daß sein rechter Schenkel zwischen den beiden ihrigen, ihr rechter Schenkel aber zwischen den beiden seinigen ist; ihren rechten Schenkel heben beide über das linke Hüftgelenk des andern und sohlen außerhalb der linken Hüfte den Fuß auf.

Nun nähern sie sich, indem sie die Croupe ein wenig einander zuwenden, so vollkommen, daß an wohltuender Tieffühligkeit nichts mehr zu wünschen übrig bleibt.

Die linken Beine können hernach manche plastisch gelungene Variante liefern.

Ist dies getan, so kann das Bild auch so dargestellt werden, daß sie ihren linken Schenkel gegenseitig zwischen den des andern haben und alles Obige gelingt gleichfalls aufs beste.

---

132. ERHÖRUNG
(Vrsts.; r. u. l.)

Er kniet auf dem rechten Knie, hat das andere Bein im Knie geknickt; den Schenkel wag- und die Wade senkrecht; im ganzen gespreizt.

Sie steht, ihm zugewendet, gespreizt über seinem linken Schenkel, hockt sich, etwas seitlich nach rechts schmiegend, so, wie es am besten frommt, um den geplanten Vorsatz am gelungensten zu vollführen.

Varianten kommen nicht in Betracht.

Kniet er auf dem linken Beine, dann überhockt sie seinen rechten Schenkel und das ist das linksseitige Pendant des obigen recht anmutigen Bildes.

---

133. QUALSCHRAUBE (+)
(Vrsts.; r. u. l.)

Ein recht absonderlich Bild, dessen Unterlage vornehmlich der Turnteppich ist und dessen Darstellung gute Gewandheit voraussetzt, da es sonst wegen der ungewöhnlichen Kräfterverteilung allzusehr ermüden würde. Hat den Namen „Schraube" daher, weil beim Anlegen und Eintiefen eine bedeutende Drehung des Beckens erforderlich ist.

Beide knien knapp nebeneinander, lassen sich so mit dem Oberkörper nebeneinander mit gestreckten Armen auf ihre Hände nieder; er ist rechts, sie links, so, daß seine linke Seite sich an ihre rechte Seite anlehnt. Alles gelingt leichter, wenn die Schenkel nicht senkrecht, sondern etwas schiefgestreckt stehen. Nun heben sie ihre inneren Arme (er den linken, sie den rechten) sich gegenseitig auf die Schulterblätter, umklammern sich und ziehen sich so gut als möglich Brust an Brust. Dann hebt sie ihr rechtes Knie (oder den Schenkel) auf seine Croupe und sucht sich dort fest aufzustützen; er hebt dann sein linkes Knie (oder den Schenkel) auf ihre linke Keule oder Hüfte und sucht sich dort ebenfalls festzustützen, die Waden und Knie aber werden ganz knapp aneinander gerückt — und nun machen sie die Schraubendrehung und tun alles was nötig, um gehörigen Ortes sich so voll und tief zu gewinnen, als nur möglich. Volle Möglichkeit ist aber nur bei hinreichender Gelenkigkeit vorhanden.

Ist sie aber an seiner rechten Seite, so vollzieht sich obiges Bild ebenso auch linksseitig, als es hier oben rechtsseitig dargestellt war. Varianten sind unprakikabel.

134. KREUZSCHRAUBE (+)
(Vrsts.; r. u. l.)

Eine der ungewöhnlicheren Gestaltungen, die sich wohl am besten auf dem Turnteppich abwickelt.

Sie liegt auf allen Vieren mit der Brust nach aufwärts, die Arme und Schenkel senkrecht, den Oberkörper wagerecht, hat bei den Füßen einen Sessel mit gepolstertem Sitz und hebt ihren rechten Fuß nun wagerecht gestreckt auf den Sitz des Sessels, um einen festen Stützpunkt zu erlangen.

Er liegt unter ihrem gestreckten Schenkel ebenfalls auf allen Vieren und zwar so, daß sein Oberkörper nach vorne, d. h. wo sich beide Aug in Aug blicken können, mit ihrem Oberkörper einen rechten Winkel bildet. Endlich hebt er das linke Bein hoch und legt dessen Schenkel von hinten auf ihre Keule oder auf ihre obere Hüfte. Nun wird alles gefügt und geschmiegt, wie es zur vollsten Vereinigung ersprießlich ist. Die Hände bleiben, ausgenommen den Moment der Einfügung, immer auf der Erde. Das Gelingen ist bei turnerischer Gelenkigkeit immer gesichert.

Wie das rechts war, so kann dies auch links stattfinden, indem sie ihren linken Fuß auf den Sessel stützt, er aber auf seinem linken Knie kniend unter ihr Platz nimmt. Durch das Aneinanderpressen, respektive Verflechten der Beine, können sie festeren Halt für den Tiefgang erzwecken.

Variante: Sein oberes Bein kann hochstrecken, freispreizen, fest auf ihre Oberhüfte pressen, respektive klammern. Sie kann mit dem linken Bein statt aufgesohlt zu sein, den Schenkel kniend nach abwärts neigen.

KLASSE IV

DIE CUISSADEN

135. MI-NEGRESSE
(Htsts.; r. u. l.)

Er sitzt auf vollem, flachem Lager, ist mit gestreckten Armen mit dem Oberkörper nach rückwärts gestemmt, hat das rechte Bein gerad- und flachgestreckt, das linke Bein aber eingezogen und nach links gespreizt.

Sie, ihm mit dem Rücken zugekehrt, befindet sich so auf allen Vieren, daß sie den Oberkörper auf die Ellbogen stützt oder gar mit der Brust auf ihren Unterarmen liegt, während sie mit den Beinen kniet und sich mit beiden Schenkeln sehr gespreizt über seinem rechten Schenkel befindet. In dieser Pose trachtet sie an die richtige Stelle zu gelangen und dort durch Neigung nach abwärts ihren Zweck zu erfüllen. Beide schieben durch Stemmung gegeneinander. ·Den freien Beinen steht eine ziemliche Anzahl von Varianten zu Gebote.

---

136. WÜSTABSCHUB
(Htsts.; r. u. l.)

Auf bequemem, breitem Bette liegt sie mit der Brust abwärts gekehrt, aber auf beide Hände mit gestreckten Armen aufgestemmt und in den Hüften etwas nach rechts gedreht, wobei der rechte Schenkel, als der untere, gestreckt, der linke aber frei nach aufwärts gehoben ist.

Er, mit der Brust aufwärts gekehrt, stemmt ebenfalls mit den Händen (etwa bei ihrem rechten Fuße), hat die Croupe auf ihrem rechten Schenkel, gleitet dahin, wo beide, wie entgegengefügte Gabeln, mit den Mitten aneinandergeraten, sich gegenseitig solange richten und fügen, bis er die Pforte findet, die voll tiefer Wonne sich erschließt. — Durch gegenseitiges Fester-stemmen und Aneinanderschieben erreichen sie das beste Gelingen.

Varianten nur höchstens mit ihrem freien linken Beine: gestreckt wag-recht; freihoch; weitgespreizt.

Dasselbe Bild mit der Hüftendrehung nach links garantiert dieselben Erfolge.

---

137. WÜSTSTRAMMSPREIZE (+)
(Htsts.; r. u. l.)

Er liegt erst rücklings auf dem Turnteppich und hat quer unter den Schulterblättern eine feste Sofarolle. Aus dieser Lage stemmt er bei gestreckten Armen die Hände nach rückwärts auf die Rolle, dreht sich in den Hüften etwas nach rechts, behält das rechte Bein samt dem Oberkörper gradgestreckt und ist unten auf die Ferse oder die äußere Kante des rechten Fußes gestützt; der linke Schenkel ist freihochgezogen und nach links gebeugt.

Sie, mit dem Gesichte nach abwärts und bei seinem rechten Fuße, stemmt die Hände mit gestreckten Armen auf den Teppich, streckt den ganzen Körper der Länge nach, hebt den rechten Schenkel frei und seitlich spreizend und bleibt mit gestrecktem linken Bein auf die Zehen des linken Fußes gestützt.

Beide nahen sich mit den Mitten so, wie es am zweckmäßigsten ist, um die Einfügung zu ermöglichen, die ohne Einknickung der Körper durch Hilfe der Hände erfolgen soll. Gute Turner werden die Kraft hierzu stets haben. Der Genuß dieses Bildes soll nur von kurzer Dauer sein.

Varianten können die freien Beine mit Erfolg versuchen.

Wenn dies Bild von rechts ausgeführt werden kann, so muß es natür-lich auch von links gelingen.

---

138. HOCKZANGE
(Htsts.; r. u. l.)

Das Lager kann ein gewöhnliches Bett, ein Teppich oder auch jede beliebige flache Ebene sein.

Er hockt, läßt den Oberkörper aber auf seine gestreckten Arme nach rückwärts lehnen und hat die Schenkel gespreizt; Croupe möglichst hoch, nötigenfalls mit Hilfe gehöriger Unterlagen.

Sie wendet ihm den Rücken, stellt sich mit beiden Beinen über seinen rechten Schenkel und ist dabei gespreizt; sie erfaßt dann mit ihrer linken

Hand seinen linken Schenkel oder seine linke Keule, dreht ihn etwas nach rechts und hockt sich ein.

Auch kann sie, als Variante, seine linke Kniekehle auf ihr linkes Ellengelenk heben und des volleren Erfolges umso gewisser sein.

Das Pendant zu diesem rechtsseitigen Bilde ist das ihm entsprechende linksseitige, d. h. jenes, wo sie seinen linken Schenkel übersteigt und den rechten hochzieht.

139. SCHIEFKNIETE
(Htsts.; r. u. l)

Sie kniet auf beliebigem Lager auf ihrem rechten Knie, hat den linken Schenkel nach links seitwärts möglich freihoch gespreizt, neigt den Oberkörper etwas nach rechts und stemmt gestreckten Armes mit der rechten Hand auf das Lager.

Er kniet auf beiden Knien hinter ihr und hat ihren rechten Schenkel zwischen den beiden seinigen und findet ohne viel zu suchen jenen Weg, der gerad und voll zur tiefsten Befriedigung seiner Wünsche führt.

Sie kann, variierend, ihr linkes Bein auch im Rist mit der linken Hand erfassen und spannen und spreizen; ferner kann sie dies linke Bein gestreckt und gespreizt nach links oder aber auch nach vorne auf das Lager stützen, respektive aufsohlen. Endlich kann auch er dies Bein mit der Hand erfassen und beliebig verwenden oder auf sein Ellengelenk legen.

Von links bietet dieses Bild die gleichen Annehmlichkeiten und Abwechslungen.

140. JAMBETTE
(Htsts.; r. u. l.)

1. Er kniet auf dem rechten Knie und hat das linke Bein rechtwinklig gestützt und gespreizt.

Sie, ihm den Rücken zukehrend, kniet vor ihm ebenfalls auf dem rechten Knie und hat das linke Bein, wie er, aufgestützt. Sie neigt sich dann nach rechts, stemmt die rechte Hand auf und hebt den freien, linken Schenkel auf seinen wagrechten Schenkel. Er hält sie um die Mitte mit beiden Händen fest an sich geschlossen.

Mit ihrem freien Bein, ihrer linken Hand und eventuell auch mit seiner einen Hand oder beiden, kann so manche hübsche Variante glücken.

Sie können dies Bild statt von rechts, wie oben, auch von links ausführen.

2. Wegen der großen Ähnlichkeit soll folgendes Bild nicht als besondere Nummer, sondern als Pendant des obigen gelten:

Er auf dem rechten, sie auf dem linken Knie kniend, das andere Bein rechtwinkelig gestützt, er hinter ihr situiert, beide geraden Körpers kniend, trachtet er durch richtige Schmiegung und Wendung alles möglich zu machen, was auch ohne viele Mühe gelingt. Varianten mannigfach, durch Beine mit Zutun der Hände. Auch linksseitig ebenso gut ausführbar.

---

141. KLEMMSTEMME
(Htsts.; r. u. l.)

Als Lager kann jede ebene Fläche dienen.

Sie, das Gesicht abwärts, stemmt und kniet auf allen Vieren (en Levrette), den Oberkörper wagrecht, Schenkel und Arme senkrecht; das linke Bein wird dann, samt Schenkel, hoch gehoben, wodurch sie in den Hüften etwas gedreht erscheint.

Er steht hinter ihr, den rechten Fuß rechts von ihrem rechten Knie, den linken Fuß aber unter ihrem Nabel, wodurch er etwas schief gegen sie gekehrt ist. (Er kann mit dem linken Beine aber auch eine größere Spreizung machen.) Dann hockt er sich so tief als eben frommt, erfaßt mit beiden Händen ihre Hüften und zieht sie nach Wunsch ganz fest und tief an sich.

Varianten resultieren aus der verschiedenen Hebung und Streckung ihres linken Beines; auch kann er dies Bein mit seiner Linken beliebig anfassen und heben oder spreizen.

Dies Bild ist, wenn sie das rechte Bein hochhebt und auf dem linken kniet, auch linksseitig ausführbar.

---

142. KASSANDRA
(Htsts.; r. u. l.)

Sie kniet auf beiden Knien, die Schenkel gut gespreizt und den Oberkörper nach vorwärts gebeugt, wobei sie die Hände vorn auf ihre Schenkel stützen kann.

Er kniet hinter ihr auf dem rechten Knie und ist damit zwischen ihren Waden, während sein linkes Bein sich der Situation bestens anpaßt, sich beliebig fügt, um alles Verlangen möglichst gut zu stillen, was wohl nicht viele Schwierigkeiten bieten wird, indem er ihren Oberkörper nach rechts neigt und dadurch ihr linkes Bein frei macht, womit sie Varianten veranlassen kann.

Durch das verschiedene Setzen und Stellen und Heben auch seines freien Beines, wie auch dadurch, daß sie mit der linken Hand es erfassend plastisch verwertet, können einige hübsche Varianten resultieren. Mit seinen Händen hält und zieht er sie in den Flanken fest an sich; er kann eventuell mit seiner linken Hand auch ihr freigewordenes Bein im Rist oder in der Kniekehle ergreifen und zu Varianten benützen.

---

143. SCHROFFHOCKE (+)

(Htsts.; r. u. l.)

Ein jedes ebene, flache Lager ist gut hierzu.

Er hockt, ist aber im Oberkörper auf die Arme zurückgestemmt und hat die Schenkel gespreizt.

Sie hockt ebenfalls, ist ihm mit dem Rücken zugekehrt und läßt sich auf die gestreckten Arme nach vorne nieder und kauert, mit ihrer Mitte so nahe als möglich zu der seinen gelangend. In dieser Pose geht sie mit ihrer rechten Achselhöhle bis hart an sein rechtes Knie, schiebt ihre Mitte noch knapper dahin, wo sie sein soll, und ist dabei mit dem ganzen Unterkörper zwischen seinen Schenkeln; ihre rechte Wade ist an seiner rechten Flanke, ihre linke Wade aber etwas unter seinem linken Schenkel oder Kniekehle — eine Drehung, die alles zuläßt und alles möglich macht.

Ihr rechtes Bein kann auch beliebig anders postiert sein (Variante).

Dies war von rechts; nimmt sie von seinem linken Knie aus Stellung, so ändert sich das ganze Bild in ein linksseitiges und ist vollkommen selbstständig und zweckgerecht.

---

144. VERSCHMÄHUNG

(Htsts.; r. u. l.)

Er kniet auf dem rechten Knie, das andere Bein ist im Knie geknickt, aufgesohlt, der Schenkel desselben horizontal, im ganzen gespreizt.

Sie steht, ihm den Rücken kehrend, vor ihm, mit beiden Beinen über seinem linken Schenkel gespreizt. Dann hockt sie sich, nach rechts etwas nach abwärts strebend, an richtiger Stelle ein, indem sie sich so zurecht schmiegt, wie es die Achsenlage der beiden Körper erfordert, um möglichst volles Gelingen zu erzielen.

Von Varianten kann hier füglich abgesehen werden.

Kniet er auf dem linken Knie und stützt dabei den linken Schenkel, so gestaltet sich das linksseitige Pendant des obigen Bildes.

---

145. LÖWENSCHRAUBE (+)
(Htsts.; r. u. l.)

Diese Liebesweise gehört zu den ungewöhnlicheren, sein Darstellungsgebiet ist der Turnteppich.

Sie nimmt einen Sessel mit gepolstertem Sitz, kniet nieder und läßt sich auf die gestreckten Arme nieder, so, daß sie auf allen Vieren ruht, die Schenkel aber nicht senkrecht, sondern ziemlich schiefgestreckt hat. Dann hebt sie ihr linkes Knie und ihre linke Hand auf den Rand des Sessels, wodurch ihr Körper eine Seitlage, ihre Schenkel aber eine rechtwinkelige Spreizung erhalten.

Er kniet mit seinem rechten Knie knapp innerhalb ihres rechten Knies (kann es auch von außerhalb versuchen [Variante]), läßt sich gestreckten Armes mit seiner rechten Hand neben ihre rechte stemmende Hand nieder, hebt seinen linken Arm über ihren Oberkörper (mit dem Unterarm und den Händen an ihrem Busen), worauf er schließlich sein linkes Knie auf ihren linken Schenkel, respektive auch auf den Sessel hebt und in dieser Lage nun volle Garantie für sein Bestreben sucht, was bei der nötigen Gelenkigkeit sich gewiß auch finden läßt, ohne daß er seine Brust von ihrem Rücken erheblich entfernen müßte.

Dies ist die Darstellung von rechts; bleiben die linken Knie auf der Erde, dann gestaltet sich dasselbe Bild von links.

---

146. KRAFTSCHRAUBE
(Htsts.; r. u. l.)

Die Palästra dieses absonderlich schönen Bildes ist der Turnteppich.

Sie liegt auf allen Vieren, doch so, daß ihre knienden Schenkel nicht senkrecht, sondern etwas nach rückwärts schiefgestreckt gestellt sind. Sie bleibt mit beiden Händen stemmend, hebt aber den linken Schenkel so hoch, daß er mit dem rechten einen rechten Winkel bilde.

Er ebenfalls und ebenso auf allen Vieren, aber mit den Händen bei ihrer rechten Fußspitze gestemmt, kniet mit seinen Knien hart innerhalb ihres rechten Knies und gerät dadurch mit seiner Croupe unter ihren hochgespreizten Schenkel. Nun hebt er seinen linken Schenkel über ihre linke

Hüfte hoch hinan, indem er sein unten gebliebenes Knie knapp an das ihrige bringt und die Einfügung und Eintiefung durch seine Hand ermöglicht. Sollte dies schwer gehen, so kann er auf den Händen einige Schritte nach links kreisen, wodurch der beiden Körper zu einander in eine Winkellage kommt, was dem Zwecke um vieles günstiger ist. Ist dieser Zweck erreicht und tief genug gelungen, dann geht er mit denselben Händeschritten auf seinen früheren Platz zurück, so, daß der beiden Körper in gerader Linie einander fortsetzen. Die Hände bleiben auf die Erde gestemmt. Durch die oben freiragenden Waden und Fersen können sie sich gegenseitig umklammern, aneinanderziehen und festhalten.

Dies war das Bild von rechts; ebenso gelingt es auch von links. Varianten der Beine nur unerheblich.

---

147. WINKELSCHRAUBE (+)
(Htsts.; r. u. l.)

Bei all seiner Schönheit zählt nachstehendes Bild zu den schwierigsten und läßt sich bloß auf dem flachen Erdboden, respektive auf dem Turnteppich vollführen.

Sie liegt auf allen Vieren, Arme und Schenkel senkrecht, hat bei den Füßen einen weichgepolsterten Sessel und legt ihren linken Fuß gestreckt auf denselben.

Er ebenfalls auf allen Vieren, mit der Croupe unter ihrem hochgestreckten Schenkel, Kopf und Hände auf ihrer Rückenseite, so daß sein Oberkörper mit dem ihren einen rechten Winkel bildet. Nun hebt er seinen linken Schenkel über ihre linke Keule, respektive Hüfte, schiebt und richtet sich an ihr so zurecht, um in ihr möglichst voll und vollkommen Fühlung zu erlangen, was bei nur etwas turnerischem Geschick bestens möglich ist. Außerdem, daß er mit der Wade und Ferse seines oberen Beines etwas Anhaltspunkt gewinnt, können auch beider untere Waden sich vereinigen, verflechten, um recht fest in- und beieinander zu bleiben und so die Bewegungen regulieren.

Dies war das Bild von rechts; es gelingt ebenso gut von links. Sein oberes Bein kann er auch freihoch strecken und spreizen und dadurch Varianten bilden.

IV.

DIE RANDLAGERGRUPPE

(EINES VOR DEM BETTRANDE AUF DER ERDE STEHEND,
DAS ANDERE QUER AUF DEM LAGER ODER AM RANDE
LÄNGS LIEGEND)

KLASSE I

DIE POMPEN

148. RANDSPRUNG
(V. v.)

Sie liegt rücklings quer im Bett, mit der Croupe auf dem Bettrande, die Füße auf die Erde hängend, gespreizt.

Er liegt mit voller Brust auf ihr, hat die Füße ebenfalls auf der Erde und gelangt in dieser Pose leicht zu tiefer Fühlung.

Wenn sie sich an der Bewegung beteiligen will, so stemmt sie die beiden Sohlen bei sehr gespreizten Schenkeln an den Lagerrand — oder sie mag auch nur eine Sohle stemmen. Ferner kann sie variierend: 1 oder 2 umschenkelt (tief und hoch); 1 oder 2 freihoch; 1 oder 2 freigespreizt; 1 oder 2 handhoch; 1 oder 2 spanngespreizt; 1 oder 2 armhoch; 1 oder 2 schulterhoch usw. veranlassen.

---

149. SURROGAT
(V. v.)

In Ermanglung guter, bequemer Gelegenheit ist nachstehende Liebesweise gar oft und gern ein gutes Auskunftsmittel.

Sie liegt rücklings quer über dem Lager, so daß sie mit der Croupe über dem Bettrand ist; hat beide Beine im Bogen abwärts gerichtet, die Füße auf der Erde, die Schenkel soviel als nötig gespreizt.

1. Er liegt mit voller Brust auf ihr und wird sich auch ohne weitere Vorschrift schon zurechtfinden.

2. Oder er steht vor ihr und zwischen ihren Schenkeln.

Ihre Beine haben eine ganze Reihe von Varianten frei: 1 oder 2 wagrecht gestreckt; 1 oder 2 freihoch; 1 oder 2 freigespreizt; 1 oder 2 spann-gespreizt; 1 oder 2 umschenkelt; 1 oder 2 umflochten; 1 oder 2 armhoch; 1 oder 2 handhoch; 1 oder 2 schulterhoch.

150. RANDRAD
(V. v.; Wandelbild)

Sie liegt rücklings quer im Bette, und zwar ganz beim Fußende desselben und hat die Taille am Rande, ihre ganze Croupe und die Beine aber außerhalb des Bettes, die Schenkel samt den Waden geschlossen, senkrecht aufwärts gestreckt und die Beine ein wenig gespreizt.

Er stellt sich so hinter sie, daß ihre geschlossenen Beine seine Brust berühren, damit aber ihre Fersen ihn im Antlitz nicht verletzen, neigt er den Kopf und Hals möglichst auf- und rückwärts, oder aber, was jedenfalls praktischer ist, ganz seitwärts und tieft sich bestens ein. Sollte sie die Beine nicht so ganz gerade zu strecken vermögen, dann spreizt sie dieselben so weit, daß sie auf seine beiden Schultern gelehnt werden können. — Nun beginnt das Rad, indem sie erst die beiden Beine geschlossen und parallel langsam auf den Bettrand legt (mit dem einen Bein hier variierend), dann läßt sie beide Beine knapp am Bettbrett hinab auf die Erde schief und gestreckt nieder, dann ganz senkrecht, damit er zwischen ihren beiden Beinen stehe, dann wieder schief gestreckt nach der anderen Seite und so fort, bis sie mit den Beinen wieder ganz senkrecht nach oben gelangt. Hierbei wälzt sich ihr ganzer Körper mit, er aber hilft ihr, mit den Händen ihre Beine hebend und richtend — immer aber muß er trachten, möglichst tief und fest eingewühlt zu sein und trotz aller Bewegungen immer im Geleise zu bleiben. Der Bettrand muß so hoch sein, daß beider Mitten gut ineinander gelangt.

Die Varianten und Attituden dieses Bildes sind äußerst zahlreich und eine wahre Fundgrube für die reizendsten Situationen.

151. VERMESSUNG
(V. v.)

Sie liegt erst rücklings quer auf dem Bett, dann stützt sie beide Sohlen, ziemlich gespreizt, fest auf den Rand des Lagers, auch stemmt sie mit gestreckten Armen die Hände auf das Bett, so, daß sich ihr Oberkörper in wagrechter Schwebe befindet, reckt aber ihren mittelsten Fond, zwischen den

— 353 —

Waden schwebend, so weit nach vorne, daß er außerhalb des Bettrandes hervorgelangt und sorgt dafür, daß sie für ihn die richtige Höhe trifft. Falls es betreffs der Höhe irgend welche Schwierigkeit gibt, so hilft er sich so gut er kann, z. B. dadurch, daß er sich auf eine entsprechende Unterlage (Sofapolster, Schemel) stellt.

Natürlich steht er hierbei hinter ihr und hat bloß dafür zu sorgen, daß beider Verlangen tief und voll Befriedigung finde und er sich fest und fester presse.

Auch kann er sie mit beiden Händen an der Croupe fassen und in richtiger Höhe erhalten, wodurch ihre Füße frei werden und sie eine ganze Reihe von Varianten durchführen kann. Oder er nimmt ihre Kniekehlen in seine Ellengelenke (armhoch) und verwirklicht die Grundidee dieses Bildes ebenso erfolgreich.

152. FALLSTEMME
(V. v.; entgegengesetzt)

Sie liegt rücklings quer auf dem Bette, die Croupe am Bettrand; ihre Schenkel gespreizt emporragend.

Er richtet es sich so ein, daß, während seine Hände mit gestreckten Armen auf der Erde stemmen, seine Schenkel respektive seine Knie auf ihrer Brust aufliegen oder ihre Hüften überreiten. In dieser Lage vereinen sich die Mitten gar leicht.

Die absolute Freiheit ihrer beiden Beine resultiert eine volle Serie von Varianten, bei deren kombinativer Durchführung sie wahre plastische Meisterwerke zu leisten vermag.

153. TRUGRITT
(V. v.)

Sie liegt auf dem (linken) Bettrande bettlängs am Rücken, hat beide Schenkel senkrecht, nur wenig gespreizt, die Waden aber möglichst hoch ragen.

Er steht mit dem rechten Fuße auf der Erde, mit dem linken Schenkel kniet er knapp hinter ihren Reizen, ist dabei weitgespreizt, so, daß seine Mitte genau zu ihrer Mitte gelangt und ohne jede Schwierigkeit tiefe gute Fühlung nehmen kann, wobei sein Oberkörper 1. senkrecht bleibt, oder 2. sich auf sie niederlegt.

23

Sie kann dabei variierend tätig sein, indem sie ihre eine oder auch beide Waden auf seine Schulter oder auf seine Arme legt, freihoch oder freigespreizt streckt oder aber spanngespreizt erhalten kann.

Auf der linken Seite des Bettes, oder was dasselbe ist, wenn sie mit dem Kopf ans Fußende desselben Bettrandes sich umlegt, resultiert das linksseitige Analogon desselben Bildes.

154. WALKÜRENTRAUM
(V. v.; Wandelbild)

Zwei Betten werden parallel so weit auseinandergeschoben, daß sie etwa zwei Fuß weit voneinander abstehen.

Sie legt sich quer auf das eine Bett, so, daß sie mit ihrem Sitzwerk auf dessen Rand zu liegen kommt.

Er legt sich mit der Brust voll auf sie und fügt sich tief und fest in ihre Geschlechtsgefilde.

Nach einer Weile hebt er sich mit ihr, bis er gerade steht, dann setzt er sich aufs andere (hinter ihm befindliche Bett und legt sich rücklings nieder, wodurch nun sie auf ihn zu liegen kommt (sie kann ihre Knie auch eingezogen halten, so, daß sie damit aufs Bett zu knien kommt); bald darauf hilft sie ihm, sich zu erheben, worauf er sich samt ihr wieder geradstellt und sie nun wieder auf dasselbe zweite Bett setzt, sich dann rücklings legt und somit wieder die ursprüngliche Lage hervorbringt. Von hier wird aufs andere Bett übergegangen. Dies Hin- und Herwandern kann, aber ohne zu entgleisen! — beliebig oft wiederholt werden. Varianten kann sie viel und gut ausführen, da ihre Beine ganz frei sind.

155. WAGSCHUB
(V. v.)

Sie stemmt, mit der Brust nach oben, beide Hände mit gestreckten Armen auf die Erde und ist vom Bette oder vom Sofa so weit entfernt, daß sie bei gestrecktem Leibe die Fußsohlen gespreizt auf den Rand des Bettes oder Sofas heben kann und ist dabei stramm gestreckt.

Er steht, ihr zugekehrt, zwischen ihren Schenkeln und zieht da mit aller Bequemlichkeit in die bestgehobene Region ihrer Mitte ein. Dann faßt er sie fest um die Lenden oder noch höher und hebt sie in wagerechte Lage, wobei sie im Rücken auch beliebig nach abwärts biegen und ihn noch zu höherem Heben veranlassen kann.

Um das Gleichgewicht zu sichern, wird sie gut tun, mit ihren Schenkeln die seinen fest einzuklammern, um besseren Widerhalt zu erlangen.

Varianten sind nur durch die Haltung ihres Oberkörpers geboten; auch kann sie ihre Arme wagerecht neben ihrem Kopfe nach rückwärts strecken, dort kann sie auch ihre Beine frei machen und so manche Variante durchführen.

Von beiden Seiten wird gute Körperbeschaffenheit und Geschicklichkeit vorausgesetzt.

---

156. RANDHANG
(V. v.)

Er steht mit den Waden, aber fest an dem Bett- oder noch besser an dem Sofarand gelehnt, aufrecht.

Sie steigt, ihm zugekehrt, mit beiden Sohlen rechts und links von seinen Hüften auf den Rand des Lagers, wobei sie sich an ihm so gut als möglich festhält und sich in hockender Stellung befindet. In dieser Stellung geschieht die zentrale Einfügung, die aufs beste gelingen muß. Nun fassen sie sich beide fest an den Händen. Sie läßt erst den Oberkörper behutsam in wagerechte Lage; dann macht er einen Schritt, aber nur so groß, daß sie ihre Beine vollkommen strecken und auf dem Lagerrande gestützt belassen kann. In dieser Lage suchen sie beide das Gleichgewicht und den tiefsten Tiefgang zu erhalten.

Auch kann es geschehen, daß er keinen Schritt nach vorwärts tut, sondern daß sie die Sohlen vom Rande nimmt, die Fersen aufs Bett stützt und übers Bett gleiten läßt, bis daß ihre Beine ganz gestreckt sind, dabei muß sie sich aber fest auf ihre Fersen stützen und den ganzen Körper stramm wagrecht halten, damit ihre Mitte nicht nach abwärts gleite! In dieser Variante brauchen sie sich nicht an den Händen festhalten, sondern können mit den Händen gegenseitig auch die Arme in den Ellbogen erfassen. Oder noch besser: sie hält sich mit den Händen an seinen Oberarmen fest, während er mit beiden Händen ihre Keulen erfaßt und an sich preßt.

In beiden Fällen ist es erforderlich, daß beide gut bei Kraft und richtig proportioniert sind.

Andere Varianten sind im zweiten Falle durch ihre Beine mehrfach möglich.

157. TIGRESSE
(V. v.)

Er liegt rücklings quer im Bette, die Croupe hat er am Rande, die Beine sind geschlossen und in sanftem Bogen auf den Fußboden aufgestüzt.

Sie liegt mit der Brust auf seiner Brust und hat entweder ihre Beine sehr gespreizt (wie über ihm reitend) auf dem Lagerrande kniend, oder aber variiert sie: 1 oder 2 abwärts hängend; 1 oder 2 freigespreizt; 1 oder 2 Füße auf die Erde gestemmt; 1 oder 2 verflochten; 1 oder 2 armhoch. Überhaupt ein weites Gebiet für plastisch gelungene Attitüden. Auch kann sie weiter variierend mit gestreckten Armen über ihn stemmen, um mit dem Oberkörper nicht auf ihn zu liegen.

---

158. RÜCKHANG

Er liegt bettquer auf dem Rücken, mit der Croupe am Bettrand und mit den Beinen abwärts gewölbt, die Füße auf der Erde, die Schenkel festgeschlossen.

Sie kniet sich auf den Bettrand und überreitet kniend mit beiden Schenkeln seine Schenkel und gelangt auf diese Weise in volle tiefe Fühlung, ohne sich besonders derangieren zu müssen.

Nun fassen beide die Hände oder was noch sicherer ist, die Handwurzel gegenseitig bei den Knöcheln fest, dann läßt sie sich mit dem Oberkörper in schiefer Lage nach hinten zurück.

Varianten sind nur durch die Andersstellung seiner Beine möglich. Sie könnte wohl statt zu knien auch hocken und sich hockend zurücklassen, er müßte aber dabei die Füße durch irgend ein Mittel sehr fest gestützt haben, damit sie ihn nicht mit sich reiße. Auch kann sie in diesem Falle mit dem einen Beine knien, mit dem anderen hocken, muß aber in beiden Fällen sehr gespreizt sein.

---

159. SPANNRITT
(V. v.)

Er liegt rücklings und quer im Bette, hat etwa die Taille über dem Bettrand und beide Beine gestreckt und geschlossen auf einem Sessel gestützt.

Sie, ihm mit dem Gesichte zugewendet, überreitet mit beiden Schenkeln seine Schenkel, nimmt die in dieser Stellung gebotene volle, tiefe Fühlung, stemmt dann ihre gespreizten Knie an das Seitenbrett des Bettes und läßt sich mit ihrem Rücken womöglich ganz platt auf seine Beine langsam nieder, was ihr unbedingt gelingen muß, wenn: 1. sie in der Croupe sich wölbend abwärts reckt, 2. wenn sie ihr Knie bei fester Anstemmung weit auseinandergespreizt und 3. wenn er seine Mitte von der Taille bis zu den Hüftgelenken etwas schief nach abwärts reckt.

Varianten sind hier wohl kaum anzubringen.

---

160. TIEFRITT
(V. v.)

Er liegt bettquer auf dem Rücken, ist mit der Taille am Bettrand, hat die Schenkel geschlossen, die Unterbeine aber von den Kniekehlen ab, mit den Waden und Fersen auf einem Sessel gestützt — den ganzen Körper wagrecht gestreckt.

Sie steigt stehend über ihn, das Gesicht ihm zuwendend, und befindet sich wie reitend über seinen beiden Schenkeln und findet einen Tiefgang, wie sie ihn nicht vollkommener wünschen kann.

Varianten durch verschiedene Haltung ihrer Beine bleiben bei diesem Bilde immer nur unwesentlich.

---

161. FAVORITE
(V. v.; Wandelbild)

Er liegt quer und rücklings, mit dem Oberkörper bis zur Taille auf dem Bette, die Croupe und Schenkel wagrecht außerhalb des Bettrandes und die Waden auf einem Sessel aufliegend. Das Bett soll nicht hoch sein — am besten entspricht eine breite Ottomane.

Sie setzt sich erst, von welcher Seite sie will, auf seine Mitte, wie man sich auf eine Bank zu setzen pflegt und sorgt, daß sie sich korrekt und sattelfest einrichtet, wendet sich dann aber mit der Brust gegen ihn hin, erfaßt seine beiden Hände und hebt mit seiner Hilfe (damit sie nicht falle) erst den einen Schenkel samt darangezogener Wade auf seinen Bauch, dann hebt sie das andere Bein über ihn und schiebt dessen Wade unter des anderen Beines Knie, so, daß sie türkisch hockend sich auf ihm befindet.

Varianten liegen nur in der Art des Aufhockens, bleiben jedoch immerhin unwesentlich.

---

162. HOCHKNIETE
(V. v.; r. u. l.)

Er liegt rücklings knapp auf dem Bettrande und bettlängs, ganz gestreckt, die Beine geschlossen.

Sie steht, ihm zugekehrt, mit einem Fuße auf der Erde, mit dem anderen überkniet sie, wie reitend, seine beiden Schenkel und wühlt sich ein und bleibt 1. entweder mit dem Oberkörper aufrecht, oder aber 2. sinkt sie ihm auf die Brust. — Ein bequemes Bild zur provisorischen, kurzen Ineinandersenkung am Morgen.

Ihr oberes Bein kann dabei (wie oben) knien, oder nach vorne auf das Bett gestreckt, auch gespreizt und spanngespreizt sein, oder aber es kann statt zu knien aufgesohlt und wie hockend geknickt sein, oder endlich kann sie so auf seiner Mitte sitzen, daß sich die Wade des oberen Beines quer über seinen Bauch legt (halb odaliskenmäßig).

Durch Veränderung der Kopflage, d. h. durch Verlegung seines Kopfes an das Fußende des Bettes an demselben Rande oder dadurch, daß er auf dem anderen Bettrande liegt, erreicht man das Pendant des obigen Bildes von entgegengesetzter Seite.

---

163. DOPPELDORN
(V. v.; r. l.)

Er liegt am linken Bettrande bettlängs auf dem Rücken und hat die beiden Schenkel hoch bis zur Brust emporgezogen.

Sie ist ihm mit dem Gesichte zugewendet, den rechten Fuß auf der Erde, mit dem linken Bein aber:

1. überreitet sie kniend sein Gesäß, wobei seine Schenkel möglichst an seine Brust gezogen und geschlossen sind;

2. überspreizt sie hockend (mit der Sohle am Lager) seinen Bauch, wobei seine Schenkel genau senkrecht und weitgespreizt sind, damit sie mit ihrem Gesäß sich dazwischen einsetzen kann.

In beiden Fällen muß sie den horizontal starrenden Dorn in diejenige Richtung heben, in welcher die Einfügung vollkommen möglich wird.

Ihr linkes Bein hat in beiden Fällen Gelegenheit, gute Varianten zu gestalten.

Dies Bild gelingt am rechten Bettrande eben so gut, wie das obige am linken gelang.

---

164. ROLLWELLE

(V. v.; Wandelbild)

Er legt sich am Kopfende des Bettes oder einer breiten Ottomane quer auf den Rücken, so, daß sein Oberkörper nur bis zur Taille am Lager ist, während die Füße den Fußboden berühren.

Sie legt sich mit ihrer Brust auf seine Brust, tieft sich bestens ein, und umschlingt mit ihren Beinen die seinen, respektive verpflicht dieselben untereinander, während sich beide mit den Armen und Händen fest umschließen.

Jetzt beginnt ein ruckweises Wälzen quer am Lager, vom Kopfende gegen das Fußende hin, so, daß beim ersten Rucke beide in die Seitlage geraten; beim nächsten Rucke gerät sie unten, während er oben ist; beim dritten Rucke sind beide wieder in der Seitlage und beim vierten Ruck wieder er unten und sie oben . . . und so fort, soweit das Lager es gestattet und dann wieder zurück.

Die Ruckbewegungen veranlassen beide gemeinschaftlich; die Wälzung selbst ist durch die abwechselnde und immer verschiedene Einknickung der Hüften eine ganz besonders überraschende, nur muß vor einem jeden Ruck die Eintiefung gesichert werden, damit keine Entgleisung stattfinde.

KLASSE II

DIE CROUPADEN

165. TIEGERSPRUNG
(V. h.)

Sie liegt quer auf dem Bette, mit dem Bauche etwa bis an den Nabel, die Beine von den Hüftgelenken ab, gehen gestreckt und gespreizt auf die Erde nieder.

Er liegt mit seiner Brust auf ihren Rücken, hat die Füße zwischen ihren Schenkeln auf der Erde und tieft in dieser Lage ohne jedes Hindernis und bequem ein. Er kann des Tiefgangs willen mit beiden Händen ihre Achseln fassen und sich fester ziehen.

Sie kann die gespreizt niedergestützten Beine, eines oder beide, horizontal strecken oder horizontal weit spreizen und auf diese Weise noch manche gute Variante zustande bringen.

---

166. SOHLDORN
(V. h.)

Sie liegt bettquer, mit dem Bauche auf dem Bettrand, die Füße nach Bedarf gespreizt auf der Erde. Er nimmt einen Sessel, plaziert ihn hinter ihr zu dem Behufe, daß er sich in richtiger Entfernung von ihr mit dem Rücken auf den Sesselsitz legt; dann hebt er beide Fußsohlen auf den Bettrand und ist dabei recht gespreizt; endlich schiebt er sich mit seiner Mitte so nahe an sie, daß er mit seiner Armatur (wenn sie sich günstig entgegenreckt) ganz korrekt den Zugang in ihre volle Tiefe findet.

Varianten können nur auf Kosten des vollkommenen Gelingens stattfinden.

(Die Lehne des Sessels befindet sich nicht bei seinem Kopfe, sondern an seiner Seite rechts oder links.)

167. POLYCHREST

1. Sie liegt mit Brust und Bauch auf dem Bette, den Bauch über den Bettrand, die Beine gespreizt nach abwärts, die Füße auf der Erde.

Er liegt mit Brust und Bauch auf ihrem Rücken und auf ihrer Croupe und findet den denkbar besten Zugang in ihre geheimste Verborgenheit.

Es ist das eine Art zu lieben, wie sie sich gar oftmals bietet und ist ein praktisches Auskunftsmittel in Fällen, wo es an bequemer, ungestörter Gelegenheit mangelt. Ein Bein kann sie freimachen und damit: freihoch, freigespreizt, an dem Bettrand kniend gespreizt, spanngespreizt, handhoch, den Rist armhoch — variieren.

2. Statt auf ihr zu liegen, kann er auch hinter ihr aufrecht stehen, was trotz der plastischen und charakteristischen Verschiedenheit des Bildes bloß als Variante in Anschlag kommen darf.

168. QUERSCHUB
(V. h. quer; r. u. l.)

Sie liegt quer auf dem Bette ganz auf ihrer rechten Seite, hat die rechte Hüfte am Rande des Bettes, aber auch beide Schenkel parallel und geschlossen am Bettrande liegen, während ihre Waden, respektive ihre Füße beliebig frei nach außen ragen oder auf einen Sessel gelegt sind.

Er 1. steht hinter ihr, indem er sie mit den Händen in der Taille oder Hüfte faßt, oder aber 2. er liegt mit der Brust auf ihrer Hüfte. In beiden Fällen, namentlich im ersten, ist die Eintiefung eine sehr bequeme und vollkommene.

Ihr oberes Bein hat die Möglichkeit zu einigen netten Varianten. Außerdem kann sie das rechte Bein ganz auf die Erde hinablassen, das linke aber mit der Sohle auf den Bettrand stemmen oder irgendwie sonst verwerten, wodurch sie im ganzen ein sehr ergiebiges Variantengebiet zur Verfügung hat. Liegt sie auf ihrer linken Seite, so kann dasselbe Bild als linksseitiges Komplement des obigen gelten.

169. NEIGSCHUB

(V. v. quer; r. u. l.)

Sie liegt mit Brust und Bauch quer auf dem Bette, hat den Bauch über dem Bettrand, die Schenkel in den Hüften geschlossen, eingeknickt und an das Seitenbrett des Bettes angedrückt, so, daß beide Beine vollkommen gestreckt schief nach links neigend mit den Füßen auf der Erde stehen.

Er steht hinter ihr und benützt die äußerst günstige Gelegenheit zu Zwecken, die ihm ohne jeden Zweifel wohlbekannt sind. Durch geschicktes Zubieten ihrerseits erreicht er das gewünschte in vollkommener Weise.

Sie kann ihre Füße statt auf die Erde auch auf ein Taburett legen, wodurch ihre Schenkel eine etwas höhere Lage erhalten. Außerdem kann ihr oberes (linkes) Bein: handhoch, armhoch, freihochgespreizt, auf den Bettrand gesohlt — variieren.

Das Bild hier oben war von links dargestellt; neigt sie ihre Beine nach rechts, so resultiert das rechtseitige Pendant des obigen.

---

170. HOCHLEVRETTE

(V. v.)

Sie kniet mit sehr gespreizten Schenkeln auf dem Bett- oder dem Sofarande und stemmt dabei mit gestreckten Armen die Hände auf und hat somit den Oberkörper wagrecht quer über dem Lager, ohne dasselbe zu berühren.

Er steht hinter ihr und hat Sorge, daß sie sich tief genug niederlasse, oder daß er hoch genug hinanreiche; letzteres kann er nötigenfalls auch dadurch erreichen, daß er sich auf entsprechende Unterlagen (Taburett, Sofapolster u. dgl.) stellt — alles andere ergibt sich von selber.

Sie kann mit einem Beine folgende Varianten ausführeh: gestreckt; freigespreizt; spanngespreizt; handhoch (im Rist); armhoch.

---

171. NEIGLEVRETTE (!)

(V. h.; schräg)

Sie macht die Levrette auf einer Ottomane oder auf niedriggebautem Bette, so, daß sie am Rand des Lagers mit beiden Knien, mit geschlossenen Beinen kniet, sich aber mit den Händen an der Lehn- oder Wandseite des Lagers aufstemmt, wodurch ihr Körper in eine wagrechte Lage kommt.

Er hinter ihr, erfaßt sie mit beiden Händen an beiden Hüften oder Schenkeln und neigt sie schief nach rechts (in einem Winkel von etwa 45⁰), stellt sich nun rechts von ihren Waden fest und hat die einladendste Gelegenheit, sich in dem Schatten des Tales zu ergehen.

Ihr linkes, oberes Bein kann zu folgenden Varianten dienen: freigespreizt; spanngespreizt; handhoch; armhoch und was immer der findige Geist in solcher Lage noch zu gestalten vermag.

---

172. STURZBAD (+)
(V. h.; verkehrt)

Sie liegt mit dem Bauche quer auf dem Bette, den Bauch am Bettrande, die Schenkel jedoch sehr hoch nach rückwärts und nach oben gespannt, was am besten durch herbeigeschobene und mit allerlei Unterlagen hochgemachte Sessel zu erzielen ist, wobei sie im Kreuze recht nach unten gewölbt ist; die Schenkel sind dabei weitgespreizt.

Er steht mit gestreckten Armen, die Hände auf die Erde stemmend, mit seiner Mitte zwischen ihren gespreizten und emporragenden Schenkeln, hat seine Beine geschlossen und in den Schenkeln hebelartig auf ihre Keulen gestreckt, so, daß seine Schenkel mit den ihrigen ein liegendes Kreuz bilden, sein ganzer Körper aber in steiler Gestrecktheit von den Fußspitzen zum Scheitel des Kopfes nach abwärts geht.

Das Gelingen dieses Bildes setzt Fertigkeit und Geschicklichkeit voraus, bietet aber dafür einen ganz eigenen, wonnigen Genuß. Varianten gibt es nur durch die verschiedene Stellung ihrer Unterbeine.

---

173. RANDFAHNE
(V. h.)

Er steht mit den Waden fest am Bett- oder Sofarande.

Sie steigt, ihm den Rücken zukehrend, mit beiden Knien auf den Rand des Lagers, wobei er sich, zwischen ihre Schenkel schiebend, ihr behilflich ist, indem er sie mit seinen Armen kräftig umschließt und hält. — Nun knickt sie ihre Arme in den Ellbogen stramm ein und er erfaßt sie kräftig und sicher mit den Händen in den Ellbogenwinkeln, wonach sie sich mit der Brust nach abwärts in wagrechte Lage senkt und, den ganzen Körper strammhaltend, nun vollkommen gestreckt erscheint. Die Einfügung muß in dieser Position möglich sein oder irgendwie ermöglicht werden.

Hat alles seine Richtigkeit, dann kann er sich behutsam und in kleinen Schritten vom Bette so weit entfernen, daß er ihr die Möglichkeit bietet, sich mit den beiden Sohlen an des Lagers Rand anzustemmen, was sich am besten durch Spreizung der Beine ermöglichen läßt, da die Aufsohlung dadurch erleichtert wird.

Varianten höchstens durch Spreizung ihrer Beine. Besonders seinerseits ist feste Körperkraft erforderlich.

---

174. BALANCEHUB (†)
(V. h.)

Sie stemmt mit gestreckten Armen die Hände, etwa zwei bis drei Schritte vom Bett entfernt, mit dem Gesichte abwärts gekehrt, auf die Erde, beide Füße aber hebt sie, im Rist, auf den Rand des Lagers und ist mit gutgespreizten Beinen mit dem ganzen Ober- und Unterkörper wagrecht stramm gestreckt.

Er steht gerad und geschlossen zwischen ihren Schenkeln, besorgt die tadelloseste Ineinanderfügung und faßt sie dann mit seinen beiden Händen, wie er es am besten kann, um die Taille und hilft ihr, daß sie ihre Hände von der Erde entfernend mit dem Oberkörper möglichst hoch und frei in der Luft balanciere und so balancierend ihr Feuer dämpfe.

Es ist selbstverständlich, daß beide kräftig gebaut und hinlänglich geübt sein müssen.

Damit ihr Oberkörper nicht allzu überwiegend schwer werde, muß er sie über der Taille fassen, während sie, durch das Anpressen ihrer Schenkel an seinen Hüften, ihr möglichstes dazu beiträgt.

---

175. WILDRITT (!)
(V. h.; r. u. l.)

Er liegt rücklings auf dem linken Bettrande, bettlängs gestreckt und geschlossen.

Sie steht, ihm mit dem Rücken zugekehrt, mit dem linken Fuße auf der Erde, hebt ihr rechtes Bein so über seine beiden Schenkel, daß sie wie reitend über ihm kniet und nimmt mit ihm die vollste, tiefste Fühlung, wobei sie mit dem Oberkörper entweder 1. senkrecht bleibt oder 2. sich wagrecht niederläßt — nach vorne oder aber auch nach hinten.

Ihr freies Bein kann statt zu knien auch aufgesohlt wie hockend geknickt sein, oder ganz gestreckt flach aufs Bett gespreizt oder wie im Türkensitz mit der Wade über seinem Schenkel liegen oder aber auch kniend nach rückwärts gedrückt werden, in welch letzterem Falle er mit seinen Händen noch andere Varianten veranlassen kann.

Obiges Bild war linksseitig; es kann ebenso auch von rechts ausgeführt werden.

---

176. MORGENDORN (!)
(V. h.; r. u. l.)

Er liegt rücklings knapp am linken Rande des Bettes und hat beide Schenkel möglichst hoch an die Brust gezogen und ein wenig gespreizt.

Sie steht, ihm den Rücken zeigend, mit dem linken Fuße auf dem Fußboden, hebt ihr rechtes Bein kniend und so aufs Bett, daß ihre zentralen Teile ganz nahe an die seinigen geraten, wobei die Wade ihres rechten Beines längs seiner rechten Hüfte liegt. Nun setzt sie sich ein und erreicht durch geschickte Fügung die vollkommenste Fühlung; sie ist dabei mit dem Oberkörper am besten etwas nach vorne geneigt oder auf die Hände gestützt, zur Abwechslung wohl auch ganz wagrecht nach vorne gebeugt.

Ihr rechtes Bein kann sie, zwar schon zum Nachteil des Wohlgefühls, auch aufgesohlt, wie hockend eingeknickt nach rechts spreizen; aber seine Beine haben ziemlich freien Spielraum zur Hervorbringung von Varianten.

Dies Bild von links läßt sich sowohl an demselben, sowie auch an dem andern Bettrande von rechts darstellen.

---

177. NORNE
(V. h.)

Er liegt mit dem Rücken quer auf dem Bett, so, daß nur sein Oberkörper bis zur Taille auf dem Bette liegt, während seine Croupe und die Beine außerhalb des Bettrandes ragen: wenn er kann, so streckt er die Beine geschlossen starr wagrecht, wenn nicht, so legt er die Füße auf einen zweckmäßig gestellten Sessel.

Sie, mit dem Rücken ihm zugekehrt, stellt sich erst wie reitend über ihn, indem sie seine geschlossenen Schenkel zwischen den gespreizten ihrigen hat; jetzt tieft sie sich mit großer Leichtigkeit bis an die Wurzel ein und legt sich dann, wenn es gut dünkt, rücklings auf seine Brust nieder, während ihre Füße möglichst steil nach abwärts hängen.

Um zu variieren, kann sie auch eine oder beide Sohlen gespreizt auf den Bettrand stützen, wobei sie jedoch eben durch sehr weite Spreizung die Schenkel stets nach abwärts gedrückt zu halten hat. Jede weitere Variante beeinträchtigt den Tiefgang, obgleich vom Standpunkte der Plastik noch so manches möglich ist.

---

178. NACHTNIXE
(V. h.)

Er liegt quer mit dem Bauche auf dem Bettrande, die Beine sehr gespreizt, die Schenkel abwärts, die Füße auf der Erde.

Sie liegt rücklings mit dem Oberkörper auf einem Sessel, der hinter seinen Schenkeln in richtiger Entfernung angebracht ist; auch sie spreizt beide Beine und stützt ihre beiden Sohlen (außerhalb seiner Schenkel) auf den Bettrand rechts und links von seinen Hüften. Nun schiebt und schmiegt sie sich mit ihrer Mitte so zwischen seine Schenkel, daß sie bei erforderlicher Geschicklichkeit und dadurch, daß er ihr möglichst entgegenkommt, einen nicht nur vollen, sondern ganz sonderbar wohligen Genuß erreicht. Es ist dies Bild das einzige, wo *sie ihm von hinten beikommt,* was bislang für unmöglich galt!

Varianten würden den Genußwert dieses Bildes beeinträchtigen, obzwar vom plastischen Standpunkte manche neue Idee sich verwirklichen könnte, z. B. dadurch, daß die Art des Darbietens noch bequemer und die Dazwischengelangung noch geschickter, wenn auch mit Hilfe verschiedener Geräte, durchgeführt würde.

---

179. PRESSE
(V. h.)

Er liegt rücklings quer auf dem Bette und hat etwa die Taille auf dem Bettrande, die gestreckten und geschlossenen Beine hat er mit den Fersen auf einen weichen Sessel gestützt.

Sie legt sich, ihm den Rücken zukehrend, mit voller Brust auf seine Knie und ist mit ihren beiden Schenkeln wie reitend über seiner Mitte gespreizt; ihre Schenkel gehen senkrecht abwärts; mit den Fersen kann sie unter das Bettbrett langen und durch Stemmung und Ziehung ein besonders tiefes Gelingen der Einwühlung erzielen.

Abgesehen von der Günstigkeit der Pose, ist dies Bild auch durch seine ganz eigentümliche Plastik von etwa anderweitig vorkommenden ähnlichen Gestaltungen deutlich verschieden.

---

180. WIPFELRITT

Er liegt rücklings quer auf dem Bette, hat die Taille über dem Bettrand und die gestreckten und geschlossenen Beine mit den Waden und Fersen auf einem Sessel aufliegen.

Sie wendet ihm den Rücken zu und überreitet seine Hüften stehend und fügt sich aufs allertiefste ein, erfaßt sodann nach rückwärts greifend mit beiden Händen seine Keulen, um ihn fester in sich zu ziehen.

Auch kann sie das eine oder auch beide Beine mit den Sohlen oder Fersen auf einen Sessel aufstützen, oder ihren Oberkörper schief nach rückwärts oder nach vorwärts beugen und so manche andere Variante kombinieren.

---

181. ODALISKE
(V. h.)

Er liegt rücklings quer über dem Bette und mit der Taille über dem Bettrande, während Schenkel und Unterbeine geradgestreckt mit den Waden auf einem Sessel ruhen.

Sie setzt sich, von welcher Seite es auch sein mag, auf seine Mitte, fügt was dort sich bietet korrekt und sattelfest in sich ein, um später ein Entgleisen zu vermeiden; sonach wendet sie ihm den Rücken zu, hebt dabei erst ihren einen Schenkel auf seine Schenkel und legt dessen Wade quer über dieselben, dann hebt sie auch das zweite Bein hinauf und schlägt dessen Wade unter ihr anderes Knie, so, daß sie wie türkisch hockend auf ihm sitzt und ihm vollkommen den Rücken zugekehrt hat. Er muß dabei sein möglichstes tun, um sie vor jeder Fallgefahr sicher zu halten.

Varianten bleiben hier ohne Belang.

---

182. DORNRAD
(V. h.; Wandelbild)

Er liegt quer in der Mitte des Bettes auf dem Rücken, die Croupe auf dem Bettrande, das Mittelwerk ein wenig außerhalb des Bettes, die

Beine hochgezogen, die Schenkel senkrecht und gut gespreizt, die Waden beliebig hochragend. Das Lager muß niedrig sein.

Sie steht, ihm den Rücken wendend, mit beiden Füßen auf der Erde, spreizt die Schenkel ein wenig und fügt sich ein. Dies ist die Originalpose. Jetzt hebt sie ihr rechtes Bein, ohne zu entgleisen, über seinen rechten Schenkel (den er zu diesem Behufe ganz niedersinken läßt) und sie befindet sich wie in einer Gabel zwischen seinen Schenkeln, wobei sie das rechte Bein schon auf dem Bette hat; dann wieder senkt er seinen rechten Schenkel und sie hebt nun auch ihr linkes Bein aufs Bett, während sie ihr rechtes Bein auf seine Brust hebt (sein Schenkel hebt sich wieder senkrecht); ferner hebt sie ihr linkes Bein über seine Brust, während sie ihr rechtes über seinen (niedergelassenen) linken Schenkel hinüberhebt und damit auf den Fußboden gelangt; ist dies geschehen, dann hebt sie endlich auch ihr linkes Bein über seinen (sich abermals senkenden) linken Schenkel und gelangt so mit beiden Füßen auf die Erde und zugleich wieder in die Originalpose.

Dies anmutige Gewühl kann beliebig wiederholt oder in umgekehrter Richtung durchgemacht werden, wobei sie volle Gelegenheit hat, ihre Geschicklichkeit in graziösen Stellungen zu entwickeln.

Diese Übung gelingt auf beiden Seiten des Bettes gleichgut.

KLASSE III

DIE FLANQUETTEN

183. VERGISSMEINNICHT
(Vrsts.; r. u. l.)

ie liegt rücklings quer auf dem Bette, die Croupe über dem Bettrand, das rechte Bein gerad nach abwärts hängend, das linke aber hochgezogen, wcbei sie in der Taille ein wenig nach seitwärts gedreht ist, um die linke Hüfte etwas höher zu haben.

1. Er *liegt* mit der Brust auf ihrem Oberkörper, hat ihren rechten Schenkel zwischen die beiden seinigen gepreßt, oder aber

2. er *steht* hinter ihr, mit seinen beiden Schenkeln ihren rechten Schenkel einklemmend.

In beiden Fällen ist bequemster Zugang und bester Erfolg garantiert.

Ihr freies Bein kann sich auch mit der Sohle auf den Bettrand aufstützen, außerdem vermag derselbe: freihoch, geradgestreckt, freigespreizt, spanngespreizt, umschenkelnd, handhoch, armhoch, schulterhoch verwertet werden.

Ebenso gut gelingt dies Bild, wenn sie mit dem linken Beine erdwärts bleibt und mit dem rechten frei nach oben ragt.

---

184. SPRUNGGABEL
(Vrsts.; r. u. l.)

Sie liegt rücklings quer auf dem Bette, die Croupe auf dem Bettrande etwas seitlings und derart gedreht, daß ihre linke Hüfte höher liegt und das linke Bein, eingezogen, hochragen kann, während das rechte Bein in sanftem Bogen auf die Erde hinabbiegt; sie kann trotzdem mit dem Rücken flach auf dem Bette liegen.

Er legt sich auf ihre Brust, nimmt ihren rechten Schenkel zwischen die beiden seinigen, während ihr linker Schenkel neben seiner rechten Seite hinwegragt; die Einfügung und Eintiefung ist in dieser Lage eine totale.

Ihr freies Bein kann verschiedene Varianten gestalten: erdwärts hängen, umschenkeln, ferner freihoch, handhoch, gestreckt, freigespreizt, armhoch, schulterhoch sein und spanngespreizt werden.

Dasselbe Bild resultiert linksseitig, wenn sie in der Taille sich so dreht, daß ihr linkes Bein unten bleibt und auf die Erde langt, während ihr rechtes hoch eingezogen emporragt.

---

185. FALLGABEL

(Vrsts. entgegengesetzt; r. u. l.)

Sie liegt rücklings und quer über dem Bett, aber etwas aufwärts nach links gedreht, so daß, während das rechte Bein nach abwärts auf den Fußboden hinabgeht, das eingezogene linke und die linke Hüfte höher emporragen.

Er liegt mit seinem Bauche auf ihrem rechten Schenkel, stützt die Arme gestreckt auf den Fußboden, während seine Knie und Füße beliebig auf oder neben ihr gelagert werden können.

Außer dieser Freiheit und Variantenfähigkeit seiner Beine, hat sie auch noch das linke Bein vollkommen frei und es können beide in harmonischer Übereinstimmung eine plastisch bedeutende Reihe von Varianten zusammenstellen.

Dies selbe Bild gelingt auch von links.

---

186. HALBRITT

(Vrsts.; r. u. l.)

Sie liegt am rechtseitigen Rande des Bettes, der Länge nach parallel mit dem Bettrande auf dem Rücken, etwas seitlich nach außen gewendet; den rechten Schenkel hat sie knapp am Rande gestreckt, den linken aber hoch hinweggehoben frei in der Luft.

Er steht mit dem linken Fuße auf der Erde, mit dem andern Beine überreitet er kniend ihren gestreckten rechten Schenkel, fügt und drängt sich, bis er an dem richtigen Ort den besten Zugang erzielt. Sein Oberkörper 1. bleibt gerad aufrecht oder 2. kann sich auch auf sie legen.

— 371 —

Ihr freies linkes Bein kann durch ihre eigene Hebung, sowie dadurch, daß er es emporhebt: gestreckt, gespreizt, freihoch, spanngespreizt, handhoch, armhoch, schulterhoch, brusthoch — gelangen.

Dasselbe Bild kann auf der linken Seite des Bettes stattfinden und bildet das linksseitige Komplement des obigen. Die linksseitige Darstellung wird auch, und zwar einfacher dadurch erreicht, daß sie sich mit dem Kopfe an das Fußende des Bettes legt. Diese Metamorphose gilt für alle bettlängs dargestellten Randbilder.

187. RIESENFLANKE
(Vrsts.; r. u. l.)

Sie stemmt mit beiden Händen und gestreckten Armen auf der Erde, die Brust nach aufwärts gekehrt, etwa zwei Schritte entfernt von einem Bette oder Sofa, legt ihren rechten Fuß auf den Rand des Lagers und dreht sich in der Taille derart nach rechts und aufwärts, daß ihr linkes eingezogenes Bein frei nach oben ragt, ihr übriger Körper stramm und möglichst wagrecht ist.

Er überreitet stehend ihren rechten Schenkel, veranlaßt die tadelloseste Einfügung und dann faßt er sie mit den Händen fest um die Taille und hebt sie so, daß sie ganz ohne Hilfe ihrer Arme frei wagrecht oder noch höher ragt. Die graziöse Haltung ihres Körpers, ihrer Arme und ihres freien Beines gestatten mannigfaltige Posen, die als Varianten volle Berechtigung haben können.

Stützt sie ihr linkes Bein, so kann das linksseitige Analogon des obigen Bildes statthaben.

Von beiden Seiten muß feste Körperkraft vorausgesetzt werden.

188. ZWINGRITT
(Vrsts.; r. u. l.)

Er liegt rücklings und quer auf dem Bette, mit der Taille auf dem Bettrande, hat das rechte Bein wagrecht gestreckt, mit der Wade und Ferse auf einem Sessel aufliegen, das linke Bein aber frei und hoch emporgezogen.

Sie überreitet, ihm mit dem Gesichte zugekehrt, seinen rechten Schenkel, wobei er sich in den Hüften seitlich gegen sie aufwärts dreht, sie aber sich den Umständen fügend und anpassend den vollsten Tiefgang ermöglicht.

Varianten bietet sein freies Bein.

24*

189. LINDSATTEL
(Vrsts.; r. u. l.)

Er liegt rücklings mit dem Oberkörper bis zur Taille quer auf dem Bett, den übrigen Körper vollkommen wagrecht gestreckt und die Waden auf einem Sessel aufgestützt.

Sie reitet auf ihm, mit dem Gesicht ihm zugekehrt, wie Damen zu reiten pflegen, d. h. so, daß ihr rechter Schenkel und Wade auf seinem Bauche ruhen, während ihr linkes Bein erdwärts hinabhängt.

Es ist das ein bequemes Bild, das, verglichen mit anderen Reitweisen, vielleicht als überflüssig erscheinen könnte, nichtsdestoweniger aber eine ganz selbständige Plastik abgibt und deshalb unbedingt auch als selbständiges Bild zu gelten hat, zumal da er in seiner Variante den linken Schenkel frei senkrecht gehoben hält, wobei sie mit ihrem rechten Schenkel und Wade diesen seinen Schenkel (dann aber auch mit dem linken Schenkel und Wade!) umschlingt, so, daß sich nur ihre Wade auf seinen Bauch legt, gleichsam als wäre sein Schenkel die Sattelgabel.

Der rechtsseitigen Darstellungsart des obigen entspricht eine ganz ähnliche linksseitige.

---

190. HALBFAHNE
(Vrsts.; r. u. l.)

Er liegt rücklings querüber auf dem Bette, die Croupe am Bettrand, das rechte Bein abwärts gehend, mit dem Fuße auf der Erde, während sein linkes Bein hochgezogen nach links hinwegragt.

Sie kniet ihm zugewendet, mit beiden Knien am Bettrand über seinem rechten Schenkel, schmiegt sich zurecht, um möglichst vollkommen und korrekt einzutiefen.

Nun fassen sie sich gegenseitig an den Händen, oder, was noch verläßlicher ist, an den Knöcheln; dann neigt sie sich mit dem Oberkörper ziemlich rückwärts, so, daß sie mit ihm einen erhabenen Winkel bildet.

Das eine Bein kann sie, um zu variieren, auch gestreckt oder auch irgendwie gespreizt auf das Bett geschoben haben. Sein freies Bein kann auch einige Varianten bilden.

Dies war von rechts; das Ergänzungsbild des obigen resultiert, wenn er das linke Bein abwärts senkt.

---

191. MORGENGRUSS
(Vrsts.; r. u. l.)

Er liegt rücklings knapp am linken Rande hingestreckt und hat das rechte Bein freihoch gezogen.

Sie steht, ihm zugewendet, mit dem rechten Fuße auf der Erde, überhebt ihr linkes Bein kniend über seinen linken Schenkel und reitet so sich ein; bleibt jedoch 1. mit dem Oberkörper aufrecht, oder legt sich 2. auf ihn.

Ihr oberes Bein kann knien, ferner aufgesohlt wie hockend geknick sein, kann auch flach aufs Bett gestreckt, oder gespreizt oder spanngespreizt und endlich wie türkisch sitzend um seinen rechten Schenkel herum, und diesen mit ihrer Kniekehle einschließend, auf seinen Bauch gelegt werden. Seinerseits kann sein freies rechtes Bein: rechts hinweggestreckt, freihoch, freigespreizt, spanngespreizt, armhoch, schulterhoch . . . zur Verwendung gelangen.

Wenn sie dasselbe Bild mit dem linken Fuße auf der Erde veranlaßt, dann erfolgt die linksseitige Paralleldarstellung des obigen.

KLASSE IV

DIE CUISSADEN

192. SPRUNGZANGE
(Htsts.; r. u. l.)

Sie liegt auf dem Bauche quer im Bett, mit dem Nabel am Bettrande, während die Beine auf die Erde gehen; in dieser Lage dreht sie sich nun so in der Taille, daß ihre linke Hüfte nach oben kommt, zieht das linke Bein hoch und legt es mit dem Knie aufs Bett.

Er, mit geschlossenen Füßen auf der Erde stehend, legt sich mit der Brust auf sie nieder, nimmt ihren rechten Schenkel fest zwischen die seinigen und schmiegt sich etwas seitlich und derart, daß er in ihres Mitteltales vollste Tiefen ungehemmten Zugang findet.

Ihr linkes Bein hat Anlaß zu einigen Attitüden, die als plastisch begründete Varianten gelten können.

Dreht sie sich in der Taille so, daß ihre rechte Hüfte nach oben gelangt, so ergibt sich dasselbe Bild von links.

---

193. TRUGSOHLDORN

Sie liegt quer im Bette mit dem Bauche auf dem Bettrande, das rechte Bein geht abwärts und hat den Fuß auf der Erde, während das linke Bein hoch emporgezogen ist. Sie liegt mehr seitlich und in der Taille auf die rechte Hüfte gewendet.

Er nimmt einen Sessel und stellt ihn hinter sie in richtiger Entfernung auf, legt sich sodann mit dem Rücken auf den Sesselsitz, hebt seine Croupe auf ihren rechten Schenkel und legt beide Sohlen auf den Rand des Bettes: die rechte hinter ihre Croupe, die linke aber unter ihren emporgezogenen Schenkel.

Es helfen beide durch Darschiebung und Anbequemung zu, um eine gelungene Ineinanderfügung der Mittelorgane zu veranlassen.

Varianten sind nur durch ihr freies Bein möglich.

Dieselbe Weise kann auch so dargestellt werden, daß sie in der Taille links gedreht den linken Fuß auf die Erde setzt, während das rechte Bein emporgezogen verharrt.

194. SEMILOR (+)
(Htsts.; r. u. l.)

1. Sie liegt mit Brust und Bauch quer, und ist etwa mit dem Bauche über dem Bettrande, das rechte Bein senkrecht abwärtshängend, das linke aber seitlich nach oben gehoben, wodurch sie auch in den Hüften etwas nach links gedreht erscheint.

Er liegt mit seiner Brust auf ihrem Oberkörper, schmiegt und fügt sich derart, daß der an sich etwas unbequeme Zugang wegsam werde und volle Tiefe biete, wobei er mit seinen beiden Schenkeln ihren rechten Schenkel eingeklemmt behält, ihren linken aber: handhoch, spanngespreizt oder armhoch nimmt; auch ohne sein Zutun kann sie ihr linkes Bein: freihoch, freigespreizt, geradgestreckt oder aber auf den Bettrand kniend verwerten und dadurch einige recht gelungene Varianten gestalten.

2. Statt auf ihr zu liegen, kann er auch hinter ihr stehen, und so verschieden dies Bild auch von dem obigen sein mag, so soll es hier nur als Variante gelten.

Endlich kann in beiden Fällen statt des rechten Beines das linke erdwärts niederhängen, wodurch desselben Bildes linkes Komplementärbild resultiert.

195. STURZSCHRÄGE (+)
(Htsts.; verkehrt)

Sie liegt quer im Bette, mit dem Bauche auf dem Bettrande, in der Taille etwas seitlich, mit der linken Hüfte aufwärtsgedreht und hat das rechte Bein vom Knie ab auf einem Sessel (den Schenkel wagrecht frei), das linke Bein aber irgendwie beliebig gespreizt nach links hinweg und möglichst aufwärts ragen.

Er legt sich mit dem Bauche auf ihren wagrechten Schenkel, ist dabei mit dem Oberkörper jenseits von ihr nach abwärts, d. h. gestrecktarmig mit den Händen auf jener Seite von ihr auf die Erde gestemmt, der sie den Rücken kehrt; er hat ihren rechten Schenkel zwischen den beiden seinigen und ist im ganzen Körper (auch in den Beinen) vollkommen gestreckt und im Kreuz nach abwärts gewölbt. Nun helfen beide durch geeignetes Fügen und Entgegenrecken eine Absicht durchzusetzen, deren Ausführbarkeit aufs erste als sehr beschwerlich erscheinen mag und — trotz der nicht erheblichen Schwierigkeiten dennoch erreichbar ist, besonders wenn er mit den Händen 1—2 Schritte nach seiner rechten Seite tut und dadurch mit ihrem Oberkörper einen solchen Winkel bildet, welcher die Einigung günstiger gestaltet.

Varianten bieten sich durch ihr freies Bein und durch seine beiden Beine in ziemlicher Anzahl.

Diesem Bilde von rechts entspricht ein analoges von links.

---

196. WILDHALBRITT
(Htsts.; r. u. l.)

Sie liegt auf der linken Seite des Bettes, der Länge nach parallel mit dem Bettrand halbseitig und beinahe auf dem Bauche; ihr rechtes Bein ist knapp am Rande und gestreckt, während ihr linkes eingezogen gegen die Mitte des Bettes hinwegragt.

Er steht ihr zugewendet, mit dem rechten Fuße auf der Erde stehend, überreitet kniend mit dem linken Schenkel ihren rechten und strebt dem günstig gebotenen Zugange möglichst nahe zu kommen, wobei sein Oberkörper 1. senkrecht bleibt, oder sich 2. auf sie legt.

Durch ihr freies Bein kann durch sie allein und auch durch sein Zutun manche Variante ermöglicht werden.

Findet die Darstellung dieses Bildes auf der rechten Seite des Bettes statt, so ergibt sich die linksseitige Ergänzung des obigen Bildes.

---

197. BERSERKERFAHNE
(Htsts.; r. u. l.)

Von beiden wird volle Körperkraft und Gewandtheit vorausgesetzt.

Sie stemmt, mit dem Gesichte abwärts, zwei Schritte von einem Bett oder Sofa entfernt, die Hände auf die Erde, legt ihren Fuß (bis an den Knöchel) auf den Rand des Lagers, streckt den ganzen Körper stramm und wagrecht, dreht sich dann in der Taille so, daß ihr linkes nun zusammengezogenes Bein höher zu liegen komme, als ihr rechtes, d. h. so, daß sie in den Hüften seitlich situiert erscheint: die rechte Hüfte unten, die linke oben und den rechten Schenkel stramm gestreckt.

Er überreitet stehend ihren rechten Schenkel und fügt sich in die günstig gebotene Mitte fest und sicher ein, dann ergreift er sie mit beiden Händen in der Taille oder noch höher und bietet ihr einen soliden Stützpunkt, kraft dessen sie sich geradereckend in wagrechte Lage oder auch noch höher auch ohne Stemmung ihrer Hände erheben und gleichsam in der Luft schwebend der Liebe fröhnen kann.

Dies war rechts. Bei Stützung ihres linken Beines auf den Rand des Lagers erfolgt dasselbe Bild von links.

---

198. BAYADERE
(Htsts.; r. u. l.)

Er liegt knapp am linken Bettrande, bettlängs gestreckt auf dem Rücken, das rechte Bein frei hinweggespreizt.

Sie steht, ihm den Rücken wendend, mit dem linken Beine auf der Erde, überkniet mit ihrem rechten Schenkel reitend seinen linken Schenkel und richtet sich zurecht, um möglichst total einzutiefen 1. ohne die senkrechte Stellung des Oberkörpers aufzugeben, oder 2. sich auch ganz wagrecht oder endlich 3. sich auf die Arme stemmend schief niederlassend.

Ihr rechtes Bein mag außer dem Knien auch noch aufgesohlt hocken oder sich gestreckt aufs Bett legen oder odaliskenmäßig mit der Wade über seinen Schenkel gelegt sein; während sein freies Bein und seine Hand mit ihrem Bein noch eine weitere Reihe von Varianten ausführen kann.

Diesem linksseitigen Bilde entspricht ein rechtsseitiges.

---

199. NUSSMÜHLE
(Htsts.; Wandelbild; r. u. l.)

Er liegt bettlängs ganz am Rande des Bettes gestreckt und geschlossen auf dem Rücken.

Sie steht mit beiden Füßen, etwas gespreizt, auf der Erde, ihm den Rücken kehrend und setzt sich, indem sie sich auf die Fußspitzen reckt (oder auf einen Schemel oder dergleichen stellt), quer auf und über ihn; kann jedoch die Füße auch frei nach unten und ohne Unterlage hängen lassen.

Varianten bleiben als müßig weg.

Diesem linksseitigen Bilde entspricht das Komplementärbild von rechts.

Dies Bild ist bloß der Ansatz; aus diesem Sitze wendet sie sich nach links, indem sie ihr linkes Bein über seine Brust hebt; dann hebt sie auch das rechte nach und so fort immer nach links, erst mit dem linken Beine, dann mit beiden kniend, zwischen seine Schenkel, dann weiter mit einem

Beine um das andere fort, bis sie wieder in ihre ursprüngliche Lage gerät.
— Auch kann diese Mühle bloß in halbem Kreise: über seine Brust; dann
rechts zurück über seine Schenkel kniereitend und wieder zurück in den
ursprünglichen Sitz ausgeführt werden.

---

200. FLANKENDORN
(Htsts.; r. u. l.)

Er liegt knapp am linken Rande des Bettes oder eines Sofas auf dem
Rücken und hat die Schenkel senkrecht nach aufwärts gestreckt und beliebig
gespreizt.

Sie steht, ihm abgewendet, vor dem Bette, hebt das rechte Bein über
seinen linken Schenkel, wodurch sie dann, wie zwischen eine Gabel, zwischen
seine beiden Schenkel gerät und recht tiefe Fühlung erreichen kann; sein
linker Schenkel ist vor ihrer Brust, sein rechter Schenkel aber hinter ihrem
Rücken.

Er kann dann die Schenkel noch höher, bis nahe an seine Brust ziehen,
oder den einen (hinteren) gerade ausstrecken usw. und kann einige gute
Varianten gestalten.

Rechts gelingt dies Bild ebenso, als wie es links in obiger Beschreibung
gelang. Auch kann es auf anderen Geräten, wie am Schwimmer, auf der
Bank und auch am Schemel dargestellt werden.

---

201. WALKYRE
(Htsts.; r. u. l.)

Er liegt rücklings und quer so über dem Bett, daß sein Oberkörper
nur bis zur Taille im Bett ist, während die ganze Croupe und die Beine
außerhalb des Bettrandes sind; er dreht sich so in der Taille, daß seine
linke Hüfte und sein linkes Bein (hochgezogen) nach oben geraten, wobei
er sein rechtes Bein wagrecht gestreckt auf einen Sessel stützt.

Sie stellt sich rücklings mit ihren beiden Schenkeln, wie reitend, über
seinen rechten Schenkel, während sie seinem linken Schenkel unter ihrer
linken Achselhöhle freie Bewegung läßt; sie fügt und richtet sich nun derart,
daß sie unbehindert und voll eintiefen kann; dann legt sie sich rücklings
auf seine Brust nieder, während ihre Beine möglichst steil nach abwärts
hängen. Sie kann aber auch mit dem Oberkörper senkrecht bleiben.

Um Varianten zu bilden, kann sie mit einer oder beiden Sohlen auf
den Bettrand aufstützen, dabei muß sie jedoch sehr spreizen, damit die

— 379 —

Schenkel immer steil nach abwärts gerichtet bleiben. Auch er kann mit seinem freien Beine zur Variantenplastik beitragen.

Dasselbe Bild, wie es hier rechts dargestellt ward, kann ebenso auch links stattfinden.

---

202. NACHTMAHR (+)
(Htsts.; r. u. l.)

Er liegt quer auf dem Bett, den Bauch am Bettrande, den rechten Schenkel abwärts, mit dem Fuße auf die Erde reichend; den linken Schenkel hat er hoch gezogen, frei in der Luft und stark nach aufwärts strebend, so, daß dadurch auch seine linke Hüfte sich etwas nach aufwärts wendet.

Sie nimmt einen Sessel, stellt ihn etwas links hinter ihn hin und legt sich mit dem Rücken darauf; dann hebt sie ihren linken Fuß mit der Sohle etwa bei seiner rechten Hüfte auf den Bettrand, den rechten Fuß legt sie dann ebenfalls mit der Sohle bei seiner linken Hüfte auf den Bettrand. In dieser Lage schiebt und windet sie sich so unter seinen linken Schenkel zurecht, daß sie mit dem koralligen Teil ihrer Mitte gerade an jene Stelle gelangt, wo sie den Gesuchten mit leichter Mühe in sich versenken kann, namentlich wenn auch er ihr willig entgegenkommt.

Sein linkes Bein legt sich entweder auf ihre Brust oder ragt irgendwie beliebig variierend von dannen.

Diesem Bilde entspricht ein analoges Ergänzungsbild von links.

---

203. SCHARFPRESSE
(Htsts.; r. u. l.)

Er liegt rücklings quer auf dem Bette, etwa mit der Taille am Bettrande; das rechte Bein hat er gestreckt, mit der Ferse auf einen weichen Sessel aufgestützt, das linke aber frei emporgehoben. In den Hüften ist er etwas seitlich links aufwärts gedreht.

Sie, ihm den Rücken kehrend, überreitet mit ihren Schenkeln seinen rechten Schenkel, wühlt sich durch richtiges Winden und Fügen ganz voll und fest ein und legt sich mit der Brust auf sein wagrecht gestrecktes Bein, indem sie mit ihren Fersen am unteren Rande des Bettbrettes festen Halt zu erlangen sucht, um sich womöglich noch fester einzupressen. — Er muß kräftig in den Beinen sein.

Sein freies Bein hat Spielraum zu einigen charakteristischen Varianten.

Diesem rechtsseitigen Bilde entspricht eines von links, wenn er das linke Bein auf den Sessel stützt.

204. SPARRENRITT
(Htsts.; r. u. l.)

Er liegt rücklings quer über dem Bette, mit der Taille über dem Bettrande, das rechte Bein gestreckt und mit der Wade auf einen Sessel gelegt, das linke Bein ragt hochgezogen mit dem Schenkel senkrecht hinan; auch ist er in der Taille etwas seitlich, mit der linken Hüfte höher gedreht.

Sie hat ihm den Rücken zugekehrt und überreitet stehend seinen rechten Schenkel und indem sie sich zweckmäßig zurechtfügt, veranlaßt sie die tadelloseste Einfügung.

Hierbei ist sie gewöhnlich etwas mit dem Oberkörper nach vorne geneigt oder (Variante) mit einer oder beiden Händen auf den Sessel oder auf sein rechtes Knie gestemmt. Auch kann sie ihren einen oder beide Füße im Rist auf den Rand des Bettes heben oder sonst irgendwie variierend verwerten. Sein freies, linkes Bein spielt ebenfalls eine wesentliche Rolle bei der Gestaltung von Varianten.

Diesem rechtsseitigen Bilde entspricht ein analoges Bild von links.

---

205. ASTRITT
(Htsts.; r. u. l.)

Er liegt mit dem Rücken bis zur Taille quer auf dem Bette, hat das rechte Bein gestreckt und mit der Wade auf einen Sessel aufgestützt, während sein linker Schenkel senkrecht emporragt. Er ist in der Taille etwas gedreht, so daß die linke Hüfte ein wenig höher liegt.

Sie überreitet erst stehend seinen linken Schenkel (den er zu diesem Behufe nach abwärts senkt), setzt sich dann tief und fest ein und nachdem er seinen linken Schenkel wieder vollkommen senkrecht gestellt hat, umfaßt sie diesen mit den Händen und Armen, um sich fest daran zu halten, wodurch sie wie zwischen zwei Ästen reitend steht oder aber, die Beine zum Zwecke der Gestaltung von Varianten einziehend, gleichsam hängt. Sie sitzt hierbei quer auf ihm, d. h. so, daß sie ihm genau mit der linken Seite oder womöglich sogar ein wenig mit dem Rücken zugekehrt ist. Durch anderweitige Fügung ihrer Beine ergeben sich noch weitere Varianten.

Hat er das linke Bein gestreckt und aufgestützt, so resultiert das linksseitige Pendant des obigen Bildes.

Er muß in den Hüften fest postiert sein.

---

206. SCHULRITT

(Htsts.; Wandelbild; r. u. l.)

Er liegt rücklings quer auf dem Bette, hat jedoch den Oberkörper bloß bis zur Taille im Bett, der übrige Körper ragt wagrecht gestreckt hinaus, wobei die Waden auf einen Sessel gestützt sind.

Sie setzt sich, von welcher Seite immer, wie auf eine Bank, auf seine Mitte und benützt die hier sich bestens bietende Gelegenheit, um sich tief und sattelfest einzusetzen. Nun macht sie, sich allmählich nach einer Seite hin bewegend, durch Überhebung ihrer Beine alle Rittarten durch, so, daß sie stetig und behutsam im Kreise und um die in ihr starrende Achse alle Rittnuancen, die eine um die andere, in sukzessiver Reihenfolge, je eine Viertelwendung machend, aufeinander folgen läßt und dabei auch der hübscheren Varianten gedenkt.

Es ist das ein Bild, das als höchst interessante und maßgebende Damenprobe, außerdem auch durch das ganz eigentümliche Wühlgefühl zu den wohligsten Erscheinungen auf diesem Gebiete gehört. Auch er ist dabei bei jeder Wendung vollauf beschäftigt, um dem Bilde eine möglichst reizende Gestaltung zu geben.

V.

DIE LEHNSTANDGRUPPE

(EINES VON BEIDEN, SIE ODER ER, LEHNT AN DER MAUER ODER AM SONSTIGEN GERÄTE)

(ES IST GUT AN DIE WAND EINE MATRATZE AUFZUHÄNGEN)

KLASSE I

DIE POMPEN

207. NARBLEHNE
(V. v.)

ie lehnt mit dem Nacken an der Mauer, hat die Füße möglichst fern von dieser auf der Erde und die Beine gespreizt.

Er steht zwischen ihren Schenkeln Brust an Brust mit ihr und benützt die günstige Gelegenheit zu seinen Zwecken.

Er kann stehend verharren, oder mit der Brust sich auf die ihrige lassen und dabei mit den Händen an die Mauer stemmen.

Beide können je ein Bein frei haben, und es ist die Ausbeute an Varianten eine ziemlich reiche, namentlich sind diejenigen bedeutend, wo beide die gleichen Beine dazu verwenden.

----

208. X-LEHNE
(V. v.)

Er lehnt mit geschlossenen Beinen so zwischen einer Türe, daß sein Nacken an dem einen Pfosten anlehnt, während seine Fußspitzen in dem Schwellenwinkel des anderen Pfostens sich anlegen. Falls die Türe zu breit gebaut ist, legt er vor seine Fußspitzen irgend einen hemmenden Gegenstand, ein Sofapolster, den Würfel oder dgl. Sein ganzer Körper ist strammgestreckt.

Sie, ihm zugewendet, lehnt ebenso mit dem Nacken an dem entgegengesetzten Pfosten, hat ihre Beine gespreizt und reitet gleichsam mit beiden Schenkeln über die beiden seinigen.

Die Hände von beiden werden zum Zweck des Tiefgangs aufs ergiebigste benützt, indem sich beide fest an den Keulen anfassen und ineinanderpressen.

Varianten der Beine bleiben füglich weg.

----

209. SCHMIEGLEHNE
(V. v.)

Er lehnt mit dem Nacken an der Mauer oder zwischen der Türe an einem Türpfosten, den gestreckten Körper und die geschlossenen Beine unter einem bedeutenden Winkel. Das Gleiten der Füße muß irgendwie verhindert werden.

Sie, ihm zugekehrt, überreitet mit beiden Schenkeln die beiden seinen und (bleibt entweder aufrecht vor ihm stehen oder aber) lehnt sich mit gestreckten Armen an denselben Gegenstand wo er lehnt und läßt sich Brust an Brust auf ihn nieder.

Sie soll mit den Beinen festen Stand haben, den er dadurch sich zu nutze macht, daß er sie mit beiden Händen fest um die Croupe nimmt und an sich preßt.

---

210. UNIVERSALLEHNE
(V. v.)

Er lehnt mit den Hinterschenkeln an einem beliebigen, mehr als knie-hohen, aber weniger als hüftenhohen Gegenstande (Warenballen, Kiste, Weinfaß, Stein- oder Holzblock usw.).

Sie steht erst Brust an Brust mit ihm, dann steigt sie mit beiden Fußsohlen auf denselben Gegenstand, woran er sich lehnt, hängt sich fest an seinen Hals und beide geben der Position eine solche Gestalt, die unter allen Verhältnissen geeignet sein muß, eine volle und tiefe Eins-werdung zu sichern.

Ihre Brust wird demnach den Umständen gemäß mehr oder minder von der seinigen abstehen. Er hält sie am besten mit den Händen um die Croupe. Sie kann die Beine verschieden postieren, eines eventuell auch zu Varianten (armhoch, handhoch) benützen oder mit beiden fest seine Croupe umschließen.

Eines der gangbarsten und dankbarsten Bilder.

---

211. KLETTERFRETTCHEN
(V. v.)

Er lehnt mit dem Nacken verläßlich fest an der Wand, ist mit den Füßen etwa ein halb Meter von der Wand postiert und hat die Beine ge-schlossen.

Sie steht erst vor ihm und ist ihm zugewendet, hängt sich mit den Händen in seine Ellbogenwinkel, oder noch besser: beide fassen sich

gegenseitig knapp oberhalb der Ellenbogengelenke fest. Nun legt sie, bei
sehr gespreizten Beinen, die Sohlen einzeln an die Wand und klettert hier
um ein gutes Stück höher als seine Taille ist, oder bis in die Höhe seiner
Achselhöhlen und beide wenden jetzt alle Geschicklichkeit daran, um eins
zu werden — was auch bei Beobachtung der notwendigen Maßregeln stets
gelingen wird. Übrigens kann sie oder er mit einer Hand immer für soviel
Zeit dorthin gelangen, wo eben die Hilfe absolut notwendig wird.

Das Rutschen an der Mauer, mangels festen Haltes, ist nichts Unan-
genehmes, nur muß sie durch fortwährendes Zurechtgelangen das gänzliche
Abrutschen der Sohlen zu vermeiden trachten.

Varianten gibt es keine; bloß die Art, wie sich beide mit den Händen
festhalten, kann mehrfach verschieden sein.

---

212. WANDELWIPPE
(V. v.)

Er lehnt mit dem Nacken fest an der Wand, hat die Beine geschlossen
und nicht weit von der Wand auf der Erde.

Sie steht, Brust an Brust, vor ihm, erfaßt mit beiden Händen seine
Achseln, legt dann die Beine in den Kniegelenken in seine Ellbogenwinkel.
In dieser Pose geschieht die Einswerdung, die gewiß aufs beste gelingt;
dann stemmt sie ihre Fußsohlen an die Wand — zu welchem Behufe nun
eigens Distanz genommen werden muß — und hat es da in ihrer Macht,
ihren Körper, namentlich in der Mitte, beliebig heben oder senken zu
können. Durch die hierbei mögliche Wippbewegung wird das Bild zu
einem eigens charakteristischen und in seinen Genüssen zu einem besonders
anempfehlenswerten.

Varianten sind unmöglich.

---

213. KNIEHEBELHANG
(V. v.)

Er lehnt mit den Schultern fest an der Wand, den Körper stramm
gestreckt, die Beine geschlossen und die Füße, nur wenig von der Wand
entfernt, auf der Erde.

Sie überreitet, ihm zugekehrt, mit beiden Schenkeln die seinen, tieft
sich da aufs bequemste ein und hält ihn dabei mit den Händen an den
Achseln. Er hat sie mit den Händen fest um die Croupe gefaßt. Nun legt
sie die Kniee an die Wand an und schafft sich hinlänglichen Widerhalt, um
den Oberkörper wagrecht zurückhängen zu lassen und des Haltes ihrer Hände

an seinen Achseln zu entbehren. Ihre Kniee müssen gegen den Druck der Wand irgendwie geschützt werden; am besten geschieht dies vermittelst doppelt überstülpter Kniewärmer, die zu diesem Behufe eigens angetan werden — wenn an der Wand keine Matratze angebracht ist.

Varianten können bei diesem Bilde getrost außeracht bleiben.

---

214. RIESIN
(V. v.)

Sie lehnt mit sehr gespreizten Beinen an der Wand, an einem Türpfosten, Kasten . . . und nur soweit zurückgelehnt, als es ihr am bequemsten ist. Sie soll kräftiger sein als er, d. h. er sei leicht und elastisch.

Er hält sie mit den Händen an den Achseln, hängt seine Kniekehlen in die Winkel ihrer Ellbogengelenke, ist mit dem Oberkörper nur sehr wenig nach rückwärts geneigt und gelangt dadurch mit seiner Sexualität gerade an jenen richtigen Ort ihrer Mitte, wo der Zusammenschluß der Körper in diesem Falle dadurch möglich wird, daß er mit seinem Gesäß möglichst tief zwischen ihre Schenkel gelangt und mit einer, für einen Moment frei zu machenden Hand die Einfügung schnell und geschickt fertig bringt.

Den Hang seines Oberkörpers regelt er den Umständen gemäß.

Ist sie kräftig genug und er nicht von bedeutendem Körpergewicht, so kann sie dies Bild, auch ohne sich anzulehnen, mit demselben Erfolge wagen. In diesem Falle gehört die Pose in die Freistandgruppe. Jedenfalls gehört zur Exekutierung viel Geschicklichkeit.

Varianten kommen bei dieser Weise nicht in Betracht.

KLASSE II

DIE CROUPADEN

215. VOLTLEHNE
(V. h.)

Er steht, wie eine Leiter an die Mauer gelehnt, hat die Beine geschlossen und die Füße gegen das Weggleiten geschützt.

Sie, ihm den Rücken gekehrt, überreitet stehend seine Schenkel, tieft sich ein, und bleibt entweder mit dem Oberkörper aufrecht oder aber legt sich mit dem Rücken zurück bis auf seine Brust. Er verwertet seine Hände zur Erleichterung seines nicht sehr bequemen Standes.

Varianten mit den Beinen bleiben bei diesem Bilde ausgeschlossen.

---

216. MAUERDORN
(V. h.)

Er lehnt mit dem Nacken an der Wand, mit dieser einen möglichst bedeutenden Winkel bildend, hat die Beine sehr gespreizt und die Füße vor der Gefahr des Weitergleitens geschützt.

Sie steht, ihm den Rücken zugewendet, zwischen seinen Schenkeln und ist nur wenig gespreizt. Die Einfügung, wobei sie den Oberkörper nach vorne neigt, gelingt hier aufs tadelloseste und es bietet dies Bild trotz seiner auffallenden Einfachheit alle Vorzüge einer günstigen Pose.

Die Hände tun ihr möglichstes, während die Beine unbeweglich auf derselben Stelle bleiben.

---

217. VORLEHNE
(V. h)

Sie lehnt mit den Händen oder mit angelegten Unterarmen an der Mauer, die Füße möglichst weit von dieser auf der Erde und sehr gespreizt.

Er steht hinter ihr zwischen ihren Schenkeln und hat die Wahl sich mit der Brust auf ihren Rücken zu legen oder aufrecht stehend zu verharren.

In letzterem Falle bieten sich mehrere Varianten, da die beiden je ein Bein, welches immer, freimachen können; besonders wichtig sind jene Varianten, wo beide mit ungleichnamigen Beinen, namentlich hoch emporragend variieren.

Eigens zu betonen ist noch, daß sie auch mit beinahe geschlossenen senkrechten Beinen, nichtsdestoweniger aber starkgeneigtem Oberkörper lehnen kann, in welchem Falle er mit gespreizten Beinen über den ihrigen sich hinter ihr befindet, ohne jedoch zu Varianten Gelegenheit zu finden.

---

218. TÜRSPERRE

Sie lehnt mit den Unterarmen zwischen der Türe an dem einen Pfosten und hat die Füße gespreizt bis zu dem anderen Pfosten gestreckt.

Er lehnt mit dem Nacken an diesem andern Türpfosten, hat die Beine geschlossen und zwischen den ihrigen, gestreckt bis zu des entgegengesetzten Pfostens Schwellenwinkel reichend. Beide zusammen bilden in dieser Pose ein X. Er hat sie mit beiden Händen fest an den Flanken. Alle Bedingungen zur Erreichung des vollsten Tiefgangs sind gegeben. Ist die Türe breit, dann lehnt sie mit gestreckten Armen an dem einen Pfosten, während seine Füße nicht ganz bis zu diesem Pfosten reichen und gegen das Weitergleiten geschützt sind.

In dieser Lehnlage kann sowohl sie als auch er je ein Bein freimachen und zu Varianten verwerten.

---

219. ASTORGA
(V. h.)

Der drollige Anblick der klugen Elefantin (genannt Fräulein Astorga), die auf den Bühnen Europas sich produzierend, die Vorderzähne auf den Fußboden stemmte, mit den Hinterfüßen auf einem hinter ihr stehenden festen Brette emporkletterte und so gleichsam wie auf dem Kopfe stehend erschien, ferner der Gedanke, daß dies ein „Fräulein" vorstellt, hatte folgendes äußerst gelungenes Bild zur Folge :

Er lehnt sich gerade und geschlossen, doch bequem an die Wand oder an das Bettende.

Sie kauert vor ihm auf allen vieren, die Croupe ihm zugekehrt, stemmt sich auf ihre beiden Arme, resp. auf ihre Ellbogen und hebt ihre beiden Füße in die Höhe seiner am Körper herabhängenden Hände; er erfaßt ihre Füße an den Knöcheln. Nun richtet und hebt und naht sie sich mit ihrer Croupe derart, daß sie mit dem Spalte möglichst an das Ziel trachtet und gelangt — wozu beide bestens zuhelfen — und stemmt nun mit den Armen oder Ellbogen fest an, um ihn möglichst korrekt in sich zu zwingen.

Varianten : er spreizt ihre Beine mit seinen Händen oder spreizt auch ihre Füße (einen oder beide) nach Tunlichkeit und nach abwärts spannend auseinander.

---

220. PASSE-PARTOUT
(V. h.)

Sie kniet mit beiden Knieen auf beliebigem, kniehohem Gegenstande (Kiste, Sessel, Block usw.) und lehnt mit dem Oberkörper, resp. mit den Armen oder Ellbogen auf einem vor ihr sich befindlichen hüftenhohen Gegenstande (Tisch, Fensterbrett, Bettlehne, Weinfaß, Kiste usw.) oder selbst an die Mauer u. dgl. Dabei hat sie die Schenkel geschlossen, in welchem Falle er über ihre Waden gespreizt ohne jeglicher Variante die enge, gut entgegengebotene Geschlechtspassage betritt, um in diesen angenehmen Engen wandelnd für alle Varianten reichlichen Ersatz zu erlangen. Ob die Gegenstände, worauf sie kniet und lehnt, mehr oder minder hoch sind als oben angegeben, darauf kommt wenig an; Hauptsache ist, daß daraus eine benützbare Position geschaffen werde !

---

221. SOHLENHEBELHANG
(V. h.)

Er lehnt recht fest mit den Schultern an der Wand, hat den Körper strammgestreckt, die Beine geschlossen, oder höchstens nur wenig gespreizt und die Füße nicht sehr weit (etwa $1/_3$ Meter) von der Wand entfernt auf der Erde.

Sie kehrt ihm den Rücken, überreitet mit beiden Schenkeln seine Mitte und tieft sich in dieser Stellung aufs vollkommenste ein. Er erfaßt sie nun mit beiden Händen fest an den Hüftknochen; sie greift mit den Händen zurück und erfaßt ihn an den Oberarmen; dann legt sie bei sehr gespreizten Beinen die Sohlen etwa kniehoch an die Mauer an und gewinnt dadurch für die Vorneigung ihres Oberkörpers einen festen Widerhalt. Ist dies gelungen, so läßt sie auch mit den Händen seine Arme los, streckt die Arme vor sich hin und läßt ihren Oberkörper womöglich bis in die Wagrechte nach vorne neigen. Varianten gibt es keine.

KLASSE II

DIE FLANQUETTEN

222. LEHNFLANKE
(Vrsts.; r. u. l.)

Mit dem Nacken lehnt er an der Mauer, hat den Körper wie eine Leiter schief angelehnt und stramm gestreckt, die Beine gespreizt und die Füße gegen das Gleiten geschützt.

Sie steht vor ihm, überreitet (ihm zugewendet) seinen rechten Schenkel mit den beiden ihrigen, reitet sich möglichst tief ein, und lehnt sich mit den Händen ebenfalls an dieselbe Mauer und gelangt so Brust an Brust über ihm. Er hält sie mit den Händen um die Croupe fest.

Sowohl er, als auch sie kann das linke Bein frei machen und zu Varianten verwerten.

Überritte sie seinen linken Schenkel, so ergäbe sich das linksseitige Pendant des obigen Bildes.

---

223. X-GABEL
(Vrsts.; r. u. l.)

Er lehnt zwischen einer engen Türe mit dem Nacken an dem einen Pfosten, hat die Beine gestreckt und gespreizt und die Spitze des rechten Fußes in den Winkel des entgegenstehenden Pfostens angestützt.

Sie lehnt ebenso mit dem Nacken an dem andern Türpfosten, hat ihr rechtes Bein zwischen den seinen, das linke aber etwas weggespreizt.

Beide geben sich die richtige Attitüde, um die Einfügung und den Tiefgang zu ermöglichen.

Die linken Beine der beiden sind frei und können zu Varianten verwendet werden. Die Hände tragen zur Vervollkommnung des Ganzen wesentlich bei. Diesem Bilde von rechts entspricht ein ganz analoges Ergänzungsbild von links.

224. STÜTZKLETTERN
(Vrsts.; r. u. l.)

Beide stehen Brust an Brust vor einem Sessel. Er stützt den rechten Fuß mit der Sohle auf den Sessel empor.

Sie legt, ihn umhalsend, ihren linken Schenkel auf seinen rechten hinauf und nimmt in dieser Positur nun volle Fühlung, die wegen ihrer sonderbaren Einfachheit überraschende Resultate gibt. Besonders ist auf die plastische Anordnung dieses Bildes Gewicht zu legen.

Stützt er den linken Fuß auf den Sessel, so ergibt sich dasselbe Bild von links.

225. KLETTERSTÜTZ
(Vrsts.; r. u. l.)

Beide stehen Brust an Brust vor einem Sessel.

Sie stützt den rechten Fuß mit der Sohle auf den Sessel empor.

Er legt seinen linken Schenkel auf ihren linken hinauf und gibt der Pose jene günstigen Nuancen, die eine geschlechtliche Einswerdung aufs vollkommenste ermöglichen.

Dies selbe Bild resultiert von links, wenn sie, statt mit dem rechten, sich mit dem linken Fuße auf dem Sessel stützt.

226. WILDSCHRAUBE (+)
(Vrsts.; r. u. l.)

Beide stehen frei vor einem Sessel und sind Brust an Brust beieinander; der Sessel befindet sich seitlich von ihnen und zwar an ihrer rechten Seite. Jeder sesselhohe Gegenstand tut dieselben Dienste.

Sie mit der rechten, er mit der linken Hand, neigen und stemmen sich zugleich auf den Sitz des Sessels, wobei ihr rechtes und sein linkes Bein senkrecht stehend auf der Erde bleibt. Ihr linkes Bein ist hochgezogen und dessen Schenkel bildet mit dem rechten gleichsam ein Rechteck. Über diesen ihren linken Schenkel nun hebt er seinen rechten Schenkel und beide trachten sich da so zu verschlingen und zu verflechten, daß einer dem andern Halt und Stütze gewährt. Mit den nach oben gehenden freien Armen halten sie sich umschlossen.

Die parallelen wagrechten Oberkörper sind vom Bauche ab fest aneinander gepreßt und weiter ab sexuell in eins verschmolzen, was bei der nötigen Gelenkigkeit ohne erhebliche Schwierigkeiten auch bestens möglich wird.

Varianten mit den Beinen sind unerheblich.

Dem obigen Bilde von rechts entspricht ein analoges von links.

KLASSE IV

DIE CUISSADEN

227. CONGÉ
(Htsts.; r. u. l.)

Auf der Erde stehend, hat sie den rechten Fuß mit der Sohle auf einen Sessel aufgestützt.

Er steht hinter ihr, den rechten Fuß ebenfalls auf den Sessel gestützt und zwar so, daß er seinen Schenkel unter den ihrigen schmiegt, oder aber er hebt, namentlich wenn er höher von Wuchs ist als sie, seinen rechten Schenkel auf und über den ihrigen und gibt sich und ihr die entsprechende Situationsnuance, die notwendig ist, um vollen Erfolg zu erzielen. Zuweilen dürfte es unerläßlich sein, daß sie mit dem Oberkörper gut nach vorne geneigt stehe.

Er kann auch auf beiden Füßen stehend hinter ihr bleiben, ohne daß er einen Fuß auf den Sessel zu stützen nötig hätte.

Diesem rechtsseitigen Bilde entspricht jenes linksseitige, wo sie den linken Fuß auf den Sessel stützen kann.

228. DREHWAGE
(Htsts.; r. u. l.)

Sie steht auf gestrecktem einem Fuße, hat die Hände, respektive Ellbogen auf einen Sessel oder ein sonstiges vor ihr stehendes Möbel aufgestemmt, während ihr Oberkörper und das andere Bein vollkommen wagrecht strammgestreckt ist.

Er steht hinter ihr mit ganz aufrechtem Körper, nimmt mit der einen Hand den wagrecht gestreckten Schenkel, mit der anderen aber ihre Flanke und hat für den Moment nun alles so zugänglich vor sich, daß nur Unglaubliches ihn bei Auffindung der richtigen Pfade beirren könnte.

Diese Pose kann auch von der anderen Seite statthaben.

229. QUERPASSADE
(Htsts.; r. u. l.)

Sie kniet mit beiden Knieen und geschlossenen Schenkeln auf einem etwa sesselhohen Gegenstande und lehnt den Oberkörper oder die Arme nach vorne auf einen etwas höheren beliebigen andern Gegenstand (z. B. auf einem Sessel kniend und auf die Fensterbrüstung oder den Tisch gelehnt u. s. w.).

Er steht hinter ihr, rechts von ihren Waden, nimmt ihre gesamte Croupe und neigt sie nach rechts und soweit, als eben recht und hoch genug, um des Zwecks Erreichung voll zu garantieren.

Auch kann sie das durch die Neigung nach oben gelangende Bein (hier das linke) emporspreizen oder sonstwie variierend verwenden, respektive freihoch, freigespreizt, handhoch oder armhoch heben.

Steht er links hinter ihr, so neigt er sie mit der Croupe nach links und es entsteht das linksseitige Pendant des obigen Bildes.

---

230. TÜRZANGE
(Htsts.; r. u. l.)

Sie lehnt zwischen der engen Türe mit der rechten Achsel, das Gesicht dorthin gewendet, an dem einen Pfosten, hat das rechte Bein gestreckt mit dem Fuß in des entgegengesetzten Pfostens Winkel gestemmt, während sie das linke Bein hoch emporgezogen mit dem Knie gegen die Brust hebt.

Er lehnt mit dem Nacken an dem andern Türpfosten, hat ihr rechtes Bein zwischen seinen beiden gespreizten Beinen und findet in dieser Pose recht günstigen Zugang.

Ihr linkes Bein ist frei und wird zu Varianten verwendet; auch er kann ein Bein (jedes von beiden) freimachen und die Varianten vermannigfaltigen — wozu übrigens auch seine Hände nicht unerheblich beitragen, während ihre linke Hand lediglich zu tändelndem Spiele benützt wird.

Lehnt sie mit der linken Achsel, so resultiert dasselbe Bild von links.

---

231. HYDERSCHRAUBE (+)
(Htsts.; r. u. l.)

Beide stehen Brust an Brust zwischen zwei Sesseln, die etwa meterweit rechts und links von ihnen stehen.

Er und sie neigen sich mit dem Oberkörper nach rechts auf je einen Sessel. Ihr und sein rechtes Bein bleibt möglichst gestreckt und senkrecht, während ihr und sein linkes Bein hochgezogen emporragt und so miteinander verflochten wird, daß eines durch das andere Halt und Stützung erlangt. Also: der beiden Oberkörper bilden eine an den Sexualpunkten ineinander geschmolzene fast wagrechte Gerade, deren Endpunkte die Köpfe sind, unter welchen die Arme auf je einen Sessel gestemmt sich befinden. In der Mitte von den Sexualpunkten (wo Bauch gegen Bauch gewendet ist) abwärts, bilden die senkrechten Beine die Stütze, während die hochgezogenen linken Beine zum Zweck der sexuellen Einswerdung emporragen, zu dessen Gelingen die Hände nur wenig beitragen können.

Es ist das ein Bild von ausnehmender Schönheit und reizender Plastik, obgleich es gute Gewandtheit der Körper voraussetzt.

Ebenso wie das hier oben von rechts geschah, kann es auch von links stattfinden.

VI.

DIE FREISTANDGRUPPEN

BEIDE AUF DER ERDE FREISTEHEND, OHNE SICH ANZULEHNEN

KLASSE I

DIE POMPEN

232. FREISTAND
(V. v.)

Er steht mit geschlossenen Beinen auf der Erde.

Sie schmiegt sich, ebenfalls stehend, aber mit gespreizten Schenkeln an seine Brust. Er trachtet recht günstig dadurch zwischen ihre Schenkel zu gelangen, daß er in den Hüften und Knieen ein wenig eingeknickt sich möglichst günstig unter sie drückt. Übrigens müssen beide durch günstiges Entgegenbieten die Erreichung des Zweckes zu fördern suchen. Er hält mit den Händen ihre Hinterbacken erfaßt und preßt sie an sich, während sie ihn entweder umschlingt und an sich drückt oder aber, um eventuell tiefere Fühlung zu ermöglichen, ihn an den Achseln oder Armen festhält und den Oberkörper ein wenig rückwärts neigt. Sie bleibt mit den Füßen hierbei stets auf der Erde. Andere Varianten bleiben ausgeschlossen.

---

233. PFEILER
(V. v.)

Beide stehen frei auf der Erde, Brust an Brust aneinandergeschlossen und geschlechtlich einsgeworden.

Er hält sie mit den Händen fest um die Hüften, resp. um die Hinterbacken.

Sie hält sich mit den Händen an seinen Achseln oder um seinen Nacken geklammert und hebt sodann die Beine hoch hinan.

Ihre Schenkel legen sich dabei entweder um seine Hüften oder um seine Schenkel oder um seine Kniee und halten ihn umschlossen oder sie kann mit einem oder auch mit beiden Beinen verschiedene Streck- oder Spreizvarianten vollziehen.

---

234. LIBELLE
(V. v.)

Er steht fest auf der Erde und ist gradgestreckt und in den Beinen geschlossen.

Sie steht vor ihm Brust an Brust und faßt sich vor allem mit den Händen an seinen Achseln fest; dann steigt sie mit den beiden Sohlen in seine Hände und schwebt vor ihm nun so recht zum Lieben günstig. Jetzt versucht sie es mit ihm geschlechtlich eins zu werden. Sollte das nicht gelingen, so muß sie einen Fuß wieder auf die Erde lassen und auf einem Fuße stehend die Einswerdung verwirklichen, worauf sie dann ihren Fuß wieder in seine Hand legt und sich in diesem schwebenden Hange so zu richten und zu fügen trachtet, daß dem normalen Tiefgange keinerlei Abbruch geschehe.

---

235. STEHWAGE
(V. v.)

Er steht geschlossen fest auf der Erde. Sie, erst Brust an Brust mit ihm stehend, erfaßt mit beiden Händen seine Achseln, legt ihre Kniegelenke in seine Ellbogengelenke, und wenn das alles richtig gelang, so hängt sie sich auch mit den Händen (indem sie die Achseln losläßt) in seine Ellbogengelenke ein oder faßt sich an seinen Oberarmen fest, wobei sie sich dort mit den Händen festpackt und mit dem Oberkörper bis in die Wagrechte zurückhängt. Er kann hiernach die Arme strecken, um auch sie mit den Händen fest am Arme (beim Ellengelenke) anzufassen und so durch gegenseitige Anfassung die Sicherheit der Positur garantieren.

Er kann sonach auch Gehbewegungen machen, obgleich es am geratensten ist so zu stehen, daß sie über irgend einem Möbel (Sessel, Sofa) schwebe, damit im Falle eines Loßlassens der Gefahr des Fallens vorgebeugt ist.

---

236. HÜNENHANG
(V. v.)

Er steht gestreckt und geschlossen, aber fest auf der Erde.

Sie steht erst Brust an Brust vor ihm, bietet sich in dieser Stellung seinem besten Wunsche, hält sich mit den Händen etwa an seinen Achseln fest, hebt aber die Beine allmählich bis auf seine Achseln empor und beide fassen sich, sobald dies gelungen, gegenseitig derart an den Armen (um die Handwurzel oder um die Armmitte), daß sie den Oberkörper wagrecht zurückhängen lassen kann. Er bleibt dabei konstant gradgestreckt und feststehend aufrecht.

Es ist geraten, die Sache so zu arrangieren, daß sie den Oberkörper während des Hanges stets über einen Sessel oder über einem Sofa schwebend habe, damit im Falle einer Ungeschicklichkeit die Gefahr des Fallens ausgeschlossen bleibe.

Varianten gibt es keine.

---

237. RIESENFAHNE
(V. v.)

Er steht frei und fest auf der Erde, die Beine geschlossen.

Sie steht, Brust an Brust, vor ihm und bietet mit gespreizten Schenkeln sich dem Opfer naher Liebe hin. Er hält sie dabei mit den Händen kräftig an den Hüften, oder richtiger an den Hinterbacken. Dann erfaßt sie ihn mit den Händen an den Armen (etwa oberhalb der Ellengelenke), läßt ihren Oberkörper ganz wagrecht nach rückwärts hinabhängen, während sie dabei die Beine ebenfalls wagrecht bringt und im ganzen Körper starrgestreckt in der Luft schwebt. Zur größeren Sicherheit gegen alle Fallgefahr mag dies Bild so dargestellt werden, daß ihr Oberkörper während des Hanges über einem Sofa oder Sessel schwebe. Er kann übrigens Geh- oder Drehbewegungen ausführen und sie durch Spreizung oder Einziehung oder Schwimmbewegung der Beine einige unwichtige Varianten erzielen.

---

238. KARRENTANZ
(V. h.)

Sie liegt rücklings auf dem Teppich, stemmt aber mit beiden Händen den Oberkörper auf die gestreckten Arme; ihre Beine sind gestreckt und gespreizt.

Er steht zwischen ihren Schenkeln, bückt sich, erfaßt ihre Hüften oder Keulen mit kräftiger Hand und hebt sie zur richtigen Höhe empor und beweist da, daß auch ohne Hilfe der Hände alles möglich werden kann. Wenn es dann gelungen, so kann er im Kreise herumgehen, wobei sie mit den Händen immer an derselben Stelle bleiben kann.

Ihre Beine sind beide frei und können entweder beliebig plastisch abwärts gehen oder aber: 1 oder 2 umschenkelt; 1 oder 2 armhoch; 1 oder 2 achselhoch; 1 oder 2 freihoch und endlich 1 oder 2 freigespreizt variieren. Es ist das ein Bild von vielem plastischen Wert.

Auch kann sie mit den Schultern auf irgend einem Gerät (Bett, Sofa, auf einem Sessel mit oder ohne Lehne u. dgl.) liegen, wobei sie, sobald die Einswerdung geschehen ist, den ganzen Körper stramm wagrecht streckt. Er kann dabei entweder auf derselben Stelle bleiben oder aber im Halbkreise, eventuell auch ganz im Kreise herum, sich frei bewegen.

KLASSE II

DIE CROUPADEN

239. DICHTERROSS
(V. h.)

Mit geschlossenen Beinen steht er fest auf der Erde.

Sie steht, ihm mit dem Rücken zugewendet, mit sehr vorgebeugtem Oberkörper vor ihm und bietet sich in dieser Stellung seinem kühnen Plane. Da erfaßt er sie mit den Händen fest und verläßlich an den Hüftknochen; sie greift mit beiden Händen nach rückwärts und erfaßt ihn kräftig an den Armen (etwaüber oder unter den Ellenbogengelenken) und läßt sodann ihren Oberkörper vollkommen wagrecht hängen, während sie zugleich auch die Beine in die Wagrechte hebt und im ganzen Körper strammgestreckt sich befindet. Um sichereres Gleichgewicht zu erzielen ist es angezeigt, die Unterbeine beiläufig senkrecht emporragen zu lassen. Er kann eventuell Dreh- oder Gehbewegungen machen.

Weitere Varianten, abgesehen vom Spreizen der Beine, sind nicht ausführbar.

---

240. PASSADE
(V. h.)

Sie steht mit gespreizten Beinen und etwas nach vorne geneigtem Oberkörper und etwas eingeknickten Knieen und Hüften da.

Er steht hinter ihr und zwischen ihren Schenkeln, indem er der Stellung günstigen Moment aufs vorteilhafteste benützend, sie an den Flanken festhält und den möglichsten Tiefgang zu erlangen sucht.

Sie hat die Hände ganz frei, kann diese also, wenn sie müssig und unpraktisch sein will, über der Brust verschränkt halten, wenn nicht, so benützt sie deren Freiheit zum Spiel und Getändel dort, wo Liebe tief in

Liebe taucht. Ferner kann sie die Hände auf ihre Kniee stemmen. Dies Bild ist übrigens ein so universales, daß sie mit den Händen auch auf jedem beliebigen Möbel aufstemmen kann, wenn ein solches zufällig sich vor ihr befindet.

Varianten der Beine sind ausgeschlossen.

---

241. SCHLEPPE (†)
(V. h.)

1. *Rein*

Sie steht gespreizt und fest auf dem Teppich und ist mit dem Oberkörper stark nach vorne geneigt.

Er steht hinter ihr, hängt sich mit den Händen fest in ihre Ellengelenke oder auf ihre beiden Achseln, während sie seine Kniegelenke in ihre Hände nimmt und dadurch seine ganze Last an sich hängen hat. Auch kann er, statt mit den Kniegelenken, mit den Sohlen in ihre Hände aufsteigen. Die Einfügung und Eintiefung wird wohl umständlich sein, aber wird wegen der Günstigkeit der Richtung denn doch, selbst wenn Ölung erforderlich wäre, gelingen. Sollte es aber nicht gelingen, so versuche man dasselbe Bild auf Umwegen und auf folgende Weise:

2. *Auf Umwegen*

Er sitzt erst auf einem Sessel oder auf dem Bettrande oder auf ähnlich hohem anderen Gerät und hat die Schenkel hoch emporgezogen und gespreizt.

Sie, ihm den Rücken gekehrt, steht gespreizt zwischen seinen Schenkeln und setzt sich in vollen geschlechtlichen Kontakt. Nun nimmt sie mit ihren Händen seine Kniegelenke, während er mit den Händen fest ihre nach hinten stehenden Ellengelenke anfaßt. Sie ist dabei mit dem Oberkörper stark nach vorne geneigt und macht nun mit konstant sehr gespreizten Beinen Gehbewegungen, indem sie seine ganze Last mit sich schleppt.

---

242. PEGASUS
(V. h.)

Sie ist, bei gestreckten Beinen, sehr gespreizt und mit dem Oberkörper so tief nach vorne geneigt, daß sie die Hände auf die Erde (oder wenn das nicht ginge, auf einen Sofapolster oder dgl.) stemmt. Er faßt sie mit gut vorgebeugtem Oberkörper und kräftig an den Achseln anziehend und geht ein in jene geheimen Tiefen, wo der Liebe Herrlichkeiten Geist und Sinne zu wonnigem Schaudern entflammen.

Varianten wären mit einem Beine wohl möglich, und zwar: freihoch, freigespreizt, spanngespreizt, wagrechtgestreckt und sogar armhoch, würden aber dem gar so kräftigen, in so mächtigen Zügen genossenen Genuß und der charakteristischen Plastik gewiß nur Abbruch tun und bleiben darum lieber gänzlich weg.

243. FREINEST
(V. h.)

Er sitzt vorläufig auf einem Sofa oder am besten auf einem Sessel. Sie wendet ihm den Rücken, überreitet seine Schenkel und legt sich mit der Brust auf seine Kniee. In dieser Lage fände sie für ihre Wonnen die beste Befriedigung; aber sie strebt weiter: hängt ihre Füße mit dem Rist in seine Ellenbogengelenke ein, reckt ihre Hände mit gestreckten Armen nach rückwärts und erfaßt seine Hände, oder noch sicherer ist es, wenn beide sich an den Handwurzeln festfassen. Dann erhebt er sich und stellt sich mit geschlossenen Beinen aufrecht und bleibt in fester Stellung stehen. Zur Vorsorge ist es geraten, wenn er sich so dreht, daß ihr wagrechter Oberkörper über jener Stelle schwebt, auf welcher er gesessen hat, um aller Fallgefahr vorzubeugen.

Varianten sind da keine möglich; übrigens mögen sie sehen, ob das obige Bild nicht auch direkt aus dem Stande, also ohne vorheriges Niedersitzen, möglich wäre. (Mit Hilfe der Schärpe gewiß!)

244. SCHUBKARREN
(V. h.)

Sie liegt auf dem Teppich, das Gesicht nach abwärts gekehrt, hat dabei jedoch den Oberkörper auf die gestreckten Arme gestützt, während ihre Beine gespreizt liegen.

Er steht zwischen ihren Schenkeln, bückt sich, erfaßt sie mit beiden Händen an den Oberteilen der Schenkel, knapp unter dem Hüftgelenke und stellt sich samt seiner lieblichen Last grad und aufrecht, und verwirklicht, was sonst meist nur mit Hilfe der Hände zu gelingen pflegt.

Sie kann mit den Beinen 1 oder 2 gestreckt; ferner 1 oder 2 gespreizt; oder in den Knieen eingeknickt sein, während er nicht nur im Kreise herumgehen, sondern ganz bequem im Zimmer herumfahren kann, indem sie sich dabei mit den Händen fortbewegt und Schritte macht. Sie kann ihre

Füße im Rist auch in seine Arme oder in seine Achselhöhlen einhängen und dadurch die Plastik des Bildes verschönern.

Auch kann sie mit gestreckten oder selbst mit verschränkten Armen auf irgend einem Gerät (Sofa, Bett, Sessel mit oder ohne Lehne, Drehsessel u. dgl.) aufgestützt sein und sich dann wagrecht strammstrecken, wobei er entweder auf derselben Stelle bleibt oder aber sich im Halbkreise, resp. im Kreise herum frei bewegen kann.

---

245. NEGERKARREN
(V. h.)

Er liegt rücklings auf dem Teppich, hat den Oberkörper auf beide nach rückwärts gestreckten Arme gestemmt und die Beine sehr gespreizt und strammgestreckt.

Sie steht, ihm den Rücken zuwendend, zwischen seinen Schenkeln, bückt sich und nimmt seine Beine, so wie es ihr am zweckmäßigsten dünkt, auf ihre Arme, resp. auf ihre Ellenbogengelenke. Beide tun ihr bestes, um in Liebe eins zu werden und möglichst tiefe Fühlung zu erlangen. Die Art, wie sie seine Beine empornimmt, bestimmt den Grad des Gelingens, das bei Voraussetzung der nötigen Eigenschaften unausbleiblich ist.

Sie kann, wenn alles gut gelang, sich auch im Kreise bewegen, ohne daß er dabei mit den Händen den Platz ändern müßte.

Varianten gibt es keine, und auch nur bei Beobachtung der Regeln des plastisch korrekten Vorgehens kann dies Bild erst seinen wahren Wert erlangen.

---

246. TEUFELSKARREN
(Wandelbild, v. h.)

Sie liegt auf dem Teppich, den Oberkörper — mit der Brust nach abwärts — auf beide gestreckten und gespreizten Arme gestemmt und ist in der Taille so gedreht, daß sie auf dem rechtwinkelig eingezogenen rechten Schenkel liegt, während der linke Schenkel parallel und geschlossen über dem rechten sich befindet.

Er faßt mit der rechten Hand ihre Croupe, mit der linken aber ihren untern (rechten) Schenkel unweit von dem Knie, hebt die begehrliche Last in die richtige Höhe und trachtet mit Zuhilfenahme aller Findigkeit in die Tiefe ihrer Weiblichkeit zu gelangen.

Aus dieser Form aber läßt er ihren rechten Schenkel zwischen die seinigen gelangen, indem er dies mit der linken Hand von hinten anfaßt und in seinen Schenkelwinkel preßt; dann läßt er diesen ihren Schenkel an seine rechte Hüfte gelangen, indem er ihre beiden Schenkel mit den Händen festfaßt; ferner gelangt ihr Schenkel zwischen die seinen, und endlich gelangt auch dieser linke Schenkel rechts wagrecht hinüber, wodurch ihre beiden Schenkel wieder parallel und geschlossen übereinander liegen und sie die Varianten (ihren rechten Schenkel auf seinen Kopf oder auf seine linke Achsel legend) ausführen kann, dann aber die Schenkel wieder parallel legt und schließt. Aus dieser Lage kann dieselbe Drehbewegung zurück gemacht oder aber nach aufwärts fortgesetzt werden, wobei sie ein Mittel finden muß, um den abwärts gewendeten Oberkörper mit der Brust nach aufwärts gelangen zu lassen und auf die Arme zu stemmen und so fort bis in die Anfangspositur.

KLASSE III

DIE FLANQUETTEN

247. EPHEURANKE
(Vrsts ; r. u. l.)

Er steht frei auf der Erde und ist ein wenig gespreizt.

Sie, ihm zugewendet, steht mit dem rechten Beine zwischen seinen beiden Beinen und bietet sich durch geschickte Fügung in die etwas seitliche Lage. Er hält sie dabei mit der linken Hand um ihre Croupe und drückt sich fest an und in sie. Sie aber hat das linke Bein im Kniegelenk auf seinen rechten Arm, respektive auf dessen Ellengelenk gelegt.

Sie kann sich entweder fest an seine Brust drücken oder aber etwas nach rückwärts neigen, um noch tiefere Fühlung zu erzielen. Wenn sie ihr linkes Bein freihoch emporgezogen hält, so kann er auch mit der rechten Hand sie umfassen und fester pressen. Weitere Varianten sind ausgeschlossen.

Diesem Bilde von rechts entspricht ein analoges von links.

---

248. STANGENKARREN
(Vrsts.; r. u. l.)

Sie liegt mit der Stirne nach aufwärts auf dem Teppich, hat aber den Oberkörper auf die gestreckten und nach hinten gestemmten Arme gestützt, während ihre Beine gespreizt und gestreckt liegen.

Er steht mit beiden Beinen über ihrem rechten Schenkel, bückt sich, erfaßt mit der linken Hand, hinter sich, d. h. hinter seine linke Wade greifend, ihren rechten Schenkel, mit der rechten Hand aber erfaßt er ihre linke Hinterbacke und erhebt sich mit dieser reizenden Last und stellt sich ganz gerad aufrecht; hierbei hat er nun ihren rechten Schenkel fest in seinen Schenkelwinkel eingepfercht. Betreffs der geschlechtlichen Einswerdung ist hier guter Rat teuer, es wird sich aber bei nur etwas Findigkeit alles in wohliges Gelingen auflösen.

Ihr linkes Bein ist frei und erzielt Varianten. Sollte seine linke Hand nicht hinabreichen, um ihren rechten Schenkel für die Dauer festzuhalten oder sein Geradstehen zu ermöglichen, so muß zur Schärpe Zuflucht genommen werden. Überhaupt ist auf die plastische Lagerung der Glieder besonders Sorgfalt zu legen.

Er kann, wenn alles gelungen, auch im Kreise sich bewegen, ohne daß sie mit den Händen die Stelle ändern müßte.

Diesem Bilde von rechts entspricht ein analoges von links.

KLASSE IV

DIE CUISSADEN

249. STANDSCHRÄGE
(Htsts.; r. u. l.)

Sie steht mit etwas nach vorne geneigtem Oberkörper und gespreizten Beinen da.

Er steht hinter ihr, nimmt ihr rechtes Bein zwischen die beiden seinen und hält sich mit beiden Händen um ihre Mitte fest und garantiert dadurch einen vollkommenen Tiefgang.

Sie hat ihr linkes Bein frei und hebt dasselbe, sobald er sie umfaßt hält, irgendwie empor; am besten zieht sie es womöglich bis an die Brust, wo er es dann mit dem linken Arme umschlingt oder anderswie im Schenkel festnimmt und dadurch einige Varianten erzielt.

Die Hände kann sie verschränken oder zum Getändel führen, wobei sie sich mit der einen Hand auf ihr Knie stützen kann.

Die Aufstemmung der Hände auf Möbel oder dergleichen ist bei diesem Bilde entschieden zu vermeiden.

Dasselbe Bild ist auch von links möglich.

---

250. KARRENSCHRÄGE
(Htsts.; r. u. l.)

Sie liegt mit der Brust nach abwärts auf dem Teppich, stemmt dabei jedoch den Oberkörper auf beide vollkommen gestreckte Arme und hat die Beine gespreizt liegen.

Er steht mit beiden Beinen über ihrem rechten Schenkel, bückt sich und nimmt mit seiner hinter sich greifenden Hand (oder mit Hilfe einer Schärpe) ihren rechten Schenkel fest, während er mit seiner linken Hand ihren linken Schenkel ganz hoch, knapp unter dem Hüftgelenke anfaßt und derart belastet, sich wieder gerade emporrichtet, wobei ihr linker Schenkel sich fest in seinen Schenkelwinkel emporgezogen befindet. Da sucht er nun auch ohne Hilfe der Hand das Gelingen seines Zweckes ohne vielen Zeitverlust zu ermöglichen.

Ihr linkes Bein ist frei und variiert nach Tunlichkeit: streckt, spreizt oder hängt den Rist des Fußes ihm in den Arm oder in die Achselhöhle. Er aber kann entweder im Kreise herumgehen oder aber frei im Zimmer herumfahren, wobei sie mit den Händen Schreitbewegungen macht.

Dies ist das Bild von rechts; ein analoges von links gelingt, wenn er ihren linken Schenkel zwischen den seinen hat.

251. QUERKARREN
(Htsts.; r. u. l.)

Sie liegt derart auf dem Teppich hingegossen, daß sie den Oberkörper, mit der Brust nach abwärts, auf beide gestreckten und gespreizten Arme gestemmt hat, in der Taille aber so eingedreht ist, daß sie mit der Croupe ganz rechtsseitig liegt und dabei beide Schenkel rechtwinkelig eingeknickt hat: den rechten auf dem Teppich, den linken aber geschlossen und parallel auf dem rechten aufliegend. Die Beine sind auch in den Knieen eingeknickt.

Er steht hinter ihr, bückt sich, erfaßt mit der rechten Hand ihre Croupe kräftig, mit der linken aber ihren unteren (rechten) Schenkel, wo das eben am besten angeht, erhebt sich mit dieser Belastung wieder in aufrechte Stellung, und trotzdem er keine Hand zur Hilfe hat, macht er es möglich, daß beide geschlechtlich eins werden.

Sie kann ihr linkes Bein spreizen oder sonstwie zu plastisch wertvollen Varianten (es ihm gestreckt auf den Kopf hebend oder auch ungestreckt auf die rechte Achsel legend u. s. w.) verwenden.

Er mit den Füßen, sie mit den Händen, können beliebige Gehbewegungen ausführen.

252. SCHLEPPKARREN (+)
(Htsts.; r. u. l.)

Er liegt rücklings auf dem Teppich, hat den Oberkörper auf die rückwärts gestreckten Hände gestemmt und die Beine gestreckt-gespreizt.

Sie steht, ihm den Rücken zugekehrt, mit beiden Beinen über seinem rechten Schenkel, bückt sich und erfaßt mit der rechten Hand (von vorne) seinen rechten Schenkel nahe beim Knie, sein linkes Bein aber nimmt sie, wie's am zweckmäßigsten dünkt, auf ihren linken Arm. Die Einfügung macht keine besonderen Schwierigkeiten und ist leichter, als sie zuerst scheinen mag. Bei gegenseitiger korrekter Entgegenbietung und geschickter Anfassung seiner Beine ist sogar ein ganz normaler, Tiefgang garantiert.

Sie kann sich im Kreise bewegen, wobei er mit den Hände nur wenigen Anstrengungen ausgesetzt wird.

Varianten der Beine sind wohl keine.

Hat sie seinen linken Schenkel zwischen den ihrigen, so ergibt sich dasselbe Bild von links.

VII.

DIE SCHWINGER- ODER DIE SCHWIMMER-GRUPPE

EINER VON BEIDEN AUF DEM SCHWIMMER SITZEND ODER LEHNLIEGEND, DER ANDERE NACH BEDARF OBERHALB

(Einige dieser Plasmen sind auch auf den Fauteuils der Eisenbahn-Coupés gut ausführbar, was auf dem betreffenden Blatte stets bezeichnet ist.

Schwinger oder Schwimmer ist ein Fauteuil bequemerer Art: er sei von ziemlich großer Ausdehnung, besser mit Armen zum Lehnen als ohne.)

KLASSE I

DIE POMPEN

253. BERCEUSE (!)
(V. v.)

Sie liegt rücklings im Schwimmer, nistet sich drin so zurecht, daß ihre Lage die denkbar bequemste sei. Beine beliebig, Schenkel gut gespreizt.

Er liegt mit Bauch und Brust auf ihr und zwischen ihren Schenkeln und sorgt für vollen, vorwurfslosen Tiefgang; die Schenkel gehen senkrecht abwärts, entweder bis auf die Erde oder kniend auf ein Sofapolster oder Taburett oder aber ohne alles, gleichsam in der Luft kniend.

Varianten liefert die Freiheit ihrer Beine, und zwar den ganzen Zyklus von I bis XX durch.

---

254. FALLGANG (!)
(V. v.)

Er kniet etwa drei Spannen weit vor dem Schwimmer, das Gesicht diesem zugewendet, hat die Schenkel geschlossen, den Oberkörper aufrecht.

Sie legt sich mit den Schultern platt rücklings auf den Schwimmerrand, legt ihre Schenkel um seine Taille und schlingt sich da fest. Was dann ferner noch geschehen soll — braucht nicht erst gesagt zu werden.

Er hat sie hierbei mit beiden Händen fest an den Lenden angefaßt und hält sie von unten in der richtigen Schwebe.

Ihre Schenkel aber kann sie dann freimachen und die sämtlichen in der Variantenskala möglichen Formen durchmachen lassen.

27

255. BOGENHUB (!)
(V. v.)

Sie liegt platt mit den Schultern rücklings auf dem Vorderrand des Schwimmers, mit der Croupe und den gespreizten Beinen vorläufig auf der Erde.

Er stellt sich, mit beiden Füßen geschlossen, zwischen ihre Schenkel, erfaßt mit beiden Händen kräftig ihre beiden Keulen und hebt sie hoch, bis sie mit ihrem Zauber genau vor seinen ungeduldig Harrenden gelangt. Mit einer Hand besorgt sie nun die innigtiefe Einigung und umschließt ihm mit ihren Schenkeln die Taille.

Sie kann außerdem aus dem Variantenregister noch verschiedene Posen veranlassen und selbst unter seinen Armen mit ihren Beinen hervorschlüpfend 1 oder 2 armhoch, 1 oder 2 achselhoch und verschiedene Grade der Spreizung durchgenießen. Eine Variante ist auch diese, wo sie beide Beine rückwärts und abwärts reckt und mit dem ganzen Körper sich zu einem gefälligen Bogen wölbt.

---

256. KÜRSTEMME
(V. v.)

Sie, mit der Brust nach oben, nimmt auf dem Schwimmer möglichst korrekt und plastisch Stellung auf allen vieren, stemmt die Hände dabei auf die seitlichen Armlehnen des Schwimmers, während sie mit den Füßen ganz knapp am Rande aufsohlt und die Schenkel gespreizt hält, wobei sie ihre verborgenen Reize möglichst nach dem hinter ihr Stehenden hinzuschiebt.

Er steht zwischen ihren Schenkeln vor ihr und müßte rein ein Strohmann sein, wenn er nicht wüßte, wozu er da so günstig steht.

Varianten stehen nur spärlich zur Verfügung.

---

257. WÜSTABSCHAFT
(V. v.)

Sie liegt vor dem Schwimmer mit den Schultern auf der Erde oder auf einer Sofarolle und hat die Croupe auf den Schwimmerrand gehoben, die Schenkel aber wagrecht weitgespreizt, den Bauch hoch hinangewölbt.

Er, mit dem Gesichte ihr zugekehrt, überspreizt reitend ihre beiden Schenkel, wenn nötig, auch den ganzen Schwimmer, hockt sich dann in ihre gebotene Wollustnarbe ein, nimmt möglichst tiefe Fühlung und läßt dann den Oberkörper, gestemmt auf die rückwärts gestreckten Hände,

— 419 —

möglichst stark nach rückwärts neigen, wobei auch er durch günstige Entgegenwölbung zur Ermöglichung beiträgt.

Varianten bleiben hier nur unwesentlich. Höchstens, daß sie mit der Croupe an einer Ecke des Schwimmers liegt und dadurch seine Positur wesentlich alteriert.

---

258. DORNKIPPLAGER
(V. v.)

Sie liegt mit dem Oberkörper rücklings auf dem Schwimmer, doch so, daß ihre Croupe außerhalb des Schwimmerrandes hervorragt; ihre gespreizten Schenkel hat sie überschlagen, wagrecht bis nahe an die Brust gezogen.

Er steht, ihr zugewendet, vor ihren günstig dargebotenen Reizen, übersteigt mit seinen Schenkeln wie reitend ihre Keulen und legt sich mit dem Oberkörper, zwischen ihren Schenkeln und Knien, auf ihre Brust nieder und nimmt tiefe volle Fühlung.

Wenn er sich am Schwimmer irgendwo unten mit den Händen festhält, kann er seine Beine wagrecht streckend zu Spreiz- und Streckvarianten nach den Regeln der Vorschrift benützen.

---

259. SCHMOLLSCHLANGE
(V. v.)

Sie liegt bloß mit dem oberen Teil des Oberkörpers bis zur Taille auf dem Schwimmer, die untere Hälfte ragt ausserhalb des Schwimmerrandes hervor; ihre Füße vorläufig beliebig auf der Erde; die Schenkel fest geschlossen.

Er, ihr zugekehrt, übersteigt wie reitend ihren Bauch und legt sich Brust an Brust auf sie, knickt die Knie ein, um mit dem Gesäße möglichst winkelig nach rückwärts zu ragen und legt seine Mitte genau über die ihre. Jetzt reißt sie die Schenkel spreizenhoch in die Höhe und überschlägt dieselben bis in die wagrechte Lage, wodurch nun bei richtiger Entgegenreckung eine vollkommen gelungene Einfügung möglich wird.

Er kann, statt zu stehen, auch mit einem oder beiden Knien auf dem Schwimmerrande knien.

Sie kann einige Streck- und Spreizvarianten ausführen. Schließlich kann er, mit den Oberarmen zurückgreifend, ihre Kniekehlen in seine Ellengelenke einhängen, ohne gerade ihre Brust zu verlassen.

27*

260. INTERREGNUM
(V. v.)

Sie, mit der Brust nach oben, stemmt vor dem Schwimmer mit rückwärts gestreckten Armen die Hände auf den Teppich und hebt die gespreizten Beine mit den Sohlen auf je eine Ecke des Schwimmerrandes, wobei sie die Kniee eingeknickt, den übrigen Körper jedoch möglichst wagrecht hat.

Er steht mit geschlossenen Beinen und aufrechter Körperhaltung zwischen ihren Schenkeln, erfaßt mit den Händen ihre Hüften und hebt ihren Leib so hoch an sich hinan, daß für die günstige Einfügung sich volle Gelegenheit biete. Der Tiefgang ist durch die Pose selber garantiert. Ihre Füße bleiben während des ganzen Vorgangs auf die Schwingerecken aufgesohlt.

---

261. WIDERSPENSTIGKEIT
(V. v.)

Er liegt vor dem Schwimmer mit den Schultern platt auf dem Teppich oder auf einem Sofapolster, hat die Croupe auf dem Schwimmerrande und die Schenkel wagrecht gestreckt und gespreizt, die Unterbeine rechts und links vom Schwimmersitze herabhängend.

Sie, ihm mit dem Gesichte zugekehrt, überspreizt reitend sowohl seine Schenkel als auch den ganzen Schwimmerrand und ist dabei mit den Füßen wie stehend auf der Erde; jetzt hockt sie sich mit aufrechtem Körper ein, erlangt tiefe volle Fühlung und stemmt sich dann auf die gestreckten Arme mit dem Oberkörper rückwärts auf den Schwimmer. Beide müssen durch geeignete Entgegenwölbung der Croupen diese Rücklehnung ermöglichen.

Varianten sind nur durch Wagrechtstreckung seiner Unterbeine geraten.

---

262. KIPPDORNLAGER
(V. v.)

Er liegt mit dem Oberkörper rücklings auf dem Schwimmer und hat die Schenkel hoch, womöglich bis an die Brust überschlagen und nur wenig gespreizt; seine ganze Croupe ragt jedoch außerhalb des Schwimmerrandes freiwagrecht in der Luft hervor.

Sie steht vor ihm, das Gesicht ihm zugewendet und überspreizt reitend seine beiden Keulen und legt sich mit dem Oberkörper auf ihn nieder, während sie dabei sich möglichst total eintieft.

Als Variante kann die Abänderung gelten, daß sie, statt auf der Erde zu stehen, auf dem Schwimmerrande entweder mit einem oder mit beiden Knien kniet.

---

263. KIPPSCHLANGE
(V. v.)

Er liegt rücklings auf dem Schwimmer, aber so, daß nur etwa die obere Hälfte seines Oberkörpers auf dem Schwimmer ist, während die untere Hälfte außerhalb des Schwimmerrandes ohne Unterlage hervorragt.

Sie ist ihm zugekehrt, überreitet stehend seinen Bauch, legt sich ihm auf die Brust, und indem sie ihre Knie ein wenig einknickt, um das Gesäß etwas rückragend zu machen, hebt er die beiden weitgespreizten Schenkel hoch bis in die wagrechte Lage, wodurch die Einfügung ohne Mühe gelingt.

Ist sie aber gelungen, dann kann er mit den Beinen einige Varianten machen. Auch kann sie mit den Oberarmen hoch zurückgreifend einen oder beide seiner Kniekehlen in ihre Ellengelenke einhängen, ohne daß sie mit ihrer Brust die seine verlassen müßte. Schließlich kann sie — und diese Form ist die bequemere — statt auf der Erde zu stehen, auch mit einem oder beiden Knien auf dem Schwimmerrande knien.

---

264. STEHSENKE
(V. v.)

Er liegt mit dem Oberkörper im Schwimmer, aber ganz an dessen rechter Seite und hat die geschlossenen Schenkel wagrecht auf die Unterbeine gestützt.

Sie steht an seiner rechten Seite und hebt, ihm das Gesicht zugekehrt, ihr rechtes Bein über seine ganze Mitte und stellt ihren rechten Fuß bei seiner linken Hüfte auf den Schwimmer, während sie mit dem linken Fuße auf der Erde steht. Nun senkt sie sich hockend gerade in die zentrale Ragung ein und verschafft sich auf leichte Weise den besten Tiefgang bei aufrechtem Oberkörper.

Sie mag dabei mit dem rechten Beine, statt zu hocken, auch knien, während er statt geschlossen, die Schenkel auch beliebig spreizen kann.

Dasselbe Bild ergibt sich auch von links, am linken Rande.

---

265. SCHLAGBAUM
(V. v)

Er liegt rücklings mit dem Nacken auf dem Schwimmerrande und hat die Waden hoch auf der Lehne, ist im ganzen Körper strammgestreckt, hat die Beine ganz geschlossen und liegt so schief abwärts.

Sie ist mit dem Gesicht nach abwärts, mit allen Vieren über ihn gespreizt, so, daß sie ihre gestreckten Arme mit den Händen auf den Schwimmerrand stemmt, während ihre gespreizten Beine entweder wie hockend mit der Sohle im Fond des Schwimmers stehen, oder auf den Armlehnen knien. Die Einfügung und der Tiefgang sind tadellos und garantieren reiches Gelingen. Ihr Oberkörper bleibt wagrecht.

Er muß bei diesem Bilde immer gestreckt bleiben, daher weitere Varianten eigentlich ganz wegfallen, höchstens kann sie die Unterbeine auf die hohe Schwimmerlehne legen und sich strammstrecken.

---

266. TRIUMPHSPRUNG
(V. v.)

Er liegt rücklings mit dem Oberkörper bis zur Taille auf dem Schwimmer und hat die geschlossenen, wagrecht liegenden Schenkel auf den senkrechten Unterbeinen gestützt.

Sie liegt Brust an Brust auf ihm, hat seine Schenkel zwischen den ihrigen, wobei ihre Beine in den Schenkeln abwärts, in den Waden aber rückwärts gelegt werden.

Ihre Beine haben so manche Variante aus dem Register für sich.

---

267. AMARANTH
(V. v.)

1. Er liegt mit dem Oberkörper rücklings auf dem Schwimmer, ist etwa mit der Mitte der Croupe oder mit dem Kreuz auf dem Schwimmerrand, während sich der übrige Körper bis zu den Knien wagrecht gestreckt auf den senkrechten Unterbeinen stützt. Die Schenkel sind geschlossen.

Sie hat das Gesicht ihm zugekehrt und reitet über ihm wie Männer auf dem Pferde reiten, wobei sie die Schenkel möglichst steil nach abwärts zwingt und sich fast wie kniend über dem Fußboden befindet.

2. Sie kann übrigens auch bloß auf einem seiner Schenkel reiten, wodurch ein ganz anderes Bild resultiert, das hier jedoch bloß als Variante gelten soll. Sein hierbei frei hinweggespreiztes Bein vermannigfaltigt dies Bild noch auf vorgeschriebene Weise.

---

268. GRILLE
(V. v.)

Er liegt mit dem ganzen Oberkörper rücklings auf dem Schwimmer, hat die Schenkel wagrecht gestreckt und gespreizt auf den senkrechten Unterbeinen, auf dem Fußboden gestützt.

Sie setzt sich, ihm das Gesicht zukehrend, auf seinen Schoß und nimmt dort tief in sich was starr geboten ihr entgegenharrt. Dann spreizt sie ihre in den Knien eingezogenen Beine gegen den Fond des Schwimmers und legt die Fußsohlen dort an je einen Seitenrand; mit den Händen aber greift sie zurück und stemmt sich damit auf seine Knie, wobei ihr Oberkörper etwas zurücklehnt.

Er muß festgepflanzt postiert sein, damit durch die sonstige Unsicherheit seiner Kniee ihren Armen feste Stemmung geboten wird.

Varianten keine.

---

269. SCHLINGSITZ
(V. v.)

Er liegt rücklings auf dem Schwimmer, den Oberkörper und die Schenkel wagrecht, letztere geschlossen und mit den senkrechten Unterbeinen aufgestützt.

Sie, ihm zugekehrt, überreitet ihn mit beiden Schenkeln, versenkt die harrende Starrheit in sich und sichert ihr feste Fügung. Dann hebt sie erst eines, dann das andere Bein über seinen Bauch und verschränkt dort die Waden, wie sitzende Türken es tun.

Beide reichen sich die Hände, damit sie gesicherter sitze. Er kann eventuell auch die Schenkel etwas oder auch weit öffnen und dann dieselben wieder schließen, was betreffs der Fühlung eine ganz angenehme Abwechslung ist.

---

270. RÜCKFALLRITT
(V. v.)

Er liegt rücklings mit dem Oberkörper, aber bloß bis zur Taille auf dem Schwimmer, hat die Schenkel geschlossen und wagrecht gestützt.

Sie, ihm das Gesicht zugewendet, überreitet ihn mit beiden Schenkeln, senkt sich tief ein und legt sich dann rücklings mit ihren Unterarmen auf seine Knie. Ihre Schenkel gehen bogenförmig abwärts. Sie stemmt sich mit beiden Füßen auf die Erde.

Sie kann mit den Beinen einige Varianten wagen.

---

271. PENTADE
(V. v.)

Er liegt mit dem Oberkörper rücklings auf dem Schwimmer, hat die Schenkel hochgerissen und gespreizt, dabei aber die Fußsohlen fest auf dem Rande des Schwimmers.

Sie, ihm zugekehrt, steht auf dem Schwimmer, mit den Füßen rechts und links an seinen Rippen und setzt sich dann zwischen seinen Schenkeln vollkommen tief ein.

Sie kann sich dabei seiner Schenkel als Armlehnen bedienen, oder sie reicht ihm die Hände und versucht sich etwas nach rückwärts hängen zu lassen. Seine und ihre Beine haben noch verschiedene Varianten, dürfen aber das Charakteristische des Bildes nicht verwischen.

---

272. STEMMWIPPE
(V. v.)

Er sitzt auf dem Schwimmer, hat den Oberkörper schief rückwärts mit den Ellbogen auf die Armlehnen gestützt, die Schenkel hochgezogen und weitgespreizt, während seine Füße mit den Sohlen auf den Rand des Schwimmers aufgelegt sind.

Sie sitzt, ihm zugekehrt, genau zwischen seinen Schenkeln und hat den Fühler tief in ihrer Narbe, wobei ihre Füße unter den Armlehnen des Schwimmers angestemmt sind. In dieser Pose erfaßt sie mit den Händen seine Flanken und vermag sich durch Anstemmung ihrer Füße von ihrem Sitzpunkt beliebig emporheben und so die Bewegungen regeln.

Seine Beine dürfen eventuell (eines oder auch beide) vom Rande, wo sie mit den Füßen aufstützen, weggehoben und zu verschiedenen Varianten verwertet werden.

---

273. HEFTELSCHWEBE

Er sitzt tief im Schwimmer, ist mit dem Kopfe hoch auf die Rücklehne gelehnt, während seine Beine festgeschlossen schief nach abwärts, mit den Fersen auf die Erde reichen. Sein ganzer Körper ist geradegestreckt, d. h. nirgends eingeknickt — wie eine schieflehnende Stange.

Sie übersteigt, ihm zugekehrt, mit beiden Schenkeln seine Mitte, stemmt die Füße in den Fond des Schwimmers oder unter dessen Armlehnen, setzt sich dann tief ein und besorgt möglichst vollkommene Fühlung; nun fassen sich beide die Hände oder noch sicherer an der Handwurzel und sie läßt sich mit dem Oberkörper soweit es geht nach rückwärts zurückneigen.

Er kann die Beine eventuell auch weitgespreizt oder, wenn er will, bloß halbgespreizt haben. Andere Varianten gibt es nicht.

KLASSE II

DIE VOLTEN

274. KRONDORN
(V. h.)

Sie liegt mit dem Oberkörper rücklings auf dem Schwimmer, hat auch die Croupe ganz auf dem Schwimmer und die Schenkel überschlagen, weitgespreizt, wagrecht an sich hinangezogen.

Er stemmt die Hände vor dem Schwimmer auf die Erde, kniet mit beiden Schenkeln über ihre Keulen, mit den Knien am Schwimmerrande und taucht in dieser Pose, geleitet durch ihre Hand, tief in ihre Mitte ein.

Als Variante steht ihm noch die Möglichkeit frei, seine knienden Schenkel nach Tunlichkeit rückwärts auszustrecken und so mit den Beinen in gestreckte, wagrechte Lage zu gelangen.

---

275. RUNDHUB
(V. h.)

Sie liegt auf ihren verschränkten Armen bloß mit der Brust auf dem Schwimmerrande und kniet vorläufig mit gespreizten Schenkeln auf dem Teppich.

Er kniet sich von hinten zwischen ihre Schenkel und erfaßt mit beiden Händen ihre Hüften. Nun streckt sie die Schenkel wagrecht, legt sie rechts und links an seine Taille, klemmt ihn da fest und indem sie die Waden senkrecht hebt, verschränkt sie ihre Füße im Rist unter seiner Achsel oder hinter seinem Rücken, um festen Halt und feste Pressung zu gewinnen. Mittlerweile hat er angelegt und tiefe Fühlung genommen. Er bleibt mit dem Oberkörper stets in aufrechter Stellung.

Als Variante faßt er sie fest an den Hüften, hebt sie vom Schwimmer empor, daß ihr Oberkörper frei in der Luft schwebt — auch kann er sich mit ihr um seine eigene Achse drehen.

Ihre Beine können, bevor sie emporgehoben wird, verschiedene Streck- und Spreizvarianten bilden.

---

276. HEBE
(V. h.)

Sie ist mit verschränkten Armen platt mit der Brust auf dem Schwimmer- rande, hat den übrigen Körper gestreckt und die gespreizten Beine auf der Erde.

Er stellt sich mit den Füßen zwischen ihre Schenkel, erfaßt sie mit beiden Händen kräftig an den Hüften oder an den Schenkeln, oder auch ganz nahe an den Knien, hebt sie in korrekte Höhe, legt mit Hilfe ihrer Hand an, nimmt mit einem Schub nach vorn nun tiefe Fühlung. Er ist in möglichst aufrechter Stellung.

Ihre Beine, je nach der Art wie er sie emporhob, haben verschiedene Chancen zur systematischen Variantenbildung.

---

277. KÜRPASSADE
(V. h.)

Sie steht mit allen Vieren auf dem Schwimmer, das Gesicht abwärts gewendet: die Arme auf des Schwimmers Armlehnen gestemmt, die Beine wie hockend geknickt, mit den Sohlen am Schwimmerrande.

Er steht hinter ihr, aufrecht und mit geschlossenen Beinen, zieht sie, wenn sie ihm zu hoch ist, etwas tiefer, indem er sie an den Flanken festhält und sich dann möglichst tief in sie einwühlt.

Durch Varianten läßt sich hier eine Vermannigfaltigung des Bildes dadurch erzielen, daß sie die Beine entweder weitgespreizt, oder nur halb- gespreizt, oder aber ganz geschlossen hält.

---

278. WÜSTSTEMME
(V. h.)

Sie liegt rücklings auf dem Schwimmer, hat die Croupe am Rand des- selben, die Schenkel aber recht hoch, ganz senkrecht und gespreizt.

Er legt sich so über sie, daß seine Füße rechts und links bei ihrem Kopfe auf dem Schwimmer liegen, seine Arme aber in entgegengesetzter

Richtung auf der Erde stemmen. Seine Mitte deckt genau die ihrige und tiefe Einfügung gelingt auf's vollkommenste.

Ihre Beine sind frei und haben eine Reihe von Varianten zur Verfügung.

---

279. KNIEHEBEL
(V. h.)

Sie liegt rücklings auf dem Schwimmer oder auf einer Ottomane, Chaiselongue . . . und hat die Lenden am Rande, überkippt die Beine so, daß die Schenkel wagrecht über ihrer Brust und die Waden senkrecht emporragen; Schenkel nur wenig gespreizt.

Er, ihr den Rücken gekehrt und stehend, überreitet ihre Schenkel, resp. ihre Keulen und tieft sich möglichst kräftig ein; dann nimmt er ihre Kniekehlen außerhalb seiner Oberarme auf seine Ellengelenke, legt die Unterbeine auf ihre Schienbeine längs bis zu den Knöcheln und drückt sie mit den Händen an sich, um gleichsam eine Hebelwirkung zu erzielen, die einen besseren Tiefgang ermöglicht. Sie faßt und preßt seine Hüften fest.

Varianten sind ausgeschlossen.

---

280. ABRUTSCHDORN
(V. h.)

Sie liegt vor dem Schwimmer platt mit den Schultern auf dem Teppich oder auf einer Sofarolle und hat die Croupe auf dem Rande des Schwimmers, die Schenkel überschlagen, wagrecht gegen ihre Brust gezogen und mäßig oder nur wenig gespreizt.

Er, ihr mit dem Rücken zugekehrt, überspreizt reitend ihre Keulen, wenn nötig auch den Schwimmer, legt sich mit Bauch und Brust auf den Schwimmer nieder und erlangt so die vollkommenste Eintiefung.

Ihre Beine mögen einige Varianten wagen, dürfen jedoch den Tiefgang nicht beeinträchtigen.

Sie kann mit ihrer Croupe auch auf der einen Ecke des Schwimmers liegen, wodurch die Stellung seiner Beine eine ganz andere werden muß.

---

281. ANDROMEDA
(V. h.)

Er stellt sich mit geschlossenen Beinen geradstehend mit den Waden an den Schwimmerrand. Statt des Schwimmers kann dies auch an einem Sofa, Balzac oder Fauteuil geschehen.

Sie kauert, ihm den Rücken kehrend, vor ihm auf allen vieren und legt ihre beiden Knie so auf den Schwimmerrand, daß er zwischen ihren Schenkeln stehen kann.

Es ist nicht anzunehmen, daß er nicht wüßte, was er beginnen soll.

Varianten gibt es nur wenig. Er bleibt stehend, sie aber mit beiden Knien auf dem Schwimmer kniend, und kann mit je einem Beine gewisse Varianten veranlassen.

---

282. ÜBERRASCHUNG
(V. h.)

Sie stemmt, das Gesicht nach abwärts, vor dem Schwimmer (Sofa, Fauteuil oder Balzac) armgestreckt auf ihren Händen und legt bloß ihre Füße, etwa bis zum Knöchel, auf den Rand des Möbels, hält ihre Unterbeine jedoch vollkommen wagrecht, wodurch sie ihre Schenkel senkrecht erhalten kann. Die Schenkel hat sie gänzlich geschlossen oder nur wenig gespreizt.

Er stellt sich, mit den Waden an den Schwimmerrand anlehnend, mit den Beinen über ihre Waden; in dieser Lage erfaßt er ihre Flanken, zieht ihre Mitte so hoch und sich so tief in sie, als es die sehr günstigen Umstände gestatten.

Er bleibt während dessen immer in aufrecht stehender Positur.

Varianten muß dies Bild füglich entbehren.

---

283. DIAGONALE
(V. h.)

Sie liegt auf den verschränkten Armen mit der Brust auf dem Rande, mit den Schienbeinen auf der Lehne des Schwimmers und hat den ganzen Körper stramm gestreckt, die Croupe noch besonders nach aufwärts gestreckt, die Beine aber ein wenig gespreizt.

Er ist auf dem Schwimmer mit allen vieren über sie gespreizt: die Hände stemmen mit gestreckten Armen am Rande, während die Knie auf den Armlehnen des Schwimmers knien. Sein Oberkörper ist ganz wagrecht. Die Einfügung gelingt bestens.

Als Variante kann er, statt auf den Armlehnen zu knien, mit den hockend emporgezogenen Beinen im Fond des Schwimmers aufsohlen.

---

284. LÄUTERUNG
(V. h.)

Sie liegt mit den Oberarmen auf die Erde gestützt, mit dem Gesichte abwärts vor dem Schwimmer und hat die geschlossenen Beine von den Schenkeln ab auf dem Schwimmer oben.

Er überspreizt mit gestreckten Armen ihre Schultern und stemmt mit den Händen auf der Erde, während er mit den Schenkeln über die ihrigen spreizt, mit den Knien rechts und links von ihren Schenkeln auf dem Schwimmer aufliegt, während seine Unterbeine seitlich über die Armlehnen hinwegragen. Sie reckt ihre Croupe nun recht hoch aufwärts, spreizt die Schenkel nun nach Bedarf und bietet sich auf diese Weise dar. Er findet günstigen Zugang und tiefe Fühlung. Sein Oberkörper ist wagrecht.

Varianten sind nur durch beider freie Unterbeine möglich, daher ganz nebensächlich.

---

285. GNADENFALL
(V. h.)

Sie liegt mit den Oberarmen auf die Erde gestützt, mit dem Gesichte abwärts vor dem Schwimmer und hat die weitgespreizten Schenkel ganz auf dem Schwimmer, während sie ihre Unterbeine seitlich über die Armlehnen hinwegragen läßt.

Er liegt mit geschlossenen Schenkeln zwischen ihren Schenkeln und stemmt mit gestreckten Armen die Hände rechts und links von ihren Achseln auf die Erde, wobei sein Oberkörper vollkommen wagrecht schwebt. Die in dieser Pose mögliche Eintiefung ist eine vollständige.

Beide haben nur die Unterbeine frei und somit bleiben etwaige Varianten ohne Belang.

---

286. NEUQUERE
(V. h.; r. u. l.)

Sie liegt mit dem ganzen Oberkörper auf ihrer rechten Seite auf dem Schwimmer, so, daß ihre beiden Schenkel parallel übereinander, genau längs auf dem Schwimmerrande liegen; ihre Verborgene ragt ein wenig über den Rand hervor und erscheint dadurch bequemer dargeboten.

Er kniet hinter ihr, wenn nötig auf einer passenden Unterlage, um hoch genug zu sein und findet einen tiefinnigen Empfang, dessen wohlige Vollendung gar nichts zu wünschen übrig läßt.

Ihr oberes Bein ist für einige Varianten geeignet situiert und frei.

Dies Bild kann auch von links dargestellt werden.

---

287. KNIEHEBELDORN
(V. h.)

Er liegt vollkommen rücklings, mit den Lenden auf dem Rande des Schwimmers (Chaiselongue, Ottomane) und hat die Beine überkippt, wagrecht und nahe bis an die Brust gezogen.

Sie, mit dem Rücken ihm zugekehrt, überreitet stehend seine Keulen und senkt sich tief und kräftig ein. Dann nimmt sie seine Kniekehlen, außerhalb ihrer Oberarme, auf ihre Ellengelenke und legt die Unterarme längs über seine Unterbeine, sich mit den Händen bei seinen Fußknöcheln festhaltend und da einen Druck nach abwärts ausübend; hierdurch kommt sie in die Lage, eine Hebelwirkung zu erzielen und einen möglichst tiefen und beliebig geregelten Genuß zu erlangen. Er erfaßt und preßt sie an ihren Hüften fest an sich.

Varianten sind keine geboten.

---

288. BEZÄHMUNG
(V. h.)

Er liegt vor dem Schwimmer mit den Schultern platt auf dem Teppich oder auf einem Sofapolster, hat die Croupe auf den Schwimmerrand gehoben und die Beine ganz gestreckt und nur soviel gespreizt, daß seine Füße an die Seitenränder der Schwimmerlehne gelangen.

Sie, ihm den Rücken kehrend, überspreizt reitend sowohl seine Schenkel als auch den ganzen Schwimmer, hat die Füße rechts und links vom Schwimmer auf der Erde und hockt sich nun tief und kräftig ein, wonach sie den Oberkörper möglichst schief abwärts auf den Schwimmer und mit den Händen in den Fond des Schwimmers stemmt. Beide müssen durch günstige Entgegenwölbung der Croupaden dies bestens ermöglichen.

Varianten bleiben außer Betracht.

---

289. HEUREKA
(V. h.)

Er stemmt vor dem Schwimmer mit gestreckten Armen auf den Händen und kniet sich weitgespreizt auf den Rand des Schwimmers. Es ist das eine Position, worin die Anforderung zur Lösung des bisher ungelösten Problems liegt: daß sie „ihn" von hinten geschlechte!

Dies Problem löst sie dadurch, daß sie sich mit der Croupe und mit geschlossenen Schenkeln zwischen seine beiden Schenkel auf den Rand des Schwimmers legt und ihren ganzen Oberkörper rücklings den Umständen angemessen günstig postiert, während ihre geschlossenen Schenkel wagrecht überschlagen bis nahe an ihre Brust gezogen sind. In dieser Lage unterschiebt sie sich mit ihrem spitzwinkelig voranragenden Gesäß möglichst günstig unter ihn und fügt sich voll und vollkommen ein. Die Umstände bestimmen allemal die feineren Nuancen dieses Bildes, das ohnehin keine Varianten zuläßt. Besonders durch die Lösung des obigen Problems erlangt das Bild eine ganz besondere technische Bedeutung.

---

290. PENTADORN
(V. h.)

Er liegt rücklings auf dem Schwimmer und hat auch die Hinterbacken ganz auf dem Schwimmerrande, während seine Schenkel, nur sehr wenig geöffnet, senkrecht oder etwas mehr als senkrecht hinangezogen sind; Waden auch senkrecht.

Sie stemmt, ihm abgewendet, mit den Händen und gestreckten Armen vor dem Schwimmer auf dem Teppich, kniet mit beiden Knieen rechts und links von seinem Gesäß auf den Schwimmerrand und hockt sich durch geschickte Spreizung, und wenn nötig durch geeignete Rückwärtsschiebung ihrer Schenkel, in den Dorn ein, den er mit der Hand aus seiner Verborgenheit, so weit als erforderlich, hervorschiebt.

Varianten sind nicht weiter zu forcieren.

---

291. TRIUMPHVOLTE
(V. h.)

Er liegt rücklings auf dem Schwimmer, mit der Croupe auf dem Schwimmerrand, die Schenkel geschlossen und wagrecht auf den senkrechten Unterbeinen, die Sohlen auf der Erde.

Sie liegt mit ihrem vollen Rücken platt auf ihm, spreizt ihre Schenkel über die seinen und wölbt den Bauch und die Croupe aufwärts, um eine gelungene Eintiefung zu erreichen. Ihre Schenkel drücken sich hierbei möglichst nach abwärts, die Füße samt den Waden aber nach rückwärts bis auf den Fußboden.

Varianten ließen sich nur unregelmäßig und unvollkommen formieren.

---

292. SCHMOLLVOLTE
(V. h.)

Er liegt auf dem Schwimmer, Oberkörper und Schenkel wagrecht; letztere geschlossen und auf die senkrechten Unterbeine gestützt.

Sie, ihm den Rücken kehrend, steht rechts an seiner Hüfte, hebt lhr linkes Bein ganz über ihn und setzt es jenseits mit der Sohle auf den Schwimmerrand; dann duckt sie sich, um den günstig Starrenden möglichst innig in sich gelangen zu lassen. Ihr Oberkörper bleibt gerade aufrecht.

Dasselbe kann sie auch links von ihm tun.

Sie kann mit dem übersteigenden Beine auch knien. Überhaupt können beide verschieden mit den Beinen variieren, dürfen aber das Bild seiner charakteristischen Färbung nicht entkleiden.

---

293. FEIERABEND
(V. h.)

1. Er liegt mit dem Oberkörper rücklings auf dem Schwimmer und ist mit dem Kreuze auf dem Schwimmerrande, während die geschlossenen Schenkel wagrecht auf den senkrecht aufgesohlten Unterbeinen ruhen.

Sie, ihm den Rücken kehrend, reitet auf seiner Mitte so, wie Männer auf dem Pferde reiten.

2. Er kann ihr auch bloß einen Schenkel zum Ritte bieten und den andern Schenkel beliebig hinwegspreizen, wodurch ein ganz anderes Bild resultiert, das jedoch bloß als Variante aufgenommen werden soll. Weitere Varianten findet hier sein freies Bein im Sinne des Variantenregisters.

---

294. HEUSCHRECKE

Er liegt mit dem ganzen Oberkörper rücklings auf dem Schwimmer und hat die gespreizten, wagrechten Schenkel auf die senkrechten Unterbeine gestützt.

Sie überreitet, ihm den Rücken kehrend, seine Hüften, setzt sich hier tief und kräftig ein, stemmt sich, mit den Händen nach rückwärts greifend, auf die zwei Armlehnen des Schwimmers und dann setzt sie ihre Füße mit den Sohlen auf seine Knie.

Das Bild ist zu charakteristisch, als daß es irgend welche Varianten vertrüge.

---

295. PLATTRITT
(V. h.)

Er liegt mit dem Oberkörper bis zur Taille auf dem Schwimmer, hat die Schenkel geschlossen und fast wagrecht auf den senkrechten Unterbeinen.

Sie setzt sich, ihm den Rücken kehrend, mit beiden Schenkeln auf Reiterart über ihn, tieft sich ein und legt sich mit der Brust auf seine Knie nieder, behält aber die Schenkel senkrecht nach abwärts gerichtet.

Statt ganz auf die Brust mag sie sich auch mit auf der Brust gekreuzten Armen auf seine Knie legen. Ihre Beine können einige Varianten (Schenkel an sich ziehen, freispreizen, spannspreizen) versuchen.

---

296. SOLITAIR

Er liegt rücklings mit dem Oberkörper auf dem Schwimmer und hat die Schenkel senkrecht und sehr gespreizt, die Unterbeine senkrecht aufgesohlt.

Sie steht, ihm mit dem Rücken zugekehrt, mit den Waden an dem Schwimmerrand und hockt sich aufs wohligste in den so prächtig gebotenen Dorn ein und trachtet möglichst tief zu genießen.

Seine Beine, sowie beider Hände können recht nette Variantenkombinationen geben.

---

297. DORNGRÄTSCHE
(V. h.)

Er liegt rücklings auf dem Schwimmer, hält sich mit beiden Händen fest am Oberrande der Rücklehne. Er ist zuerst gestreckt und geschlossen, die Beine gehen schief abwärts und stützen mit den Fersen auf der Erde.

Sie, ihm den Rücken zuwendend, überreitet mit beiden Schenkeln die seinen und tieft sich vollkommen ein; sie ist in den Knien nach Bedarf geknickt und stemmt mit den Händen auf den Schwimmerecken; der Oberkörper bleibt möglichst aufrecht.

Nun legt sie ihre Beine der ganzen Länge nach parallel über die seinen; er öffnet ein wenig die Beine, wodurch die ihrigen dazwischen auf die Erde gleiten; dann öffnet und spreizt er seine Beine so weit und so sehr er nur kann und hebt die Schenkel senkrecht und noch mehr empor. Sie steht mittlerweile auf den Sohlen und nimmt je nach veränderten Lageverhältnissen immer günstige Stellung. Ihr Oberkörper ist dabei auch jetzt noch senkrecht.

Aus dieser hochgezogenen Lage trachtet er wieder im geeigneten Tempo in die erste Pose zu gelangen, d. h. zurückzugrätschen. Dies können sie, so ofts beliebt, wiederholen. Auch mögen sie dabei Varianten in die rechts- und dann in die linksseitige Pose versuchen.

Eines der schönsten Bilder.

---

298. WINKELSITZ
(V. h.)

Er liegt mit dem ganzen Ober- und Mittelkörper rücklings auf dem Schwimmer, hat die Schenkel gespreizt hochgezogen und die Füße auf den Schwimmerrand gestemmt.

Sie stellt sich, ihm den Rücken wendend, mit den Füßen (rechts und links von seinen Füßen) auf den Schwimmerrand und hockt sich so zwischen seine Schenkel, daß ihre Waden vor seinen Schienbeinen bleiben und ihre Schenkel zwischen seine Schenkel gelangen. Nun setzt sie sich voll und tief ein und benützt seine Beine als Armlehnen oder als Armstützen.

Sollten seine Unterbeine ihr im Wege stehen oder gar die Eintiefung erschweren, so mag er sie frei emporragen lassen und ihnen dabei am zweckmäßigsten eine wagrechte Lage geben. Sie kann außerdem ihre in den Ellbogen winkelig eingeknickten Arme rückwärts recken, wo er dann mit den Händen ihre Armgelenke anfaßt, auf daß sie sich mit dem Oberkörper möglichst nach vorne neigen kann.

---

299. HEFTELNEST
(V. h.)

Er sitzt stramm gestreckt auf dem Schwimmer, den Kopf hoch auf der Lehne, die Füße auf der Erde, die Schenkel geschlossen — im ganzen wie eine lehnende Stange.

Sie, ihm den Rücken zukehrend, kniet sich über seine Schenkel, fügt den gar zu günstig Starrenden tief in sich. Jetzt erfassen sie sich an den Händen oder was noch sicherer ist an den Handwurzeln. Derart gesichert streckt sie nun ihre Beine und legt die Füße unter die Armlehnen des Schwimmers fest. Endlich läßt sie sich mit dem Oberkörper nach vorne hängen und bildet, indem sie Bauch und Brust nach abwärts wölbt, einen schwebenden Bogen.

Sollte für obige Situierung ihrer Beine am Schwimmer die Gelegenheit mangeln, so läßt sie bloß die Knie rückwärts bis in den Fond gleiten, wobei sie die Schenkel schiefliegend, die Waden aber senkrecht hat und Widerhalt nur in des Mittelpunktes Achse findet.

Ein plastisch gefälliges Bild.

---

300. HULDENSITZ
(V. h.)

Er liegt rücklings auf dem Schwimmer, Oberkörper und Schenkel wagrecht, letztere geschlossen auf den senkrecht aufgesohlten Unterbeinen.

Sie setzt sich, ihm den Rücken kehrend, wie sie es auch beginnen mag, auf seine Mitte, nimmt volle, tiefe Fühlung und trachtet ihre Unterbeine auf seinen Schenkeln zu verschränken, d. h. in türkisch sitzende Pose zu gelangen.

Er hat sie um die Taille gefaßt, oder sie erfassen sich mit den Händen gegenseitig an den Armen, wodurch sie festen Halt erlangt.

---

301. FLOSSQUERE
(V. h.; r. u. l.)

Sie steht mit beiden Beinen über den Sitz des Schwimmers gespreizt, mit den Füßen auf der Erde, ist dabei mit dem Gesichte gegen die Lehne des Schwimmers gekehrt.

Er liegt rücklings stramm und gestreckt knapp am Rande des Schwimmers quer über diesem und hat den Kopf und die Füße ohne Unterlage, da er, mit anderen Worten, wie ein quer über den Rand gelegtes Floß daliegt. Nun setzt sie sich ein und wird an Fühlung nichts zu wünschen übrig haben.

Varianten gibt es keine.

Es bleibt sich ganz gleich, nach wohin er mit dem Kopfe liegt; ist er nach rechts, so ist das Bild ein ganz analoges dem, wenn er mit dem Kopfe nach links hin gelegen ist.

KLASSE III

DIE FLANQUETTEN

302. CAUSERIE
(Vrsts.; r. u. l.)

ie liegt rücklings auf dem Schwimmer, befindet sich in der Taille jedoch so nach rechts eingedreht, daß sie eigentlich bloß mit der rechten Keule nach unten aufliegt, da die linke nach oben ragt; der linke Schenkel spreizt nach links hinweg.

Er liegt mit der Brust auf ihr, mit den Schenkeln aber bloß über ihrem rechten Schenkel. Seine Schenkel sind senkrecht oder aber auch beliebig schief nach abwärts gerichtet.

Ihr linkes Bein ist frei und gestattet Varianten.

Wie das von rechts war, so kann sie mit der linken Keule auf dem Schwimmer liegen, wodurch das linksseitige Komplement des obigen entsteht.

---

303. VORGABEL
(Vrsts.; r. u. l.)

Er kniet, das Gesicht gegen den Schwimmer zu, in gehöriger Entfernung vor diesem mit etwas gespreizten Schenkeln und aufrechtem Oberkörper auf der Erde.

Sie legt sich mit den Schultern platt rücklings auf den Rand des Schwimmers, legt ihren linken Schenkel auf sein rechtes Armgelenk, mit dem linken Beine aber schlüpft sie zwischen seine Schenkel, so daß er ihren rechten Schenkel überreitet. Selbstverständlich müssen die Geschlechtsorgane beider sich nun ganz nahe einander gegenüber befinden und muß eine volle Einfügung ohne weiteres gelingen.

Er hält sie mit den Händen fest an der rechten Hüfte umfaßt, oder auch so, daß er bloß mit der linken Hand ihren rechten Schenkel, mit der rechten aber ihren linken festhält. In ersterem Falle hat ihr linkes Bein volle Freiheit und macht so viele Varianten durch, als in dieser Lage eben möglich scheinen.

Dieses Bild kann auch von links ebenso stattfinden.

---

304. WINKELHUB
(Vrsts.; r. u. l.)

Sie liegt mit den Schultern platt auf dem Schwimmerrande, den übrigen Körper vorläufig beliebig auf der Erde.

Er stellt sich mit den Füssen über ihren rechten Schenkel, erfaßt mit der linken Hand ihre rechte Keule, mit dem rechten Armgelenk aber hängt er sich in ihre linke Kniekehle ein, und hebt sie nun empor, bis er gerade aufrecht zu stehen kommt, sie aber mit ihren Verborgenheiten knapp dorthin gelangt, wo die Vereinigung zu einer herrlichen Zweieinigkeit zu erfolgen hat und durch ihre Hilfe in der Tat auch erfolgt. Sie hat dabei ihren rechten Schenkel hoch zwischen seinen Schenkelwinkel geschoben und ist in der Taille ziemlich seitlich gedreht.

Ihr linkes Bein kann verschiedene Varianten des Systems bilden. Ihr Körper ist schön emporgewölbt.

Ist ihr linker Schenkel zwischen den seinen, der rechte aber auf seinem Armgelenke, so resultiert das linksseitige Analogon des obigen Bildes.

---

305. NEUGABEL
(Vrsts.; r. u. l.)

Sie liegt vor dem Schwimmer mit den Schultern auf einem Sofapolster, legt ihre Croupe, oder wenigstens die Keulen, auf den Schwimmerrand, hat das rechte Bein vollkommen gestreckt, das linke aber frei nach links hinweggespreizt, wodurch sie in den Hüften seitlich gedreht erscheint.

Er, ihr mit dem Gesichte zugekehrt, nimmt stehend ihren rechten Schenkel zwischen seine Beine, stemmt die Hände auf die Armlehnen des Schwimmers und trachtet mit dem Kopf recht hoch zu bleiben. Nun müssen beide ihre Mitten derart einander zubeugen und entgegenwölben, daß die auffallende Widerspenstigkeit, die sich beim Einfügen zeigt, vollkommen gebändigt und gute Fühlung ermöglicht werde.

Ihr freies Bein kann, was durchführbar, variieren.

Hätte er ihren linken Schenkel zwischen den seinen, so erschiene ein dem obigen ganz ähnliches Bild von links.

— 438 —

Sie kann mit ihrer rechten Keule auch an der rechten Ecke des Schwimmerrandes liegen, wodurch die Stellung seiner Beine eine andere wird, was als Variante dienen kann.

---

306. SCHIEFKIPPE
(Vrsts.; r. u. l.)

Er liegt halb auf seiner linken Seite auf dem Schwimmer, hat die linke Keule über dem Rande desselben und die Schenkel hoch bis nahe an die Brust gezogen und läßt für sie an seiner Linken etwas Platz am Schwimmer.

Sie kniet, mit dem Gesichte ihm zugekehrt, mit dem rechten Knie auf diesem Platz, hebt ihren linken Schenkel über seine Keulen und setzt diesen Fuß, wie hockend, mit der Sohle hinter seine Lenden, tieft sich ein und legt sich mit dem Oberkörper über ihn hinweg irgendwie auf die hohe Rücklehne des Schwimmers und macht es sich möglichst bequem.

In der Korrektheit ihrer Attitüden liegt die Gewähr für das tadellose Gelingen dieses Bildes, das nur in der Art, wie sie sich legt, irgendwie Varianten zuläßt.

Liegt er auf seiner Rechten, so ergibt sich dasselbe Bild von rechts.

---

307. SCHEINKIPPE
(Vrsts.; r. u. l.)

Er liegt links, halbseits im Schwimmer, hat die Schenkel nahezu bis an die Brust emporgezogen und läßt für sie etwas Platz an seiner Linken frei.

Sie kniet sich, ihm mit dem Gesicht zugekehrt, mit dem rechten Knie auf diesen Platz, hebt ihren linken Schenkel über seinen linken, läßt seinen rechten Schenkel freigespreizt hinwegragen und legt ihr linkes Knie an seine rechte Flanke auf den Schwimmer und macht sich so bequem als möglich, indem sie mit dem Oberkörper sich gegen die Rücklehne des Schwimmers niederläßt.

Seinem freien Beine stehen einige Varianten zur Verfügung.

Falls er rechts im Schwimmer läge, so ergäbe sich das rechtsseitige Ergänzungsbild des obigen.

---

308. UNRAST
(Vrsts.; r. u. l.)

Er liegt vor dem Schwimmer mit den Schultern auf der Erde oder auf einer Sofarolle und hat die rechte Keule auf dem Schwimmerrande, den rechten Schenkel wagrecht gestreckt, während der linke Schenkel frei aufwärts gespreizt ragt, wodurch er natürlich in der Taille nach seitwärts gedreht erscheint.

Sie, ihm das Gesicht zugewendet, übersteigt seinen rechten Schenkel und hockt sich niedrig genug, um den widerspenstig anderwärts Starrenden nach bester Tunlichkeit in sich gelangen zu lassen. Ist das geschehen, so besorgen beide durch geeignetes Entgegenwölben der Croupen den möglichsten Tiefgang. Sie kann dabei mit dem Oberkörper entweder aufrecht bleiben oder, wenn es geht, sich auch auf gestreckten Armen rückwärts auf den Schwimmer stemmen.

Sein freies Bein kann Varianten gestalten.

Dasselbe Bild ist auch von links möglich.

---

309. LAGERSENKE
(Vrsts.; r. u. l.)

Er liegt rücklings so auf dem Schwimmer, daß sein Nacken auf dem Rande, seine Waden aber hoch auf der Lehne liegen; der ganze Körper strammgestreckt, nur der linke Schenkel weit nach links gespreizt.

Sie ist auf dem Schwimmer, das Gesicht nach abwärts, mit allen Vieren so über ihn gespreizt, daß sie die gestreckten Arme mit den Händen auf den Schwimmerrand stemmt, mit ihren gespreizten Schenkeln aber seinen rechten Schenkel gleichsam überreitet und dabei mit den Füßen entweder im Fond des Schwimmers hockend steht oder aber mit den Knien auf die Armlehnen kniet. Ihr Oberkörper hat ganz wagrechte Lage. In dieser Pose gelingt die Einfügung vollkommen.

Sein linkes Bein hat einige gute Varianten.

Dasselbe Bild kann auch linksseitig dargestellt werden, wenn er den linken Schenkel gestreckt hält.

---

310. HALBKEHRFLANKE
(Vrsts. ; r. u. l.)

Er liegt rücklings mit dem Oberkörper, aber nur bis zur Taille auf dem Schwimmer, den rechten Schenkel wagerecht auf das senkrechte Unterbein stützend, den linken Schenkel aber nach links hinweggespreizt.

Sie überreitet, ihm das Gesicht zukehrend, mit ihren beiden Schenkeln seinen rechten Schenkel, dreht sich etwas nach links, um sich frei und voll eintiefen zu können, legt sich auf seine Brust, erfaßt ihn mit der rechten Hand an der linken Keule und zieht diese etwas aufwärts, wodurch er in der Taille etwas seitlich gedreht wird.

Sein freies linkes Bein hat verschiedene Varianten.

Ritte sie über seinen linken Schenkel, so gäbe das die linksseitige Ergänzung des obigen Bildes.

---

311. STEHSENKFLANKE
(Vrsts.; r. u. l.)

Er liegt mit dem Oberkörper rücklings auf dem Schwimmer, aber ganz an dessen rechter Seite, hat

1. den rechten Schenkel wagerecht geradgestreckt auf dem Unterbeine aufstützen, während sein linker Schenkel hochgezogen emporragt.

Sie steht, ihm zugekehrt, an seiner Rechten, hebt ihr rechtes Bein über seinen rechten Schenkel und sohlt es etwa in des Schwimmers Mitte auf, gibt sich die richtige Lage und senkt sich ein. — Oder er hat

2. den linken Schenkel wagerecht und den rechten hochgezogen, wo dann sie diesen linken Schenkel, ebenso wie oben, übersteigt und sich möglichst kräftig einhockt.

Statt zu hocken, kann sie mit dem rechten Beine auch knien. Sein freies Bein variiert.

Dasselbe Bild resultiert auch an der linken Seite des Schwimmers samt allen Abänderungen.

---

312. UNTERFALLE
(Vrsts.; r. u. l.)

Er liegt auf dem Schwimmer, den Oberkörper und den rechten Schenkel wagerecht geradgestreckt, den linken Schenkel senkrecht emporhaltend.

Sie überreitet, ihm zugekehrt, seinen rechten Schenkel mit den beiden ihrigen, nistet sich zurecht und setzt sich tief ein und hält sich an seinem vor ihr ragenden Schenkel fest. Dann hebt sie einen Schenkel um den andern über seinen Bauch und umschließt mit ihren Schenkeln den seinen, indem sie im ganzen wie türkisch sitzend Stellung nimmt.

Varianten bleiben unwesentlich.

Hätte er den linken Schenkel wagerecht, so ergäbe sich die linksseitige Ergänzung der obigen Liebesweise.

313. RÜCKSTURZRITT
(Vrsts.; r. u. l.)

Er liegt rücklings, aber bloß bis zur Taille, mit dem Oberkörper auf dem Schwimmer, hat den rechten Schenkel standfest wagerecht geradgestreckt, den linken aber frei emporgezogen.

Sie, ihm das Gesicht zugewendet, überreitet mit beiden Schenkeln seinen rechten Schenkel, richtet und nistet sich zurecht, tieft sich ein und läßt sich rücklings auf ihre Ellenbogen, respektive Unterarme gestützt bis auf sein Knie nieder, wobei sie jedoch mit den Füßen fest auf der Erde postiert sein muß.

Sein linkes Bein macht Varianten und kann dabei ihr auch als Schutz gegen das Fallen dienen.

Dem rechtsseitigen Bilde von hier oben entspricht ein ebensolches von links.

314. FLANKNEST
(Vrsts.; r. u. l.)

Er liegt mit dem Oberkörper platt rücklings auf dem Schwimmer und hat den linken Schenkel hoch emporgezogen, während der rechte etwas außerhalb des Schwimmers hängt.

Sie stellt sich, im zugekehrt, auf den Schwimmer und über ihn, läßt sich nieder und nimmt dabei seinen linken (senkrechten) Schenkel zwischen die ihrigen und hockt sich, an diesem Schenkel sich festhaltend, in die nun günstig gebotene Mittelgelegenheit.

Jetzt richten und fügen sich beide, um möglichst vollkommenen Tiefgang zu erreichen. Auch können sie durch plastische Verwendung der Glieder und durch Wahl der korrekten Attitüden so manche Variante erlangen.

Auf seinem andern Schenkel resultiert des obigen Bildes Analogon von links.

KLASSE IV

DIE CUISSADEN

315. RUADE
(Htsts.; r. u. l.)

Sie legt sich mit Brust und Bauch möglichst bequem auf den Schwimmer, die Schenkel gespreizt, die Beine im ganzen beliebig.

Er liegt auf ihr und zwischen ihren Schenkeln, seine Schenkel wie kniend abwärts, entweder auf der Erde oder auf einer Unterlage (Sofapolster oder dgl.) oder aber wie in der Luft kniend und nimmt nun ihren rechten Schenkel zwischen die beiden seinen.

Der Tiefgang ist ein vollkommener, die Plastik eine reizende.

Zur Hervorbringung von Varianten sind namentlich ihre Beine tauglich; aber auch er kann wesentlich mit den seinen zur Vermannigfaltigung beitragen.

Besonders zu empfehlen und wegen der Engheit der Passage äußerst wohlig ist folgendes: Sie hat die Schenkel fest aneinandergeschlossen, er aber ist mit beiden Knien über ihre Waden und Schenkel gespreizt und hält sich mit den Händen an den Achseln fest und zieht sich tief ein.

---

316. COLUMELLE
(Htsts.; r. u. l.)

Sie legt sich mit der vollen Brust so auf den Schwimmer, daß sie in der Taille nach rechts gedreht mit der rechten Hüfte am Schwimmerrande liegt, den rechten Schenkel gestreckt hat, den linken aber nach links hinweggespreizt hält. Sie liegt mit der Croupe also halbseitlich. Er legt sich mit der Brust auf sie, nimmt ihren rechten Schenkel zwischen die beiden seinen und schmiegt sich in dieser Lage so zurecht, daß ein vollkommener Tiefgang das unausbleibliche Resultat seiner Bemühung sein muß.

Ihr freies linkes Bein nimmt die in dieser Pose möglichen Nummern der Varianten durch.

Diesem rechten Bilde entspricht ein analoges von links.

---

317. ANTÄUS
(Htsts.; r. u. l.)

Sie liegt auf den verschränkten Armen mit der Brust platt auf dem Rande des Schwimmers und kniet mit rückwärts gestreckten Schenkeln auf dem Teppich.

Er überkniet mit beiden Schenkeln ihren rechten Schenkel, hebt ihren linken Schenkel auf sein linkes Armgelenk, wodurch sie in der Taille gedreht erscheint. Nun erfaßt er ihren rechten Schenkel mit seiner rechten Hand hebt diesen so hoch es eben geht von der Erde empor, daß er schwebend gestreckt bleibe, und nun hilft sie mit einer Hand, damit die Einfügung ermöglicht werde. Den vollkommenen Tiefgang garantiert die günstige Situation selbst.

Ihr freies Bein gestattet einige Varianten, die aus der Skala eben möglich sind.

Diesem rechtsseitigen Bilde entspricht ein linksseitiges Ergänzungsbild von ganz ähnlicher Plastik.

---

318. TARANTELSITZ
(Htsts.; r. u. l.)

Sie liegt mit verschränkten Armen mit der Brust auf dem Schwimmerrand, der übrige Körper ist vorderhand beliebig auf der Erde; Schenkel gespreizt.

Er stellt sich mit den Füßen über ihren senkrechten rechten Schenkel, nimmt mit der rechten Hand ihren rechten Schenkel ganz an der Kniescheibe, mit dem linken Arm aber nimmt er ihren linken Schenkel und hebt sie nun in die Höhe, bis er vollkommen gerad aufrecht steht. Hierdurch wird sie in der Taille etwas seitlich gedreht und vollkommen leicht zugänglich, wovon sich beide auch überzeugen, indem sie dazu mit einer Hand beihilft.

Ihr linkes Bein hat einige Varianten frei.

Diesem Bilde von rechts entspricht ein ganz analoges von links.

319. ZUNEIGUNG
(Htsts.; r. u. l.)

Sie kniet mit beiden Knien, geschlossen, auf dem Rande des Schwimmers, mit den Händen aber ist sie in der Tiefe des Schwimmers gestemmt, so, daß ihr Oberkörper wagrecht ist.

Er stellt sich mit beiden Füßen rechts von ihren Waden, nimmt sie mit den Händen an der Croupe und zieht diese in rechts schiefneigende Stellung, so, daß ihr linkes Bein frei hinwegspreizend, ihre geheimsten Reize nun sowohl in richtiger Höhe sich befinden, als auch bequem und vollkommen zugänglich sind.

Ist die Eintiefung schon verwirklicht, so kann sie ihr linkes Bein zu Varianten verwerten.

Steht er links von ihren Waden und zieht sie nach links in die Neige, so hat man dasselbe Bild von links erzielt.

---

320. WINKELNEIGE
(Htsts.; r. u. l.)

Sie liegt mit der Brust oder mit den Unterarmen auf dem Rande des Schwimmers, in den Hüften eingeknickt, mit den Beinen geschlossen und möglichst senkrecht auf der Erde stehend.

Er kniet sich rechts von ihren Füßen auf den Teppich, erfaßt ihre Croupe mit den Händen fest und zieht diese, ohne daß sie die Sohlen vom Flecke rührte, gegen sich um, wodurch sie so tief nach rechts geneigt und umgefallen erscheint, daß sie wie schief seitlich liegend mit vollkommen gestreckten Beinen einen Winkel bildet. Er hebt ihr linkes Bein auf seinen linken Arm empor, legt nun an und zieht sich voll in sie. Beide sehen genau auf Korrektheit der Attitüden, da sonst ein unschönes Bild die Folge ist.

In ihrer Schieflage kann sie mit ihrem linken Beine die ihr laut Schablone zu Gebote stehenden Varianten verwirklichen.

Auch von links resultiert dasselbe Bild.

---

321. ZWISCHENSATZ
(Htsts.; r. u. l.)

Sie kniet mit den Knien auf dem Schwimmerrande und ist mit den Händen in dem Fond des Schwimmers gestemmt; die Schenkel etwas gespreizt.

Er stellt sich, hinter ihr stehend, mit beiden Beinen über ihre rechte Wade und trachtet auch ihren Schenkel zwischen die seinen zu bekommen. Nun nimmt er ihren linken Schenkel auf sein linkes Armgelenk und gibt ihr nach Gutdünken die geeignete Stellung, um seinen Zweck möglichst günstig zu erreichen. Namentlich hält er sie an den Hüften fest und zieht ihre zentrale Partie nach rückwärts und gegen sich hin, damit diese möglichst frei nach außen ragen.

Varianten kann er durch verschiedenartige Behandlung ihres linken Beines provozieren.

Nimmt er ihre linke Wade zwischen die Beine, so resultiert dasselbe Bild, aber von links.

---

322. LOTOSNEIGE
(Htsts.; r. u. l.)

Sie kniet mit dem rechten Knie auf dem Schwimmerrande, aber ganz an der linken Ecke des Schwimmers, während ihr linkes Bein gestreckt und mit der Sohle auf der Erde steht. Die Schenkel hat sie geschlossen; mit den Händen stemmt sie sich in den Fond des Schwimmers.

Er steht hinter ihr und rechts von ihrer rechten Wade, etwa an der Mitte des Schwimmers, erfaßt sie an der Croupe und neigt sie soviel nach rechts, als eben zur Zweckerreichung nötig erscheint. Sie bleibt jedoch mit der Sohle des linken Fußes fortwährend auf der Erde.

Varianten würden das Typische des Bildes nur beeinträchtigen; unterbleiben daher.

Kniet sie an des Schwimmers rechter Ecke und steht er links von ihrer Wade, so bildet sich die linksseitige Kopie des obigen Bildes.

---

323. RESERVE
(Htsts.; r. u. l.)

Sie liegt mit dem Oberkörper ganz seitlich rechts auf dem Schwimmer, hat die rechte Hüfte am Rande, streckt das rechte Bein vollkommen, mit dem Fuße auf die Erde gelangend, den linken Schenkel aber hat sie parallel mit dem Schwimmerrande, im Knie auf diesen aufgestützt.

Er legt unter ihren rechten Schenkel eine feste Sofarolle oder ein geeignet hohes Taburett, überkniet mit beiden Schenkeln diesen ihren gestreckten Schenkel und — das andere weiß er ja ohnedies. Nur muß er mit dem Oberkörper gerad aufrecht bleiben.

Ihr linkes Bein hat ein sehr beschränktes Variantengebiet.

Läge sie links, so böte sich dasselbe Bild, nur von links dargestellt.

---

324. PROTEUS
(Htsts.; r. u. l.)

Sie liegt halb auf ihrer rechten Seite im Schwimmer, hat das rechte Bein gegen die Erde hinabgehend gestreckt, das linke aber freihochgezogen.

Er legt sich mit dem Bauch auf ihren rechten Schenkel, stemmt bei ihrer rechten Fußspitze mit den Händen auf der Erde und hat den Oberkörper wagrecht gestreckt; seine beiden Beine aber schließen mit den Schenkeln ihren linken Schenkel ein und sind beide nach links, eigentlich sogar an ihrer linken Seite mit den Füßen nicht weit von ihrem Kopfe hingestreckt. In dieser Pose fügt er sich zurecht und veranlaßt einen möglichst unbehinderten Tiefgang.

Varianten nur beschränkt und unwesentlich.

Wie dies Bild auf ihrem rechten Schenkel statthatte, so kann es auf ihrem linken Schenkel dargestellt werden und ist dann das linksseitige Pendant des obigen.

---

326. RUTSCHGABEL (+)
(Htsts.; r. u. l.)

Sie liegt vor dem Schwimmer platt auf den Schultern auf dem Teppich — kann auch ein Sofapolster oder ein Taburett unter ihren Schultern haben — legt das linke Bein mit der Keule auf den Schwimmerrand und streckt ihre Füße ganz bis zur Hinterlehne; der rechte Schenkel ist beliebig hinweggespreizt und sie ist dadurch in der Hüfte seitlich gedreht.

Er kehrt ihr den Rücken, nimmt stehend ihren linken Schenkel zwischen seine Beine, stemmt sich mit den Händen und gestreckten Armen auf die Armlehnen des Schwimmers, streckt den ganzen Körper stramm (wobei er sich über ihrem rechten Schenkel befindet), und läßt (in schiefer Lage wie er ist) sich auf die Sohlen soweit rückwärts gleiten, bis er mit seiner Mitte ungefähr dort ist, wo er im Sinne hinstrebt. Da stößt er aber auf bedeutende Schwierigkeiten. Er muß durch richtige Fügung und Wölbung des Körpers und sie durch günstiges Emporbieten und durch geschickte Handhilfe das an sich schwierige, ganz leicht möglich machen. Das Vergnügen am Gelingen lohnt die Mühe reichlich.

Ihr freies Bein hat verschiedene Varianten.

Dies Bild ergibt sich, wenn sie den rechten Schenkel auf den Schwimmer streckt, ganz ähnlich von rechts.

326. AUSFALL
(Htsts.; r. u. l.)

Sie stemmt mit gespreizten Armen die Hände vor dem Schwimmer (Sofa, Fauteuil, Balzac) auf die Erde, kniet mit dem rechten Knie auf den Schwimmerrand, doch so, daß ihr Schenkel ziemlich schief nach rückwärts (also nicht senkrecht) gestellt sei, ihr linkes Bein möglichst hoch und frei nach links hinwegragend.

Er steht hinter ihr, ihren rechten Schenkel mit seinen beiden Schenkeln überreitend, hat den ganzen Körper vollkommen gerade aufrecht, nimmt ihr linkes Bein auf seinen rechten Arm und hebt sie dadurch in der Croupe etwas seitlich und findet vollkommen günstigen Zugang in ihre Geheimnisse.

Ihr linkes Bein hat noch einige Varianten.

Kniete sie mit ihrem linken Knie am Schwimmer, so erschiene das linksseitige Komplement des obigen Bildes.

---

327. SPERRNEIGE
(Htsts.; r. u. l.)

Sie liegt rücklings auf dem Schwimmer, hat die Croupe auf dem Rande desselben, ist jedoch in der Taille seitlich gedreht; ihren linken Schenkel hat sie fast wagerecht bis an sich hinangerissen, während ihr rechter Schenkel nicht mehr als senkrecht gehoben, nach rechts gespreizt ist.

Er stemmt mit gestreckten Armen vor dem Schwimmer, aber etwas nach rechts von der Mitte weg, legt dann seinen rechten Schenkel über jenen Winkel hin, den ihr Schenkel mit der Flanke bildet, kniend auf den Schwimmer, während sein linker Schenkel über ihre linke Keule hinweg, sich auf den Schwimmer kniet oder auch beliebig anders postiert. In dieser Pose wird nun durch gegenseitiges Zuneigen und Zurecken mit Hilfe ihrer Hand die Eintiefung besorgt und dann die plastische Korrektheit der Attitüde geregelt, damit das Bild nicht unschön nachlässig erscheine.

Varianten sind von wenig Belang.

Dasselbe Bild gelingt ebenso auch von links.

---

328. DIAGONALKOLONNE

Sie liegt auf den verschränkten Armen mit der Brust auf dem Rande, mit dem rechten Schienbeine aber auf der Lehne des Schwimmers, ist in der Taille so gedreht, daß der eingezogene und gespreizte linke Schenkel samt der Hüfte aufwärts ragt. Der übrige ganze Körper ist stramm gestreckt.

Er ist auf dem Schwimmerrande mit beiden armgestreckten Händen über ihre Schultern gestemmt, kniet mit dem linken Knie auf der linken Armlehne, den rechten Schenkel aber hebt er über ihren rechten Schenkel und tieft sich bestens ein.

Er kann auch mit dem rechten Knie auf der rechten Armlehne knien und mit dem linken Schenkel ihren rechten Schenkel übersteigen. Weitere Varianten ergeben sich aus der Art, wie er den übersteigenden Schenkel jenseits ihres Schenkels anbringt.

Das linksseitige Pendant des obigen Bildes ergibt sich dadurch, daß sie mit dem linken Beine gestreckt bleibt, in der Taille nach rechts aufwärts dreht und den rechten Schenkel frei hinwegspreizt.

---

329. PROMETHEIA
(Htsts.; r. u. l.)

Er liegt vor dem Schwimmer mit den Schultern platt auf der Erde oder auf einem Sofapolster und hat die rechte Hüfte auf dem Schwimmerrande, den rechten Schenkel wagerecht gestreckt, den linken aber frei aufwärts gespreizt und ist dabei selbstverständlich in der Taille seitlich gedreht.

Sie, mit dem Rücken ihm zugekehrt, übersteigt wie reitend seinen rechten Schenkel und — hockt sich, trotz aller Widerspenstigkeit des Anderwärtsstarrenden, tief und kräftig ein. Sie kann mit dem Oberkörper entweder aufrecht bleiben oder diesen mit gestreckten Armen schief gegen die Schwimmerlehne neigen.

Sein freies Bein ist einiger Varianten fähig.

Hat er seine linke Hüfte am Schwimmerrande, so gestaltet sich dasselbe Bild von links.

---

330. GALATEA
(Htsts.; r. u. l.)

Er liegt mit dem ganzen Körper, auch mit dem obersten Teil seiner Schenkel, rücklings auf dem Schwimmer, hebt beide Schenkel senkrecht und spreizt sie ganz weit auseinander, wobei er sich dann in der Taille etwas nach rechts dreht, wodurch sein rechter Schenkel tiefer zu liegen kommt.

Sie stemmt mit gestreckten Armen, aber etwas nach rechts vor dem Schwimmer auf der Erde, hebt dann ihren rechten Schenkel über seinen Bauch und seinen rechten Schenkel und kniet so auf den Schwimmer;

— 449 —

ihren linken Schenkel postiert sie jenseits seiner linken Keule so gut es geht auf den Schwimmer. In dieser Pose schieben und schmiegen nun beide ihre Mitten einander derart entgegen, daß des verheißenen und erstrebten Zieles vollkommenster Genuß ermöglicht wird.

Auch kann obige Pose so geändert werden, daß sie, ohne der Hände Platz zu ändern, mit dem linken Schenkel seinen linken Schenkel übersteigend links von ihm auf dem Schwimmer kniet, während ihr rechter Schenkel sich zwischen den seinen abwärts hängend Position verschafft.

Auf die Korrektheit der Attitüden wird hier besonders aufmerksam gemacht, da sonst leicht ein unschön verschobenes Bild entsteht.

Varianten können füglich beiseite bleiben.

Diesem rechtsseitigen Bilde entspricht ein ganz analoges Bild von links.

331. SCHOTTENVOLTE
(Htsts.; r. u. l.)

Er liegt rücklings mit dem Oberkörper auf dem Schwimmer, hat den rechten Schenkel wagerecht geradgestreckt auf dem Unterbeine gestützt, das linke Bein aber nach links hinweggespreizt und hochgezogen; er ist in der Taille etwas gegen links aufwärts gedreht.

Sie liegt mit dem Rücken auf seiner Brust, überspreizt mit ihren Schenkeln seinen rechten Schenkel und tieft sich ein, wobei ihre Schenkel sich möglichst nach abwärts drücken und ihre Unterbeine nach rückwärts hinabgehen; die Füße auf der Erde.

Sein freies Bein variiert vorschriftsmäßig.

Dies war das Bild von rechts; von links gestaltet es sich ganz analog.

332. TAUCHKOLONNE
(Htsts.; r. u. l.)

1. Er liegt im Schwimmer und hat den Oberkörper sowie den rechten Schenkel wagerecht auf das Unterbein gestützt, während der linke frei und hoch emporgezogen ist.

Sie, ihm den Rücken kehrend, steht an seiner rechten Seite, hebt ihr linkes Bein über seinen rechten Schenkel, läßt sich mit den Beinen nieder bis zur richtigen Stellung, nistet sich hier zurecht und tieft sich ein. Ihr Körper bleibt senkrecht.

2. Oder: Er hat den linken Schenkel gestreckt und den rechten emporragen, wo sie dann, an derselben Stelle wie zuvor, diesen seinen linken Schenkel übersteigt und dasselbe tut, was sie mit dem rechten tat.

29

In beiden Fällen kann sie mit dem übersteigenden Beine auch knien statt zu kauern. Sein freies Bein hat Varianten zur Verfügung.

Dasselbe Bild samt allen Abänderungen resultiert auch dann, wenn sie an seiner linken Seite steht und ihn mit dem rechten Beine übersteigt.

---

333. UNRUND
(Htsts.; r. u. l.)

Er liegt rücklings mit dem Oberkörper auf dem Schwimmer und hat die Schenkel wagrecht, während die Unterbeine senkrecht auf die Erde aufgestemmt sind. NB. Er liegt nicht in der Mitte, sondern ganz auf der einen Seite des Schwimmers; die Schenkel hat er geschlossen.

Sie steht auf der Seite des Schwimmers, auf welcher er liegt, und setzt sich so auf seine Mitte, wie man sich auf eine Bank zu setzen pflegt. Wenn sie die tief in ihr starrende Mittelachse genugsam verfestigt fühlt, so kann sie auch halbe Wendungen nach rechts, dann wieder zurück und nach links machen und dabei wohl auch den betreffenden Schenkel auf seinen Bauch oder auf seine Schenkel heben. Auch kann er die Schenkel spreizen oder aber den einen Schenkel ganz frei behalten und damit Varianten bilden, unter andern jene, wo er durch Aufstemmung seines freien Schenkels ihr eine Rücklehne bietet.

---

334. SCHARFRITT
(Htsts.; r. u. l.)

Er liegt rücklings mit dem Oberkörper bis zur Taille auf dem Schwimmer, hat den rechten Schenkel fast wagrecht auf das senkrechte Unterbein gestützt, während der linke Schenkel frei aufwärts gezogen ragt.

Sie, ihm den Rücken gekehrt, überreitet mit beiden Schenkeln seinen rechten Schenkel, tieft sich richtig und sicher ein, stellt die Füße beliebig auf die Erde und legt sich mit der Brust oder mit den auf der Brust gekreuzten Armen auf seinen rechten Schenkel nieder.

Ihre Beine und sein freies Bein können Varianten gestalten; auch ihre Hände können dazu beitragen.

Auf dem linken Schenkel liegend, veranlaßt sie die linksseitige Ergänzung des obigen Bildes.

---

335. HARMONIE
(Htsts.; r. u. l.)

Er liegt rücklings auf dem Schwimmer, ist mit dem Oberkörper und dem rechten Schenkel wagerecht, während der linke Schenkel weit nach links weggespreizt ragt.

Sie setzt sich, ihm den Rücken zugekehrt, auf seine Mitte, d. h. nimmt sofort die richtige Lage, um möglichst tief zu gelangen und setzt sich irgendwie ein. Dann hebt sie einen Schenkel um den andern auf seinen rechten Schenkel, unterschlägt die Unterbeine auf Türkenart.

Er hält sie mit den Händen an den Hüften fest und bietet ihr sein freies Bein möglichst günstig als Rückenlehne; oder sie fassen sich gegenseitig obendrein auch an den Armen fest. Sein freies Bein kann auch anders variieren.

Dies war das Bild von rechts; geschähe es auf seinem linken Schenkel, so ergäbe sich das linksseitige Ergänzungsbild des obigen.

VIII.

DIE SESSELGRUPPE

(EINER DER BEIDEN, ER ODER SIE, AUF DEM SESSEL, DER ANDERE STEHEND ODER IRGENDWIE DANEBEN)

KLASSE I

DIE POMPEN

336. ZAUNKÖNIGIN
(V. v.)

Er sitzt vor dem Schreibtisch in seinem bequemen Sessel stark zurückgelehnt und legt die Sohlen auf den Schreibtischrand; die Schenkel sind gespreizt.

Sie, ihm mit dem Gesichte zugewandt, setzt sich in seinen Schoß — d. h. noch mehr als in seinen Schoß, hat ihre Füße oben auf dem Sesselsitz rechts und links von seinen Hüften und weil sie sich im Schoße so fest und tief fühlt, lehnt sie sich mit dem Rücken zwischen seine Schenkel zurück und hält sich dabei mit Händen und Armen an seinen Schenkeln fest.

Die Art wie sie dies tut, sowie die Freiheit ihrer Beine geben einige Varianten.

---

337. SCHLARAFFE
(V. v.)

Er sitzt auf einem Sessel stramm gestreckt wie eine Diagonale und hat die Schenkel weitgespreizt.

Sie liegt rücklings auf einem anderen Sessel vor ihm, hebt die gespreizten Schenkel über seine Mitte und legt die Füße mit den Sohlen in die beiden Winkel seines Sessels. Nun wölbt sie die Croupe aufwärts und das Resultat davon ist ein sehr günstiger Zugang in ihre geheimen Schattengefilde.

Ihre freien Beine dürfen aber, um Ähnlichkeiten mit anderen Bildern zu vermeiden, nur aufwärts variieren, d. h. nicht tiefer hinabgelassen werden, als der Sitz des Sessels ist.

---

338. VERGELTUNG
(V. v.)

Er liegt rücklings so auf dem Sessel, daß er vom Kreuz bis zu den Schultern platt auf dessen Sitz liegt; die Lehne des Sessels befindet sich an seiner einen Seite; seine Schenkel wagrecht und geschlossen stützen auf den senkrechten Unterbeinen; die Füße sind mit den Sohlen auf der Erde.

Sie liegt Brust an Brust platt auf ihm, ihre beiden Schenkel sind über die seinen gespreizt und wie reitend mit den Knien abwärts gerichtet; die Fußspitzen stützen entweder auf der Erde oder sie sind irgendwie beliebig postiert.

Varianten bleiben hier unerheblich.

---

339. RAUBRITT
(V. v.)

Er sitzt sehr gelehnt und gestreckt mit geschlossenen Schenkeln auf dem Sessel.

Sie, ihm mit der Brust zugekehrt, setzt sich wie reitend über seine beiden Schenkel und nimmt ihn tief in sich. Sie ist hierbei mit dem Oberkörper senkrecht, während ihre Beine ungezwungen abwärts gehen und sich mit den Fußspitzen auf die Erde stützen.

Auch kann sie variantenweise sich mit der Brust auf die seine legen, ohne die Richtung der Beine wesentlich zu verändern. Andere Varianten bleiben außer Betracht.

---

340. RAUBHOCKE
(V. v.)

Er sitzt fast liegend auf dem Sessel, den Nacken an die Lehne gelehnt, den Körper geradgestreckt, die Schenkel geschlossen.

Sie, ihm zugewendet, hockt mit beiden Füßen rechts und links von seinen Hüften auf den Sessel aufgesohlt und taucht so tief nach abwärts, bis daß die beiden Organe der Mitten gänzlich einsgeworden. Beide halten sich mit den Armen bestens umschlungen, ohne daß jedoch ihr Oberkörper von seiner ursprünglich beinahe senkrechten Lage abgelenkt werde.

Varianten können füglich wegbleiben.

---

341. RAUBKNIETE
(V. v.)

Er sitzt beinahe liegend auf dem Sessel, den Nacken an die Lehne gelehnt; der ganze Körper ist geradgestreckt, die Schenkel sind geschlossen.

Sie kniet, ihm zugekehrt, mit beiden Knien rechts und links von seinen Hüften auf dem Sessel, indem sie ihn also kniend überreitet und senkt den Starrenden dann bequem aufs tiefste in sich. Ihr Oberkörper bleibt dabei stets senkrecht, während ihre Arme ihn, wie's gutdünkt, auch umschlingen.

Sie darf eventuell mit dem Oberkörper sich ganz bis auf ihn hinabbeugen. Endlich kann dabei auch er einen oder beide Schenkel hoch emporreissen oder die Beine sonstwie variierend verwenden.

342. WIPPCHEN
(V. v.)

Er sitzt stark zurückgelehnt und geradgestreckt auf dem Sessel und hat die Schenkel geschlossen.

Sie, ihm das Gesicht zuwendend, übersteigt erst wie reitend seine Mitte; dann fassen sich beide an den Achseln fest und, was eben das Charakteristische an dem Bilde ist: sie hebt beide Füße auf den Sessel und stemmt sie mit den Sohlen in die Lehnwinkel, während sie mit den Händen die Lehne oben anfaßt und durch das Anziehen der Arme, sowie durch Gegenstemmung der Beine, ihren ganzen Körper zu heben und zu senken vermag. Sobald sie sich in dieser Positur befindet, wird durch seiner Hände Hilfe die Einfügung veranlaßt.

Varianten können nur durch die Art entstehen, wie beide in die Schlußpositur zu gelangen sich anschicken, sowie dadurch, daß er die Beine, statt geschlossen, mehr oder minder gespreizt hält.

343. FEENTRITT
(V. v.)

Er sitzt sehr gelehnt auf einem Sessel und läßt auf der einen Seite des Sitzes etwas freien Platz; die Schenkel hat er gestreckt und geschlossen.

Sie, ihm mit dem Gesichte zugewendet, steht auf der andern Seite knapp an seiner Flanke, hebt das ihm nähere Bein über seine Mitte und setzt den Fuß oder das Knie dieses Beines auf den leeren Platz, indem sie sich dabei möglichst komplett in den Emporstarrenden einsenkt und ist dabei mit dem Oberkörper ungezwungen aufrecht, weder nach vorne, noch nach rückwärts gebeugt oder geneigt. Varianten bleiben gänzlich weg.

---

344. PARENTHESE
(V. v.)

Er sitzt bequem und zurückgelehnt auf dem Sessel und hat die Beine geschlossen, die Schenkel aber wagrecht auf die senkrechten Unterbeine gestützt.

Sie reitet, ihm zugekehrt, mit beiden Schenkeln über seinen beiden Schenkeln, senkt sich kräftig und tief ein; dann verschlingt sie ihre Füße fest mit den hinteren Füßen des Sessels und läßt den Oberkörper wenn möglich bis in die Wagerechte zurückhängen, wobei sie die Arme über den Kopf hinweg (als verlängernde Fortsetzung des Oberkörpers) dahinreckt.

Varianten kann es nur in der Art ihrer Zurückneigung geben, indem sie z. B. die Arme nicht über den Kopf streckt, sondern über die Brust verschränkt oder sonstwie anbringt.

---

345. SCHOSSLIEBCHEN
(V. v.)

Er sitzt auf einem Sessel, hat die Beine geschlossen und ist bei stramm gestrecktem Körper sehr zurückgelehnt.

Sie, ihm zugekehrt, reitet mit beiden Schenkeln über seinen Schoß, tieft sich ein, und sobald sie sich tief und fest genug im Sattel fühlt, erfassen sich beide gegenseitig an den Handwurzeln, worauf sie sich dann mit dem Oberkörper langsam nach rückwärts hängen läßt und dabei möglichst genau in dieselbe stramm gestreckte Lage sich versetzt, als in welcher er sich befindet, so daß beide etwa ein liegendes Kreuz (Andreaskreuz) bilden.

Sie kann mit den Beinen verschiedene Streck- und Spreizvarianten machen. Auch er kann seine Beine etwas spreizen.

---

346. STEIGBÜGEL
(V. v.)

Ein Sessel wird mit der Lehne an die Mauer gestellt, damit er nicht leicht verrückt werde.

Er liegt mit dem Nacken und den Schultern auf dem Sesselsitz, hält den Körper bis zu den Knien wagrecht und stützt bei gespreizten Schenkeln mit den senkrechten Unterbeinen auf der Erde.

Sie steht, ihm zugekehrt, zwischen seinen Schenkeln, bückt sich und nimmt seine Füße mit den Sohlen wie in zwei Steigbügel in ihre beiden Hände, stellt sich dann so belastet gerade empor und trachtet mit sehr gespreizten Beinen so über sein Geschlechtsdelta zu gelangen, daß eine Einfügung und Eintiefung mit Hilfe seiner Hände möglich werde. Ihre Arme sind hierbei entweder innerhalb oder außerhalb seiner Beine. Hauptsache ist, daß sie seine Beine in den Knien und Hüften so zusammengeknickt halte, daß sie sein Gesamtgesäß gut überspreizen könne. Die Aufgabe ist nicht leicht, gelingt aber bei richtigem Körperbau und geschickter Zuhilfe der Beiden allemal vollkommen. Varianten gibt es keine.

Dies Bild gelingt auch auf dem Schwimmer, am Bettrande, auf dem Sofa und ähnlich hohen Möbeln ebenso wie auf dem Sessel.

---

347. LIEBFRAUENRAST
(V. v.)

Sie sitzt vor dem Schreibtisch im bequemen Schreibsessel sehr zurückgelehnt und hat bei weitgespreizten Schenkeln die Sohlen auf dem Schreibtischrande.

Er sitzt, ihr zugekehrt, in ihrem Schoß, hat dabei die Füße rechts und links an ihren Hüften in des Sessels Winkeln. Da lehnt er sich entweder hängend zwischen ihre Schenkel (indem er sich an diesen mit Händen und Armen festhält) oder aber ganz mit dem Rücken auf den Schreibtischrand zurück. In dieser Pose, wo er gleichsam noch über sie gespreizt und doch gerade richtig in ihren Schoßwinkel gelangt, ist eine totale, tiefgehende Einfügung ganz gut möglich.

Varianten würden das Bild und dessen Wert beeinträchtigen.

---

348. LANGHOCKE
(V. v.)

Sie hockt mit aufrechtem Oberkörper auf einem Sessel mit breitem Sitze, hat den Rücken gegen die Lehne gekehrt und dabei die Füße auf je einer Ecke des Sesselrandes; dadurch also gespreizt.

Er steht vor ihr und zwischen ihren Schenkeln, Brust an Brust, versenkt sich tief in ihre Nachtgefilde und faßt sie dann mit beiden Händen an den Keulen fest, um kräftigeren Tiefgang zu erlangen. Sie muß ihren Schoßwinkel selbstverständlich recht nach vorne bieten.

Varianten sind keine vorhanden.

---

349. ZWIESTEIGE
(V. v.)

Sie stellt sich oben auf einen Sessel, mit dem Rücken gegen die Lehne gewendet. Ein anderer Sessel steht etwa einen Fuß weit davor und mit dem Vorderrande einander gegenüber. Dann hockt sie sich völlig nieder.

Er steht vor ihr, zwischen den zwei Sesseln und zwischen ihren Schenkeln, umschlingt sie kräftig und führt in ihre herrlich gebotene Narbe die Ganzheit seines Furchers ein.

Varianten (einarmhoch) bleiben unwesentlich.

---

350. GOLDBRÜCKE
(V. v.)

Sie liegt rücklings so auf dem Sessel, daß sie vom Kreuze bis an die Schulterblätter quer auf dem Sitze aufliegt und somit die Lehne auf der einen Seite hat; der ganze Leib bis zum Knie ist wagrecht, während die Unterbeine, als Stütze, senkrecht sind und die Füße mit den Sohlen auf der Erde stemmen; ihre Schenkel sind gespreizt.

Er liegt der Länge nach Brust an Brust auf ihr und höchstens die Knie nach abwärts geneigt, um tiefere Fühlung zu erlangen.

Ihre beiden Beine kann sie eventuell als frei betrachten und damit die vorgeschriebenen Varianten in mannigfacher Weise durchführen.

---

351. RANKE
(V v.)

Er steht mit den Waden an einen Sessel gelehnt, gerade aufrecht, die Beine geschlossen.

Sie, ihm zugekehrt, ergreift seine beiden Achseln, sohlt sich rechts und links von seinen Knien auf den Rand, resp. auf die Ecken des Sessels und befindet sich gleichsam in hockender Positur, wobei sie die Spaltung ihrer Mitte genau so hoch hat, als das zur Erreichung des besten Tiefganges erforderlich ist.

Sie kann ein Bein auch frei machen und damit Varianten veranlassen. Auch kann sie statt an seinem Halse zu hängen, sich fest an seine Arme klammern und dann den Oberkörper sogar bis in die Wagrechte nach rückwärts hängen lassen. Der Sessel muß hierbei an die Wand gelehnt sein.

---

352. WIDERHANG
(V. v.)

Sie sitzt, sehr gelehnt und sehr gespreizt, mit der Croupe auf dem Sesselrande, ihre Schenkel wagrecht auf die senkrechten Unterbeine gestützt.

Er, ihr das Gesicht zugekehrt, setzt sich derart in ihren Schoß, daß er sie zwischen seinen Beinen hat und die Sohlen seiner Füße in die Winkel des Sessels stemmt. Erst hält er sich mit den Händen an der Lehne des Sessels; sobald jedoch die gutmögliche Eintiefung ganz gelungen, hakt er sich mit je einem Rist seiner Füße in die unteren Winkel bei den Hinterfüßen des Sessels ein, läßt mit den Händen ab und lehnt sich mit dem Oberkörper so weit als möglich zurück, wobei er mit den Händen und Armen sich fest auf ihre Schenkel und Knie stützt. Durch den Widerhalt seiner Füße wird seine hängende Lage selbst bis zur Wagerechten möglich.

Varianten sind ausgeschlossen.

---

353. WIDERWIPPE
(V. v.)

Sie sitzt sehr zurückgelehnt, bloß mit dem Gesäße auf dem Rande, mit dem Nacken aber an der Lehne des Sessels; (Beine sehr gespreizt und nach abwärts gestreckt), noch besser aber: die Schenkel wagrecht auf die senkrechten Unterbeine gestützt und gespreizt.

Er setzt sich, ihr zugekehrt, erst reitend über ihre Mitte, erfaßt mit beiden Händen die Lehne ganz hoch, dann hebt er beide Füße rechts und links von ihr auf den Sessel und stützt dieselben mit den Sohlen fest in die Lehnwinkel. Dabei trachtet er aber trotz aller Spreizung der Unterbeine, mit den Schenkeln möglichst geschlossen zu bleiben, um mit seinem Gesäß möglichst frei zwischen ihren Schenkeln, resp. in ihren Schoßwinkeln hinabzugelangen. Mit Hilfe ihrer Hände geschieht endlich die Einfügung und sie trachtet sodann durch geeignetes Entgegenbieten, sowie eventuell durch weitgespreizte Emporhebung oder sonstige Veränderung der Schenkel den Tiefgang möglichst vollkommen werden zu lassen. In diesem ihrem Streben liegt zugleich auch die Möglichkeit einiger Varianten.

---

354. ZWISCHMAHR
(V. v.)

Ein Sessel steht mit oben horizontal gerader Lehne zur größeren Sicherheit mit der Lehne gegen die Wand.

Sie stellt sich mit beiden Füßen auf die Ecken des Sesselsitzes und legt sich dann mit dem Rücken (den Schulterblättern) auf die Lehne, ist in Knien und Hüften demnach eingeknickt und bietet ihre Mittelnarbe recht nach vorne dar. Mit den Armen greift sie zurück hinter den Sessel und sucht sich dort mit den Händen irgendwie festzuhalten.

Er steht vor dem Sessel, zwischen ihren Knien, faßt mit beiden Händen ihre Flanken und tieft sich kräftig ein.

Varianten kommen nicht in Betracht.

---

355. PHAEAKE
(V. v.)

Sie liegt mit vollem Rücken quer, d. h. parallel mit der Lehne auf dem Sessel und hat die Füße läßig abwärtshängend aufgestützt.

Er steht zwischen ihren Schenkeln, faßt sie mit den Händen an den Keulen oder wo es ihm besser behagt, hebt ihre Mitte zur richtigen Höhe und — sie hilft ihm dabei mit eigenen Händen, daß er nicht nutzlos Zeit versplittere.

Er kann ihre Beine auch (einen oder beide) armhoch, ebenso schulterhoch, gespreizt usw. verwerten.

---

356. MORESKE
(V. v.)

Ein Sessel steht mit der Lehne fest an der Wand.

Sie liegt bloß mit dem Nacken und den Schultern auf dem Sesselsitze, der übrige Körper ruht vorläufig irgendwie auf den senkrecht aufgestützten Unterbeinen.

Er steht, ihr zugewendet, zwischen ihren gespreizten Schenkeln, bückt sich und nimmt ihre Füße mit den Sohlen, wie in zwei Steigbügeln, in je eine Hand und erhebt sich dann mit seiner Last wieder ganz aufrecht. Sie bietet sich ihm nun mit allen verborgenen Zaubern, die ihm das Eingehen, in die geheimen Herrlichkeiten, geleitet durch ihre Hand, aufs angenehmste ermöglichen.

Als Möbel kann statt des Sessels auch der Bettrand, der Schwimmer, das Sofa und alles von ähnlicher Höhe dienen.

---

357. VISITE
(V v.)

Sie sitzen einander gegenüber, beide auf je einem Sessel.

Er lehnt sehr zurück und streckt die geschlossenen Beine zwischen den ihrigen unter ihren Sessel so, daß er dadurch auf dem Rande seines Sessels recht tief (eventuell bis zum Steißbein oder noch tiefer) hinabgleitet.

Sie liegt ebenso zurückgelehnt wie er, hat ihre Schenkel über den seinen recht gespreizt. Beide richten und drehen sich derart, daß eine Einfügung und dann ein vollkommener Tiefgang möglich werde.

Ihre Beine können manche gute Variante geben. Die Verwertung der Hände darf nicht außeracht gelassen werden.

Es ist selbstverständlich, daß die Sessel an den Füßen keine Verbindungssprossen haben dürfen und recht hoch gebaut sein müssen.

KLASSE II

DIE VOLTEN

358. FORSCHERDORN
(V. h.)

Er sitzt in einem bequemen Schreibsessel vor dem Schreibtisch stark zurückgelehnt, die Schenkel hochgezogen
und weitgespreizt, entweder mit den Händen an sich
ziehend oder aber mit den Sohlen auf den Rand des
Schreibtisches aufgestützt.

Sie steht, ihm den Rücken zugekehrt, zwischen
seinen Beinen, setzt sich ein wohin sie soll und lehnt sich mit den Ellenbogen auf den Schreibtisch.

Seine Beine haben eine ganze Reihe von Varianten.

---

359. DREISTEMMDORN
(V. h.)

Er stemmt, mit der Brust nach oben und mit gestreckten Händen
nach rückwärts, auf dem Sitz eines Sessels; rechts und links vor ihm stehen
noch zwei Sessel, worauf er die Füße aufstützt und so bei gespreizten
Beinen den Oberkörper wagerecht hat. Nur seine Mitte trachtet er gehörig
tief nach abwärts gelangen zu lassen.

Sie, ihm den Rücken zukehrend, steht zwischen seinen Schenkeln und
setzt sich ein, indem sie den Aufwärtsstarrenden herbeibeugt und tief in
sich gelangen läßt. Dann hat sie ihre Arme und Hände frei und kann diese
speziell hier mannigfach verwerten und damit variierend die Plastik des
Bildes fördern.

---

360. BÜCKDORN
(V. h.)

Er liegt rücklings quer auf dem Sessel, die Schenkel hochgerissen, fast wagerecht an die Brust gezogen.

Sie steht, den Rücken ihm zugekehrt, sehr gespreizt vor ihm und überspreizt mit den Schenkeln seine Keulen, neigt den Oberkörper bis beinahe wagerecht nach vorne und tieft sich in dieser Stellung nun ganz und voll ein.

Sie ist dabei mit ihren Händen entweder auf ihre Knie oder aber auf einen herbeigezogenen anderen Sessel gestemmt.

Seine Beine sind frei und können mehrere Varianten veranlassen.

---

361. RÜCKWEIDE
(V. h.)

Er liegt rücklings quer auf dem Sessel, dessen Lehne sich links oder rechts von ihm befindet, die Schenkel hat er geschlossen und wagerecht auf die senkrechten Unterbeine gestützt.

Sie liegt mit dem Rücken platt auf seiner Brust, überspreizt mit ihren Schenkeln die seinigen und läßt die Knie so gut als möglich nach abwärts gehen, die Unterbeine sind nach rückwärts gerichtet und auf die Fußspitzen gestützt. Sie wölbt dabei den Bauch recht nach aufwärts, um mit den Reizen ihrer Mitte sich möglichst vollkommen nach abwärts und dorthin zu bieten, wo das Emporragen ein ohnedies so günstiges ist.

Varianten kommen nicht in Betracht.

---

362. SCHNELLRITT
(V. h.)

Er sitzt auf dem Rande des Sessels, ist mit dem Rücken an die Lehne gelehnt und hat die Beine gestreckt und geschlossen, so daß er im ganzen stramm gestreckt wie schief aufgelehnt dasitzt.

Sie, ihm den Rücken wendend, überreitet mit beiden Schenkeln seine beiden Schenkel und erlangt bei der besonderen Günstigkeit der Positur den tadellosesten Tiefgang. Ihr Oberkörper ist hierbei senkrecht, die Beine aber gehen natürlich abwärts, wie die eines Reiters.

Als Variante kommt hier bloß der Umstand in Betracht, daß sie mit dem Rücken sich auch auf seine Brust zurücklegen kann.

363. HOCKVORNEIGE
(V. h.)

Er sitzt wie liegend gestreckt auf dem Sessel, den Nacken an der Lehne, das Gesäß aber am Sitzrande desselben und ist im ganzen Körper stramm gestreckt; die Schenkel geschlossen.

Sie steigt, ihm den Rücken zugewendet, mit beiden Füßen auf die Ecken des Sessels, hockt sich dann ganz auf ihn hinab. Dann reckt sie ihre Hände nach abwärts und beide fassen sich an den Händen oder an den Handwurzeln gegenseitig fest, damit sie den Oberkörper recht nach vorwärts hängen lassen könne und um den Tiefgang möglichst vollkommen werden zu lassen. Die Eintiefung wird am besten noch vor der Festfassung der Hände besorgt.

Varianten gibt es hier keine.

---

364. ABGOTTHANG
(V. h.)

Er sitzt bequem, fast liegend und gestreckt auf dem Sessel, den Nacken an der Lehne desselben; seine Schenkel sind geschlossen.

Sie, ihm den Rücken kehrend, überkniet mit beiden Schenkeln seine beiden Schenkel und ist dabei mit den Knien auf den Seitenrändern des Sessels, rutscht aber dann, um die Eintiefung zu ermöglichen, so nach vorne, daß sie bloß mit einem Teile der Schienbeine auf dem Sessel bleibt, während die Knie gleichsam in der Luft über den Sesselrand hervorragen. Dabei halten sich beide fest an den Händen, damit sie nicht nach vorne falle.

Von Varianten kann hier gänzlich abgesehen werden.

---

365. STEMMDORN
(V. h.)

Man rückt einen Sessel, dessen weißgepolsterte Lehne oben ganz gerade (horizontal) ist, 30—50 Zentimeter entfernt mit der Lehne an die Wand.

Er steigt mit beiden Füßen auf die Ecken des Sesselsitzes und legt sich mit den Schulterblättern auf den obersten Teil der Lehne und trachtet seine Geschlechtspartie möglichst nach vorne und nach abwärts zu bieten, wobei er die Schenkel so weit als möglich spreizt. Er greift mit den Armen hinter die Sessellehne und sucht sich dort mit den Händen festzuhalten.

Sie steht, ihm den Rücken kehrend, vor dem Sessel und zwischen seinen Knien, spreizt die Beine, neigt den Oberkörper soviel als nötig nach vorne, legt an und senkt den wohlgebotenen Wühler so tief als möglich in sich ein.

Varianten sind hier nur nebensächlich.

---

366. NONNENTRITT
(V. h.)

Er sitzt ganz zurückgelehnt und strammgestreckt auf dem Sessel, hat die Beine geschlossen und läßt auf der linken Seite etwas Platz frei.

Sie steht, ihm mit dem Rücken zugekehrt, an seiner rechten Seite, hebt ihr linkes Bein über seine Mitte, setzt den Fuß oder das Knie dieses Beines auf den leergelassenen Platz und senkt sich in dieser gespreizten Stellung möglichst tief und vollkommen ein.

Hierbei ist jede Variante ausgeschlossen, nur müssen die Attitüden plastisch korrekt sein.

---

367. SONNENWENDE
(V. h.)

Er sitzt bequem nach rückwärts gelehnt auf dem Sessel und hat die Beine entweder gerade auf die Erde gestreckt oder aber die Schenkel wagerecht und auf die senkrechten Unterbeine gestützt; in beiden Fällen sind die Beine festgeschlossen.

Sie reitet, ihm abgewendet, mit beiden Schenkeln über seine beiden Schenkel, senkt sich tief und voll ein, und sofern sie sich voll im Sattel fühlt, streckt sie die Unterbeine zwischen die hinteren Füße des Sessels, indem sie sich dort Stützung schafft; dann läßt sie sich mit hoch über den Kopf hinweggestreckten Armen nach vorne nieder, so daß ihr Oberkörper womöglich bis in die Wagerechte fällt oder, falls er die Schenkel wagerecht hat, sie mit der Brust bis auf seine Knie hinablangt. Er hält sie dabei an den Hüften fest. Sie kann mit den Händen auch auf die Erde oder eventuell auf einen Schemel aufstemmen.

Weitere Varianten sind überflüssig.

---

368. LUFTROSE
(V. h)

Er sitzt sehr zurückgelehnt auf dem Sessel, die Schenkel sehr gespreizt, jedoch in der Wagerechten und auf die senkrechten Unterbeine gestützt.

Sie steht, ihm den Rücken gewendet, gespreizt zwischen seinen Schenkeln, neigt den Oberkörper gut abwärts und senkt sich den günstig starrenden Dorn recht tief ein. Dann faßt er sie verläßlich fest an den Hüftgelenken, worauf sie sich gestrecktarmig mit den Händen auf die Erde oder auf einen Schemel stemmt, respektive sich dorthin fallen läßt und die Füße beliebig postiert oder eventuell auch zusammengezogen oder sonstwie gestreckt, gespreizt u. s. w. hängen läßt.

---

369. SPANNRITT
(V. h.)

Er sitzt sehr gelehnt und mit geschlossenen Beinen stramm gestreckt auf einem Sessel.

Sie, ihm den Rücken kehrend, reitet mit beiden Schenkeln über seine Mitte und tieft sich dabei sofort auch ein. Dann erfassen sich beide fest an den Handwurzeln und sie neigt sich mit dem Oberkörper beinahe bis in die Wagerechte nach vorne, während sie ihre Beine nach rückwärts reckt und verschieden plastisch situiert. Überhaupt gibt bei der nötigen Sorgfalt dies Bild eine recht gelungene Plastik.

---

370. SESSELHANG
(V. h.)

Er liegt rücklings aber quer, d. h. so auf dem Sessel, daß er mit der Lehne parallel ist und vom Kreuze bis zu den Schulterblättern auf dem Sitze liegt und hat die Schenkel vorläufig senkrecht emporgezogen und sehr gespreizt, die Waden wagerecht.

Sie steht, ihm den Rücken zugewendet, zwischen seinen Waden, ist mit den Beinen etwas gespreizt, nimmt den starren Widerspenstigen in ihre feuchte Tiefe und sorgt dafür, daß er recht tief gelange.

Dann läßt er seine Beine entweder auf ihre Ellenbogengelenke nieder oder sie nimmt dieselben beliebig anders mit den Händen — wie es eben am zweckmäßigsten dünkt, da Varianten nur auf diese Weise möglich werden.

---

371. BÜGELDORN
(V. h.)

Ein Sessel wird behufs Unverrückbarkeit mit der Lehne an die Wand gerückt.

Er liegt bloß mit Nacken und Schultern auf dem Sesselsitze, ist bis zu den Knien vorläufig wagerecht gestreckt und die gespreizten Schenkel ruhen auf den senkrechten Unterbeinen.

Sie wendet ihm den Rücken und stellt sich zwischen seine Schenkel, bückt sich und nimmt seine beiden Füße an den Sohlen in ihre beiden Hände und stellt sich derart belastet dann wieder aufrecht. Nun trachtet sie mit vorgebeugtem Oberkörper und gespreizten Beinen so über seine Geschlechtsmitte zu gelangen, daß mit Hilfe seiner Hände die Einfügung ermöglicht werde. Beide müssen sich zu diesem Behufe aufs zweckmäßigste entgegenbieten. Ihre Arme können sich sowohl innerhalb als auch außerhalb seiner Schenkel befinden.

Als Möbel eignet sich ferner auch der Schwimmer, der Bettrand, das Sofa und alles was beiläufig diese Höhe hat.

---

372. WEILWENDE
(Wandelbild; v. h.)

Er liegt mit der Taille quer auf dem Sessel und ist vom Wirbel bis zur Sohle wagerecht stramm gestreckt, die Beine vorläufig festgeschlossen — im ganzen wie ein Balken; die Unterbeine können, wenn nötig, senkrecht abwärts aufsohlen.

Sie setzt sich auf ihn, als setzte sie sich einfach auf einen Sessel und nimmt seine ganze Mannheit tief in ihre Tiefen. Und wenn sie da gesessen hat, so beginnt sie sich, ohne zu entgleisen, langsam im Kreise herumzudrehen, so, daß sie erst mit einem, dann mit dem anderen Beine über ihn steigt, dann mit der Brust gegen die Lehne gekehrt zu sitzen kommt; sie hebt die Beine hier auch neben der Lehne hinüber auf des Sessels andere Seite, bis sie, weiter sich fortwendend, wieder in dieselbe Positur gelangt, von der sie ausgegangen. Während des Wendens macht sie als geschickte Bildnerin alle Sitz-, Ritt-, Flanken- und Voltenbilder, so wie sie sich bieten, eines nach dem anderen durch und sieht besonders auf die Korrektheit der Attitüden. Besonders wird hierbei das angenehme Wühlgefühl hervorzuheben sein. Die korrekte Darstellung dieses Bildes ist eine gute Probe für die Geschicklichkeit des Weibes.

---

373. NIRVANA
(V. h.)

Sie hält sich mit den Händen an der oberen Lehne des Sessels und neigt ihren Körper über den Sessel, ihr Gesicht oder ihre Brust bei ihren Händen an der Oberlehne, die weitgespreizten Schenkel bei den Knien am vorderen Rande resp. vorn an den Ecken des Sitzes anlehnend, ihre Füße aber auf der Erde und der ganze Körper strammgestreckt; bloß die Croupe ist nach hinten hochgestreckt.

Er liegt mit dem Rücken auf einem andern Sessel hinter ihr, legt seine Füße rechts und links an den Winkeln ihres Sessels auf, wodurch sie sich zwischen seinen Schenkeln befindet. Nun schiebt er sich mit seinem Deltawinkel so unter sie, daß eine Einfügung ganz gut möglich wird.

Varianten sind, als konfundierend, wegzulassen.

---

374. SCHREIBEREI
(V. h.)

Sie sitzt vor dem Schreibtisch im bequemen Schreibsessel recht tief zurückgelehnt, womöglich wie liegend zusammengekauert, hat die Schenkel weitgespreizt und überschlagen, beinahe wagrecht gegen ihre Brust gezogen.

Er, ihr den Rücken gewendet, steht vor ihr sehr gespreizt und neigt den Oberkörper stark nach vorne, wodurch er, wie über ihr gesamtes Delta gespreizt, vollkommen freien Eingang in die gelobten Gefilde findet. Er lehnt dabei, als wollte er schreiben, auf dem Tische.

Ihre freien Beine variieren ziemlich reichhaltig.

---

375. PROVISORIUM
(V. h.)

Sie hockt mit beiden Füßen auf je einer Ecke des Sessels, hat die Brust gegen die Lehne gekehrt und hält sich mit den Händen an der Lehne fest; ihr Oberkörper ist gegen die Lehne geneigt, während ihr Zweckteil gut außerhalb des Sesselrandes dahingeboten erscheint.

Er steht geschlossen hinter ihr und — das andere findet sich von selber.

Sie kann eventuell ein Bein frei machen und damit Varianten formieren. Knien aber darf sie bei diesem Bilde nicht, da das zur Ähnlichkeit mit andern Bildern führen würde.

---

376. TROUBADOUR
(V. h.)

Sie kniet mit geschlossenen Schenkeln auf dem einen Seitenrand des Sessels und stemmt ihre Hände auf den andern Seitenrand, so, daß ihr wagerechter Oberkörper quer über dem Sessel ist und ihre Waden ebenfalls wagerecht außerhalb des Seitenrandes sind. Ist der Sitz des Sessels hierzu zu schmal, so kann er einen zweiten Sessel herbeirücken, worauf sie dann die Hände mit voller Bequemlichkeit aufstemmen kann.

Er steht hinter ihr, überspreizt mit beiden Schenkeln ihre Waden. Nun duckt sie sich mit der Croupe gerade so weit nieder, als wie hoch er hinter ihr emporragt, um die befriedigende Eintiefung anzustreben.

Varianten bleiben weg.

---

377. KAUERSTEIGE
(V. h.)

Zwei Sessel stehen etwa einen Fuß weit, mit dem Vorderrande einander zugekehrt oder mit den Seitenrändern daneben hingestellt.

Sie stellt sich mit den Sohlen auf die Ränder dieser Sessel, duckt sich dann kauernd abwärts und so tief als es gerade nötig scheint, sich eventuell an den Lehnen der Sessel mit den Händen festhaltend.

Er steht hinter ihr, umfaßt ihre Flanken und findet in dem Kelche ihrer Abendblume reiche Honiglese, ohne erst viel suchen zu müssen.

Sie kann mit den Händen dabei entweder auf die Knie, auf die Sesselecken, auch eventuell auf die Sessellehnen oder sonstwie beliebig auflehnen. Weitere Varianten hat das Bild keine.

---

378. SPIELDORN
(V. h.)

Sie liegt rücklings quer über dem Sessel, die Schenkel hochgerissen, fast wagerecht an die Brust gezogen.

Er steht, den Rücken ihr zugekehrt, sehr gespreizt hinter ihr und überspreizt mit den Schenkeln ihre Keulen, neigt den Oberkörper beinahe bis wagerecht nach vorne und tieft sich in dieser Stellung gänzlich ein.

Er ist dabei mit den Händen entweder auf seine Knie oder aber auf einen herbeigezogenen anderen Sessel gestemmt.

Ihre Beine haben manche Varianten zur Verfügung.

---

379. HEPPCHEN
(V. h.)

Sie steht gespreizt vor dem Sessel, erfaßt dessen obere Lehne mit den Händen und legt sich dann mit der Brust auf ihre Hände, so, daß sie gestreckt wie auf den Sessel gelehnt erscheint; dabei reckt sie die Croupe gut nach rückwärts.

Er befindet sich hinter ihr, erfaßt die Sessellehne ebenso wie sie, steigt dann mit beiden Füßen auf die Seitenränder des Sessels und läßt sich so auf ihrem Rücken hängend mit seinem Sucher bis zu jener Stelle gleiten, wo er des Eingangs gutgebotene Spaltung findet. Er hängt da, als wäre er ein Ranzen, den sie trägt.

Varianten sind keine und wären höchstens in der Art und Weise zu suchen, wie er die Hangpositur ändert.

---

380. WIPPRANKE
(V. h.)

Ein Sessel steht mit der Lehne an der Wand.

Er steht aufrecht und geschlossen mit den Kniekehlen an den Sitzrand gelehnt.

Sie steht, ihm den Rücken wendend, vor ihm und reckt die Arme winkelig eingezogen nach rückwärts. Er ergreift sie hierauf mit beiden Händen fest in den Ellenbogenwinkeln; sie steigt dann erst mit dem einen und sofort darauf mit dem anderen Fuße, rechts und links von seinen Knien, auf den Rand, resp. auf die Ecken des Sesselsitzes, wobei ihre Beine hockend eingeknickt, der Oberkörper aber notwendigerweise stark nach vorne geneigt ist und gleichsam schwebend durch seine Arme gehalten wird.

Betreffs der Einfügung ist hier guter Rat teuer, da beider Hände vollauf in Verwendung stehen; sollte das also nicht auch ohne Hilfe der Hände möglich werden, so muß sie die eine Hand irgendwie zu befreien trachten, um der Verlegenheit ein Ende zu machen.

Als Variante kommt hierbei noch in Betracht, daß sie mit den Händen auch auf die Lehne eines vor sie hingestellten Sessels stemmt, wo dann er sie nicht in den Ellenbogenwinkeln, sondern um die Hüften festhält.

---

381. PLATTVOLTE
(V. h.)

Sie liegt mit Brust und Bauch auf dem Sessel, dessen Lehne ihr zur Seite sich befindet, die Beine hat sie gespreizt gestreckt mit den Fußspitzen auf die Erde gestützt. Auch mit den Händen stemmt sie auf der Erde.

Er liegt mit der Brust auf ihrem Rücken, um so tief als möglich eins mit ihr zu werden, was umso vollkommener gelingt, je geschickter sie ihre Croupe aufwärts hebend ihm entgegenbietet.

---

382. ARCHIMEDESPUNKT
(V. h.)

Sie liegt mit der Taille rücklings auf einem Sessel (dessen Lehne ihr zur Linken ist) und überschlägt die Schenkel hoch, fast bis an die Brust ziehend und nur wenig spreizend.

Er steht, ihr mit dem Rücken zugekehrt, mit dem Hintern an dem ihrigen, überspreizt dann reitend mit beiden Schenkeln ihr gesamtes Geschlechtsdelta, neigt mit dem Oberkörper stark nach vorne und nachdem er mit ihrer Hilfe die Eintiefung vollzog, legt er beide Hände stemmend auf einen Schemel oder ganz bis auf die Erde nieder. Seine Beine hängen in der Luft und haben einige Varianten. Die Achse und zugleich auch den Hauptstützpunkt dieser Positur bildet der Geschlechtsmittelpunkt selbst.

Varianten kann er mit seinen freien Beinen, aber nur mit Vorsicht, wagen.

---

383. ZAUBERSTEIG
(V. h.)

1. Sie kniet mit beiden Knien auf dem Sitze eines Sessels und ist soweit als möglich in den Schenkeln gespreizt; mit den Händen hält sie sich oben an der Lehne fest und duckt sich so tief als nötig nach ab- und rückwärts.

Er steht aufrecht hinter ihr und mit geschlossenen Beinen zwischen ihren Waden und findet was er sucht, oder:

2. Sie kniet mit beiden Knien, aber bei geschlossenen Schenkeln auf dem Sessel und tut in allem übrigen wie oben bei 1.

Er steht aufrecht hinter ihr, aber ist gespreizt und hat ihre beiden Waden zwischen seinen Beinen.

Er faßt sie in beiden Fällen mit den Händen dort und so, wo und wie es ihm gerade am besten dünkt.

Weitere Varianten bleiben ausgeschlossen.

---

384. HESPERIDE
(V. h.)

Sie liegt platt mit der Brust quer, d. h. so auf einem Sessel, daß sie parallel mit dessen Lehne ist und hat die Beine vorläufig gestreckt und gespreizt auf den Fußspitzen stützen.

Er steht zwischen ihren Schenkeln, erfaßt mit den Händen sie an den Knien oder irgendwo höher, hebt sie in die richtige Höhe und läßt sich von ihrer Hand in die Geheimnisse ihrer Wonnen führen.

Sie kann hierbei ihre Unterbeine gestreckt haben; kann sie aber auch zurückknicken und eventuell ihre Füße mit dem Rist in seine Arme einhängen.

---

385. PHAËTUSA
(V. h.)

Es steht ein Sessel mit der Lehne an der Wand. Sie liegt mit dem Nacken und den Schultern auf dem Sesselsitz, während ihr übriger Körper auf den senkrecht stützenden Unterbeinen provisorisch ruht.

Er steht, ihr den Rücken zugekehrt, zwischen ihren Schenkeln, nimmt ihre Füße an den Sohlen in seine beiden Hände und bietet sich ihr dann mit gespreizten Beinen und recht vorgeneigtem Oberkörper entgegen. Auch sie bietet sich ihm entgegen und dadurch geraten beider Mitten genau und zweckmäßig genug übereinander, um mit Hilfe ihrer Hände den besten der Zwecke zu erreichen.

Dies Bild hat keine Varianten und gehört zu den schwierigeren, wird aber bei regelrechtem Körperbau und hinreichender Gelenkigkeit stets aufs überraschendste gelingen.

Statt des Sessels kann auch der Schwimmer, der Bettrand, das Sofa und jeder ähnlichhohe Gegenstand verwertet werden.

---

386. SONNENBLÜTE
(V. h.; r. u. l.)

Sie liegt seitlich (z. B. auf ihrer rechten Seite) quer, d. h. so auf dem Sessel, daß ihr Rücken parallel mit der Sessellehne ist und hat dabei die Schenkel rechtwinklig zum Oberkörper eingezogen, während ihre Füße vorläufig auf der Erde stützen.

Er steht hinter ihren Schenkeln, faßt mit der linken Hand ihre Kniekehlen, mit der rechten aber ihre Croupe und hebt sie in die richtige Höhe. Hier hilft sie ihm mit den Händen, um das Ziel zu erreichen, wodurch aus Menschen Götter werden.

Sie ist dabei entweder ganz geschlossen oder aber sie benützt das höher gelegene Bein zu Varianten. Nachher schließt sie die Schenkel wieder und er wendet sie derart, daß sie auf den Rücken zu liegen kommt, wobei sie die Beine strecken und spreizen mag, um beim Wenden möglichst wenig Hindernisse zu bieten; dann wendet er sie noch weiter, bis sie ganz auf die andere Seite zu liegen kommt. Selbstverständlich muß sie bei jeder Wendung sich am Sesselsitz zurechtlegen, damit der schmale Raum ausreiche. Ist das geschehen, so kann die Wendung wieder zurück erfolgen.

---

387. ABSCHIEDSBESUCH
(V. h.)

Zwei hohe Sessel ohne untere Verbindungssprossen stehen einander gegenüber.

Sie lehnt und spreizt auf dem einen, mit der Brust nach abwärts gewendet, so, daß sie mit den Händen die Lehne oben festhält und etwa mit dem Nabel auf dem Rande des Sitzes aufliegt, während ihr ganzer Körper stramm gestreckt und in den Beinen gespreizt ist.

Er setzt sich auf den anderen, nun zwischen ihren Füßen stehenden Sessel, lehnt sich sehr zurück und schiebt strammen Leibes die geschlossenen beiden Beine zwischen ihren Schenkeln soweit unter ihren Sessel, als bis er an der richtigen Stelle angelangt ist, um die recht günstige Einfügung zu verwirklichen und gelungenen Tiefgang zu erzielen.

KLASSE III

DIE FLANQUETTEN

388. EDELKNIETE
(Vrsts.; r. u. l.)

Er sitzt strammgestreckt, fast wie liegend auf dem Sessel, den Nacken an der Lehne und hat den linken Schenkel hoch emporgezogen.

Sie überkniet mit beiden Schenkeln seinen rechten Schenkel, ist ihm dabei mit dem Gesichte zugekehrt, und richtet und schmiegt sich derart, daß die Eintiefung vollkommen gelinge.

Sein freies Bein variiert wie es kann.

Beide halten sich an den Armen fest. Ihr Oberkörper bleibt senkrech aufrecht. Die plastische Schönheit der Attitüde ist ein wesentlich Bedingnis.

Dies Bild von rechts gelingt auch von links.

---

389. BERATUNG
(Vrsts.; r. u. l.)

Er sitzt vor dem Schreibtische schief im Schreibsessel und mit dem Oberkörper nach rechts geneigt, sitzt also sozusagen auf der rechten Seite, und hat den rechten Schenkel beim Knie seitlich auf den Tischrand gelehnt, wobei auch die Wade parallel am Tischrand liegen wird; den linken Schenkel hat er hochgezogen nach links gespreizt.

Sie, ihm zugekehrt, setzt sich in seinen Schoßwinkel, legt ihre beiden Füße bei seiner linken Hüfte auf den Sesselsitz, wobei sie nun seinen linken Schenkel zwischen den beiden ihrigen hat, und einer gelungenen Einfügung gar nichts mehr im Wege steht; mit dem Rücken lehnt sie sich ganz gemächlich auf seinen rechten Schenkel zurück.

---

390. CASSIOPEIA
(Vrsts.; r. u. l.)

Er sitzt stramm und sehr schief auf einem Sessel, hebt jedoch den linken Schenkel hoch empor.

Sie liegt vor ihm, mit dem Rücken auf einem andern Sessel, hebt ihre Füße auf seinen Sessel, doch so, daß beider Schenkel dadurch wie ineinander gegabelt erscheinen. In den Mitten müssen sie sich bestens entgegenkommen und zurecht nisten; wonniges Tiefgefühl ist die nächste Folge.

Einige Varianten stehen zur Verfügung.

Wie dies Bild von rechts dargestellt ist, so kann es auch von links, d. h. so dargestellt werden, daß er das linke Bein gestreckt, den rechten Schenkel aber hochgezogen hat.

---

391. REVANCHEFLANKE
(Vrsts.; r. u. l.)

Er liegt rücklings so auf dem Sessel, daß er vom Kreuz bis zu den Schulterblättern platt am Sesselsitze anlehnt und sich die Lehne des Sessels an seiner einen Seite befindet; sein rechter Schenkel ist wagrecht auf das Unterbein gestützt, während sein linkes Bein hoch emporgezogen gespreizt hinwegragt.

Sie liegt Brust an Brust auf ihm, überreitet dabei mit ihren beiden Schenkeln seinen rechten Schenkel und beide neigen sich etwas seitlich und derart einander entgegen, daß sie die Einfügung der Mitten auf's beste ermöglichen.

Sein eines Bein ist frei und zu Varianten verwertbar.

Dem rechtseitigen Bilde von hier oben entspricht ein genau analoges Bild von links.

---

392. ABROSE
(Vrsts.; r. u. l.)

Er sitzt stark zurückgelehnt auf dem Sessel, ist mit dem ganzen Körper geradgestreckt, bloß den linken Schenkel hat er hochgezogen nach links hinwegreckend.

Sie setzt sich reitend (wie Männer reiten) auf seinen rechten Schenkel. Beide fügen sich nun so zurecht, daß des günstigen Zugangs Vollkommenheit durch Positionsschwierigkeiten nicht behindert werde, was übrigens in höchstem Maße möglich ist.

Sein freies Bein allein und in Kombination mit ihren Händen und Armen hat eine Reihe von Varianten vor sich.

So wie dies rechts, ebenso ist es auch links durchführbar.

---

393. SPIELHOCKE
(Vrsts.; r. u. l.)

Er sitzt fast wie liegend auf dem Sessel, den Nacken an der Lehne, das Gesäß auf dem Sesselrande; der Körper ist strammgestreckt, nur das linke Bein ragt hoch hinangehoben.

Sie, ihm zugewendet, steigt mit beiden Füßen so auf den Sessel, daß sein rechter Schenkel sich zwischen ihren Füßen befindet; nun hockt sie sich den Umständen anpassend und genau auf jene Stelle nieder, wo sie und er ganz in eins geschlechtlich verschmelzen.

Sein freies Bein ragt ursprünglich vor ihrem Oberkörper empor, kann aber seine Freiheit zu einigen Varianten benützen.

Statt von rechts (d. h. statt über dem rechten Schenkel) kann dasselbe Bild auch von links stattfinden.

---

394. STAMMSENKE
(Vrsts.; r. u. l.)

Er sitzt sehr zurückgelehnt mit dem Gesäß auf dem Sesselrande und ist gerade gestreckt, nur den linken Schenkel hat er hochgezogen.

Sie setzt sich, ihm mit dem Gesichte zugekehrt, erst wie reitend auf seinen rechten Schenkel, dann faßt sie mit den Händen die Lehne ganz oben irgendwo und hebt die Füße in die Lehnwinkel des Sessels, wo sie mit den Sohlen kräftig anstemmt und dadurch den ganzen Körper frei heben und senken kann. Sie hat dabei seinen linken Schenkel gleichsam in ihrem Schoße. Er besorgt die Einfügung und schiebt sich so unter ihr zurecht, daß der Tiefgang ein vollkommener werde.

Seinem freien linken Beine bietet sich die Möglichkeit einiger nicht besonders belangreicher Varianten.

Dies war das Bild von rechts; das von links, d. h. wenn er den linken Schenkel gestreckt hält, ist ebenso gut durchführbar.

---

395. GABELHANG
(Vrsts.; r. u. l.)

Er sitzt sehr zurückgelehnt und strammgestreckt auf einem Sessel und hat den rechten Schenkel geradgestreckt mit der Ferse auf der Erde, den linken Schenkel aber emporgezogen und nach links hinweggespreizt.

Sie reitet, ihm zugekehrt, mit beiden Schenkeln über seinen rechten Schenkel, nistet sich in seinem Schoßwinkel zurecht, legt an und senkt sich tief und kräftig ein. Dann fassen sie sich beide gegenseitig die Hände und sie läßt den Oberkörper so nach rückwärts hängen, daß ihre beiden Oberkörper eine römische Fünf (V) bilden.

Ihre Beine sind schief nach abwärts gestreckt, doch kann sie durch verschiedene andere Streckung und Spreizung auch Varianten veranlassen. Übrigens hat auch er ein Bein frei und kann die Zahl der Varianten vermehren.

Dies Bild von rechts gelingt ebenso gut auch von links.

396. NESTCHEN
(Vrsts.; r. u. l)

Sie sitzt vor dem Schreibtisch, mit dem Oberkörper schief und sehr nach rechts niedergeneigt, wie kauernd im Schreibsessel, legt ihr rechtes Bein mit dem Knie und der Wade auf den Tischrand, das linke aber hat sie noch höher ragend, nach links weggespreizt.

Er, ihr zugekehrt, setzt sich in ihren Schoßwinkel, legt seine beiden Füße an ihre linke Hüfte auf den Sesselsitz, wodurch er ihren Schenkel zwischen den beiden seinigen hat, nistet sich hier so zurecht, daß eine regelrechte Eintiefung gut möglich wird. Dann lehnt er sich mit dem Rücken auf ihren rechten Schenkel gegen den Tisch zurück.

Einige unwesentliche Varianten bleiben außeracht.

Wie das rechts war, so ist es auch links möglich.

397. BRÜCKENFLANKE
(Vrsts ; r. u. l.)

Sie liegt rücklings so auf dem Sessel, daß sie vom Kreuze bis zu den Schulterblättern quer auf dem Sitze liegt und somit die Lehne auf der einen Seite hat; der Oberkörper ist wagerecht, so auch der rechte Schenkel, während das linke Bein hochgezogen, nach links hinweggespreizt ist.

Er liegt Brust an Brust auf ihr, hat ihren rechten Schenkel zwischen den beiden seinigen, zieht sie mit der Croupe ein wenig seitlich, d. h. zieht ihre linke Keule etwas aufwärts, um günstigeren Zugang zu erzielen, und indem beide sich bestens fügen und zuhelfen, vollzieht sich die Einfügung aufs tadelloseste.

Ihr linkes Bein ist frei und variiert.

Diesem Bilde von rechts entspricht ein analoges von links.

---

398. KÜHNFALL
(Vrst.; r. u. l.)

Zwei hochgebaute Sessel ohne Verbindungssprossen an den Füßen stehen einander gegenüber.

Sie sitzt sehr gelehnt und mit gespreizten, gestreckten Beinen auf dem einen Sessel

Er sitzt auf dem anderen Sessel, so, daß sein rechtes Bein zwischen ihren Schenkeln unter ihren Sessel gestreckt wird, während sein linkes Bein hochgezogen emporragt. Beide müssen nun am Sesselrande mit den Gesäßen so abwärts gleiten, daß sie einander genau die Geschlechtsmitte bieten und, weil sie die Einfügung nur unter einem gewissen Winkel ermöglichen können, müssen sie sich in den Hüften einander ein wenig entgegendrehen und erlangen so die befriedigendsten Resultate.

Auch kann das Bild so gelingen, daß *er* beide Beine gestreckt und gespreizt hat, während *sie* das rechte Bein zwischen seinen Schenkeln unter den Sessel schiebt und das linke Bein hoch hinangehoben hält.

In beiden Fällen ist das linke freie Bein zu Varianten verwendbar.

Wie das rechts geschah, so kann es auch links, d. h. das linke Bein unter den Sessel schiebend, geschehen.

KLASSE IV

DIE KOLONNEN

399. LIEBLINGSDORN
(Htsts.; r. u. l.)

or dem Schreibtisch in einem bequemen Schreibsessel sitzt er ganz zurückgelehnt und nach rechts geneigt auf der rechten Keule (Hinterbacke), hat den rechten Schenkel gestreckt, den Fuß auf der Erde, während der linke Schenkel hoch emporgerissen nach links hinwegragt.

Sie, ihm den Rücken zukehrend, überreitet stehend seinen rechten Schenkel, nistet sich in seinem Schoßwinkel zurecht und tieft sich vollkommen ein, während sie den Oberkörper so nach vorwärts neigt, daß sie sich mit den Armen auf den Schreibtisch stützen kann.

Sein freies Bein hat Varianten.

Diesem Bilde von rechts entspricht ein analoges von links.

---

400. WINDRITT
(Htsts.; r. u. l.)

Er sitzt geradgespreizt und sehr zurückgelehnt auf dem Sessel und hat das linke Bein hoch hinangezogen.

Sie, ihm den Rücken wendend, setzt sich mit beiden Schenkeln reitend über seinen gestreckten rechten Schenkel. Beide helfen zu und fügen sich so zurecht, daß ein vollbefriedigender Tiefgang resultiere. Ihr Oberkörper ist nach vorne gebeugt.

Sein linkes Bein hat einige unwesentliche Varianten.

Statt von rechts, könnte dies Bild ebensogut von links stattfinden.

31

401. HOCKNEST
(Htsts. ; r. u. l.)

Er sitzt, den Nacken an der Lehne, mit dem Gesäß auf dem Rande des Sessels, beinahe wie liegend, hat den Körper stramm gestreckt und nur den linken Schenkel hochgezogen.

Sie steigt, ihm den Rücken kehrend, mit beiden Sohlen so auf den Sessel-rand, daß ihre Füße rechts und links von seinem rechten Schenkel postiert sind; sein emporgezogenes Bein bleibt ganz hinter ihr. Sie hockt sich, legt an, fügt ein und reicht dann die Hände nach rückwärts; beide fassen sich an den Handknöcheln fest, damit sie den Oberkörper gut nach vorwärts beugen kann und den Tiefgang möglichst vollkommen werden lasse.

Sein freies Bein kann einige Varianten gestalten.

Statt über seinen rechten Schenkel, kann dasselbe Bild auch über seinem linken Schenkel denselben Erfolg garantieren.

---

402. FLUGKNIETE
(Htsts.; r. u. l.)

Er sitzt stark zurückgelehnt und geradgestreckt auf dem Sessel, bloß den linken Schenkel hat er hoch emporgezogen.

Sie kniet, ihm den Rücken kehrend, mit beiden Schenkeln so über seinen rechten Schenkel, daß sie (namentlich mit dem linken Knie nicht auf dem Sesselsitze) eigentlich bloß auf den Sesselrand nach vorne vorragen Dabei fassen sich beide an den Händen, damit sie, ohne zu fallen, den Oberkörper etwas nach vorne neigen und eine den Tiefgang vollkommen garantierende Einfügung ermögliche.

Sein freies Bein, das hinter ihrem Rücken emporragt, kann manche Variante vollziehen.

Diesem rechtseitigen Bilde entspricht ein ganz analoges Ergänzungsbild von links.

---

403. HANGELZANGE
(Htsts.; r. u. l.)

Er sitzt sehr zurückgelehnt und stramm gestreckt auf einem Sessel und hat den linken Schenkel hoch emporgezogen nach links gespreizt.

Sie, ihm den Rücken wendend, kniet auf dem Sessel, reitet mit beiden Schenkeln auf seinem rechten Schenkel, nistet sich zurecht und tieft sich ein. Nun fassen sich beide an der Handwurzel fest und sie läßt sich mit dem

Oberkörper recht nach vorne hängen, während ihre Beine nach rückwärts gestreckt eine geschmackvolle Attitüde anstreben.

Ritte sie über seinem linken Schenkel, so gäbe das dasselbe Bild von links.

---

404. FECHTERHIEB
(Htsts.; r. u. l.)

Er sitzt sehr zurückgelehnt und mit gespreizten Beinen strammgestreckt auf dem Sessel.

Sie stellt sich, ihm mit der rechten Seite zugewendet, zwischen seine Schenkel, hebt ihr rechtes Bein über seinen rechten Schenkel (oder auf denselben) und lehnt sich irgendwie anmutig mit ihrem rechten Oberarme auf seine Brust und ist dabei gleichsam in halbliegender seitlicher Stellung, dann besorgt sie die Einfügung und weilt in dieser traulichen Stellung so lang es ihr genehm. Er kann mit seinem linken Beine durch irgend eine Variante das Bild verschönern.

Selbstverständlich bleibt dies Bild auch dann dasselbe, wenn es von links stattfindet.

Auch bleibt das Bild nahe dasselbe, wenn er die Beine geschlossen hat und sie sich von einer Seite auf ihn setzt und das eine Bein nach aufwärts zieht, gleichviel ob sie dabei mit dem Körper wie oben auf ihm liegt oder ganz gerade sitzt.

---

405. SCHREIBSATTEL
(Htsts.; r. u. l.)

Sie sitzt vor dem Schreibtisch in bequemem Schreibsessel sehr zurückgelehnt und nach rechts gespreizt, sitzt dabei bloß auf der rechten Keule und hat den linken Schenkel hochgezogen und nach links hinweggeragen.

Er steht, ihr den Rücken kehrend, mit den Schenkeln über ihren rechten Schenkel gespreizt, neigt seinen Leib stark nach vorne, stützt mit den Ellenbogen auf den Schreibtisch und nistet sich in ihrem Schoßwinkel zurecht; sie muß dabei ihre „Verborgenheit" gut nach aufwärts darbieten, wodurch er dann ganz tief in sie zu gelangen vermag. Dann kann er, wenn er will, auch schreiben.

Ihr freies Bein macht mittlerweile die zu Gebote stehenden Varianten.

Dem rechtseitigen Bilde von hier oben entspricht ein ganz ähnliches von links.

31*

406. BRÜCKENKOLONNE
(Htsts.; r. u. l.)

Sie liegt mit Brust und Bauch so auf dem Sessel, daß dessen Lehne sich ihr zur Seite befindet, also quer auf dem Sesselsitz; sie ist dabei in der Taille so gedreht, daß ihre linke Hüfte aufwärts ragt, und während ihr rechtes Bein ganz gestreckt mit der Fußspitze auf der Erde stützt, ist ihr linkes Bein hoch emporgezogen und hinweggespreizt.

Er liegt mit dem Oberkörper auf dem ihrigen, hat ihren rechten Schenkel zwischen den beiden seinigen, und indem sie sich gut nach aufwärts bietet, wendet er alles an, um einen möglichst vollkommenen Tiefgang zu erlangen.

Ihr linkes Bein ist frei und kann Varianten zwar auch allein formieren, diese werden aber erst dadurch charakteristisch, daß er es mit seiner Hand oder seinem Arme zu plastischen Gestaltungen in Anspruch nimmt.

---

407. WIDERSENKE
(Htsts.; r. u. l.)

Sie sitzt sehr gelehnt und sehr gestreckt (das Gesäß am Sitzrande) auf dem Sessel und hat den linken Schenkel hoch emporgezogen.

Er, ihr zugekehrt, überreitet erst ihren rechten Schenkel, faßt mit beiden Händen die Sessellehne fest, hebt dann beide Füße, rechts und links von ihr, auf den Sesselsitz und stemmt dieselben mit den Sohlen in die Lehnwinkel. Dabei hat er ihren linken Schenkel zwischen seinen Schenkeln, während er auf ihrem rechten Schenkel gleichsam sitzt. Sie fügt sich und bietet sich und besorgt eine tadellose Einswerdung der Geschlechter.

Ihr freies Bein kann zu Varianten verwendbar sein.

Dem rechtsseitigen Bilde von hier entspricht ein analoges von links.

---

408. STEIGHANG
(Htsts.; r. u. l.)

Sie kniet mit beiden Knieen auf einem Sessel, lehnt sich mit der Brust gegen dessen Lehne und hält diese mit den Händen fest.

Er steht hinter ihr auf der Erde und hat ihre rechte Wade zwischen seinen beiden Beinen. Nun duckt sie sich recht nach rückwärts und abwärts, so, daß sie sich mit ihrer Narbe gerade in jener Höhe befindet, die nötig ist, um die Einfügung zu ermöglichen; da erfaßt er ihren linken Schenkel, hebt ihn auf seinen rechten Arm empor und benützt nun diese günstig gespreizte Stellung, um in jenes Gefilde der Wonnen einzugehen. — Hat

er das erreicht, so kann er auch eventuell seinen linken Fuß auf den Sesselsitz aufsohlen.

Die Art, wie er ihr linkes Bein spreizt, kann zu einigen Varianten aus-
gebeutet werden.

Hätte er ihre linke Wade zwischen seinen Beinen und höbe er ihren
rechten Schenkel spreizend empor, so ergäbe sich dasselbe Bild von links.

---

409. HULDENNEIGE
(Htsts.; r. u. l).

Sie kniet mit beiden Knieen geschlossen auf dem Sesselsitze und hat
die Hände, eventuell auch die Brust, auf der Lehne.

Er tritt an die rechte Ecke des Sesselsitzes, nimmt sie mit den Händen
an den Hüften und neigt ihr Gesäß so wie sie da kniet, recht zu sich
herüber und bis in jene Höhe, wo Eintiefung und Tiefgang am sichersten
garantiert sind.

Sie kann mit dem linken Beine variieren. Tut sie das, so kann er seinen
linken Fuß auf die jenseitige Ecke des Sesselsitzes aufsohlen und so zur
Vermannigfaltigung des Bildes wesentlich beitragen.

Dasselbe Bild ist auch von links möglich.

---

410. FAHRWOHL
(Htsts.; r. u. l)

Zwei hochgebaute Sessel, ohne Verbindungsprossen an den Füßen,
stehen einander gegenüber.

Sie lehnt mit dem Rücken nach oben, d. h. mit der Brust nach
abwärts gekehrt, so auf dem einen Sessel, daß sie mit den Händen die
Lehne oben festhält und mit dem Bauche auf dem Rande des Sitzes liegt,
wobei ihr ganzer Körper strammgestreckt, die Beine aber gespreizt sind.

Er setzt sich auf den nun zwischen ihren Füßen stehenden anderen
Sessel, lehnt sich sehr zurück und schiebt sein rechtes Bein zwischen ihren
Schenkeln soweit unter ihren Sessel, als das eben gut dünkt; bei richtiger
Entgegenschmiegung erzielen sie einen herrlichen Tiefgang.

Oder: Er hat beide Beine gespreizt, während sie das linke Bein
hochzieht und hinwegspreizt. Die Einfügung gelingt ebensogut als bei
obiger Darstellung. In beiden Fällen ist das hochgezogene linke Bein für
Varianten frei.

Dasselbe Bild resultiert, wenn statt des linken Beines das rechte hochgezogen wird.

IX

DIE TISCHGRUPPE

(EINER VON BEIDEN IRGENDWIE AUF DEM TISCHE, DER ANDERE
STEHEND AUF DER ERDE)

KLASSE I

DIE POMPEN

411. AUFSATZ
(V. v.)

Sie sitzt auf dem Tisch, aber ganz knapp am Rande.

Er steht vor ihr und zwischen ihren Schenkeln, und weil er da so nicht viel Erfolg in Aussicht hat, muß er wenigstens eines ihrer Beine auf den Arm nehmen, noch besser aber, er nimmt ihre beiden Beine armhoch. Jetzt ist schon volles Gelingen verbürgt, weil sich nun dort unten am untersten Saume des Venusberges der Zugang bietet, der ihn zur Verwirklichung des schönen Traumes führt.

Es ist besser, wenn der Tisch etwas niedrig ist, und es wird darum oft geraten sein, ein Fußpolster zu Hilfe zu nehmen, damit er lieber etwas höher, als notwendig, gestellt sei.

Er kann ihre Beine sehr variierend empornehmen, sogar beide bis auf seine Achsel heben. Sie hat ihn dabei am vorteilhaftesten mit den Händen an den Achseln angefaßt.

---

412. FESTAVERSE
(V. v.)

Sie liegt mit dem Oberkörper bis zur Croupe rücklings auf dem Tisch und erfaßt in Ermangelung eines bessern mit den Händen des Tisches Seitenränder und gibt sich dadurch genug Halt, um auch ihre Beine strammstrecken und beliebig spreizen zu können.

Er steht zwischen ihren Schenkeln wie in einem Hohlwege, der unfehlbar zu jenem Haine führt, allwo die Feuerblume blüht, in deren Kelch sein irdisches Sehnen himmlische Stillung findet.

Varianten sind in reicher Fülle da; ihre Beine können, eines oder beide, abwärts hängen, freispreizen, freihoch ragen, umschenkeln, armhoch und achselhoch gehoben werden; die beiden letzten Fälle ausgenommen, kann er sich auch mit der Brust auf ihre Brust legen oder, wenn er aufrecht stehend bleibt, mit den Händen ihre Achseln ergreifen und zum Zweck des Tiefgangs kräftig an und gegen sich ziehen.

---

413. WELTWENDE
(V. v.; Wandelbild)

Sie liegt rücklings, aber bloß bis zur Taille auf dem Tisch, hält sich mit den Händen irgendwie fest und hat die Beine wagrecht gestreckt und gespreizt.

Er steht zwischen ihr und fügt sich kräftig in sie ein; dann wendet er sie (sie hilft natürlich bestens mit) etwas nach rechts, daß ihr einer Schenkel zwischen die beiden seinen gerate; dann nimmt er, aber stets ohne zu entgleisen, ihren Schenkel zwischen den Schenkeln hinweg und wendet sie so, daß sie ganz seitlich und mit parallel wagrechten Schenkeln liegt; dann weiter, daß ihr anderer Schenkel zwischen die seinen, und dann noch weiter, bis sie auf den Bauch zu liegen kommt; dann wieder eine Viertelwendung, wobei ihr Schenkel wieder zwischen die seinen gelangt; dann abermals eine Viertelwendung und wieder eine, bis sie auf den Rücken zu liegen kommt — und so fort nach Belieben oder in entgegengesetzter Richtung.

Es ist nicht unbedingt notwendig, daß hierzu ein langer Tisch zur Verfügung stehe, worauf eine größere Anzahl von Wendungen möglich werde, denn sie kann die Wendungen auch auf verhältnismäßig ganz engem Raume vollziehen.

Ein wegen seiner Unterhaltung, seinem Genußreichtum und der Bedingnis großer Geschicklichkeit besonders pikantes und durchaus nicht unbequemes Bild.

---

414. ASTARTE
(V. v.)

Er lehnt mit dem Gesäß am Tisch und hat die Beine geschlossen.

Sie, erst Brust an Brust vor ihm stehend, hängt sich mit beiden Händen an seinen Achseln fest, hebt dann die Sohlen beider Füße auf den Tischrand, wodurch er zwischen ihre Schenkel eingeschlossen wird. Nun läßt sie ihr Reich der Mitte so weit nach abwärts, bis sie an jene

Stelle gelangt, wo ihrer schon der Genuß harrt, der nach ihrer Liebe Tiefen kräftiges Verlangen trägt.

Statt ihn an den Achseln zu halten, kann sie ihn dann auch an den Oberarmen fassen und dadurch mit dem Oberkörper sich sogar ganz wagerecht zurücklassen. Er hat sie entweder auch an den Oberarmen oder aber an der Croupe, in welch letzterem Falle er möglichst tief in sie zu gelangen vermag. Weitere Varianten bleiben außer acht.

---

415. LEHNRAND
(V. v.)

Er steht mit geschlossenen Beinen mit dem Gesäß an den Tisch gelehnt.

Sie faßt, ihm zugekehrt, seine Arme fest, legt ihre Waden rechts und links von ihm auf den Tisch und läßt auch ihren Oberkörper wagerecht hängen, so daß sie, durch die gegenseitige Festhaltung der Arme gesichert, mit dem ganzen Körper wagerecht und strammgestreckt ist.

Was hier zu tun und zu lassen sei, braucht wohl nicht gelehrt zu werden — obgleich es nicht allzu leicht wird! — nur muß bemerkt werden, daß jede Variante die Plastik dieses Bildes nur beeinträchtigen würde.

---

416. BÜGELHUB
(V. v.)

Sie liegt rücklings, aber bloß bis zu den Schulterblättern auf dem Tische, während ihre Füße beliebig auf der Erde stehen.

Er bückt sich vor ihr nieder, läßt sie mit den Sohlen in seine Hände steigen, erhebt sich dann samt dieser begehrlichen Last, wobei sie ihre Unterbeine konstant senkrecht haben muß.

Wenn alles in richtiger Höhe angelangt ist, so erfolgt die sexuelle Einswerdung, dessen Tiefgang wohl nichts zu wünschen übrig läßt.

Varianten ergeben sich bei diesem Bilde keine.

---

417. UMBILD
(V. v.)

Sie liegt rücklings, bis zur Taille, auf dem Tische, hat die Beine abwärts gerichtet und die Füße gespreizt auf der Erde.

Er liegt mit der Brust auf ihr und befindet sich mit beiden Schenkeln zwischen den ihrigen, wo er mit vieler Behaglichkeit der Stillung seines Hungers obliegen kann. Er hält sie dabei mit den Händen um die Croupe, während sie ihre Hände unter anderem auch dazu benützen kann, um sich an den Seitenrändern des Tisches festzuhalten, um dadurch einen Fixpunkt zur freien Hebung der Beine zu gewinnen.

Dadurch bekommt sie beide Beine frei in ihre Macht und kann so manche Variante — sogar bis armhoch — durchsetzen.

---

418. GELAGE
(V. v.)

Er liegt rücklings und etwa bis an die Taille auf dem Tische und hat die Beine geschlossen nach abwärts wölbend mit den Füßen auf der Erde.

Sie überreitet mit beiden Schenkeln seine Mitte und legt sich mit der Brust auf seine Brust. Ihre Liebeslippen verschlingen inzwischen alles was er ihr bieten kann. Sie drückt, mit den Händen die Croupe festgreifend, ihn kräftig an sich. Seine Hände muß er irgendwie zweckdienlich in Verwendung setzen.

Varianten sind hier unwesentlich.

---

419. RANDRIESIN
(V. v.)

Sie lehnt a) mit dem Gesäß am Tische oder b) etwa zwei Spannen weit mit dem Gesäß vom Tische weg und steht dabei mit sehr weit gespreizten Beinen.

Er legt, vor ihr stehend, beide Hände auf ihre Achseln und legt a) seine Unterbeine mit den Waden rechts und links von ihr auf den Tisch; noch besser aber b) seine geschlossenen Beine zwischen ihre gespreizten Schenkel schiebend, die Füße und Waden auf den Tisch hebend.

Nun tun sie beide ihr möglichstes, um eine Einswerdung und vollen Tiefgang zu erzielen, zu welch letzterem Behufe sie ihn mit den Händen dann um die Croupe nimmt und aus allen Kräften in sich zwingt.

Er bleibt mit den Händen fest an ihren Achseln und braucht den wagrechten Hang seines Oberkörpers nicht zu forcieren.

Als Variante kann gelten, daß er, statt die Waden auf den Tisch zu legen, bloß die Sohlen bei sehr gespreizten Beinen auf den Tischrand setzt und dieselbe Absicht zu erreichen strebt.

KLASSE II

DIE VOLTEN

420. AMBOSS
(V. h.)

Die Beine geschlossen, steht er mit dem Gesäß an den Tisch gelehnt.

Sie steht, mit dem Rücken ihm zugekehrt vor ihm, vor ihr aber steht ein weichgepolsterter Sessel. Sie stemmt sich mit den Armen auf den Sessel und legt ers eines, dann das andere Bein so auf den Tisch, daß er zwischen ihre Schenkel geklemmt dasteht. Ihre Beine liegen somit bis zum halben Schenkel gestreckt auf dem Tische. Nun legt sie sich für einen Moment mit der Brust auf den Sessel und reckt ihre in den Ellbogen winkelig eingeknickten Arme nach rückwärts. Er ergreift sie mit kräftigen sicheren Händen in den Ellbogenwinkeln und hebt sie vom Sessel empor, so daß ihr Oberkörper etwa wagrecht ober dem Sessel ragt. Ob die Einfügung jetzt geschehen soll, oder schon früher, als es bequemer war, hätte geschehen sollen — das bleibt Geschmackssache.

Sollte der Sessel, der Schönheit des Bildes wegen, dort wo er steht als unschön erscheinen, so mag er mit ihr um die Ecke des Tisches gehen und erst dann wieder zu dem Sessel zurückkehren, wenn er sie freigeben und hinablassen will.

---

421. RANDPROBE
(V. h.)

Sie liegt mit Bauch und Brust auf dem Tische und hat beide Beine wagrecht gestreckt und gespreizt. Mit den Händen hält sie sich an den Tischrändern fest.

Er steht zwischen ihren Schenkeln und hat nur einen Weg vor sich, der ihn aber gewiß und sicher ans Ziel hinführt.

Ihre Beine können, namentlich mit Hilfe seiner Hände, verschiedene Varianten liefern.

Sie kann die Beine übrigens auch mit den Füßen gespreizt auf der Erde stützen haben, was übrigens in Anbetracht der hieran erinnernden Bilder anderer Art am besten vermieden und ganz außer acht gelassen wird.

---

422. ANTIOPE
(V. h.)

Sie liegt mit der Brust auf dem Tische, resp. auf ihren darunterliegenden Armen und hat die Füße beliebig gespreizt auf der Erde.

Er ist hinter ihr, bückt sich und läßt sie mit den Sohlen in je eine seiner Hände steigen. Dann erhebt er sich mit seiner Last; sie bleibt dabei mit den Unterbeinen konsequent senkrecht, während die Schenkel nach Bedarf einknicken, um die richtige Höhe ihrer Geschlechtsnarbe zu erreichen, worin er so wie er steht ganz tiefe Fühlung nehmen kann, da die Einfügung wohl auch ohne Hilfe der Hände gelingen muß.

Varianten sind hier überflüssig.

---

423. HOCHVOLTE
(V. h.)

Er liegt rücklings bis zur Taille auf dem Tisch, erfaßt mit beiden Händen die Seitenränder des Tisches und hebt seine beiden gespreizten Schenkel, etwas höher als wagrecht, empor — die Unterbeine bleiben wagrecht.

Sie steht, ihm den Rücken wendend, zwischen seinen Schenkeln und tieft sich ein.

Dann nimmt sie mit beiden Händen oder mit Hilfe einer Schärpe seine Croupe und zieht sie kräftig an. Auch kann sie statt dessen seine Kniekehlen auf die Arme nehmen und den Tiefgang fördern. Weitere Varianten dürfen kaum mehr von Wichtigkeit sein.

---

424. FAR-NIENTE
(V. h.)

Er liegt mit dem flachen Rücken, aber bloß bis zur Taille auf dem Tische und hat die Beine geschlossen nach abwärts wölbend mit den Füßen auf der Erde.

Sie legt sich mit dem ganzen Rücken ihm auf Brust und Bauch, überreitet dabei mit beiden Schenkeln seine Schenkel, nimmt für ihre Beine eine möglichst bequeme und die für den Tiefgang günstigste Position und genießt so tief als möglich alle erotischen Behaglichkeiten — wie es gefällig, mit oder ohne Zigarette — ohne besorgt zu sein, ob denn wohl er, der doch zu allem Genuß auch noch sie ganz und samt ihren Genüssen über sich hat — ob denn auch er von Liebe so trunken, diese Liebe so herrlich träumt.

Varianten hat dies Bild keine nötig. Beide sind mit den Füßen fest postiert, daher kann auch er den Händen volles, freies Spiel gewähren.

KLASSE III

DIE FLANQUETTEN

425. PLATTFLANKE
(Vrsts.; r. u. l.)

Er steht mit dem Gesäß an den Tisch gelehnt und hat die Beine gespreizt.

Sie faßt mit den Händen seine Arme, legt das rechte Bein mit der Wade auf den Tisch, das linke aber schiebt sie mit den Schenkeln zwischen seine beiden Schenkel, indem sie dabei den Oberkörper wagrecht hängen hat.

Sie hebt und drückt den linken Schenkel, vermöge der Haltkraft ihrer Arme, hoch und gründlich zwischen seinen Schenkelwinkel hinan und so tief dazwischen hinein, daß eine Eintiefung sogar ohne Beihilfe der Hände möglich werde. Überhaupt müssen beide auf die Korrektheit der Pose besonders bedacht sein.

Sie kann auch das linke Bein auf dem Tisch, das rechte aber zwischen den seinen haben und dann ergibt sich das Pendant des obigen Bildes von der entgegengesetzten Seite.

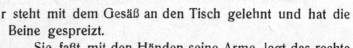

426. HÜFTWENDE
(Vrsts.; r. u. l)

Sie liegt mit dem Rücken bis zur Croupe auf dem Tische, ist aber in der Taille so gedreht, daß sie mit der rechten Hinterbacke auf dem Tischrande liegt, ihr rechtes Bein nach abwärts hängt, während ihr linkes Bein hochgezogen emporragt. Sie hält sich eventuell mit den Händen an den Seitenrändern des Tisches fest.

Er überreitet mit beiden Schenkeln ihren rechten Schenkel und gibt sich und ihr diejenige Lage, die am tauglichsten ist, um den in Aussicht stehenden Zweck aufs vollste zu erreichen; er stellt sich zu diesem Behufe

— 497 —

wenn nötig auf ein Fußpolster oder dgl., um allen Bedingungen noch besser zu entsprechen.

Ihr linkes Bein ist frei und kann recht hübsche Varianten ausführen.

Dasselbe Bild kann ebenso auch von links dargestellt werden.

---

427. PROKRIS
(Vrsts.; r. u. l.)

Sie liegt rücklings, aber bloß bis zur Taille auf dem Tische, ist in der Taille etwas gedreht, so, daß sie ihr rechtes Bein gestreckt und mit dem Fuße bis auf die Erde lassen, während das linke Bein hochgezogen nach links hinwegspreizen kann. Ihre Hände haben vollkommen freies Spiel.

Er überreitet stehend mit beiden Schenkeln ihren rechten Schenkel, wühlt sich mit vielem Behagen in den einladenden, reizenden Spalt ein, umfaßt dabei mit beiden Händen, so wie es ihm am wohligsten dünkt, ihre Mitte und legt sich obendrein, soweit es angenehm, mit voller Brust auf ihre Brust.

Ihr freies linkes Bein hat, namentlich mit Beihilfe seiner Hände, resp. Arme, eine Anzahl von Varianten zur Verfügung.

Dasselbe Bild kann auch von links dargestellt werden.

---

428. VORDERKANTUNG
(Vrsts.; r. u. l.)

Er liegt rücklings bis zur Croupe auf dem Tische, ist aber in der Taille so gedreht, daß er auf dem Tischrande mit seiner rechten Hinterbacke liegt und das rechte Bein abwärts hängen, während er sein linkes Bein hoch emporgezogen hat.

Sie, auf passender Unterlage, steht ihm zugewendet, mit beiden Schenkeln über seinem rechten Schenkel und tieft sich ein.

Sein linkes Bein ist frei und wird zu Varianten verwertet.

Dem Bilde von rechts entspricht ein analoges von links.

---

429. MÉSANGE
(Vrsts.; r. u. l.)

Er liegt mit dem Rücken, aber höchstens bis zur Taille auf dem Tische, hat das rechte Bein natürlich abwärts gehend mit dem Fuße auf der Erde stützen, während er das linke Bein hochgezogen emporragen und nach links gespreizt hat.

32

Sie, ihm zugekehrt, überreitet stehend und mit beiden Schenkeln seinen rechten Schenkel, wirft sich mit dem ganzen Oberkörper über ihn und beginnt das Werk des Verschlingens dort in der Körpermitte, wo sie seine ganze Mannheit mit Stumpf und Stiel hinabwürgt, wobei sie zur Förderung dieser Gier mit beiden Händen seine Croupe und Schenkel krampfhaft an sich preßt.

Sein linkes Bein variiert.

War ihr dies von rechts nicht genug, so kann sie dasselbe Werk von neuem beginnen, indem sie seinen linken Schenkel überreitet.

KLASSE IV

DIE CUISSADEN

430. TAFELVOLTE
(Htsts.; r. u. l.)

Sie liegt mit der Brust auf dem Tische und hält sich mit den Händen irgendwie fest, kniet aber dabei mit dem einen Knie genau auf der einen Ecke des Tisches, während ihr anderes Bein vom Tische beliebig hinabhängt.

Er steht hinter ihr, nimmt ihr herabhängendes Knie in seine Hand (sie kniet in seiner Handfläche) und richtet sich in dieser Situation eine Plastik zurecht, die den Tiefgang garantiert.

Seine Phantasie hat hierbei einen weiten Spielraum und kann überraschende Posenverschiedenheiten machen, die hier als Varianten in Anschlag kommen. Welches Bein knien, welches und auf welcher Seite abwärts hängen soll, und wie er sich anzuschicken hat, um aufs Korrekteste ans Ziel zu gelangen — das sind die Momente, von denen die volle Lösung des komplizierten Problems abhängt.

Auch könnte sie versuchen, mit beiden Knien und sehr gespreizt am Tischrande kniend, sich nach abwärts zu bieten, was jedoch nur bei sehr hohem Grade ihrer Gelenkigkeit und selbst dann bloß mit Benützung eines mehr oder minder hohen Schemels, worauf er sich zu stellen hätte, gelingen könnte.

---

431. PLATTRANDHUB
(Htsts.; r. u. l.)

Sie liegt mit Brust und Bauch auf dem Tische, ist jedoch in der Taille so gedreht, daß ihr rechtes Bein gerade nach abwärts gestreckt, ihr linkes Bein aber mit dem Knie auf den Tischrand gehoben ist.

Er steht hinter ihr und überreitet ihren rechten Schenkel, wobei er bequem und voll ans verlangte Ziel gelangt.

Ihr linkes Bein gibt, geleitet und geschoben durch seine Hand und seinen Arm, einige gute Varianten.

Dasselbe ist auch über ihrem linken Schenkel möglich.

---

432. PLATTWINDE
(Htsts.; r. u. l.)

Sie befindet sich auf der rechten Seite liegend bis zur Hälfte auf dem Tische, hat die Schenkel geschlossen und parallel mit dem Tischrande wagerecht gehalten.

Er steht hinter ihr und tieft sich trotz des Zugangs Enge ein und ergründet die Art und Weise, wie der Tiefgang am sichersten erreichbar ist.

Ihr oberhalb befindliches linkes Bein kann auch emporgehoben oder irgendwie zu Varianten verwendet werden.

Läge sie links auf dem Tische, so gäbe das das linksseitige Pendant des obigen Bildes.

---

433. RANDMENSUR
(Htsts.; r. u. l.)

Er liegt rücklings bis zur Croupe auf dem Tische, hat das rechte Bein abwärts hängen, das linke Bein aber hochgezogen.

Sie steht, ihm den Rücken wendend, auf entsprechender Unterlage (Sofapolster, Schemel), überreitet mit beiden Schenkeln seinen rechten Schenkel und fügt sich und schmiegt sich so zurecht, wie es dem vollsten Tiefgang am entsprechendsten ist.

Sein linkes Bein ist frei und hat sehr bemerkenswerte Varianten für sich.

Dies Bild war von rechts; ein analoges von links bietet dieselben Nuancen.

X.

DIE BANKGRUPPE

(EINER VON BEIDEN AUF DER BANK LIEGEND, ODER BEIDE AUF DER BANK LIEGEND)

KLASSE I

DIE POMPEN

434. GEGENRITT
(V. v.)

Auf einer schmalen, nicht harten Bank sitzen beide Brust an Brust reitend knapp aneinander gedrückt, doch so, daß sie mit ihren beiden Schenkeln über die seinen gespreizt und dadurch bewirkt, daß er etwas unter ihr, sie aber sich etwas über ihm befindet. Daß in dieser Pose alles sehr gut gelingt, ist selbstverständlich.

Die Varianten, die bei freien Händen (die nach rückwärts stemmen dürfen) und bei freien Beinen der beiden eine ganze lange Reihe bilden, können durch den plastischen Sinn der zwei Darsteller eine reiche Fundgrube für die reizendsten Attitüden sein, deren Aufzählung hier allzu weit führen würde.

---

435. BANKRECHT
(V. v.;) a), b), c)

a) Er sitzt reitend auf der Bank; sie liegt vor ihm auf dem Rücken und hat die Beine eingezogen oben.

Er erfaßt sie an den Flanken und zieht sich möglichst in sie ein.

Vier Hände, respektive Arme und vier Beine stehen einer reichen Variantenkette zur Verfügung — die bei der erforderlichen Phantasie die reizendsten plastischen Gestaltungen hervorbringen kann. Eine Anzahl festzusetzen wäre hier entschieden müßig.

b) Impromptu (Separatakt):

Sie stellt sich auf eine Bank und hockt sich dann gehörig gespreizt so tief nieder, als bis sie mit dem vor ihr auf der Erde Stehenden und mit dessen Wünschen in entsprechender Höhe ist, um die Einfügung auf das allervollkommenste zu ermöglichen.

c) Eckhocke:

Dasselbe wie oben b), nur daß die Bank in die Ecke gebaut ist und sie wie bei b) auf der Bank sohlend hockt, während er wie bei a) gerade aufrecht vor ihr und ihr zugewendet steht.

---

436. PENTHESILEA
(V. v.)

Er liegt rücklings auf der Bank, die Beine in den Schenkeln hoch emporgezogen und gespreizt.

Sie, mit dem Gesichte ihm zugewendet, überreitet stehend die Bank, spreizt ihre Schenkel so viel als nötig ist, um noch über seine Schenkel hinwegzuspreizen, läßt sich dann so auf seinen Dorn hernieder, daß sie ihn ganz und gar in sich versenkt.

Einige gute Varianten dieses Bildes dürfen nicht vernachlässigt werden, da sie zu dessen Vollkommenheit wesentlich und ergänzend beitragen.

KLASSE II
DIE VOLTEN

437. REITREISE
(V. h.)

eide reiten mit aufrechtem Oberkörper auf einer Bank: sie vorne, er hinter ihr, seine Brust an ihrem Rücken; er die Schenkel nach vorne schräg haltend, sie mit ihren beiden Schenkeln möglichst senkrecht und über seinen Schenkeln reitend.

Gegen die Vollkommenheit der Eintiefung ist wohl kaum was einzuwenden.

Die Variierbarkeit dieses Bildes ist ziemlich ausgiebig, und wenn man bei voller Freiheit der Beine und Arme auch noch die Zurückstemmbarkeit der Oberkörper (einen oder beide) in Betracht zieht, so kann bei kombinativem Vorgehen und gutem Geschmack mehr gefunden und dargestellt als vorgeschrieben werden. Nur darf das Bild durch allzu weitgehende Lageveränderungen seines ursprünglichen Charakters nicht entkleidet werden.

438. REITEINZUG
(V. h.)

Sie liegt mit der Brust und mit dem Bauch platt auf der Bank, während ihre Schenkel, die Bank überreitend, nach abwärts hängen; die Knie sind ungezwungen geknickt, während die Füße sich auf der Erde befinden.

Er reitet aufrecht hinter ihr auf der Bank, nimmt ihre Hüften mit beiden Händen, legt an und zieht sich dann fest in sie.

Die zu Gebote stehenden freien Gliedmaßen ermöglichen eine große Anzahl von Varianten, deren Darstellung dem Wissen und Wollen der beiden anheimgestellt bleibt; hier nur die Bemerkung, daß sowohl die Zahl als auch die Plastik der Varianten bei diesem Bilde recht bedeutend sind.

439. SCHUBRITT
(V. h.)

Sie liegt ganz auf der rechten Seite, mit dem Oberkörper der Länge nach auf der Bank, die Schenkel hat sie in den Hüften so eingezogen, daß sie mit ihrem Oberkörper einen reckten Winkel bilden, auf der Bank aber quer aufliegen; Knie und Unterbeine ragen frei von der Bank hinweg; die Schenkel liegen parallel aufeinander und sind vollständig geschlossen.

Er überreitet hinter ihr und in aufrechter Haltung die Bank, erfaßt sie in der Taille und zieht sie in richtiger Weise zu sich heran, auf daß das in Aussicht genommene Ziel möglichst voll erreicht werde.

Statt geschlossen kann sie den oberen linken Schenkel auch öffnend emporheben und beide können mit Armen und Beinen überhaupt eine ganze Reihe der Varianten ausführen.

Läge sie auf der linken Seite, so ergäbe das dasselbe Bild wie oben, nur daß es von links dargestellt erschiene.

---

440. RÜCKRITT
(V. h.)

Er liegt rücklings auf der Bank, beide Schenkel weitgespreizt und hochgezogen.

Sie, ihm den Rücken kehrend, überreitet vor ihm die Bank, stemmt sich armgestreckt mit den Händen so nach vorwärts, daß ihr Oberkörper schief nach vorwärts neige; dann spreizt sie ihre Schenkel so weit sie nur kann und hebt sich über seine Keulen spreizend hoch genug, um dann beim Abwärtssenken so tief als möglich mit ihm Fühlung zu nehmen; ihre Füße stehen fest auf der Erde und halten den ganzen Körper.

Varianten sind in guter Anzahl vertreten.

KLASSE III

DIE FLANQUETTEN

441. SCHLINGRITT
(Vrsts.; r. u. l.)

Er sitzt mit dem rechten Schenkel wie reitend auf der Bank, das linke Bein hat er hochgezogen mit der Sohle auf die Bank gesetzt.

Sie schlüpft mit ihrem rechten Bein unter dem Kniewinkel seines linken Beines durch und überreitet mit ihren beiden Schenkeln die Bank und seinen rechten Schenkel und fügt sich, etwas nach seitwärts wendend, so zurecht, daß sie ganz vollkommene Eintiefung erlangt.

Durch die Freiheit aller Arme und Beine läßt sich eine reiche Kombination von plastisch wichtigen Varianten durchführen, die, wenn bildnerischer Geschmack hinzutritt, bedeutenden künstlerischen Wert repräsentieren kann.

Die große Anzahl der möglichen Varianten hält uns von deren Aufzählung zurück. — Dies selbige Bild ergibt sich auch von links.

---

442. REITSCHLEIFE
(Vrsts.; r. u. l.)

Sie liegt halbseits rechts auf der Bank, hat den rechten Schenkel gestreckt auf der Bank, den linken aber hoch emporgezogen in der Luft.

Er überreitet ihren rechten Schenkel, nimmt ihren linken Schenkel unter seinen rechten Arm, erfaßt mit beiden Händen ihre Taille und reißt sie an sich heran und in solcher Richtung, daß er in ihrem schattigen Tale bis an die Grenzen der Möglichkeit zu dringen vermag.

Die hier gegebene Variantenfülle gestattet selbst der kühnsten Phantasie weiten freien Spielraum genug, um jede Beschreibung überflüssig zu machen.

Streckt sie ihr linkes Bein statt des rechten auf der Bank dahin, so ergibt sich obiges Bild von links.

KLASSE IV

DIE CUISSADEN

443. BRANDCUISSADE

Sie sitzt aufrecht reitend auf der Bank, die weich und schmal sein soll; sie hat die Schenkel senkrecht nach abwärts.

Er reitet hinter ihr ebenso, hat seine Brust nahe an ihrem Rücken; schiebt dann seinen rechten Schenkel unter ihren rechten Schenkel, während er sein linkes Bein hochzieht und mit der Ferse nahe vor ihrem Venushügel zwischen ihre beiden Schenkel sohlt. Jetzt fügt sie sich etwas schief nach rechts und so, daß sie mit etwas vorgebeugtem Oberkörper sich möglichst tief und vollkommen eintieft; sein Oberkörper kann dabei eventuell etwas nach rückwärts beugen.

Sehr gelungene Varianten sind die Begleiter dieser Liebesweise, da die freien Beine und auch die freien Arme und Hände so manches ermöglichen, dessen Niederschreibung etwas weit führen müßte. Seine Hände an ihrer Brust oder an ihren Hüften oder Schenkeln, sowie ihr Zurückgreifen an seine Hüften sind behufs der festeren Vereinigung besonders anzuführen; alles übrige bleibt der Phantasie und dem bildnerischen Geschmack der Darstellenden überlassen.

Dies Bild war von rechts; kann auch von links ebenso vollkommen und reichhaltig gelingen.

---

444. SONDERRITT
(Htsts.; r. u. l.)

Sie liegt mit Brust und Bauch auf der Bank und hat ihr rechtes Bein gestreckt auf der Bank, wobei sie in der Taille etwas linkseits gedreht ist und dadurch ihr linkes Bein höher emporgespreizt hält.

Er reitet hinter ihr mit beiden Schenkeln auf der Bank und auf ihrem rechten Schenkel, nimmt ihren linken Schenkel auf seinen linken Arm, während er mit beiden Händen ihre Taille faßt und sich ganz voll und fest in sie zieht.

Eine ganze Reihe guter Varianten steht zu Gebote und es erfordert nur ganz wenig Nachdenken, um das, von dessen. Beschreibung hier Umgang genommen wird, in allen seinen Einzelheiten ausfindig zu machen.

Falls sie das linke Bein gestreckt auf der Bank hätte, so erfolgte das obige Bild von links dargestellt,

---

445. WIPFELSATZ
(Htsts.; Wandelbild)

Er liegt rücklings und gestreckt mit geschlossenen Beinen auf der Bank.

Sie setzt sich auf ihn, wie man sich in der Tat auf eine Bank zu setzen pflegt, also quer von hinten und trachtet, wie dies hier entschieden möglich, recht tief zu gelangen, wobei ihre Beine einfach abwärts hängen und beliebig gespreizt oder geschlossen sind. Dann wendet sie sich ihm zu, dreht um die Achse, die tief und fest in ihren Mittelpunkt gefügt ist, in einer Viertelwendung gegen seine Brust und hebt des entsprechenden Beines Schenkel auf seinen Bauch, daß sie, wie Damen zu reiten pflegen, ihm mit dem Gesichte zugekehrt ist; dann wendet sie sich wieder zurück, wie sie ursprünglich war (in den Wipfelsatz), wendet aber weiter, bis sie den Schenkel ihres anderen Beines auf seine Schenkel heben kann, wobei sie dann wieder, wie Damen zu reiten pflegen, ihm mit dem Rücken zugekehrt ist. Von hier kann sie wieder zurück und den ganzen Halbkreis beliebig oft (mit variierender Stellung der Beine) wiederholen.

XI.

DIE RECKHANGGRUPPE

(ER ODER SIE ODER BEIDE IRGENDWIE AM RECKE HANGEND)

KLASSE I

DIE POMPEN

446. RECKRITT
(V. v.)

Er hat die Hände an einem etwa 6—8 Zoll über seiner Kopfhöhe angebrachten Reck (zwischen der Türe), die Füße aber auf einem in gehöriger Entfernung vor ihm stehenden Sesselsitz mit den Fersen aufgestützt. Die Arme sind dabei vollkommen gestreckt und der ganze Körper (Brust nach oben) seiner Länge nach stramm wagrecht; Schenkel geschlossen.

Sie, das Gesicht ihm zugekehrt, steht reitend über seine Mitte eingefestigt, erfaßt mit den Händen seine Flanken oder aber (Variante), stemmt sie mit gestreckten Armen ebenfalls am Reck. Ist er fest und stark genug, so kann sie die Beine vom Fußboden entfernen und 1 oder 2 freihoch oder 1 oder 2 freigespreizt emporheben.

Die Höhe des Recks und Sessels muß ihrer Körpergröße gemäß reguliert sein.

---

447. KLETTERKREUZ
(V. v.; wandelnd)

Die Szene spielt zwischen den Pfosten einer mäßigbreiten Türe. In entsprechender Höhe ist eine Reckstange angebracht, in dessen Mitte aber ein dicker Kletterstrick (oder eine Gurte) befestigt, der senkrecht niederhängt. Zwischen der Türe ein entsprechender Teppich oder dergleichen, damit die Füße vor jedem Gleiten gesichert bleiben.

Beide lehnen mit den Schultern an je einem Pfosten, die Fußspitzen im untern Winkel des entgegengesetzten Pfostens, so, daß beide Körper strammgestreckt gleichsam ein X bilden, wobei er die Schenkel festgeschlossen, sie aber weit gespreizt hat. Der zentrale Zusammenschluß muß ein voll- und tiefgelungener sein. — Nun fassen sie beide den Strick mit den Händen und lassen sich, daran festhaltend, bis in die Hocke herab, und wenn sie genug unten waren, klettern sie wieder hinan und lehnen sich mit den Schultern wieder an die Pfosten; und alles das, ohne zu entgleisen! Varianten bleiben ausgeschlossen!

448. KLETTERHOCKE
(V v.; Wandelbild)

Ein höher als kopfhoch angebrachtes Reck zwischen der Türe, daran ein Kletterstrick oder eine Gurte.

Beide stehen inmitten der Türe, halten sich am Kletterstricke fest, um Brust an Brust die Eintiefung kraft richtiger Prose, resp. Unterschiebung der Schenkel zu ermöglichen, wobei er natürlich die Beine geschlossen, sie aber gespreizt hat: b) beider Beine sind einander schief entgegengestemmt und sie bilden zusammengenommen ein umgekehrtes Y.

Nun lassen sich beide am Strick und ohne einen Fuß vom Flecke zu rühren in die Doppelhocke herab, so tief als möglich und wenns dem genug war, dann heben sie sich kletternd wieder in die erste Stellung; dies alles aber ohne aus dem Geleise zu geraten. Durch gegenseitige Stützung der Beine ist dies Bild nicht schwer durchführbar; namentlich ist darauf zu sehen, daß die Füße vor jedem Gleiten geschützt werden.

Als Wandelbild hat diese Weise keine Varianten.

449. RECKHANG
(V. v.)

Zwischen der Türe ein schulter- oder kopfhoch befestigtes Reck.

Sie erfaßt mit den Händen das Reck, stemmt die Füße 1—2 Schuh weit nach vorn auf die Erde, die Schenkel weit gespreizt; der Körper ist geradgestreckt.

Er stellt sich vor sie und zwischen ihre Schenkel, die Beine vollkommen geschlossen und zwängt sich tief in ihre gutgebotene Narbe, indem er sie mit beiden Händen fest um die Hüfte hält.

Hier bietet sich eine ganze Reihe von Varianten durch ihre Beine, die sie, wenn er sie fest umschlossen hält, beliebig verwenden kann: 1 oder 2 freihoch, 1 oder 2 verflochten, 1 oder 2 hochumschenkelt, 1 oder 2 freigespreizt, 1 oder 2 wagrechtgestreckt, 1 spanngespreizt, 1 handhoch, ihre Waden oder ihren Knöchel mit seiner Hand erfassend, 1 oder 2 armhoch. 1 oder 2 schulterhoch; auch so, daß sie ihre Waden (1 oder 2) an ihre

Schenkel nach rückwärts preßt oder auch so, daß er ihre beiden mit den Waden gegen die Schenkel gezogenen Beine vorsichtig und geschickt mit den Händen an den Knöcheln erfaßt und sie so gleichsam schwebend an sich preßt. Endlich kann er auch mit beiden Händen an die Reckstange stemmen.

Dem weiblichen Organismus nachteilig! Nur für Reck-Künstlerinnen.

---

450. RECKSTÜTZHANG
(V. v.)

Als Hauptgerät dient das Reck, dessen Stange etwa in Kopfhöhe angebracht ist.

Sie hat die Hände am Reck, die Füße aber (Fersen oder Sohlen) auf zwei vor ihr 1 oder 2 Schritt weit postierten und voneinander nicht ganz meterweit entfernt stehenden Sesseln. Hierbei kann sie 1. mit etwas eingezogenen Armen hangen und auch die Beine in den Hüften und Knien etwas geknickt haben oder aber 2. sie hat die Arme gestreckt hängen, den ganzen Körper aber wagrecht stramm gehalten.

Er (in beiden Fällen) stellt sich mit geschlossenen Beinen zwischen ihre Schenkel, vor die gar so bequem gebotene Möglichkeit und — alles muß Feuer werden.

Wenn er sie mit den Händen fest um die Lenden faßt, dann kann sie mit den Beinen die volle Reihe der Varianten durchmachen, da die Sessel überflüssig werden. Bleibt sie aber fest auf den Sesseln stützen, dann kann er sich etwas schief nach vorwärts hin lehnend, die Hände auf das Reck legen und in so gestemmter Lage verharren.

---

451. NEUFUND
(V. v.)

Liebe muß findig sein. Ihre Genüsse müssen wohl nicht immer auf weichem, flachen Lager sich abspielen — hie und da eine Boutade kann nicht schaden. Nehmen wir z. B. zwei feste Sessel mit hohen Lehnen, befestigen ein gut meterlanges Querholz auf dem obersten Punkt der Lehnen und umwickeln es recht weich und sorgfältig. Kann auch, und zwar präziser noch, auf tiefem Reck stattfinden.

Sie stützt sich mit beiden Händen in richtiger Entfernung von dem improvisierten Gestell auf die Erde, mit dem Gesichte nach abwärts gerichtet und hebt, natürlich mit Hilfe des Mannes, die beiden Riste auf das Querholz und spreizt, so weit es nur irgend möglich ist, wobei die Füße wie Haken sich festhalten, die Arme aber ganz gestreckt sind.

— 516 —

Er geht auf die andere Seite des Gestells, kauert sich unter dasselbe, stützt seine Hände ebenfalls auf die Erde, indem er ihr mit der Croupe zugekehrt ist; hebt seine beiden Beine behutsam zwischen ihre weitgespreizten Schenkel und schiebt sich in immer gestreckter Lage höher und höher, bis er dort ist, wo er sein will, tut sein möglichstes um korrekt anzulegen und zur vollen Tiefe zu gelangen.

Varianten, trotzdem er seine Beine frei hat, gibt es keine von Belang.

---

452. SCHAUKELHANG
(V. v.)

Am Reck ist ein Trapez angebracht, dessen Querholz unten etwa 30—35 cm, d. h. so hoch von der Erde angebracht ist, um noch 10—15 cm höher, als sein Körper in der Mitte ist, wenn er flach auf der Erde am Rücken liegt, zu sein. Das Reck samt Trapez befindet sich am besten zwischen einer Türe.

Er legt sich quer über die Schwelle (wenn sie auch nicht vorhanden ist), so, daß er mit seiner eigentlichen Mitte sich gerade unter dem Querholz befinde.

Sie setzt sich auf das Querholz des Trapezes, so, daß sie mit der Mitte ihrer Schenkel auf diesem Querholz sitzt, mit den Füßen dorthin gekehrt, wo er seinen Kopf hat — die Beine hat sie ziemlich gespreizt. Sie faßt mit beiden Händen die Gurte oder den Strick der Schaukel, läßt sich nach rückwärts niederhangen, so tief, daß ihr Spalt, durch seiner Hände Schiebung, gerade dort sich niederläßt, wo volle Gewähr für tiefe Fühlung steht. Dadurch, daß sie auf ihrer Schenkel Mitte sitzt, hat sie freie Bewegung nach auf und ab; auch er kann aufwärts wölben.

Das ist eine Liebesweise, gegen deren hohen Wert und volle tiefe Gangart kein einziges Wort kann eingewendet werden.

Beide Beine für sich haben Varianten und können kombiniert von ganz gutem plastischen Effekte sein.

---

453. SCHAUKELMÜHLE
(V. v.; Wandelbild)

Ein Reck zwischen der Türe und an der Stange des Recks hängt ein Trapez, dessen Querholz sich 30—40 cm (je nach Bedarf) vom Fußboden entfernt befindet. Die Gurte oder die Stricke, woran das Querholz ist, sind in der Mitte der Reckstange zusammengeschoben und zusammengebunden, damit eine Drehbewegung ermöglicht werde.

Er liegt quer über die Türschwelle gestreckt, so, daß seine Mitte unter dem Querholze sei.

Sie setzt sich auf das Querholz mit der Mitte ihrer Schenkel, so, daß sie nach ab- und aufwärts volle Bewegungsfreiheit hat; ihre Beine sind gespreizt und dorthin gewendet, wo er sein Haupt hat. Er nimmt nun mit seinen Händen ihr ganzes Sitzwerk, veranlaßt die beste, vollkommenste Eintiefung und ist das voll gelungen, so dreht er mit seinen Händen sie samt dem Trapez so, daß ihre Füße um ihn herum langsam einen vollen Kreis beschreiben — sie zieht hierbei ihre Beine in den Knien ein, damit sie in den Türpfosten kein Hindernis finden; dann dreht er sie in entgegengesetzter Richtung, abermals einen Kreis beschreibend, zurück — und so fort, so lange es beliebt, wobei er je nach Bedarf nach aufwärts wölbt oder nach abwärts nachgibt.

Auch seine Beine können verschiedene Stellungen nehmen und dadurch plastisch wertvolle Varianten veranlassen.

KLASSE II

DIE VOLTEN

454. RECKSCHÜTZ
(V. h.)

Mit den Händen faßt er fest ein Reck, dessen Stange etwa in seiner Scheitelhöhe angebracht ist (am besten zwischen einer Türe); beide Füße hat er auf einen in richtiger Entfernung vor ihm stehenden Sessel gelegt; die beiden Arme hängen gestreckt nieder, während der ganze Körperstamm wagrecht ist; die Schenkel sind geschlossen.

Sie, ihm den Rücken zukehrend, reitet stehend über seine Mitte — alles andere ergibt sich von selbst.

Ist sie nicht zu schwer und er überhaupt kräftig und Turner, so kann sie ihre Füße von der Erde entfernen und Varianten ausführen, deren Zahl ziemlich bedeutend ist, da sie außerdem auch mit dem Oberkörper zurücklehnen, sich nach vorwärts legen und mit einem Wort, sich dem Mutwillen ihrer Phantasie frei überlassen kann.

---

455. RECKDORN
(V. h.)

Er, mit den Händen am Reck, stützt seine Füße auf zwei in richtiger Ferne vor ihm stehende und von einander etwa einen Meter weit entfernte Sessel in den Fersen aufgestützt, hat dabei die Arme gestreckt, den Körper aber wagrecht stramm, die Schenkel sehr gespreizt.

1. Sie stellt sich, ihm den Rücken zuwendend, mit nur wenig gespreizten Schenkeln zwischen seine beiden Schenkel, legt an und setzt sich in den Dorn, dessen Tiefgang sie sehr empfinden muß.

Varianten veranlassen nur die verschiedenen Neigungsrichtungen ihres

Oberkörpers, den sie mit Hilfe ihrer Hände und Arme beliebig auf ihn oder auf die Sessel aufstemmt. Auch kann sie

2. wenn geschickt genug, nach rückwärts neigend, mit einer oder beiden Händen das Reck ergreifen und sogar auch ihre Füße, innerhalb der seinigen, auf die Sessel stützen und strammgestreckt über ihn gestreckt verharren.

Nur für Turnerinnen.

---

456. KLETTERZUG
(V. h.; Wandelbild)

Zwischen einer Türe ein Reck, etwas höher als in Kopfhöhe, daran in der Mitte ein Kletterstrick oder eine Gurte niederhängend.

Er lehnt mit der Schulter an einem Türpfosten, hat die Beine geschlossen und die Fußspitzen im unteren Winkel des entgegengesetzten Pfostens; der ganze Körper ist strammgestreckt.

Sie lehnt sich, ihm den Rücken zukehrend, mit den Händen an den entgegengesetzten Türpfosten, spreizt mit beiden gestreckten Beinen über seine echte und rechte Mitte, legt an, tieft ein und streckt auch ihre Beine so nahe gegen den andern Pfosten, als das nur geht. — Er erfaßt den Kletterstrick, sie aber, mit den Händen nach abwärts tastend, beginnt sich tiefer zu lassen, er ihr nach, bis sie genug tief unten sind; dann beginnt er das Klettern, sie tastet, ihm nachgehend, gegen aufwärts, bis sie wieder in ihre ursprüngliche, ein X bildende Stellung, aber ohne zu entgleisen, gelangen.

Wandelbilder pflegen in der Regel keine Varianten zu haben.

---

457. WANDELWELLE
(V. h.)

Von höher als kopfhohem Reck hängt ein Kletterstrick oder eine Gurte hernieder.

Sie steht aufrecht unter dem Reck, den Kletterstrick fest mit den Händen fassend, die Beine gespreizt und die Croupe gut nach hintwärts gereckt, wobei ihre Beine nun auch eine Stellung wie nach hinten stemmend nehmen.

Er stellt sich hinter sie, ergreift unter ihren Achseln, sie zwischen seine Arme nehmend, ebenfalls den Strick, tieft sich in die dargebotene Spalte ein, wobei seine Beine gestreckt und zwischen ihren Schenkeln einige Spannen vor ihre Fußspitzen nach vorne hin geschoben erscheinen, weil hierdurch auch die Eintiefung eine vollere wird; und so bilden beide ein nur wenig offenes verkehrtes Y. — Nun lassen sie sich an den Kletterstricken sachte niederwärts bis in möglichst tiefe Hocklage und wenn sie genug gehockt, ziehen sie sich wieder in aufrechte Stellung — was sie auch beliebig wiederholen können; dürfen dabei aber nicht entgleisen.

Varianten weist dieses Wandelbild nicht auf.

458. RECKVOLTE
(V. h.)

Zwischen der Türe ein Reck in Achsel- oder Kopfhöhe. Sie mit den Händen an der Reckstange, stemmt die Fußspitzen etwa einen Schritt nach rückwärts so auf die Erde, daß hierdurch ihr Körper in schiefer Hanglage strammgestreckt ist; die Schenkel sind weitgespreizt.

Er steht hinter ihr und zwischen ihren Schenkeln, sie mit den Händen an den Hüften fassend; er steht hier vor der tiefsten, vollsten Möglichkeit, wie er sie sich nicht günstiger wünschen kann.

Sie kann, gehalten durch seine Hände, mit den beiden Beinen beliebige Bewegungen und somit auch gute Varianten ausführen. Läßt er sie aber in den Hüften los, dann kann er nach dem Reck langen und sich ebenso wie sie strammlehnen.

459. RECKCROUPADE
(V. h.)

An etwa eineinhalb Meter hoch angebrachter Reckstange hält sie sich mit den Händen fest; hinter ihr stehen in richtiger Entfernung zwei Sessel etwa einen Schritt voneinander entfernt, worauf sie sich mit den Spitzen der Füße stützt und ist dabei 1. entweder mit den Armen etwas eingezogen, sowie auch mit den Beinen in den Hüften und Knien eingeknickt, so, daß sie wie kauernd sich bietet; oder aber 2. hängt sie mit gestreckten Armen, hat die Schienbeine auf den Sesselpolstern und ist im ganzen Körper nach abwärts gewölbt und nirgends eingeknickt.

Er steht in beiden Fällen aufrecht und mit geschlossenen Schenkeln hinter ihr, so günstig, daß wohl kaum was zu wünschen übrig bleibt. Dabei faßt er mit beiden Händen ihre Flanken fest und preßt sie an sich.

Varianten sind unwesentlich, trotzdem deren einige nicht uninteressant sein dürften.

460. SCHAUKELKEHRE
(V. h.)

Zwischen der Türe ein Reck und an dem Reck ein Trapez, dessen Querholz tief unten, 30—40 Zentimeter vom Fußboden, sich befindet.

Er liegt quer über der Schwelle (auch wenn keine besonders hervorragt) so, daß er mit seiner mittelsten Mitte gerade unter des Trapezes Querholz sich befindet.

Sie setzt sich auf das Querholz des Trapezes und zwar so, daß sie gerade mit der Mitte ihrer Schenkel darauf zu sitzen kommt, die Füße dorthin gekehrt, wo seine Füße sind, die Beine hat sie ziemlich gespreizt. Nun nimmt er ihre schwebenden Reize und hält sie mit den Händen gerade über sich und dort, wo, wenn sie sich niedersenkt, notwendigerweise alles in alles sich versenkt, da der Zugang äußerst günstig und wohlig die volle Fühlung gestattet.

Sie kann sich heben und senken, da sie mit den Händen die Gurte oder den Strick festhält. Auch er ist bewegungsfrei, indem er aufwölben und zurückplatten kann.

Beider Beine sind frei und können Varianten so mancher Art von plastischem Wert veranlassen.

KLASSE III

DIE FLANQUETTEN

461. RECKSCHIEFE
(Vrsts.; r. u. l.)

Er hat die Hände auf dem Reck, dessen Stange etwa in seiner Kopfhöhe angebracht ist; vor ihm steht ein Sessel, auf dessen Sitz er seinen rechten Fuß mit der Ferse aufstützt; die Arme hat er gestreckt, das linke Bein ist im Schenkel eingezogen, der übrige ganze Körper aber ist stramm wagerecht.

Sie, ihm mit dem Gesichte zugewendet, überreitet stehend seinen rechten Schenkel und fügt und richtet sich derart, wie es die Situation als korrekt von selber andeutet, um möglichst voll und tief den Zweck erreicht zu sehen.

Nur sein freies Bein ist der Varianten fähig: freigespreizt; freihoch; armhoch; schulterhoch; mit der Wade quer auf ihrer Brust. Sie faßt mit den Händen seine Mitte fest und zieht nach aufwärts.

Diesem von rechts dargestellten Bilde entspricht die ganz ähnliche Darstellung von links, wobei er seinen linken Fuß auf dem Sessel hat.

---

462. RECKFLANQUETTE
(Vrsts.; r. u. l.)

Sie erfaßt mit den Händen das Reck (welches etwa in Kopfhöhe zwischen der Türe angebracht ist), stemmt den rechten Fuß 1—2 Fuß weit nach vorn auf die Erde und hat den linken Schenkel freihoch und gespreizt emporgezogen; der ganze Körper ist strammgestreckt.

Er, ihr mit der Brust zugewendet, nimmt ihren rechten Schenkel zwischen seine beiden und steht vor ihr, indem er die richtige Attitüde zu finden strebt, die notwendig ist, um den Zugang möglichst frei und tief zugänglich zu finden. Hat er das erreicht, so nimmt er sie fest um die Lenden oder um die Keulen, um des so minnigen Tiefgangs nicht zu entraten.

Ihr freies Bein aber vollführt, wenn er sie fest um die Lenden hat, eventuell auch ihr anderes Bein, eine ganze Reihe interessanter Varianten, woran sich noch die anschließt, wo er mit den Händen ebenfalls das Reck erfaßt und schief über sie gestemmt verharrt. Ihr rechter Schenkel muß bei allen Varianten konsequent zwischen seinen Schenkeln bleiben.

Stemmt sie mit dem linken Fuße auf die Erde, dann haben wir das linksseitige Pendant des obigen rechtsseitigen Bildes. — Nur für Turnerinnen.

463. RECKHANGGABEL
(Vrsts.; r. u. l.)

Sie hat die Hände an einem eineinhalb Meter hoch zwischen einer Türe angebrachten Reck und hängt mit gestreckten Armen abwärts; ihr rechter Fuß stützt mit der Ferse oder Sohle auf einem etwa zwei Schritt weit von ihr stehenden Sessel, das linke Bein ist hochgezogen und hinweggespreizt, der ganze Körper aber ist gerade und strammgestreckt.

Er steht vor ihr, hat ihren rechten Schenkel zwischen seinen beiden, erfaßt mit seiner rechten Hand ihre linke Keule (Hinterbacke), hebt sie etwas seitlich aufwärts und findet einen so vollkommenen Zugang, wie er ihn sich freier nimmer wünschen kann.

Auch mit der linken Hand kann er sie unten festfassen, um sich noch fester in sie zu zwingen; ferner kann er mit der linken Hand gestreckten Arms auf das Reck stemmen; endlich kann sie auch noch mit dem freien Beine einige nette Varianten zuwege bringen.

Dies war von rechts; ist sie mit dem linken Fuße auf dem Sessel, dann effektuiert sich das linksseitige Pendant des obigen ganzen Bildes.

KLASSE IV

DIE CUISSADEN

463. RECKZWINGE
(Htsts ; r. u. l.)

Mit den Händen und gestreckten Armen hängt er am richtig hoch gestellten Reck, hat das rechte Bein auf einen in passender Entfernung aufgestellten Sessel mit der Ferse aufgestützt; dieses Bein und der Oberkörper ist wagerecht strammgestreckt, während das linke Bein hoch und gespreizt emporgezogen ragt.

Sie, ihm den Rücken kehrend, überreitet stehend mit beiden Schenkeln seinen rechten Schenkel, schiebt und fügt sich zurecht, bis sie alles voll und gründlich erreicht hat.

Sein linkes Bein im Verein mit ihren Armen, ferner die vollkommene Neigefreiheit ihres Oberkörpers bilden die Faktoren für eine Reihe ganz hübscher Varianten.

Diesem rechtsseitig durchgeführten Bilde entspricht als Gegenstück dasselbe linksseitige, wobei er sein linkes Bein gestreckt auf den Sessel gestützt hat.

---

465. RECKJAMBETTE
(Htsts.; r. u. l.)

Sie hat die Hände am Reck, das am besten in Schulter- oder Kopfhöhe zwischen einer Türe angebracht ist; ihr rechter Fuß stützt etwa einen Schritt weit nach rückwärts auf der Erde, wobei jedoch ihr ganzer Körper in schiefer Lage stramm und gestreckt bleibt; den linken Schenkel hebt und spreizt sie möglichst hoch nach links, indem sie auch durch Drehung in der Taille etwas seitlich gerät.

Er steht hinter ihr, ihren rechten Schenkel zwischen den beiden seinigen und mit den Händen dort sie fassend, wo er am besten Halt vermutet; und leicht und wonnig geht dann alles andere.

Ihr linkes Bein variiert auf verschiedene Weisen. Auch kann er dies Bein mit seiner Hand gar mannigfach halten, heben und spreizen. Auch kann er mit den Händen bloß das Reck erfassen und so wie sie schief gestreckt sich stemmen.

Das linksseitige Pendant dieses Bildes ergibt sich, wenn sie nicht auf dem rechten, sondern auf dem linken Fuß sich aufstemmt und das rechte Bein spreizend hoch emporhebt.

---

466. RECKRANKE
(Htsts.; r. u. l.)

Auf nicht allzu hohem Reck, etwas mehr als brusthoch, hängt sie mit gestreckten Armen; hinter ihr steht ein Sessel in richtiger Entfernung, worauf sie das Schienbein ihres rechten Beines legt, dann den ganzen Körper bogenförmig abwärts wölbt, während sie mit dem linken Fuße auf der Erde ist.

Er geht in geradgestreckter Haltung mit seinen beiden Schenkeln über ihren rechten Schenkel, erfaßt mit seiner Hand ihre rechte Hüfte von unten, mit seiner linken Hand aber ihren linken Schenkel, hebt diesen letzteren etwa um eine Spanne höher als der rechte ist, wodurch sie in der Taille eine kleine Drehung nach aufwärts macht. Nun hat er einen Zugang so frei und so direkt, daß gute tiefe Fühlung reichlich garantiert ist.

Ihr linkes Bein, sowie die Art, wie er dies Bein erfaßt und hebt, ermöglicht gute Varianten. Endlich kann er auch mit der rechten Hand sich schief lehnend auf das Reck stemmen.

Legt sie aber ihr linkes Schienbein auf den Sessel, dann vollzieht sich das obig rechtsseitige Bild genau so von der linken Seite.

XII.

DIE WÜRFELGRUPPE

(Würfel = fester Puff. Praktischer aber ist es den Würfel (statt des Puffs) derart herzustellen, daß man drei Stück linsenförmig gebaute feste Roßhaarpolster von 50 Zentimeter im Durchmesser anfertigen läßt, deren je einer die mittlere Höhe von gut 20 Zentimeter hat. Hierdurch kann man mit drei solchen Kissen einen hohen Würfel ersetzen, während zwei oder bloß ein solcher Polster nach Bedarf einen niedrigeren Würfel repräsentieren! — Der Würfel kann übrigens viel einfacher und bequemer derart konstruiert werden, daß zwei zwickelartik geformte, oben weichgepolsterte 40 Zentimeter breite und 60 – 70 Zentimeter lange übertragene Gestelle eine Art von Bank bilden, deren Teile entweder so $_c\blacktriangleright_b^{d\ \ a}$ oder aber, je nach Bedarf, so $_c\blacktriangleright_{f\ b}^{d\ e\ a}$ übereinander gelegt werden. Hierdurch ist der Kopf der Liegenden vor Blutandrang gesichert und die Darstellung bequemer möglich. Die oberen Flächen e, a und d, f müssen gut gepolstert und rundlich abgekantet werden.

(Sie oder er mit der Croupe auf dem Würfel liegend.) Bei den Posen dieser Gruppe kommt es öfters vor, daß die Körperlage zwei- bis dreimal geändert werden muß, bis die Pose vollkommen fertig ist; in diesen Fällen muß die „Abbildung" die fertige Pose darstellen, wobei es den lebenden Darstellern anheimgestellt bleibt, die Pose fertig zu bringen !

KLASSE I

DIE POMPEN

467. ÜBERSCHAU
(V. v.)

Sie liegt rücklings auf dem Teppich*), hat jedoch die Croupe hoch und voll auf dem Würfel; die Schenkel hat sie so gegen die Brust gezogen, daß sie wagrecht sind, während die Waden senkrecht nach oben ragen.

Er, mit dem Gesichte ihr zugewendet, hockt sich gespreizt über ihre mittlere Gesamtheit und ist mit seinen Schenkeln dabei wie reitend über ihren Keulen. In dieser Positur legt er an und tieft sich ein und legt sich mit der Brust auf ihre beiden nur wenig gespreizten Schenkel so, daß er den Kopf, resp. den Hals zwischen ihren Waden hat oder seine Armgelenke in ihre Kniekehlen eingehängt, dabei mit dem ganzen Oberkörper zwischen ihren gespreizten Schenkeln schwebt und abwärts zauberischen Ausblick hat. Falls seine Last für sie zu schwer wäre, so kann er sich mit den Händen auf dem Teppich aufstemmen, oder aber sie ihm die Hände auf die Brust entgegenspreizen.

Varianten gehen bei diesem Bilde nur auf Kosten der Totalität des Gelingens.

---

468. WÜRFELSPIEL
(V. v.)

Sie liegt mit der Croupe auf dem Würfel (der Würfel auf dem Turnteppich), mit dem Kopf und der Schulter auf dem Teppich, die Beine gespreizt auf der Erde, so daß ihr Körper im ganzen einen aufwärts

---

*) Dieser Ausdruck paßt auch auf den zweizwickligen Bank-Würfel, wobei zu verstehen ist, daß „mit dem Rücken auf dem Teppich" analog ist mit der Weisung. daß „der Rücken auf den Bank-Würfel" aufliege — und dies gilt für alle Bilder der Würfelgruppe.

34

gewölbten Bogen bildet, dessen höchster Wölbpunkt der Mittelkörper mit seinen Geheimnissen ist.

Er liegt Brust an Brust auf ihr, kniet mit beiden Schenkeln zwischen den ihrigen, ist dabei jedoch so weit gespreizt, daß er seinerseits den Würfel zwischen seine Schenkel nimmt und auf diese Weise in jenes holde Geheimnis sich vertiefen kann.

Ihre beiden Beine sind frei und gehen das ganze System der hier möglichen Varianten durch.

469. HANGWERK
(V. v.)

Sie liegt mit dem Rücken auf dem Teppich und mit der Croupe auf dem Würfel, hat die Schenkel in wagrechter Lage an sich gezogen und die Waden senkrecht emporgezogen.

Er, mit dem Gesichte ihr zugewendet, setzt sich von hinten wie reitend auf ihre Schenkel, streckt beide Beine möglichst nach rückwärts, den Oberkörper aber wölbt er nach vorne und reckt besonders mit der Croupe abwärts, um die etwas beschwerliche Einfügung und Eintiefung zu ermöglichen. Wenn nötig, legt er sich hierbei mit dem Oberkörper ganz auf ihre etwas gespreizten Schenkel; sobald der Zweck aber erreicht, erhebt er sich wieder, faßt mit den Händen je einen ihrer Füße an den Sohlen und hält sich auf diese Weise in hängender Lage; seine Fußspitzen geben ihm unten den nötigen Widerhalt. Sie kann, falls ihr die Last zu groß ist, ihre Knie auch mit den Händen irgendwie feststützen. Weitere Varianten gibt es keine.

470. KETTENHOCKE
(V. v.)

Sie liegt rücklings auf dem Teppich, ist mit der Croupe auf dem Würfel und hat die Schenkel hoch und gespreizt hinangerissen, wagrecht überschlagen.

Er, das Gesicht ihr zugewendet, steht hinter ihr, überspreizt mit beiden Schenkeln ihr Gesäß und hockt sich dann so tief nieder als es nötig ist; dann legt er seinen rechten Unterarm in ihre beiden emporgestreckten Handflächen, damit er seinen Oberkörper möglichst nach vorne neigen kann, um mit Hilfe seiner linken Hand die Einfügung in ihre Geschlechtsspaltung zu veranlassen. Ist dies gelungen, dann legt er in eine jede ihrer

— 531 —

Hände seine eine Hand und beide halten nun durch angemessene Streckung der Arme seinen Oberkörper in der erforderlichen geneigten Lage.

Ihre freien Beine liefern einige Varianten.

---

471. FEUERPUMPE
(V. v.)

Sie liegt mit dem Rücken auf dem Teppich und mit der Croupe auf dem Würfel und hat die Schenkel samt Waden senkrecht und gespreizt in die Höhe ragen.

Er kniet, das Gesicht ihr zugewendet, hinter ihr, legt Mitte auf Mitte, fügt ein was ineinander gehört und läßt sich dann mit beiden gestreckten Armen soweit mit dem Oberkörper gegen ihre Brust nieder, daß er wagerecht ist, auch die Beine streckt und schwebend wagerecht in der Luft behält und nun ganz gerad und stramm verbleibt. Sie erfaßt ihn jetzt mit den Händen an beiden Achseln und zieht seine Brust ganz fest an ihre Brust, wodurch seine Füße um soviel höher in die Luft geraten; dann hebt sie ihn so hoch als es ihren gestreckten Armen nur möglich ist, wodurch seine Fußspitzen auf die Erde kommen und so fortgesetzt auf und nieder, wie die Hebel einer Feuerspritze. Durch richtige Streckung und eventuelle Wölbung seines Kreuzes erzeugt diese Bewegung einen mächtigen und ausnehmend wohligen Kolbengang nach auf und nieder.

---

472. WÜSTENKÖNIG
(V. v.)

Sie liegt rücklings auf dem Teppich, hat die Croupe fest auf dem Würfel, die Schenkel fast wagerecht auf die senkrechten Unterbeine gestützt und gespreizt.

Er, ihr zugekehrt, setzt sich mit gespreizten Beinen (zwischen den Waden hat er ihre Hüften) auf ihre Schenkel und versenkt den sehnig Aufwärtsstrebenden hinab in ihre wonnigen Tiefen, fügt und richtet sich zurecht, damit dem Tiefgang gar kein Abbruch geschehe und lehnt sich dann mit auseinandergespreizten Oberarmen bis auf ihre Schenkel nieder.

Seine Beine bleiben zum Zweck des Variierens frei. Varianten sehr ergiebig (I—XX).

473. LÖWIN
(V. v.)

Er liegt rücklings auf dem Teppich, ist mit der Croupe auf dem Würfel und hat die Schenkel hoch überschlagend und gespreizt.

Sie liegt Brust an Brust auf ihm, ist mit den Beinen wie hockend, mit den Schenkeln ganz über seine Keulen gespreizt, in welcher Pose sie die Einfügung durchsetzt und durch richtige Fügung der einzelnen Partien den Tiefgang bestens möglich macht.

Varianten haben seine freien Beine. Auch kann sie, statt ganz auf seiner Brust zu liegen, auf die Hände gestemmt den Oberkörper höher heben.

---

474. KAUERPOMPE
(V. v)

Er rücklings auf dem Teppich und mit der Croupe auf dem Würfel; Schenkel senkrecht und gespreizt.

Sie, mit dem Gesichte ihm zugekehrt, ist mit ihren Schenkeln über seinen Bauch gespreizt, die Beine im ganzen wie hockend, die Füße an beiden Seiten des Würfels, ihr Oberkörper auf die Hände gestemmt wagerecht. Sie ist hierbei genau genommen wie kauernd auf allen Vieren. Ihre Mitte befindet sich zwischen seinen Schenkeln, allwo eine Eintiefung ganz gut möglich ist.

Varianten bleiben den verschiedenen Stellungen seiner Beine überlassen. Sie kann sich noch mit der Brust ganz auf seine Brust legen.

---

475. SAREMA
(V. v.)

Er liegt rücklings, ist mit der Croupe auf dem Würfel und hat die Schenkel senkrecht gespreizt.

Sie sitzt, ihm mit dem Gesichte zugekehrt, mit ihrem Gesäß zwischen seinen Schenkeln und genau dort, wo die herrlichste Fühlung sich so günstig bietet, daß sie den vollsten Tiefgang garantiert. Mit beiden Armen umschlingt sie seine beiden Schenkel, hält sich fest an ihnen und preßt sich mit Hilfe der hier entwickelbaren Kraft möglichst fest, während sie ihre Waden über seinem Bauche kreuzt oder unterschlagen quer auflegt und wie eine Türkin recht bequem sitzt.

Seine Beine haben bloß beschränkte Varianten.

---

476. SIESTA
(V. v.)

Er liegt rücklings auf dem Teppich, mit der Croupe auf dem Würfel, die Schenkel wagerecht auf die senkrechten Unterbeine gestützt und gespreizt.

Sie, ihm das Gesicht zugekehrt, sitzt zwischen seinen Schenkeln tief und fest am richtigen Ort, ist mit den Füßen rechts und links an seinen Flanken, neigt sich mit dem Oberkörper rückwärts bis auf seine Schenkel nieder, indem sie sich mit ihren Oberarmen auf seine Schenkel legt.

Ihre Füße und seine Hände können einzeln oder auch kombiniert so manch gelungene Variante darstellen, so unter anderem die, daß sie ihre Sohlen in seine mit dem Unterarm aufgestemmten Handflächen legt.

---

477. BRUNNENWERK
(V. v.)

Er liegt rücklings, ist mit der Croupe fest auf dem Würfel, hat die Schenkel gespreizt und fast wagerecht gestreckt auf die senkrechten Unterbeine gestützt.

Sie, mit dem Gesicht ihm zugekehrt, setzt sich zwischen seinen Schenkeln tief und voll ein, legt ihre strammgestreckten Beine rechts und links an seine Seiten, mit den Fersen auf die Erde. Jetzt erfaßt er ihre Knöchel irgendwie fest und verläßlich und hält sie an ihrer Stelle gebannt. Da läßt sie ihren Oberkörper zwischen seinen weitgespreizten Schenkeln so weit zurück, daß ihr ganzer Körper wagerecht strammgestreckt ist. Hierauf läßt er ihre Knöchel aufwärts heben — soweit es eben die mittlere Spannung gestattet — und zieht sie dann wieder bis zur Erde nieder und so auf und ab, so lange es eben genehm ist. Beim Abwärtsgehen ihres Kopfes kann sie den Oberkörper außerdem noch so wölben, daß ihr Kopf bis hinab auf das Polster gelangt. Das Polster ist bei diesem Bilde eine Vorsicht, die nicht versäumt werden soll, da, falls er ihre Füße losließe, sie mit dem Kopfe erdwärts fiele.

---

478. HALBBÜRDE
(V. v.)

Sie kniet und reitet auf dem Rande des Würfels und läßt möglichst Platz vor sich auf dem Würfel frei; Oberkörper aufrecht.

Er liegt rücklings, mit der Croupe auf dem freigelassenen Stück des Würfels, legt den Schenkel samt Wade um ihre Taille, während er des linken Beines Kniekehle in ihr rechtes Armgelenk einhängt. In dieser sonderbaren Pose muß nun die Einfügung und Eintiefung dadurch gelingen, daß er sich in der Taille recht aufwärts wölbt und die Geschlechtsregion möglichst tief abwärts schiebt, wozu auch sie durch Hebung und zweckmäßige Fügung zuhilft.

479. IMITATION
(V. v.)

Er liegt rücklings auf dem Teppich, hat jedoch die Croupe hoch und voll auf dem Würfel; die Schenkel hat er so überschlagen und gegen die Brust gezogen, daß sie wagerecht sind; die Waden ragen senkrecht aufwärts.

Sie, mit dem Gesicht ihm zugewendet, hockt sich gespreizt über seine mittlere Gesamtheit und ist mit ihren Schenkeln dabei wie reitend über seinen Keulen. In dieser Pose legt sie an und tieft sich ein und legt sich mit der Brust auf seine beiden nur wenig gespreizten Schenkel, so, daß sie den Kopf, respektive den Hals, zwischen seinen Waden hat oder ihre Armgelenke in seine Kniekehle eingehängt, mit dem ganzen Oberkörper zwischen seinen gespreizten Schenkeln schwebt und abwärts schaut. Falls ihre Last für ihn zu schwer wäre, so kann sie sich mit den Händen auf dem Teppich aufstemmen oder aber er ihr die Hände auf die Brust entgegenspreizen.

Varianten nur beschränkt und unwesentlich.

480. SYLPHENHANG
(V. v.)

Er liegt rücklings und mit der Croupe auf dem Würfel, hat die Schenkel überschlagen und an sich gezogen und in wagerechter Lage, die Waden aber senkrecht aufwärts.

Sie, mit dem Gesicht ihm zugewendet, setzt sich wie reitend auf und über seine Keulen, streckt beide Beine möglichst nach rückwärts, den Oberkörper aber wölbt sie nach vorne und reckt besonders mit der Croupe abwärts, um die Einfügung und Eintiefung besser zu ermöglichen. Wenn nötig, legt sie sich hierbei mit dem Oberkörper ganz auf seine etwas gespreizten Schenkel; sobald der besagte Zweck aber erreicht, erhebt sie sich wieder, faßt mit jeder Hand je einen seiner Füße an den Sohlen und hält sich auf diese Weise in hängender Lage; ihre Fußspitzen geben ihr auf der Erde den nötigen Widerhalt.

Er kann, falls ihm die Last beschwerlich ist, seine Knie auch mit den Händen irgendwie feststützen.

Weitere Varianten gibt es keine.

481. HÄNDESCHWEBE
(V. v.)

Er liegt rücklings, ist mit der Croupe auf dem Würfel und hat die Schenkel hoch und gespreizt hinangerissen wagerecht überschlagen.

Sie, das Gesicht ihm zugewendet, steht hinter ihm, spreizt mit beiden Schenkeln wie reitend über sein Gesäß und hockt sich dann so tief nieder, als es eben dem wesentlichen Zwecke entspricht; dann legt sie ihren rechten Unterarm in seine beiden emporgestreckten Handflächen, damit sie ihren Oberkörper möglichst nach vorne neigen kann, um mit Hilfe ihrer linken Hand die volle Einfügung zu veranlassen. Ist dies gelungen, dann legt sie in eine jede seiner Hände ihre eine Hand und beide halten nun durch angemessene Streckung der Arme ihren Oberkörper in der erforderlichen geneigten Lage. Ihre Füße sind hockend fest auf dem Fußboden·

Seine freien Beine liefern einige Varianten.

KLASSE II

DIE VOLTEN

482. HEBELPOMPE
(V. h.)

Rücklings auf dem Teppich liegend, mit der Croupe jedoch auf dem Würfel, hat sie die Schenkel senkrecht nach oben und gespreizt; die Waden beliebig.

Er überkniet, ihr den Rücken kehrend, wie reitend mit beiden Schenkeln ihren Bauch, legt sich mit seiner Mitte zwischen ihre Schenkel, besorgt die Einfügung und Eintiefung und läßt dann den Oberkörper jenseits hinter ihr auf die Hände gestemmt nieder, dann streckt er auch die Beine vollkommen, läßt diese aber gespreizt, so daß seine Beine sich über ihrer Brust gut spannhoch und wie der ganze übrige Körper stramm wagerecht befinde. Jetzt faßt sie seine Beine an den Knöcheln, zieht sie tief neben ihren Achseln herab, daß sie mit den Fußspitzen die Erde berühren, wodurch sein Kopf und Rumpf hoch nach aufwärts gehoben werden; dann hebt sie die Füße ganz in die Höhe so hoch, als ihre Hände nur reichen, und dadurch gerät er mit dem Gesichte bis zur Erde; sie setzt die Pumpung fort und er sorgt durch die Strammheit und korrekte Wölbung seines Körpers dafür, daß eine kräftig gehende Kolbenbewegung nach auf- und abwärts beiden die wonnigsten Empfindungen veranlasse.

---

483. GRÄTSCHPOMPADE
(V. h.)

Sie liegt rücklings auf dem Teppich, ist mit der Croupe jedoch auf dem Würfel und hat die Schenkel überschlagen wagrecht und gespreizt; die Waden möglichst senkrecht.

Er liegt wagrecht strammgestreckt so zwischen ihren Schenkeln, daß seine Hände hinter ihr auf der Erde stemmen, seine Beine aber starren wagrecht über ihrem Oberkörper und geschlossen in der Luft. Nun läßt er die Brust durch die Einknickung seiner Arme fast bis zur Erde nieder, bleibt aber im ganzen Körper stetig stramm und wölbt sogar am Kreuze sich, um mit den Beinen höher zu kommen als ihre Beine sind; ist dies geschehen, so spreizt er die Beine ganz weit auseinander, stemmt mit den Armen seinen Oberkörper wieder wagrecht, die Beine aber läßt er nun weitgespreizt rechts und links an ihren Hüften ganz zur Erde nieder (während dessen schließt sie ihre Beine beinahe ganz) und er befindet sich nun mit seinen Schenkeln über ihren Keulen, resp. Schenkeln wie reitend überspreizt, wobei seine Füße an ihren Flanken auf der Erde stehen. Dann reckt er sich wieder stramm, geht mit der Brust tief bis zur Erde, mit den Beinen aber hoch über ihre Schenkel; sie spreizt nun die Schenkel wieder; er schließt die gestreckten Beine und läßt sich damit, indem er den Oberkörper wagrecht hebt, bis auf sie herab. Von hier ab kann die Evolution beliebig oft wiederholt werden. Auf gute Attitüden müssen beide Gewicht legen. Die Pumpbewegung ist ein herrliches Gefühl.

---

484. ABDORN
(V. h.)

Sie liegt rücklings auf dem Teppich, ist mit der Croupe auf dem Würfel und hat die Schenkel bis zur wagrechten Lage überschlagen und weitgespreizt.

Er steht, ihr mit dem Rücken zugekehrt, mit den Füßen rechts und links etwa an ihren Achselhöhlen, kniet sich erst wie reitend über ihren Bauch, läßt sich dann mit seiner Mitte zwischen ihren spreizenden Schenkel nieder, indem er sich mit den Händen, armgestreckt, auf einen hinter ihr stehenden Schemel oder Sessel stemmt. Nun streckt er den ganzen Körper stramm und fest und gelangt mit Beihilfe ihrer Hand in ihre wohlgebotenen Tiefen.

Er muß übrigens nicht strammgespreizt bleiben, sondern kann mit den Beinen kniend, hockend oder sonstwie bequemere Lage nehmen; auch ihre freien Beine können einige Varianten zur Anschauung bringen.

---

485. DACHFALLHOCKE
(V. h.)

Sie liegt rücklings am Teppich, mit der Croupe auf dem Würfel und hat ihre Schenkel so überschlagen, daß sie wagrecht und nur wenig gespreizt sind.

Er steht, mit dem Rücken ihr zugekehrt, mit den Füßen rechts und links an ihren Hüften und befindet sich zwischen ihren Schenkeln; nun hockt er sich, indem er seine Mitte genau über ihre Mitte legt und läßt sich mit beiden gestrecktarmigen Händen jenseits hinter sie auf die Erde nieder, besorgt mit einer Hand die gut mögliche Einfügung und sorgt für den tadellosesten Tiefgang dadurch, daß er sich so richtet und fügt, wie das dem Zwecke am besten entspricht.

Ihren freien Beine variieren mannigfach; auch er kann seine Beine spreizen oder ihren Händen zur Spannspreizung überliefern.

---

486. DORNSTURZ
(V. h.)

Sie liegt rücklings auf dem Teppich, mit der Croupe aber auf dem Würfel, ihre Schenkel so an sich gezogen, daß sie wagrecht sind.

Er, ihr den Rücken kehrend, stellt sich wie reitend über ihre beiden Keulen, hockt sich auf die Mitte nieder und läßt den Oberkörper mit gestreckten Armen hinter sie auf den Teppich, so daß sein Oberkörper sich beiläufig wagrecht befindet. In dieser günstigen Pose besorgt er die Einfügung in die vorteilhaft gebotene Narbe und hat Sorge, daß der Tiefgang ein vollkommener werde. Seine Füße bleiben hierbei konstant an derselben Stelle.

Ihre Beine haben auch keine Bewegungsfreiheit und können höchstens nur spreizen.

---

487. KNAPPLEVRON
(V. h.)

Sie liegt mit dem Bauch auf dem Würfel, mit der Brust oder auf die Ellbogen gestemmt ist sie am Teppich, wodurch der Körper etwas wagrecht erscheint; ihre Beine sind gestreckt, mit den Knien auf den Teppich hingelegt und gespreizt.

Er kniet hinter ihr und zwischen ihren Schenkeln, besorgt die Immission in die Geschlechtsnarbe, beugt sich mit dem Oberkörper wagrecht über sie, ohne auf ihr zu liegen und stemmt mit gestreckten Armen die Hände über sie auf die Erde oder aber (Variante) seine Ellbogen auf ihren Rücken, wobei seine Unterarme so auf ihrer Schulterpartie liegen können, daß er sie mit den Händen an den Achseln festfassen und sich pressend tieferziehen kann. Weitere Varianten sind nur durch die Spreizung ihrer und seiner Beine möglich.

---

488. ECKSTEIN
(V. h.; r. u. l.)

Sie liegt rechts auf der Seite, mit ihrer rechten Keule voll auf dem Würfel, hat die Schenkel in den Hüften rechtwinkelig eingezogen, aber geschlossen und parallel übereinander; die Waden beliebig.

Er auf allen Vieren kniend, mit seinem Oberkörper parallel mit ihren Schenkeln, bildet mit ihrem Oberkörper einen rechten Winkel, wobei sein Kopf dort ist, wo sie ihren Rücken hat. Nun legt er sein rechtes Knie nahe an den Würfel, seinen linken Schenkel aber hebt er ganz über ihre beiden Keulen und fügt und dreht sich in der Taille so, daß er, geleitet durch ihre Hand, den Eingang möglichst vollkommen wegbar finde. Er wird gut tun, seinen rechten Schenkel (worauf er kniet) nicht senkrecht zu behalten, sondern möglichst schief nach rückwärts zu stellen; auch mag er seine linke Hand auf einen Schemel stemmen, damit die Aufwärtsdrehung seines Oberkörpers bequemer möglich werde.

489. DECKSTURZ
(V. h.; r. u. l.; quer)

Die Croupe auf dem Würfel liegt sie rücklings auf dem Teppich und hat die Schenkel überschlagen, wagerecht und etwas gespreizt.

Er steht an einer Seite rechts oder links an dem Würfel, resp. an ihrer Hüfte, neigt mit seiner Mitte über ihre dargebotene Allheit und läßt sich auf der anderen Seite mit gestreckten Armen auf die Hände nieder, besorgt da die gutmögliche Einfügung und streckt dann den ganzen Körper stramm wagrecht, die Beine ohne Stütze frei, so daß er nun quer über ihr liegt.

Nur ihre Unterbeine können Ortsveränderungen vornehmen, ohne dabei jedoch wesentliche Varianten zu liefern.

490. RADSTURZ
(Htsts.; Wandelbild)

Sie liegt rücklings auf dem Teppich, hat die Croupe auf dem Würfel, die Schenkel aber überschlagen, wagerecht und gespreizt; auch die Waden möglichst wagerecht gestreckt.

Er legt sich von einer Seite mit seiner Mitte auf ihre Mitte, läßt den Oberkörper armgestreckt auf die andere Seite hinüber auf die Hände niederstemmen, besorgt die sehr günstige Einfügung und streckt nun auch die Beine wagerecht, so daß er ganz stramm quer über sie gestreckt liegt.

jetzt beginnt er sich von links nach rechts auf den Händen im Kreise zu bewegen, übersteigt, wenn er zu ihrem Körper gelangt, mit den Händen diesen und ihren Schenkel und setzt seinen Kreisgang fort und kann auch in entgegengesetzter Richtung die Kreisbewegung machen, oder im Halbkreise (sobald er nämlich auf den Händen zu ihrem Körper gelangte, auf den Händen zurück den Halbkreis macht, bis er auf der andern Seite zu hrem Körper gelangt) — und so wieder fort. In den Momenten, wo er zwischen ihren beiden Schenkeln weilt, kann sie mit den Beinen einige charakteristische Varianten improvisieren. Das wühlende Gebohr dieses Bildes ist ganz besonders beachtenswert.

491. SEMELE
(V. h.; r. u. l.)

Er liegt mit der rechten Keule auf dem Würfel und hat die Schenkel in den Hüften eingeknickt, möglichst hoch an die Brust gezogen und nach ab- und aufwärts weitgespreizt.

Sie kniet auf allen vieren, so daß ihr Oberkörper mit dem seinen einen rechten oder wenn nötig einen erhabenen Winkel bildet, ist aber mit ihrem Kopfe gegen seine Rückenseite gelegen. Sie legt nun ihr rechtes Knie recht nahe an den Würfel, hebt ihren linken Schenkel ganz bis auf seine linke Keule hinauf oder sogar jenseits über diese hin, während sie überhaupt durch richtige Fügung und Lagerung jene Pose erreicht, wo durch Hilfe seiner Hand, zu beider Ueberraschung auch das ganz gut zur Wirklichkeit wird, was für den ersten Blick fast unmöglich oder äußerst schwierig erscheinen mußte.

Varianten sind nur unwesentlich. Die Hauptsache bei diesem Bilde ist, daß beide durch korrekte, plastisch schöne Gruppierung eine künstlerisch gelungene Darstellung veranlassen.

Durch seine Linkslage ergibt sich dasselbe Bild in seiner linkseitigen Ergänzung.

492. KETTENBRÜCKE
(V. h.)

Er liegt rücklings auf dem Teppich, hat die Croupe auf dem Würfel, die Schenkel senkrecht und gespreizt, die Waden plastisch wagrecht ragend.

Sie, ihm den Rücken kehrend, steht hinter ihm und zwischen seinen Waden, setzt sich dann zwischen seine Schenkel genau zurecht, nimmt volle tiefe Fühlung, läßt den Oberkörper nach rückwärts wagrecht nieder, indem sie sich vorläufig mit den Händen an seinen Schenkeln festhält. Nun legt er seine beiden Handflächen stemmend an ihre Schulterblätter und hält sie, wie sie ist, schwebend fest. Hierauf drückt sie ihre Schenkel möglichst abwärts und legt dabei ihre Waden und Füße rechts und links vom Würfel an seine beiden Flanken an; zuletzt wölbt sie Bauch und Brust möglichst aufwärts und greift mit ihren Händen hinab nach ihren Füßen, die sie im Rist festfaßt und anzieht.

Bei korrekt plastischer Darstellung ergibt dies ein recht hübsches Bild.

Er kann die Waden später auch senkrecht emporstrecken und überhaupt mit den Beinen verschiedene Varianten bilden.

---

493. HAMADRYADE
(V. h.)

Er liegt rücklings auf dem Teppich, hat die Croupe fest auf dem Würfel, die Schenkel senkrecht, gespreizt, und die Waden genau wagrecht.

Sie sitzt, ihm den Rücken kehrend, zwischen seinen Schenkeln mit ihrer Geschlechtspartie gerade an richtiger Stelle, tief und fest genug um den Zweck voll zu erreichen. Nun legt sie die Oberarme über seine Schenkel, erfaßt mit den Händen seine Füße an den Knöcheln, hält sich an dieser minnigen Lehne fest, um mit dem Oberkörper etwas nach vorwärts schiefneigen zu können und hebt dann endlich ihre beiden Füße am Rist auf seinen Bauch, wo sie dieselben, wenn möglich, an den Spitzen übereinander legt und festhält. Hätte sie hierzu die Gelenkigkeit nicht, so hält er seine auf die Ellbogen gestützten Unterarme derart nach aufwärts, daß sie ihre Füße mit dem Rist in seine Handflächen legen kann. Ein recht hübsches Bild, das durch korrekt plastische Dartellung zu einer geradezu reizenden Gestaltung wird.

---

494. KONTREFAKT
(V. h.)

Er liegt rücklings auf dem Teppich, ist mit der Croupe fest auf dem Würfel, hat die Schenkel senkrecht, die Waden wagerecht und ist gut gespreizt.

Sie steht, ihm den Rücken zugekehrt, hinter ihm und zwischen seinen Waden. Dann setzt sie sich zwischen seine Schenkel und nimmt tiefe Fühlung, schiebt die Füße an beiden Seiten des Würfels möglichst nach

rückwärts und läßt sich dann mit gestreckten Armen auf beide Hände
erdwärts niederstemmen.

Seine Beine sind frei und können Varianten gestalten.

495. DORMEUSE
(V. h.)

Er liegt rücklings und hat die Croupe fest auf dem Würfel; die
Schenkel hat er so überschlagen und gegen die Brust gezogen, daß sie
wagerecht sind.

Sie, ihm den Rücken kehrend, hockt sich gespreizt hoch und wie
reitend über seine Keulen, legt hier an, tieft sich ein und legt sich mit dem
Rücken ganz auf seine geschlossenen Schenkel und Waden zurück, wobei
seine Waden ihr gleichsam als Kopfpolster dienen. Falls ihre Last ihm zu
schwer erschiene, so mag er sein Knie durch seine Arme und Hände
feststützen.

Ihre Beine legt sie wie es gerade am besten frommt und hat sogar
Gelegenheit zu einigen guten Varianten: 1 oder 2 gestreckt, 1 oder 2
gespreizt, 1 oder 2 auf die Erde gesohlt.

KLASSE III
DIE FLANQUETTEN

496. WEBERLAGER
(Vrsts.; r. u. l.)

Auf der Erde ein Turnteppich; auf dem Turnteppich der Würfel; auf dem Würfel liegt sie mit der rechten Keule, hat dabei aber die Schultern platt auf dem Teppich und dadurch in der Taille gedreht; das rechte Bein ist einfach gestreckt, das linke aber hochgezogen und erscheint dadurch mit dem ganzen Körper bogenförmig nach aufwärts gewölbt.

Er kniet mit beiden Schenkeln über ihren rechten Schenkel und nimmt dabei auch den ganzen Würfel zwischen seine Knie, legt ihren linken Schenkel auf seine rechte Hüfte und beugt sich mit seiner Brust so gut es geht auf ihre Brust nieder, wobei er der Pforte Eingang findet.

Ihr linkes Bein ist frei und gibt eine kleine aber niedliche Kette von Varianten.

Wie sie hier oben mit der rechten Keule auf dem Würfel lag, so kann sie auch mit der linken sich darauf plazieren und es ergibt sich in diesem Falle das linksseitige Ergänzungsbild des obigen.

---

497. BUCENTAUR
(Vrsts.; r. u. l.)

Sie liegt, die Schenkel in den Hüften nicht ganz rechtwinkelig eingezogen, auf ihrer rechten Seite auf dem Teppich und mit ihrer rechten Keule auf dem Würfel, die Schenkel parallel übereinander.

Er, auf allen vieren kniend, stemmt die Hände etwa ein halb Meter vor ihrer Brust auf der Erde, schmiegt sich mit den Hüften zwischen ihre Schenkel, bleibt mit dem linken Knie hinter ihrem rechten Schenkel knien und hebt den rechten Schenkel auf ihre linke Flanke, wobei sie ihrerseits ihren linken Schenkel von hintenher auf seine rechte Hüfte auflegt; seine rechte Hand kann er auf ein zwischen beiden (vor ihrer Brust) liegendes Taburett oder auch direkt auf ihre linke Seite (bei der Achselhöhle) aufstemmen. In dieser Lage nun besorgt sie die Einfügung und indem sie mit ihrer linken Hand seine linke Flanke faßt, garantiert sie zugleich auch den Tiefgang.

Von Varianten kann man füglich absehen.

Diesem rechtsseitigen Bilde entspricht ein linksseitiges Ergänzungsbild.

---

498. KAUERSTÜTZHOCKE
(Vrsts.; r. u. l.)

Sie liegt rücklings auf dem Teppich, mit der Croupe auf dem Würfel, ist jedoch in der Taille so seitlich gedreht, daß auf dem Würfel hauptsächlich ihre rechte Keule aufliegt, während ihre linke etwas nach aufwärts ragt; die Schenkel hat sie wagerecht an sich gerissen und gespreizt, die Waden senkrecht aufwärtsragend.

Er steht, ihr zugewendet, hinter ihr, überschreitet mit dem linken Beine ihren rechten Schenkel, wendet sich mit der Brust etwas gegen ihren linken Schenkel und hockt sich möglichst tief und gründlich ein, indem er den Oberkörper stark vorwärts neigt, mit dem rechten Armgelenk sich in ihre linke Kniekehle einhängt, mit dem linken Ellbogen und Unterarm sich auf ihre entgegengehaltenen beiden Handflächen stützt. Beide müssen auf Schönheit der Attitüden besonders bedacht sein, da sonst ein unschön verschobenes Bild resultiert.

Ihr eines Bein ist frei und variiert beliebig.

Dies selbe Bild ist auch so möglich, daß sie ihren linken Schenkel tiefer hat und er diesen überreitet.

---

499. QUIPROQUO
(Vrsts.; r. u. l.)

Er liegt mit der vollen rechten Seite auf dem Teppich, hat die beiden Schenkel nicht ganz rechtwinkelig eingezogen, die rechte Keule oben am Würfel und den linken Schenkel hochgespreizt frei in der Luft.

Sie stemmt mit der linken Hand, gestreckten Armes, vor seiner Brust auf der Erde, den rechten Arm schlingt oder lehnt sie um oder auf seinen Oberkörper, dabei kniet sie aber mit dem linken Knie hinter seinem rechten Schenkel, während sie ihren rechten Schenkel unter seinem linken hindurch

— 545 —

auf seine rechte Hüfte emporhebt und dort feststützt. Er kann dabei seinen linken Schenkel entweder frei emporgespreizt behalten oder aber ihn (Variante) auch auf ihre linke Keule auflegen und dort feststützen. Ihre Brust ist von der seinigen etwa eine bis zwei Spannen entfernt. Sie muß mit dem linken Arm nicht eben gestreckt bleiben, sondern kann damit auch auf dem Ellbogen gestemmt sein.

Legt er sich auf den Würfel linksseitig, so resultiert das linksseitige Ergänzungsbild des obigen.

---

500. KAUERGABEL
(Vrsts.; r. u. l.)

Er liegt rücklings, die Croupe auf dem Würfel, die Schenkel senkrecht und gespreizt.

Sie, auf allen vieren kauernd, übersteigt mit ihren Schenkeln seine Schenkelmitte, so daß ihre beiden Hände mit gestreckten Armen bei seiner linken Achsel aufstemmen, der Oberkörper wagerecht ist, ihr linker Schenkel mit dem Knie seine rechte Flanke berührt und der Fuß etwas weiter rückwärts von da auf den Zehen steht, während ihr rechter Schenkel, seine linke Keule streifend, ebenso hockend eingezogen ist. Im ganzen reitet sie kauernd sozusagen auf seinem rechten Schenkel und findet in dieser Pose eine gründliche Fühlung und vollkommenen Tiefgang.

Sein freies (linkes) Bein kann einige Varianten veranlassen.

Dies war rechts; kann auch links statthaben.

---

501. HEXENHANG
(Vrsts.; r. u. l.)

Er liegt rücklings auf dem Teppich, mit der Croupe aber auf dem Würfel, wobei er in der Taille so seitlich gedreht ist, daß auf dem Würfel hauptsächlich seine rechte Keule aufliegt, während seine linke etwas nach aufwärts ragt; die Schenkel hat er wagerecht an sich gerissen und gespreizt, die Waden senkrecht aufwärtsragend.

Sie steht, ihm zugekehrt, hinter ihm, überschreitet mit dem linken Beine seinen rechten Schenkel, wendet sich mit der Brust etwas gegen seinen linken Schenkel und hockt sich möglichst tief und gründlich ein, indem sie den Oberkörper stark vorwärts neigt, mit dem rechten Armgelenk sich in seine linke Kniekehle einhängt, mit dem linken Ellbogen und Unterarm sich auf seine entgegengehaltenen beiden Handflächen stützt.

Schönheit der Attitüden müssen beide anstreben, um ein gelungenes Bild zu bieten.

Sein eines Bein ist frei und variiert beliebig.

Dasselbe Bild ist auch so möglich, daß er seinen linken Schenkel tiefer hat und sie diesen überreitet.

---

502. NONCHALANTE
(Vrsts.; r. u. l.)

Er kniet reitend über dem Würfel wie auf einem Sattel.

Sie liegt auf dem Rücken vor ihm und hat ihre verborgenen Reize knapp und nahe vor ihm, dann hebt sie ihren rechten Schenkel an seine linke Hüfte und schlägt die Wade um seine Lende, während sie die Knie-kehle ihres linken Beines auf sein rechtes Armgelenk legt und sich dadurch so hoch hebt, daß er mit leichter Mühe ihre Schalkerei zur Erreichung seiner bösen Absicht benützen kann. Er faßt sie mit den Händen an den Keulen und hebt und zieht, auf daß er entschiedener in ihr Fühlung erlange.

So wie es ist, ohne Variante, ist dies Bild als selbständige Plastik vollendet.

Sie kann die Beine auch in umgekehrter Ordnung: das linke um seine rechte Hüfte, das rechte um sein linkes Armgelenk schlingen und es entsteht dadurch das Ergänzungsbild des obigen.

KLASSE IV

DIE CUISSADEN

503. PANDORA
(Htsts.; r. u. l.)

Sie liegt mit dem rechtwinkelig eingezogenen rechten Schenkel, resp. mit der rechten Keule auf dem Würfel, ist auch mit dem Oberkörper ganz rechtseitig auf dem Teppich, während ihre Schenkel zum Oberkörper einen rechten Winkel bildend parallel und geschlossen übereinander bleiben.

Er kniet hinter ihr auf beiden Knien, die Schenkel geschlossen, erzwingt sich den Eingang in ihre Reize bis zur äußersten Möglichkeit, neigt sich dann mit dem Oberkörper über sie und stützt sich mit gestreckten Armen bei ihrer Schulter und bei ihrer Brust auf die Erde.

Sie kann die Schenkel mit den Knien auf- und abwärts senken und dabei ein wenig wie scherenförmig öffnen, d. h. den rechten etwas zurückstrecken, den linken aber etwas brustwärts ziehen. Andere Varianten gibt es hier nur unwesentliche und zwar durch verchiedene Haltung ihrer Unterbeine, sowie dadurch etwa, daß sie ihren linken oberen Schenkel etwas nach aufwärts spreizt.

Das Bild kann ebenso linksseitig ausgeführt werden, wenn sie nämlich linksseitig auf dem Würfel liegt.

---

504. ENGLAGER
(Htsts.; r. u. l.)

Sie liegt mit der rechten Hüfte auf dem Würfel, hat das rechte Bein gestreckt, das linke aber hochgezogen, im Knie geknickt und mit der Fußsohle nach links gespreizt auf den Teppich gestützt; ihr Oberkörper liegt in der Taille gedreht mit der Brust nach abwärts auf ihre Ellbogen gestemmt ziemlich in wagrechter Lage.

Er kniet hinter ihr, indem er mit beiden Schenkeln ihren rechten Schenkel überreitet, die vollkommen mögliche Eintiefung besorgt und sich mit dem Oberkörper neigend entweder mit armgestreckten Händen auf die Erde oder aber mit den Ellbogen sich auf ihren Rücken stemmt und im letzteren Falle mit den Händen ihre beiden Achseln festgreift, um einen festeren Zugpunkt zu gewinnen.

Auch kann er mit beiden Händen auf ihrer linken Seite stemmen. Ihr freies Bein hat einige plastische Varianten.

Diesem Bilde von rechts entspricht das Komplementbild von links, indem sie mit der linken Hüfte auf dem Würfel liegt.

---

505. CENTAUR
(Htsts.; r. u. l.)

Sie liegt voll rechtseits, die Schenkel in den Hüften rechtwinkelig eingeknickt, mit der rechten Keule auf dem Würfel und hat die Schenkel parallel übereinander.

Er kniet auf allen vieren, mit dem Oberkörper zu ihren Schenkeln parallel hinter ihr und hat den Kopf gegen ihren Rücken zugewendet. Er rückt die Knie ganz nahe an den Würfel, bleibt mit dem rechten Knie da knien, den linken Schenkel aber schiebt er zwischen ihre Schenkel und legt da sein linkes Knie auf ihre linke Hüfte, wobei auch sie ihr linkes Knie auf seine linke Hüfte legt. In dieser Pose nun fügt und windet er sich zurecht, so daß er mit ihrer Hände Hilfe die etwas schwierige Aufgabe aufs befriedigendste löst. Es wird ihm das Gelingen erleichtern, wenn er den rechten Schenkel nicht steil senkrecht, sondern schief nach rückwärts gestreckt stellt; ferner wird es ihm bequemer sein, wenn er die linke Hand gestreckten Arms auf ein Sofapolster, einen Schemel oder dgl. aufstemmt, um den Oberkörper in seitlicher Lage zu erhalten.

Dasselbe Bild ist auch von links ausführbar.

---

506. ASTHOCKSTEMME
(Htsts.; r. u. l.)

Sie liegt rücklings auf dem Fußboden und mit der Croupe auf dem Würfel, hat die Schenkel wagerecht und gespreizt emporgezogen.

Er steht zwischen ihren Schenkeln, mit seinen beiden Schenkeln wie reitend über ihr, so daß er mit seinem Gesichte gegen ihren linken Schenkel gewendet ist und hat dabei den linken Fuß an ihrer rechten Hüfte, den rechten aber an der rechten Seitenfläche des Würfels aufgesohlt. Jetzt setzt er sich hockend auf ihren rechten Schenkel, drückt diesen hierdurch etwas abwärts, während ihr linker Schenkel dadurch mehr nach oben gerät, sie aber in den Hüften etwas nach rechts gedreht erscheint; dann läßt er seinen Oberkörper schief nach links hinter ihr mit gestreckten Armen auf die Hände niederstemmen, besorgt die beste Einfügung und sorgt durch richtige Fügung und Schmiegung für den vollsten Tiefgang.

Ihr freies Bein, sowie auch seine beiden Beine geben korrekte Varianten.

Dasselbe Bild kann auch von links dargestellt werden.

---

507. HÖRNERSATTEL
(Htsts.; r. u. l.)

Er liegt rücklings mit der Croupe auf dem Würfel, die Schenkel ragen senkrecht und sind weitgespreizt (wie Hörner). Sie überreitet stehend seinen rechten Schenkel, hat dabei die Fersen an der rechten Seitenfläche des Würfels, während sie mit dem Rücken seinem linken Schenkel zugekehrt ist. Aus dieser Stellung setzt sie sich zwischen seinen Schenkel direkt in bester Fühlung nieder, dessen Tiefgang hier wohl kaum etwas zu wünschen übrig läßt.

Beider Beine haben eine hübsche Serie von Varianten zur Verfügung.

Statt dieses rechtsseitigen Bildes kann auch dessen linksseitiges Komplement zur Geltung kommen.

---

508. SCHLINGSCHRAUBE
(Htsts.; r. u. l.)

Er liegt mit seiner rechten Seite auf dem Teppich, hat die Schenkel rechtwinkelig bis zum Oberkörper eingezogen, ist dabei aber mit der rechten Keule vollkommen auf dem Würfel.

Sie befindet sich auf allen vieren hinter ihm mit den Knien beim Würfel und mit dem Kopfe dort, wo sein Rücken ist, so daß ihr Oberkörper mit dem seinen einen rechten Winkel bildet. Er hebt seinen linken Schenkel spreizend in die Höhe; sie rückt mit ihrem rechten Knie ganz nahe zum Würfel, hebt ihren linken Schenkel unter seinem linken Schenkel hinweg auf seine rechte Hüfte, während auch er seinen linken Schenkel auf ihre linke Hüfte legt. Nun richtet und fügt sie sich derart wie es am besten paßt, so daß er mit seiner Hand die Einfügung korrekt und voll zu besorgen vermag. Sie kann ihre linke Hand auf ein Taburett stemmen, damit sie dem Oberkörper eine mehr seitliche Lage verleihe und den Tiefgang befördere. Er erfaßt sie mit seiner linken Hand wo und wie er kann, um fester sich in sie zu ziehen.

Von Varianten darf hier füglich abgesehen werden.

Läge er mit der linken Keule auf dem Würfel, so ergäbe sich das linksseitige Komplementärbild des obigen.

---

509. SIEGESSCHRÄGE
(Htsts.; r. u. l.)

Er liegt rücklings auf dem Teppich, mit der Croupe auf dem Würfel, hat die Schenkel nach aufwärts gespreizt, die Waden beliebig.

Sie, ihm abgewendet, hockt sich ein und stemmt dann mit beiden gestreckten Armen nach rückwärts an seiner linken Achsel auf der Erde, hat ihre Croupe auf seinem Bauche und seinen rechten Schenkel zwischen ihren beiden Schenkeln. In dieser Lage wird die Einfügung besorgt und der Tiefgang garantiert. Ihr Oberkörper ist wagerecht (er stützt sie dabei durch seinen unterstemmten Unterarm nach Möglichkeit), ihre Schenkel drückt sie dabei möglichst abwärts und kniet bis auf die Erde nieder, wobei ihr rechter Fuß unter seiner Taille (neben dem Würfel) hindurchgeht, während ihr linkes Unterbein samt Fuß an der entgegengesetzten Seite des Würfels platt auf der Erde liegt.

Sein linkes Bein macht Varianten.

Diesem rechten Bilde entspricht ein ganz ähnliches linkes, wobei sie auf seiner rechten Seite stemmend, seinen linken Schenkel zwischen den beiden ihrigen hat.

APPENDIXGRUPPE

Im Bade, auf der Leiter und im Fiaker. Mit jenen Posen, welche von den bisher behandelten auch im Eisenbahncoupé möglich sind, kraft der Eigenartigkeit der Einrichtung aber füglich von jenen, welche auf den angeführten obigen Geräten beschrieben wurden, auffallend verschieden ausfallen müssen, gibt diese Appendixgruppe zusammen mehr als hundert Posen.

Die hier folgenden 15 Bilder werden im Vollbad von ca. 1·20 m Tiefe (warmes Marmorbad) ausgeführt. Der Zusammenschluß beider Körper ist durch die Nässe der Organe nicht wesentlich beeinträchtigt. Etwa sehr schwere Einfügung kann durch mäßige Ölung günstig gemacht werden. Das Heben der Körper und ihrer Teile im Wasser ist leicht möglich.

510. BADAKT 1
(V. v.)

Er steht inmitten des Bades grad aufrecht, sie steht ihm zugekehrt vor ihm, ihn in der Taille oder an den Armen festhaltend; er erfaßt sie mit beiden Händen an den Keulen und zieht sie an sich, während sie mit gestreckten Beinen die Schenkel spreizt und die Einfügung besorgt, wobei ihre Beine seitlich hinter ihn gelangen und sie mit den Füßen Schwimmbewegungen macht.

---

511. BADAKT 2
(V. v.)

Er inmitten des Bades grad aufrecht; sie ihm zugekehrt faßt ihn mit beiden Händen an den Oberarm oder um die Taille, hebt sich dann gut zurückgebeugt mit ihrer Mitte bis an sein Organ, umschenkelt mit beiden Beinen seine Keulen und bewirkt die Einfügung. Er hält mit beiden Händen ihren Oberkörper fest. Beider Oberkörper bildet einen spitzen Winkel.

---

512. BADAKT 3
(V. v.)

Er inmitten des Bades grad aufrecht; beide fassen sich fest an den Händen. Sie ihn zwischen ihren beiden Schenkeln habend, hebt ihre Mitte durch die Leichtigkeit des Körpers im Wasser bis an seinen Stachel und fügt diesen tief in sich.

---

513. BADAKT 4
(V. v.)

Er inmitten des Bades grad aufrecht, faßt sie an den Ellbogengelenken fest. Sie lehnt sich, ihm zugekehrt, bis an den Hals ins Wasser zurück, hebt ihre Mitte im Wasser leicht bis an seine Mitte, fügt ein und hebt beide Beine gespreizt hoch bis auf seine Ellbogengelenke oder bis an seine Schultern hinan.

---

514. BADAKT 5
(V. h.)

Sie mit dem Gesichte ihm abgewendet, stemmt beide Hände auf die oberste Stufe auf und ist gespreizt bis zum Halse im Wasser. Er steht grad aufrecht zwischen ihren Schenkeln, faßt sie fest an den Hüften und fügt ein.

---

515. BADAKT 6
(V. h.)

Er steht aufrecht. Sie steht, ihm den Rücken wendend, vor ihm; er faßt sie fest um die Hüften; sie faßt nach hinten greifend mit den Händen seine Arme fest, spreizt die Schenkel, läßt sich mit dem Oberkörper schief bis an den Hals ins Wasser; er fügt sich tief ein.

---

516. BADAKT 7
(V. v.)

Er und sie stehen grad aufrecht Aug in Aug; er hält sie fest um die Hüften und hat die Beine geschlossen. Sie spreizt und nimmt ihn zwischen ihre Schenkel, hält sich dabei mit den Händen an seinen Armen fest, läßt den Oberkörper bis an den Hals ins Wasser zurück und streckt die Beine wagerecht. Die Einfügung gelingt hierbei ganz leicht.

---

517. BADAKT 8
(Vrsts.; r. u. l.)

Er und sie stehen aufrecht Aug in Aug. Er, gut gespreizt, faßt sie um die Keulen; sie erfaßt seine beiden Arme. Sie, ebenfalls gespreizt, lehnt sich etwas schief zurück, klemmt sein rechtes Bein zwischen ihre Schenkel und vollzieht den Zusammenschluß durch eine günstige Schmiegung. Dasselbe Bild auch durch Einklemmung seines linken Beines.

---

518. BADAKT 9
(V. h.)

Er mit geschlossenen Schenkeln aufrecht; sie steht mit dem Rücken ihm zugekehrt stark gespreizt vor ihm, neigt sich etwas nach vorn und stützt dabei beide Hände auf ihre Schenkel. Er umfaßt ihre Hüften und fügt sich von hinten in sie

519. BADAKT 10
(V. h.; r. u. l.)

Sie ihm abgewendet, steht schief nach vorne geneigt im Wasser und stemmt die eine Sohle auf die eine Marmorstufe und ist dabei gut gespreizt, mit den Händen aber stützt sie sich auf die oberste Stufe. Er steht geschlossen hinter ihr, faßt sie an den Hüften und fügt ein. Durch Aufstemmung der anderen Sohle ergibt sich das Bild der anderen Seite.

520. BADAKT 11
(V. h.)

Sie hockt auf einer Stufe, den Rücken ihm zugewendet und hält sich mit beiden Händen an den Außenrändern des Marmors r. u. l. von der Stufe fest und ist möglichst gespreizt. Er steht gerade und geschlossen hinter ihr, faßt sie an den Hüften und fügt ein.

521. BADAKT 12
(V. h.)

Er lehnt mit dem Rücken an dem Rande des Beckens, steht dabei schief und geschlossen. Sie, ihm abgewendet und die Schenkel gespreizt, überreitet seine Mitte und mit den Armen zurückgreifend, faßt sie mit beiden Händen seine Keulen oder seine Arme. Er hält sie gegen das Vorwärtsfallen schützend mit beiden Händen fest um die Hüften. Die Einfügung wird nicht schwer sein.

522. BADAKT 13
(V. v.)

Er liegt rücklings und geschlossen schief auf den Kanten der Stufen. Sie steht, ihn überspreizend, auf der einen Stufe und nachdem sie beide sich die Arme mit den Händen festgefaßt haben, hockt sie sich so tief nieder, als dies zur Einfügung nötig ist.

523. BADAKT 14
(V. v.)

Er lehnt schief und geschlossen mit der Schulter am Bassinrand; sie, ihm zugekehrt, die Arme mit den seinen festgehalten, überreitet seine Schenkel, stemmt, um sich besser Halt zu verschaffen, mit beiden Sohlen an der Wand des Bades, trachtet durch Höherschreiten der Sohlen mit ihrer Mitte in richtige Höhe zu gelangen, um den Zusammenschluß gut möglich zu machen. Sie läßt sich rücklings bis an die Schultern in das Wasser hängen.

---

524. BADAKT 15
(V. h.)

Er lehnt schief und geschlossen am Bassinrand, sie kehrt ihm den Rücken, überspreizt seine Beine. Er faßt sie fest an den Hüften. Sie stemmt mit beiden Sohlen an der Wand des Bassins und gelangt, immer höher sohlend, mit ihrer Mitte bis zur richtigen Höhe. Ihr Oberkörper ist dabei möglichst nach vorne geneigt und eventuell bis an den Hals im Wasser, die Arme nach vorne gestreckt und über dem Wasser Schwimmbewegungen machend.

---

525. LEITERAKT 1
(V. v.)

Eine nicht zu steil und nicht zu schief an die Mauer gelehnte Leiter mit runden Sprossen.

Sie sitzt auf einer Leitersprosse, ihre Mitte möglichst nach vorne gereckt und die Schenkel gespreizt, mit Rücken und Schultern an die höheren Sprossen zurückgelehnt. Er steht vor ihr auf einer entsprechenden Sprosse, geschlossen und bequem eintiefend. Dies kann in welcher Höhe immer geschehen: ob ganz unten oder weiter oben. Sie kann mit ihren Beinen frei und bequem allerlei Varianten ausführen.

---

526. LEITERAKT 2
(Vrsts.)

Eine nur wenig schief angelehnte Leiter mit runden Sprossen. Sie sitzt auf einer Leitersprosse, entweder hoch oder niedrig und ist dabei etwas nach seitwärts gewendet, dann hebt sie den einen Schenkel hoch empor. Er überreitet, an die Sprossen gelehnt, ihr gestrecktes Bein von vorne, faßt sie in die Arme, um vor dem Fallen gesichert zu sein und fügt sich gut und tief ein.

Sie kann mit dem freigebliebenen Beine beliebige Varianten markieren. Dies Bild gelingt von rechts ebenso gut wie von links.

---

527. LEITERAKT 3
(Htsts.)

Eine rundsprossige Leiter, gewöhnlich schief an die Wand gelehnt. Sie sitzt mit der linken Keule ganz seitlich auf einer Leitersprosse, nach Belieben niedrig oder hoch und hebt das oben befindliche Bein gespreizt empor. Er auf entsprechend hoher Sprosse überreitet ihren auf der Leiter gestreckt liegenden Schenkel von hinten, umfaßt ihren Körper mit seinen Armen wie's am besten dünkt und fügt gut ein.

Ihr freies nach oben gestrecktes Bein kann mehrere Varianten ausführen. Dasselbe Bild gelingt auch von rechts.

---

528. LEITERAKT 4
(V. h.)

Auf schief gelehnter Leiter steht sie, mit der Brust gegen die Sprossen gekehrt, so gespreizt als nur möglich, auf einer Sprosse, faßt mit beiden Händen eine höhere Sprosse und reckt ihre Keulen respektive ihre Mitte gut nach hinten. Er steht hinter ihr auf entsprechend hoher Sprosse und hat nicht viel Mühe, den Zusammenschluß beider Organe zu bewerkstelligen. Mit seinen Händen faßt er ihren Körper oder die Leiter ganz beliebig.

---

529. LEITERAKT 5
(V. h.)

Die Leiter ist ziemlich steil an die Wand gelehnt mit runden, in weiten Abständen von einander angebrachten Sprossen (eventuell kann die eben entsprechende Sprosse auch fehlen — respektive herausgenommen werden.) Sie setzt sich auf die Leitersprosse und reckt die beiden Seitenstangen der Leiter mit den Händen festfassend, ihr Gesäß durch den Sprossenzwischenraum so gut nur möglich nach hinten durch. Dies muß aber auf so niedriger Sprosse geschehen, daß ihr hindurchgestrecktes Gesäß eben so hoch von der Erde sei, wie notwendig, damit er, hinter ihr stehend, sich gerade in ihre Mitte eintiefen kann.

---

530. IM EISENBAHNCOUPÉ
(Eine ganze Reihe von Posen)

Namentlich im kleinen, sogenannten halben Coupé lassen sich sehr viele Plasmen exekutieren, die am Langlager, am Randlager und auf dem Schwinger (Gruppen I., IV. und VII. des Riesensystems) auszuführen sind. Aus den hiergenannten drei Gruppen sind die auf dem Coupé-Langlager möglichen Posen der Nummer nach herauszuheben und aufzuzeichnen, was eine Anzahl von wenigstens 75—80 Posen ausmacht. Jedenfalls werden diese Plasmen das Riesensystem sehr bereichern, da durch die Verschiedenheit des Gerätes und der Einrichtung, sowie auch durch die Sonderbarkeit der Eilgelegenheit und die Neuheit der Situation und Gemütsstimmung ein jedes der Bilder sich derart gestaltet, daß es mit den auf anderen Geräten ausgeführten nicht identifiziert werden kann.

Toilette: im besten Falle „Halbnegligé"; des nachts jedoch eventuell „Schlafhemd", für Herren ein langes Hemd.

---

531. IM FIAKER
(Im Brougham)
(Geschlossenes Coupé, herabgelassene Stores)
(Drei Plasmen: Zwei v. v. und eine v. h.)

Am hellen Tage, auf offener Straße, können zwei Liebende inmitten des vollsten Menschenverkehrs der Wonnen des Geschlechtstriebes sich widmen, aber nur in ganz beschränkter Anzahl der Posen:

1. Er möglichst gestreckt und geschlossen sitzend und zurückgelehnt; sie ihm zugekehrt und gespreizt über ihn kniend (die Knie auf den Polstern des Sitzes).

2. Er ebenso wie oben; sie ihm den Rücken kehrend und mit den Knien auf dem Sitze, ihn überreitend und eintiefend; er faßt dabei ihre Hüften fest, um ihren nach vorne geneigten Oberkörper vor dem Fallen zu sichern.

3. Sie sitzt gespreizt auf dem Rande des Wagensitzes; er kniet mit geschlossenen Schenkeln vor ihr und vollführt den Zusammenschluß der Körper durch das Ineinandertiefen der Organe.

Selbstverständlich geschieht alles dies in voller Toilette; wegen der Sonderbarkeit der Situation und oft wegen des Zwangs der Verhältnisse sind diese drei Posen etwas ganz Appartes und unter Umständen etwas sehr Willkommenes.

SCHLUSSWORT

Nun frag ich dich, der du bis hierher gelesen hast: Muß nicht ein solches Lieben allmählich andere Generationen hervorbringen? Denn: Müssen nicht Menschen, die sich so plastisch erhabenem Lieben widmen, in ihrer Stellung zu andern Menschen endlich doch manchen Vorzug verzeichnen? Müssen Menschen, welche solcher Liebe leben, nicht wenigstens anders werden, — nicht diese erworbene Veränderung dann auch vererben? — Ja? Oder glaubst du, daß solche Riesenliebe Gesundheit oder Kraft im Lauf der Zeit wird schädigen können? — Nein, nie! Du wirst im Gegenteil erkennen, daß nichts die Körper- und Geschlechtskraft förderlicher beeinflußt, als das systemgemäß und turnerisch plangemäß geregelte Lieben, so wie das im Sinne dieses Riesensystems geübt werden kann! Das ist erprobt und erlaubt keinen Zweifel. Und dann — steht es ja nirgends geschrieben und nirgends ist gesagt, daß jeder, der die hier beschriebenen Bilder liest, auch alle diese Bilder oder solche, die ihm nicht behaglich dünken, überhaupt ausführen und benützen soll. Was nicht behagt, das tut man ohnedies nicht; was jedoch behagt, das läßt sich nicht verpönen. Aber die überraschende Mannigfaltigkeit, die plastische Großartigkeit, die sich in den Bildern offenbart — das sind denn doch wohl Dinge, die zu lesen, zu wissen und in der Phantasie zu schauen immerwährend ein reizendes Vergnügen bieten, denn sie sind das höchste Ziel des schönsten Ideals. Und jenes Ideal, das sich zwei Herzen auf der Zinne des Glücks schaffen und durchs ganze Leben hindurch als den unerschöpflichen Quell der reinsten, höchsten Erdenseligkeiten erträumen, findet in der vernünftig kultivierten erhabenen Liebe, wenn auch nicht immer seine Verwirklichung, so doch gewiß und stets den schönsten Ausdruck seines Inbegriffs!

INHALTS-VERZEICHNIS

EINLEITUNG
Seite

Vorwort 9
Motivierung des Werkes als Einleitung und psychiatrische Einführung 13

ERSTES BUCH. DER KAMPF UMS WEIB

Erstes Kapitel: Die natürlichen Grundlagen des Geschlechtslebens 23
Zweites „ Das gegenseitige Gefallen und Verlangen der Geschlechter . 29
Drittes „ Die Liebe und die Ehe im allgemeinen 38
Viertes „ Die sittliche Reinheit der Geschlechtsverbindungen . . . 45
Fünftes „ Der menschliche Auswahltrieb im besonderen 55
Sechstes „ Die Liebe als Lebens- und Erhaltungszweck 63
Siebentes „ Wert und Dauer der Liebe 69
Achtes „ Das freie Geschlechtsbündnis 75
Neuntes „ Weitere Ausführungen zu Gunsten des freien Geschlechtsbundes 86
Zehntes „ Hohe Liebe oder die Liebe als das höchste Ideal 93

ZWEITES BUCH. DER TRIUMPH DER GESCHLECHTER

Erstes Kapitel: Geschlechtliche Kulturzustände 103
Zweites „ Geschlechts-Physiologie und Organoplastik 112
Drittes „ Geist und Körper als Teilhaber an den Genüssen 123
Viertes „ Die Technik des Genusses 134
Fünftes „ Steigerung der Genüsse in den Pausen 143
Sechstes „ Das Thema der Aesthetik im geschlechtlichen Umgange . . 152
Siebentes „ Das „Training“ der Geschlechter 160
Achtes „ Turnen und Allotria 164
Neuntes „ Erotischer Kampf und Sieg 174
Zehntes „ Geschlechtliche Leistungskraft 180
Eltes „ Die sichere Verhütung der Empfängnis 197

DRITTES BUCH. DIE AVATARA ODER VERKÖRPERUNG DER GESCHLECHTSIDEALE

Einleitung 205
Erstes Kapitel: Thematische Erörterungen 207
Zweites „ Das Blondchen und der Barde 211
Drittes „ Die Geschichte aus dem Rosenschloß 217
Viertes „ Das Idyll der Funde 224
Fünftes „ Entwurf des Riesensystems 234

			Seite
Sechstes Kapitel :	Planmäßige Anordnung der plastischen Gestaltungen und Posen		241
Siebentes „	Ausstattung und Einrichtung des Sexuargemaches		249
Achtes „	Das erotische Riesensystem		257

VIERTES BUCH. GYMNOPLASTIK DER LIEBE ODER DAS EROTISCHE RIESENSYSTEM

I. DIE VOLLAGERGRUPPE

Klasse	I : Die Front-Posen	263
„	II : Die Croupe-Posen	270
„	III : Die Flanquetten	277
„	IV : Die Cuissaden	281

II. DIE HALBLAGERGRUPPE

Klasse	I : Die Pompen oder Fronten	289
„	II : Die Croupe-Posen	298
„	III : Die Flanquetten	309
„	IV : Die Cuissaden	315

III. DIE UNLAGERGRUPPE

Klasse	I : Die Pompen oder Fronten	323
„	II : Die Croupaden	328
„	III : Die Flanquetten	335
„	IV : Die Cuissaden	341

IV. DIE RANDLAGERGRUPPE

Klasse	I : Die Pompen	351
„	II : Die Croupaden	360
„	III : Die Flanquetten	369
„	IV : Die Cuissaden	374

V. DIE LEHNSTANDGRUPPE

Klasse	I : Die Pompen	385
„	II : Die Croupaden	389
„	III : Die Flanquetten	393
„	IV : Die Cuissaden	396

VI. DIE FREISTANDGRUPPE

Klasse	I : Die Pompen	401
„	II : Die Croupaden	405
„	III : Die Flanquetten	410
„	IV : Die Cuissaden	412

VII. DIE SCHWINGER- ODER DIE SCHWIMMERGRUPPE

Klasse	I : Die Pompen	417
„	II : Die Volten	425
„	III : Die Flanquetten	436
„	IV : Die Cuissaden	442

		Seite

VIII. DIE SESSELGRUPPE

Klasse   I : Die Pompen 455
     ,,   II : Die Volten 464
     ,,   III : Die Flanquetten 476
     ,,   IV : Die Kolonnen 481

IX. DIE TISCHGRUPPE

Klasse   I : Die Pompen 489
     ,,   II : Die Volten 493
     ,,   III : Die Flanquetten 496
     ,,   IV : Die Cuissaden 499

X. DIE BANKGRUPPE

Klasse   I : Die Pompen 503
     ,,   II : Die Volten 505
     ,,   III : Die Flanquetten 507
     ,,   IV : Die Cuissaden 508

XI. DIE RECKHANGGRUPPE

Klasse   I : Die Pompen 513
     ,,   II : Die Volten 518
     ,,   III : Die Flanquetten 522
     ,,   IV : Die Cuissaden 524

XII. DIE WÜRFELGRUPPE

Klasse   I : Die Pompen 529
     ,,   II : Die Volten 536
     ,,   III : Die Flanquetten 543
     ,,   IV : Die Cuissaden 547

APPENDIXGRUPPE 551

Schlußwort 559

Druck von Gustav Röttig & Sohn, Ödenburg.